낙동델타,
지도와 돌 위에 새긴 마을의 기억

Memories of the Nakdong Delta

김기혁 지음

부산대학교출판문화원

지도는

그림과 지명을 통해 장소간의 관계를 보여주며, 보는 이들은 지도를 읽음으로써 장소와의 관계를 형성한다.

특히 고지도는 장소를 매개로 과거와 현재를 이어주며 이를 통해 과거의 공유된 공간 기억을 소환하는 장치로서의 역할을 한다……

〈본문 중, 220쪽〉

앞표지: 『대동여지도』(1861, 부산대 도서관본)

에코델타지구 이전 마을비

뒤표지: 가락동 중사도 마을비

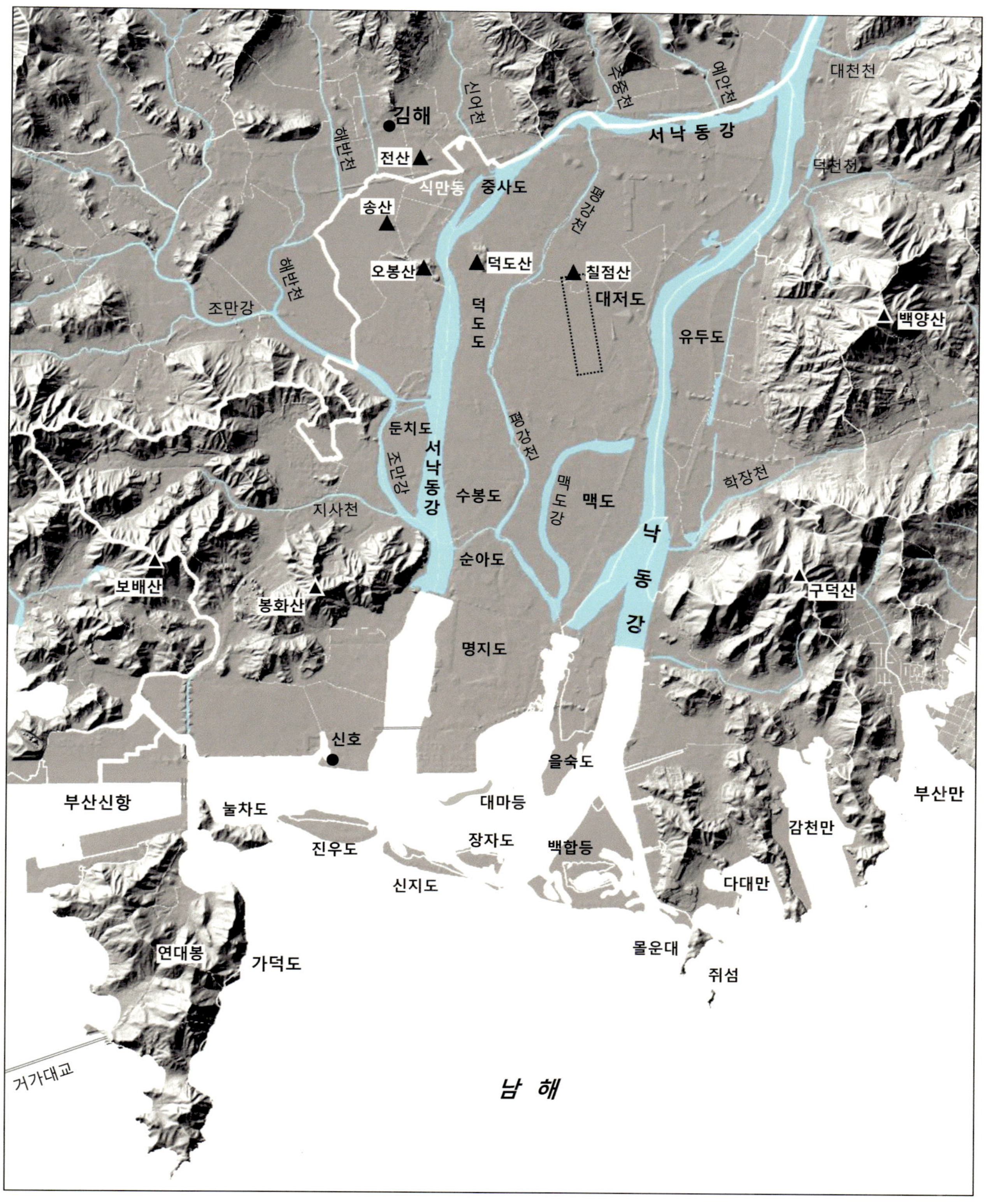

지도 1. 지형기복도(2023)

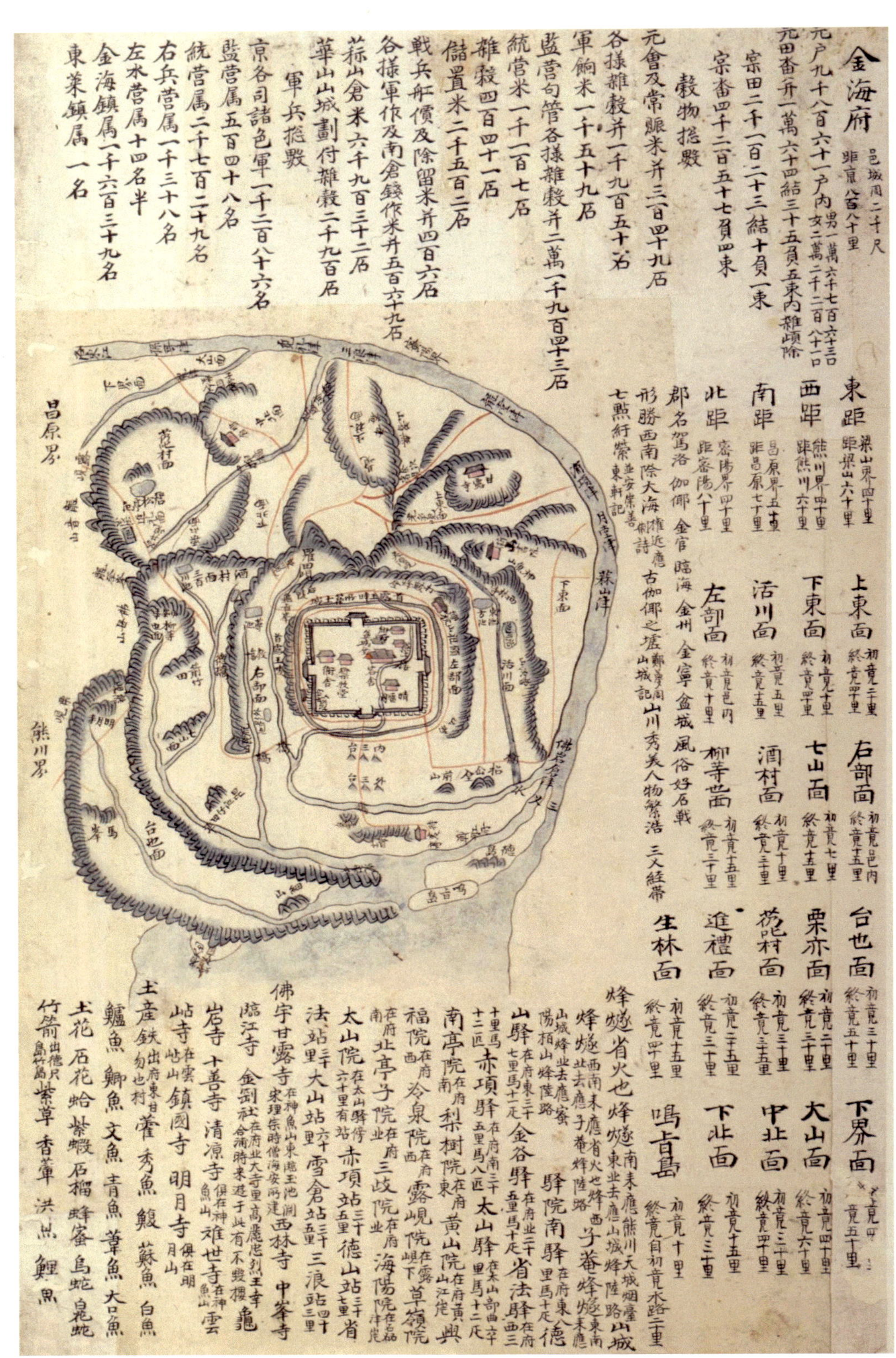

지도 2. 『해동지도』「김해부」(18세기, 47.0×30.5cm, 규장각)

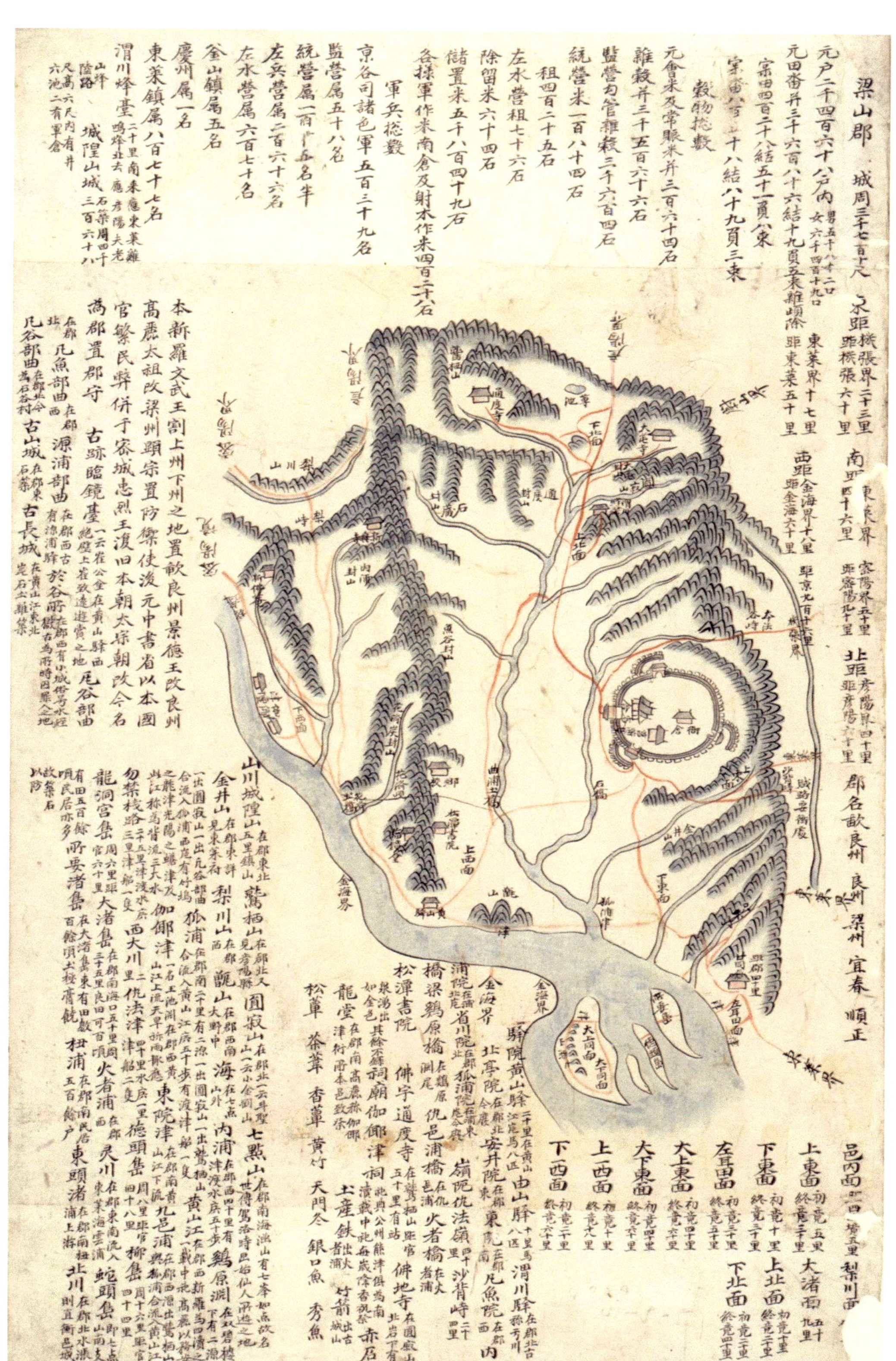

지도 3. 『해동지도』「양산군」(18세기, 47.0×30.5cm, 규장각)

지도 4. 『조선지도』「김해부」(1770, 53.0×33.5cm, 규장각)

지도 5. 『조선지도』 「양산군」(1770, 53.0×33.5cm, 규장각)

지도 6. 『경상총여도』(18세기, 146.7×117.7cm, 눌원문화재단)

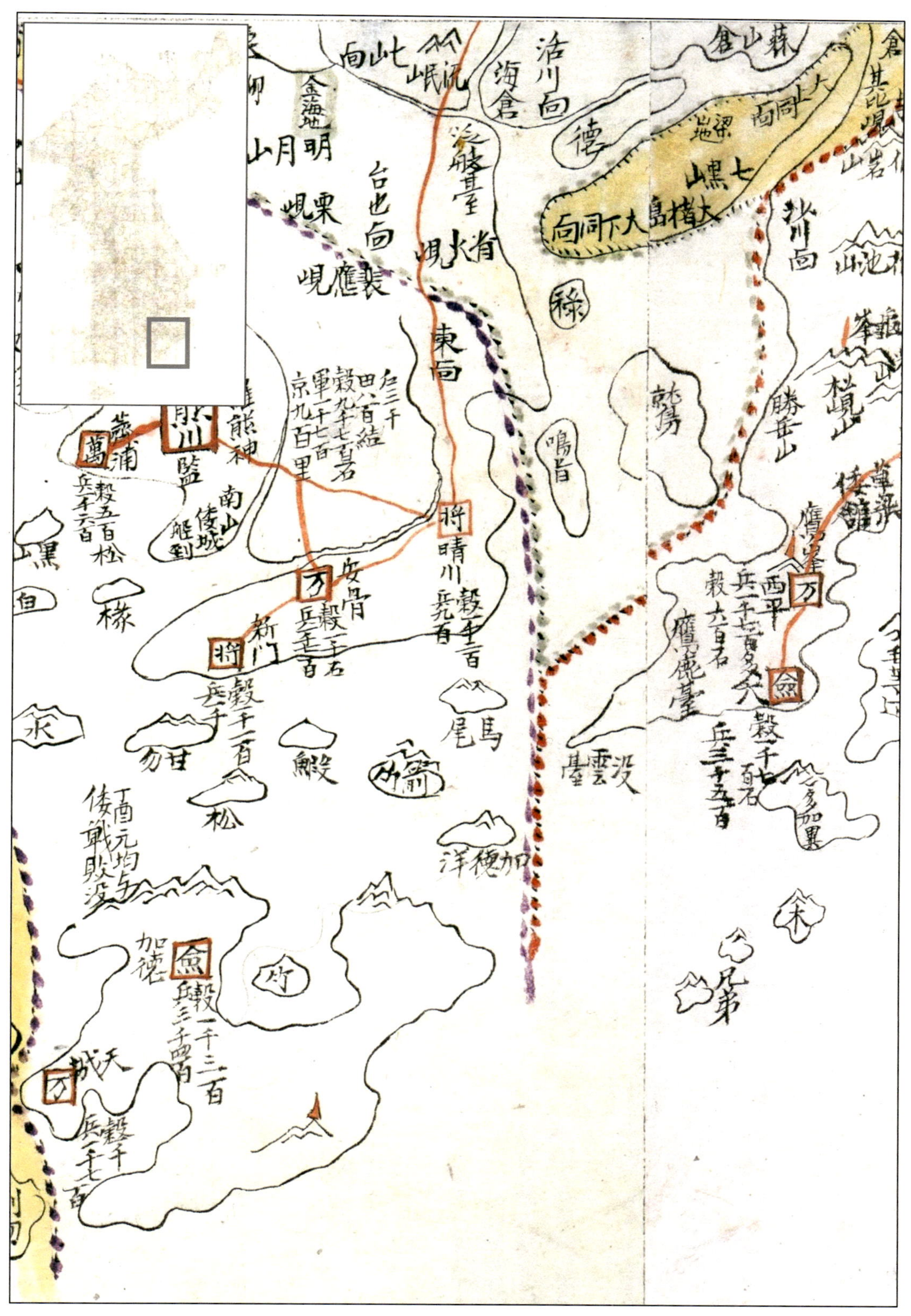

지도 7. 『청구도』(1834, 667.7×400.0cm, 규장각)

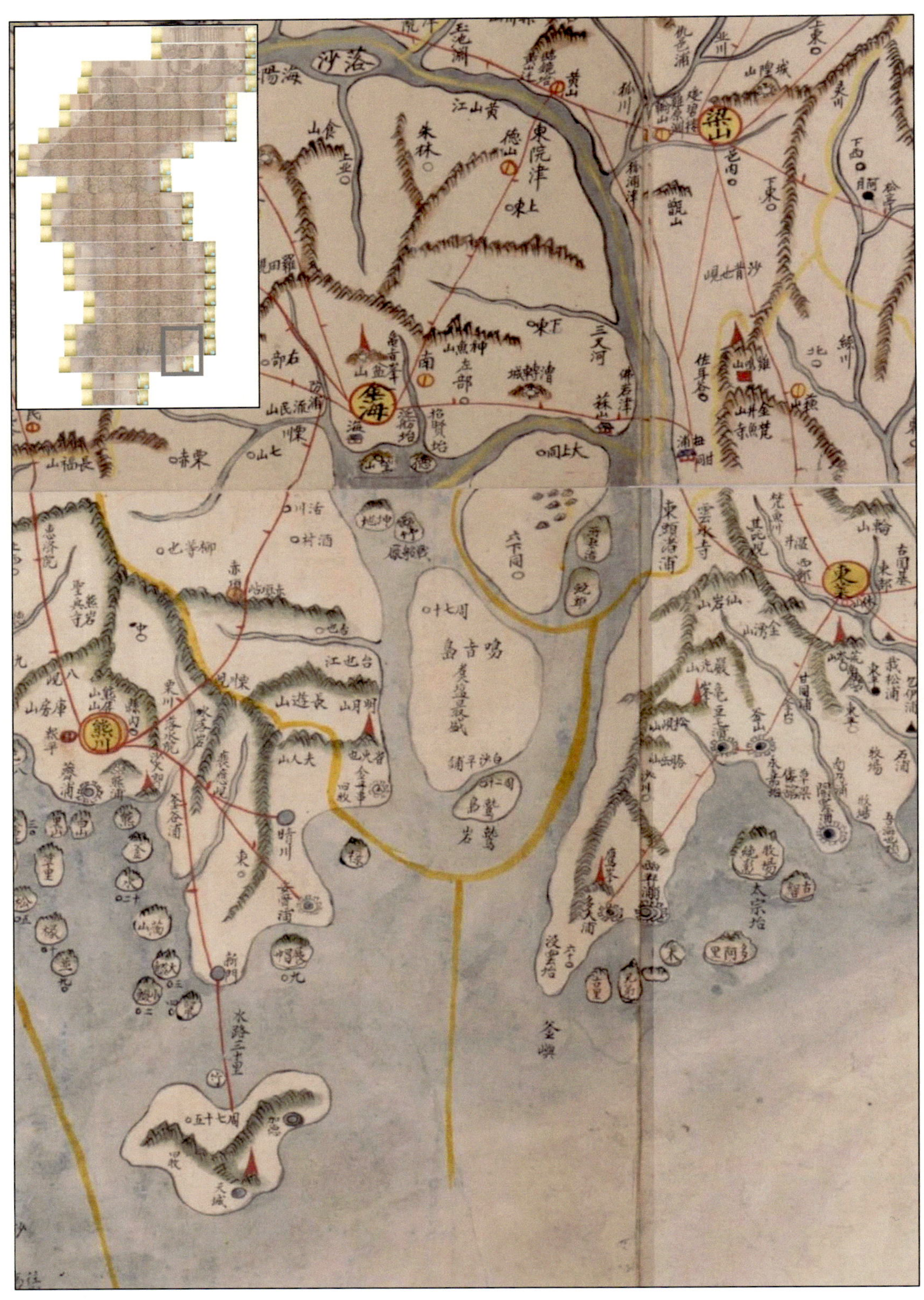

지도 8. 『동여도』(1850년대, 667.7×400.0cm, 규장각)

지도 9. 『대동여지도』(1861, 667.7×400.0cm, 부산대 도서관)

지도 10. 『목장지도』 칠원 · 웅천현(1663, 36.0×24.0cm, 부산대 도서관)

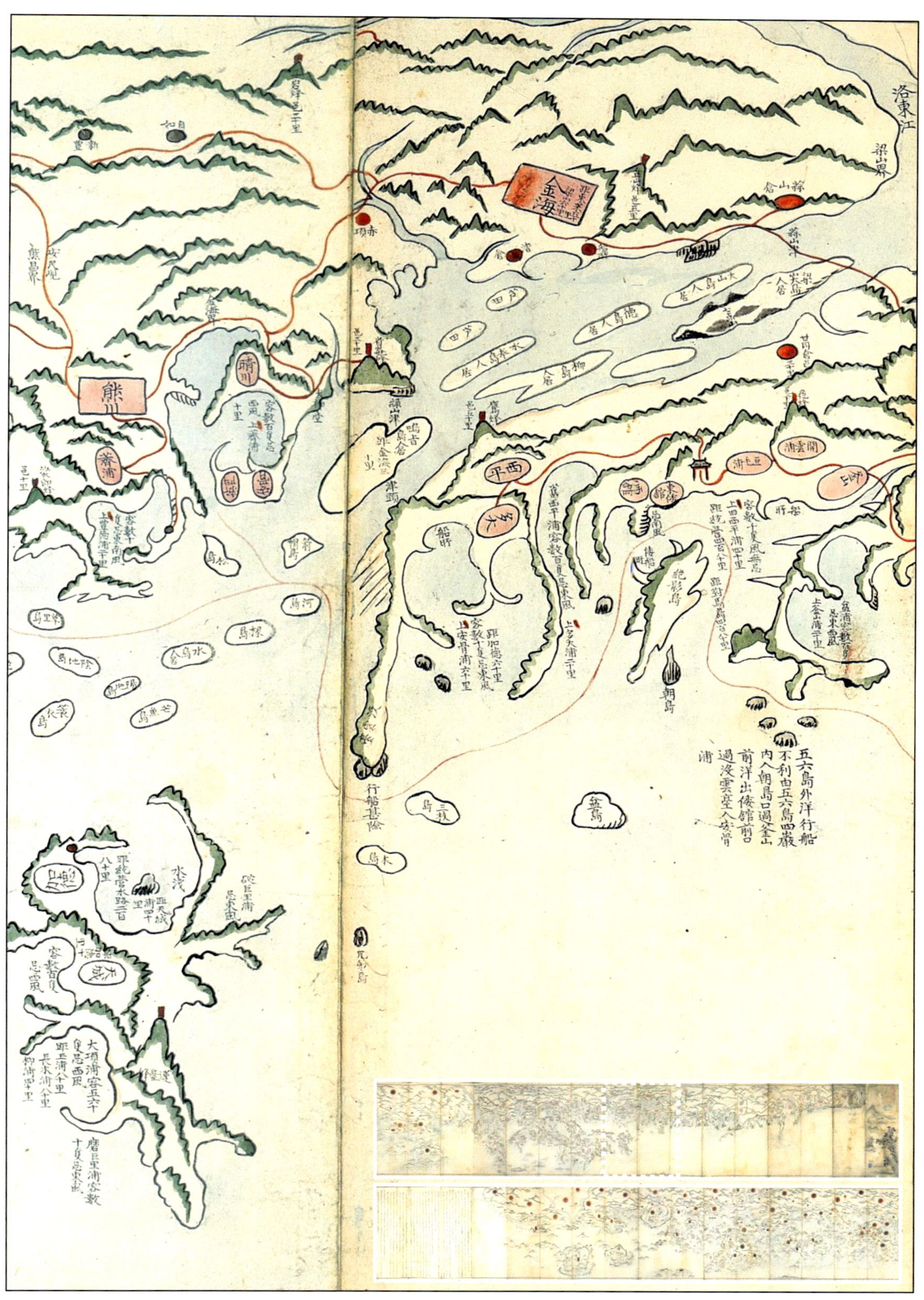

지도 11. 「영호남연해형편도」(18세기, 59.0×800.0cm, 국립중앙도서관)

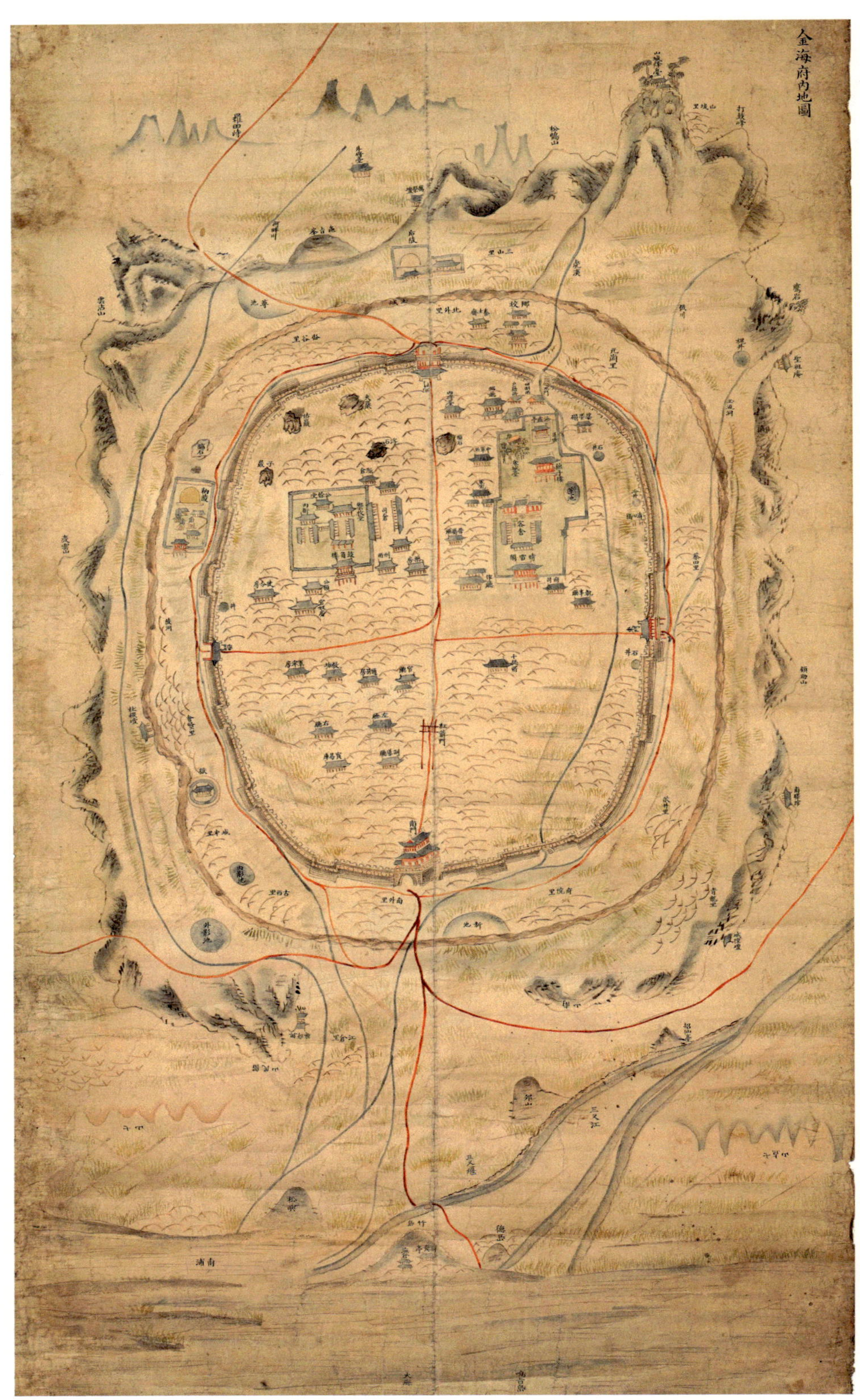

지도 12. 「김해부내지도」(19세기, 131.0×72.0cm, 김해 대성동고분박물관)

지도 13. 「양산군지도」(1872, 118.0×66.0cm, 규장각)

지도 14. 「가덕진도」(1872, 122.0×72.0cm, 규장각)

지도 15. 「천성진도」(1872, 115.0×65.9cm, 규장각)

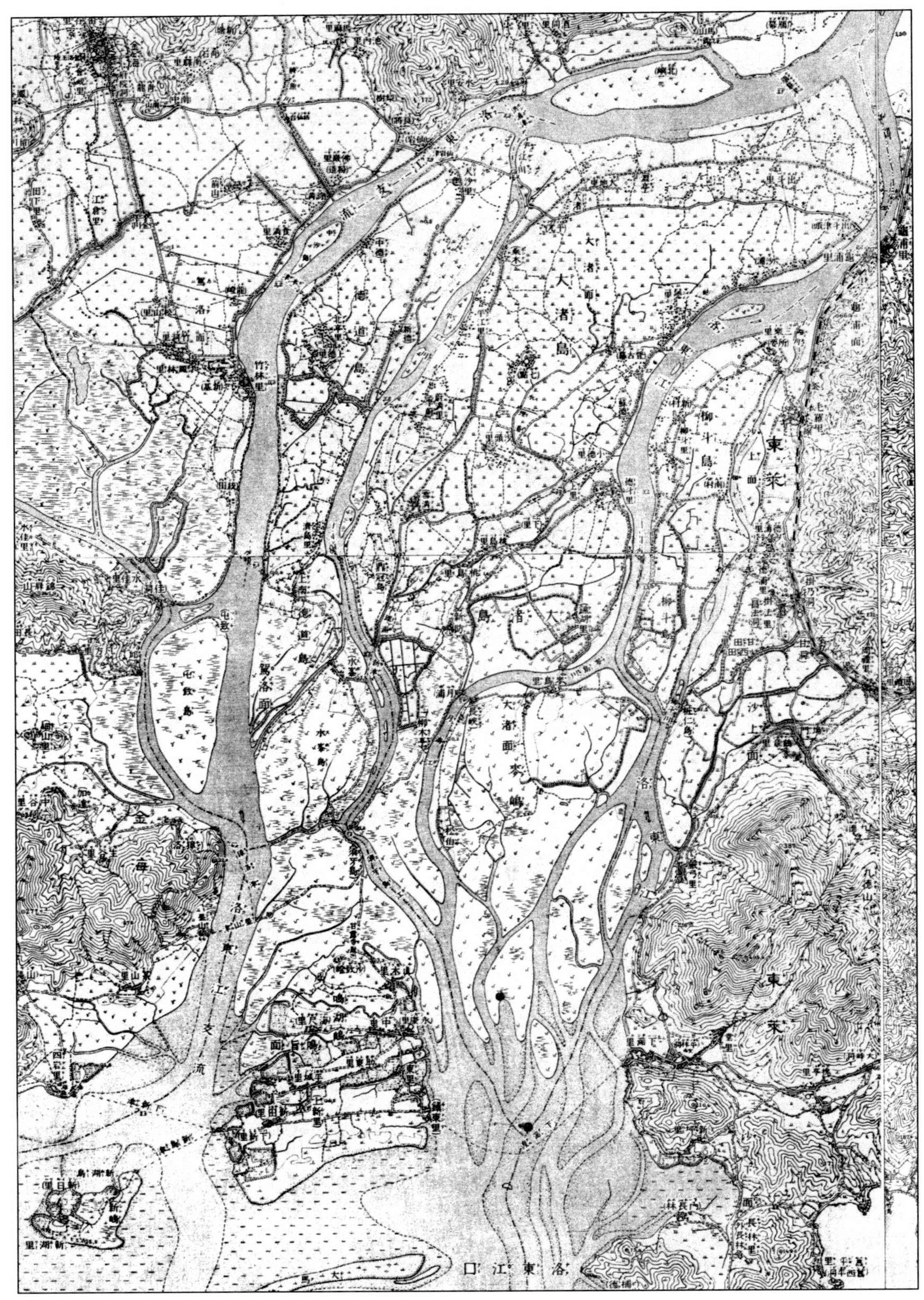

지도 16. 「조선지형도」(김해, 1:50,000, 1916)

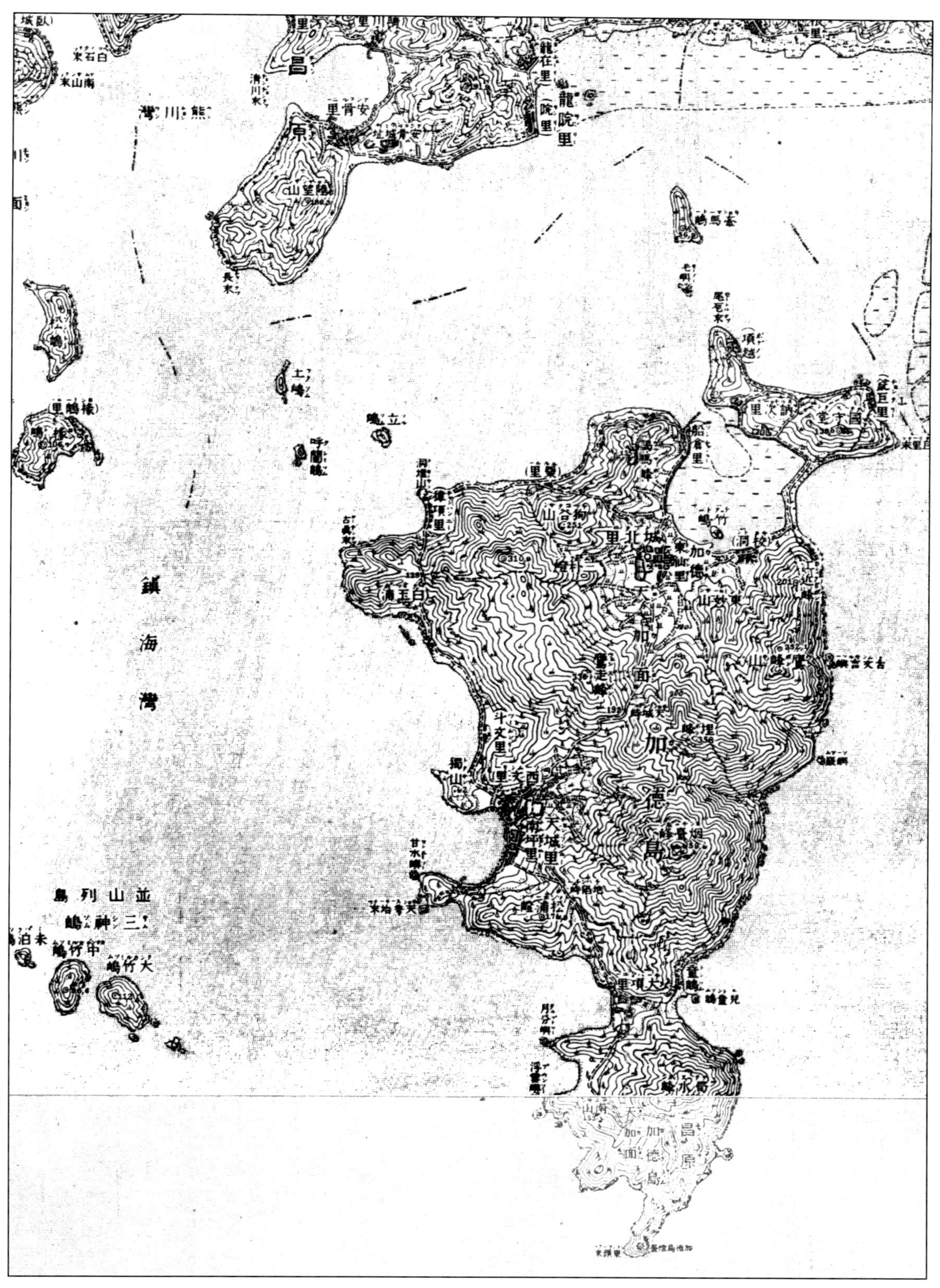

지도 17. 「조선지형도」(가덕도 · 동두말, 1:50,000, 1916)

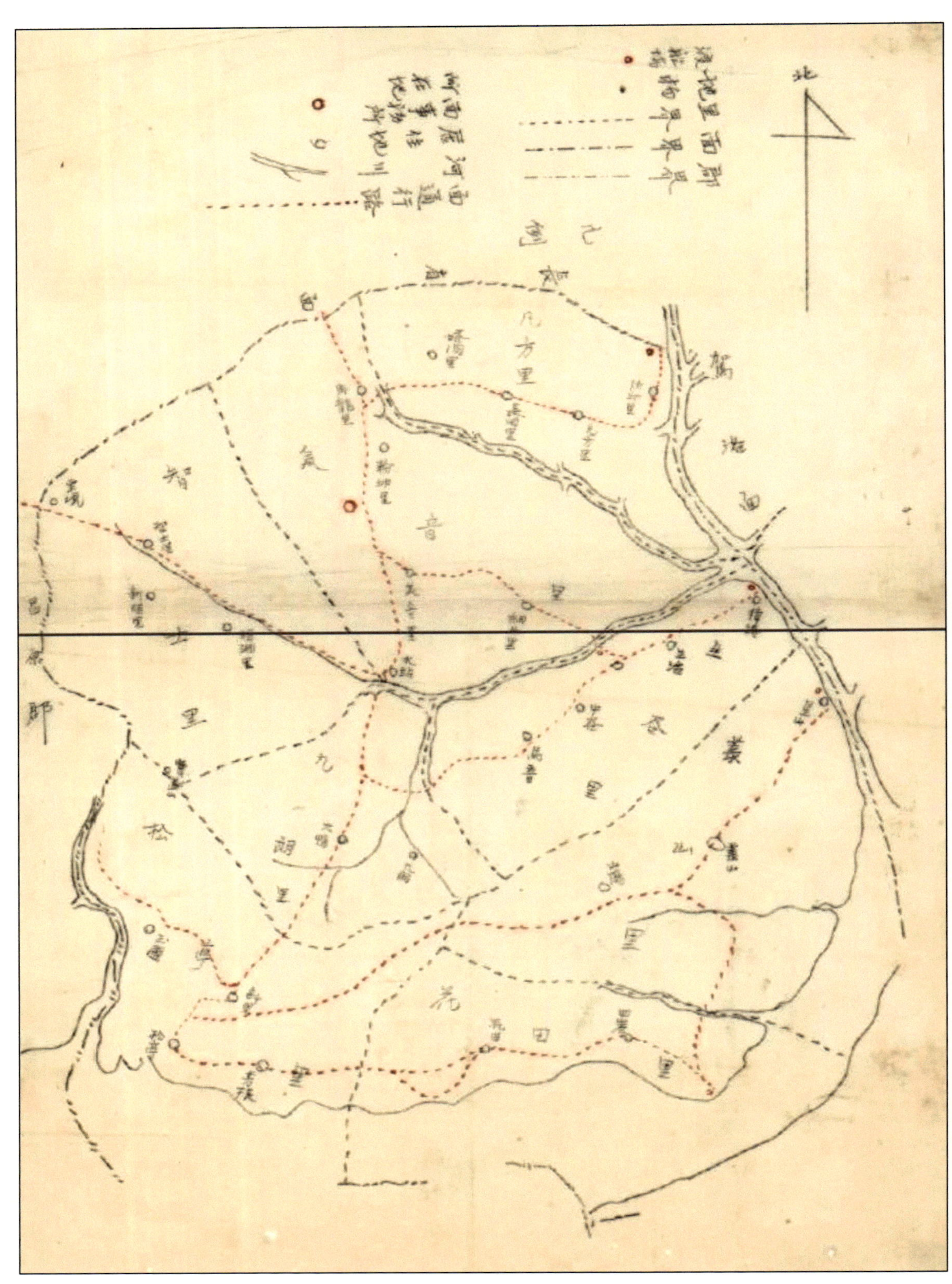

지도 18. 『지지조서』「녹산면 지도」, 1916, 국토지리정보원)

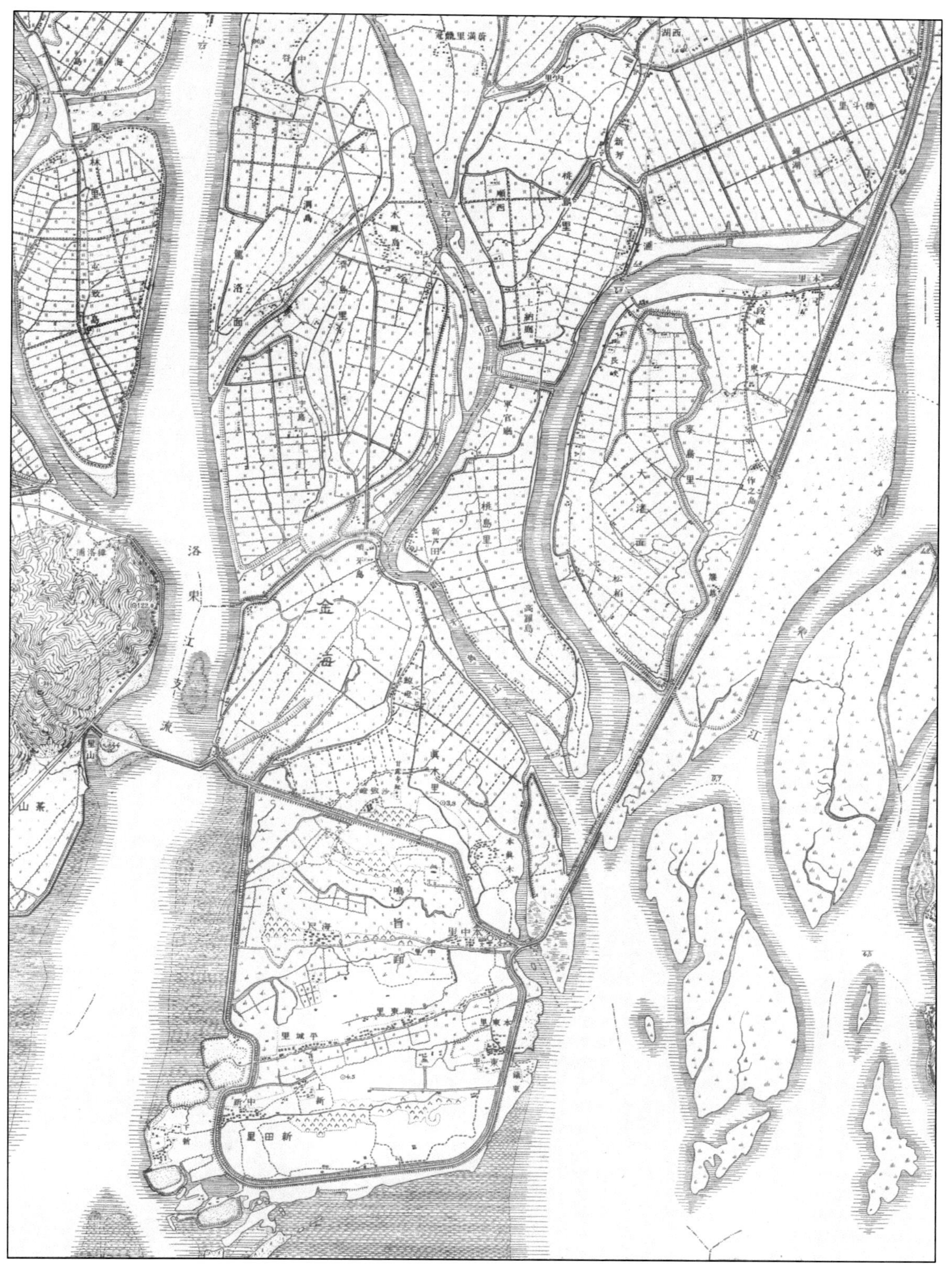

지도 19. 「조선지형도」(하단, 1:25,000, 1943)

지도 20. 「현대지형도」(가덕, 1:50,000, 1963)

지도 21. 「현대지형도」(김해, 1:50,000, 1974)

지도 22. 「강서구 행정지도」(1:40,000, 2018)

낙동델타,
지도와 돌 위에 새긴 마을의 기억

Memories of the Nakdong Delta

책을 펴내며

낙동델타는 척박한 지리적인 환경을 무대로 농민의 삶이 이루어진 곳으로, 한국 농촌의 변화 모습이 압축적으로 담긴 곳이다. 책에서는 농지 개척이 시작된 조선시대부터 일제강점기를 거쳐 현대에 들어 농업 근대화와 대도시 편입을 겪으면서 지역이 변화되는 모습을 다루고, 마을비에 새겨진 글을 통해 마을이 공동체를 지켜 나가는 모습을 찾고자 하였다.

책은 세 부분으로 구성하였다. [프롤로그]에서는 벼농사를 중심으로 한국 농업지역의 지리적인 전개를 요약하고, 이를 토대로 형성된 마을의 공동체 모습을 설명하였다. 이와 함께 낙동델타와 관련된 내용이 수록된 지리지와 고지도, 지명 자료와 향토지, 통계 등의 기록 문헌을 소개하였다.

[제1부]는 9장으로 구성하였다. 제1장에서는 낙동강 삼각주의 자연환경을 다루었고 강서구 행정 지리체에서 마을을 관리하는 내용을 담았다. 제2장은 조선시대의 농지 개척 내용을 다루었다. 지리지에 수록된 제방 축조와 제염업 내용, 양안에 담긴 농지 소유 형태가 주요 내용이다. 제3장에서는 일제강점기 식민지 체제에서 제방 축조와 농지 개량을 통해 농업 지역이 재편되어 가는 과정을 다루었다.

제4장에서는 1960년대 이후 농업 기반 시설이 확충되고 벼와 상업적 작물의 재배를 통해 우리나라의 대표적인 농업 지역으로 되어가는 과정을 담았다. 제5장은 부산시로 편입되어 도시 개발이 진행되면서 대도시 주변 농업지역이 되고 도로 건설, 개발제한구역 해제와 산업단지와 주거지구 조성으로 인해 지역 구조와 마을이 변화되는 내용을 다루었다. 제6장은 유일하게 섬으로 구성되면서 부산시에 늦게 편입된 가덕도의 지역 변화 내용을 별도의 장으로 구성한 것이다.

제7장은 마을의 지명과 취락 내부 구조, 마을회관과 당제, 성씨 등을 중심으로 공동체 경관을 정리하였다. 제8장에서는 마을 표지석의 형태와 텍스트 분석을 통해 마을민들이 삶의 공간을 어떻게 인식하고 있는 가를 찾고자 하였다.

제9장은 제1부의 맺음말에 해당한다. 낙동델타의 마을비는 도시화라는 거센 파도 앞에서 소멸의 위기감을 느낀 농민들이 맞서는 모습으로 이해되었다. 마을민들은 그들이 공유한 기억을 돌 위에 텍스트로 새김으로써 스스로의 정체성을 확인하여 기억의 공동체(community of memory)를 구현한 것이다.

[제2부]에서는 지지(地誌) 형식을 빌어 마을의 지리를 정리하였다. 옛 행정 구역을 바탕으로 구성하였으며, 이를 위해 부산시로 편입되기 이전의 지도를 이용하였다. 내용은 마을비를 중심으로 회관, 당산 등의 공동체 경관을 다루었고, 지명과 연혁, 인구 변화를 함께 담았다. 마을비의 글은 수정 없이 그대로 수록하였으며, 항공사진과 정사영상을 통해 마을의 옛 모습을 보여 주고자 하였다.

책을 쓰기 위한 마을 조사를 하면서 '이곳 출신이신가?'라는 질문을 많이 받았다. 1980년대 부산대학교에 부임하면서 농업지리학을 공부하던 필자에게 낙동델타는 소중한 연구 현장이었다. 삼각주에서 농민들이 농지를 개척하면서 취락을 확대하고 삶의 공간을 형성하는 과정은 지리학적 상상력의 좋은 주제였다. 이를 구체화하기 위해 몇 편의 논문을 쓰기도 하였다. 그러나 시간이 지날수록 능력의 한계와 부족을 느꼈다. 실체도 보지 못하고 현장감도 없다는 자괴감에서 비롯된 것이었다.

인연이 닿지 않은 것이라 생각하고 오랫동안 공부의 시선을 딴 곳으로 돌렸다. 정년을 앞두고 부산의 역사지리와 지명을 주제로 쓴 글을 정리하면서 낙동델타를 다시 접하게 되었다. 마을비에 새겨진 글에 시선이 닿았고, 이들에게서 필자의 글이 담지 못하였던 생동감을 느꼈다. 기록으로 남겨 놓아야겠다는 소박한 생각에서 책의 집필을 시작하였다. 일이 커졌지만 『대동여지도』를 비롯한 고지도 연구가 큰 힘이 되어 주었다.

책을 쓰면서 그동안 묻어 두었던 나의 농업 관련 글을 다시 들여다보고 정리한 것이 큰 소득이다. 책의 「프롤로그」 부분은 필자의 연구물을 정리하여 보완한 것이다. 지리학적인 상상력은 땅과의 인연을 소중하게 여기는 데에서 시작된다는 것을 알게 되었다. 미진한 부분이 적지 않다. 한 장의 벽돌을 쌓겠다는 심정으로 이 책을 마무리하였다.

필자의 농촌·농업지리학에 대한 관심은 1970년대의 대학 시절 방학때마다 갔던 강원도 농활에서 비롯되었다. 평창군 한치마을의 한 여름 감자밭에서 흠뻑 맞았던 소나기가 지금도 떠오른다. 우리의 농활 대장이었던 고(故) 제정원 베드로 신부께서 올해 초에 선종하셨다. 주님 안에서 영원한 평화와 안식을 빕니다. 2000년 8월 여름 IGC 세계농촌지리학대회 때 70여 명의 국내·외 농촌지리학자들과 함께 낙동델타 일대를 답사하였다. 뜨거웠던 여름의 기억을 공유하고 있는 청우회 친구들, 한국농촌지리학회의 동료들, 그리고 부산대 지리교육과 졸업생들과 부산에서 만난 좋은 인연들에게도 감사드린다. 충청북도 괴산군 분지리의 여름 농활에서 만나 일생의 반려가 되어 준 이의경(李義京) 님과 가족들에게 깊은 고마움을 표하며 이 책을 드립니다.

많은 마을이 없어지거나 이전되어 자료 수집이 약간 힘들었다. 그러나 답사를 하며 만난 마을비의 글은 마치 농촌 어른의 경험담을 듣는 듯하여 작은 즐거움이 되었다. 마을 자료를 협조해 주신 강서문화원의 최해준 국장님을 비롯한 관계자 분들, 강서구청의 임직원과 낙동델타의 여러 이장(통장)님들, 거친 글을 꼼꼼히 읽어준 부산대 임정연 박사께 감사드린다. 그리고 지도와 표, 사진이 넘치는 원고를 세밀하게 편집하여 책으로 완성해 주신 부산대학교 출판문화원의 박지현 님을 비롯한 여러 임직원들에게 고마움을 표한다.

2024년 3월
柰谷 김기혁

[목 차]

[제2부] 마을과 마을비

일러두기

[제1부]

1. 책에서 지도의 독해를 돕기 위해 앞 부분에 주요 지도를 채색본으로 수록하였다. 본문의 일부 지도에는 판독을 위해 한글 지명을 병기하였다.
2. 본문 서술에서 지역을 지칭하는 용어로 '삼각주', '강서지역', '낙동델타'를 함께 사용하였다. '삼각주'는 자연 지형의 형성과 변모를 설명하는 용어로, '강서지역'은 강서구에 속한 7개 동을 포괄하는 지리체의 의미로 사용하였다. '낙동델타'는 자연을 무대로 형성된 인문지역을 지칭하는 용어이다. 이들은 내용 서술과 문맥에 따라 유연하게 사용하였다.
3. 내용 구성에서 동별 순서는 부산시로 편입된 시기에 따르는 것을 원칙으로 하였으며 부분적으로 조정하였다. 없어진 법정리 지명은 '[ ]'로 표시하여 구분하였다(예: [출두리]). 마을 지명은 일상에서 사용되는 이름으로 표기하였으나, 지명이 동일한 경우 법정리 지명을 병기하였다(예: 본리→사두본리, 하리→평강하리). 인구수 등의 내용은 2023년을 기준으로 하는 것을 원칙으로 하였다.
4. 지형도, 통계, 그림 등의 자료 출처는 제목과 함께 병기하는 것을 원칙으로 하였으며 「참고문헌」에 별도로 표시하였다. 사진 중 별도 출처 표시가 없는 것은 2020~2023년 사이에 저자에 의해 촬영된 것이다.
5. 일부 소장처와 사료, 개념 용어는 약어를 사용하였고, 이는 본문 중 첫머리 부분에 밝혀 놓았다(예: 서울대학교 규장각한국학연구원→규장각, 『신증동국여지승람』→『승람』, 에코델타시티사업지구→에코델타지구)

[제2부]

1. 제2부는 마을지 체제로 편제하였으며, 행정동-법정동(리)-마을 순서로 구성하였다. 마을의 소속 동(리)는 『지명조사철』(1959)에 따랐으며, 옛 마을도 수록하였다. 철거되어 없어진 마을은 '▶' 기호를 사용하여 구분하였다.
2. 지도로는 『조선지형도』(1916), 『현대지형도』(1974)와 함께 정사영상, 항공사진을 이용하였다. 인구 통계는 일제강점기의 『신구대조』(1914), 『지지조서』(1916) 자료를, 1970년대 이후는 『새마을총람』(1972), 『부산의 자연마을』(2006)과 『강서구 인구통계』(2023)를 정리하여 수록하였다.
3. 마을의 서술은 마을비와 회관, 당산, 노거수를 중심으로 구성하였고, 연혁과 지명 유래는 현지 답사와 향토 자료를 바탕으로 간략하게 설명하였다. 마을비는 표지석 사진과 함께 텍스트를 원문 그대로 수록하였다. 판독이 불가능한 글자는 □로 표시하였다.
4. 마을 사진 중 강서문화원을 비롯한 기관으로부터 협조받은 자료는 별도의 면에 일괄적으로 밝혀 놓았다.

물, 벼농사, 마을 공동체, 농촌과 도시 그리고 기록

1. 물과 벼농사
2. 벼농사와 마을 공동체
3. 20세기 한국의 농촌과 도시
4. 낙동델타의 기록물: 지리지 · 지도, 통계와 향토지

[벼농사의 계단식 논, 양산시 동면 산지마을 2008]

1. 물과 벼농사

물은 땅의 형상과 흙을 만들며, 인간은 이를 일구어 농사를 지으면서 삶의 물질적인 토대를 이룬다. 동아시아 몬순(monsoon) 지대에 속하는 우리나라의 농촌은 기후와 풍토의 제약을 극복하면서 벼를 재배하였다. 쌀을 주식으로 하였고 이는 공동체 문화의 기저를 이루었다.

1) 물의 지리

물은 모든 생명의 근원이다. 식물은 뿌리에 있는 영양분을 잎자락에 끌어 올리면서 신진대사를 유지시키며, 동물은 혈관을 통해 몸속의 미네랄을 운반하여 생명을 유지한다. 물은 지구의 대기권, 지상과 지하를 순환하면서 스스로 형태를 변화시켜 생태계의 일부로 작용한다. 영하 온도에는 스스로의 부피를 팽창시켜 암석의 풍화 작용을 통해 토양층을 형성하여 식물이 자랄 수 있게 한다. 또한 강과 호수의 표면을 얼음층으로 덮어 수중 생물을 보호하기도 한다. 물의 점성은 물질을 결합시키는 역할을 하며, 토사를 운반할 수 있는 힘은 삼각주 등의 하천 지형을 형성한다.

물은 강수와 증발을 통해 대기권을 끊임없이 순환한다. 수증기 형태로 떠돌아 다니는 물은 강수 형태인 비가 되어 육지로 내려온다. 바다, 강과 호수의 물은 태양열에 의해 다시 하늘로 올라간다. 습도와 강수량은 기온과 함께 지역 간 기후 차이를 유발한다. 어디든지 스며들 수 있는 물 입자의 능력은 건조하거나 습윤한 풍토를 만들어 생활양식의 지리적인 차이를 이룬다.

지구상의 물의 자원은 엄청나게 많지만 인간 사회가 이용하는 강과 호수는 극히 일부에 불과하다. 바다는 지구 표면의 70% 이상을 차지하며 극 지방의 빙하와 함께 물의 대부분을 차지한다. 바다는 해양 에너지를 이용하여 해안에 접한 육지의 지형을 형성하며 바닷가에서 어촌의 모습에 영향을 미친다.

담수로 구성된 호수의 물은 강에 비해 40배나 많으나 한 곳에 담겨 있고 물이 흐르지 않아, 호숫가는 인간의 생활 무대로 적절하지 못하다. 반면에 강물은 흐르면서 자체 정화 기능을 하고, 인간이 쉽게 접근할 수 있어 접촉할 수 있는 범위가 호수에 비해 길다. 이 때문에 무거운 물을 가옥까지 운반하는 것도 상대적으로 용이하여 강에 가까운 곳은 일찍부터 인간 모듬살이의 무대가 되어왔다.

강물과 지하수는 식수와 농업 용수로 사용되어 인간 생활에 없어서는 안될 존재이다. 또한 강은 교통로로 이용되어 사람과 마을을 이어지게 하였다. 동일한 하천의 유역에 함께 살고 있다는 인식은 지역 공동체 형성의 바탕이 되기도 하였다. 뿐만 아니라 물길은 국경, 도시와 마을의 경계를 긋는데 이용되어 사람들을 가르기도 한다. 동아시아에서 물길은 산줄기와 함께 풍수(風水) 논리로 해석되어 가옥과 취락, 도읍(都邑)과 국도(國都) 입지의 근거로 삼기도 하였다.

물과 관련된 환경은 사회의 조직과 역사를 결정하는 제약 조건이면서 동시에 기회가 되어 왔다. 역사적으로 볼 때 마을과 도시, 국가의 운명은 자원으로서의 물을 어떻게 관리하느냐의 능력에 달려 있다.

2) 벼농사

우리나라 농촌 마을은 전통적으로 벼농사에 바탕을 두어 왔다. 기원전 2~3세기 밭벼[陸稻]가 전래된 후 한반도의 지리적인 풍토와 결합되었다. 관개시설이 축조되면서 주작물이 되었고 이는 마을과 지역 공동체의 근간을 이루었다.

(1) 벼 재배와 품종

① 벼의 특징

벼는 인간이 재배하는 작물 중 토지 생산성이 가장 높다. 또한 완전식에 가까울 정도의 영양분과 칼로리를 갖고 있어 단위 면적당 많은 인구를 부양할 수 있다. 이 때문에 세계적으로 벼농사를 주작물로 재배하는 지역은 인구밀도가 매우 높은 공통점을 지닌다.

벼의 생장에 있어서 물은 필수적이다. 이 때문에 재배를 위해서는 충분한 강수가 절대적으로 필요하다는 불리한 측면과 동시에 밭작물의 재배가 불가능한 습지에서도 경작이 가능하다는 유리한 점을 동시에 갖고 있다. 벼농사의 관개시설은 대규모 노동력을 집중 동원할 수 있어야 하기 때문에 동아시아에서 전제주의(專制主義)의 국가가 발생한 원인이 되었다는 학설이 있다(Wittfogel, 1938).

벼농사는 관개 시설에 의존하지 않은 경우 연 2,200mm 이상의 강수량이 필요하다. 연 1,000~1,500mm에 불과한 우리나라 기후 조건에서 벼농사를 위해서는 물 부족을 해결하기 위해 저수지 등 관개시설이 축조되었다. 3월에 파종하고 모내기를 거쳐 8월에 벼꽃이 피어 성장점이 물 위로 나올 때까지는 논에 물이 담겨 있어야 하기 때문이다. 모내기에 적합한 시기는 대개 5월에서 7월 사이이며, 기후의 차이에 따라 지방마다 서로 다르다. 북부 지방에서 일찍 시작하며 남부 지방으로 순차적으로 내려오며, 시기를 맞추어야 하기 때문에 일년 중 가장 바쁜 농번기에 해당된다(그림 1).

벼농사는 지력 소모가 비교적 적어 휴한(休閑) 없이 매년 농사짓기가 가능하다. 생육기간이 연 130~150일에 불과하여 이기작(二期作) 혹은 보리 등과의 이모작(二毛作)도 이루어진다. 또한 생산성이 높고 수확기가 일정 시기에 집중되기 때문에 국가로서는 밭작물에 비해 상대적으로 조세 징수에 유리하다는 견해가 있다(Scott, 2017).

그림 1. 모내기의 모판(양산시 상북면, 2008)

② 재배 품종

벼는 세계적으로 20여 종이 있으며 이 중 순치(馴致, domestication)되어 재배되는 종은 아시아의 사티바(Oryza Sativa)와 아프리카의 글라베리마(Oryza Glaberrima) 품종이다. 나머지는 야생 벼로 남아 있다. 사티바 종은 볍씨의 형태에 따라 자포니카[Oryza Sativa var Japonica]와 인디카[Oryza Sativa var Indica] 계열로 나뉜다.

지금 우리나라에서 재배되고 있는 벼는 자포니카 계열이다. 낱알이 둥글고 찰기가 있다. 주로 중국, 일본을 비롯한 동아시아 국가에서 재배된다. 이에 비해 인디카 계열은 낱알이 길쭉하며 끈기가 적은 품종으로 인도를 비롯한 동남아시아와 중국 남부에서 재배된다. 한편 자포니카 계열 중 자바니카(Javanica)는 인도네시아 등에서 재배되어 열대 자포니카로 부르기도 한다.

사우어(Carl O. Sauer)의 가설(1925)에 의하면 벼는 순치되기 이전에는 다년생 화목(禾木)이었다. 동남아시아 아샘 지방과 미얀마 등 아열대 산악지역에서 타로(taro) 감자 밭 주변에 자생하던 영양 번식 식물로 추정되고 있다. 재배 초기에는 논벼[水稻]가 아닌 밭벼가 대상이 되었으며 이들은 고도 1,000~2,500m 산간 지역의 계류천(溪流川) 유역에서 재배되었다. 평지에서 수전(水田) 농업은 홍수 관리와 관개 기술이 발달한 후에야 가능하였다.

지금 우리나라에서 재배되는 벼 품종은 1906년(광무 10) 수원의 권업모범장의 품종 개량 사업에서 비롯되었다. 당시 일본의 벼농사는 강수가 풍부하여 논에서 재배되는 수도(水稻)가 중심이었다. 반면에 조선은 밭벼[육도, 陸稻]가 적지 않은 비중을 차지하였으며, 수전 농업은 관개 시설을 갖춘 곳에서만 행해졌고 토지 생산성은 높지 않았다. 일본은 자본주의 발달을 위해 노동자의 저임금이 필요하였으며, 조선에서 쌀 수입이 필요하였다. 이를 위해 조선의 농촌에서 벼 품종 개량과 보급을 시도하였고 1904년에는 한국에서 토지농산조사를 실시하였다. 이를 바탕으로 1906년에 수원에 권업모범장을 설치한 것이다.

(2) 우리나라 벼농사의 발달

벼가 한반도로 전래될 당시에는 기장[稷類], 수수[黍蜀類], 보리[麥類] 등이 주 작물이었고, 벼는 부작물에 불과하였다. 이후 철제 농기구로 토양을 깊게 갈 수 있게 되어 심경(深耕)이 가능해지면서 벼농사가 확대되었다. 이전에 밭으로 이용되던 농경지는 물을 담아 벼를 재배할 수 있도록 평탄화하면서 세분화되었다. 벼가 재배되는 농경지를 일컫는 순수 우리말인 '논'은 경상도 방언의 '나눈다'라는 의미를 지닌 '(밭을)노누다'에서 비롯되었다는 학설이 있다(황원구, 1966).

당시의 벼는 기후가 온난한 남부 지방 일대에서 먼저 재배된 것으로 추정되고 있다. 특히 경상도는 다른 곳에 비해 산지가 발달하여 계류천이 많이 흐르기 때문에 산록에서 노동력을 크게 들이지 않고 소규모 제방으로 저수지 등의 관개 시설을 만드는데 유리한 조건을 갖추고 있었다.

통일신라시대 들어 노동력을 집중적으로 동원할 수 있는 정치 체제가 뒷받침되면서 수리시설의 축조가 확대되었다. 이로 인해 경상도에서 벼농사가 활발해지고 밭농사보다 우위에 이르면서 미작 농경문화가 형성되었다. 지금 남아 있는 가야와 신라시대 왕릉은 당시 경상도 일대애서 제방 축조 기술의 일면을 보여준다.

고려시대에는 국가 경제가 미곡 중심으로 이루어졌고, 벼는 화폐 기능을 담당하기도 하였다. 조선시대 들어서 벼농사가 비약적으로 발달하였는데 이의 대표적인 농법이 이앙법(移秧法, 모내기)과 후기의 이모작(二毛作)이었다. 조선 초기의 벼농사는 대부분 논에 못자리를 조성하지 않고 봄에 볍씨를 파종하여 가을에 수확하는 직파법(直播法)에 의존하였다.

이앙법은 토지 생산성 증대에 획기적인 계기가 될 수 있었다. 모내기를 하면 직파 농법에 비해 건강한 묘종(苗種)을 선택할 수 있고 두 곳의 토양 지력으로 벼가 자랄 수 있어 생산량이 증대한다. 뿐만 아니라 잡초를 제거하는 김매기의 횟수를 줄일 수 있어 노동력이 절약되는 이점이 있다.

그러나 당시의 이앙법은 한반도의 기후 풍토에서 쉽게 수용되기 어려웠다. 벼는 3월에 파종이 이루어진 후 생장기에는 많은 물이 요구된다. 이앙을 할 경우에는 모내기철인 6~7월의 논에 반드시 물이 담겨 있어야 한다. 가뭄으로 물을 대지 못하여 모내기가 불가능하면 한 해 벼농사를 망치게 된다.

우리나라는 3월부터 6월 장마기까지 건기에 해당되기 때문에 수리시설이 부족한 상태에서 모내기철에 충분한 물을 저장해 놓을 수 없었다. 이로 인해 당시에는 직파법이 비교적 안정적이었으며, 이앙법은 나라에서 금하기도 하였다.

『농사직설』「종도조」에는 '제초(除草)에는 편리하나 만일 큰 가뭄이 오게 되면 농가에 위험하다'라 하여 수용이 불가하다는 내용이 있다. 이앙법에 대해 『세종실록』(세종 17년 4월 16일)에 '경상도와 강원도에서 금지하였으나...물이 있는 곳에서는 허가하였다[禁慶尙､江原人民苗種之法... 有水根處, 許令苗種]'는 기록이 있다. 이는 경상도와 강원도 일부 지역에서 수용을 금하였다는 내용이지만, 동시에 수리가 가능한 곳은 허가한다는 내용을 담고 있어 이앙법이 수용되기 시작하였음을 보여준다. 이후 관개시설 축조가 활발해지면서 이앙법이 지리적으로 확대되었다. 조선 전기 지리지인 『경상도지리지』(1425년)와 『경상도속찬지리지』(1469년)에서 저수지의 숫자가 급격히 증가하는 것이 이를 뒷받침한다.

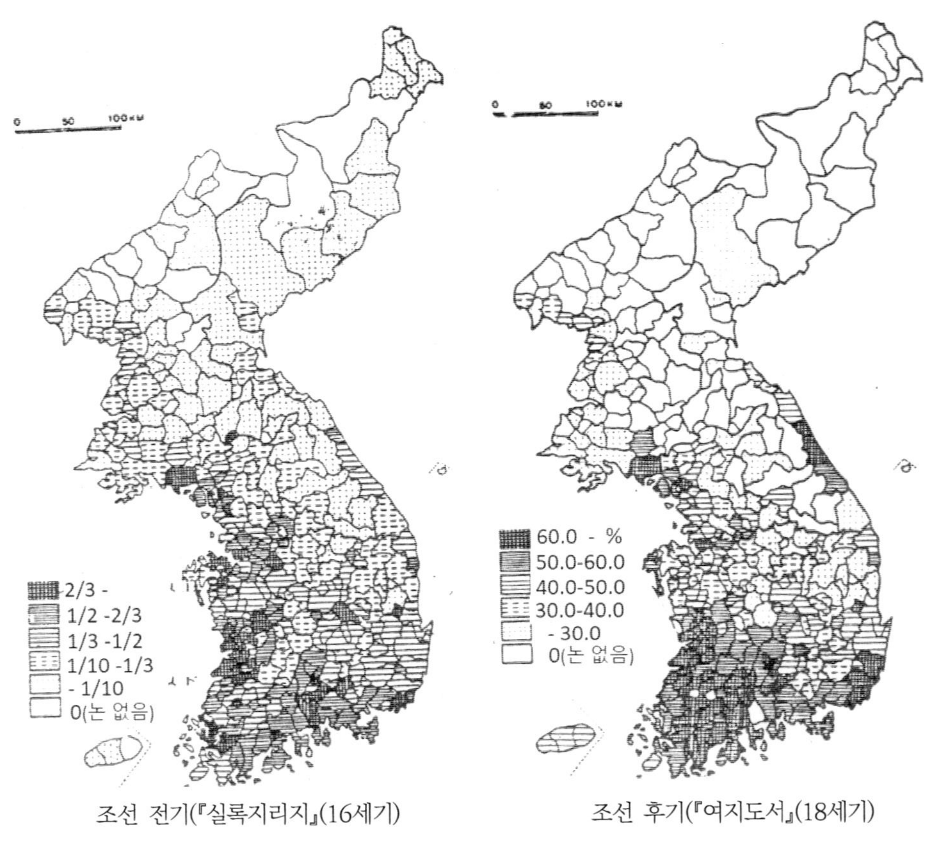

조선 전기(『실록지리지』(16세기)　　조선 후기(『여지도서』(18세기)

그림 2. 조선시대 논 비율의 변화(출처: 김기혁, 1991, 이하 지도 동일)

이앙법은 조선시대 농업 발달에서 두가지의 중요한 변화를 유발하였다. 첫째로는 기존 노동력으로 더 넓은 경지를 경작할 수 있게 되었다는 점이다. 이로 인해 간척 등으로 농경지의 수평적인 확장이 가능한 전라도를 비롯한 연해 지역에서는 광작(廣作)이 이루어지고 벼농사가 확대되면서 대농(大農) 계층이 형성되기 시작하였다(그림 2).

이에 반해 일찍부터 벼농사가 시작된 경상도에서는 이앙법으로 인해 토지 생산성이 증대하여 농민의 자영농적인 성격이 강화되었다. 그러나 동시에 노동력이 절약되면서 잉여노동력에 속한 농민층이 토지에서 일탈되어 유민(流民)이 되기도 하였다. 이로 인해 경상도와 강원도 산간지역에서는 화전(火田)이 확대되기도 하였다.

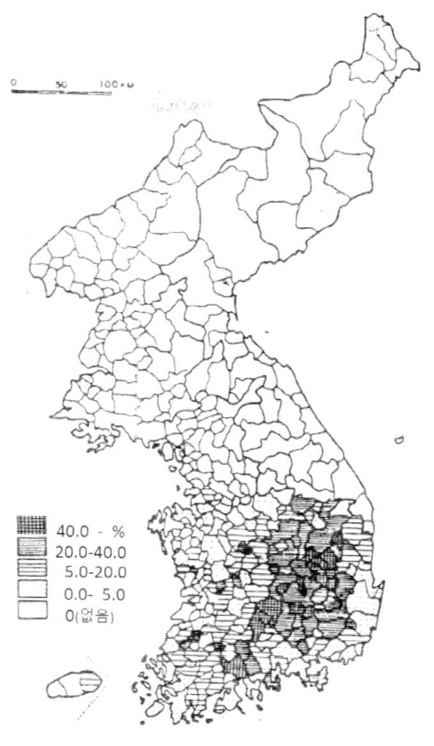

그림 3. 이모작 분포(1912)

이앙법은 조선 후기에 들어 이모작을 가능하게 하면서 농업 발달에 큰 영향을 주었다. 종래의 직파법은 벼가 논에서 생육되는 기간은 파종부터 수확기까지 약 7~8개월이 필요하였다. 그러나 이앙법을 수용하면 모내기-수확기의 약 5개월로 줄어든다. 특히 보리 수확 기간인 4~5월에는 밭으로 이용할 수 있어 벼-보리의 경합 기간을 피할 수 있다. 또한 시비(施肥) 기술이 발달하면서 지력을 유지할 수 있게 됨에 따라 벼와 보리를 결합하는 이모작이 본격적으로 수용되었다. 이모작의 지리적인 확산은 경상도를 중심으로 시작되었으며 이후 전라도 지역으로 확대되었다(그림 3).

이모작 발달로 인한 토지 생산성의 증대는 농지 소유 관계에 영향을 주었고, 특히 지주-소작인 간의 생산물 분배 방법에서 변화가 유발되었다. 조선 전기의 소작 형태는 생산물인 벼를 절반씩 나누는 관행이 일반적이었다. 그러나 후기에 들어 이모작으로 생산성이 높아지면서 수확물인 벼와 세미(稅米), 종자(種子)의 부담 여부, 이모작으로 산출되는 보리의 배분 방법 등으로 복잡하게 되었고, 이들은 지역별로 다양한 형태로 전개되었다. 그러나 대부분 지주와 농민이 생산물을 공평하게 반반씩 나누는 병작반수(竝作半收)를 기본으로 하였으며, 구체적인 내용은 세미·종자의 부담과 보리의 분배 방법 등으로 조정되었다(김기혁, 1996).

조선시대 농업에서 경작에 대한 계약은 소작인-지주 간에 서면보다는 관행에 의해 이루졌으며, 농민의 경작권은 보호되어 후손들에게 상속되기도 하였다. 이는 농촌 마을에서 일어날 수 있는 신분 갈등을 해소시키는 기제가 되기도 하였다.

2. 벼농사와 마을 공동체

벼농사를 바탕으로 하는 농업지역은 대부분 정착 취락을 이루며 이는 정주(定住) 공동체를 이루는 바탕이 된다. 농촌 공동체는 농업 경영에서 마을 내의 상호 협동을 위해 사회를 조직한 결과이다. 마을은 농경지와 취락을 중심으로 외부와 경계를 설정하여 공동체의 지리적인 범위가 형성된다. 이러한 과정에 나타나는 공동체의 영역성은 마을 정체성(identity)의 바탕이 되며 사회 체계를 유지시키는 역할을 한다.

1) 논의 조성과 소유관계

(1) 논의 형상

벼를 재배하는 논[畓]은 물을 담은 인공적인 환경을 조성하여 그 아래의 토양이 직접 비를 맞지 않게 되어 성장 환경이 안정될 수 있다. 이를 통해 물속의 미생물이 유기물질을 생성하고, 산소 없이도 활동하는 미생물들은 물밑에 비옥한 옥토층을 형성하는데 도움을 준다. 따라서 논은 항상 물을 가둘 수 있도록 조성되어야 하며 이 때문에 논의 형상은 마을에서 어떠한 입지 조건을 막론하고 자연 지형과 어우러지는 모습을 보인다. 계거(溪居)를 이루는 마을의 경사진 곳에서는 높은 곳으로부터 낮은 곳의 논으로 물을 차례로 댈 수 있도록 경사를 따라 계단식으로 논이 만들어진다. 경사도가 높고 지세가 험한 곳에서는 논 한배미의 크기는 작아진다(그림 4).

그림 4. 농촌 마을의 계단식 논(양산시 동면 산지마을, 2008)

논은 소유 단위인 필지(筆地)와 경작 단위인 배미 혹은 떼기로 분할된다. 이의 경계인 '살피'는 둑, 두렁, 하천, 도랑, 도로, 울타리 등으로 이루어진다. 논의 형상은 기본적으로 지형적인 요인에 의해 영향을 받으며, 수리시설과 도로의 접근성, 농업 경영 형태, 농지 상속법 등의 사회 제도적인 요인 등에 의해 결정된다. 농지 형태는 기하학적인 모습에 따라 규칙형과 불규칙형, 가로와 세로의 비율에 따라 정방형, 장방형, 세장형으로 구분된다.

우리나라 농가의 평균 경영 필지수는 5~6곳으로 여러 곳에 농지가 산재되어 있다. 필지가 분산되는 원인에 대해서는 지형과 수로에 따른 논 조성으로 경지 세분화, 경작지의 새로운 구입, 상속에 따른 필지의 분할로 설명된다. 농촌의 필지 분산에 대해서는 논두렁[휴반, 畦畔] 면적의 과다 점유에 따른 비경제성, 경계 분쟁의 발생 빈도 증가, 관개용수 이용과 농지 관리의 블편, 농기계 이용의 제약 등이 불합리한 점으로 지적되기도 하였다.

그러나 필지 분산은 소농 경제하에서 집약적 농업의 구체적인 발전 형태로 보는 견해가 있다(이태진, 1978). 즉, 소농 위주의 농업에서 소규모 가족 노동력으로 경영할 때, 분산은 용수 이용의 시간적인 차이, 작물 품종과 작업 시기의 차이를 발생시켜 극단적인 노동 수요의 집중을 완화시키고 위험을 분산하며 다양한 토양의 확보를 통해 다각적인 농업 경영을 가능하게 한다는 것이다.

또한 농기구, 수리시설의 공동이용, 상호 노동 교환 등을 수월하게 함으로써 소농 경제에 필요한 공동 노동의 기초가 될 수 있다. 따라서 분산은 농업 경영에서 불리한 측면도 있으나 소농 경영의 안정 및 성숙도를 반영한다. 주어진 노동력을 시·공간적으로 분산시킴으로써 노동 집약도를 최대화시킬 수 있기 때문이다.

필지가 농민의 거주지를 중심으로 분산되어 있으면, 가옥이 어디에 입지해도 농경지까지의 총 이동거리에서는 큰 차이가 나타나지 않게 된다. 이는 가옥 배치에서 집촌이 나타나는 원인이 된다. 그리고 가옥 가까이에 있는 농경지는 인구압이 높아지면서 세분화가 진척된다. 이와 같은 벼농사 지역에서 나타나는 집촌은 마을 공동체의 지리적인 토대가 되었다.

(2) 농지 소유 관계

농지는 지리적인 위치의 고정성과 영속성, 개별성이라는 속성과 함께 사용 용도를 변경할 수 있고 분할, 합병이 가능하여 다른 재화와 다른 특징을 지닌다. 또한 개간에 의해 면적이 확대될 수 있는데, 이는 이론적으로는 한계생산비와 지대(地代)가 일치하는 범위까지 이루어지고, 농산물의 시장 가격에 의해 결정된다. 그러나 소농(小農)의 경영 목적이 이윤을 추구하는 것이 아닌 농민 노동력의 화폐 현시를 통한 가계비 충당인 경우 개간 확대는 이론적인 경계를 넘어선다.

농지 소유권은 산출되는 생산물을 배분할 수 있는 권리로 그 형태는 토지 생산성에 따라 변한다. 원시 공동체가 해체되거나 혹은 농경지 생산성이 높아지면 이웃한 농경지와의 경계 인식에 대해 민감해지고 배타성을 행사하면서 경직성을 띠게 된다. 이에 대한 조정 기제가 필요하여 그리스와 로마 신화에서 토지의 경계를 결정하는 테르미누스(Terminus) 신이 나타나는 것은 이 때문이다.

농지에 대한 권리는 처분권을 지닌 소유권과 경작할 수 있는 이용권으로 구분된다. 이들은 생산물 분배에서 소유자와 경작자에게 귀속되는 비율을 결정한다. 이러한 관계는 소유자와 경작자가 분리될 경우 잘 나타난다. 이때 경작자는 토지 자본에 대한 관습적인 법칙, 혹은 자본주의적인 법칙에 따라 이자를 산정하여 이용료[소작료]를 지불하고 생산물의 분배 비율은 농업 형태에 의해 결정된다.

우리나라 농촌에서는 오래전부터 소작이 행해지고 있었다. 고려와 조선시대는 국가로부터 토지를 지급받은 관료 계층이 토지의 사적 소유에 성공하고 이를 통해 지주로 변환되었다. 반면에 하호(下戶)는 소작 계층으로 유지되었다. 전통적인 지주-소작 관계는 조선 말까지 이어졌으며 이는 앞에서 설명한 바와 같이 병작반수 관계를 기본으로 하고 있었다. 그러나 일제강점기 들어서는 토지조사사업으로 인해 관행적으로 행해지던 전통적인 소작관계는 무너지고 지주-소작인 간의 계약관계로 바뀌게 되었다.

광복 후 1949년 농지개혁사업은 이전까지 이어지던 소유 관계에 큰 변화를 이루는 계기가 되었다. 1946년 북한의 시행에 이어서 남한에서는 유상몰수, 유상분배를 원칙으로 진행되었다. 전근대적인 토지 소유 관계를 바꾸기 위해 실시된 것으로 농민들은 이전에 형성되었던 지주-소작 관계의 끈을 벗어나게 되어 외형이나마 자작농 중심의 농업을 이루게 되었다. 모든 농지는 『농지원부(農地原簿)』에 의해 소유자와 경작자가 기록되었으며 이를 바탕으로 경자유전(耕者有田)의 원칙이 유지되었다. 농지개혁 이후 농가당 평균 경영 규모는 약1.0ha[3,000평] 내외가 되었다.

1960년대 산업화 시대 이후 도시산업화가 급격하게 전개되면서 농촌 인구의 도시 집중이 가속화되고 1968년을 기점으로 농촌·농업인구가 감소하기 시작하였다. 농촌에서는 노동력 임금이 상승하고 농업 기계화가 진행되었다. 이와 함께 도시 주변의 농촌에는 도시의 토지 자본이 유입되기 시작하면서 종래의 농지 소유 관계에 변화가 나타나기 시작하였다.

자본주의 사회에서 토지 소유권과 경작권이 분리되면, 소유권은 생산적인 기능을 하지 못하고 농산물의 분배 기제로만 작용한다. 즉 소유권자는 경작자가 발생시킨 농업 성과를 노동의 직접적인 참여 없이 획득하게 된다. 이때 농민이 지불하는 노동력과 현금, 현물 등에 의해 소유자는 농지의 구입 또는 개간을 통해 새로운 토지 창출이 가능하게 된다. 토지를 소유한다는 것 자체가 자본 축적의 원천이 되는 것이다.

농민은 그들이 농업을 떠나지 않는 한 토지 임차가 농업 경영 확대의 수단이 된다. 그들은 임차료를 제외하고 남는 수입이 자신의 노동 투자에 대한 이윤보다 낮아도 소작은 유지된다. 그들에게 농업 경영의 목적은 이윤 추구라기 보다는 그들 자신의 생계를 조달하기 위한 노동비의 현시이기 때문이다.

2) 마을 공동체와 경관

(1) 벼농사와 공동체

마을은 인간이 땅을 점유하면서 나타나는 1차적인 모듬살이다. 마을 형태는 공간을 점유하는 과정에서 자연과 사회, 경제적인 환경과 조화를 이루며 결정된다. 마을은 가옥 공간을 중심으로 경제공간과 사회·문화공간으로 구성된다. 이 중 마을의 기본적인 성격을 결정하는 것은 농민들의 일상이 거의 매일 반복되는 농경지를 중심으로 형성된 경제공간이다.

공동체는 다양하게 정의되나 지리적인 영역, 사회적인 상호작용, 공동 유대적인 관계를 기본 요소로 한다. 이 때문에 마을의 사회 변동은 반드시 지리적인 프로세스(process)를 포함하며 그 중심에 농경지가 자리잡고 있다. 농경지의 자연적인 조건과 이의 소유와 이용 형태는 마을 사회의 성격과 밀접한 관련성을 지니기 때문이다.

우리나라의 벼농사는 높은 토지 생산성으로 인구 부양력이 높아 마을 사회가 유지되는 기초가 되었다. 특히 논 조성 과정이 밭에 비해 특수하고 까다롭기 때문에 다른 작물로의 재배 전환에는 경직성을 지니고 있다. 이 때문에 대부분 농촌 지역에서는 벼농사를 근간으로 하고, 다른 작물은 주로 밭에서 재배된다. 벼농사를 중심으로 형성된 우리나라의 마을 공동체가 밭 작물을 바탕으로 하는 서구의 농촌 커뮤니티(rural community)와 성격을 달리하는 것은 이 때문이다.

(2) 마을 경관과 가옥

우리나라 마을은 대부분 산록과 농경지가 이어지는 곳에 집촌을 이루어 괴촌(塊村) 형태의 모습을 보인다. 산록의 말단부는 지하수가 용출하여 생활용수를 구하기 용이하다. 산록에서 발원한 계류천이 마을 중심을 지나 농경지로 이어져 농업용수로 이용된다. 마을에서 가옥 배치는 마치 무질서한 듯이 보이나 이는 벼농사 지역에서 공동체적인 사회 질서가 반영된 모습이다.

① 마을 내부 구조

마을 초입부에는 거의 예외 없이 표지석 혹은 마을나무 등이 있다. 마을나무는 숲[洞藪] 형태로도 나타난다. 이들은 외부인들에게 취락의 존재를 알리고 마을의 영역 공간이 시작되었음을 보여준다. 동시에 마을민들에게는 '우리 삶터의 시작'이라는 인식을 심어준다(그림 5).

이곳을 지나면 마을 안으로 연결된다. 대부분 물길을 따라 큰 길이 나 있으며 이에서 갈라진 작은 길이 가옥까지 이어진다. 제주도에서는 이 길을 '올레'라 부른다. 주민들에게 마을의 길은 바깥 세계를 이어주는 통로 역할을 한다. 때로는 마을 축제가 행해지는 공간으로 이용되며, 어린이들에게는 술래잡기, 구슬치기 등의 놀이터이다.

마을을 좀 더 올라가면 가옥의 밀도가 떨어지고 재실, 사당, 선산 등이 나타난다. 재실은 마을의 성씨 구성을 경관으로 표현한 것이다. 우리나라의 여러 곳에서 나타나는 집성촌(集姓村)은 고려시대에 성씨의 본관(本貫)이 만들어진 후 형성된 것으로 보고 있다. 조선시대에는 성리학의 영향을 받아 성씨 집단은 더욱 강화되었다. 마을에서 성씨는 공동체의 중심을 이루고 특정 성씨의 영향을 강화시키는 기제가 되기도 한다.

집성촌에서 재실은 조상의 시향제(時享祭), 묘사(墓祀) 등의 제사를 지내는 곳이며, 시조나 중시조의 묘소 혹은 사당 근처에 세워진다 부근에 선산, 위토가 있으며 먼 길에서 오는 씨족들이 머무르고, 제사 후에 함께 모이는 장소이다. 마을 공간의 위계상으로 볼 때 가장 높은 위치한다.

재실이 특정 성씨의 제사를 위한 공간인 반면에 마을민들의 공동 제의 장소로 당집 혹은 당산이 있다. 이곳에서 마을민들은 성씨를 가리지 않고 매년 정해진 날에 함께 당제를 올린다. 당산은 마을의 노거수, 혹은 동수, 큰 바위 부근에 입지하며 마을민들이 가장 신성하게 여기는 장소이다.

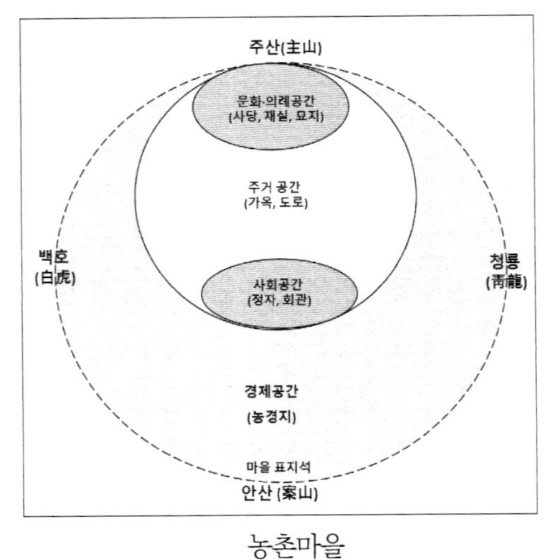

농촌마을

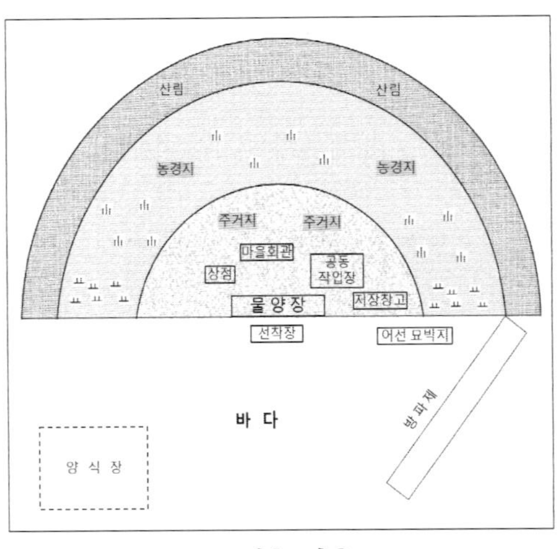

어촌 마을

그림 5. 마을의 내부 구조

해안에 연해 있는 어촌에서는 바다가 경제공간 역할을 하기 때문에 마을은 항구를 중심으로 형성된다(그림 5 참조). 어로 활동을 위해 어선이 드나드는 곳은 어획물이 집산하는 곳으로, 이곳을 중심으로 수산물의 하역 작업이 이루어져 어촌 공동체의 중심 공간 역할을 한다. 또한 해안 부두에 연한 일대는 수산물 거래가 이루어는 위판장이 들어서 있어 바다와 함께 경제공간 구실을 한다.

취락은 부두를 중심으로 동심원 구조를 이루며, 농업은 마을 뒤의 산록에서 부분적으로 행해진다. 마을의 존재를 알리는 표지석은 해안 도로에 세워져 있는 경우가 많다. 당산은 대부분 마을 뒤의 산록에 있으며, 이곳에서 매년 풍어와 마을 안녕을 기원하는 동제와 용왕제를 올린다.

② 가옥과 초가 지붕

가옥은 마을을 구성하는 기초 단위의 공간으로, 주민의 특성 뿐 아니라 마을의 성격도 보여주기도 한다. 이 때문에 가옥 경관은 마을의 특성을 규명하는 1차 자료일 뿐 아니라 문화지역을 구분하는 지표로도 이용된다. 특히 가옥의 지붕 재료는 자연 풍토뿐만 아니라 거주하는 마을민의 사회 경제적인 특성을 보여준다.

우리나라 마을에서 가옥의 지붕 재료는 전통적으로 기와를 비롯하여 볏짚과 갈대, 너와 등을 이용하였다. 기와를 재료로 한 가옥은 대부분 마을 중심부에 자리잡고 있다. 기와는 황토와 모래를 물과 함께 이겨 기와 틀에 넣어 형태를 잡아 잿물을 발라 가마에 구워 생산한다. 초가에 비해 무겁기 때문에 벽체가 두꺼우며, 양반이 거주하는 가옥이나 재실의 지붕에 사용한다. 한옥 지붕의 물매는 초가 지붕의 곡선과 함께 마을 뒷산의 모습과 어울리면서 자연과 어우러지는 모습을 보여준다.

그림 6. 초가 가옥(전라남도 순천시 낙안읍성, 출처: 한국민족문화대백과사전)

초가 지붕은 우리나라 농촌 마을에서 가장 많은 비율을 차지하였다. 볏짚을 재료로 하는 초가가 우리나라에서 보편적으로 나타나는 이유는 벼농사에서 쉽게 구할 수 있는 이유도 있었지만 우리 풍토에 어울리기 때문이었다. 볏짚 속의 공기는 바깥 기온의 변화를 차단시키는 역할을 하여 여름에 시원하고 겨울에 따뜻한 효과를 준다. 다우기에 나타나는 집중 호우 때도 표면이 미끄러워 빗물이 잘 흘러내려 스며들지 않는다. 또한 지붕 물매는 매우 완만하기 때문에 마당이 좁을 때에는 고추 등의 농작물을 말리고, 호박이나 바가지 덩굴을 올려 밭의 일부로도 사용한다.

벼농사가 불리하여 볏짚을 구하기 어려운 곳에서는 갈대를 지붕 재료로 사용한다. 일명 샛집이라고도 부르며, 낙동강 삼각주와 제주도 등의 해안 간석지나 산지 등에서는 많이 이용되었다. 갈대 지붕은 초가보다 수명이 오래가나 무거워서 벽 구조가 보다 튼튼해야 한다. 이 외에 강원도 산간 지역에서는 너와집을 비롯하여 나무 껍질을 이용한 굴피집이 있으며 편마암이 분포하는 곳에는 돌기와집이 나타나기도 한다.

(3) 새마을운동과 마을 경관

우리나라의 전통적인 마을 경관은 1970년대부터 시작된 새마을운동에 의해 크게 변모되었다. 농촌 근대화를 목표로 하여 중앙 정부가 주도한 사업으로 진행되면서 짧은 기간에 걸쳐 우리나라 농촌 마을의 경관을 크게 바꾸어 놓았다. 이전의 농촌 개발 사업이 면(面) 단위에서 이루어졌던 것에 반해 기초 지역 단위인 마을을 대상으로 하였기 때문에 이전과 비교할 수 없을 정도로 영향이 컸다.

전국의 개별적인 자연 촌락을 대상으로 실시하였으며, 사업은 1970년 동한기를 이용하여 전국 3만 3천여 개의 자연마을에 시멘트를 무상 지급하여 주민 협동에 의한 마을 환경 개선사업을 실시한 것이 계기가 되었다. 사업 내용은 지붕 재료를 볏짚 대신 슬레이트 혹은 함석으로 개량하고, 담장 및 마을 안길 정비였다. 이는 뒤이어 마을회관 건립과 농로 포장 사업으로 이어졌다. 마을과 농경지를 잇는 농로의 폭이 넓혀지고 포장되면서 경운기 등의 농기계 수용이 원활하게 이루어지기도 하였다.

세마을운동 이후에는 마을 공간이 재구성되면서, 회관은 주민 일상의 중심 공간이 되었고 4H, 부녀회 등 농촌 사회 조직의 결성 계기가 되었다. 이와 같이 마을에서 주민 조직이 다양하게 만들어졌으며, 이들의 모임은 대부분 회관에서 이루어졌다. 회관 인근에는 소규모의 공판장이 들어서기도 하였다.

새마을운동은 지금도 진행 중인 사업으로 이에 대한 평가는 다양하다. 당시 중앙 정부 일방의 하향적인 방식으로 전국 3만여 곳의 마을을 대상으로 획일적으로 사업이 진행되면서 마을의 다양성이 크게 훼손되었다는 비판을 받기도 하였다. 특히 가옥의 지붕 재료로 사용된 슬레이트는 우리의 기후 풍토에 적합하지 않다는 지적이 있었다.

3. 20세기 한국의 농업과 도시

조선시대 벼농사의 이앙법과 이모작을 근간으로 하는 농업 지역 구조는 20세기 들어 일제강점기를 거치면서 크게 변화되었다. 광복 후에는 농지개혁이 실시되고 1960년대 이후 도시 산업화가 진행되면서 이전과는 다른 모습의 변화가 나타났다. 농촌에서 인구가 유출되고 이로 인한 노동력의 부족은 농업기계화로 이어졌다. 도시 확장을 막기 위해 지정된 개발제한구역은 도시 주변 지역의 농업에 큰 영향을 주었다. 이들 지역에서는 표면적으로 농업이 유지되었으나 도시가 지속적으로 성장되어 개발이 이루어지고 토지이용 규제가 해제되면서 큰 변화가 나타나기 시작하였다.

1) 일제강점기 식민지 농업

일본은 대한제국을 강점한 후 토지조사사업을 실시하였고 이로 인해 조선의 토지 소유 관계는 큰 변화가 나타났다. 이 사업의 기본 목적은 조선의 토지를 일본의 자본주의 시장에 편입시키기 위한 것으로 농지의 개인 소유권과 처분권 확립을 기본 내용으로 하였다. 종래 조선에서는 양안(量案)으로 토지 소유과 소작이 관리하고 있었다. 그러나 이로써는 정확한 경계와 면적 측정이 어려워 토지의 자본주의 편입이 불가능하였다. 시장에서 원활한 토지 거래를 위해서는 면적과 경계, 소유 관계가 적힌 등기 제도를 통한 보증이 있어야 하기 때문이었다(신용하, 1982).

일제는 구한말에 이미 궁장토(宮庄土), 역둔토(驛屯土) 등의 조사를 통해 국유지를 창출하였다. 해안에 경작되지 않고 버려져 있던 미개척지를 조사하여 개척할 수 있는 토지의 조사도 실시하였다. 이로 인해 국유지에서 관행적으로 농사를 지어 왔던 농민들은 토지조사사업으로 인해 이들 농지를 경작할 수 있는 권리를 박탈당하였다.

일본은 확보된 국유지와 미개척지를 불하하기 위해 일본인들의 농업 이민을 장려하였다. 그림 7은 1912년 일본인 농민의 분포를 그린 것이다. 지도에서는 경상도 낙동강의 중·하류 일대, 전라도 영산강과 동진강, 경기도의 한강, 평안도의 대동강 하류 유역에 높게 나타난다. 이들 지역은 조선시대부터

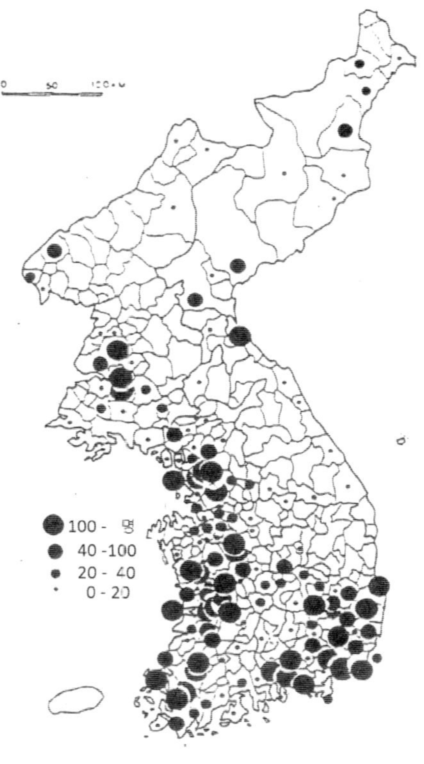

그림 7. 일본인 농민 분포(1912)

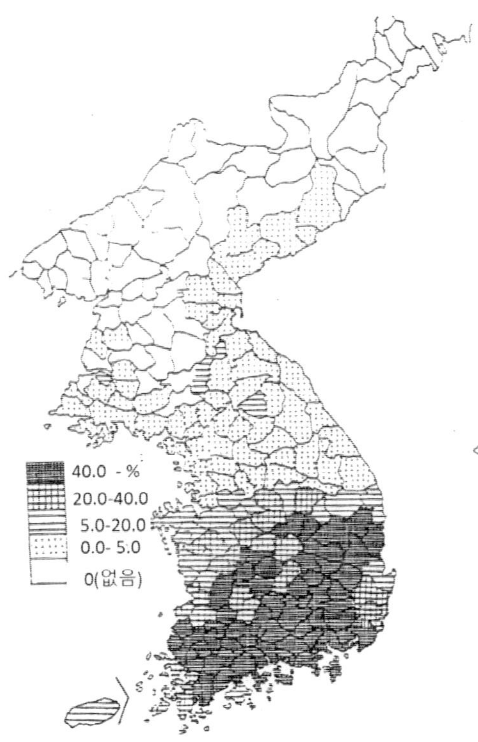

그림 8. 이모작 비율 분포(1935)

벼농사가 집중적으로 행해지던 곳이며 해안에 연한 지역은 아직 미개척지가 많이 남아 있던 곳이다.

일본은 토지조사사업이 끝난 이후에 1920~1925년, 1926~1934년의 두 차례에 걸쳐 산미증식계획 실시하였다. 이는 조선의 농업 지역을 쌀 생산 기지로 조성하여 일본의 노동자에게 저미가로 식량 공급을 목적으로 한 것이었다.

산미증식계획은 토지개량사업과 농사개량사업으로 나뉘어 시행되었다. 그 중 토지 개량사업은 수리조합에 의한 관개시설 개선이 주요 내용이었다. 농사개량사업은 경작법 개선이 주요 내용으로 품종과 농법의 개량사업으로 구분되어 이루어졌다.

당시 일본에서 소비되는 쌀 품종은 자포니카 계열로 동남아시아에서 수입하는 인디카 품종은 그들의 식탁에 오를 수 없었다. 이에 일본은 조선의 농업에서 그들에게 적합한 품종으로 개량하여 일본으로 반출하였다.

일본에서는 자본주의가 성장하면서 인구가 증가하고 도시가 성장하면서 주곡 식량이 점차 부족해졌다. 도시 노동시장의 안정을 위해서는 저미가로 쌀의 안정적인 공급이 필수적이었으며, 이를 위해 조선에서는 쌀 생산을 늘이고 소비는 줄이는 정책을 실시하였다. 하천의 하류 지역에서는 논 개간을 통해 벼 재배 면적을 확대하였고, 남부지방을 중심으로는 이모작을 확대하여 보리를 증산하였다. 또한 북부 지방에서는 밭의 개간을 통해 두류와 잡곡 재배를 장려하였다.

그림 8은 1935년 당시 이모작의 비율 분포를 그린 것이다. 이를 1912년과 비교해보면(앞 그림 3. 참조) 40% 이상의 지역은 1912년의 경우 경상북도 북부와 남부 지역에서만 나타나지만 1935년에는 전라도와 경상도에 거의 연속적으로 분포하고 있어 전라도에서의 이모작 확대가 뚜렷하다. 이는 조선이 일본의 쌀 생산 기지로 되면서 농업 지역이 변화되는 모습을 보여준다

1930년대 들어서는 일본으로 반출되는 조선의 쌀이 증가하면서 시장에서 과잉 공급이 나타났다. 이로 인한 쌀 가격의 하락은 지주들의 저항에 부딪쳤고, 일본은 조선미의

수입 제한 정책을 실시하였다. 산미증식 계획은 중단되었고 이를 대체하여 나타난 것이 남쪽에 면화를 재배하고 북쪽에 양을 사육하는 남면북양(南棉北羊) 정책이었다.

면화를 원료로 하는 섬유공업은 서구의 자본주의 성장에서 중심축이었으며 이는 일본도 예외가 아니었다. 일본에서는 원래 재래면이 재배되었으나 방적공업의 원료에 적합하지 않았다. 이 때문에 그들은 19세기에 발생하였던 경제공황의 극복을 위해 면화 원료의 고급화를 시도하였다.

그림 9. 면화(육지면) 재배 면적(1935)

그러나 재래면으로는 고급화가 어렵고 육지면은 기후 조건에 맞지 않아 재배가 불가능하였다. 일본은 재배 가능지를 모색하였고, 한국의 재래면 품질이 미국 육지면과 유사하다는 것을 알게 되면서 1905년 전라남도 고하도에서 여러 차례 시험을 거쳐 재배 가능성을 확인하였다. 이후 협회를 조직하여 한반도 남부 지방의 전라도와 경상도를 중심으로 육지면 재배를 확대하여 갔다.

그림 9는 1935년 육지면 재배 면적을 나타낸 것이다. 재배 면적이 많은 곳은 전라남도 해남, 무안, 진도 등 남서 해안의 육지면의 초기 재배지 일대와 경상남도 진주, 창녕, 함안군 등 낙동강 유역 지역, 경상북도 의성, 안동, 예천 등지와 충청남도 서산, 예산, 청양, 공주군, 충청북도의 괴산군 등 밭농사 지역 위주로 분포한다.

상대적으로 재배 면적이 적은 지역은 전라북도의 군산부 일대, 부산 일대의 김해군, 경기도 강화군과 김포군 일대로 당시 대표적인 벼농사 지대였다. 이들의 공통적인 특징은 인천항, 부산항, 군산항 등 당시 미곡 반출항의 배후지역이었다.

이와 같은 면화 재배 분포는 벼농사와 함께 육지면이 일제강점기 조선 농업지역의 분화에 중심 역할을 하였음을 보여준다. 면화가 항구 도시의 배후 지역을 중심으로 이루어지는 것은 당시 한국의 농업 지역 구조가 일본 자본주의 시장을 향하여 쌀과 면화의 반출 도시를 중심으로 동심원 구조로 형성되었음을 보여준다. 지대의 배열을 보면 부산, 군산, 인천 등의 항구 도시를 중심으로 벼농사 지역이 제1지대, 그 외곽에 면화 재배 지역이 제2지대로 형성되었고, 그 배후지는 식량 자급에 필요한 밭 작물의 재배 지대인 제3지대가 분포하는 형태이다(그림 10).

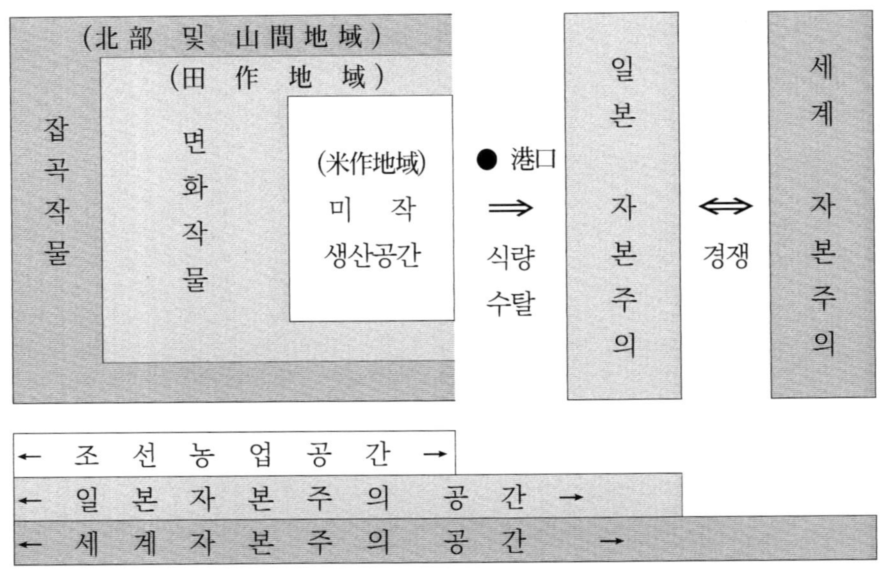

그림 10. 일제강점기 농업 지역구조

2) 1960년대 이후 농업 근대화

1960년대 이후의 농업 지역의 변화는 광복 후에 실시된 농지개혁사업을 토대로 한 자영농의 형성, 1960년대 이후의 농업노동력 유출, 농기계 수용 등의 농업 근대화, 도시 주변 농촌의 변화로 요약된다.

(1) 농가 영농 구조

1960년 이후의 도시 산업화 시대에는 농업노동력 유출과 식량 자급을 위한 농지 확대, 영농 근대화와 재배 작물의 변화, 도시 팽창으로 인한 농경지 잠식이 동시에 나타난 시기였다. 1970년대 이후 경부고속도로가 개통된 이후 농업지역과 도시를 잇는 시간 거리가 단축되면서 농작물의 상품화 비율은 급속이 증가하였고, 전국의 농촌은 대도시의 영향을 받기 시작하였다.

특히 이촌향도(離村向都)로 대표되는 농촌에서 인구 유출은 농업지역에 농업 노동력 부족과 농기계 수용에 영향을 미쳤다. 통일벼 등의 품종 개량을 통해 식량 자급에 성공하였으나 도시 산업화를 위해 노동자들의 저임금을 위한 저미가 정책이 실시되었다. 이는 농촌에서 인구의 압출효과(push factor), 도시에서 흡인효과(pull factor)로 작용하였다. 이출 형태로는 농촌→지방 중소도시→대도시로 진행되는 단계적 이동(frogwise migration)이 발생하였다. 또한 농가 전체가 이동하는 거가(擧家) 이출보다는 가구원 중 일부가 부분적으로 이출하였다. 이로 인해 농촌에서는 경쟁력이 높은 계층이 먼저 유출되면서 농업 생산성에 영향을 미치게 되었다(김기혁, 1982).

표 1은 1960년대 이후 농가 호구수와 경지 면적의 변화이다. 1965년 전체 인구의 55.1%를 차지하던 농가 인구수는 1988년에는 17.3%에 불과하여 급격한 감소 추세를 보여준다. 농경지 면적은 감소하나 논은 증가하여 1965년 1,286천ha에서 1988년 1,358천ha로 늘어났다. 이에 반해 밭은 1965년의 970천ha에서 1988년에 780천ha로 줄어들었다. 이와 같은 논밭의 상이한 추세는 간척사업을 통한 농경지의 확장, 밭의 개답, 산지 개간과 도시의 확장으로 인한 농지 잠식의 복합적인 결과이다. 그러나 전체 경지면적의 감소는 농지 잠식이 활발하게 전개되었음을 보여준다.

표 1. 1960년대 이후 전국의 농가 호구수 및 농지 면적 변화

년도	농가 호수	총가구 대비	농가 인구수	총인구 대비	경지면적 (1,000ha)		호당 경지면적 (ha)		
	(1,000戶)	%	(인)	%	논	밭	논	밭	계
1965년	2,507	51.7	15,812	55.1	1,286	970	0.51	0.39	0.90
1970년	2,483	42.4	14,422	44.7	1,195	923	0.51	0.41	0.92
1975년	2,379	35.2	13,244	37.5	1,277	963	0.54	0.41	0.95
1980년	2,155	27.0	10,827	28.4	1,307	889	0.61	0.41	1.02
1985년	1,926	20.1	8,521	20.9	1,325	819	0.69	0.43	1.12
1988년	1,826	-	7,272	17.3	1,358	780	0.74	0.43	1.17

출처: 농수산부, 1989, 농림수산주요통계, 176쪽, 김기혁(1991)에서 재인용

(2) 재배 작물

표 2는 1960년대 이후 재배 작물의 면적 변화를 정리한 것이다. 미작의 경우는 미약하나마 꾸준한 증가 추세를 보이고 있다. 그러나 맥류, 두류를 비롯한 식량 작물의 경우 급격한 감소를 보여준다. 이와 다르게 특용, 채소, 과일작물 등 시장 지향성이 높은 작물의 경우 높은 비율로 증가하고 있다. 이 시기에 채소류를 비롯한 작물이 식량작물을 구축하면서 재배 면적을 확대시켰음을 보여준다. 맥류의 감소는 벼와 이모작으로 재배되었던 작물이었음에 비추어 볼 때 겨울철에 보리를 재배하는 대신 농경지에 시설을 설치하여 다른 작물을 재배하기 시작하였음을 의미한다. 이는 1960년 이후의 농업 변화의 중심에 시설농업이 있음을 보여준다.

시설농업은 농지에 비닐하우스 등 시설을 설치하고 내부 환경 조건을 인위적으로 조절하여 작물을 재배하는 농법이다. 노지(露地) 농사에 비해 토지 생산성이 매우 높으나 초기 설치 비용이 적지 않게 든다. 출하 시기를 조절할 수 있어 시장 수요에 적극적이면서도 유연하게 대응하는 농업 형태로 도시 주변지역에서 많이 이루어졌다.

표 2. 1960년대 이후 전국 재배 작물 변화 (단위: ha)

년도	미 작	맥 류	두 류	서 류	잡곡	특용	채소	과실
1965	1,228	1,201	365	213	214	61	151	43
1970	1,203	1,075	365	181	123	89	254	60
1975	1,218	761	324	146	73	118	244	74
1980	1,233	360	244	92	53	118	359	99
1985	1,237	242	196	65	40	133	337	109
1988	1,260	197	198	46	35	153	314	120

출처: 농수산부, 1989, 농림수산주요통계, 23쪽, 김기혁(1991)에서 재인용

우리나라에서 시설 영농은 1906년 서울 창경궁의 식물원을 효시로 보고 있다. 1950년대에 경상도 김해에서 100평 규모의 목재 지붕의 하우스를 설치한 것을 계기로 전국적으로 확대되었다. 1990년대 이후 유리 온실 등이 등장하면서 시설 원예농업은 더욱 성장하였고, 1970~1980년간에는 면적이 7배나 증가하여 농업지역의 변화에 중요한 축으로 작용하였다.

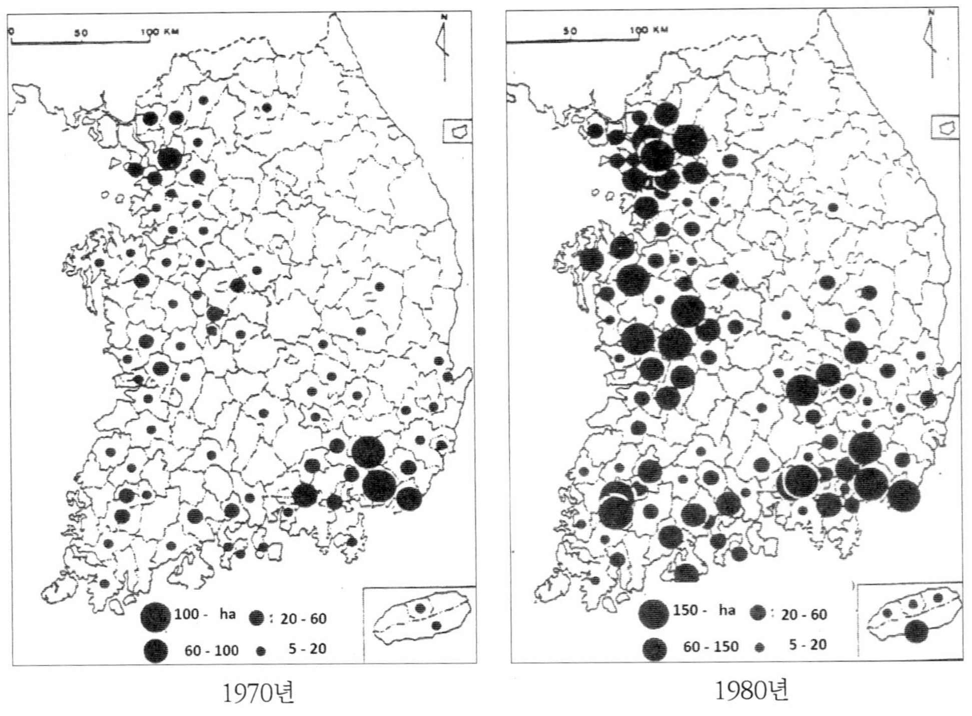

그림 11. 1970~1980년 시설작물 면적 변화

그림 11은 1970년과 1980년 시설 면적의 분포 변화를 나타낸 것이다. 1970년 시설 작물을 100ha 이상 재배하는 지역은 서울과 경남 김해군, 진양군에서 나타나 기후가 온난한 남부 지역에만 집중 설치되었음을 보여준다. 그러나 1980년대 들어서는 서울을 중심으로 한 경기도 일원과 대전 중심의 주변지역, 부산 중심의 동남 해안 지역, 대구를 중심으로 한 경북 일원, 광주를 중심으로 하는 전남지역으로 확대되었다. 이는 시설 농업이 수도권을 중심으로 대도시의 영향을 직접적으로 받고 있음을 보여준다.

이들 지역들은 나름대로의 유리한 입지 조건을 이용하여 작물을 경영하였다. 기후가 온난한 남부 지방에서는 수도권 시장으로의 접근성이 불리함에 따라 출하 시기를 조정하여 이를 극복하였다. 전라도 해안 남부 지역의 경우 동한기인 1월까지 무, 배추의 저장이 가능하기 때문에 시설재배 대신에 저장을 통해 출하기를 조정하였다.

경상남도 김해군과 진주시에서는 이때를 피하고, 저장 채소의 신선도가 떨어지는 2~3월에 신선한 배추를 제공할 수 있도록 시설재배를 하였다. 5월과 6월은 수도권지역에서 노지재배가 가능함에 따라 남부 지역은 경쟁력을 상실하여 이때는 벼농사를 하였다. 수도권에서는 기후적인 조건이 불리하나 시장으로의 접근도로 인해 수요에 대한 탄력성이 높으며 연 7기작까지도 행하여 다른 지역과 경쟁하고 있었다.

3) 대도시 주변 지역의 농업

(1) 변화 과정

현대 사회에서 도시력의 영향을 받지 않는 농촌 마을은 거의 없다. 도시화는 부분적으로는 농촌의 소득 수준을 높이고 동시에 토지와 식량에 대한 수요를 증가시킨다. 특히 도시에 인접한 지역인 도시주변지역(rural-urban fringe)[1]은 토지이용이 혼재되면서 농업에서 비농업적인 이용으로 토지이용이 불규칙하게 이루어지고 있는 곳이다.

이 지역내에서는 도시에 비롯된 토지 수요와 공업화, 투기(speculation), 개인의 이동성 증대가 집중적으로 나타난다. 이러한 과정의 전개로 인해 이들 지역에서 토지이용의 변화가 복잡하여, 한 가지 과정으로서 설명되기 어렵다. 일반적으로 이는 ① 도시 발전에 의한 토지 수요, ② 도시에서 고용기회의 창출, ③ 농산물의 상품화 비율 제고의 3가지 과정으로 요약된다.

---

1) 도시 주변지역의 지리적인 범위를 설정하기는 중심도시의 크기와 작용력의 강약에 의해 변화되기 때문에 매우 어렵다. 이러한 이유로 이들 지역은 fringe, inner-fringe, rural-urban fringe, urban shadow, exurban zone, urban fringe 등의 여러 용어로 사용되고 있다. 이 지역의 정의는 토지이용과 사회, 인구 특성상 전이 단계에 있는 지대로 연속적인 도시 지역과 교외지역 사이에 있으면서 전업농에 의한 농업적 토지이용이 이루어지지 않는 지역으로 정의되고 있다(Bowler, I., 1996).

① 토지 수요의 확대

농경지에서 산출되는 지대는 도시적인 토지이용과는 경쟁할 수 없다. 이러한 상황 하에서는 농민은 토지를 매각할 시기와 가격, 그리고 매각될 때까지의 농업 형태에 대한 의사 결정을 준비한다. 그리고 실제 도시 확장에 대한 예측은 실제 농지의 거래 가격과 토지이용 형태를 결정한다. 만약 자유경쟁시장이면서 토지이용에 대해 정부 간섭이 존재하지 않는다면 도시 개발계획이 세워져 있는 지역의 지가는 급등할 것이다. 짧은 시일 내에 도시화가 이루어질 것 같으면 토지 가격은 급격히 오르고, 그렇지 않으면 상대적으로 서서히 상승한다.

투기(speculation)에 의해 구입된 대부분의 토지는 경관상으로 유휴농지로 나타난다. 투기는 농업 집약도에 부정적인 효과를 유발한다. 짧은 기간에 농지가 도시적인 토지이용으로 전환될 것을 예측한다면 농민은 비료 투입이나 윤작(rotation)을 통해 토지 생산성을 높이는 대신에 약탈농업으로 '중단하기 위한 농사'를 한다. 다른 농민은 노동과 농업 자본의 투입을 중지하고 도시인의 토지 구입만을 기다릴 것이다. 이들 대안 중의 선택은 농민의 도시화에 대한 태도와 인식에 따라 달라지며, 또한 농민의 도시화에 대한 경험에 따라 다양하다.

도시 주변지역에서 농지의 비옥도에 따라 어느 필지가 먼저 잠식이 되는지에 대해 오랫동안 논의 주제가 되어왔다. 즉 비옥한 토지의 경우 비농지로의 전용에 대한 저항력이 높아 잠식이 상대적으로 늦어진다는 견해가 있으며, 이와 반대로 도시 기능의 입지를 볼 때 비옥한 농지가 먼저 도시적인 토지이용으로 전환될 가능성이 높다는 것이다. 대부분 비옥한 토지는 도시 입지에 상대적으로 유리하기 때문이다.

비옥한 농지의 저항력에 관해서는 농지가 매각된 후 다시 농민에게 임차되는 경우가 많기 때문에 실제의 저항은 그리 높지 않다는 것이 지배적이다. 도시민에 의해 구입된 토지가 농민에게 다시 임차됨으로써 농민 입장에서는 농지 소유의 비용 부담에서 벗어날 수 있다. 그러나 이와 같은 농지 임차는 미래가 불확실함에 따라 농민으로 하여금 농지를 소유하고자 하는 욕구를 유발시키기도 한다.

② 농민 고용기회와 겸업농

도시 지역에 인접함에 따라 나타나는 높은 임금은 농지로부터 농민을 일탈시키게 되고 농가 인구의 감소를 유발한다. 이로 인해 농업 경영주들은 노동력 대신 다른 생산재를 투입하여 토지 생산성을 유지하려 할 것이다. 이것이 여의치 않을 경우 축산업 등의 자본 집약도가 높은 형태로 전환한다.

도시화에 나타나는 또 다른 현상은 겸업농(part-time farming)의 출현이다. 도시 주변지역에서 나타나는 일반적인 현상으로 이의 출현은 농업 집약도를 감소시키고, 이들은 전업농으로부터 농지를 임차하는 경향이 강하다.

겸업농은 농업 소득을 보충하기 위해 비농업 분야에 취업하는 경우와 농업으로부터 명목 소득만을 얻기 위한 취미농(hobby farmer)으로 나뉘어진다. 이 중 취미농의 농업 배경은 매우 약하며, 도시에서 은퇴자 혹은 귀농 등 비경제적인 이유와 투자로서의 농지 구입 등 경제적인 요인 등에 의해 발생된다.

③ 농산물의 상품화

도시화가 농업 발달의 장애물이 되는 반면 동시에 대도시 시장에 인접해 있다는 것은 농민에게 새로운 가능성을 제공하여 준다. 어떤 농민들은 토지로의 고착성으로 인해 농업을 계속 유지하고, 도시에서 농산물에 대한 수요 증가는 농민에게 영농 수익의 증대를 가져다 준다. 농민은 시설 투자를 통해 원예 작물을 집약적으로 재배하여 수익을 극대화하려고 노력한다.

(2) 도시 주변의 농업 집약도 모델

도시 주변지역에서의 농업 변환 과정은 앞의 3과정으로 요약되나 실제에서는 매우 복잡하게 전개된다. 농산물에 대한 수요 증가와 도시 확장에 따른 토지 수요는 장기적으로는 주변지역의 지가상승, 시장 지향적인 농업 등을 유발하여 농업에 긍정적인 영향을 미친다는 견해가 있다. 이와는 다르게 단기적으로는 자본 유입으로 생산성은 증대되나 노동임금이 상승함에 따라 농가 경영의 재조직을 유발하며 소득을 감소시키는 부정적인 효과를 가져온다는 주장도 있다.

브라이언트(Byrant, C., 1982)는 농업에 미치는 도시의 영향을 직접적인 것과 간접적인 것으로 구분하였다. 직접 영향은 토지이용에서 농업 생산이 포기되어 휴경이 나타난다는 측면에서 부정적인 것으로 보았다. 간접 영향은 농업체계를 변화시키는데, 이는 긍정적, 부정적인 이중적인 측면을 지닌다고 보았다. 긍정적인 효과는 농가 인구수의 감소가 자본의 투하를 가능하게 하여 도시 시장의 확대에 의해 집약도가 제고될 수 있다는 것이다. 부정적인 영향으로는 토지에 대한 투기, 토지 분할, 세금 상승, 약탈 농업 등을 지적하고 있다. 그는 이를 바탕으로 도시로부터 거리에 따른 집약도 변화를 그림 12와 같이 제시하였다.

그림에서 튀넨 모델은 농업 집약도가 거리에 따라 감소된다는 모형이다. 튀넨((Johann Heinrich von Thünen, 1783~1850)이 그의 논문인 『고립국』(1826)에서 발표한 것으로 외부에서 차단된 농업지역에서 도시로부터의 거리에 따라 집약도와 재배작물이 변하는 내용을 동심원 구조로 설명하였다. 이를 현대 농업지역에 적용하면 도시지역에서 농산물의 수요 증가는 원예농업 등의 집약적인 농업을 유발하고 집약도는 도시로부터의 거리에 따라 낮아지게 된다는 것이다. 이는 농업지대의 차이를 황무지 등의 자연환경에 의한 이전의 설명과는 다르게 농업 경영적인 측권에서 밝힌 것이다.

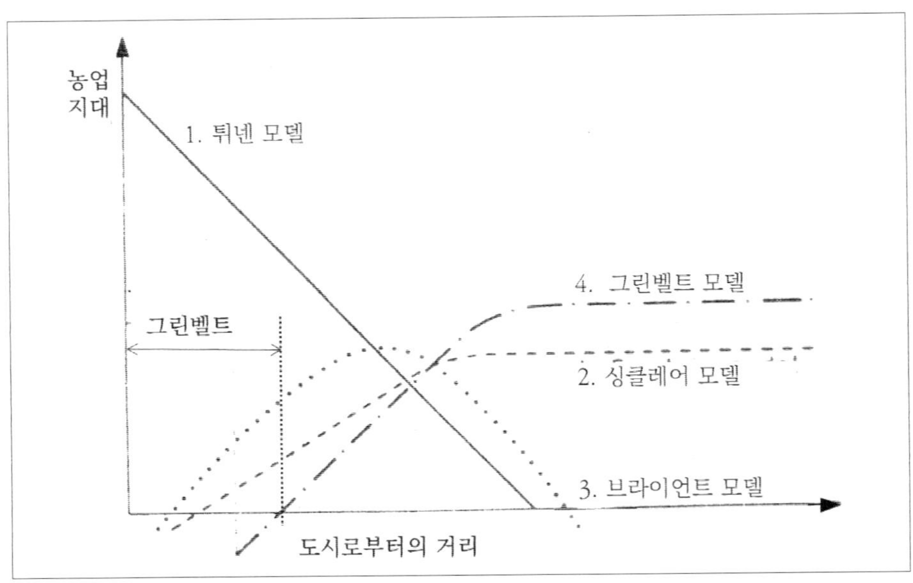

그림 12. 도시 주변 지역의 농업 지역 변화 모델(Byrant, C., 1982)

싱클레어(Sinclair, R., 1967) 모델은 도시 주변 지역의 농지 투기는 정상적인 농민이 접할 수 있는 가격 이상으로 상승하기 때문에 유휴지가 발생되면서 겸업농과 취미농이 발생하여 집약도가 감소된다는 것이다. 결과적으로는 농업생산을 하기 위한 농업 지대와 집약도는 도시로부터 거리가 멀어질수록 상승된다.

브라이언트(Byrant, C., 1982) 모델은 튀넨과 싱클레어 모델의 혼합 모형이다. 도시 주변 지역에서 투자된 농업자본이 수익을 발생하기 위해서는 시간이 필요함에 따라 농업 형태에 따라 상이하게 영향을 받는다. 사과, 배, 포도 등의 과수류는 자본 회수 시간이 길기 때문에 부정적인 영향을 받게 된다. 반면에 회수율이 빠른 시설 작물의 원예농업은 유리하다. 농가가 도시로부터 접근성에 의해 직접적인 영향을 받는 가의 여부에 의해 집약도가 결정되며, 이로 인해 다양한 농업 형태가 유발된다. 이는 또한 농사를 계속 영위할 것인지의 여부에 대해 중요한 변수가 된다.

그린벨트(Greenbelt) 모델은 제도를 통해 토지 이용의 규제가 강력하게 실시되면, 도시력은 그린벨트 지구를 넘어 영향을 미친다는 내용이다. 우리나라와 같이 지구 내에서 농지 보존 정책이 함께 실시되면 도시력의 영향은 유보되며, 도시로부터 일정 거리가 떨어져 지정 지구를 벗어난 곳에서 농업 분화 현상이 나타난다.

(3) 개발제한구역과 농업

우리나라에서 개발제한구역 지정은 1971년 도시계획법이 개정되면서 시작되었다. 도시의 무질서한 팽창을 막기 위해 주변의 개발을 제한하도록 지리적인 범위를 지정하는 제도이다. 19세기 말 영국의 전원도시 개념에서 출발하여 1938년 개발제한구역법이 제정되면서 비롯되었다. 이후 여러 나라에서 시행되었으며 우리나라는 1971년 7월 서울을 시작으로 1977년에 이르기까지 8차례에 걸쳐 부산시를 비롯한 대도시와 도청소재지 등 14개 권역에 설정되었다. 구역의 설정 목적은 도시의 무질서한 확산 방지, 도시 주변부의 환경 녹지대 구축으로 구역 내에서는 도시적인 개발 행위가 제한되어 있다. 우리나라에서는 안보상 중요 시설을 보호하기 위한 것이 추가되어 있다.

개발제한구역은 대도시의 확장을 막는데 기여하였다. 그러나 초기의 구역 설정 당시에 지도만을 이용하여 일률적으로 구획하면서 지리적인 내용이 고려되지 않아 불합리하게 지정된 지역이 적지 않았다. 또한 이에 대한 실효성 여부와 더불어 이전부터 거주하고 있던 주민들에게 불이익을 주었으며, 구역 내에서 과도한 행위 제한은 주민들의 재산권 행사를 침해한다는 지적이 있었다. 또한 도시화의 부정적인 측면에 대해 국민에게 책임을 전가시킨다는 비판이 있었고, 오히려 도시의 무질서한 확장을 유발하는 문제점도 야기되었다.

개발제한구역의 지정은 도시 주변지역의 농업에 큰 변화를 유발하였다. 지정 지역이 대부분이 농지로 구성되어 있는 경우 표면적으로는 논 농사가 유지되면서 농업이 지속되었다. 그러나 사유 재산권 행사가 제한되면서 농업 투자를 통해 영농을 지속하려는 농민의 의지에 영향을 주었고, 농지 전용은 불법적인 행위로 간주되기도 하였다.

도시 산업자본이 유입되고, 도시민의 농지 구입이 지속적으로 진행되는 상황에서 농민은 원활한 농지 거래를 위해 지목 변경이 유리한 상대농지로 전환되기를 원하였다. 이는 도시 주변지역에서 토지 생산성을 감소시키는 기제로 작용하였다. 또한 비거주인이 농지를 소유할 수 없는 제도적인 규제에 의해 도시민 구입 농지는 원 소유주의 명의로 유지하면서 임대차 관계가 형성되기도 하였다. 농지를 매각한 농민은 자영농에서 임차농이 되었다.

개발제한구역은 1990년대 이후 대도시 팽창이 가속화되는 상황에서 난개발의 원인이 되었다는 비판이 적지 않았다. 이로 인해 1999년에는 7개 대도시권에서는 부분적으로 지정 범위를 조정하고 7개 중소도시권은 전면 해제하였다. 이로 인해 부산권과 마산-창원-진해권에 속한 개발제한구역이 부분적으로 조정되기 시작하였다.

그러나 취락 거주지를 중심으로 하는 제한된 범위에서의 구역 해제는 오히려 농촌 난개발의 단초를 제공하였다. 개발제한구역에서 해제된 취락 주변의 토지에서 농민은 농경지에 창고 등의 건물을 지어 도시인에게 임대하였다. 농민은 농업 외 수익을 올릴 수 있었으나 취락 주변에는 농업과 도시적인 토지 이용이 혼재되었다. 마을 전체가 도시형 창고나 공장에 둘러 싸이기도 하였다. 때로는 도시 산업폐기물이 인근 농지에 불법 투기되는 경우도 적지 않았다.

4. 낙동델타의 기록물: 지리지 · 지도, 통계와 향토지

낙동델타는 조선시대 농업 개척 역사와 일제강점기 식민지 농업, 1960년대 이후의 농업 근대화와 도시화 시대를 겪은 현장으로, 각 시기의 기록물이 문헌 형태로 적지 않게 남아 있다. 조선시대는 지리지와 고지도를 비롯한 사료, 일제강점기는 조선지형도와 보고서, 근대 이후에는 현대 지형도와 농업센서스 등의 통계가 이에 해당된다.

이들 문헌 기록 외에도 가옥 형태와 축조 제방, 도로 경관을 비롯하여 비석에 새겨진 금석문에도 적지 않게 남아 있다. 또한 동리와 마을의 옛 지명은 제도적으로는 없어졌지만 주민의 일상에서는 아직도 사용되고 있어 농지 개척과 취락 형성의 역사를 보여준다.

1) 조선시대

(1) 지리지와 문헌 자료

삼각주 일대는 조선시대에 경상도의 양산군과 김해부로 나뉘어 관할되고 있었다. 지금의 대저1 · 2동에 해당하는 대저도 일대는 양산군에, 명지도와 덕도[강동동], 가락동과 녹산동 일대는 김해부에 속하였다. 이 때문에 이 일대의 지리적인 내용은 김해부와 양산군 지리지에 나뉘어 수록되어 있다.

군현은 국가 강역 통치의 지리적인 기초 단위로서 중앙 정부에서 조세와 부역을 부과하는 대상이었다. 이 때문에 고을에서 조세를 원활하게 거두어 들이는 것은 나라 경영을 원활하게 하는 근본 수단이었다. 이를 위해서는 고을의 재정과 부역에 대한 정보를 파악하는 것이 필수적이었으며, 이를 위해 지리지와 지도가 만들어졌다. 이 중 지리지는 경지, 호구수 항목 등으로 편목한 읍지 형식으로 편찬되었다.

표 3. 조선시대 주요 지리지

시대	지리지	편찬 시기	수록 군현
전기	『세종실록지리지』	1454년(단종 2)	[김해부 · 양산군]
	『신증동국여지승람』	1530년(중종 25)	[김해부 · 양산군]
후기	『동국여지지』	17세기 중엽	[김해부]
	『여지도서』	1757년(영조 33)	[김해부]
	『여지고』	1770년(영조 46)	[김해부 · 양산군]
	『호구총수』	1789년(정조 14)	[김해부 · 양산군]
	『대동지지』	1861(철종12)~1866(고종 3)	[김해부 · 양산군]
	[읍지류]『경상도읍지』(1832), 『영남읍지』(1871 · 1895)		

조선시대 김해부와 양산군 읍지가 수록된 지리지는 표 3과 같다. 조선 전기 대표적인 지리지로는 『세종실록지리지』(1453년, 이하 '『실록지리지』')와 『신증동국여지승람』(1530년, 이하 '『승람』')이 있으며, 후기에는 『여지도서』(18세기)와 『여지고』(1770년)가 있다. 이 중 『여지도서』는 조선 전기의 지리서에 비해 군현별로 호구수, 전결 면적, 관개 시설 등의 수치를 수록하여 사회 경제적인 내용이 반영되어 있다. 이는 임진왜란과 병자호란 등의 변동을 겪은 후에 국가 경영을 위한 내용을 담은 것이다

『여지고』는 신경준(申景濬, 1712~1781)이 편찬한 것으로 산과 물줄기를 통해 조선의 지리를 체계적으로 정리하였다. 이와 함께 제작한 20리 방안의 군현지도는 19세기 『대동여지도』의 바탕이 되기도 하였다.

이들 지리지는 대부분 중앙 정부에서 주도하였으나 민간에서 편찬한 사찬 읍지도 적지 않았다. 사찬지리지로는 유형원(柳馨遠, 1622~1673)의 『동국여지지』(17세기)와 김정호(金正浩)의 『대동지지』(1861~1866)가 대표적이다. 한편 『호구총수』(1789)는 지리지는 아니지만 군현과 방면 통계를 수록하고 있다. 당시 양산군 대저면과 김해부 좌부하단면[현 가락면] 등 4개 면의 호구수가 정리되어 있다.

19세기에는 여러 차례 걸쳐 군현 단위의 지리지가 편찬되었다. 각 군현에서 올린 읍지를 도 단위로 성책한 것으로 전국 지리지보다 상세한 내용이 수록되어 있다. 『양산군읍지』(1832)의 경우에는 대저도의 홍수를 예방하기 위해 제방을 축조한 내용이 담겨 있다. 한편 일제강점기 초기에는 이병연(李秉延, 1894~1977)이 지리지의 형식을 빌어 전국 129개 군의 지리지를 정리하여 『조선환여승람』(朝鮮寰輿勝覽) 제하로 편찬하였다.

이들 지리지의 수록 항목은 공통적으로 강역과 연혁, 산천과 함께 호구수, 전결, 군병, 산물, 도로와 역참 등의 항목으로 구성되어 있다. 낙동델타와 관련된 내용은 주로 대저도와 명지도에 대해 다루고 있다. 일부 지리지에서는 칠점산의 풍광을 읊은 시문이 여러 곳에 수록되어 있다.

지리지와 읍지 외에도 농업 내용을 수록한 문헌 자료가 적지 않게 있다. 규장각에는 대저도 농지를 대상으로 한 『경상도양산군대저도전답양안(慶尙道梁山郡大渚島田畓量案), 이하 '대저양안'』(규18652, 그림 13)과 『충훈둔토양안(忠勳屯土量案)』(규18653)이 소장되어 있다. 두 자료 모두 1890년(고종 27, 광서 16)에 만들어진 것으로 이 중 대저양안은 당시 출두리(出頭里)와 사덕리(沙德里)의 토지를 대상으로 한 것이다.

또한 19세기 초 경상남도의 호구와 가옥수를 정리한 『가호안』(家戶案, 규17954)이 있다. 이 자료는 1904년 탁지부(度支部)가 전국 마을의 토지와 가옥을 대상으로 규모, 가옥 소유 관계, 초가와 와가 등의 형태를 조사한 것으로 이에는 당시 김해군의 내용이 포함되어 있다.

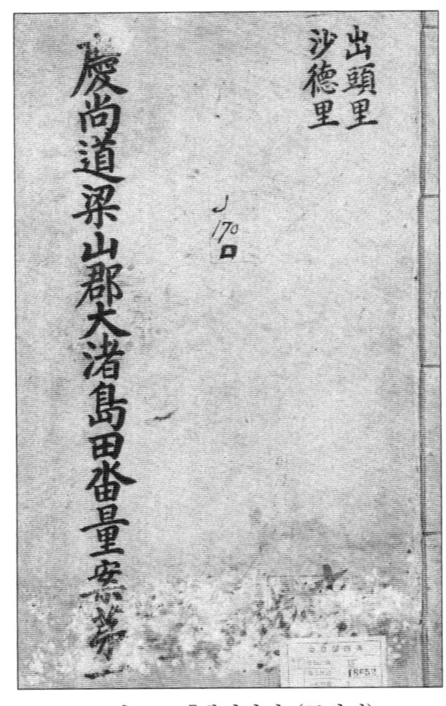

그림 13. 『대저양안』(규장각)

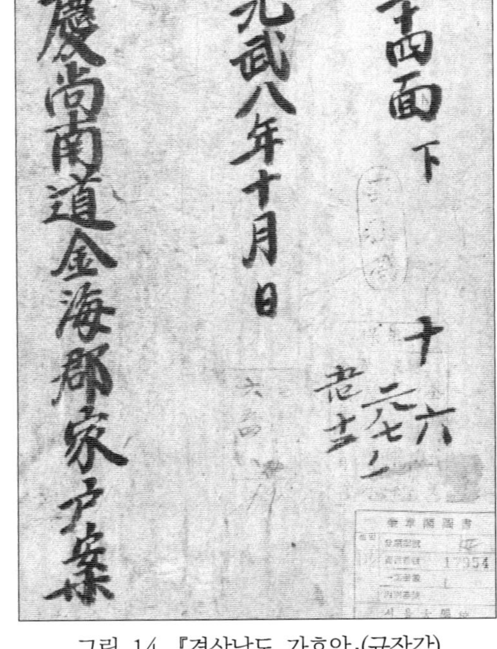

그림 14. 『경상남도 가호안』(규장각)

(2) 고지도

조선은 문치의 나라로 할 만큼 개국 후부터 지리지와 함께 많은 지도를 제작하였다. 국가 경영에서 농업을 근본으로 삼아 치수(治水)가 국토 관리에서 중요한 부분을 차지하였기 때문에 지도에는 한강과 압록강, 낙동강을 비롯한 주요 하천이 실제 모습으로 그려졌다. 낙동강 하류의 대저도 일대도 상세하게 묘사되었다. 조선 전기 지도에 칠점산 지명이 나타나며, 18세기 정상기의 「동국대지도」(국립중앙박물관)에는 칠점산의 봉우리가 일곱 개로 표현되는 등 보다 자세히 그려졌다(그림 15).

18세기 들어 농업 생산력이 향상되고 상공업이 발달하면서 지리정보의 수요가 증가하였다. 중앙 정부에서는 보다 효율적인 지방 통치가 필요하였고, 이를 위해 영조 대에 들어서는 군현 단위의 지도를 제작하기 시작하였다. 이들 지도에서 낙동델타는 비록 김해부와 양산군의 변방에 위치한 모습으로 그려졌으나 낙동강 하구의 대저도와 칠점산을 중심으로 명지도, 덕도 등 일대의 섬이 묘사되었다.

군현지도 제작은 여러 기관에서 주관하였기 때문에 서로 다른 모습으로 그려졌다. 이에는 비변사에서 주관한 『영남지도』(규장각), 홍문관에서 제작한 『해동지도』(그림 16, 규장각)가 대표적이다. 비슷한 시기에 편찬된 지리지인 『여지도서』(그림 17)에는 지방 군현지도가 포함되어 있다.

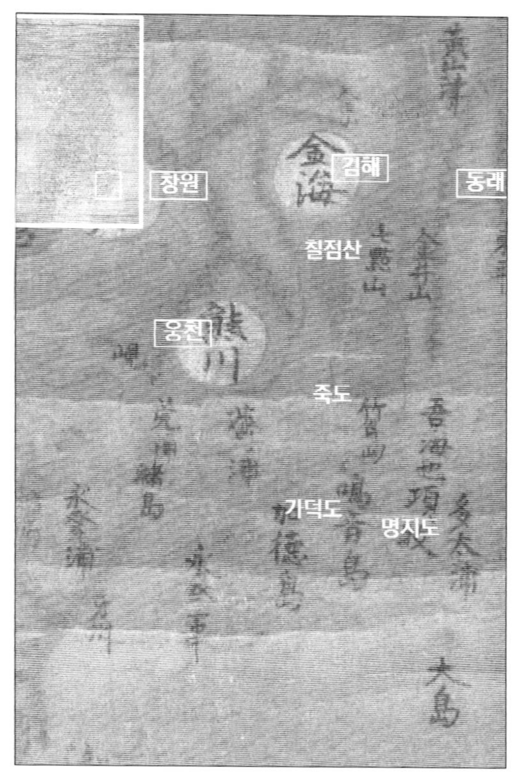

「조선팔도지도」(16세기, 국사편찬위원회)

「동국대지도」(18세기, 국립중앙박물관)

그림 15. 조선전도에 그려진 낙동강 삼각주 일대

가장 먼저 만들어진 『영남지도』는 비변사에서 만든 지도로 1리 방안이 그어져 있다. 고을 내에서 장소 간 거리를 나타내기 위한 것으로 조선의 군현지도에 격자가 그려진 가장 초기의 지도이다. 일명 비변사인지도로 부른다. 『해동지도』는 이 지도를 바탕으로 편집하여 만든 지도이다. 전국의 고을을 동일한 구도로 배치하면서 회화식으로 묘사하였다. 『여지도서』의 지도는 지리지를 편찬하면서 만든 지도로 지방화원들이 그렸기 때문에 당시 고을에서 공간 인식 내용이 그대로 담겨 있다.

이들 지도는 이후 방안지도 제작의 토대가 되었다. 신경준은 1770년(영조 46) 조선 강역을 아우르는 20리 간격의 좌표 체계를 완성하여 지도를 만들었다. 고을 지리정보가 실제와 유사하게 그려졌으며 이때 도별도도 함께 만들어졌다(제1부 2장에서 후술).

도별도로 확대된 군현지도는 전국 지도 제작의 바탕이 되었다. 19세기에 『청구도』(1834)를 비롯한 대축척 지도 제작으로 이어졌고 1861년에는 『대동여지도』가 만들어졌다. 이와 같은 지도 발달은 낙동델타의 지리가 보다 상세히 그려지는 계기가 되었으며 당시 사회에서 공유되었던 지리 인식 내용을 보여준다.

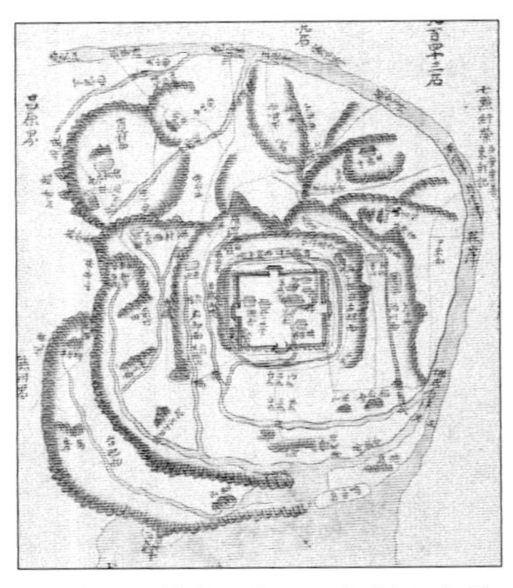

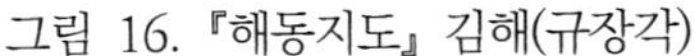

그림 16. 『해동지도』 김해(규장각)

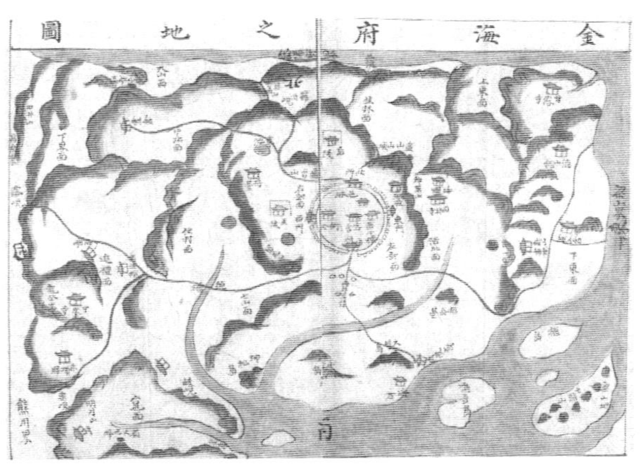

그림 17. 『여지도서』 김해(한국교회사연구소)

19세기는 서세동점이 본격화된 시기로 중국이 아편전쟁에 패하면서 동아시아의 정세는 큰 변화가 나타났다. 조선은 외세 앞에서 풍전등화와 같은 처지가 되었으며 지식인들은 국가 경영에 지리와 지도의 중요성을 인식하였다. 당시의 세계지도를 비롯한 여러 유형의 지도 제작은 이와 같은 배경에서 비롯된 것이다.

1866년 병인양요, 1871년 신미양요를 겪은 후 대원군은 전국의 주요 관방과 군현지도를 만들어 올리라는 지시를 내렸고, 1872년에 461매의 지도가 상송되었다. 지방 화원들이 그렸기 때문에 지도학적 수준은 『대동여지도』에 비해 다소 떨어지나 대축척으로 그렸기 때문에 수록 정보는 조선의 지도 중에서 가장 상세하다.

이때 낙동델타 일대를 그린 지도로는 「양산군지도」(그림 18, 규장각)와 가덕도의 「가덕진도」, 「천성진도」(제1부 6장 참조)가 남아 있다. 양산군지도에서는 낙동강 유로가 바다로 유입하는 일대에 델타가 묘사되고 이곳에 마을들이 그려져 있다. 지금의 대저1 · 2동에 해당된다. 김해부를 그린 지도는 남아 있지 않다. 이 외에 『양산군』과 『김해부』 읍지(1832, 1899)에도 상세한 내용의 지도가 수록되어 있다.

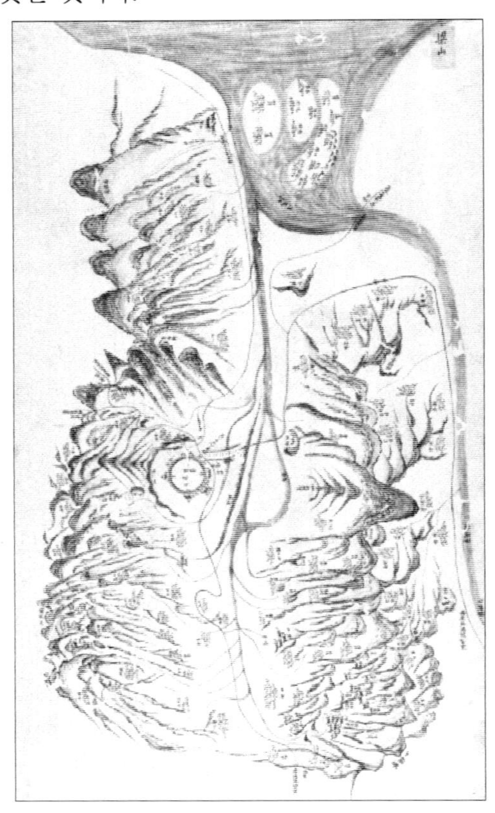

그림 18. 「양산군지도」(1872, 규장각)

2) 일제강점기: 지명과 지도

일본은 1910년 강점 이후 한반도를 제국주의 공간에 편입시키고 식민지 체제를 완성하기 위해 조선의 지리를 재구성하였다. 1906년에 양산군과 나뉘어져 관할되던 삼각주 일대는 김해군으로 통합되었고, 1914년에는 면리가 통폐합되었다. 지도 제작을 위해 지명을 조사하고, 이를 바탕으로 지형도를 제작하였다. 또한 조선 고을의 면리별 호구와 농업 통계를 근대의 방식으로 조사하였으며, 이는 식민지 통치의 수단이 되었다.

(1) 행정구역 개편과 지명 자료

일제는 1910년의 강점 이전부터 조선의 지명을 정리한 책자를 간행하였다. 1894년(명치 27)에 『조선지명안내』를 통해 조선의 지명을 로마자, 한자, 소속 행정구역, 경위도 수치를 정리하였으며, 1903년(명치 36)에 『조선지명자휘』를 통해 조선의 한자 지명과 함께 로마자 표기를 정리하여 놓았다. 이들 자료는 일본이 한반도를 제국주의 확대의 교두보로 삼기 위한 자료로 편찬한 것이다(김기혁, 2019).

1906년 을사늑약 이후에는 전국 군의 두입지와 비월지를 정리하면서 김해군의 관할 방면이 크게 변하였다. 종래 양산군에서 관할하던 대저도 일대가 김해군으로 귀속되었고, 김해군에 속하였던 대산면은 창원부로 이관되었다. 1914년에는 행정구역을 전면적으로 개편하면서 시·군과 면(面)·리(里)의 통폐합을 하였다. 이때 7개 면이 4개 면으로 줄어들었다.

표 4는 일제강점기 발행된 지리지와 지도 등을 정리한 것이다. 『조선지지자료』는 행정구역 개편과 지도 제작을 위해 만든 지명 자료이다. 1911~1914년에 간행되었으며, 함경남·북도를 제외한 전국이 54책으로 구성되어 있다. 편찬 기관은 명시되어 있지 않으나 조선총독부로 추정된다.

표 4. 일제강점기 지리지 · 지도와 통계

자료 유형	지리지와 지도	편찬 시기	수록 내용
행정구역 · 지명	『조선지지자료』	1910~1914	군-면별 자연, 방면지명
	『구한국지방행정구역명칭일람』	1912	군-면별 행정지명
	『(신구대조)조선전도부군면리동명칭일람』	1917	행정구역 개편 내용
지형도	『조선지형도』(제2차)	1912~1914	1:50,000
	『조선지형도』(제3차)	1914~1918	1:50,000, 1:25,000
통계	『토지농산조사보고』	1904	미개척지 조사
	『민적통계표』	1910	군-면별 호구수
	『지지조서』	1914~1917	면-리-마을 호구수

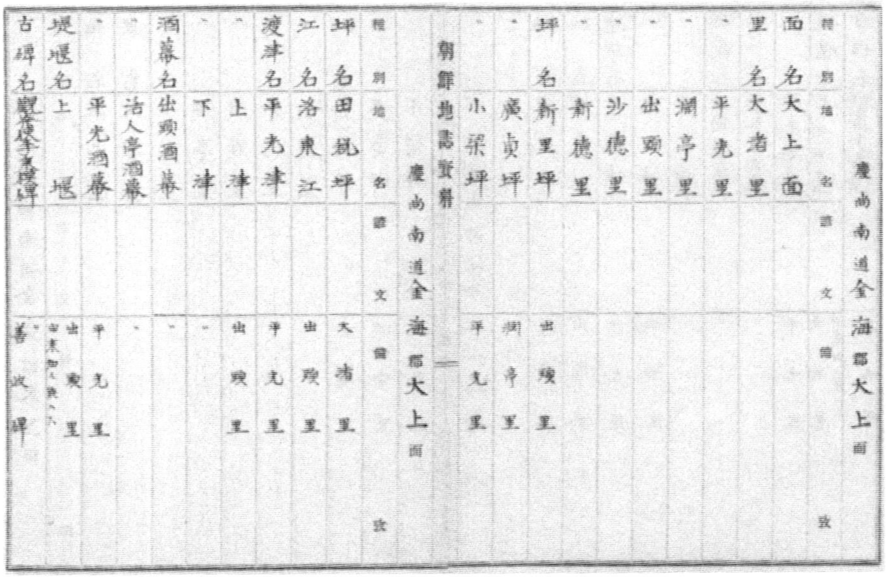
慶尚南道金海郡大上面
面名 大上面
里名 大渚里 平光里 湖亭里 出頭里 沙德里 新德里
坪名 新里坪 廣貞坪 小梁坪
朝鮮地誌資料
慶尚南道金海郡大上面
坪名 田畝坪
江名 洛東江
渡津名 平光津 上津 下津
酒幕名 出頭酒幕 活人亭酒幕 平光酒幕
堤堰名 上堰

그림 19. 『조선지지자료』(1911~1914) 대상면(국립중앙도서관)

자료에 수록된 내용을 보면(그림 19), 김해 가락면과 명지면, 양산군 대상면, 대하면 등의 단위로 편제되었고, 이에 속한 방리와 산천 지명이 수록되어 있다. 지명의 소재 위치와 함께 순한글 표기가 수록되어 있어 고유 지명이 일본식 지명으로 전환되는 내용을 파악할 수 있다.

『구한국지방행정구역명칭일람』은 1912년의 행정 지명을 정리한 것이다. 『조선지지자료』가 전체 지명을 망라하여 지리지의 성격을 띠고 있는데 반해 이 자료는 방리 지명만을 정리해 놓았다. 『(신구대조)조선전도부군면리동명칭일람』(이하 '『신구대조』')은 1914년 행정구역 통폐합 이후에 개편 이전과 이후의 행정구역을 비교하여 정리한 것이다. 일본인 오치 다다시치(越智唯七)가 1917년에 편찬한 것으로 당시 부(府)와 군(郡)의 방면 통합과 폐지 내용이 상세하게 담겨 있다.

(2) 『조선지형도』

지도는 제국주의 시대에 식민지 확보와 지배에서 가장 기초적인 수단이었다. 일본은 청일전쟁에서 승리한 후 조선의 지형도를 제작하기 시작하였다. 제1차 지형도(1897년)는 일본 첩보부에 의해 비밀리에 만들어진 것으로 목측(目測)에 의해 제작되었다. 군사적인 목적으로 만들었기 때문에 군용비도(軍用祕圖) 혹은 약도(略圖)라고도 부른다.

제2차 지형도는 강점 직후인 1912년에 제작되었다. 제1차 지형도를 바탕으로 수정 보완한 것이다. 그러나 1914년 행정구역 개편 이전에 만들어졌기 때문에 이용 기간은 길지 못하였다.

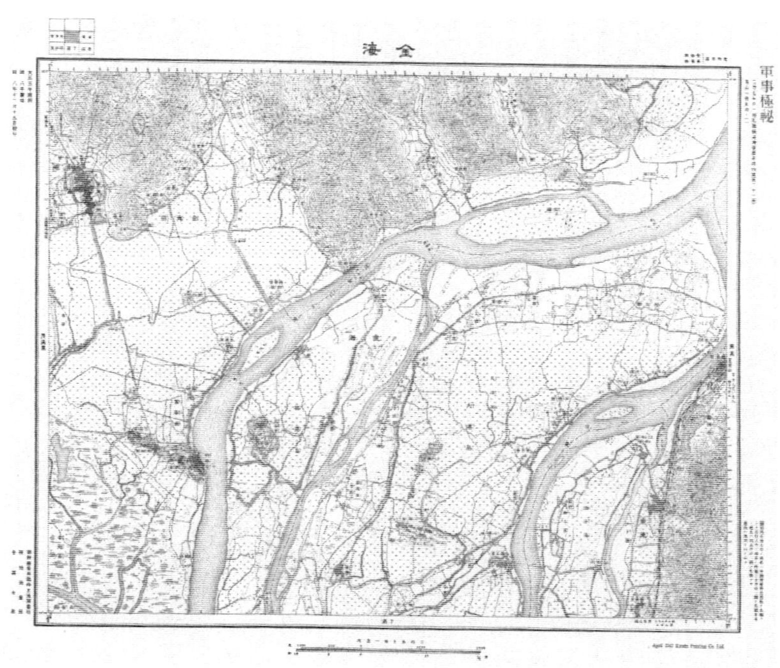

그림 20. 『조선지형도』「김해」(대정 5, 1916, 1:25,000)

재3차 지형도는 1914년에 행정구역 개편이 완료된 후 약 5년간에 걸쳐 제작한 지형도이다. 우리나라 전역을 1:50,000 축척으로 722도엽에 그렸으며 일부 도시는 1:10,000으로 제작하였다. 1-4색도(色度)로 국판(菊版), 또는 사륙판(四六版) 크기의 도면으로 간행되었다. 행정 지명은 물론 산지와 하천 지명이 일본식 한자로 쓰여 있으며, 일부 지명에는 원래의 한글 지명이 일본어(가타가나)로 부기되어 있다.

그림 20은 1916년에 제작된 지형도(1:25,000)의 「김해」 도엽이다. 동판 인쇄로 만들어졌으며 우측 상단에 '군사극비(軍事極祕)', 좌측 상단에 인접 도엽과 측량일이 쓰여 있다. 아래 쪽에 축척이 그려져 있다. 지도의 북서쪽에 김해의 군 소재지 일대가 묘사되어 있으며 동쪽에 낙동강과 서낙동강 유로가 그려져 있다. 당시 대저도 일대의 하천 유로, 나루터와 취락 분포 등과 지명이 상세하게 기재되어 있어 낙동강 제방이 축조되기 이전의 모습을 보여준다.

(3) 농산 및 호구 조사

일본은 1910년 이전에도 식민지 지배를 위해 여러 준비를 하였음이 여러 자료에서 나타나고 있다. 『토지농산조사보고』(1904)는 일본이 1905년 통감부를 설치하기 이전에 농상무성이 주관하여 조선의 농업 현황을 조사한 자료이다. 일본 농민들의 한반도 진출을 위한 것으로 한국의 농민, 농업 제도와 경영, 일본인 농장 등 한국 농업의 전반과 미개척지에 대해 상세한 내용이 수록되어 있다. 이 외의 자료로 『재무휘보』(8호, 1909)와 『재무주보』(제15호 부록, 제1부 2장에서 후술)에서는 삼각주 일대의 갈대밭[노전]과 염전 내용이 정리되어 있다.

일본은 을사늑약 이후 1905년에 통감부 주관으로 조선의 호구수와 토지조사를 하였다. 1909년 3월에는 내부 경무국은 민적법(民籍法) 공포와 조사를 하였다. 1910년 5월에 민적부를 완성하였고 그 해 9월에 『민적통계표(民籍統計表)』를 발행하였다. 자료에는 당시의 대상면, 대하면, 덕도면 등 8개 면의 호구수와 성별 인구수, 농·어업 종사자수 등이 정리되어 있다(그림 21). 1910년 강점 이후에는 국세조사를 통해 전국의 호구 통계를 작성하여 식민 지배의 기초 자료로 이용하였다.

『지지조서』(그림 22)는 1917년 면제의 본격적인 실시를 위해 만든 자료이다. 이 문서는 육군지형정보단에서 『편철문서』로 소장되어 있던 자료로 최근에 공개되었다. 전체 57권으로 구성되고 도별로 분책되어 있다. 발행 시기는 1914~1917년 사이로 지역마다 차이가 있다. 김해군 자료는 1916년에 작성되어 있어 1914년 행정구역 개편 후의 내용을 담고 있다. 이는 『지지조서』가 지형도 제작과 함께 실시된 지역 조사의 결과물임을 보여준다.

慶尙南道

駕洛面	活川面	酒村面	酒西面	上東面	下東面	七山面	水南面	柳下面	菉山面	台也面	進禮面
484	750	457	394	658	1,032	456	311	1,130	493	623	882
1,249	1,957	1,187	962	1,793	2,693	1,288	890	3,719	1,394	1,537	2,462
1,118	1,855	1,021	822	1,492	2,436	1,118	798	2,064	1,208	1,293	2,375
2,367	3,812	2,208	1,784	3,285	5,129	2,406	1,688	5,783	2,602	2,830	4,837
1	4	1	1	1	1	1	1	1	1	1	1
2	8	2	2	8	2	1	2	6	4	6	5
1	1	2	2	2	3	1	2	3	4	4	6
10	9	4	4	15	10	5	6	20	9	5	10
418	740	446	395	654	1,009	450	309	1,117	458	611	876
—	3	—	—	—	5	—	—	—	30	—	—
61	23	—	52	1	2	200	50	52	8	23	4
—	—	—	—	—	—	—	—	—	—	—	—
—	—	—	1	3	13	—	2	12	3	5	3
3	2	—	—	—	5	—	—	—	—	1	1
12	1	10	—	—	—	5	—	—	1	5	1
538	791	465	454	684	1,050	663	371	1,211	518	661	907

그림 21. 『민적통계표』(1910) 김해 부분

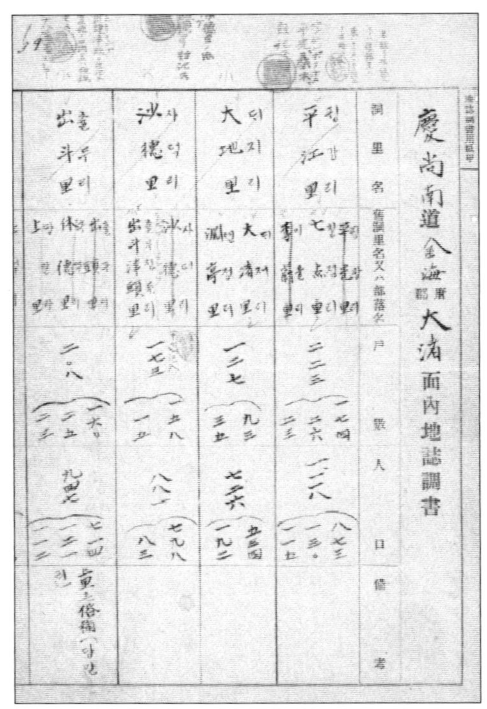
慶尙南道金海郡大渚面內地誌調書

洞里名 / 舊洞里名又ハ部落名 / 戸數 / 人口 / 備考

그림 22. 『지지조서』(1916) 대저면

수록 내용을 보면 면별로 리 지명과 함께 이에 속한 자연마을의 호구수가 빠짐없이 담겨 있다. 마을 이름에는 한글 지명이 병기되어 있어 당시 고유 지명의 모습을 보여주기도 한다. 녹산면의 경우에는 필사로 그려진 지도도 삽입되어 있다.

『지지조서』는 일본의 식민지 공간의 지배 체제와 관련하여 중요한 의미를 담고 있다. 조선시대의 면(面)은 재지 사족을 중심으로 하는 향촌 자치 질서의 근간이었으며 지방의 고유한 문화를 담고 있었던 기초 단위의 공간이었다. 일제는 1910년 총독부 관제를 발표한 후인 9월에 면 기능을 강화하는 지방 관제를 반포하였다. 이어서 11월에 면에 관한 규정(총독부령 제8호)을 고시하여 이를 구체적으로 실행하였다. 이전의 면장(面長)을 대부분 교체하고 지역에서 자산, 세력이 있는 인사를 임명하였다. 이는 인물 교체를 통해 향촌 최하부의 자율적인 기반을 흔들고, 새로 임명된 면장을 지배의 동반자로 끌어들여 식민 통치의 지방 확대를 관철하려 한 것이다(이정은, 1992).

일제는 이와 같은 면 제도 확립을 위해 면리 단위의 호구수 등의 통계를 세밀하게 조사하여 『지지조서』로 정리한 것이다. 『지지조서』 완성 후인 1917년 10월에 '조선면제'와 시행 규칙이 반포되었다. 동리(洞里)를 면 하위에 편제시키면서, 면은 식민지 지배의 기초 행정 단위가 되었다. 이는 식민지 지배 체제가 완성되었음을 의미한다.

일제는 면 단위의 지배 체제를 확립한 후 면 소재지의 공간 구성을 재편하였다. 면 중심지에 면사무소, 헌병 분대, 경찰 주재소를 두어 조선인들을 감시하였고, 농협 등의 금융 조합을 통해 식량 생산 기지로서 기능하게 하였다. 교육기관인 보통학교와 보건지소 등을 세워 신민(臣民)을 배출하기 위한 공간으로 만들었다. 지금 전국의 지방 면 소재지의 행정복지센터 인근에 파출소, 우체국, 보건소와 초등학교가 가까이 있는 것이 이의 모습이다. 조선인을 효율적으로 통제할 수 있도록 기초 단위인 면 공간을 재구성한 것이다.

3) 1960년대 이후: 농업센서스와 향토 자료

(1) 『지형도』와 지명 조사

우리나라에서 지도 제작을 통해 비로서 체계적으로 국토가 관리되기 시작한 것은 1960년대 이후부터이다. 광복 직후 미군정은 『조선지형도』를 바탕으로 지도를 제작하였고 이때 지도에서 지명은 미군의 맥쿤·라이샤워(McCune-Reishawer) 방법에 의해 표기되었다. 이 때문에 한국전쟁 당시 국군과 미군의 공동 작전을 수행하면서 여러 불편이 야기되었다. 미국은 한국 정부에 지도 제작을 요청하였고, 비로소 우리 손에 의한 현대 지형도 제작이 시작된 것이다.

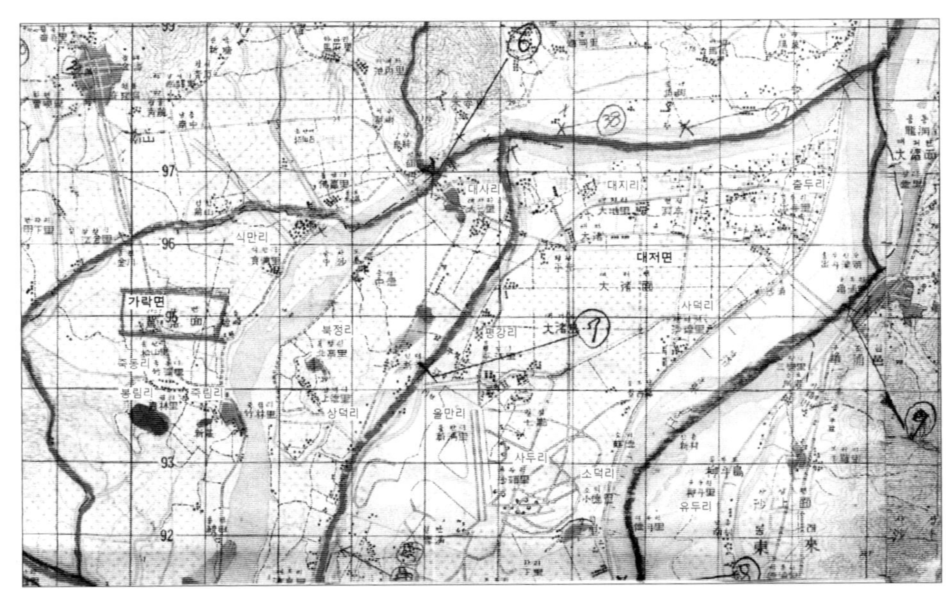

그림 23. 『지명조사철』(1959) 조사 지도: 대저도 사례

행정구역명	A	B	C	지명의 종류	지도상기재	경위도	좌표	유래	비고	현지주민의 서명	승인	한글표기	로마자표기
대저면 大渚面				면	대저면 大渚面	[illegible]	[illegible]	[illegible] (20,207)	(2,511)			대저면	DAEJEO MYEON
대지리 大地里				리	대지리 大地里	[illegible]	965 966	[illegible] (3,211)	(592)			대지리	DAEJI RI
	동연정 東淵亭			부락	연정 淵亭	[illegible]	[illegible]	대지리의 동편에 있다 하여 칭함 (360)	[illegible] (60)	동연정	[illegible]	동연정	DONG-YEONJEONG
	서연정 西淵亭			부락	기동	[illegible]	[illegible] 962	동편의 동연정에 의해 칭함으로 서편에 위하고 칭함 (616)	(23)	서연정	〃	서연정	SEOYEONJEONG
	중촌 中村			부락	기동	[illegible]	[illegible] 966	대지리의 중앙에 있다 하여 칭함 (190)	(34)	중촌	〃	중촌	JUNGCHON
	중리일구 中里一區			부락	기동	[illegible]	[illegible]	대지리 중리라고 하다가 1957년 행정조치상 편리를 위하여 개칭됨 (577)	(100)	중리일구	〃	중리일구	JUNGRIILGU
	중리이구 中里二區			부락	기동	[illegible]	[illegible]	상기와 같음 (445)	(75)	중리이구	〃	중리이구	JUNGRIIGU
	하리 下里			부락	기동	[illegible]	960 961	대지리의 하부에 있다 하여 칭함 (190)	(420)	하리	〃	하리	HARI
	상리 上里			부락	기동	[illegible]	[illegible]	대지리에서 제일 위쪽에 있다 하여 칭함 (801)	(119)	상리	〃	상리	BANGRI
	[illegible]			[illegible]	[illegible]	[illegible]	[illegible]	[illegible]				대지교회	DAEJI Church

그림 24. 『지명조사철』(1959) 지명 조사: 대지리 마을 사례

우리 정부는 지도를 제작하기 위한 준비 작업으로 먼저 지명 조사를 실시하였다. 이는 기재 지명과 로마자 표기의 표준화를 위한 것으로 1957년 국방부 산하에 지리연구소를 설치하면서 실무 작업이 시작되었다. 1958년에 중앙지명위원회를, 각 지방에 지명제정위원회를 구성하여 전국적인 지명 조사가 시행되었다. 1961년에 이를 토대로 전국 124,198개의 지명이 고시되었고, 이 중 마을 지명의 숫자는 62,010곳이었다.

그림 23은 대저1동에 소재하였던 대저면 일대 지명 조사에 사용된 지형도이다. 현지조사에서는 1:50,000 축척의 『조선지형도』을 편집한 것으로 조사원들은 지도를 바탕으로 조사한 내용을 지명 카드에 기재하였고, 이를 정리한 결과는 『지명조사철』(1959, 국토지리정보원)로 남아 있다.

그림 24는 대저면 대지리의 지명 목록이다. 내용을 보면 지명(한자)의 이칭, 유형과 지도상 지명, 경위도, 유래와 함께 지명위원회 결정 내용, 로마자 표기 방법으로 구성되어 있다. 지명 유형을 보면 산지와 하천 등의 자연지명을 비롯하여 동리 등의 행정지명과 마을 이름, 관공서 · 학교 등의 공공 기관 이름으로 분류되어 있다.

자료에는 151곳의 마을 이름이 정리되어 있다. 지명의 경으 단순하게 이름만 나열한 것에 그치지 않고 마을의 유래가 함께 수록되어 있다. 지도를 만들기 위해 지명만을 조사하여 정리하는 것이 원래 목적이었으나 유래 내용을 추가하여 조사한 것이다. 대지리에는 동연정, 서연정, 중촌 등의 마을 지명이 있고, 이 중 서연정 마을에는 '동편을 동연정이라 칭함으로 서편에 있다고 칭함'이라는 유래가 쓰여 있다. 이는 지명 조사가 단순히 지도에 기재하기 위한 정리 목적을 넘어 그 이상의 내용을 담으려 하였음을 보여준다. 조사 결과는 이후에 발행된 지명 사전의 바탕이 되었다.

(2) 국가 농업 통계와 『새마을총람』

① 농업 통계

1960년대 이후 경제 개발이 본격화되면서 인구, 경제 등 각 분야의 통계가 정리되었다. 당시 국가의 농업 정책 방향은 식량 자급과 재배 작굴의 다각화를 바탕으로 하는 농업 근대화였다. 한편으로는 도시 산업화를 위해 농촌 인구의 도시 이출을 유도하고 도시 노동자의 저임금을 유지하기 위해 저미가 정책도 실시되었다. 농촌에서 노동력 유출은 농기계의 수용으로 이어졌다. 국가의 농업 통계는 이를 뒷받침하기 위한 정책 수립의 기초 자료로 만들어진 것이다.

우리나라에서 전국적인 농업 통계(그림 25 참조)는 1960년에 발행된 『농업국세조사』가 효시이다. 농림부 주관으로 조사된 이 자료는 1930년에 실시된 『세계농업조사』에 근거한다. 광복 이후 1950년에 참여 예정이었으나 한국전쟁으로 실시되지 못하였고, 1960년에 세계식량농업기구(FAO)의 권고로 실시하게 되었다.

1960년대의 통계는 농가의 경영지 면적, 농가 유형과 작물 재배 면적, 농기계와 농업 고용 형태 등 54개 항목의 면 단위 내용이 수록되어 전 10권으로 발행되었다. 이후 센서스는 10년 단위로 발행되어 1970년에 『농업센서스』, 1980년 『농업조사』, 1990년 『농업총조사』 이름으로 발간되었다.

이들 중 부산시에 편입되기 전인 1960년과 1970년 통계에는 면 단위의 자료가 수록되어 있다. 그러나 1980년의 경우 김해군에 속했던 가락면과 녹산면과 창원군 천가면 통계만 있고, 부산시에 편입된 대저동 등의 4개 동 자료는 부산 북구 단위로 수록되어 있다. 1990년 통계도 동일하다.

『농업국세조사』(1960)

『농업센서스』(1970)

『새마을총람』(1972)

그림 25. 1960 · 1970년 전국 농업센서스와 『새마을총람』(서울대 농학도서관)

② 『새마을총람』

1970년대부터 시작된 새마을운동은 우리나라 농촌 마을을 크게 변모시키는 계기가 되었다. 『새마을총람』(그림 25)은 사업 초기인 1972년에 효율적인 추진을 위하여 발행한 것이다 새마을 운동의 주관 부처였던 내무부가 간행한 것으로, 행정 조직을 통해 당시 전국의 자연마을의 조사 결과를 약 2,000쪽에 걸쳐 수록하고 있다.

책의 수록 내용을 보면 면별로 지도와 마을별 「거리표(距離表)」를 수록하고 자연 마을별 자료가 정리되어 있다. 지도에는 면에 소속된 마을의 지리적인 경계가 그려져 있어 리의 크기를 보여준다. 「거리표」에는 마을과 면 소재지의 거리가 수록되어 있다.

마을별 항목을 보면 호당 경지면적, 가구와 인구수, 농가 인구 비율과 함께 새마을운동의 사업 수준(기초 · 자조 · 자립) 외에 마을 지도자 이름과 연령, 지붕 개량 건수와 외부 결연 기관 등도 담겨 있다.

이 책은 일제강점기 대정 년간의 『지지조서』 이후 처음으로 마을 단위의 지도와 통계를 전국적으로 정리한 것에 의미가 있다. 낙동델타의 내용으로는 당시 김해군에 속하였던 대저면, 가락면, 명지면, 녹산면의 4개 면과 창원군에 속한 천가면의 마을 통계가 지도와 함께 수록되어 있다.

(3) 지역 통계와 향토 마을지

위와 같은 중앙 정부의 발간 자료 외에도 강서구를 비롯한 김해시, 북구 등의 자치단체와 문화원에서 간행한 문헌에 낙동델타의 마을 내용이 적지 않게 담겨 있다. 표 5는 1970년대 이후 발행된 향토 지리지와 통계, 마을지를 정리한 것이다.

표 5. 통계와 마을지, 지명 사전

유형	시기	발행 기관	자료
통계	1978. 2. 이전	김해군(6개 면)	『김해군 통계연보』
	1978. 2.~1983. 5.	김해군(가락면, 녹산면)	『김해군 통계연보』
		부산시 북구(4개 동)	『북구 통계연보』
	1983. 5.~1988.12.	김해군(가락면, 녹산면)	『김해군 통계연보』
		부산직할시 강서출장소(4개 동)	-
	1989. 1~	부산직할시 강서구(7개 동)	『통계연보』·『구정백서』
마을지	『강서향토지』(1988. 12.), 『강서구지 1·2』(2014), 『강서자연마을』(2009), 『부산의 자연마을-강서구』(2007), 『가락동, 마을이야기』(2021)		
지명 사전	『김해지명변천사』(1985), 『김해의 지명 전설』(2008), 『김해의 지명』(2005) 『한국지명총람』(1979), 『한국지명유래집』(2012)		

① 통계 자료

1978년 이전의 6개 면 통계는 김해군에서 발행한 『통계연보』에 수록되어 있다. 김해군 연보는 1961년부터 발행되었으며, 1981년 김해읍이 시로 승격된 이후에는 김해시와 김해군이 분리되어 발간되었다.

1979년 4개 면이 부산시로 편입된 이후에는 가락면과 녹산면 통계는 김해군에, 4개 동의 자료는 부산시 북구 통계에 나뉘어 수록되었다. 1983년에 이들 4개 동이 강서출장소로 분리되어 부산시 산하가 되면서 출장소에서 별도 통계를 생산하였다.

1989년 2차 확장 이후 강서구가 설치되면서부터 구 단위의 『통계연보』와 『구정백서』를 통해 동별 통계가 발행되었다. 이들 자료에 수록된 분야별 내용 구성을 보면, 부산시 편입 이전보다 농업 분야의 비중은 크게 줄어 들었으며, 일부 통계는 구 단위로만 수록되어 있다.

② 향토 자료

낙동델타에서는 마을 내력과 지명 유래 내용을 담은 여러 향토 자료가 강서구와 김해시 주관으로 발간되어 왔다. 『강서향토지』(1988)는 강서구가 설치되기 직전인 1989년에 '-발간위원회' 명의로 간행된 지리지이다. 「발간사」에 '강서지역의 과거와 현재, 그리고 미래를 만나보는 거울을 삼고자 책을 펴냈다'는 내용이 있어 책의 편찬 방향을 보여준다. 책의 제2장에 수록된 「동 내력과 자연부락」에 대저1·2동, 강동동, 명지동의 마을 내력이 수록되어 있다.

『강서구지 1·2』(2014)는 '강서구지편찬위원회'에서 발행한 향토 자료이다. 「발간사」

의 글에는 '역사는 과거와 현재의 끊임없는 대화이며… 강서구지가 이러한 역사인식의 매개체'라는 내용이 담겨 있다. 두 권으로 구성되어 있으며 그 중 제6편에 7개 동에 속한 마을의 향토 지리 내용이 정리되어 있다.

『사진으로 보는 강서자연마을』(2009)은 강서문화원에서 발행한 마을지이다. 「발간사」에 '신도시와 물류단지 개발로 인해 향후 10~20년이 지나면 현재의 강서구 모습은 찾아보기 어려워 이를 사진으로 보존하고 기록으로 남기겠다'는 내용이 있다. 마을별로 표지석과 회관, 취락과 농촌 경관의 모습이 사진으로 수록되어 있다.

『부산의 자연마을-강서구』(2007)는 부산시 시사편찬위원회에서 발간한 책자로, 자연마을 시리즈(2006~2011) 중 제2권에 해당된다. 내용 구성은 전체 개관에 이어 동별로 자연마을의 역사와 지명, 재배 작물 등의 내용을 담고 있다. 2006년을 기준으로 마을별 면적과 인구 통계가 수록되어 있어 당시의 취락 규모를 보여준다.

한편 『가락동, 마을이야기』(2021)는 가락동이 주관하여 편찬한 책으로 마을 기록화 사업의 일환으로 출간한 향토지이다. 가락동은 비교적 늦게 부산시로 편입된 지역으로 지금도 일부 취락의 주변 지역을 제외하고는 농업적인 토지이용이 많이 남아 있는 곳이다. 책의 구성은 가락동 개관에 이어 마을의 역사와 지명 유래와 함께 지금의 모습을 지도를 이용하여 표현하였다.

이 외에 낙동델타의 마을 지명 유래가 수록된 사전과 책자가 적지 않다 김해시가 주관하여 발행한 사전에는 과거에 김해에 속하였던 강서지역 일대의 지명을 함께 정리하여 수록하고 있다. 전국 지명을 대상으로 편찬한 사전에도 상세한 내용이 담겨 있다. 『한국지명총람』(1979)은 한글학회에서 1966년부터 순차적으로 편찬한 지명 사전으로 제8권에 당시 김해군에 속한 대저면 등의 지명 유래가 정리되어 있다.

『한국지명유래집』는 국토지리정보원이 2008년부터 지방별로 편찬한 지명 사전이다. 고지도와 지리지를 이용하여 지명 유래를 설명한 사전으로 『경상도』(2012)편에 강서지역에 소재한 자연과 행정 지명의 유래를 다루고 있다.

이들 외에도 역사학, 고고학 등 여러 분야에서 발행한 책자와 보고서에도 지명 유래뿐만 아니라 대저도와 명지도 일대를 다룬 자료가 적지 않다. 이처럼 낙동델타를 대상으로 여러 책자가 발간되는 것은 낙동강 삼각주의 지리적인 중요성과 함께 도시화 시대 속에서도 기록을 통해 지역의 정체성을 지켜 내려는 향토 사회의 노력을 보여준다.

제 1 부

마을의 무대 - 낙동델타의 자연과 역사

[서낙동강, 가락동 · 강동동 일대]

제1장 낙동델타와 강서지역

1. 낙동강과 삼각주

1) 강과 삼각주

강은 물이 지구를 순환하는 과정의 일부이다. 땅 위를 흐르는 물은 살아있는 유기체처럼 움직이면서 유로를 만들고, 이를 따라 흘러 바다로 유입한다. 해안에 다다르면 유속이 0[零]에 가까워져 운반력을 상실하기 시작한다. 강은 이곳에서 자신의 에너지를 소진하기 위해 유로를 최대한 늘리면서 운반했던 토사를 내려 놓는다. 하류에서 하천이 자유사행(自由蛇行, meandering)을 하는 것은 이 때문이다.

하구에서 하천이 퇴적 지형을 형성하면서 본류는 여러 지류로 나뉘어지고, 이들 샛강 사이에 퇴적된 충적지는 하중도(河中島, River Island)가 된다. 유로를 따라 지속적으로 토사가 쌓이면서 섬들이 연결되고 규모가 커진다. 면적의 확장은 해양 에너지와 균형이 유지될 때까지 진행된다. 그리고 하구 일대는 담수와 해수가 섞이는 기수역(汽水域)이 되어 독특한 생태계를 이룬다.

강이 하구 일대에서 형성된 토사의 퇴적 지형은 삼각형 모습을 이룬다. 기원전 450년 역사학자인 헤로도토스(Herodotus, BC 484~425년경)가 나일강 하류에 형성된 삼각주를 그리스어 알파벳인 Δ를 이용하여 '델타(Delta)'라 이름하였고, 이 용어는 이후 동아시아에서 '삼각주(三角洲)'로 번역되어 사용되었다.

삼각주는 인류의 도시 발달에 중요한 역할을 하였다. 대하천 하류에서 관개를 이용한 농업이 시작되었으며 높은 토지 생산성은 도시 문명의 바탕이 되었다. 세계적으로는 고대 문명의 발상지인 티그리스·유프라테스강, 이집트의 나일강을 비롯하여 인도의 갠지스강, 미국의 미시시피강 하류에 발달한 삼각주가 대표적이다. 우리나라에는 낙동강의 대저도와 명지도, 압록강의 신도군 비단섬과 황금평, 두만강 하류 경흥군의 녹둔도 등이 대표적이다. 이 중 낙동강 삼각주의 규모가 가장 크다.

2) 낙동강 삼각주

낙동강은 강원도 태백산 산록의 너덜샘에서 발원하며 태백시의 황지에서 용출되어 흐르기 시작한다. 상류에서 경상북도 봉화군과 안동시를 지나 상주시와 경상남도 창녕군을 거쳐 유역에 여러 고을을 이루며 굽이굽이 흐르다가 김해시를 거쳐 부산 일대에서 남해로 유입한다. 지류로는 반변천과 내성천, 금호강과 황강, 남강과 밀양강 등이 낙동강 본류로 유입한다. 낙동강은 영남 지방을 동일 문화권으로 아우르는 토대였으며, 본류 유로는 조선시대 경상좌도와 우도를 나누는 경계였다.

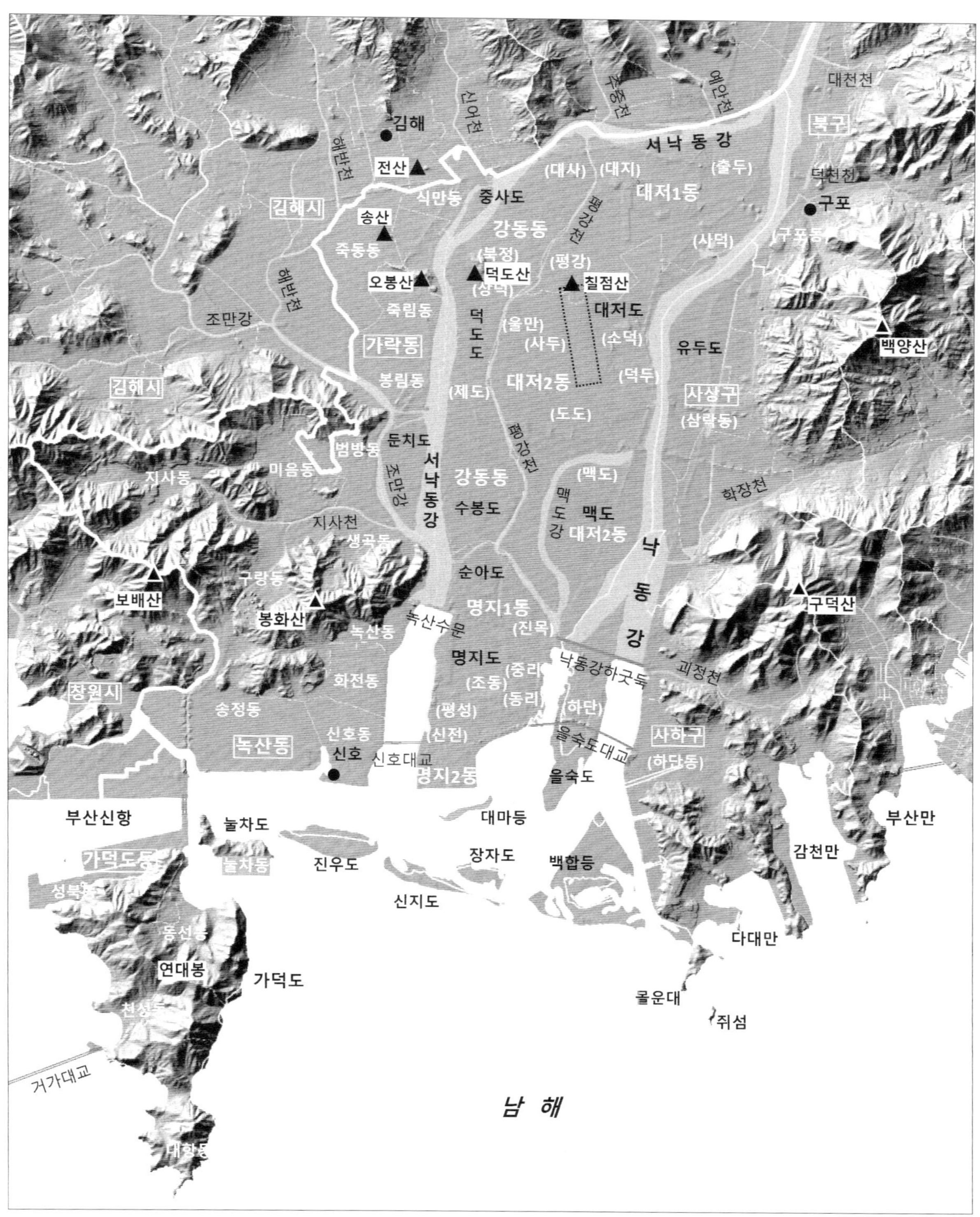

그림 1-1. 낙동델타의 지리 환경(자료: 지형기복도, 2020)

강의 발원지 이름인 '황지(黃池)'에 담긴 황색(黃色)은 전통 색의 오방색 중 하나로 방위상 중앙을 의미한다. 물길이 시작되는 '태백산(太白山)'에서 흰색은 한민족에게 성스러운 의미를 주고 있다. 이는 태백산이 강역의 종산인 백두산(白頭山)에 버금가는 상징성을 지녔음을 보여준다. 이와 같은 '황지'와 '태백산' 이름은 고대 신라가 경상도 권역에 자리잡은 이후 낙동강이 지리 인식의 중심에 있었음을 나타낸다.

낙동강 하류의 삼각주 일대는 오래전부터 삶의 무대가 되어 왔다. 육지가 형성되기 이전에는 바다의 만입부로서 해상 교통로 역할을 하였다. 북쪽의 양산 구조곡은 바다에 연한 금관가야와 신라 왕도였던 경주를 잇는 교통로로 이용되어 대륙과 해양의 이질적인 문화가 교류할 수 있는 토대가 되었다. 인도에서 도래한 가야국의 허황후 전설이 김해에 담겨 있는 것은 이와 같은 지리적인 환경과 무관하지 않다.

이후 퇴적이 진행되면서 점차 육지로 변하였으며 고려를 거쳐 조선시대에 이르면서 취락이 형성되기 시작하였다. 삼각주의 북쪽인 대저도를 중심으로 농사가 이루어졌으며 남쪽 일대는 대부분 갈대밭과 습지로 남아 있었다. 명지도에서는 조선 전기부터 염전업도 행해졌다.

삼각주는 해발 고도가 낮아 홍수 때 범람이 잦았을 뿐 아니라 염해 피해가 자주 발생하여 안정적인 벼농사는 매우 어려웠다. 20세기 초에 낙동강 제방이 축조되면서 벼 재배가 본격화되었다. 1960년대 산업화가 시작되면서 농업 근대화와 함께 새마을운동이 이루어지면서 우리나라의 대표적인 벼농사 지대가 되었다. 이곳은 지리 교육 교과서에서 '김해평야'로 수록되었다.

1970년대에는 국토종합개발이 실시되어 부산시를 중심으로 포항과 광양을 잇는 지대는 동남공업지대로 지정되면서 큰 변화가 나타났다. 경부고속도로가 건설되고, 부산시 인구가 급속하게 늘어나면서 대도시 주변지역에 속하게 되었다. 1978년과 1989년 두 차례에 걸쳐 부산시로 편입되었고, 강서지역 전체를 아우르는 행정 지리체가 되면서 도시 개발이 가속화되었다. 불과 100여 년 동안의 짧은 시간에 농지 개척, 일제강점기 식민지 농업, 농업 근대화와 대도시 편입 등이 일어나면서 여러 시기의 경관(landscape)이 중첩되어 있다.

2. 퇴적 지형과 하중도

1) 토사 퇴적

그림 1-1은 지형기복도를 통해 낙동강 삼각주 일대의 지리 환경을 나타낸 것이다. 북쪽에서 흘러온 낙동강은 델타 일대에 이르러 서낙동강과 나뉘면서 유로 사이에 퇴적 지형이 형성되어 있다. 동쪽은 금정산 줄기, 북쪽과 서쪽은 신어산과 보배산 줄기가

에워싸고 있으며, 서낙동강 양안에는 넓은 충적지가 형성되어 있다. 삼각주는 대저도, 명지도를 비롯한 여러 섬으로 구성되어 있고 평강천, 맥도강 등의 하천이 흐른다.

토양은 제4기 후반 홀로세에 형성된 충적층으로 구성되어 있다(그림 1-2). 주로 자갈, 모래, 진흙 등으로 구성되어 있는데, 지표면에서부터 점차 아래로 내려가면서 상층에는 모래층이, 그 하층에는 점성토층, 그리고 그 아래에는 다시 모래층이 퇴적되어 있다. 제일 밑에는 사력층(砂礫層)과 함께 기반암층이 있다. 두께는 삼각주 말단에서 두껍고 내륙으로 갈수록 얇아지나 중앙부에서는 50m 이상에 이른다. 또 낙동강 본류 쪽이 서낙동강 쪽보다 두꺼운 것이 특징이다(오건환, 1989).

기반암 위에 쌓인 최하부의 자갈층은 직경 50~250㎜의 둥근 자갈로 이루어져 있다. 두께는 2~12m로 삼각주의 중앙부에서 두껍고 외곽으로 갈수록 점차 얇아진다. 이 자갈층은 삼각주의 상부 지역인 대저도 북단에서 말단인 명호도로 향해 연속적으로 퇴적되어 있다. 자갈 모양과 굵기, 그리고 퇴적 모습으로 보아 최하부 자갈층은 낙동강 중류의 하상에 퇴적되어 있는 자갈층과 동일한 형태이다. 이는 삼각주가 처음부터 하구 부근에서 미세한 토사의 퇴적에 의해 형성된 것이 아니라 낙동강 중류의 하상에서 시작되었다는 것을 의미한다.

또한 모래층 위에 있는 실트질 점토층에는 연안과 내만에 서식하는 굴, 바지락 등 조개껍질이 혼입되어 있다. 이는 충척층 하부의 모래층을 기준으로 하여 상부 지층은 연안 내지는 내만의 기수역(氣水域)에 해당하는 퇴적층이고, 하부 모래층을 포함한 사력층과 자갈층은 하천의 영력에 의해 형성되었음을 보여준다.

김해시의 대동면 예안리에는 풍화혈(風化穴, tafoni)이 남아 있다(그림 1-3). 이 지형은 물리적 혹은 화학적 풍화작용을 받아 암석 표면에 요형(凹型)의 형태를 보이는 것으로 해안이나 화강암 산지에서 나타난다. 기반암이 화강암으로 구성된 부산의 금정산지의 여러 곳에서도 타포니가 나타난다.

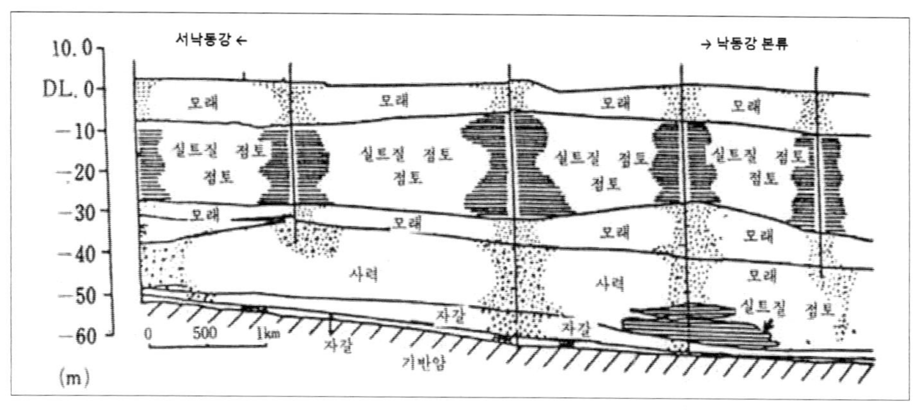

그림 1-2. 낙동강 삼각주의 충적층(출처: 『부산시사』, 1989, 오건환)

그림 1-3. 김해 대동면 예안리 타포니(tafoni)

예안 타포니는 김해시 대동면의 백두산(354.3m) 줄기 말단부에 있는 독뫼인 마산(馬山)의 남쪽 사면에 있다. 남쪽은 서낙동강이 흐르고 그 사이에는 농경지로 이용되는 충적지가 분포한다. 행태로 볼 때 해수 침식에 의해 형성된 것으로 이곳 일대가 과거에 바다와 육지가 만나는 정선(汀線)이었음을 나타낸다. 인근에 남아 있는 패총과 고분군이 이를 뒷받침한다.

이와 같은 퇴적층과 해수면 변동을 바탕으로 볼 때 삼각주 형성 시기는 후빙기 이후로 추정된다. 약 1만 5천년 전 제4기의 빙기가 최고조에 달했으며 당시 해수면은 지금보다 110m 정도 낮았다. 지금의 낙동강 하구 일대는 내륙 분지였으며, 낙동강은 대마도 부근까지 연장된 하천이었다. 1만년 전에 후빙기(post-glacial age)가 시작되면서 온난화로 빙하가 녹아 해수면이 높아지고 낙동강 하구는 점차 한반도 육지쪽으로 후퇴하였다.

지금부터 5~6천년 전에는 후빙기의 해수면 상승이 최고조에 달하고 육지의 융기운동이 일어나면서 토사 운반량이 늘어나 하구에 퇴적층 형성이 가속화되었다. 후빙기 최성기 이후 해수면이 안정되면서 낙동강 하구 전면에 크고 작은 사주(沙洲)가 형성되고 이들이 합쳐지면서 큰 규모의 하중도가 발달하여 삼각주의 모체가 만들어졌다. 지금의 대저도에 해당된다. 이후 대사도와 맥도가 생겨났고, 뒤를 이어 명호도를 비롯하여 을숙도와 일웅도 등의 하부 삼각주가 형성된 것이다.

2) 독뫼와 삼각주

앞의 지형기복도(그림 1-1)에서 보면 삼각주에서 규모가 가장 큰 대저도의 형상은 서쪽으로 치우친 모습를 보이고 있어 유로의 우측에서 퇴적이 시작되었을 가능성을 보여준다. 삼각주에 발달한 산지를 보면 대저도에 칠점산이 있으며, 이를 중심으로 서쪽 방향으로 덕도산과 오봉산, 송산과 전산이 나란히 분포한다. 이들 산지는 공통적으로 평야 가운데 솟은 독뫼[獨山] 형태를 보인다. 삼각주가 형성되기 전에 바다에 있었던 섬이었으며, 충적지가 형성되면서 독뫼 형태의 산지가 된 것이다.

삼각주의 독뫼들은 당시 하중도 형성 과정을 밝힐 수 있는 단서가 된다. 하천은 산지 등의 장애물을 만나면 유속이 감소하면서 산 주위에 토사를 퇴적하게 되어 다른 곳에 비해 육지화(陸地化)가 먼저 진행되기 때문이다.

그림 1-4~6은 이들 독뫼의 형태와 노출된 기반암이다. 칠점산(七點山, 31m)은 규모는 작으나 대저도의 유일한 산이다. 원래 7개의 봉우리로 구성되어 지명이 비롯되었다. 삼각주가 형성되기 이전에는 바다에 있어 지금 부산의 오륙도(五六島)와 유사한 형태로 추정된다. 조선시대 대부분의 지리지에 수록되어 있고 전설과 시문이 담겨 있다.

1950년대(출처: 『강서구지』, 2014)

칠점산(2023)

기반암의 노두

그림 1-4. 칠점산(1950, 2023)

① 덕도산 북정마을

② 오봉산 공원

③ 송산 송산마을

④ 전산 전산마을

그림 1-5. 삼각주 독뫼 일대의 화강암 노두

가야시대에는 인근의 김해 초선대(招仙臺)에서 가락국의 거등왕(居登王)이 이곳에 와서 선인을 부르면서 배를 타고 가야금을 즐겼다는 전설이 전해진다. 『승람』을 비롯한 지리지에서는 이곳의 풍광을 읊은 시구(詩句)들이 수록되어 있다. 대저도를 그린 조선시대 고지도에도 칠점산이 빠지지 않고 묘사되어 있다.

칠점산은 20세기 들어 개석(開析)으로 인해 큰 변화를 겪었다. 일제강점기 낙동강 제방을 축조하면서 이곳의 토사가 이용되었으며 1943년에 일본의 군사비행장 건설 때 3개의 산이 착평되었다. 1976년 김해국제공항이 수영에서 이전하여 입지하면서 다른 3개의 봉우리도 없어졌다. 지금은 야트막한 돌산만 남아 있어 산의 흔적을 보여주며 일제강점기 축조한 것으로 추정되는 방공호가 있다. 대부분 점토질 풍화토로 구성되어 있으며 기반암은 화강암질이다.

덕도산(德島山, 그림 1-5-①)은 강동동 덕도에 있는 독뫼로 칠점산 서쪽에 있다. 두산의 사이에 평강천이 흐른다. 덕도 섬의 북쪽 일대는 하중도가 형성되어 대사도(大沙島)라 불렀는데 지금의 대사마을이 있는 곳이다. 강동동의 옛 지명인 덕도면은 덕도에서 비롯되었다. 산록에는 화강암질 기반암의 노두가 노출되어 있으며, 북정마을에서 신석기시대, 상덕마을에서 원삼국시대의 패총이 발굴되어 일찍부터 취락이 형성되었음을 보여준다.

오봉산(五峰山, 45m, 그림 1-5-②)은 서낙동강 유로를 사이에 두고 덕도산과 마주보고 있다. 원래 섬이었으며 5개의 봉우리로 구성되어 지명이 유래되었다 전한다. 대나무가 자생하고 있어 죽도(竹島)라 불렀다. 산 정상부에 있던 죽도왜성(그림 1-6)은 이곳에 있던 화강암를 이용하여 축조된 성곽이다. 남쪽 산톡에 가락동의 중심 마을인 죽림과 봉하마을이 있어 취락 형성의 역사가 오래되었다.

송산(松山, 그림 1-5-③)은 오봉산 북서쪽으로 약 900m 떨어져 있는 독산이다. 독송산(獨松山), 독메라고도 불렀다. 송산의 옛 이름은 덕지도(德只島)로 과거에 마을 앞까지 소금과 고기를 실은 배가 드나들었고 주변은 저습지로 남아 있었다 전한다. 산록에 있는 송산마을의 가옥 주변에는 화강암질 기반암의 노두가 남아 있다. 분성(盆城) 배씨의 세거지이다. 분성은 김해의 옛 지명으로 삼국시대에 축조된 분산성에서 비롯된 이름이다.

전산(前山, 그림 1-5-④)은 송산에서 북동쪽으로 약 1.7km 떨어져 있는 산으로 김해시에 속해 있다. 서낙동강으로 유입하는 호계천 유역에 있으며 『승람』에는 전산도(前山島)로 나타난다. '관아 남쪽 5리에 있다. 삼분수(三分水)에서 흘러와서 죽도로 들어간다.'는 기사와 함께 가야국의 허황후와 관련된 설화가 수록되어 있다. '삼분수'는

그림 1-6. 죽도왜성 성벽

낙동강 유로를 지칭한다. 산록에 전산마을이 있으며 산 정상부의 당산에는 노거수와 함께 화강암질 기반암이 노출되어 있다.

이와 같이 칠점산을 비롯한 이 일대의 독뫼들은 낙동강의 흐름에 장애 역할을 하여 하중도의 형성과 형태에 영향을 주었음을 보여준다. 덕도산 등 독뫼들의 산록부에서 발굴되는 패총 등의 선사 유적들은 이들 산지 일대에서 육지화가 먼저 진행되어 취락이 일찍 형성되었음을 뒷받침한다.

3) 유로와 하중도

(1) 하천 유로

삼각주에는 낙동강과 서낙동강 유로와 함께 크고 작은 지류들이 흐르며 하중도를 형성하고 있다. 천가동과 녹산동을 흐르는 하천을 제외하고는 유역 경사도가 5% 이하인 완경사지는 전체 유역면적의 65.7%를 이룬다. 하안의 해발 고도도 0.5~1.5m에 불과하여 호우 시 침수가 자주 발생한다. 원래 이들 하천의 유로는 자유사행으로 곡류하였다. 지금은 대부분의 양안에 제방이 축조되어 있고, 일부 유로는 직강 공사로 직선화되어 있다.

하천 중 국가하천으로 관리되는 곳은 낙동강과 서낙동강, 맥도강, 평강천 4곳이다(표 1-1). 삼각주에서 '낙동강' 지명은 대저도 동쪽과 사하구 사이를 흐르는 유로를 지칭한다. 원래 서낙동강이 본류였으나 일제강점기에 대동·녹산수문이 만들어지면서 저수지 역할을 하게 되었고, 대저도 동쪽의 유로가 낙동간 본류로 되었다.

맥도강은 맥도를 에워싸고 흐르는 하천이다. 지명은 섬 이름에서 비롯되었으며, 과거에 나루터로 연결되었던 대저도에 월포마을이 있어 '월포강'으로 부르기도 하였다. 유로는 낙동대교 부근의 맥도나루에서 시작하여 명지도 북쪽에서 평강천에 합류한다. 지금은 수문이 설치되어 저수지 기능을 하고 있다.

표 1-1. 하천 지명

관리	하천(낙동강 삼각주 구간)
국가하천	낙동강(대저수문-명지하굿둑), 서낙동강(대저수문-녹산수문) 맥도강(대저2동 본맥-명지 신포), 평강천(강동동 대사리-명지동 순아)
지방하천	조만강(가락동 대흥-녹산동 장락), 해반천(가락동 금천) 구산천(가락동 죽동동 송산마을), 호계천(죽동 금천교-해반천 합류 지점) 신어천(김해시 초선대-가락동 식만), 지사천(녹산동 지사-세산) 송정천(녹산동 옥포-송정)
소하천	범방천(녹산동 미음-범방), 구창천(녹산동 생곡-구랑) 장곡천(녹산동 송정)

자료: 『한국하천지명사전』(2011), 『구정백서』(2012)

평강천은 조선시대 김해부와 양산군의 경계를 이루는 하천이었다. 덕도 북단에 있는 평강 대사리에서 서낙동강으로부터 나뉘어져 남쪽으로 대저도와 덕도 사이를 흐르다가 칠점천 등의 소하천을 합류한다. 이후 명지도 북쪽에서 맥도강과 합류하고 낙동강에 흘러 들어간다. 유역의 소규모 지류를 합류하고 하중도가 발달해 있어 유로가 복잡하였으나 하천 양안에 제방을 축조하면서 비교적 단순하게 되었다.

지방하천으로는 조만강, 송정천, 신어천을 비롯한 7곳이 있는데, 이들은 대부분 김해에서 발원하여 서낙동강으로 유입하는 지류이다. 이 중 유로가 가장 긴 하천은 조만강이다. 김해시 주촌면의 금음산 산록에서 발원하여 장유동을 지나 강서구로 흘러 들어와 녹산동 생곡동 장락마을 일대에서 서낙동강으로 유입한다. 해반천과 지사천은 조만강의 지류이다. 한편 주민 생활에 직접적인 영향을 주는 소하천으로는 녹산동을 흐르는 구랑천(생곡동), 범방천(범방동), 장곡천(송정동) 3곳이 지정되어 있다.

(2) 하중도와 나루터

① 하중도

삼각주 하천에 형성된 하중도 중에서 규모가 큰 곳은 북쪽의 대저도와 덕도도, 남쪽의 명호도이다. 이 외의 섬으로는 둔치도, 맥도, 중사도, 을숙도가 있다. 이 중 을숙도는 행정구역 상 사하구 하단동에 편입되어 있다(앞의 그림 1-1 참조).

대저도(大渚島)는 대저1·2동이 있는 섬으로 삼각주에서 취락이 가장 먼저 형성된 곳이다. 동쪽으로 낙동강 본류, 북쪽으로 서낙동강이 연하여 흐른다. 서쪽은 평강천을 경계로 덕도와 나뉘어져 있으며, 남쪽은 맥도강이 맥도와의 경계를 이룬다.

대저도 서쪽은 평강천을 사이에 두고 덕도(德島)와 수봉도(水峰島)가 있다. 지금의 강동동에 해당한다. 평강천이 김해부와 양산군의 경계를 이루었기 때문에 동쪽의 대저도는 양산군에, 덕도와 수봉도는 김해부에 속하였다. 수봉도는 섬의 제도리(濟島里) 일대에서 가장 높은 봉우리가 있어 비롯된 지명이다.

맥도(麥島)는 대저도의 남쪽에 있는 하중도이다. 대저2동의 본맥도마을이 있는 곳이다. 맥도강을 사이에 두고 대저도와 분리되어 있으며, 낙동강 유로를 경계로 을숙도와 마주보고 있다. 지명은 섬의 모양이 보리처럼 생겼다 하여 비롯되었다.

둔치도(屯致島)는 조만강이 서낙동강으로 합류하는 일대에 형성된 섬이다. 가락동 둔치 마을이 있다. 강의 수면과 비슷한 고도를 이루고 있어 제방이 축조되기 이전에는 갈대밭이 성하였던 곳으로 개척이 늦게 이루어졌다.

중사도(中沙島)는 서낙동강 유로에 형성된 하중도이다. 가락동 중사도마을이 있다. 지명은 강의 가운데 형성된 모래섬에서 비롯된 것이며 원래 이름은 딴치라 불렀다. 일제강점기부터 본격적으로 취락이 형성되기 시작하였고 중사도 이름도 이때 생겨났다.

대저도 남쪽에는 평강천을 사이에 두고 명지도와 순아도가 있다. 명지 제1동에 해당된다. 명지도는 명호(鳴湖)라고도 불렀는데, 『승람』에 '큰 비나 가뭄이 오거나 큰 바람이 불어오거나 하면 반드시 우는데 그 소리가 어떤 때는 천둥소리, 북소리 혹은 종소리 같기도 하다. 그러나 이 섬에서 들어보면 그 소리가 멀어져서 들려오는 것 같으나 어디에서 울려 오는지 알 수 없다.'는 내용이 수록되어 있다. 순아도는 명지도 북쪽에서 원래 모래톱으로 형성된 곳이다. 지명은 임진왜란 때 이곳에서 왜군에 의해 희생된 처녀의 이름에서 비롯되었다 전한다.

치등은 둔치도 북동쪽의 서낙동강 유로 가운데에 형성된 소규모 하중도이다. 지명의 '-등'에서 보여 주듯이 퇴적이 진행 중인 곳으로 취락은 형성되어 있지 않다. 삼각주에는 이 외에도 '-등(嶝)'으로 명명된 크고 작은 하중도가 발달하였다.

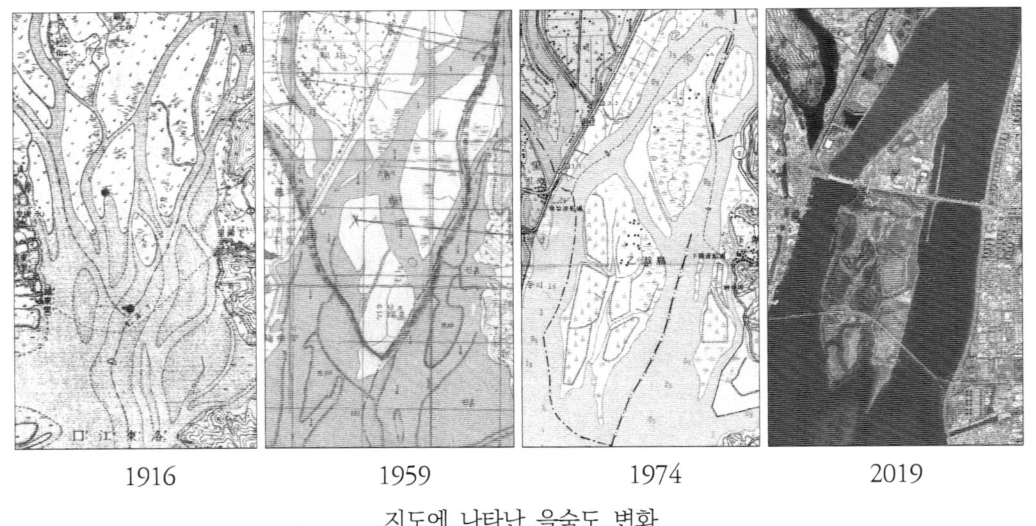

1916 1959 1974 2019

지도에 나타난 을숙도 변화

저습지(2023)

그림 1-7. 을숙도 지도와 경관

삼각주에는 제방 축조 혹은 유로 변경으로 인해 인접한 섬과 연결되어 원래의 형태가 없어진 하중도가 적지 않다. 이는 지명으로 남아 있기도 하며 조만강 하류의 해포도마을이 대표적이다. 서낙동강 하류에 녹산수문이 설치되기전까지 마을로 바닷물이 들어왔다. 옛 이름은 해부리(海夫里)였는데 이는 어부가 사는 곳이라 하여 유래된 것이라 전한다. 알개섬은 둔치도 북쪽에 조만강 하류에 형성되었던 섬이나 지금은 해포도와 연결되어 지명만으로 남아 있다.

한편, 사하구에 속한 을숙도(乙淑島, 그림 1-7)는 낙동강 하구의 대표적인 하중도였다. 사주가 확대되어 형성된 섬으로 남북으로 긴 형상을 하고 있다. 북쪽은 좁은 수로를 사이에 두고 일웅도(日雄島)와 접해 있다. 매년 철새들이 도래하였던 곳으로 1966년 천연기념물로 지정되었고 1999년에는 습지보호구역이 되었다.

1987년 낙동강하굿둑이 축조되면서 섬 일대의 생태계는 크게 변하여, 일부가 수몰되거나 육지화되면서 이곳에 거주하였던 농민들은 이주되었다. 일제강점기의 지형도에는 논이 부분적으로 묘사되어 있으나 취락은 표현되어 있지 않아 당시 마을이 형성되어 있지 않았음을 보여준다. 1955년 지도에서도 가옥은 그려져 있지 않다. 1974년 지형도에는 을숙도 북쪽과 일웅도에 취락이 묘사되어 있다(그림 1-7). 『새마을총람』(1972) 통계에는 당시에 79호(419명) 농가가 거주하였던 것으로 수록되어 있다.

을숙도의 행정구역은 변화가 심하였다. 조선시대 양산군 좌이면에 속하였으며 1906년 김해군 대저면으로 이관되었다. 1978년 부산시에 편입되었고 1983년에 대저2동에서 사하구 하단동으로 귀속되었다.

'을숙도' 지명은 1960년대부터 사용된 것으로 보인다. 『조선지형도』(1916)에는 섬 형태만 묘사되어 있고, 지명은 기재되어 있지 않다. 1955년 지형도에서는 '하단도(下端島)'로 기재되어 있으며 1959년 『지명조사철』의 지도에도 동일한 내용으로 수록되어 있다. 그러나 『지명조사철』의 지명 목록에는 대저동 맥도리에 '을숙도(乙淑島)'와 '일웅도(日雄島)'가 함께 수록되어 있다.

유래 내용에서는 '자연 섬으로서 갈밭을 개간 입주하며, 주민 속칭'으로 쓰여 있고, 지도의 '하단도' 지명을 수정하여 줄 것을 요청하고, 중앙지명위원회에서 이를 승인하여 일웅도(ILUNGDO)와 함께 을숙도(EULSUGDO)로 고시하였다.'는 기록이 있다. 1974년 지형도에는 두 섬은 연결되어 있고 '을숙도' 지명만 기재되어 있다.

낙동강 하구의 말단부에는 하중도로 이행되는 과정에 있는 섬들이 분포한다(그림 1-8). 을숙도를 포함하여 8개의 섬이 있으며, 명지2동의 매립지를 사이에 두고 낙동강과 서낙동강이 남해로 유입하는 일대에 발달하고 있다. 대부분 동-서 방향의 세장형을 이루며 육지쪽으로 열린 형상을 보인다. 식생이 분포하나 철새 도래지 구역으로 지정되어 있어 주민들은 거주하고 있지 않다.

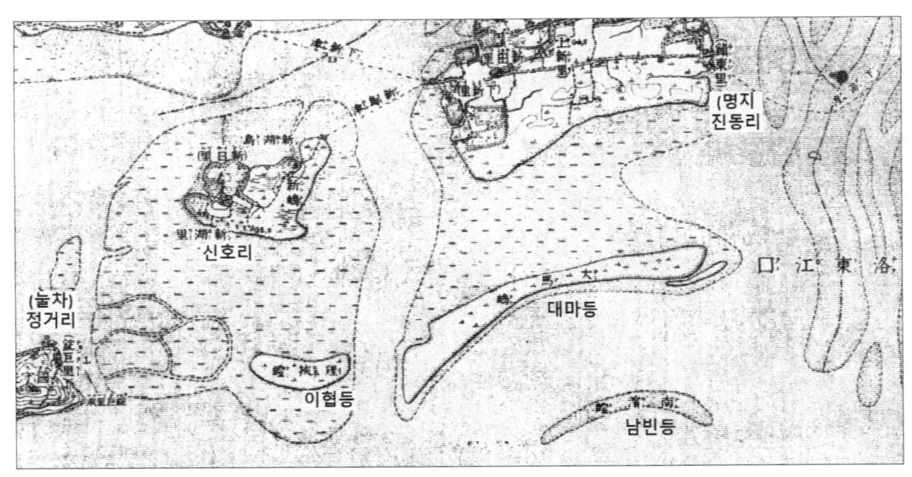

그림 1-8. 퇴적등의 분포와 형태 변화(1916 · 2023)

표 1-2. 낙동강 하구의 퇴적등(堆積嶝)

이름	소재지	면적	지명 유래	특기사항
도요등	사하 다대동	0.35㎢	도요새 도래지	1988년 해수면 위로 출현
백합등(白蛤嶝)	사하 다대동	0.61㎢	백합조개 서식	육지거리 0.6㎞
맹금머리등(猛禽嶝)	사하 장림동	0.41㎢	맹금류 서식	선박 통행로로 을숙도와 분리
신자도(新子島)	강서 명지동	0.46㎢	새로 생겨남	이칭: 새등
장자도(長子島)	강서 명지동	0.14㎢	규모가 큼	『조선지형도』(1916)에 묘사
진우도(眞友島)	강서 신호동	0.81㎢	진우원	한국전쟁으로 고아원 설립
대마등(大馬嶝)	강서 명지동	0.25㎢	말 모습	1966년 인공 철새도래지 조성
을숙도(乙淑島)	사하 하단동	3.52㎢	새가 많고 물이 맑음	『조선지형도』(1916)에 묘사

자료: 낙동강하구에코센터(2023)

표 1-2는 이들 섬의 규모와 지명 유래 등의 내용을 정리한 것이다. 규모는 을숙도를 제외하고는 진우도(0.81㎢)가 가장 크다. 이 섬은 서낙동강 하구의 서쪽에 위치한다. 한국전쟁 때 고아원인 진우원이 있던 곳으로 지명은 이에서 비롯되었다. 서쪽에 가덕도와 인접하여 있다. 다음으로 규모가 큰 섬은 백합등(0.61㎢)이다. 낙동강 하구에 있으며 남쪽에 도요등, 북쪽에 맹금머리등이 있다. 육지로부터 거리가 600m에 불과하여 동쪽의 하단동 장림포구로부터 쉽게 접근이 가능하다.

남쪽의 도요등은 가장 남쪽에 위치하여 해양의 영향을 크게 받는 섬이다. 1988년에 들어서 해수면에 출현한 섬으로 가장 늦게 형성되었다. 1987년 축조된 낙동강하굿둑의 영향때문인 것으로 추정되기도 한다. 면적이 0.35㎢로 작으나 크게 보이는 것은 간조시의 섬 모습 때문이다(그림 1-8).

이들 섬의 형태는 『조선지형도』(1916)와 비교하면 뚜렷한 변화가 확인된다. 1916년의 경우 퇴적등으로 명지 해안선 남쪽에 대마등이 동서 방향으로 길게 묘사되어 있고, 그 남쪽에 남빈등이 그려져 있다. 대마등 서쪽에는 이협등이 있다. 현재 명지동 매립지의 남쪽에 있는 대마등은 위치로 볼 때 『조선지형도』의 대마등과 등일한 섬이다. 남빈등은 지금의 장자도에 해당하는 것으로 추정된다. 서쪽의 이협등은 진우도의 일부에 해당한다.

이와 같은 낙동강 하구의 퇴적등 모습의 변화는 일제강점기 이후 현재에 이르기까지 근 100여 년 동안 농업 개척과 매립, 공업단지 건립과 주거지구 건설 등으로 인한 여러 변화가 반영된 결과이다.

② 나루터

근대 교통이 발달되기 이전에 삼각주에서 사람의 이동과 물자 운반은 이들 하중도를 잇는 도선(渡船)에 의해 이루어졌다. 나루터의 양안은 물자가 집산하는 곳이 되었으며 이곳을 중심으로 도진(渡津) 취락이 형성되었다.

표 1-3. 주요 나루터(1959)

면[현재 동]	나루터
대저면[대저1 · 2동]	북서나루, 대지도선, 이울나루, 제도나루, 덕두도선, 월포나루, 맥도나루, 군라나루, 상납청도선
가락면[가락동 · 강동동]	계목나루터, 조만포나루터, 죽림나루터
명지면[명지동]	명지도선장, 영강선착장
녹산면[녹산동]	장락나루, 너바위나루터, 사구나루터, 생곡도선, 신호도선장
천가면[가덕도동]	향월선착장, 외눌선착장, 정거선착장, 선창선착장, 율리선착장, 장항선착장, 서중선착장, 천수말선착장, 대항선착장

출처: 『지명조사철』(1959)

『지명조사철』(1959, 표 1-3)에는 당시 19곳의 나루터가 있으며, 가덕도에는 9곳의 선착장이 수록되어 있어 당시 삼각주 일대에서 수운을 이용하여 사람과 물자가 이동하였던 경로를 보여준다.

대저면의 대저도 일대에는 북서나루, 대지도선을 비롯한 9곳이 있었다. 이 중 북서나루는 동연정에서 김해 대동면 북서를 잇는 나루터였다. 대지도선은 대지리에서 김해 대동면 수안마을을 잇는다. 이울나루는 지금의 대저2동 울만리와 강동동 상덕마을을 연결한다. 이 외에 제도나루(입소마을-강동동 제도리), 덕두도선(덕두리-유두마을), 월포나루(월포마을-맥도), 맥도나루(맥도리-삼락동 일웅도), 군라나루(신노전마을-순아도), 상납청도선(상납청-수봉도)이 있다.

가락면의 계목나루터는 덕도(강동동) 일대의 중곡마을과 가락동 해포도를 잇는다. 조만포나루터는 지금 조만교가 건설된 곳이다. 죽림나루터는 죽림마을과 강동동 덕도도를 잇는다. 녹산면의 장락나루는 순아도와 장락마을 일대를 연결하고 있었다. 명지면과 녹산면, 천가면에는 섬과 육지를 잇는 선착장이 있었다.

4) 풍수해

삼각주 일대의 풍수해는 대부분 태풍과 호우에 의한 낙동강의 범람으로 발생되었다. 태풍은 대부분 북태평양의 해상에서 발생한 열대성 저기압으로 한반도 서남쪽에 상륙하거나 대한해협을 통과할 경우 낙동강 하류 일대에 피해를 주었다. 특히 8월 말에서 9월경에 발생하는 경우 수확기를 앞두고 있기 때문에 피해가 매우 컸다.

20세기에 발생한 풍수해를 보면 을축년 대홍수(1925), 태풍 사라호(1959), 태풍 글래디스(1991), 태풍 매미(2003)에 의한 피해가 대표적이다. 이 중 을축년 대홍수가 가장 큰 풍수해로 당시 7월부터 9월 초순까지 4차례에 걸쳐 낙동강과 한강 유역을 중심으로 우리나라 전역에 큰 피해를 입혔다. 제1차와 제2차 피해는 모두 7월에 발생하였다. 2개의 태풍 경로가 한반도 중앙을 지나면서 비롯된 것으로 한강을 비롯하여 낙동강, 금강, 만경강 등 중부와 남부의 하천 유역에 큰 피해를 입혔다. 당시 신문기사(조선일보, 1925. 7. 15)에 의하면 낙동강 하류의 대저도에서만 2,200호가 수몰되었으며 섬 아래쪽에서는 200구의 시산아 발견되기도 하였다 한다. 제3차 피해는 8월에 양쯔강 저기압이 지나면서 북부 지방에 피해를 입혔고 제4차 홍수는 9월에 열대성 저기압이 목포에 상륙하여 대구를 지나 동해로 빠져 나가면서 이때도 낙동강 일대에 범람으로 인해 큰 피해를 입혔다.

이와 같은 대홍수는 전국적으로 피해를 입혔다. 한강 유역에서는 백제의 풍납토성과 암사동의 선사 주거지가 발견되기도 하였다. 낙동강 삼각주 일대는 대홍수 이후인 1930년대부터 제방 축조로 유로를 바꾸는 일천식(一川式) 공사의 계기가 되었다.

3. 강서지역의 지리체와 마을

강서지역은 1989년에 김해군과 의창군에 속하였던 가락동, 녹산동과 가덕도동 일대가 부산시로 편입되면서 7개의 행정동으로 구성된 단일 행정 지리체(geo-body)가 되었다. 삼각주로 형성된 대저도와 명지도, 충적평야인 가락동 일대, 봉화산 산록과 매립지로 구성된 녹산동과 함께 가덕도 섬으로 구성되어 있어 지리적인 환경이 매우 다양하다. 단일 지리체가 된 시기도 최근이어서 역사적인 배경에서도 차이가 남아 있다.

동의 지리적인 분포를 보면 대저도와 덕도도, 명지도 일대에 대저1 · 2동, 강동동, 명지1 · 2동이 설치되어 있으며, 서낙동강 서쪽의 김해평야 일대에는 가락동과 녹산동이 있다. 가덕도동은 가덕도와 부속 도서로 구성되어 있다.

1) 행정구역 변화

삼각주 일대의 행정구역은 조선시대부터 지금에 이르기까지 적지 않은 변화를 거쳤다. 조선시대에는 양산군과 김해부 소속으로 분리되어 있었다. 평강천 유로를 경계로 동쪽인 대저1 · 2동은 양산군에 속하였고, 강동동 · 가락동과 녹산동 · 명지1 · 2동 일대는 김해부 관할이었다. 가덕도동은 웅천현 소속이었다.

구한말인 1906년 전국의 두입지와 비월지를 정리하는 과정에서 대저1 · 2동 일대가 양산군에서 분리되어 김해군으로 귀속됨으로써 삼각주 전역이 단일 행정구역에 속하게 되었다. 1914년에 행정구역의 개편으로 이곳에 있던 7개 면이 통합되어 대저면 · 가락면 · 명지면 · 녹산면의 4개면이 되었다. 가덕도는 창원군 천가면에 속하였다.

이는 1970년대까지 유지되다가 1978년 부산 시역이 확장되면서 서낙동강 유로를 경계로 동쪽 지역이 부산시 북구로 편입되었다. 이때 대저면은 대저1 · 2동, 명지면은 명지동, 가락면의 옛 덕도면 일대는 강동동이 되었다. 지금의 가락동과 녹산동 일대는 김해군 소속의 가락면과 녹산면으로 남았으며 천가면은 창원군에 속하였다. 이때 부산시로 편입된 지역에 있었던 법정리 지명은 폐지되었다.

1983년 4개 동을 관리하는 강서출장소가 생겨나면서 부산시 북구에서 분리되었다. 1989년 부산 시역의 2차 확장으로 인해 가락면과 함께 녹산면과 천가면이 편입되어 가락동, 녹산동, 천가동이 되었다. 강서출장소에 소속되었던 4개 동과 이들 3개 동이 합쳐 강서구가 설치되었고 이때부터 7개 동을 관할하게 되었다.

1989년에 편입된 3개 동의 법정리 지명은 1978년과 다르게 법정동으로 바뀌어 사용되고 있다. 천가동은 2015년에 가덕도동으로 이름을 바꾸었다. 명지동은 2018년 명지오션시티 일대를 중심으로 제2동으로 분리하여 지금은 8동 체제가 되어 있다. 한편, 국회의원 선거구는 강서구 전역과 북구 일부를 포함하는 지구로 획정되어 있었으나 2024년 제22대 총선부터는 강서구 권역이 독립된 선거구가 되었다.

2) 행정 체계 구성과 마을

(1) 마을과 통(統)

강서지역의 행정 체계는 1978년과 1989년 부산시 편입 과정에서 법정리 이름의 유지 여부에 따라 차이를 보이고 있으나 기본적으로는 구-행정동-(법정동)-통-반으로 구성되어 있다. 법정동의 경우 행정 기능은 없으며 동장도 임명되어 있지 않다.

행정동에서 마을은 자연마을 단위로 구획된 통(統) 번호로 관리된다. 2021년 현재 174개의 통으로 구성되어 있다 통의 구분은 「구조례」에 의거하여 가구수 40호를 기준으로 하고, 지리적인 연속성을 고려하여 1개 통이 설치된다. 마을 규모가 클 경우 2~3개 통으로 나뉘어지고, 작은 마을들은 합쳐지기도 한다. 공장이 들어서거나 도시개발로 인해 취락 규모가 줄어든 경우에도 통합되는 경우가 있다. 통장은 주민 중에서 선출되며 행정동과 마을의 중간 역할을 담당한다.

마을에 부여되는 통 번호는 일정한 방향성을 유지하며 순서가 매겨진다(그림 1-9). 통 번호는 지속성 유지를 위해 바꾸지 않는 것을 원칙으로 하고 있으나 인구 규모의 변화, 마을 통합이나 철거로 결번이 발생하는 경우 조정이 이루어진다. 가락동의 경우 면 중심에 있는 죽림마을부터 순차적으로 번호가 매겨졌으나 통합으로 인해 제2통이 결번 됨으로써 남쪽 끝의 둔치도 마을이 제2통 번호를 승계하기도 하였다.

통 번호가 지속적이지 않은 경우가 있기 때문에 일상에서 마을 호칭은 통보다는 관행적인 마을 이름을 사용한다. 그러나 동일한 이름이 많아 이의 혼동을 피하기 위해 이전에 속하였던 리 지명을 함께 붙여 이용한다(예: 출두신촌 · 송정신촌; 사두본리 · 덕두본리). 도시개발 지구에 편입되어 마을이 철거된 경우 통 번호를 새로 조정한다.

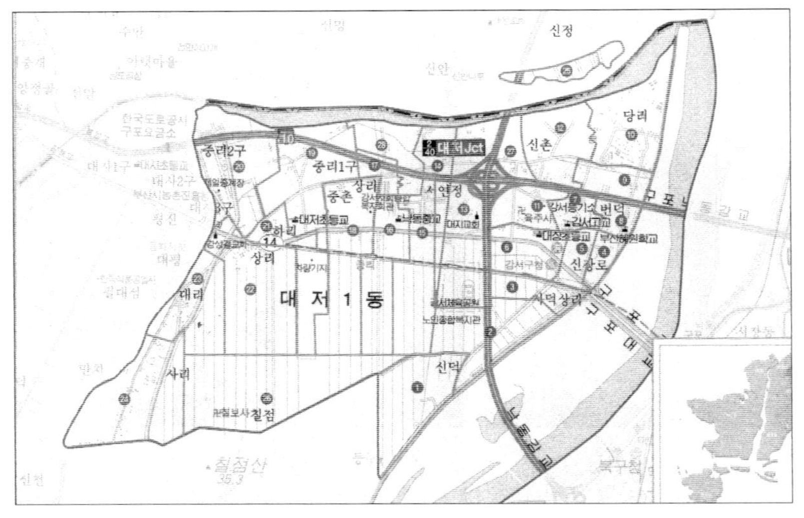

그림 1-9. 자연마을의 통 번호 부여: 대저1동 사례

(2) 행정동과 자연마을

강서지역은 8개 행정동에 마을 단위의 170개 통으로 구성되어 있다(표 1-4). 법정동은 가락동과 녹산동, 가덕도동에 18곳이 있으며, 이들은 이전에 법정리 이름에서 비롯된 것이다. 대저1·2동을 비롯한 1978년 편입 지역에는 21곳의 법정리가 있었다.

통의 분포를 보면 명지1동이 30곳으로 가장 많으며 대저1동에는 19개 마을에 28개 통이 있다. 가락동과 가덕도는 마을과 통의 숫자가 동일하다. 자연마을이 없는 명지2동의 경우 아파트 단지로만 구성된 14개의 통이 있다. 대저2동과 강동동, 명지1동에서 진행되는 에코델타지구의 14곳 마을과 명지1동의 국제신도시지구의 11개 마을에는 철거로 인해 통 번호가 부여되어 있지 않다.

표 1-4. 동별 법정동(리)과 통 구성

행정동	면적(㎢)	인구수	법정동(리)*	통**
전체	181.74	142,918	8개 행정동, 18개 법정동	170
대저1동	17.7	6,556	[사덕리], [출두리], [대지리], [평강리], [대저리]	28
대저2동	29.3	7,090	[소덕리], [사두리], [덕두리], [맥도리], [도도리], [울만리]	22
강동동	18.5	4,220	[대사리], [북정리] [상덕리], [제도리],	15
명지1동	12.4	53,087	[진목리], [중리], [동리], [조동리], [평성리], [신전리]	30
명지2동	3.3	30,409	명지오션시티	14
가락동	19.0	2,345	죽림동, 식만동, 죽동, 봉림동	17
녹산동	56.9	35,270	생곡동, 구랑동, 지사동, 미음동, 범방동, 송정동, 화전동, 녹산동, 신호동	31
가덕도동	24.6	3,941	동선동, 성북동, 눌차동, 천성동, 대항동	13

[자료] 면적·인구수: 『구정백서』(2022). 통: 강서구청 제공(2023. 4.).
*: 법정동에서 '[ ]' 표시 지명은 1978년 폐지된 법정면 이름임.
**: 통 숫자에서 『구정백서』(2022)와의 차이는 개발 지구에 편입된 마을 철거에 따른 것임.

① 대저1동

1978년 부산시로 편입되기 이전에 사덕리, 출두리, 대지리, 평강리의 4개 리로 구성되어 있었다. 자연마을로 신장로, 번덕, 사덕마을 등 19곳이 있으며 이들은 28개 통으로 나뉘어 관리된다(표 1-5). 자연마을 중 사덕리의 신장로, 출두리의 번덕, 대지리 상리의 경우 과거에 김해시와 부산 구포를 잇는 간선도로변에 있는 마을이다.

한편 이들 4개 리와 별도로 대저리가 있다. 신정마을 1곳만 있으며, 서낙동강 유로 너머 김해시 안에 위치한다. 행정구역으로는 부산광역시 대저1동에 속하고, 지리적으로는 김해시 대동면 초정리(草亭里)에 해당되어 지리적으로 분리된 모습을 보이고 있어 행정구역에서 드물게 나타나는 월경지이다.

표 1-5. 대저1동 자연마을

법정동(리)	마을(통)
[사덕리]	신덕(1통), 상리(2, 3통), 신장로(4, 5, 6통)
[출두리]	번덕(7, 8, 9통), 당리(10통), 신촌(11, 12, 27통)
[대지리]	동연정(13통), 서연정(14, 15통), 상리(16, 17, 28통), 중촌(18통), 중리1구(19통), 중리2구(20통), 하리(21통)
[평강리]	상리(22통), 대리(23통), 사리(24통), 칠점(26통)
[대저리]	신정(25통)

이 월경지는 1971년 김해군 대동면 월촌리에서 이곳으로 이어지는 대동운하를 건설하면서 비롯된 것이다. 운하는 서낙동강에 바닷물이 유입되는 것을 막고 대동수문 상류에서 이곳으로 용수를 공급하기 위해 설치된 것이다. 개설 공사 중 쌓인 토사는 원래 김해농지개량조합 소유였으나 부산에 거주하는 시민에게 불하되면서 강서구 소속의 신정(新亭) 마을이 된 것이다. 이름은 초정리에서 새로 생겨났다 하여 비롯되었다.

② 대저2동

대저1동의 남쪽에 해당되며 중앙에 김해국제공항이 있다. 일제강점기 낙동강 제방 축조와 해군 공항 건설, 이후의 김해공항 확장으로 인해 여러 차례 취락 이전이 이루어진 곳이다. 부산시에 편입되기 전에는 소덕리, 사두리, 덕두리 등 6개 리로 구성되어 있었으며 지금은 22개 통이 있다(표 1-6). 법정리 중 월포, 도도본리, 순서마을 등이 있던 도도리가 가장 컸다. 남쪽의 신노전, 상납청, 군라마을 3곳은 에코델타지구에 편입되면서 철거되었다. 소덕리, 맥도리, 울만리에도 4~5개의 마을이 있고 덕두리의 본리와 동방마을은 합쳐 1개 통이 되었다.

표 1-6. 대저2동 자연마을

법정동(리)	마을(통)
[소덕리]	등구(1통), 신소(2통), 하리(3통), 동덕(4통), 상방(7통)
[사두리]	용두(5통), 사두본리(6통)
[덕두리]	덕두본리동방(8통), 금호(10통), (공군)관사(9통)
[맥도리]	본맥도(11통), 작지(12통), 염막(13통), 동협(14통), 송백(15통)
[도도리]	월포(16통), 도도본리(21통), 순서(22통)
	[에코델타지구] 신노전(-), 상납청(-), 군라(-)
[울만리]	신평(17통), 입소(18통), 설만(19통), 정관(20통)

③ 강동동

동쪽과 서쪽에 평강천과 서낙동강이 흐르고 있어 남-북으로 긴 형상을 보인다. 취락은 동의 중앙에 있는 덕도산을 중심으로 북정리와 상덕리 일대에 발달해 있으며 북쪽에 대사리, 남쪽에 제도리가 있다. 4개 법정리로 구성되어 있었으며 그 중 8개 마을이 있던 제도리의 규모가 가장 컸다(표 1-7).

원래 18개 마을이 있었으나 제도리 남쪽에 속한 대부동, 평위도, 수봉도, 전양, 송백도, 천자도의 6개 마을은 에코델타지구로 편입되어 12곳만 남아 있다. 15개 통으로 관리된다. 대사리의 경우 3개 마을이 각각 2개의 통으로 관리되고 있다. 이곳은 김해시와 부산시의 구포를 잇는 도로가 지나는 곳으로 일제강점기에 신작로가 만들어지면서 취락의 규모가 커진 곳이다.

표 1-7. 강동동 자연마을

법정동(리)	마을(통)
[대사리]	대사1구(1, 2통), 대사2구(3, 4통), 대사3구(5, 6통)
[북정리]	중덕(7통), 북정(8통), 신덕(11통)
[상덕리]	상덕(9통), 덕계(10통), 득천(12통), 덕포(13통)
[제도리]	상곡(14통), 중곡(15통)
	[에코델타지구] 대부동(-), 평위도(-), 수봉도(-), 전양(-), 송백도(-), 천자도(-)

④ 명지1 · 2동

순아도와 명호도와 함께 명지2동의 매립지구로 구성된 동이다. 명지1동에는 진목리, 중리, 동리, 조동리, 평성리, 신전리의 6개 리가 있었으며 마을은 19곳이 있었다(표 1-8). 북쪽 순아도 일대의 진목리를 제외하면 대부분 명호도에 있다. 신호마을은 원래 명지동에 속해 있었으나 1978년 녹산면으로 이관되었다.

표 1-8. 명지1 · 2동 자연마을

<table>
<tr><th>행정동</th><th>법정동(리)</th><th colspan="2">마을(통)</th></tr>
<tr><td rowspan="8">명지1동</td><td rowspan="2">[진목리]</td><td colspan="2">진목(1, 2통), 신포(2, 3통), 새동네(4, 5통),</td></tr>
<tr><td colspan="2">[에코델타지구] 사취등(-), 경등(-), 순아1 · 2 · 3구(-)</td></tr>
<tr><td>[중리]</td><td>영강(6, 7통), 중리(8통), 해척(-)</td><td rowspan="6">- 표시는 국제신도시지구에 편입된 마을임.</td></tr>
<tr><td>[동리]</td><td>동리 · 진동(9통)</td></tr>
<tr><td>[조동리]</td><td>조동(-), 전등(-)</td></tr>
<tr><td>[평성리]</td><td>평성(-)</td></tr>
<tr><td>[신전리]</td><td>상신(-), 중신(-), 하신(-)</td></tr>
<tr><td>명지2동</td><td colspan="3">[매립 지구] 명지오션시티(1~14통)</td></tr>
</table>

명지1동에 있던 마을 중 진목리 일대를 제외한 대부분은 2012년부터 국제신도시지구에 속하면서 철거되었다. 진목리의 경우도 사취등, 경등, 순아도1 · 2 · 3구는 지금 에코델타지구에 속해 진목, 신포, 새동네마을 3곳만 남아 있다. 명지2동은 명호도 남쪽을 매립하여 건설된 도시주거단지로, 2018년 제1동에서 분리되었다.

⑤ 가락동

서낙동강을 경계로 강동동과 접하며, 서쪽으로 김해시와 접한다. 죽림동, 식만동, 죽동, 봉림동 4개 동과 17개 통으로 구성되어 있다. 법정동 이름은 이전의 법정리 지명에서 비롯되었다. 자연마을도 17곳이 있서 통 숫자와 동일하다(표 1-9). 이는 부산시 편입이 늦게 이루어지고 평야가 발달하여 취락 규모가 크게 변하지 않았기 때문이다.

동의 중앙에 있는 오봉산을 중심으로 동쪽에 죽림동, 북쪽에 식만동, 서쪽에 죽동, 남쪽에 봉림동에 속한 마을이 있다. 이 중 개척이 비교적 늦게 이루어진 봉림동이 7곳의 마을로 구성되어 규모가 가장 크다. 봉림동의 둔치도(제2통)와 식만동의 중사도 마을(제7통)은 하중도에 형성된 마을이다.

표 1-9. 가락동 자연마을

법정동(리)	마을(통)
죽림동	죽림(1통), 고정(3통), 용등(4통)
식만동	식만(5통), 시만(6통), 중사도(7통)
죽동	죽동1구(8통), 죽동2구(9통), 송산(10통), 금천(11통)
봉림동	봉림(12통), 봉하(13통), 신기(14통), 통전(15통), 대흥(16통), 해포도(17통), 둔치도(2통)

⑥ 녹산동

1914년 태야면과 녹산면이 통합된 곳으로, 봉화산(327.4m)을 경계로 북쪽의 범방동, 구랑동, 미음동, 지사동, 생곡동은 태야면, 남쪽의 녹산동, 화전동, 송정동은 녹산면에 속했다. 신호동은 원래 명지면에 속하였으나 1978년에 녹산면으로 편입된 곳이다. 1990년대부터 남쪽에 부산신항이 건설되고 과학산업단지가 들어서면서 지역변화가 크게 나타난 곳이다.

송정동, 화전동, 녹산동을 비롯한 9개 법정동과 21개 통으로 관리되고 있다. 자연마을은 30곳이 있다(표 1-10). 법정동 이름은 이전의 법정리에서 비롯된 것이다. 자연마을 중 생곡동 중곡, 구랑동 구랑, 압곡, 미음동 세산, 분절, 와룡, 범방동 탑동과 장전마을은 도시개발로 철거되어 통 번호가 부여되어 있지 않다. 범방동에 속하였던 장전마을은 부산경마장이 건설되면서 김해시로 편입되었다.

표 1-10. 녹산동 마을

<table>
<tr><th>법정동</th><th colspan="2">마을(통)</th></tr>
<tr><td>송정동</td><td colspan="2">옥포(1통), 신촌(2통), 송정(3통), 방근(4통)</td></tr>
<tr><td>화전동</td><td colspan="2">화전(5통), 사암(6통)</td></tr>
<tr><td>녹산동</td><td colspan="2">산양(7통), 본녹산(8통), 성산1 · 2구(9통, 10통)</td></tr>
<tr><td>생곡동</td><td>장락(11통), 생곡(12통), 가달(13통), 마음(13통), 중곡(-)</td><td rowspan="6">통 번호가 부여되지 않은 마을은 과학산업단지에 속한 곳임 (통합이주단지, 14통)</td></tr>
<tr><td>구랑동</td><td>구랑(-), 압곡(-)</td></tr>
<tr><td>지사동</td><td>명동(16통), 지사(17통), 신명(-)</td></tr>
<tr><td>미음동</td><td>미음(15통), 세산(-), 분절(-), 와룡(-)</td></tr>
<tr><td>범방동</td><td>가동(18통), 범방(19통), 사구(20통), 탑동(-), 장전(-)</td></tr>
<tr><td>신호동</td><td>신호(21통)</td></tr>
</table>

⑦ 가덕도동

창원군 천가면에 속해 있었으며 1989년에 부산시로 편입된 곳이다. 가덕도와 눌차도를 비롯한 부속 도서로 구성되어 있으며, 조선시대 가덕진과 천성진이 있던 곳이다. 동선동, 성북동, 눌차동을 비롯한 5개 동이 있으며 이 중 성북동과 동선동은 가덕진성, 천성동은 천성진성 일대에 해당된다. 13개 통, 17곳의 자연마을로 구성되어 있다(표 1-11). 취락 규모가 작은 동선동 생교와 새바지는 동선마을, 대항동 새바지와 외양포는 대항마을과 통합되어 관리된다.

표 1-11. 가덕도동 자연마을

법정동(리)	마을(통)
동선동	동선 · 생교 · 새바지(1통)
성북동	성북(2통), 선창(3통), 율리(4통), 장항(5통)
눌차동	외눌(11통), 내눌(12통), 항월(6통), 정거(13통)
천성동	두문(7통), 서중(8통), 남중(9통)
대항동	대항 · 새바지 · 외양포(10통)

3) 도로명 주소와 마을

2014년부터 도로명 주소가 도입되면서 강서지역의 마을 주소 체계는 큰 변화를 겪게 되었다. 도로명 주소 체계는 일제강점기에 구축된 지번 주소가 1960년대 이후 산업 도시화 진행으로 인해 지번이 분할 혹은 합병되고, 불연속이 발생하는 등 여러 불합리한 점이 나타남에 따라 도입된 것이다. 1990년대에 사업 추진이 시작되었으며 2014년부터 도시와 농촌에 동일한 방법으로 적용되어 전국적으로 실시되었다.

이전의 지번 주소 체계는 시-구-행정동 혹은 법정동(리)-(통 · 반)-지번으로 구성되었다. 이들은 지리적인 범위의 경계와 면적을 기본 속성으로 하는 면(面, surface)의 개념을 바탕으로 한 것이다. 계층적으로는 상위 구역이 하위 공간을 포함하는 포섭 원리가 적용된다. 지번 주소에 사용되었던 지명은 조선시대부터 사용하던 이름을 바탕으로 하였기 때문에 장소의 역사성을 담고 있다.

이에 반해 도로명은 종래 지번 주소 체계와 다르게 선(線, line) 개념을 바탕으로 설계된 것이다. 체계 구성에는 수지(樹枝)의 개념이 적용되었다. 지표의 모든 장소와 건물을 도로를 이용한 선으로 연결하고 이들을 잇는 경로에 대해 계층성을 부여하였다. 최상위 도로와 차하의 계층에 순차적으로 이름을 부여하고, 이들을 중심으로 지번을 매겨 나갔다. 이 때문에 도로명은 방향과 거리, 구간을 기본 속성으로 한다.

도로명 주소는 도시와 농촌의 지리적인 환경의 차이를 고려하지 않은 채 동일한 방법으로 부여되었다. 주소 사용의 확산을 위해서 도시의 모든 가로에 도로 이름의 표지판을 부착하였다. 농촌에는 도로 표지판 외에 개인 농가에도 도로명 주소를 일률적인 모습으로 부착하였다(그림 1-10).

대저2동 중리2구

대저1동 칠점마을

그림 1-10. 농촌 가옥의 도로명 주소

표 1-12는 주소명에 사용되는 도로명 이름이다. 이름의 구성을 보면, 유형부(후부요소)는 '-대로', '-로', '-길'로 구분된다. 이는 도로의 등급을 나타내며, 유형부 앞에 고유부(전부요소)를 붙여 이름이 완성된다. 이름은 도로의 기-종점 간 구간과 경로의 정보를 포함하고, 이름에 번지가 추가되면서 건물의 위치 정보가 완성된다.

도로명 주소에 사용된 고유부를 보면, 5곳의 '-대로' 이름 중 3곳의 도로에 사용된 '녹산산업-', '르노삼성-', '화전산업-'은 1990년대 이후 조성된 산업단지 이름에서 유래한 것이다. 가락대로는 가락면에서 비롯된 것으로 가락동 행정복지센터에서 가락IC를 거쳐 부산 경마공원까지의 구간에 해당한다. 을숙도대로는 을숙도대교에서 동쪽의 장림동를 거쳐 감천항까지이다.

표 1-12. 강서지역 도로명

유형	도로 이름(가나다 순)
대로	가락대로, 녹산산업대로, 르노삼성대로, 을숙도대로, 화전산업대로
로	가달로, 가덕해안로, 가리새로, 경전철로, 공항로, 공항진입로, 과학산단로, 낙동남·북로, 녹산산단로, 녹산산업북·중로, 녹산화전로, 대저동서로, 대저로, 대저중앙로, 동남로, 명지국제로, 명지오션시티로, 미음국제로, 미음산단로, 범방로, 상덕로, 생곡로, 생곡산단로, 서낙동로, 서천로, 성북로, 송정국제로, 수가로, 식만로, 신노전로, 신항남로, 신항로, 신항북로, 신호산단로, 울만로, 유통단지로, 제도로, 천성로, 체육공원로, 테크센터로, 평강로, 호계로, 화전산단로
길	강동송백길, 강동신덕길, 강동중곡길, 경등길, 경등중앙길, 공작길, 공항앞길, 군라길, 금호순서길, 기러기길, 대부길, 대저들길, 덕포길, 도도본리길, 동선길, 동선새바지길, 둔치강변길, 둔치동서길, 둔치본리길, 둔치중앙길, 득천길, 마음길, 맥도강변길, 맥도길, 메뚜기길, 명동길, 명지국제로가·나길, 명지새동네길, 미음국제로길, 봉림길, 봉죽길, 사취등길, 사취등북길, 상납청길, 새진목길, 생곡길, 선창길, 설만길, 설만신평길, 성북길, 송동길, 송정길, 수봉길, 순아강변길, 순아1·2·3구길, 신노전길, 신덕길, 신촌소류지길, 신포경등길, 신포길, 영강길, 영강조동길, 원앙길, 월상길, 입소길, 입소신평길, 입소정관길, 장락길, 전양길, 정관길, 조정경기장길, 죽동길, 중앙새싹길, 진우해안길, 처녀갯길, 천자강변길, 천자길, 평성길, 해척남북·동서길, 해포길, 허왕후길

※ 도로명의 하위 번호는 생략하였음(예: -1·2, -가·나 등)

'-로'의 고유부는 과학단지나 동 이름을 사용하고 있다. 이 중 법정동과 마을 지명을 사용한 경우는 가달-, 미음-, 범방-, 상덕-, 생곡-, 성북-, 수가-, 식만-, 신노전-, 신호-, 제도-, 천성-, 평강- 등이 있다. '경전철로'는 김해-부산 경전철 노선 중 대저역과 덕두역을 잇는 도로이다. '공항로'와 '공항진입로'는 공항을 중심으로 명명된 도로이다. '서천로'는 거가대로에서 나뉘어져 천성동 두문마을로 이어지는 도로이다.

'-길' 이름의 고유부에는 마을 지명을 사용한 비율이 비교적 높다. 그러나 공작길, 기러기길, 메뚜기길, 원앙길, 중앙새싹길, 처녀갯길 등의 일부 이름은 고유한 장소성을 담고 있지 못하다.

지번과 도로명 주소 체계는 단순히 위치 표시 방법의 차이에 불과한 것으로 보이나 주민들이 일상 공간의 표상을 구성하는데 있어 큰 영향을 미치며, 때로는 혼란을 주기도 한다. 표 1-13은 강서지역의 일부 마을회관을 대상으로 도로명과 지번 주소를 비교한 것이다. 지번 주소에는 '대저1·2동', '강동동'과 '명지동', '죽림동', '송정동', '동선동'에 행정동과 법정동 지명을 이용하여 주소를 나타내고 있다. 이들은 대부분 부산시 편입 이전에 사용되던 지명에서 비롯되었다. 한편 1989년에 편입된 동의 경우 행정동과 법정동 이름을 함께 사용하는데 비해 1978년 편입 지역은 행정동만 사용된다.

표 1-13. 마을 회관의 지번과 도로명 주소

행정동	법정동(리)	마을(회관)	지번 주소	도로명 주소
대저1동	[사덕리]	신덕마을	대저1동 2918-5	신덕길1번길 16-13
대저2동	[소덕리]	등구마을	대저2동 1233-1 · 2	대저동서로 240
강동동	[대사리]	대사1구마을	강동동 661-381	낙동북로13번길 36-6
명지1동	[진목리]	진목마을	명지동 192-1	낙동남로 1036-6
가락동	죽림동	죽림마을	죽림동 930-14	가락대로1449번길 13
녹산동	송정동	송정마을(3통)	송정동 1092-1	송정길 148
가덕도동	동선동	동선마을	동선동 335	동선길 120

도로명 주소를 보면 대저1동 신덕 마을회관, 송정 마을회관, 가덕도동 동선 마을회관에는 고유부와 유형부에 마을 이름과 '-길'을 합친 도로명을 사용하고 있다. 이에 반해 대저2동 등구 마을회관의 경우에는 '대저동서로' 주소가 이용되고 있다. 이 도로명은 대저도를 동-서로 지나면서 구간이 매우 긴 도로로 서쪽으로 칠점마을까지 이어진다.

강동동의 대사1구 마을회관 주소에 사용된 '낙동북로'는 대저도 동쪽의 구포대교부터 서낙동강의 김해교까지 이어지는 도로이다. 죽림 마을회관에 사용된 '가락대로'도 가락동 행정복지센터에서 가덕대교 초입부까지 이어진다.

강서지역에 소재한 마을회관의 도로명 주소에서 나타나는 이와 같은 낯설음은 이들 이름이 농촌 마을의 역사성과 장소성을 세밀하게 담아내지 못하고 있음을 보여 준다. 이는 사업 실시 중 지명 부여에서 장소의 역사 지리적인 맥락을 고려하지 않은 채 획일적인 방법으로 진행되었기 때문이다.

지명은 장소에 대해 공동의 기억을 소환하는 가장 기초적인 도구이다. 1978년 법정리 지명의 폐지에 이어 도로명 주소 체계의 도입은 마을이 간직했던 공동의 기억을 망각시키는 기제로 작용될 수 있으며 낙동델타의 장소성(placeness) 상실을 가속화시키고 있다.

제2장 조선시대: 농지 개척기

낙동강 삼각주 일대는 신라시대 이후 토사 퇴적이 지속적으로 진행되면서 육지화가 이루어지고 삼각주가 확대되었다. 김해의 산록쪽으로는 충적평야가 형성되면서 벼농사가 발달하였다. 고려시대 들어서도 토사 퇴적이 계속 이루어지면서 일부 육지화가 진행된 하중도에서는 농사가 이루어졌다. 고려의 문인들이 이곳의 칠점산을 노래한 시문(詩文)들은 이를 보여준다.

조선시대 들어서 농사는 더욱 확대되었으며 취락도 형성되기 시작하였다. 조선 후기에 들어서는 이곳의 호구 통계가 정리되었으며, 농경지의 등급, 소유주 등이 수록된 토지대장이 만들어지기도 하였다. 이는 당시 정착 취락이 형성되어 국가 조세의 징수 대상이 되었음을 의미한다. 미개척지인 명지도에서는 염전업도 성하였다.

한편 삼각주 토사 퇴적으로 인해 일대의 수로 기능은 상실되었으나, 낙동강 하구의 지정학적인 중요성은 지속되었다. 세종대에 인근의 제포에 왜관을 설치하였고, 녹산면에는 수참을 설치하여 왜인을 머무르게 하였다. 금단곶보에는 석성을 쌓아 왜인을 감시하였으며 성화례산과 가덕도의 연대봉에 봉수를 두어 왜적 침입을 경계하였다.

그림 2-1은 「영호남연해형편도」(18세기)에 묘사된 낙동강 삼각주 일대이다. 18세기 해방(海防)을 위해 만들어진 것으로 대저도와 덕도, 소봉도에는 지명과 함께 '人居'가 쓰여 있어 주민이 거주하였음을 보여준다. 명지도에는 '노전(蘆田)'이 기재되어 있다.

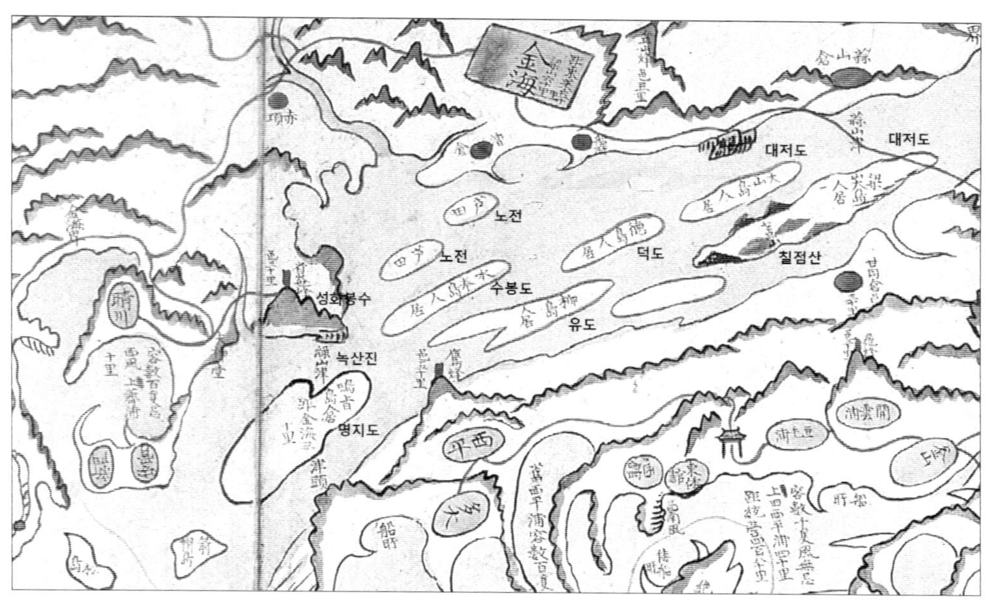

그림 2-1. 18세기 낙동강 하구 일대(「영호남연해형편도」, 18세기, 국립중앙도서관)

1. 사료 속의 지리와 지명

낙동강 삼각주 일대는 조선시대 경상도의 김해부와 양산군 고을의 주변부에 해당된다. 읍치가 설치되어 있지 않았지만 사료에는 지리적인 내용이 빠짐없이 수록되어 있다. 지리지에는 방면 내용과 함께 대저도와 명지도 등의 도서를 상세히 다루었으며, 고지도에는 칠점산과 낙동강 유로가 실제와 유사하게 그려졌다. 이들은 당시 지리 인식의 내용을 잘 보여준다.

1) 지리지

조선시대 삼각주 일대의 지리적인 내용을 담은 지리지로는 전기의 『세종실록지리지』(이하 『실록지리지』)와 『신증동국여지승람』(이하 '『승람』')과 함께 『경상도지리지』(1425)와 『경상도속찬지리지』(1469)가 있다. 후기에는 유형원(柳馨遠, 1622~1673)의 『동국여지지』(17세기), 『여지도서』(18세기)와 『여지고』(1770), 김정호(金正浩)의 『대동지지』(1861~1866)가 대표적이다([프롤로그] 제4장 참조)

이들 사료는 대부분 고을 단위의 읍지 체제로 편제되어 있어 삼각주의 내용은 김해부와 양산군 지리지에 나뉘어 수록되어 있다. 책의 항목은 대부분 산지, 하천, 섬, 방리 지명과 함께 농업 개척과 관련된 내용을 담고 있다.

(1) 지명 항목

표 2-1은 이들 지리지에서 양산군과 김해부에 수록된 지명 항목을 정리한 것이다[1]. 대저도와 관련된 내용은 주로 양산군 지리지에 수록되어 있다. 지명을 보면 『실록지리지』에는 '대저도' 1개 항목만 수록되어 있는데 반해, 『승람』에는 '칠점산'을 비롯한 '대저도', '사두도', '소요저도' 4개 항목이 있다. 조선 후기의 『여지고』에는 '칠점산', '낙동강', '대저포'의 3개 항목이 있다. 『대동지지』에는 5개 항목이 수록되어 이전 지리지에 수록된 항목을 모두 담고 있다.

김해부 지리지에는 명지도와 가락동, 덕도면 내용이 수록되어 있다. 『실록지리지』의 경우 '삼분수', '취량도', '가덕도' 3개 항목에 불과하나, 『승람』에서는 '덕도', '죽도', '취도', '명지도', '전산도' 5개 지명이 있다. 조선 후기 지리서인 『여지도서』 내용은 『승람』과 동일하다. 이에 반해 『동국여지지』와 『여지고』, 『대동지지』는 8~9개 지명이 있어 관찬 지리지보다 자세한 내용을 담고 있다. 『대동지지』에서는 범방대가 추가되어 있다. 한편 양산군에 속해 있는 '칠점산'과 '사두도' 지명은 김해부 지리지에도 기사와 함께 수록되어 있다.

---

1) 조선 전기 편찬된 『경상도지리지』(1425)와 『경상도속찬지리지』(1469)의 양산·김해 부분에서는 삼각주 관련 지명이 수록되어 있지 않다.

표 2-1. 지리지 수록 지명

군현	지리지	수록 지명 항목
양산	『실록지리지』	대저도(大渚島).
	『승람』	칠점산(七點山), 대저도(大渚島), 사두도(蛇頭島), 소요저도(所要渚島)
	『동국여지지』	[결질]
	『여지도서』	[결질]
	『여지고』	칠점산(七點山), 낙동강(洛東江), 대저포(大渚浦)
	『대동지지』	칠점산(七點山), 대저포(大楮浦), 대저도(大楮島), 사두도(蛇頭島), 소요저도(所要渚島)
김해	『세종실록』	삼분수(三分水), 취량도(鷲梁島), 가덕도(加德島)
	『승람』	덕도(德島), 죽도(竹島), 취도(鷲島), 명지도(鳴旨島), 전산도(前山島)
	『동국여지지』	낙동강(洛東江), 태야강(台也江), 덕도(德島), 죽도(竹島), 취도(鷲島), 명지도(鳴旨島), 전산도(前山島), 곤지도(坤地島)
	『여지도서』	덕도(德島), 죽도(竹島), 취도(鷲島), 명지도(鳴旨島), 전산도(前山島)
	『여지고』	낙동강(洛東江), 태야강(台也江), 삼분수(三分水), 죽도(竹島), 덕도(德島), 전산도(前山島), 취도(鷲島), 명지도(鳴旨島), 곤지도(坤地島)
	『대동지지』	범방대(泛舫臺), 태야강(台也江), 삼차하(三叉河), 덕도(德島), 죽도(竹島), 취도(鷲島), 명지도(鳴旨島), 곤지도(坤地島), 전산도(前山島)

(2) 기사 내용

지리지별로 수록된 지명은 차이가 있으나 기사 내용은 대부분 유사하다. 일부 지명에는 내용이 추가된 경우도 있다. 지리지 중에서 『대동지지』가 가장 많은 항목을 담고 있으며 기사 내용도 풍부하다. 표 2-2는 지명과 기사 내용을 정리한 것이다.

양산군에는 칠점산, 사두도, 대저포 등 5개 지명이 있는데 대부분 대저도와 관련된 항목이다. '칠점산'에 대해서는 '(양산군)남쪽 60리에 있으며 7개 봉우리가 점처럼 되어 있다'하여 읍치로부터 거리와 산지 모습이 서술되어 있다. 이 산은 조선 전기부터 대부분의 지리지와 고지도에 빠지지 않고 수록되어 있어 당시 공간 인식에서 중요한 위치를 차지하였음을 보여준다. 『승람』에서도 지명 유래와 함께 '세상에서 전하기를, 가락국(駕洛國)때 참시선인(旵始仙人)이 놀던 곳이라 한다.'라는 기사가 있다. 또한 고려시대 안축(安軸, 1282~1348), 정몽주(鄭夢周, 1338~1392)를 비롯한 여러 문인들의 시에는 이곳의 지리적인 환경을 엿볼 수 있는 내용이 담겨 있다.

'대저도' 기사에는 위치 정보와 함께 '토지가 비옥하여 백성이 늘어난다.'는 내용이 있어 취락이 형성되어 있음을 보여준다. 『여지고』에는 이와 유사한 내용의 기사가 '대저포' 항목에 쓰여 있다. 사두도(蛇頭島)에는 '칠점산 남쪽에 있다.'는 위치 정보와 함께 수록된 '밭이 500여 두둑이 있다.'는 기사는 농경지에 대한 내용을 담고 있다. '소요저도'에도 '밭이 수백여 두락이 있으며 토지가 비옥하다.'는 기사가 있다.

표 2-2.『대동지지』 지명 기사

군현	지명	수록기사
양산	칠점산(七點山)	남쪽 60리에 있으며 대저도 가운데 있다. 일곱개 봉우리가 점처럼 되어 있다[南六十里 大渚島中 七峯如點]
	대저도(大楮島)	남쪽 40리에 있으며 낙동강이 바다로 들어가는 입구에 있다. 토지가 비옥하며 백성이 늘어난다[南四十里 洛東江入海之口 土沃民阜]
	대저포(大楮浦)	서쪽 20리에 있다[西二十里]
	사두도(蛇頭島)	남쪽 45리에 있으며 칠점산 남쪽 자락에 있다. 밭이 500여 두둑이 있고, 번화한 모습을 보인다[南四十五里 卽七點山南支 有良田五百餘頃 閭閻櫛比富厚]
	소요저도(所要渚島)	대저도 동쪽에 있으며 밭이 수백여 두락이 있으며 토지는 매우 비옥하다[在大楮島之東 有田數百餘頃 土極膏饒]
김해	태야강(台也江)	남쪽 40리에 있다. 황산강 하류로서 한 줄기는 죽도에서 시작되어 명지도를 경유한다[南四十里 黃山江下流 一派自竹島來逕鳴旨島]
	삼차하(三叉河)	동남쪽 42리에 있다. 황산강 하류이며, 세줄기로 갈라져 양산군 칠점산이 두 줄기 사이에 있다[東南四十二里 黃山江下流 分爲三派 梁山郡七點山 在二叉之間]
	덕도(德島)	남쪽 12리에 있으며 강 가운데 있다[南十二里 江中]
	죽도(竹島)	남쪽 15리에 있으며 강 가운데 있다[南十五里 江中]
	명지도(鳴旨島)	남쪽 40리에 있으며 수로로 20리이다. 둘레 70리로 동쪽의 취도와는 200보이다. 자염업이 가장 성하여 번성하여 재물이 풍부하다[南四十里 水路二十里 周七十里 東隔鷲島二百步 許煮鹽最盛 閭閻富繁]
	취도(鷲島)	남쪽 50리에 있으며 낙동강이 바다로 들어가는 곳에 있다. 둘레 20리로 흰모래가 평평하게 깔려 있다. 섬 남쪽에 돌이 있어 바다쪽으로 서 있는데 취암(鷲巖)이라 부른다. 섬 북쪽은 수심이 가장 깊어 배가 정박하는 곳인데 취량(鷲□)이라 부른다[南五十里 洛東江入海處 周二十里 白沙平鋪 島南有石陡入于海 名曰鷲巖。島北海水最深 舟舡經泊之處謂之鷲□]
	곤지도(坤地島)	서남쪽 15리에 있다[西南十五里]
	전산도(前山島)	일명 망산도(望山島)라 부른다. 남쪽 5리에 있다[一云 望山島 南五里]
	범방대(泛舫臺)	남쪽 10리 해변에 있다[南十里海邊]

김해부편에는 '태야강'과 '삼차하'를 비롯한 9곳 지명의 기사가 있다. 태야강에는 위치 정보와 함께 유로 내용을 수록하고 있다. 기사에서 '한 줄기는 죽도에서 시작되어 명지도를 경유한다'라는 내용은 태야강이 지금 녹산면을 흐르는 서낙동강의 부분칭임을 보여준다. 과거 이곳에 있었던 태야면은 이에 비롯되었다.

삼차하(三叉河) 기사에는 하천 유로와 함께 칠점산 내용이 있다. 삼차하는 낙동강이 삼각주에 이르러 서낙동강 유로와 소요저도와 유도[지금의 삼락동 일대] 동쪽의 세줄기로 나뉘어 흐르면서 비롯된 이름이다. 일부 지리지에서는 삼분수(三分水)로도 수록되어 있다.

'덕도(德島)'는 지금 강동동 덕도산 일대를 중심으로 형성된 섬을 지칭한다. '강 가운데 있다.'는 내용은 동쪽으로 평강천, 서쪽으로 서낙동강이 흐르고 있음을 보여준다. 강동동의 옛 지명인 덕도면은 이에 비롯되었다. 죽도(竹島)는 기금의 가락동 오봉산의 다른 이름이다.

명지도(鳴旨島) 기사에서 '소금 생산이 성하다.'는 내용은 당시 이곳에서 제염업이 성하였음을 보여준다. 『승람』을 비롯한 대부분의 지리지에서는 '큰 비나 큰 가뭄, 큰 바람이 불려 하면 반드시 우는데 그 소리가 어떤 때는 우뢰와 같고 북 소리나 종소리와 같기도 하다.'라는 내용이 있다. 취도(鷲島)는 위치가 남쪽 50리로 서술되어 있어 명지도 남쪽의 바다에 연한 섬으로 추정된다. 을숙도 일대를 지칭하는 것으로도 보이나 확실하지 않다.

곤지도(坤地島)에는 '김해부 서남쪽 15리에 있는 섬.'이라는 기사가 있다. 『여지고』에는 이 섬에 대해 '세상에서 전하기를, 신라(新羅) 때에 이 섬을 국도(國都)로 삼았는데, 곤방(坤方)의 땅인 까닭에 이름을 붙였다고 한다.'라는 내용이 있다. 곤지는 지금 조만강변에 있는 김해시 칠산면에 있었던 곤지진(昆地津)으로 추정된다.

전산도(前山島) 기사에는 이칭으로 망산도(望山島)가 수록되어 있다. 이는 다른 지리지에서 위치만 서술되어 있는 것과 대비된다. 『승람』(김해) 「고적」조에 '망산도는 인도에서 허황후가 도래한 곳'이라는 기사 내용이 있다. 지금 브산의 강서구 송정동에 망산도 유주암에 비석이 세워져 있어 위치 비정에 대해 검토가 필요하다. 범방대(泛舫臺)는 김해8경 중 하나로 지금 범방동의 사구마을 부근에 있었던 경승지였다. '범방동' 지명은 이에서 비롯되었다.

2) 고지도

(1) 「경상총여도」

18세기에 군현지도가 발달하면서 삼각주 일대가 자세하게 묘사되기 시작하였다. 소을 단위의 지도는 확대되면서 도 단위의 지도도 만들어졌다. 그림 2-2는 도별도인 「경상총여도」(18세기)에 그려진 삼각주 일대의 산줄기 모습이다. 이 지도는 신경준(申景濬, 1712~1781)이 만든 20리 방안식 군현지도를 바탕으로 민들어진 것이다. 지도에서 삼각주 동쪽에 묘사된 산줄기는 낙동정맥(洛東正脈)의 말단에 해당된다. 이 산줄기는 백두대간이 태백산에서 갈라지면서 형성된 지맥으로 동해안을 따라 이어진다. 낙동강 하류 일대에 이르러서는 금정산을 거쳐 부산 사하구의 몰운대까지 연결된다.

서쪽의 보배산과 봉화산 산지는 낙남정맥(洛南正脈)에 해당된다. 백두대간의 지리산에서 동쪽으로 갈라져 창원부로 이어지는 산줄기로, 웅천현(지금의 진해구 일대) 북쪽을 지나 김해부 일대와 가덕도까지 이어진다. 김해의 신어산을 중심으로 동서 방향으로 이어지면서 김해부 읍치를 에워싸는 모습의 산줄기는 이의 지맥에 해당한다.

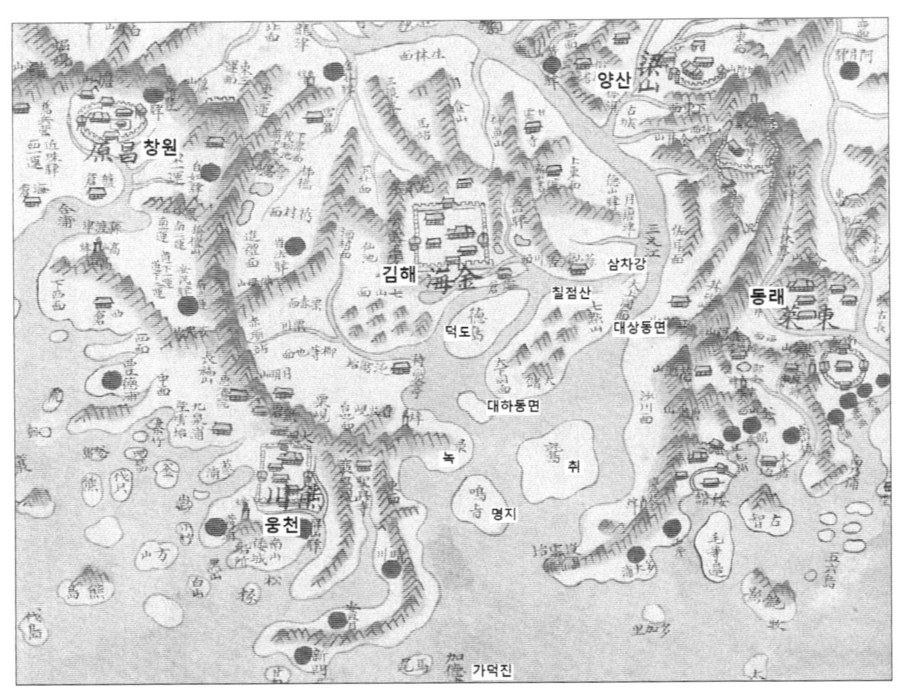

그림 2-2. 낙동강 삼각주 일대 산줄기(「경상총여도」, 18세기, 눌원문화재단)

지도에서 김해부 서남쪽 산지에서 발원하여 동쪽으로 흘러 서낙동강으로 유입하는 하천은 지금의 조만강 유로를 그린 것이다. 김해부 남쪽의 삼차강 하류에 대저도와 덕도, 취도, 명지도가 있어 삼각주 일대의 당시 모습을 보여준다. 대저도에는 칠점산이 7개의 산지로 그려져 있으며 함께 쓰여진 '대상동면'과 '대하동면'은 당시 양산군 소속의 방면 지명이다.

(2) 『대동여지도』

그림 2-3은 『대동여지도』(1861)에 그려진 삼각주 일대이다. 산줄기 표현을 보면 동쪽의 동래부에는 낙동정맥이 몰운대까지 이어진다. 서쪽으로는 낙남정맥이 웅천부 일대로 연결되며 산줄기는 김해의 신어산까지 연결되는 모습으로 그려져 있다. 창원부와 김해부 사이는 낙남정맥의 말단부가 산줄기 경계를 이루고 있으며 봉수가 묘사되어 있다. 지금의 봉화산을 나타낸 것이다. 이와 같은 산줄기 모습과 칠점산이 7개의 봉우리로 묘사되어 있는 점은 앞의 『경상총여도』와 유사하다.

지도에는 대저도와 명지도 사이에 군현 경계가 그려져 있는데 당시 평강천 유로를 사이에 두고 양산군과 김해부에 나뉘어 있음을 보여준다. 대저도 동쪽에 그려진 2곳의 섬에는 '소요저(所要渚)'와 '사도(蛇島)'가 쓰여 있다. '소요저'는 지금 부산 사상구 삼락동의 낙동강 하천변에 소재하였던 마을이다. 당시 양산군 좌이면에 속하였다.

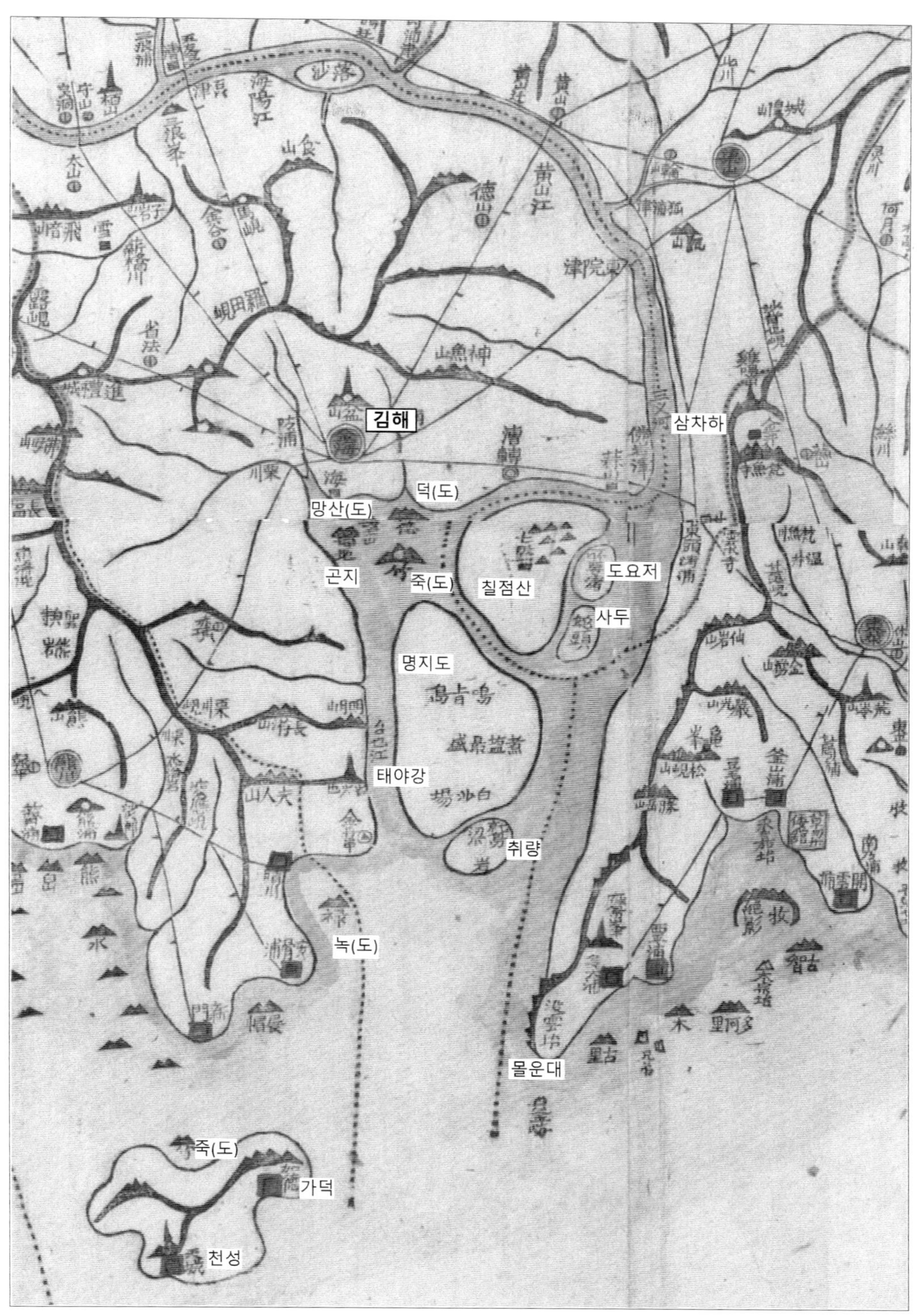

그림 2-3. 19세기 낙동강 삼각주의 지리(『대동여지도』, 1861, 부산대 도서관)

'사도'는 '유도(柳島)'의 오기로 보인다. 유도는 소요저와 함께 있던 섬이었다. 대저도에 속하였던 '사두(沙頭)'를 표시하였을 가능성도 있으나 확실하지 않다. 낙동강 동쪽에 쓰여진 '감동(甘同)'과 '동두저포(東頭渚浦)'는 지금 구포 일대의 옛 지명이다. '감동'은 조세를 보관하여 동래부 일대에 군수미와 포목 등을 공급하던 감동창에 해당한다. 부근에 감동장(甘同場, 지금의 구포장)과 나루터인 감동진이 묘사되어 있다. '동두저포'는 지금의 사상면 모라동에 있던 사천원(沙川院) 수참 포구이다.

대저도 서쪽에는 '덕(德)'과 '죽(竹)'이 있는데, 김해부 가락면에 속하였던 덕도와 죽도[현 오봉산]를 지칭한다. 덕도는 강동동의 섬 지명이다. 죽도에 묘사된 고산성(古山城) 기호는 죽도왜성이다. 당시에는 평강천이 김해부와 양산군의 경계를 이루었다.

김해부의 남쪽에는 '망산(望山)'과 '곤지(坤地)'가 있다. 망산도는 『승람』에 인도에서 허황후가 도래한 곳이라는 이야기가 전해오는 곳이다. 지금 김해시에 소재한 전산(前山)을 그린 것으로 보인다. 곤지는 김해의 칠산동에 있던 곤지진을 나타낸 것이다.

대저도 남쪽에 명지도가 그려져 있다. 섬에는 '자염 생산이 성하다[煮鹽最盛]'라는 내용이 쓰여 있어 당시 소금 생산이 성하였음을 보여준다. 함께 기재된 '백사장(白沙場)'은 다대포에 형성된 사빈해안을 나타낸 것이다. 섬 서쪽을 흐르는 하천에 '태야강(台也江)'이 쓰여 있는데 이곳에서 서낙동강 유로를 일컫던 부분칭이다.

명지도 남쪽에는 '취량암(鷲梁岩)'이 있는데 지리지에 수록된 '취도'로 보인다. 『승람』에 '취도: 이곳에 서 있는 바위에서 이름이 비롯되었으며 섬 북쪽은 바닷물이 깊어 배가 정박하는 곳이다.'라는 기사가 있다. 한편 『대동여지도』 이전의 제작된 『동여도』에는 대저도에 '대상동(大上同)', '대하동(大下同)' 지명이 있고, 명지도와 취도에는 '주위 70리[周七十里]', '주위 20리[周二十里]'의 주기가 있어 섬의 규모를 보여준다.

(3) 『1872년 군현지도』

그림 2-4는 「양산군지도」(1872)에 그려진 대저도 일대이다. 이 지도는 1871년 신미양요를 겪은 후 흥선대원군의 지시로 전국의 군현과 관방진 내용을 그린 지도로 지리 정보가 매우 상세하다([프롤로그] 제 4장 참조.)

지도에는 낙동강 하구에 3곳의 섬이 그려져 있는데 이 중 가장 큰 섬은 대저도 북쪽 일대를 묘사한 것이다. 지금의 대저1·2동에 해당한다. 섬에는 칠점산과 그려져 있고 2곳의 사창 외에 당시 양산군에 속했던 마을 10곳이 있다. 이 중 대저(大渚), 연정(淵亭), 평광(平光), 출두(出頭)는 지금의 대저, 동연정과 서연정, 평강리, 출두리 마을에 해당한다. 사덕(沙德), 사두(沙頭), 소덕(小德)은 대저 2동에 속했던 리 이름으로 지금은 마을 이름으로 남아 있다. 희만(喜滿)은 울만리의 옛 지명이며 도도(桃島)는 지금 대저 2동의 마을 이름으로 사용된다.

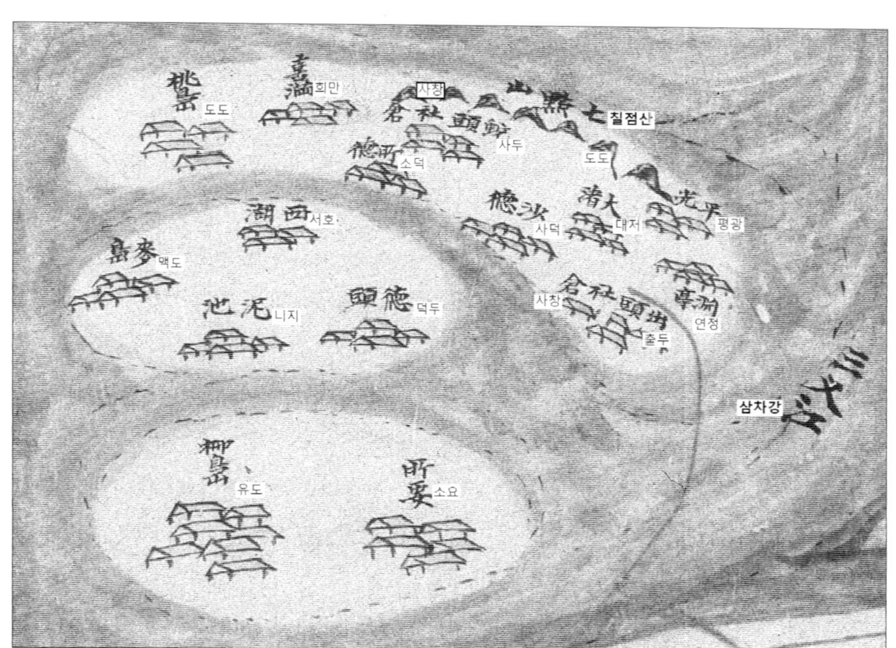

그림 2-4. 19세기 대저면 마을 분포(1872년 군현지도, 양산군, 규장각)

중앙에 그려진 섬에는 덕두(德頭), 맥도(麥島), 서호(西湖), 니지(泥池) 마을이 있다. 이 중 덕두는 지금 대저2동의 덕두마을에 해당한다. 맥도는 본맥도마을을 그린 것이다. 서호는 도도리에 있던 마을로 지금 없어졌다. 니지는 금호마을에 해당한다. 아래쪽에는 유도(柳島)와 소요(所要) 마을이 있다. 이들은 지금 사상구 삼락동의 낙동강변에 있던 취락이다. 당시 양산군 좌이면에 속하였으며 1906년 동래군으로 편입된 곳이다.

2. 농업과 농지 개척

조선시대 사료 중 지리지에는 삼각주 일대의 농경지와 관련된 내용이 수록되어 있고, 토지대장이었던 양안(量案)이 남아 있어 농업 경영의 모습을 유추하게 하여 준다. 또한 조선 후기의 제방 축조 내용이 읍지와 비석문에 남아 있어 당시 농지 개척의 내용을 알 수 있게 한다.

1) 지리지에 나타난 농업

지리지에서 삼각주의 농업에 대한 기사를 정리한 것은 표 2-3과 같다. 주로 양산군에 속하였던 대저도를 중심으로 서술되어 있다. 『실록지리지』에는 '대저도: (양산군)남쪽에 있는데, 육지와의 거리가 1백 60보이다. 국농소(國農所)가 있었는데, 지금은 혁파되어, 백성들이 들어가 산다.'라는 내용의 기사가 있다.

표 2-3. 조선시대 지리지의 농업 관련 기사

지리지	기사내용
『실록지리지』(양산)	• 대저도(大渚島): 군(郡) 남쪽에 있는데, 육지와의 거리가 1백 60보이다. 국농소(國農所)가 있었는데, 지금은 혁파되어, 백성들이 들어가 산다[在郡南 去陸一百六十步 有國農所 今革 人民入居]
『성종실록』	(성종 8년, 1477)[양산의 대저지도 백성을 그대로 살게 하다] • "양산의 대저도는 비록 이름은 섬이지만, 사면이 육지와의 거리가 불과 3백여 보이고, 거민의 남녀가 무릇 4백 10명이며, 전지가 2백여 결인데, 토성이 기름집니다."[梁山 大渚池島, 雖名爲島, 四面距陸地不過三百餘步, 居民男女凡四百十名, 田二百餘結, 土性膏腴]
『선조실록』	(선조 26년, 1593) 선전관 이춘영이 전라 좌수영에서 와서 아뢰었다. • 양산(梁山) 대저도(大渚島)의 왜적은 곡식을 구하여 종자를 파종했다고 합니다.[...梁山、大渚島之賊, 則給糧付種云]。
『승람』(양산)	• 대저도(大渚島): 고을 남쪽 40리, 바다 어구에 있으며, 좋은 밭이 백 이랑은 됨직하다[在郡南四十里海口 良田可百頃。] • 사두도(蛇頭島): 곧 칠점산 남쪽 가지에 있으며, 밭 5백여 이랑이 있고, 사는 백성들이 또한 많다[蛇頭島 卽七點山南支 有田五百餘頃 民居亦多] • 소요저도(所要渚島): 대저도 동쪽에 있으며, 밭 수백여 이랑이 있는데, 땅이 몹시 기름지다[所要渚島 在大渚島東 有田數百餘頃 土極膏饒]
『여지고』(양산)	• 대저도(大渚島): 남쪽 40리 해구(海口)에 있으며, 양전(良田) 1백여 이랑이 있었으나, 후에 모래에 많이 묻혔다[在南四十里海口 良田可百餘頃 後多覆沙]
『대동지지』(양산)	• 대저도(大渚島): 남쪽 40리에 있으며 낙동강이 바다로 들어가는 입구에 있다. 토지가 비옥하며 백성이 늘어난다[南四十里 洛東江入海之口 土沃民阜] • 사두도(蛇頭島): 남쪽 45리에 있으며 칠점산 남쪽 자락에 있다. 밭이 500여 이랑이 있고, 번화한 모습을 보인다[南四十五里 卽七點山南支 有良田五百餘頃 閭閻櫛比富厚] • 소요저도(所要渚島): 대저도 동쪽에 있으며 밭이 수백여 이랑이 있으며 토지는 매우 비옥하다[在大楮島之東 有田數百餘頃 土極膏饒]

국농소는 조선 전기에 설치된 국가 농장으로 지방 고을의 농업 장려를 목적으로 운영되었던 농장이다. 군사적인 목적으로 군인 노동력을 동원했던 국둔전(國屯田)과는 차이가 있다. 주로 경상도를 비롯한 남쪽 지방에 설치되었으며, 특수 계층이 경작하였다. 대부분 태종 재위기(1400~1418) 때 설치되어 1423년(세종 5) 이전에 폐지된 것으로 추정된다(이상균, 2009). 대저도 기사에 수록된 국농소 내용은 당시 조선 정부가 섬애서의 농업 개간을 장려하였음을 보여준다.

『성종실록』의 "대저도: 거민(居民)의 남녀(男女)가 무릇 4백 10명이며, 전지(田地)가 2백여 결(結)인데, 토성(土性)이 기름지다.'는 기사에는 인구수와 경지 면적의 구체적인 수치가 수록되어 있다. 이는 대저도에서 국농소의 폐지 후에도 주민들에 의해 영농이 계속되었음을 보여준다. 『선조실록』에서는 임진왜란 당시 왜적이 대저도에서 종자를 구하여 파종하였다는 내용이 담겨 있다.

『승람』에는 대저도와 사두도, 소요저도의 내용이 있다. 대저도에 대해서는 '경지 면적이 100이랑 내외'라는 내용이 있다. 사두도 내용은 좀 더 구체적이다. 섬의 위치에 대해 '칠점산 남쪽 줄기'이며 농지 면적은 '500여 이랑'으로 서술되어 있다. 면적의 통계 수치는 이곳에서 본격적으로 농업이 이루어졌음을 보여준다. 소요저도에도 '수백여 이랑이 있으며 땅이 몹시 기름지다.'라는 내용이 있어 당시 이들 섬과 함께 농지 개척이 활발하게 이루어졌음을 나타낸다.

여기에서 언급된 사두도는 칠점산 남쪽에 있었으며 일제강점기에 공항이 들어서기 전에는 사두리 취락이 있던 곳이었다. 『조선지형도』(그림 2-5)에서 사두리 위치를 보면 북쪽에 칠점산이 있으며 서쪽으로는 울만리를 넘어 평강천이 흐른다. 취락 주변은 대부분 논으로 표시되어 당시 벼농사가 이루어지고 있음을 나타낸다.

이와 같은 내용을 종합하면 당시 삼각주 일대의 농업은 사두리에서 가장 성하였고, 칠점산 남쪽의 사두리 일대를 중심으로 취락이 형성되기 시작되어 주변으로 확산되었을 가능성을 보여준다. 1885년까지 양산군 대상동면의 면사무소가 사두리 북쪽의 칠점 마을에 있었다는 향토 사료의 내용이 이를 뒷받침한다(『부산의 자연마을-강서구』, 263쪽).

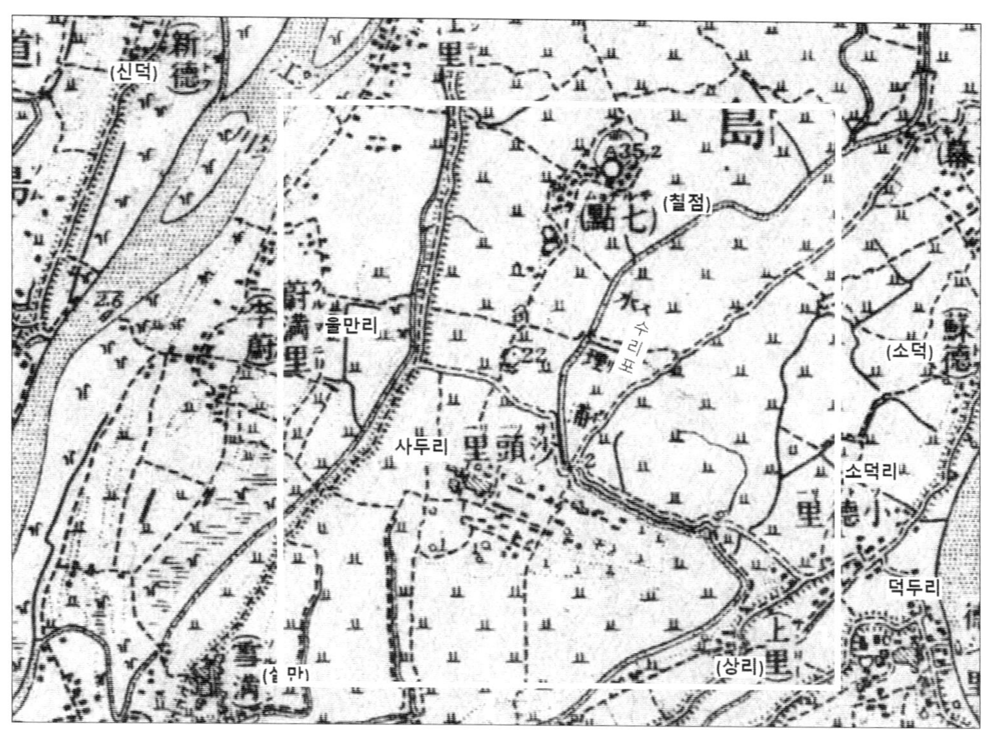

그림 2-5. 「조선지형도」(1916년)의 칠점산 남쪽 사두리 일대

2) 토지 대장: 『대저양안』

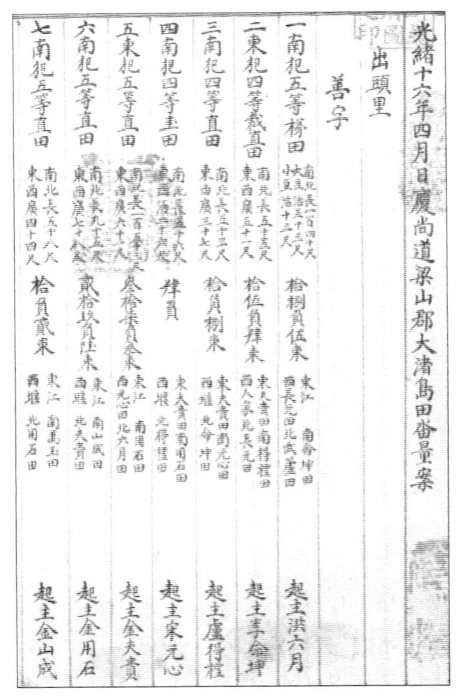
光緒十六年四月日慶尙道梁山郡大渚島田畓量案

出頭里

善字

一南犯五等梯田 拾捌負伍束 東江 南命坤田 西長元田 北武蘆田 起主洪六月

二東犯四等裁直田 南北長五十五尺 東西廣五十一尺 拾伍負肆束 東夫貴田 南得權田 西人家 北長元田 起主李命坤

三南犯四等直田 南北長五十三尺 東西廣三十七尺 拾負捌束 東夫貴田 南元心田 西堰 北命坤田 起主盧得權

四南犯四等圭田 肆負 東夫貴田 南用石田 西堰 北得權田 起主宋元心

五東犯五等直田 參拾柒負參束 東江 南用石田 西元心田 北六月田 起主金夫貴

六南犯五等直田 貳拾玖負陸束 東江 南山成田 西堰 北夫貴田 起主金用石

七南犯五等直田 南北長五十八尺 東西廣四十四尺 拾負貳束 東江 南萬玉田 西堰 北用石田 起主金山成

그림 2-6. 『대저양안』(제1면)

조선시대 농지는 지금의 토지대장에 해당하는 양안(量案)에 의해 관리되었다. 전지(田地)를 측량하여 조세 부과를 목적으로 만든 문서로, 대상은 전답 뿐 아니라 갈대밭인 노전(蘆田), 모시밭인 저전(苧田), 대나무밭인 죽전(竹田) 등도 해당되었다. 유형별로 볼 때 일반 백성이 소유한 토지를 대상으로 한 양안과 둔전, 궁방전 등의 국유지의 토지를 대상으로 한 양안이 있다.

규장각에는 대저도에 있던 농지를 대상으로 한 『경상도양산군대저도전답양안)』(규18652, 이하 '『전답양안』', 그림 2-6)과 『충훈둔토양안』(규18653)이 소장되어 있다. 두 자료 모두 1890년(고종 27)에 만들어진 것으로 이 중 『전답양안』은 당시 출두리와 사덕리의 양안이다([프롤로그] 제4장 참조). 출두리는 번덕, 당리, 신촌 마을 일대이며, 사덕리는 신덕, 상리, 신장로 마을에 해당한다. 『충훈둔토양안』은 출두리에 있던 충훈부 소속 전답에 대한 양안이다. 충훈부는 공신(功臣)에 대한 사무를 관장하였던 관서였다.

양안의 농경지 내용은 필지 단위로 정리되어 있다. 그림 2-6은 양안의 제1면에 해당된다. 10줄의 적색 계선에 필지 단위로 쓰여 있다. 내용 구성을 보면 필지별 자호·지번·양전 방향·토지의 등급·지형·척수(尺數)·결부수(結負數)·사표(四標)·진기(陳起)·소유주 등이 정리되어 있다. 표 2-4는 제1번 필지를 사례로 내용을 정리한 것이다.

① 자호: 5결을 1자로 한다는 원칙에 따라 양전 단위를 『천자문』 순서로 나타낸 것이다. 양안의 자호는 '선(善)'자부터 '곡(谷)'자까지로 구성되어 있다.

② 지번: 각 자호 안에서의 필지(筆地) 순서이다.

③ 양전 방향·등급·형태: 양전의 방향을 '남범(南犯)'·'북범(北犯)' 등으로 표시하였다. 토지의 비옥도는 6등급으로 나누었다. 이 등급은 조세의 부과 기준으로 1등급이 가장 비옥한 토지이다. 농지의 실제 면적은 등급에 의해 조세 부과 기준인 결부(結負)가 산출된다. 6등급 토지의 절대 면적은 1등급에 비해 4배이다.

표 2-4. 양안 필지(제1번) 구성 내용

원문	내용
善字	① 자호(字號)
一	② 지번(地番)
南犯 五等 梯田	③ 양전방향 · 등급 · 형태
南北長一白四十尺 大豆活五十三尺 小豆 活十三尺	④ 척수(尺數)
十捌負伍束	⑤ 결부수(結負數)
東江, 南 命坤田 西 長元田, 北 武蘆田	⑥ 사표(四表)
起 主洪六月	⑦ 진기(陳起) · 소유주

필지 형태는 당시 토지면적을 측량하기 위해 구분한 것이다. 『경국대전』의 내용에 따라 정사각형[方田], 직사각형[直田], 직각삼각형[圭田], 정삼각형[句田], 사다리꼴[梯田]로 나누었다. 직전과 방전이 가장 많은 비중을 차지하나 대저 양안에서는 이 외에 재직전(裁直田)과 재방전(裁方田)도 나타났다. 이들의 면적은 직전이나 방전으로 간주하여 면적이 계산되었다.

④ 척수: 전답의 실제 거리를 양전척(量田尺)으로 측량한 것이다.

⑤ 결부수: 실제 면적을 토지 등급에 따라 결부로 산출한 것으로 이는 조세 부과의 기준이 되었다.

⑥ 사표: 전답과 접한 농지나 지형지물을 동서남북으로 표시한 것이다.

⑦ 경작 여부: 기전(起田)과 진전(陳田)로 나누었다. 기전은 경작 중인 경지이며, 진전은 미개척지 혹은 휴경지이다. 주(主)는 소유주 이름을 표시한 것이다.

표 2-5는 양안에 수록된 농경지의 내용을 정리한 것이다. 총 1,003개 필지가 수록되어 있으며 이 중 논은 611개, 밭이 392개 필지이다. 논의 경우 대부분 5등급이며 4등급은 나타나지 않는다. 밭은 5등급이 대부분을 차지하나 4등급이 82개 필지가 나타난다. 전체적으로 볼 때 1~3등급은 없고 논이 5등급과 6등급, 밭이 4~6등급만 나타난다. 이와 같이 토지 등급이 낮은 것은 개척이 진행 중인 곳으로 농업이 아직 안정적으로 이루어지지 못하였음을 보여준다.

필지 형태를 보면 논의 경우 직전이 516곳, 재직전이 67곳, 제전이 11곳이 나타난다. 밭은 직전 297곳, 재직전 67곳, 제전이 18곳으로 논과 비슷한 추세를 보인다. 장단축의 길이 비율은 대부분 필지에서 큰 차이를 보이지 않으나 6등급의 밭에서는 비율이 높아 세장형 모습임을 나타낸다.

표 2-5. 대저도 양안의 전답별 내용

지목	논[畓]		밭[田]		
등급	5등급	6등급	4등급	5등급	6등급
필지수	538	73	82	296	14
장축 평균길이(尺)	67.1	78.9	75.2	75.2	43.3
장단축 비율	2.64	2.85	2.50	2.71	26.79
총 면적(尺^2)	4008.9	721.1	938.5	3191.0	430.2
필지당 평균 면적(尺^2)	7.5	10.0	11.65	10.80	30.7
총 결부수	42결 17부 9속	4결 74부 4속	13결 80부 5속	33결 59부	2결 83부
필지당 결부수	7부 8속	6부 5속	16부 8속	11부 4속	20부 2속

농경지의 전체 면적은 논이 4,730.0尺^2, 밭이 4559.7尺^{2}으로 비슷하다. 결부 면적으로 보았을 때도 논밭 비율은 유사하다. 필지당 면적은 등급이 낮을수록 넓어지는 경향을 보이며 특히 밭의 경우 뚜렷하다. 등급별로 보았을 때 논의 경우 큰 차이를 보이지 않으나 밭의 경우 4등급과 6등급에서 필지 규모가 크게 나타난다.

3) 제방 축조와 제염업

(1) 제방 축조

낙동강 삼각주는 바다에 연해 있고, 토사 퇴적이 지속적으로 이루어져 홍수가 발생하면 범람이 자주 발생하였다. 사료에서도 이와 관련된 내용이 여러 곳에 수록되어 있다. 『일성록』(정조 12, 1788년 8월 24일)에는

> '양산군은 3일과 4일 바람이 불고 비가 내려 읍내 수십 리가 고지대나 저지대를 막론하고 각곡이 대부분 썩고 상하였으며, 대저도(大渚島)의 경우에는 바람의 피해를 더욱 혹독하게 받아 무너져 내린 인가가 67호나 됩니다[梁山郡 初三日四日 風雨邑底數十里 毋論高低多致腐傷 至於大渚一島 受風尤酷人家 頹壓爲六十七戶]".

『승정원일기』(고종 26, 1889, 을유, 12월 4일)에도

> '명례궁에서 관리하는 양산군 대저도는 을유년에 홍수가 난 뒤에 제방이 허물어지고 전지(田地)가 묵었는데, 섬 백성들에게 조세를 물려 육지에 사는 백성들에게까지 미쳤습니다.[明禮宮所管 梁山郡 大渚島, 乙酉 巨浸以後, 垌堰潰缺, 田土陳廢, 島戶徵稅, 浸及陸民]

라는 내용의 기사가 있다. 이와 같이 이곳에서는 범람이 자주 발생하면서 19세기에는 홍수 피해를 막기 위해 제방이 축조되었다. 대표적인 제방으로는 산태방(山汰坊)과 동내방(洞內坊) 둑을 비롯하여 대저도제방이 있다. 이 외에 양산군 좌이면과 대상동면, 동래부 사상면 일대에도 제방이 축조되었다.

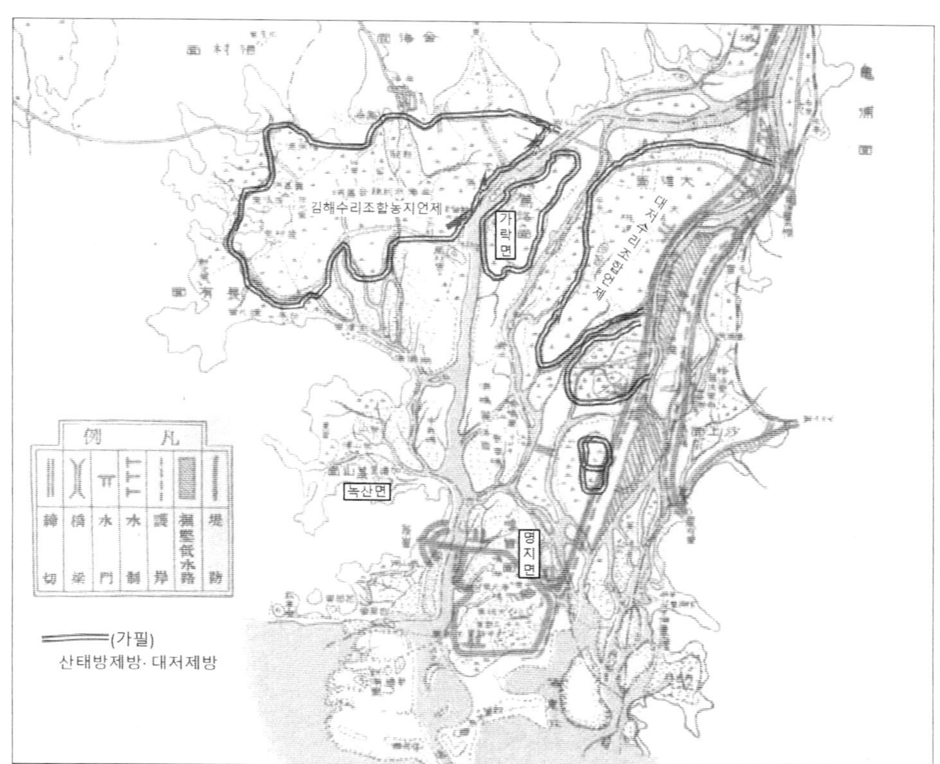

그림 2-7. 김해 산태방둑과 대저도 제방(자료: 『낙동강개수공사』, 1937)

① 낙동강 제방

그림 2-7은 낙동델타에 있었던 산태방둑, 동내방둑, 대저제방의 분포를 나타낸 것이다. 가락면 일대의 신태방둑은 지금의 가락동 일대에 축조된 것이다. 1649년 세곡을 관리하는 해창(海倉)이 가락동 죽림마을에 들어선 이후, 해창과 김해 불암 조창을 연결하는 둑을 쌓은 것이다. 제방 인근의 7개 군에서 노동력을 동원하여 축조하였다.

제방이 만들어진 후 600여 정보 규모의 공수전(公須田)이 생겨났다. 공수는 관공서에서 공공 비용을 충당하기 위한 전답이다. 이 제방은 나중에 김해수리조합의 제1호 제방이 되었다. 동내방둑은 1879년(고종 16)이 당시 가락면 덕도의 득천 마을 일대에 축조된 제방이다.

대저제방의 축조와 관련하여서는 『양산군읍지』(1832)에 다음과 같은 내용이 수록되어 있다.

> 대저제방: 대저도 제방으로 출두리에서 사두리까지 20리이다. 경상도의 군에 속하고 있으며 물길보다 낮게 있어 섬 주민이 농장에 제방을 쌓아 농사를 지었다. 을해년 대홍수 때 절반이 파손되었으며 민가들이 떠내려 갔고 모래가 논밭을 덮어 버렸다. 정축년 우리 군에서 군사를 보내어 수축하였으나 워낙 넓고 커서 아직 마무리하지 못하고 있다

[大渚堰 : 卽大渚島堰 自出頭里 至沙頭島 二十里, 處在嶠南郡 水口之下中 古爲島民 農場築堰蒙利矣 乙亥大洪水太半衝破 民家 幾盡漂沒 田畓亦入沙場 丁丑自本道本郡 給 軍粮築堰而 役處浩大 姑未就完]

그림 2-8. 이유하 축은제비(2023)

내용을 요약하면 대저제방은 출두리에서부터 사두리까지 20리에 걸쳐 있는데, 제방 축조로 인해 농민이 농사를 지을 수 있었다. 을해(乙亥) 대홍수 때 태반이 무너져 민가도 허물어지고 논밭도 모래사장이 되었다. 정축(丁丑)년에 (양산)군에서 군사와 식량을 보내 수축하였으나 워낙 넓고 커서 둑의 모양을 아직 이루지 못하였다는 내용이다.

② 양산군 좌이면 제방

19세기에 양산군수였던 이유하(李游夏, 1767~?)는 당시 양산군 좌이면에 속하였던 대리마을(현 북구 구포 대리마을)의 대리천에 제방을 쌓았다. 당시 제방의 축조 내용은 1809년(순조 9)에 세운 축은제비(築恩堤碑)에 담겨 있다. 원래 구포1동 주민센터에 소재하였으나 지금은 소공원(구포동 612-19)에 이전되어 있다(그림 2-8). 비석에는

> '몸소 부역을 살피시고 일천 장정을 뽑아 주셨네. 제방을 쌓아 준 은혜만이 아니니 고을 모두 편안하게 해 주셨네. 1809년 3월 [親審役處 劃給千丁 非徒恩堤 一郡咸寧 崇禎紀元後四己巳 三月日]'(원문 출처 : 『부산역사대전』)

라는 내용이 새겨 있다. 대리천은 부산 북구의 백양산 서쪽 산록에서 발원하여 대리를 거쳐 덕천천과 합류하여 화명동에서 낙동강으로 유입하는 하천이다. 일명 구포천으로도 부른다. 유역의 경사도가 급하여 홍수 시 범람이 잦았던 하천이다.

③ 동래부 사상면 모라 제방

1832년(순조 32)에는 당시 동래부사였던 박제명(朴齊明)이 사상면의 모라치 일대에 제방을 축조하였으며 비문의 내용은 축제혜민비(築堤惠民碑, 북구 덕포동 소재)에 담겨 있다. 비문의 내용은 다음과 같다.

> "동래의 사주(沙洲) 한쪽은 낙동강 하류의 요충지에 닿아 있어 비옥한 땅이 비어 놀고 있었다. 지난 1788년(정조 12) 이곳에 제방을 쌓아 큰 이익을 얻었다. 그러나 1814년(순

조 14) 큰 물난리로 곳곳이 무너져 내려 해마다 침수되는 근심으로 백성들이 안도하지 못하였으나 제방을 쌓을 계획조차 세우지 못하였다. 다행히도 우리 어지신 부사께서 특별히 먹고살기 어려운 부민들의 형편을 관문(關文)을 통해 감영에 보고하여 기장의 장정 500명, 양산의 장정 700명, 김해의 장정 800명 그리고 본 동래의 장정 6,800명을 확보하고 부산창의 미곡 70포를 빌린 다음 별도로 감독할 관리를 파견해 주었다. 올해 2월 12일 모라 뒤쪽 방축에서 공사를 시작하여 무너진 곳을 메우고, 내려앉은 곳을 돋우어 3월 16일에 주례의 사목포(司牧浦)에서 일을 마쳤다. 이렇게 10여 리 7,000발의 둑이 마치 바다를 막은 성처럼 우뚝 서니 물의 피해는 사라지고 그 땅도 다시 열리게 되었다. 우리 부사의 공로는 소식이 두원에 제방을 쌓은 것에 못지않다. 이곳 부민들의 본업도 다시 보리농사라도 지탱할 수 있게 되었으니 아름답고 성대하다. 이에 돌에다 새겨 영세토록 남기노라[沙州一面 處洛江下流要衝地 沃壤空開 越乾隆戊申 新築堤堰 蒙利大矣 甲戌大水 在在潰決 歲患浸墊 民不安堵 無計堤防 何幸我賢侯 特軫民艱食 關白巡營 劃得機張丁五百 梁山丁七百 金海丁八百 本邑丁六千八百 貸下釜倉米七十包 別遣監色 是年二月十二日 肇役于毛羅後防築 塡塞其崩 添築其夷 三月十六日 告工于周禮司牧浦 於是乎千十有餘里七千把堤堰 屹伏若捍海城 其害乃去 厥土復闢 我侯之功 不下蘇堤杜原 斯民之業 復有支麥祥稼 猗歟盛哉 爰志于石 垂于永世云爾](원문 출처 : 『부산역사대전』)

내용을 요약하면 동래부에 속한 낙동강 모래톱[沙洲]에 1788년(정조12)에 제방을 쌓아 농사를 짓고 있었으나 1814년 홍수로 인해 큰 피해를 입었다. 이에 동래부사가 주도하여 주변 군현의 장정을 동원하고, 부산창의 미곡을 빌려 모라리 일대에서 공사를 하였으며 그 결과 이곳에서 보리 농사가 증가하게 되었다는 내용이다.

이와 같은 읍지와 비문의 내용들은 당시 삼각주 일대를 둘러싼 김해부와 동래부, 양산군을 비롯하여 주변 군현에서 낙동강의 홍수와 범람에 대비하기 위해 제방 축조가 활발하게 이루어지면서 토지 생산성이 증가하였음을 보여준다.

(2) 갈대밭과 제염업

① 노전[갈대밭]

조선시대 명지도 일대는 농경지로 개척되지 못하여 미개척지가 남아 있었으며 갈대들이 무성하게 자라고 있었다. 이곳에서 자생하던 갈대는 지붕 재료와 가옥 난방과 염전업의 연료로 사용되었을 뿐만 아니라 생활용품 재료로도 사용되었다. 특히 이곳의 갈대는 인근의 양산 갈대와 함께 품질이 좋기로 유명하였으며 삿갓과 발, 자리를 짜는 등 수공업 제품의 원료였다.

김해의 갈대는 정노(正蘆)와 추목(秋木), 아양(芽良) 3등급으로 나누어 매겨졌다. 이중 정로가 가장 품질이 뛰어나 수공업 제품으로 이용되었던 품종이다. 추목은 비교적 품질이 낮으며, 아양은 주로 전혀 다른 종류의 갈대로 주로 염전 연료로 사용되었다.

갈대는 대부분 하천변 습지에서 자생하였지만 일부는 전답에서도 재배되었다. 품질이 뛰어나 수익이 높았으며, 노전 상태로 매매되기도 하였다. 결세(結稅)도 노결(蘆結) 등급으로 조세가 부과되었다.

1909년(융희 3)에 발행된 『재무휘보』(8호)에는 「蘆田及牧土의 實況」 제하로 당시 김해군 노전(蘆田)과 동래군 다대목장의 둔토의 현황이 수록되어 있다. 이 중 김해 노전에 대해서는 9쪽에 걸쳐 지도와 함께 소개되어 있다. 그림 2-9는 자료에 삽입된 삼각주 일대의 갈대밭 분포 지도이다. 대저도를 비롯하여 동쪽에 유도, 서쪽에 덕도의 덕도면, 죽도의 가락면, 명지도가 묘사되어 있으며 섬이 소속된 행정구역 지명이 함께 쓰여 있다. 대저도는 김해군 대상면과 대하면, 유도는 동래군 좌이면에 속하였음을 보여준다 지도에서 바다와 강에 연한 유역에는 예외 없이 갈대 서식지가 묘사되어 있다.

이와 같이 이곳은 갈대 생산이 성하였기 때문에 명례궁(明禮宮)을 비롯한 궁방(宮房)에서는 노전(蘆田)을 통해 세수를 확보하였다. 당시 김해군의 대부분 면에는 명례궁, 운현궁, 용동궁 소속의 노전이 있었으며 그 중 명례궁의 갈대밭이 가장 넓었다. 표 2-6은 명례궁 소속 노전을 정리한 것이다. 대부분의 면에 분포되어 있으며 그 중 덕도면[강동동]이 21곳으로 가장 많다. 지도에서도 하천에 연한 섬의 사방이 갈대밭으로 묘사되어 있어 당시 갈대 재배가 매우 성하였음을 보여준다.

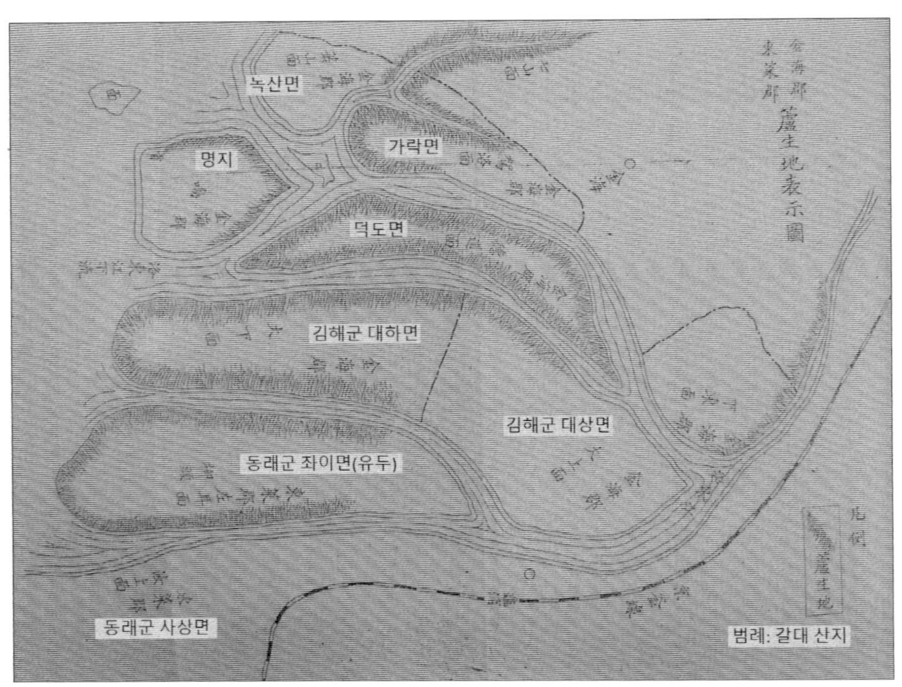

그림 2-9. 김해군 · 동래군갈대밭 산지
(출처: 『재무휘보』 8, 융희 3, 서울대학교 도서관)

표 2-6. 명례궁 소속 노전 소재 마을

[**大上** 대상면] 平光中島 [**大下** 대하면] 泥池洞, 細集島, 段燈, 款乃島, 黃橘島, 大月浦, 柳島, [**駕洛** 가락면] 長峽, 海浦島, 將廳, 新德島, 平壤島 [**德島** 덕도면] 大稷, 卿校島, 小稷島, 尼生段燈, 下浦, 立案廳, 造介浦, 土橋, 金島, 南防千, 有江浦, 下記島, 松柏, 小古致, 歌舞洋, 屯致島, 水洋前洋, 薰魚島, 戰船浦, 孫示浦, 古林島 [**鳴旨** 명지면] 鯨燈, 東西作 [**菉山** 녹산면] 星山浦 [**台也** 태야면] 手舌細山燈, 加伊沙

덕도면과 접한 대하면과 가락면에도 노전이 많이 나타난다. 대하면의 경우 니지동을 비롯하여 7곳이 있으며, 가락면에는 장협과 해포도를 비롯한 5곳에 분포한다. 이외에 명지면에 경등 등 2곳, 녹산면의 성산포, 태야면에 2곳이 있다.

② 제염업

명지도는 인근에 갈대 생산이 성하고 바다에 연해 있어 조선시대부터 염전 발달에 유리한 조건을 갖추고 있었다. 염전업의 입지 조건은 해안에 입지하여 바닷물을 쉽게 끌어올 수 있으며 연료를 쉽게 조달할 수 있어야 한다. 우리나라 전통적인 자염법인 해수 직자식과 염전식은 열로 물을 달여 소금을 만드는 방식이기 때문이다.

염전 조성을 위해서는 인근에 간석지와 미세한 토사가 있어야 한다. 또한 소금의 원활한 소비를 위해서는 배후지에 인구가 많아야 하고 소비자에게 운반하기 편리한 운송 조건도 갖추어야 한다. 명지도는 낙동강 하구에 위치하고 있어 낙동강 수운과 영남로를 이용하여 내륙으로 소금 운반이 용이하였다.

『실록지리지』(김해)의 '부 남쪽에 염소(鹽所) 2곳이 있다.'는 기록은 명지도에서 일찍부터 염전업이 행하여졌음을 보여준다. 이 외의 여러 사료에서도 명지도 소금에 대한 기록이 수록되어 있다. 정약용(丁若鏞, 1762~1836)의 『여유당전서』에는 명지도의 소금 생산과 관련하여 다음과 같은 내용이 있다.

> 황수(潢水, 낙동강) 좌우 연변 여러 고을은 모두 남쪽 소금을 먹는다. 남쪽 배가 북쪽으로 상주에 통하고, 서쪽으로 단성(丹城)에 이른다. 그리하여 촉마(蜀麻)와 오염(吳鹽)이 구름처럼 모여들고 산처럼 쌓이는데, 나라 안 소금의 이익은 영남 같은 데가 없다. <u>명지도(鳴旨島)에만 매년 소금 여러 천만 섬을 구우며, 드디어 낙동포변(洛東浦邊)에다 별도로 염창(鹽倉)을 설치하기까지 했다.</u> 감사가 해마다 천만으로 계산하고 해평 고현(海平古縣)에 해마다 소금 만 섬이 오니, 소금의 이가 나라 안에서 첫째임은 이것으로도 알 수가 있다. 호남에는 한 가마에 세가 20여 냥이고, 해서에는 한 가마에 세가 15~16냥이다. 그런데 해서와 호남에는 염창이 있다는 것을 듣지 못했고, 또 염관(鹽官)도 없다. <u>영남에는 감사가 해마다 신임하는 비장을 명지도에 보내 소금을 굽고, 낙동강 연안에다 소금을 팔아서</u> 백성의 이(利)를 독점하고 사욕을 채우되, 나라에서 수입하는 세는 여러 도에 비해 가장 가벼우니 나는 그것이 무슨 까닭인지를 모르겠다. [故潢水左右沿諸邑。皆食南徼之鹽。南徼之船。北達于尙州。西至于丹城。蜀麻吳鹽。雲委山積。國中鹽利。莫嶺南若也。卽鳴

旨一島。在金官海中。 歲煮鹽累千萬石。遂於洛東浦上。在尙州。 別置鹽倉監司。歲算千萬。而海平古縣。歲致鹽萬石。鹽利之甲於國中。卽此可知。湖南則一盆之稅二十餘兩。海西則一盆之稅十五六兩。然而海西湖南。未聞有鹽倉。亦未有鹽官。嶺南則監司。歲遣親裨。煮鹽于鳴旨。販鹽于洛東。以搉民利。以厚私槖。而國入之稅。最輕於諸路。臣未知其何故也。](원문 출처: 고전번역원, 2023)

내용을 요약하면 영남 지방에서는 명지도의 소금이 염창(鹽倉)을 중심으로 낙동강변의 고을에 공급되면서 많은 이득을 취하는데 나라에 납부하는 세금은 가장 적다 하여 조세 납부의 폐해를 지적하고 있다. 이 내용은 당시 명지도가 소금 생산의 중심지로, 내륙으로 이어지는 소금 공급망의 중심에 있었음을 보여준다.

19세기 말 부산포의 개항 이후 동래부 일대의 인구가 급증하면서 명지도에서 생산되는 소금은 수요가 급속히 증가하고 생산량도 늘어났다. 1908년 일본 통감부는 조선의 염업에 대해 일제 조사를 하여 『염업조사보고』를 발행하였고, 그에 앞서 1907년에는 부산의 용호동과 명지도에 분포한 염전에 대해 상세한 조사를 하였다. 조사 결과는 『염업조사』(1907, 재무휘보 15호 부록, 국립중앙도서관)에 수록되어 있다.

자료에는 지세와 토질, 기후와 함께 염전 구조, 제염법 내용이 담겨 있으며, 37곳의 염전에 대한 규모와 소유 관계, 면적과 생산량이 수록되어 있다. 표 2-7은 염전의 소재지별 숫자와 면적, 생산량을 정리한 것이며 그림 2-10은 면적을 이용한 분포도이다.

표 2-7. 명지면 염전 분포

소재 리	염전 수	면적(町)		생산량(石)
		총면적	평균 면적	
진목(眞木)	6	11.65	1.94	5,243
중리(中里)	2	5.21	2.61	2,346
조동(助東)	2	5.23	2.62	2,353
조서(助西)	3	7.81	2.60	3,529
동리(東里)	9	15.73	1.75	7,122
진동(鎭東)	2	3.27	1.64	1,472
해척(海尺)	2	4.87	2.44	2,047
평성(坪城)	7	18.34	2.62	8,843
중신(中新)	3	8.22	2.74	3,699
하신(下新)	1	2.47	2.47	1,112
계	37	82.86	2.24	37,287

출처: 『염업조사』(통감부, 1907)

그림 2-10. 명지도 염전 면적 분포(단위: 정보)

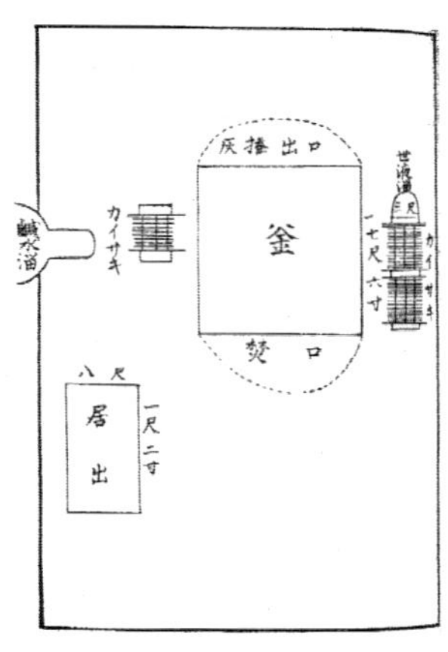

염전 염막구조
(출처: 『염업조사』)

1940년대 전오염 사진
(출처: 『강서구지 2』, 624쪽)

그림 2-11. 명지 전오염

지도를 보면 염전은 명지도의 해안과 내륙을 중심으로 분포하고 있었고 동리(9곳), 평성(7곳)과 진목(6곳)에 집중되어 있다. 내륙에 위치한 조동, 조서, 해척, 중리 마을은 상대적으로 적으며, 이곳에서는 수로에 의해 해수를 조달한 것으로 보인다.

면적으로 볼 때 평성이 18.3정보로 가장 많고, 동리가 15.7정보, 진목리가 11.7정보로 면적과 유사한 분포를 보인다. 염전당 전체 평균 면적은 2.24정보이다. 중신리가 2.7정보로 가장 넓으며 진동리가 1.6정보로 가장 적다. 총 생산량은 3만 7천여 석(石)으로 면적당 생산량은 450석 내외이다.

자료에는 제염 과정에서 함수(鹹水)를 이용하여 간수[염수, 鹽水]로 만들고 이를 끓이는 방법과 함께 염막(鹽幕)의 구조가 소개되어 있다(그림 2-11). 가마솥[鹽釜] 좌측의 함수류(鹹水溜)는 염전에서 함수를 만들어 저장하는 곳이다. 이곳에 함수는 가마솥에 넣어 끓여 소금이 추출되면 수분을 빼기 위해 오른쪽의 갈대 재질의 돗자리에 널어 둔다.

아래쪽의 거출장(居出場)은 간수가 빠진 소금을 보관하는 곳이다. 가마솥 재질은 흙[土釜] 혹은 쇠[鐵釜]이다(강서구지, 2004). 전오 과정에서 연료는 김해와 양산, 영산과 밀양 등지에서 생산되는 갈대와 소나무잎 등을 이용하였다.

제염에 사용되는 도구로 써래와 늘, 고래, 들것, 가래 등이 소개되어 있다. 이 중 써래는 염전 바닥을 갈아 엎고, 함토(鹹土)를 잘게 부수는데 사용하며, '늘'은 써래질 후에 함토 덩어리를 부수는데 사용한다. 고래는 함토나 소금을 모으는 도구이다. 들것은 함토를 운반하는데 사용하며, 가래는 함토를 다시 뿌릴 때 사용한다(유승훈, 2006).

중리의 영강마을에는 1824년(순조 24)의 김상휴(金相休)와 1841년(헌종 7)년에 세운 홍재철(洪在喆) 송덕비가 있다(그림 2-12). 이는 당시 명지동 염민(鹽民)들이 소금생산과 관련하여 선정을 베푼 두 사람을 기리기 위한 것이다.

그림 2-12. 영강리 송덕비

명지도의 전오염은 일제강점기 녹산수문이 건설되고, 1933년 낙동강 하류의 명지도 일대에 제방이 축조되면서 많은 변화를 겪었다. 광복 이후에는 신호도에서 부분적으로 염전업이 유지되었으나 1960년대 이후 농경지로 개간되고 이후 매립되면서 명지면과 녹산면에서 소금생산은 대부분 사라졌다.

3. 방면 · 호구와 가옥

조선 초기에 낙동강 삼각주는 김해부와 양산군에 나뉘어 속해 있었다. 김해부의 관할 범위는 지금의 녹산동, 명지동, 가락동과 강동동 일대였다. 1403년(태종 13)에 김해에 도호부가 설치될 당시에는 가덕도가 소재한 웅천현도 포섭하고 있었으나 1452년(문종 2) 웅천현이 독립된 고을이 되면서 분리되었다.

양산군은 신라시대 김해와 경주를 잇는 육로와 낙동강에 연한 곳으로 9주 5소경 중 한 주(州)였다. 고려시대 양주(梁州)로 부르다가 1414년(태종 13)에 양주군이 되었다. 조선시대 군의 강역은 두입지 형태로 대저도(지금의 대저1 · 2동)를 포섭하고 있었다.

이와 같이 두 군현에 나뉘어 분할되었던 삼각주 일대는 구한말까지 변동 없이 지속되었으며, 1906년 전국 군현의 두입지와 월경지가 조정되면서 대저도의 관할은 양산군에서 김해부로 이관되었다.

1) 방면(坊面)

그림 2-13은 18세기 군현 지도책인 『조선지도』에 삽입된 김해부와 양산군의 군현 지도이다. 「김해부」 지도에서 읍치는 서낙동강으로 유입하는 신어천 유역에 적색의 원으로 묘사되어 있다. 당시 김해부 관할은 북서쪽으로 대산면, 서쪽으로 진례면을 경계로 창원부와 접해 있었고 북쪽으로 낙동강을 경계로 양산군과 마주보고 있었다. 대저도 일대의 그려진 군현 경계는 이곳이 양산군 소속임을 보여준다.

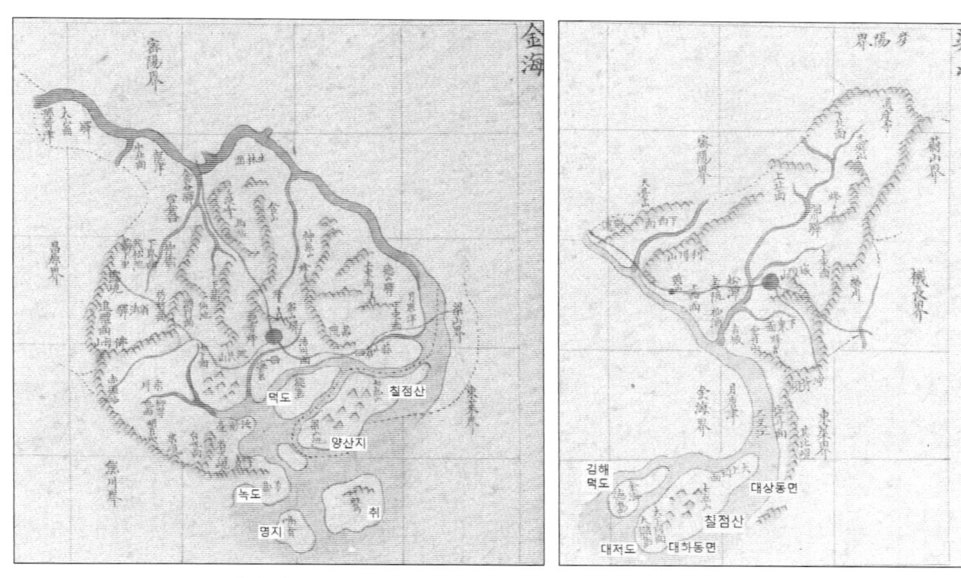

「김해부」　　「양산군」

그림 2-13. 군현지도의 낙동강 삼각주 일대(『조선지도』, 18세기, 규장각)

대저도와 함께 그려진 '덕도(德島)'와 '명지(鳴旨)', '취(鷲)'에는 방면이 별도로 쓰여 있지 않아 김해부 소속임을 보여준다. 가락면 죽도는 그려져 있지 않다. 낙동강 하류의 서쪽 연안에는 '태야면(台也面)'과 '녹도(鹿島)'가 쓰여 있다.

「양산군」 지도에서 읍치는 양산천 유역에 적색 원으로 그려져 있고, 하북면, 하서면, 상북면 등의 방면이 있다. 읍치에서 남쪽으로 멀리 떨어진 낙동강 하류의 삼각주까지 관할 범위가 해당되어 있어 당시 두입지의 모습을 잘 보여준다. 대저도에는 칠점산과 함께 양산군에 속한 '대상동면(大上同面)', '대하동면(大下同面)' 지명이 쓰여 있다. 서쪽의 덕도에는 '김해 덕도(金海 德島)'가 기재되어 있어 김해부 소속임을 나타냈다.

표 2-8은 18세기의 『호구총수』(1789)에 수록된 김해부와 양산군의 지명과 면별 호구수를 정리한 것이다. 통계에는 당시 한성부와 전국 군현과 면의 호구수와 리 지명이 수록되어 있다. 양산군 내용을 보면 대저면(大渚面)에는 출두리, 수덕리, 대저리를 비롯한 12개 리가 있다. 이 중 출두리, 대저리, 연정리, 사덕리, 평광리 등 6곳은 지금도 마을 이름으로 사용되고 있다. 이들은 대저도 북쪽에 해당되는 곳으로 지금은 대저1동에 속한다. 평광리는 지금의 평강리이다. 설만리, 사두리, 덕두리 등의 6곳은 지금 대저 2동에 해당된다.

한편 『호구총수』와 비슷한 시기에 편찬된 『여지도서』(1760)에 양산군 내용은 결실되어 있다. 『양산군읍지』(1832)의 「방리」조에는 대상·하동방(大上·大下同坊)에 속하였던 지명으로 출두리(出頭里)·사덕리(沙德里)·연정리(淵亭里)·대저리(大渚里)·평광리(平光里)·소덕리(蘇德里)·덕두리(德頭里)·사두리(司頭里)·희만리(喜滿里)·니지리(泥池里) 등이 수록되어 있어 내용이 유사하다.

표 2-8. 『호구총수』(1789)의 방리 및 호구수

<table>
<tr><th colspan="2" rowspan="2">군현-방면</th><th colspan="2">지명 및 호구수</th><th rowspan="2">현재</th></tr>
<tr><th>관할 리</th><th>호구수</th></tr>
<tr><td rowspan="2">양산</td><td rowspan="2">대저면
(大渚面)</td><td>출두리, 수덕리, 대저리, 연정리, 사덕리, 평광리</td><td rowspan="2">269戶
1,376口</td><td>대저1동</td></tr>
<tr><td>설만리, 사두리, 덕두리, 니지리, 소덕리, 서호리</td><td>대저2동</td></tr>
<tr><td rowspan="4">김해</td><td>좌부하단면
(左部下端面)</td><td>식만포리, 내죽리, 외죽리, 해부리, 중평리</td><td>318戶
1,307口</td><td>가락동</td></tr>
<tr><td>태야면
(台也面)</td><td>범방리, 장전리, 탑동리, 와룡리, 살절리, 독음리, 만날리, 구랑리, 아음리, 세산리, 여달리, 성화리</td><td>367戶
1,164口</td><td rowspan="2">녹산동</td></tr>
<tr><td>녹산면
(菉山面)</td><td>녹산리, 이곶리, 사암리, 서곶리, 송정리, 주포리</td><td>307戶
1,107口</td></tr>
<tr><td>명지도
(鳴旨島)</td><td>진목리, 중리, 두창리, 동리, 조역리, 해척리</td><td>619戶
2,688口</td><td>명지동</td></tr>
</table>

자료: 『호구총수』(1789)

김해부 내용을 보면 좌부하단면, 태야면, 녹산면, 명지도 4곳이 수록되어 있다. 좌부하단면은 식만포리, 내죽리, 외죽리, 해부리 등 5개 리가 포함되어 있어 지금의 가락동 일대임을 보여준다. 식만포리는 지금의 식만마을, 내죽리와 외죽리는 오봉산 기슭의 죽동과 죽림마을 일대이다. 해부리는 해포도마을의 옛 지명이다.

태야면에는 범방리, 장전리, 탑동리를 비롯한 12개 리가 있었으며 녹산면은 녹산리, 이곶리, 사암리를 비롯한 6개 리가 있었다. 태야면과 녹산면은 봉화산을 사이에 두고 북쪽과 남쪽에 있었는데 1914년 녹산면으로 통합되었다. 지명에서 '녹산'은 행정동과 법정동, 마을 이름으로 사용된다. '송정'은 법정동과 마을 이름, '사암'은 마을 지명으로 남아 있다.

명지도는 4개 면 중 호구수가 가장 많았다. 명지도와 순아도 일대로 지금의 명지동에 해당한다. 진목리, 중리, 두창리를 비롯하여 6개 리로 구성되어 있으며, 이 중 진목리, 중리, 해척리는 최근까지도 사용된 마을 이름이다. 한편, 다른 면의 이름에서 유형부가 모두 '-面'인데 반해 명지는 '-島'이다. 이는 당시 명지면이 설치되어 있지 않았을 가능성을 보여준다. 『여지도서』(김해)에 수록된 방리는 『호구총수』와 유사하다.

2) 『가호안』(1904)에 나타난 마을 가옥

조선의 탁지부(度支部)는 구한말인 1904년에 전국 마을의 토지와 가옥을 대상으로 규모, 가옥 소유관계, 초가와 와가 등의 형태를 조사하였다. 이 중 경상남도에는 11개 군의 『가호안』(家戶案)이 남아 있다(그림 2-14). 김해군 자료에는 덕도면의 이울리, 대사동을 비롯한 12개 리, 명지면의 진목리를 비롯한 11개 리의 가옥 내용이 정리되어 있다.

표 2-9는 이의 내용을 정리한 것이다. 지금의 강동동에 해당하는 덕도면의 가옥은 모두 초가로 193호, 498칸이다. 소속 동리로는 관림동, 대사동, 중덕동을 비롯하여 12개 리가 있으며 그 중 대사동(31호)의 규모가 가장 크다. 대사동은 지금 강동동 북쪽의 대사마을에 해당한다. 북정동과 상덕동은 덕도산 산록에 형성된 마을이며 이울리, 제도리, 수봉리는 덕도면 남쪽에 있는 마을이다.

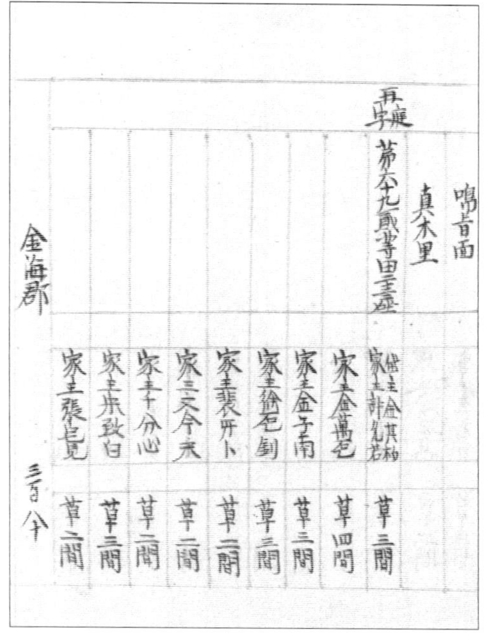

그림 2-14. 명지면 가옥 소유주(『가호안』)

표 2-9. 『가호안』의 동리별 호구수

방면	동리 호구수
덕도면 (德道面)	12개 동리 193호, 초가 498칸, 와가: 없음
	관림동(官林洞, 17호), 대사동(大沙洞, 31호), 중덕동(中德洞, 16호), 북정동(北亭洞, 22호), 상덕동(上德洞, 7호), 내덕동(內德洞, 10호), 덕원동(德元洞, 4호), 신덕동(新德洞, 8호), 덕계동(德溪洞, 16호), 이울리(李蔚里, 27호), 제도리(濟道里, 23호), 수봉리(水峰里, 12호)
명지면 (鳴旨面)	11개 동리 715호, 초가 1,722칸, 와가: 없음
	진목리(眞木里, 101호), 영강리(永康里, 22호), 중리동(中里洞, 31호), 해척리(海尺里, 25호), 동리(東里, 85호), 진동리(鎭東里, 77호), 조역리(助役里, 156호), 평성리(坪城里, 74호), 신전리(新田里, 83호), 하신리(下新里, 40호), 신호리(新湖里, 21호)

명지면에는 715호 1,722칸의 가옥이 있으며, 덕도면과 같이 모두 초가로 구성되어 있다. 진목리, 영강리, 중리동을 비롯하여 11개 동리가 있었으며 이 중 조역리(156호)와 진목리(101호)의 규모가 비교적 크다. 조역리는 면의 중앙에 있는 동리로 이웃한 동리(東里)와 합치면서 조동리가 되어 본래 지명은 없어졌다. 진목리는 지금의 진목마을 일대이다.

『가호안』에서 지붕 재료는 대부분 초가로 나타나나 실제로는 갈대를 사용한 가옥이였다. 기존 연구(장보웅, 2000)에 따르면 1970년대 당시까지만 해도 이곳에서의 갈대지붕 가옥이 적지 않게 남아 있었다. 해안에 자생하던 갈대를 이용하여 지붕을 엮었으며 이곳의 풍토와 어울리도록 형태가 결정되었다(그림 2-15). 지붕 모습은 초가 지붕과 유사하나 물매는 비교적 급하다. 바람의 저항을 적게 받기 위한 것이며, 우진각 형태를 취한다. 갈대의 내구 연한은 경사를 급하게 할수록 길어진다.

그림 2-15. 명지도 갈대 지붕 민가(1973, 출처: 장보웅, 2000)

제3장 일제강점기: 식민지 농업

일본은 1905년 대한제국과 을사늑약을 맺고 통감부를 설치하여 한반도의 지배를 본격화하였다. 1906년에는 전국적으로 월경지와 두입지를 정리하였고, 합병 이후인 1914년에는 군·면의 통폐합으로 식민지 지배 체제를 완성하였다. 이를 통해 우리나라의 지역 구조는 크게 바뀌었으며, 지형도를 제작하면서 모든 지명은 일본식 이름으로 고착되기 시작하였다.

이와 함께 경제적인 식민지를 완성하기 위해 토지조사사업을 실시하였다. 이는 토지개량사업으로 이어졌으며 이를 통해 한반도는 일본의 식량 공급 기지가 되었다. 일제강점기를 거치면서 미작 지대를 배후지로 하는 도시들이 급격하게 성장하면서 한반도의 농업 지역 구조가 재편되었다. 낙동강 삼각주도 예외가 아니었다. 하류의 삼각주을 중심으로 개간과 제방 축조를 통해 벼농사가 확대되었으며, 생산된 쌀은 항구도시인 부산부를 통해 일본으로 반출되었다.

1. 행정구역 개편·지형도 제작과 지명

1) 행정구역 개편

1906년 각 군의 두입지와 월경지가 정리되면서 삼각주 일대의 행정구역도 큰 변화를 겪었다. 당시 양산군에 속해 있던 대상동면과 대하동면은 김해군 소속으로 이관되었다. 지금의 대저1·2동에 해당한다. 이때 양산군에 속해 있던 좌이면은 동래군으로 이속되었으며 이는 지금 북구에 해당한다. 당시 김해군에 속했던 대산면은 창원군으로 이관되었고, 울산군 외남면(外南面)과 웅상면(熊上面)은 양산군으로 편입되었다.

1906년의 개편은 단순히 면의 소속을 다른 군으로 이관하는 수준에 머물렀다. 그러나 1914년에는 군·면과 리의 통폐합이 이루어지면서 행정 체계뿐 아니라 지명도 송두리째 바뀌어졌다. 표 3-1은 1914년의 개편 내용을 정리한 것이다. 면은 통합되어 7개 면에서 4개 면으로 줄어들었다. 대저도의 대상면과 대하면이 합쳐 대저면이 되었다. 이때 설만리가 울만리로 이름이 바뀌었다. 이는 덕도면 이울리가 대저면으로 편입되면서 이울과 설만 이름을 합성하여 울만이 된 것에 비롯된다.

덕도면은 가락면에 통합되어 없어졌다. 죽림리에 면 소재지를 두었고 리 지명은 변화없이 그대로 이어졌다. 명지면은 신호리가 신전리에서 분리되어 신설되면서 1곳이 늘어 7곳이 되었다. 신호리는 1978년 명지면이 부산시로 편입될 때 녹산면으로 이관되었다.

표 3-1. 1914년 통폐합 내용

<table>
<tr><th colspan="2">1914년(『신구대조』)</th><th colspan="2">1912년(『구한국행정구역』)</th></tr>
<tr><th>면</th><th>리</th><th>면</th><th>리</th></tr>
<tr><td rowspan="2">대저면</td><td rowspan="2">출두리(出斗里), 사덕리(沙德里), 대지리(大地里)
◎평강리(平江里), 소덕리(小德里), 도도리(桃島里)
사두리(沙頭里), 덕두리(德斗里), 맥도리(麥島里)
울만리(蔚萬里)</td><td>대상면</td><td>사덕리, 대지리, 평강리, 출두리,</td></tr>
<tr><td>대하면</td><td>소덕리, 사두리, 설만리, 도도리, 맥도리, 덕두리</td></tr>
<tr><td rowspan="2">가락면</td><td rowspan="2">식만리(食萬里), 죽동리(竹洞里), ◎죽림리(竹林里)
봉림리(鳳林里), 대사리(大沙里), 북정리(北亭里)
제도리(濟道里), 상덕리(上德里)</td><td>가락면</td><td>식만리, 죽동리, 봉림리, 죽림리</td></tr>
<tr><td>덕도면</td><td>대사리, 북정리, 상덕리, 제도리, 이울리</td></tr>
<tr><td>명지면</td><td>조동리(助東里), 평성리(平城里), ◎중리(中里)
신전리(新田里), 신호리(新湖里), 동리(東里)
진목리(眞木里)</td><td>명지면</td><td>진목리, 중리, 동리, 조동리, 평성리, 신전리</td></tr>
<tr><td rowspan="2">녹산면</td><td rowspan="2">범방리(凡方里), 구랑리(九郎里), ◎미음리(美音里)
지사리(智士里), 생곡리(生谷里),
녹산리(菉山里), 화전리(花田里), 송정리(松亭里)</td><td>태야면</td><td>범방리, 탑동리, 미음리, 상룡리, 지사리, 구랑리, 소압리, 중곡리, 생활리</td></tr>
<tr><td>녹산면</td><td>녹산리, 화전리, 송정리</td></tr>
</table>

자료: 『舊韓國地方行政區域名稱一覽』(1912) ; 『(新舊對照) 朝鮮全道府郡面里名稱一覽』(1917)
◎ 면 소재지 ※천가면 내용은 「제7장 가덕도의 지리」에 수록.

태야면도 녹산면에 통합되면서 없어졌다. 이때 녹산면 송정리는 마산부의 웅동면에 속하였던 가동리 일부를 병합하였으며, 리 지명은 그대로 유지되었다. 태야면에 있던 탑동리는 범방리에, 상룡리는 미음리에 병합되었으며, 소압리는 구랑리와 지사리로 분할되었다. 생활리는 중곡리와 합쳐 생곡리가 새로 생겨나면서 지명은 9곳에서 5곳으로 줄어 들었다.

2) 지명 조사와 지도 제작

일본은 조선을 병합한 후 가장 먼저 실시한 사업은 지형도 제작과 이를 위한 지명 조사였다. 일본은 일제강점 이전에 청일전쟁 직후부터 두 차례에 걸쳐 조선의 지형도를 만들었다. 1914년 행정구역 개편이 완료된 직후부터는 제3차 지형도 제작을 시작하였고 이는 1917년에 마무리되었다. 이때 축척 1:50,000, 1:25,000 축척의 지형도가 만들어졌다([프롤로그] 제4장 참조).

또한 일본은 병합 직후부터 새로운 지도 제작을 염두에 두면서 조선의 자연과 인문 지명을 조사하였고 이 내용은 『조선지지자료』(1910~1914, 국립중앙도서관)에 수록되어 있다. 이와 같은 지명 조사와 지형도 제작을 통해 조선의 면·리와 마을, 산천 지명은 일본식 지명으로 표기되기 시작하였다.

(1) 『조선지지자료』

표 3-2는 『조선지지자료』(1911~1914)에 수록된 방리 지명을 정리한 것이다. 대상면(대저1동)에는 대저리, 평강리, 연정리를 비롯한 6개 동리 지명이 있다. 이 중 연정리는 지금의 동연정과 서연정 마을에 해당한다. 대하면(대저2동)에는 사두리, 동론리, 설만리 등 10개 리가 있다. 동론리와 도부리는 지금 남아 있지 않으며, 맥마리는 맥도섬의 맥도리에 해당한다.

덕도면(강동동)에는 대사리, 관마리, 중덕리 등 13개 리가 있다. 이 중 관마리, 수봉리 등은 마을 이름으로 사용되던 지명이다. 가락면은 시만리, 식만리, 용등리를 비롯한 11개 리가 있는데, 이들 지명은 지금도 법정동과 마을 이름으로 남아 있다. 녹산면은 지금 녹산동의 남쪽에 해당되며 녹산리, 산양리, 사암리 등 7개 리가 있다. 이 중 녹산리, 화전리, 송정리는 법정동 지명이 되었으며 그 외는 지금 마을 이름으로 사용되고 있다.

태야면은 18개 리로 구성되어 리 숫자가 가장 많다. 이들 중 현재 법정동 이름에 남아 있는 이름은 범방리, 미음리, 지사리, 구랑리이며, 그 외는 마을 지명으로 남아 있다. 명지면에는 중리, 영강리, 해척리를 비롯하여 12개 리가 있었다. 1914년 통폐합되면서 이 중 중리, 조동리, 신전리, 진동리, 신호리, 진목리가 되었다. 한편, 당시 마산부에 속하였던 천가면에는 동선리, 성북리, 장항리, 서문리, 남평리, 남선리, 대항리, 내눌리, 외눌리의 9개 리가 있으며 이 중 일부는 지금 법정동 지명으로 사용된다.

표 3-2. 『조선지지자료』의 면 · 리 지명

면	리 지명	현재
대상면	대저리, 평강리, 연정리, 출두리, 사덕리, 신덕리	대저1동
대하면	사두리, 동론리, 설만리, 상리, 소덕리, 덕두리, 도부리, 서호리, 금호리, 맥마리	대저2동
덕도면	대사리, 관마리, 중덕리, 북정리, 상덕리, 내덕리, 덕월리, 덕계리, 신덕리, 이울리, 상남리, 제도리, 수봉리	강동동
가락면	시만리, 식만리, 용등리, 송산리, 죽동리, 상곡리, 봉하리, 봉림리, 신기리, 내죽리, 죽림리	가락동
녹산면	녹산리, 산양리, 사암리, 화전리, 방근리, 송정리, 옥포리	녹산동
태야면	범방리, 장전리, 탑동리, 와룡리, 분절리, 미음리, 세산리, 지사리, 신명리, 명동리, 압곡리, 동곡리, 마음리, 중곡리, 가글리, 생활리, 장곡리, 구랑리	녹산동
명지면	중리, 영강리, 해척리, 조동리, 조서리, 평성리, 동신리, 신전리, 하신리, 진동리, 신호리, 진목리	명지동

※천가면 내용은 「제7장 가덕도의 지역 변화」에 수록.

(2) 『조선지형도』

그림 3-1은 『조선지형도』에 그려진 대저도의 대저면 일대이다. 일제강점기 중에 낙동강 제방이 축조되고 수문이 건설되었는데, 지도에는 축조 이전의 모습이 그려져 있다. 지도 내용을 보면 북쪽의 양산군 일대에서 흘러 들어온 낙동강은 두 갈래로 나뉘어 흐르는 모습으로 그려져 있다.

서낙동강과 낙동강 본류에는 하중도가 묘사되어 있으며 이들을 잇는 나루터가 그려져 있다. 낙동강 건너에는 구포 일대를 지나는 경부선 철도 노선이 묘사되어 있다. 면·리 지명을 보면 대저면, 덕도면, 가락면을 비롯한 면 지명과 이에 속한 리와 마을 이름이 빠짐없이 기재되어 있다. 이들 지명은 1914년 행정구역 개편 내용이 반영된 것이다.

대저도 북쪽과 동쪽에는 하안(河岸)을 따라 제방과 취락이 그려져 있다. 제방은 대저도에서 낙동강 본류와 평강천 유로를 따라 있고, 덕도 일대에는 서낙동강에 연하여 묘사되어 있다. 이들 제방의 분포는 이전의 산태방둑과 대저도 제방을 바탕으로 축조되었음을 보여준다. 대저도의 출두리 일대에는 제방 바깥 쪽의 낙동강 연안에 취락이 그려져 있다. 이들 마을은 을축 대홍수 이후 제방 안쪽으로 이전되었다.

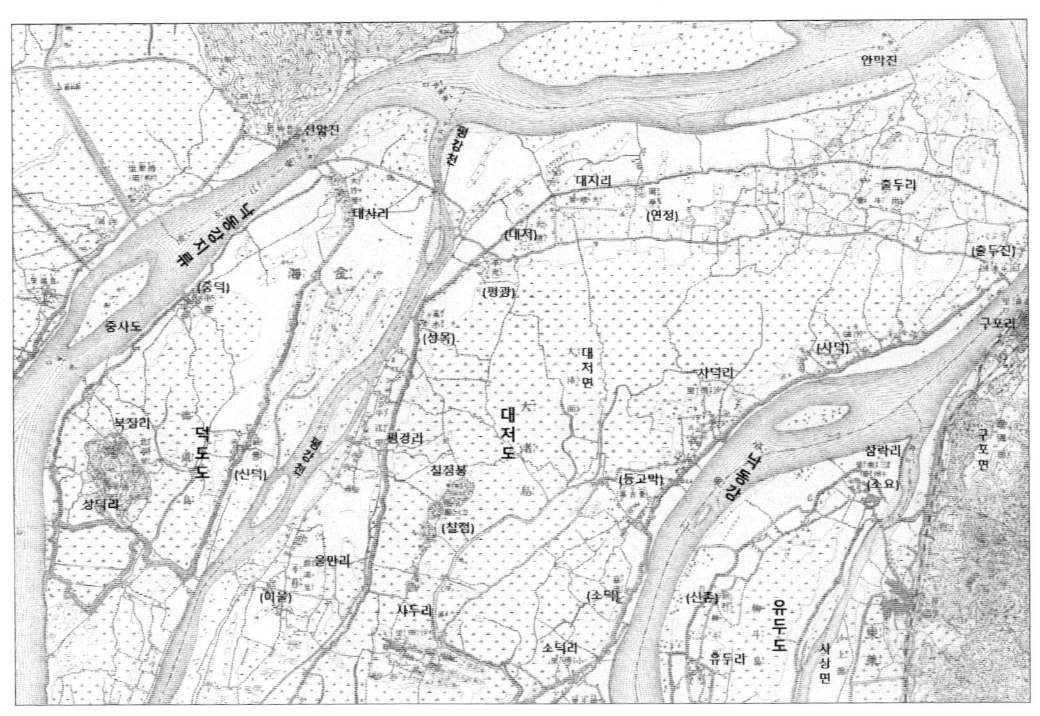

그림 3-1. 1916년 대저도 일대(출처: 『조선지형도』 1:25,000)

지도에서 대저도의 대부분은 논[畓] 부호가 표시되어 있다. 반면에 지도 남쪽에 묘사된 둔치도와 봉림리 해포도마을 일대는 조만강이 서낙동강으로 유입하면서 형성된 저습지로 묘사되어 있다. 수봉도를 비롯하여 맥도와 순아도, 명지도의 대부분 지역도 습지로 표현되어 있어 아직 농사가 이루어지지 않았음을 보여준다.

2. 인구 통계와 『지지조서』

일본은 강점 직후부터 식민지 통치를 위한 인구 통계를 작성하였다. 초기에는 경무국에 의해 『민적통계』(1910)를 발행하였으며, 1914년 행정구역 개편이 마무리된 후인 1917년에 『지지조서』(1917)를 완성하였다. 전국의 부와 군을 대상으로 하였고, 면 단위로 편제하여 마을 단위까지 지명과 호구수를 정리하였다. 1920년대 이후에는 조선총독부 주관으로 정기적인 인구 통계 조사를 실시하였다([프롤로그] 제4장 참조).

1) 『민적통계』(1910, 융희 4, 국립중앙도서관)

표 3-3은 『민적통계표』에 수록된 면별 호구수 및 직업 구성 내용이다. 호구수는 명지면이 924호(4,982명)로 가장 많고 천가면도 802호(3,967명)이다. 인구가 가장 적은 곳은 가락면으로 434호(2,367명)이다. 가구당 인구수는 대부분 5.0명 내외이다. 성별 인구 구성에서는 모든 면에서 남초 현상을 보인다.

직업별 구성을 보면 천가면을 제외하고 대부분 농가로 구성되어 있다. 대상면과 덕도면, 태야면의 경우 90% 이상이 농가이다. 어업 가구수는 천가면에서 180호로 가장 높게 나타나며 남해에 연한 녹산면(30호)와 명지면(52호)에서도 비교적 많다.

표 3-3. 『민적통계표』의 면별 호구 및 직업 통계

면	가구수	인구*	남자	여자	농업**	어업	직업계(計)	현재
대상면	552	2,743(5.0)	1,432	1,311	546(92.5)	5	590	대저1동
대하면	582	3,037(5.2)	1,566	1,471	535(82.6)	2	648	대저2동
덕도면	462	2,362(5.1)	1,255	1,107	442(93.2)	-	474	강동동
가락면	434	2,367(5.5)	1,249	1,118	418(77.7)	-	538	가락동
녹산면	493	2,602(5.3)	1,394	1,208	458(88.4)	30	518	녹산동
태야면	623	2,830(4.5)	1,537	1,293	611(92.4)	-	661	
명지면	924	4,982(5.4)	2,694	2,288	828(84.7)	52	977	명지동
천가면	802	3,967(4.9)	2,084	1,883	381(47.5)	180	802	가덕도동

*: 괄호안은 가구당 인구수; **: 괄호안은 전체 직업수 중 농업 비율(%)
자료: 이헌창(1997).

2) 『지지조서』(1914~1917, 대정 5)와 인구 통계

그림 3-2는 『지지조서』에 수록된 녹산면의 호구 「통계표」와 「지도」이다. 이중 「통계표」에는 미음리, 지사리, 범방리를 비롯한 8개 리와 자연마을의 내용이 정리되어 있다. 리에 속한 마을을 보면 미음리의 경우 와룡, 분절, 미음마을을 비롯한 5곳, 지사리의 명동, 지사, 신명, 율현마을 등이 있어 녹산면에 소재한 30곳의 자연마을의 호구수가 수록되어 있다. 지도의 경우 모든 면을 대상으로 그린 것으로 추정되나 자료에는 녹산면 지도만 남아 있다.

표 3-4는 『지지조서』의 호구 통계를 정리한 것이다. 규모가 가장 큰 리는 송정리(265호, 1,417명)이며, 지사리가 103호(543명)으로 가장 작다. 마을을 보면 송정리 송정마을이 114호(645명)으로 가장 크며, 지사리 율현마을은 6호(36명)에 불과하다(마을 호구수는 제2부 참조). 규모가 큰 마을은 면 소재지나 리의 중심 마을에 해당된다.

녹산면 「지도」의 내용을 보면 동쪽은 조만강이 흐르면서 가락면과 경계를 이룬다. 중앙에서 동쪽으로 흘러 조만강으로 유입하는 유로는 지사천과 지류를 묘사한 것이다. 서쪽에 창원군과의 경계는 굵은 점선으로 그려져 있다. 면 소재지는 미음리에 표시되어 있으며, 하천에는 나루터가 적색의 원 부호로 그려져 있다.

리 경계는 점선으로 묘사되어 있어 지리적인 범위를 나타낸다. 리에 속한 마을은 작은 원 부호와 함께 지명이 쓰여 있다. 마을을 잇는 경로는 적색 점선으로 나타내고 있다. 지도에서 하천 유로, 리의 지리적인 범위, 취락 분포와 도로 등이 상세하게 그려지는 것은 1914년 행정구역 개편 이후 공간적인 식민 통치가 세밀하게 전개되기 시작하였음을 보여준다.

표 3-4. 녹산면 동리별 호구수

동리명	호수(인구수)	마을 이름(호구수 생략)
미음리 美音里	149(868)	와룡리 臥龍里, 분절리 粉切里, 미음리 美音里, 세산리 細山里 수참리 水站里
지사리 智士里	103(543)	명동리 明洞里, 지사리 智士里. 신명리 新明里, 율현리 栗峴里
범방리 凡方里	200(1,060)	사구리 沙邱里, 범방리 凡方里, 장던리 長田里, 탑동리 塔洞里
생곡리 生谷里	112(641)	마음리 馬音里, 중곡리 中谷里, 가달리 加達里, 싱활리 生活里 장낙리 獐洛里
구랑리 九郎里	114(650)	소압리 小鴨里, 대압리 大鴨里, 구랑리 九郎里
녹산리 菉山里	155(802)	성산리 星山里, 녹산리 菉山里, 산양리 山陽里
화전리 花田里	107(609)	사암리 四岩里, 화던리 花田里
송정리 松亭里	265(1,417)	방건리 芳根里, 송정리 松亭里, 신리 新里, 옥포리 玉圃里

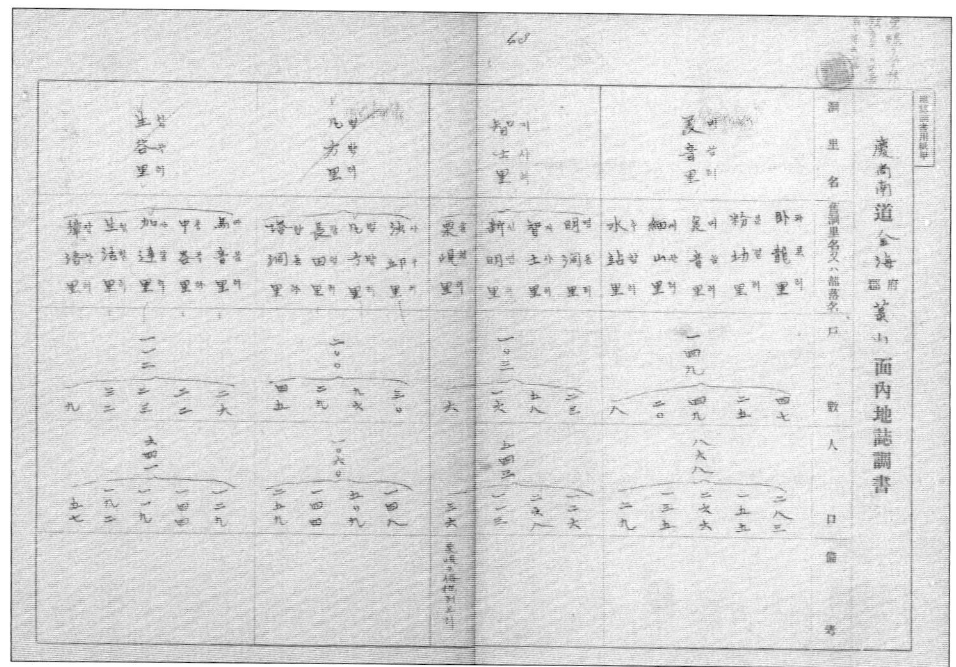

마을별 호구수

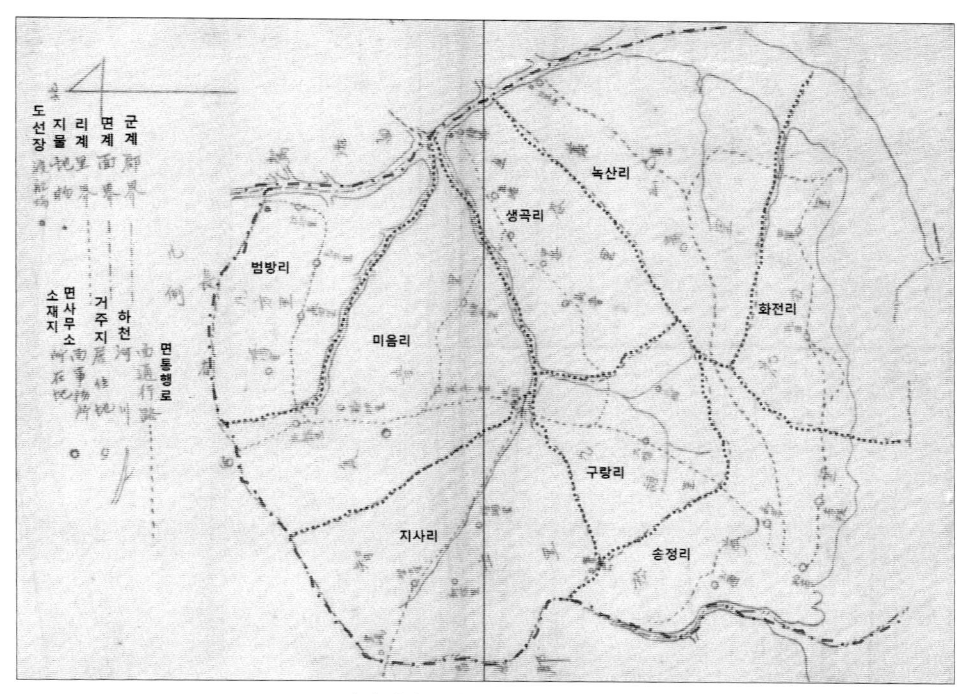

녹산면 「지도」(※ 면계 · 리계 가필)

그림 3-2. 1916년 녹산면 마을별 호구수와 녹산면 「지도」(출처: 『지지조서』)

표 3-5. 일제강점기 인구수 변화(1917~1944)

면	1916* (대정 6)		1925년** (대정 14)	1930년** (소화 5)	1935년** (소화 10)		1944년*** (소화 19)		1916~44 인구수 증가율(%)
	가구수	인구수	인구수	인구수	가구수	인구수	가구수	인구수	
전체	5,767	30,937	38,281	40,757	8,205	41,563	8,700	45,730	147.8
대저면	1,521	7,717	12,467	13,971	2,635	13,319	2,598	14,128	183.1
명지면	1,059	5,774	5,446	4,902	1,067	5,113	1,230	6,435	111.4
가락면	1,121	5,917	8,738	10,115	2,042	10,362	2,490	13,170	222.6
녹산면	1,205	6,590	6,374	6,409	1,412	7,484	1,366	7,020	106.5
(창원)천가면	861	4,939	5,256	5,360	1,049	5,285	1,016	4,977	100.8

자료) *: 1916. 『지지조서』, **: 조선국세조사보고(소화 10), ***: 인구조사결과보고(소화 19)
1925년 · 1930년 가구수 통계 누락

표 3-5는 일제강점기 인구 통계에 나타난 면별 인구수 변화를 정리한 것이다. 1916년의 경우 전체 호구수는 5,767호(30,937명)로 그 중 대저면이 1,521호(7,717명)로 규모가 가장 크다. 천가면은 861호(4,939명)에 불과하다. 변화 추세를 보면 전체 인구수는 30,937명에서 45,730명으로 약 148%의 증가를 보인다. 이를 면별로 보면 가락면이 5,917명에서 13,170명으로 늘어나 222.6%의 가장 높은 증가율을 보인다. 대저면은 183.1%이다. 대저면과 가락면에서 높은 증가 추세를 보이는 것은 당시 대저도와 덕도 일대를 중심으로 진행된 개척과 농지개량 사업에 기인한 것으로 보인다. 이에 반해 명지면, 녹산면, 천가면 등 해안에 가까운 곳에서는 큰 변화가 없다.

3. 농지 확대와 농업 지역 구조

1) 구한말 농업 환경: 『토지농산조사보고』(1904)

조선시대와 구한말에 이르면서 삼각주 일대의 농지 확장을 위해 산태방둑과 대저도둑을 비롯한 제방 축조가 지속적으로 이루어졌음은 앞에서 소개한 바와 같다. 그럼에도 불구하고 구한말에는 명지도를 비롯한 일대에서 적지 않은 지역이 미간지로 남아 있었다.

일본은 1905년 통감부를 설치하기 이전에 농상무성이 주관하여 조선의 농업 현황을 조사하였으며, 조선 농민, 농업제도와 경영, 일본인 농장 등 한국 농업의 전반적인 내용이 대상이었다. 조사 결과는 『토지농산조사보고』(1904)에 수록되어 있다([프롤로그] 제 4장 참조). 그림 3-3은 이에 수록된 농업 개간지 분포도이다. 지도에는 낙동강 유로가 북쪽에서 흘러 삼각주를 이루면서 바다로 유입하고 서쪽에서는 조만강이 서낙동강으로 유입하는 모습이 묘사되어 있다.

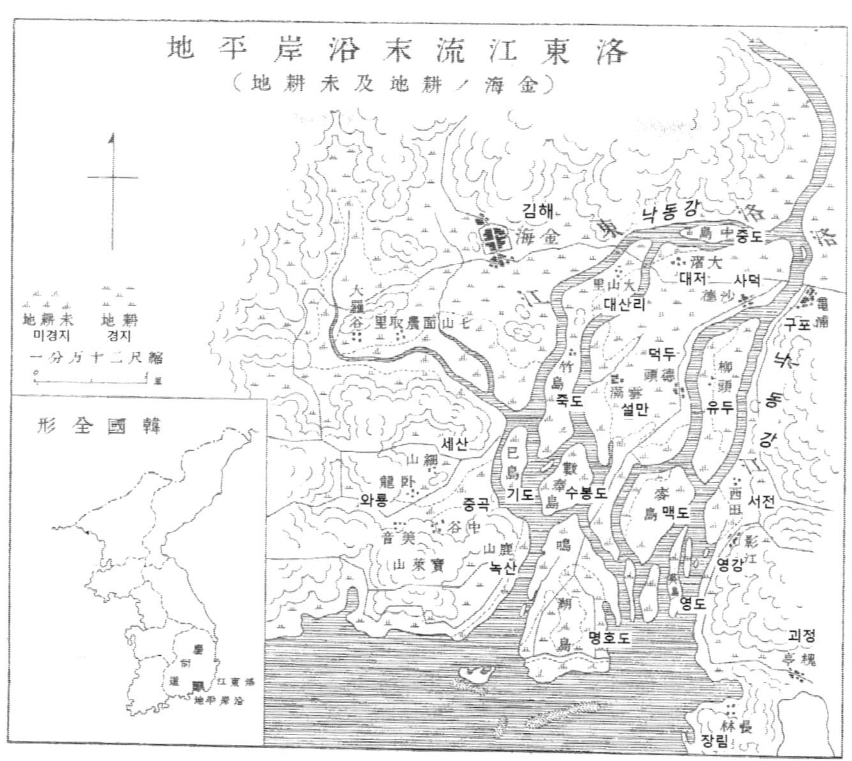

그림 3-3. 1904년 삼각주 일대의 미경지 분포(출처: 『토지농산조사보고』)

낙동강의 유로에는 유두(柳頭), 맥도(麥島), 영도(英島)가 그려져 있다. 이 중 영도는 지금 을숙도의 북쪽에 형성되었던 섬으로 추정된다. 낙동강 유로에서 부산쪽에 있는 서전(西田)과 영강(影江) 지명은 지금의 부산시 사상구에 속한 감전동 일대이다. 인근에 학장천 유로가 묘사되어 있다.

서낙동강 유로에는 중도(中島)가 하중도 형태로 그려져 있는데 이는 『조선지형도』에서 북서(北嶼)가 묘사되어 있는 곳이다. 지금 대동면 북서마을 쪽으로 연육되어 있다. 평강천 유로와 나뉘는 곳에 대산리(大山里)가 있는데 이는 강동동 대사 마을 일대이다. 대사리를 잘못 기재한 것으로 보인다. 이 섬은 덕도에 해당되며 이곳에 쓰인 죽도(竹島)는 '덕도(德島)'의 오류이다. 섬의 남쪽에 그려진 수봉도(水峰島)는 강동동 남쪽의 수봉마을 일대이다. 기도(己島)는 둔치도에 해당된다. 둔치도 서쪽에 기재된 세산, 와룡, 중곡, 녹산, 미음 마을은 지금의 녹산동에 속한다.

자료에는 지도와 함께 도서별로 미개척지 면적과 분포와 관련된 내용이 수록되어 있다. 미간지 면적에 대해서는 '면적을 총괄하면 약 4,000정보에 달하며, 대부분은 저습한 진흙으로 건조한 토양은 극히 적다.'라고 서술되어 있다. 도서별로 발췌한 내용은 다음과 같다.

- 명호도(鳴湖島): 약 1,100정보의 낮은 습지로서 진흙 및 모래가 섞인 토양이 많은데 이 땅은 낙동강의 하구에 있는 삼각주로서 수면 위로 평균 9척 높이에 있는 섬 안에 많은 촌락이 있고 약간 높은 곳(12~15척)에 논과 밭이 있다. 초생지는 섬 안의 가장 낮은 곳으로 비습지이다. 명호도의 동쪽에 좁고 길게 생긴 크고 작은 섬이 나란히 있는데 이들 모두가 삼각주를 이루며 그 중 큰 것을 영도(英島)라 부르고 면적이 약 120정보이다. 그 동편에 있는 것이 40정보, 서편이 있는 것 중 큰 것은 80정보, 작은 것이 약 45정보인데 어느 것이나 저습지로 진흙과 모래가 섞인 초생지이다. 낙동강 동쪽 기슭의 영강촌(影江村)에 약 120정보의 저습한 진흙질 초생지가 있다.
- 맥도(麥島): 영강촌 서쪽 건너편 기슭에 맥도(麥島)인 삼각주가 있는데 그 면적은 550정보로 모두 저습한 진흙질의 초생지이다.
- 수봉도(數奉島): 명호도 북쪽에 횡으로 된 삼각주를 이룬 수봉도(數奉島)가 있다. 면적은 약 300정보인데 모두 저습한 진흙질의 초생지이다. 수봉도의 서쪽 대안에 있는 삼각주는 기도(己島)라 칭하는 것으로 면적이 약 183정보인 땅은 진흙질 초생지로서 저습하다.
- 녹산(鹿山): 하구(河口) 서쪽 연안 장락포(張洛浦)에서부터 녹산(鹿山)에 연속하여 폭이 좁고 모래가 섞인 초생지가 있는데 면적이 약 35정보이다. 장락포에서 조금 북쪽에 있는 작은 하천의 연안에 바닥이 낮고 습한 진흙질의 초생지가 있는데 중각(中各), 미음(美音), 와룡(臥龍), 세산(細山)의 여러 촌락을 둘러싸며 그 면적은 약 270정보이다.
- 덕두촌(德頭村): 구포에서 김해로 왕래하는 사덕촌으로부터 남쪽으로 대충 2.2km쯤 되는 유두(柳頭)의 기슭에 덕두촌이 있는데 그 면적이 대충 45정보이고 설만촌과 인접한 남쪽 약 633정보의 저습한 진흙질의 초생지가 있다. 설만촌에서 서쪽 강 건너 죽도라 부르는 삼각주에 이르면 그 남쪽 일대의 초생지는 약 200정보의 넓이인데 최남단으로 93정보에 이르는 초생지는 모래가 섞인 양토로서 약간 건조하다.
- 대저촌(大渚村): 대산리의 동쪽 구포가도인 도장(渡場)을 지나 대저촌(大渚村)에 이르면 강가의 30정보 외에는 모두가 모래 섞인 초생지이다. 그 안에 중도라 칭하는 삼각주도 역시 모래가 섞인 양토로 약 98정보의 초생지이며 약간 건조한 토양이므로 일부는 이미 개간된 곳도 있다.

이들 내용을 요약하면 고도가 높은 곳에는 대부분 취락이 형성되어 있고, 낮은 곳은 초생지로 남아 있다. 자료의 미간지 내용은 주로 명호도를 중심으로 서술되어 있다. 내용 중 영도(英島)는 2개의 섬이 있다고 서술된 것으로 보아 을숙도와 함께 부근에 형성되었던 섬으로 보인다. 1974년 지형도에서 북쪽에 묘사된 섬으로 추정된다. 영강촌(影江村)은 사상구에 형성된 취락을 지칭한 것으로 보인다. 이와 같은 보고서에 수록된 내용을 종합하여 보면, 『토지농산조사』는 일본이 낙동강 삼각주 일대를 비롯하여 조선에 남아 있던 미간지를 개간하기 위한 사전 준비 작업이었음을 보여준다.

2) 산미증식계획과 취락

(1) 수리조합과 농지개량 사업

일본은 토지조사사업 이후 산미증식의 일환으로 수리조합을 중심으로 농지개량사업을 진행하였다. 초기의 수리조합은 통감부 시기인 1906년에 설립된 전라북도 옥구군의 서부수리조합이 효시였다. 1912년에는 김해수리조합이 설립되어 삼각주 일대의 제방을 축조하였다. 1916년에 대저수리조합이 설립되었고 이를 통해 대저도 일대의 농지 개간과 개량 사업이 본격화되었다. 1920년에는 경상도 하동군수리조합, 1936년 낙동강수리조합이 설립되었다.

그림 3-4. 대저수리공사기념비
(제공: 강서구청)

대저수리조합은 1916년 11월 지금 대저1동에 있던 사덕리에 설립되었다(현 한국농어촌공사 부산지소). 조합의 주요 사업은 농지 개량과, 농업용수의 공급을 위한 수로 정비와, 필지 통폐합과 경지정리였다. 농지 개량 사업은 대부분 조합에서 하였으나 일부는 개인이 직접 하는 경우도 있었다. 대저도의 수리공사사업은 1917년에 준공되었으며 이의 기념비가 남아 있다(그림 3-4).

이와 같은 농지개량 사업으로 수로가 설치되면서 농경지의 형태도 변하였다. 뒤이어서 경지정리 사업이 실시되면서 필지는 장방형의 모습으로 바뀌었다. 당시의 경지정리 사업은 1930년대부터 전라북도를 중심으로 시작되었다. 주로 평야지역에서 2~4단보(1단보=약 300평) 규모의 중구획으로 실시되었으며, 수로 정비 사업도 함께 행해졌다. 농경지 사이에는 새로운 농도(農道)가 간선 혹은 지선 형태로 만들어졌다. 간선 농도의 경우 우마차나 리어카가 교차하여 운행될 수 있는 2.5~5.5m의 폭으로 설계되었다.

경지 정리는 농지 환지(換地)를 통하여 실시되었다. 원지환지와 집단환지 두 유형으로 나뉘어지는데, 전자는 가장 넓은 농경지를 중심으로 모으는 것이며, 후자는 영세 분산된 농지를 소유자의 거주지를 중심으로 한 곳에 모으는 방식이다. 당시 조선은 지주제 하의 농업이었기 때문에 집단환지가 많은 비율을 차지하였다. 이는 평야에서 경지의 수리 조건이나 토양 비옥도가 필지별로 유사하였기 때문이다(김진수, 2022).

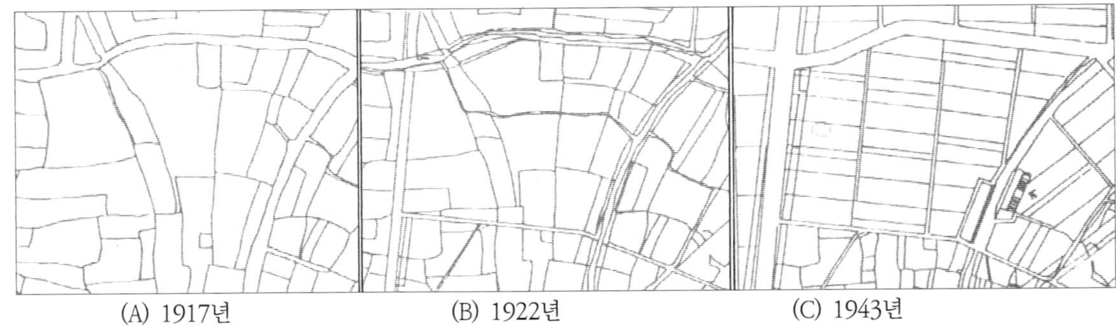

그림 3-5. 경지정리와 필지 형태 변화(출처: 김기혁, 1991)

그림 3-5는 당시 사덕리에서 농지개량 사업으로 나타난 필지 형태의 변화이다. (A)는 토지조사사업 직후의 필지 모습이다. 농지의 단위 면적이 비교적 넓으며 불규칙적으로 나뉘어 있다. 농경지 개간이 수로 등 자연적인 조건에 따라 진행되었음을 보여준다.

(B)는 1922년 개량사업이 진행되면서 개답(改畓) 이후의 모습이다. 이전에 비해 직선화된 수로가 나타나고 경지 규모도 세분화되어 있다. (C)는 1943년 경지정리사업이 실시된 이후의 형태이다. 농경지는 장방형의 격자상 형태를 보이며 대부분의 수로가 직선화되었다. 이와 함께 일부 취락도 이전되어 집촌이 형성되었다(그림 '→' 부분)

(2) 낙동강 제방 축조와 취락 이전

1920년대에 농지개량사업이 실시되었으나 잦은 홍수로 인한 범람과 염해 피해를 극복하지 못하였다. 특히 1920년과 1925년의 대홍수, 1933년과 1934년에 걸친 홍수는 주민들의 삶의 터전을 앗아가 버리는 재난이었다.

그 중 1925년 을축년 대홍수는 피해가 가장 컸다. 그 해에는 전국적으로 7월부터 11월까지 4차례에 걸쳐 홍수가 발생하였으며, 부산 지역은 7월 태풍에 큰 피해를 입었다. 집중 호우가 동반되어 큰 범람이 발생하여 제방이 무너지고 마을 전체가 침수되는 등 대규모의 피해가 발생하였다(제1장 〈풍수해〉 참조). 이와 같이 수차례에 걸친 홍수 범람으로 인해 낙동강 하천 유역에서는 대규모의 수문 공사가 시행되었다(고나은, 2020).

① 대저도 제방 축조

대홍수 이후 대저도 북쪽에서 서낙동강과 나뉘어지는 유로를 하나로 만드는 일천식(一川式) 공사가 진행되었다. 대저도 동쪽의 낙동강 하폭을 넓히고 양안에 제방을 쌓아 본류가 되게 하였으며 이는 1931년에 완공되었다. 1934년에는 서낙동강의 상류인 김해 대동면에 대저수문(현 대동수문)을 설치하고 하류에 녹산수문을 건설하였다.

제방과 수문이 축조된 이후 유로를 비롯한 하천 환경은 크게 바뀌었다. 서낙동강은 저수지 기능을 하면서 농업용수를 공급할 수 있게 되었으며, 낙동강 양안에 제방 공사가 완공되면서 대부분 하중도에 윤중제가 축조되었다. 이로 인해 이전에 미간지였던 곳은 농경지로 조성되었으며 취락이 형성되기 시작하였다.

그림 3-6은 1916년과 1955년의 대저도 출두리 일대의 지형도이다. 제방 축조 이전인 1916년의 지도에는 대동수문이 설치되어 있지 않고, 낙동강 유로가 동쪽과 서쪽으로 나뉘어지는 모습이 그려져 있다. 상류에는 김해의 대동면 안막마을을 잇는 나루터가 있었으며 하중도로 북서(北嶼)가 있다.

강의 연안을 따라 제방이 그려져 있는데, 이는 구한말에 축조된 산태방둑과 서낙동강 연안의 대저도 제방의 일부이다. 논이 묘사되어 있으며 낙동강 연안에는 저습지가 남아 있다. 마을로는 출두리와 사덕리에 사포(沙浦), 출두진두, 등고막 등이 있으며 이들은 자연제방을 따라 분포되어 있었다.

지도에는 출두리와 대지리 사이에 도로가 묘사되어 있는데 이는 당시 구포 나루터와 김해를 연결하는 경로였다. 도로변에는 면사무소, 경찰지서, 수리조합 등의 공공 기관과 초등학교가 들어서면서 대저도의 중심 기능을 하던 곳이다. 이곳의 신장로마을 은 이후 이 경로를 따라 새로운 도로가 생겨나면서 이름이 비롯되었다. 대저섬장이 5일장으로 열렸으며 지금 사덕장(1 · 6일)으로 명맥이 유지되고 있다.

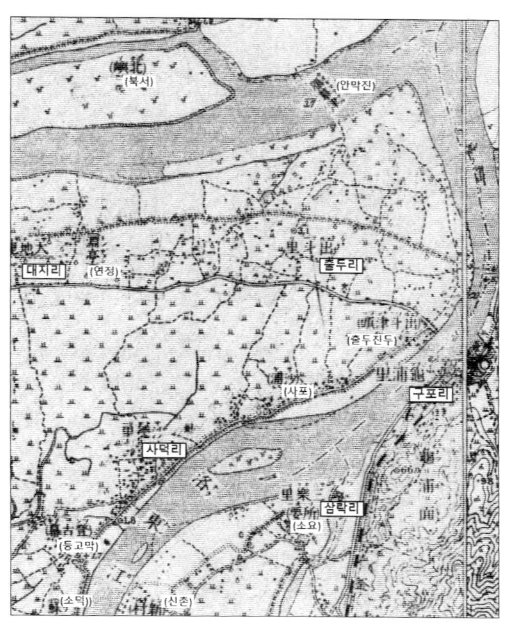

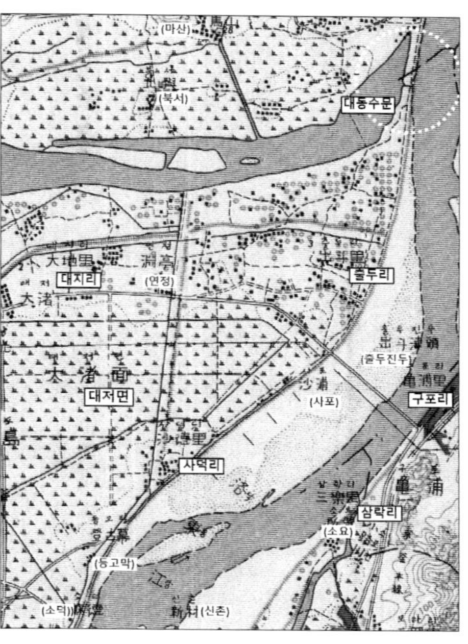

그림 3-6. 대저면 출두리 일대 변화(1916 · 1955)

1955년의 지도에는 서낙동강의 상류에 대동수문이 설치되어 있다. 이전의 북서섬은 김해 대동면으로 연육(連陸)되어 마을이 형성되어 있고 새로운 퇴적지가 그려져 있다. 제방이 낙동강 유로를 따라 북쪽의 출두리에서 사덕리 남쪽으로 이어져 있고, 이전에 나루터로 연결되던 사포(沙浦)-구포(龜浦) 사이에는 교량이 건설되어 있다. 이는 1933년에 세워진 낙동장교(洛東長橋)이다. 당시 우리나라에서 가장 긴 다리라 하여 이름이 비롯되었다. 2008년 노후화로 철거되었다.

출두리 제방의 바깥쪽은 모두 모래 사장으로 묘사되어 있고, 취락은 제방 안으로 이전되어 있다. 하천에 연한 곳은 취락 이전 이후에 국유지가 되었다. 지도에서 출두리의 신장로 남쪽 농경지는 대부분 논으로 묘사되고 있는데 반해, 북쪽의 서낙동강에 연한 대지리 연정마을 일대는 과수원 기호가 표시되어 있다. 당시 이곳에서 배를 비롯한 과수 재배가 성하였던 것에 비롯되었다.

이곳의 배농사는 구한말 일본 농민들이 출두리에 진출하면서 시작되었고, 대사리에는 일본인 농장이 세워지기도 하였다. 풍토가 배 재배에 적합하고 맛이 뛰어나 지역특산물로 자리 잡아 서쪽의 대지리까지 재배가 확대되었다. 낙동장교가 건설되어 경부선 철도를 통해 시장 출하가 유리해지면서 '구포배'로 명명되면서 일본과 동남아시아까지 수출되기도 하였다. 일제강점기에 배 재배 면적은 3배 이상 증가하였고 한때는 경상남도 총생산의 40%까지 달하기도 하였다.

② 명지도 제방

그림 3-7은 1916년과 1943년의 명지도 일대의 지도이다. 제방이 축조되기 이전인 1916년에는 하천 하류 일대에서 삼각주가 형성이 진행되는 모습을 보여주고 있다. 특히 낙동강 본류에는 남쪽 해안 방향으로 퇴적이 진행되고 있다. 명호도에 취락이 형성되어 있으나 토지 이용을 보면 대부분 지역이 저습지로 남아 있음을 보여준다. 이곳은 당시 제염업이 성하였던 곳이다. 동쪽의 낙동강 유로에는 진동리와 동래군의 하단리, 서쪽의 서낙동강 하류에는 하신마을과 녹산면의 신호도를 잇는 나루터와 뱃길이 묘사되어 있다.

1943년 지도에는 명지도 동쪽의 낙동강 유로를 따라 제방이 축조되어 있고, 서낙동강 하구에는 명지면의 사취등과 녹산면의 성산을 잇는 수문이 건설되어 있다. 취락 지명을 보면 명호도 남쪽에 동리, 진동리, 조등리 등이 있어 1917년의 지도 내용과 큰 차이를 보이지 않는다.

반면에 북쪽의 순아도에 묘사된 저습지 일대에는 수로가 묘사되고 마을 지명으로 본진목, 경등이 있다. 맥도와 제도 일대에는 도도리, 고려도, 송백, 염막 지명이 기재되어 있다. 이는 제방 축조 이후 이곳 일대가 농경지로 개척되면서 취락이 발달하기 시작하였음을 보여준다.

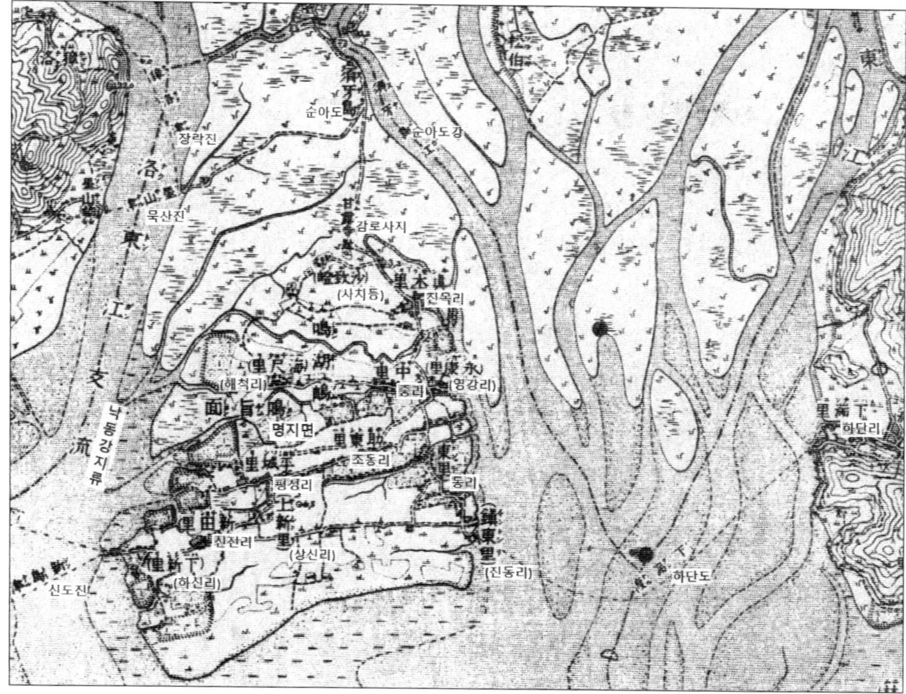

〈1916년〉

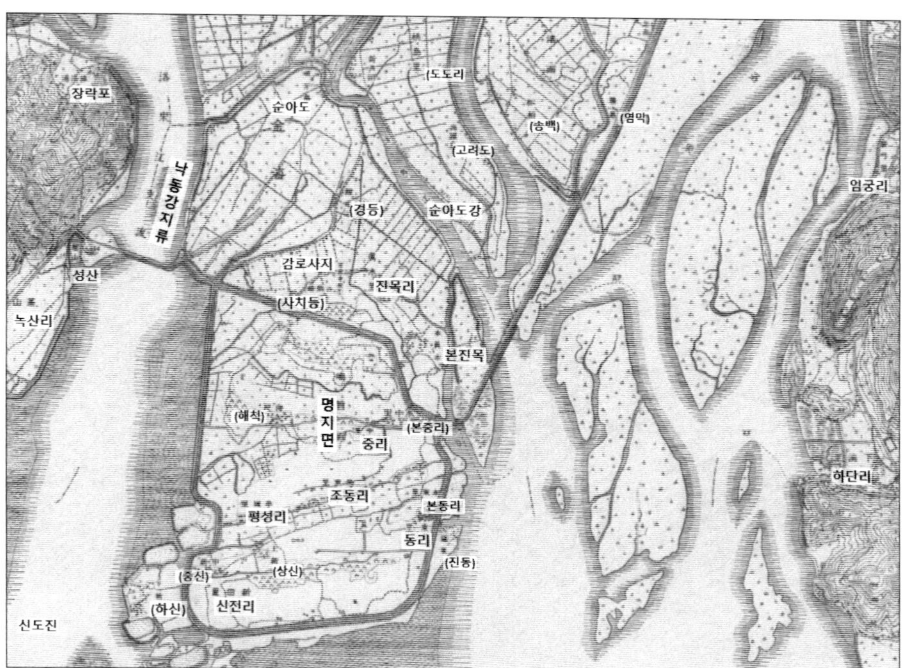

〈1943년〉

그림 3-7. 명지 제방(1916 · 1943)

3) 저습지 개척과 일본인 농장

낙동강 제방이 축조된 이후 농업 환경이 안정되면서 이전에 삼각주 일대에 저습지로 남아 있던 곳을 중심으로 농지 개척이 이루어졌다. 이는 당시 부산과 경남 일대에 진출하였던 일본인들이 중심이 되었다.

일본 농민의 이곳 진출은 이에 앞서 청일전쟁 이후 본격적으로 시작되었다. 1904년에는 앞서 소개된 『토지농산조사보고』를 통해 미간지를 조사하였고 토지조사사업 이후 국유화된 토지를 불하받은 일본인들은 농장을 세워 개척을 하였다. 대저도에 진출한 일본인들은 출두리 일대에서 배농사를 행하였고, 명지도 일대에서는 제방 축조 이후 조만강 하류의 해포도, 둔치도, 수봉도 일대로 진출하였다.

당시의 대표적인 일본인 농장으로는 둔치도 일대의 하자마[迫間] 농장, 가락면에 토사[土佐] 농장, 녹산면에 다나카[田中]와 무라이[村井] 농장, 명지면의 우라카미[浦上] 농장이 있었다(그림 3-8, 표 3-6). 이 중 가락면 토사 농장은 덕도면과 태하면 일대에서 약 90정보를 소유한 농장이었다. 무라이 농장은 녹산과 대저 지역에 농지를 소유하였으며 미국산 엽연초를 제조 판매한 이 일대의 대표적인 농업 자본가였다. 대저1동 대지상리에 있었던 하나조노[花園] 농장은 법무무 부산소년원 자리에 있었는데, 대저도 농지 면적의 절반 이상을 경영하였다(『부산역사대전』, 2014).

표 3-6. 낙동강 삼각주 일대의 일본인 농장

농장	본사 소재지	설립일	畓(町步)	畑(町步)	경영
하자마[迫間]	부산	1894	153	65	소작
토사[土佐]	김해	1906	200	0	소작
무라이[村井]	진영	1905	408	941	자소작
다이찌[大池]	부산	1902	256	100	소작

출처: 『강서구지』, 2014

그림 3-8. 출두리 번덕마을 일본식 가옥(2023)

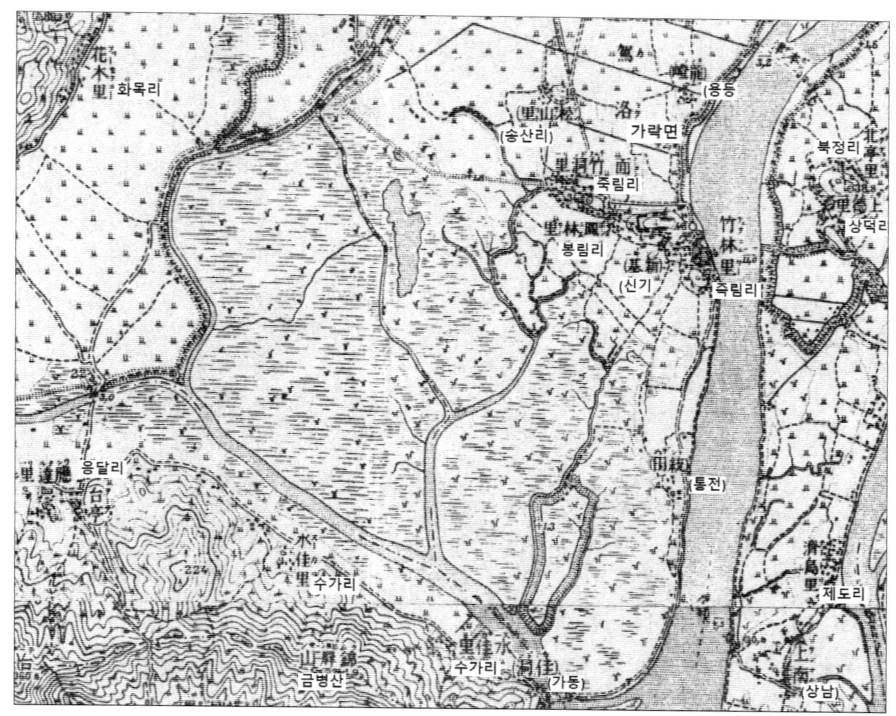

그림 3-9. 「조선지형도」(1916)의 봉림리 일대 토지 이용

그림 3-9는 『조선지형도』(1916)에 묘사된 가락면 봉림리 일대이다. 이곳은 조만강이 서낙동강에 합류하는 유역 일대로 지대가 낮아 벼농사가 이루어지지 못하고 갈대밭 등이 자생하고 있었던 곳이다. 지도에서 토지이용 내용을 보면 벼농사는 북쪽의 오봉산 주변과 서쪽의 지금 김해에 속한 화목리 일대에서만 부분적으로 나타나고 대흥, 통전, 해포도 마을과 조만강 하류 유역은 대부분 저습지로 묘사되어 있다. 남쪽의 금병산 북쪽 산록에 있는 응달리, 수가리 가동 마을 일대에도 벼 재배 지역은 극히 일부에서만 나타나 있다.

이곳의 저습지는 하자마[迫間] 농장을 중심으로 개간이 이루어지기 시작하였다. 이 농장은 원래 김해군 진영면, 창원군 대산면과 동면 3개 면에 걸쳐 있었으며 1928년경에 봉림리 일대의 해포도와 둔치도로 진출하여 농장을 세웠다. 조선 농민들의 노동력을 이용하여 농장을 경영하였는데 1931년에 이곳에서 일어난 소작 쟁의는 일제강점기 농민운동 중 규모가 컸던 것으로 평가되고 있다.

그림 3-10은 1974년 지도와 최근의 정사영상에 나타난 봉림리 일대이다. 조만강과 서낙동강 지류의 양안에 제방이 설치되어 있으며 그 사이로 수로들이 묘사되어 있다. 대부분 농경지는 경지정리가 되어 있어 일제강점기에 저습지로 표현되어 있던 농지에서 벼농사가 이루어지고 있음을 보여준다.

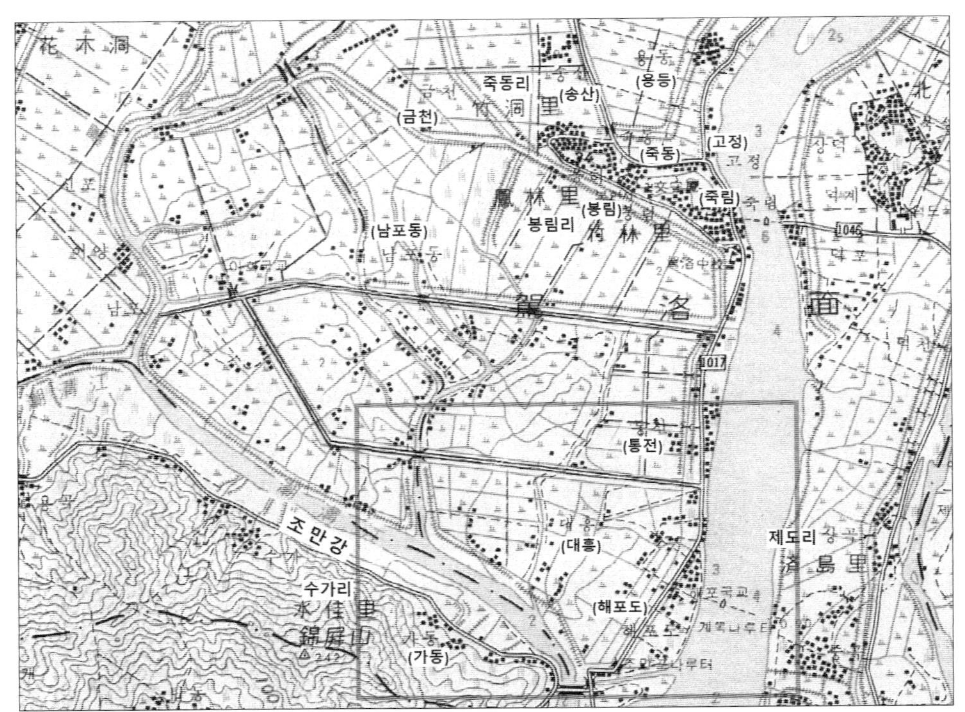

현대지형도(1974, 1:50,000)

정사영상(2022, 국토지리정보원)

그림 3-10. 봉림동 일대 가옥 분포(1974 · 2022)

지도에서 가옥의 분포를 보면 낙동강 삼각주의 다른 농촌과는 다르게 산촌(散村) 형태를 보인다. 대흥과 해포도마을에서 더욱 뚜렷하며, 정사영상에서 보다 확연하게 나타난다. 집촌은 농장 사무소를 중심으로 주변보다 고도가 높은 해포초등학교(현재 폐교) 일대에만 나타나고(그림 3-11.) 그 외의 농지에서는 가옥 간 거리가 떨어져 있다.

이와 같은 산촌 취락은 우리나라 벼농사 지역에서 매우 드물게 나타나는 모습이다. 이는 당시 일본인 농장의 개척 과정에서의 수리시설과 농업 경영의 유산으로 추정된다. 당시 일본인들의 저습지의 농지 개척을 위해 수리조합 주관으로 용수로 공사를 실시하였는데, 봉림리 일대의 산촌은 농장 설립 당시 수로의 설치 방법에 기인한 것으로 보인다.

우리나라 벼농사 지역에서 보편적인 수리시설은 저수지를 중심으로 물의 배분을 하기 위한 형태를 띠고 있었다. 반면에 이곳은 충적평야에 위치하여 토양이 비옥하지만, 동시에 홍수에 의한 범람이 잦은 단점을 안고 있다. 따라서 이곳의 수리시설은 범람을 막기 위해 제방을 쌓고 동시에 배수시설과 관개수로 정비에 역점을 두었다. 또한 양수장은 평상시에는 낙동강 물을 양수하여 관개수로로 사용하는 한편 우기에는 저지대에 고인 물을 낙동강으로 배수하기 위한 시설로 사용되었다.

따라서 양수장을 중심으로 수로가 정비되고 경지정리가 이루어지면서 가옥 배치는 한 곳에 집중되지 않고 농민이 개인 농지를 효율적으로 관리할 수 있도록 배열되어 산촌을 이루게 된 것으로 보인다. 또한 이와 같은 분산 배치는 조선인 소작농의 취락을 기존 농민들과 분리시켜 접촉을 최소화 하려는 의도에서 비롯된 것으로도 추정된다. 한편 일본의 벼농사 지역에서도 이와 유사한 형태의 산촌이 나타나는 경우가 많아 세밀한 비교 연구가 요구된다.

그림 3-11. 하지마농장 소작인 가옥(해포도마을, 2023)

4. 교통과 장시

1) 교통: 나루터

일제강점기 낙동강 삼각주에서 외부 지역과의 연결은 대저도 북쪽에 개설된 신장로를 중심으로 동쪽으로 낙동장교, 서쪽의 김해 선암교를 잇는 육로 외에 낙동강을 건너는 나루터가 주요 경로였다. 지역 안에서의 이동은 하중도를 이어주는 나루터에 의존할 수 밖에 없었고 이를 중심으로 도진 취락이 형성되었다.

그림 3-12는 『조선지형도』(1916)에 그려진 15곳의 나루터를 표시한 것이다. 대저도 북쪽에는 서낙동강 연안에 안막진, 홍포진이 있다. 이 중 안막진 나루터(①)는 대저도 출두리와 김해 안막마을을 잇고 있다. 이는 대저면의 동연정과 대동면 북서를 잇는 북서나루에 해당된다.

① 안막진(雁幕津)
: 대저도 출두리-김해 안막
② 홍포진(洪浦津)
: 대지리-김해 대동면 수안
③ 선암진(仙岩津)
: 대사리-김해 선암
④ 본진(本津)
: 덕도 북정리-가락 식만리
⑤ 덕도도 북정리-가락 죽림리
⑥ 김해 수가리-가동 조만포 하류
⑦ 장락진(獐洛津)
: 순아도-장락
⑧ 성산진(星山津)
: 성산마을-순아도
⑨ 하신진(下新津)
: 명지 하신-녹산 사암
⑩ 신도진(新島津)
: 명지 하신-신호도
⑪ 신진(新津)
: 대저도 도도리-수봉도
⑫ 대저도 월포-맥도 장협
⑬ 하단도(下端渡)
: 동래 하단-명지도 진목리
⑭ 대저도 출두리-동래군 구포리
⑮ 대저도 출두리-동래군 구포리

그림 3-12. 1916년 나루터 분포

홍포진 나루터(②)는 대지도선에 해당되며 대지리에서 김해 대동면의 수안마을을 연결한다. 선암진 나루터(③)는 지금 선암교에 있던 나루터이다. 중사도 남쪽에 그려진 본진 나루터(④)는 덕도 북정리와 가락 식만리를 잇고 있다. 덕도도와 가락 죽림리 사이에 묘사된 나루터(⑤)에는 이름이 쓰여 있지 않다. 당시 서낙동강에서 물류가 많았던 나루터로 지금 강동교가 지난다.

가락동의 조만포 나루터(⑥)는 당시 수로 교통의 요지로 지금은 조만교가 가설되어 있다. 장락진 나루터(⑦)는 순아도와 장락마을 일대를 잇는다. 명지면 북쪽의 순아도와 녹산면을 잇는 곳으로 지금은 둔치도와 장락마을을 잇는 둔치교가 지난다. 성산진(⑧)은 성산마을과 순아도를 잇는다. 지금 녹산수문이 세워진 곳이다.

하신진 나루터(⑨)는 명지도 하신마을과 녹산 사암마을을 잇는다. 녹산 신호도 일대가 매립되기 전까지 도선이 운행하고 있던 곳이다. 신도진 나루터(⑩)는 명지 하신마을과 신호도를 잇는다. 하신마을은 당시 인근 연해 수운의 요지로 지금도 방파제가 축조된 항만이 있어 포구 기능이 남아 있다.

신진 나루터(⑪)는 평강천을 사이에 두고 대저도의 도도리와 수봉도를 잇는다. 당시 대저면의 신노전과 가락면의 전양마을을 연결하고 있다. 지금 에코델타지구에 포함되어 있다. 월포마을 일대에는 맥도 장협마을을 잇는 나루터(⑫)가 있다. 당시 이곳에서 집산되는 농산물은 맥도강을 통해 낙동강 본류로 이어졌다. 하단도 나루터(⑬)는 동래군 하단과 명지도 진목리를 잇고 있다. 진목리에서 사하구 하단도 선창을 잇는 나루터로 명지에서 생산되는 소금을 싣던 곳이다. 도선 경로는 을숙도 북단을 지나 우회하는 모습으로 묘사되어 있다. 대저도 북쪽에는 출두리에서 구포로 이어지는 2곳(⑭, ⑮)에 나루터가 있다. 이곳은 조선시대 김해부와 동래부를 잇는 교통의 요지로 일제강점기 낙동장교가 건설되기 전까지 수운 교통의 요지였다.

2) 장시 순환 체계

일제강점기 이곳에서 생산되는 농산물은 주로 5일 간격으로 열렸던 장시에서 거래되었다. 그림 3-13은 1940년대 삼각주 일대의 장시 분포를 그린 것이다. 대저장(1·6), 덕두장(5·10), 영강장(5·10일), 녹산장(4·9일) 4곳에서 열리고 있으며 인근의 구포장(3·8일)과 김해장(2·7일)도 열렸다. 당시 거래액을 기준으로 보면 동래장, 구포장, 김해장과 진영장이 큰 시장이었으며, 대저장, 영강장은 제2계층, 덕두장, 하단장, 녹산장은 제3계층에 속한 소규모 장이었다.

순환 체계를 보면 동래-구포-김해-진영을 잇는 경로가 상인들의 이동 경로였음을 보여준다. 이는 지금 신장로의 경로 축과 유사하다. 이와 같은 장시와 순환 체계를 보면 주민들이 이용했던 중심지는 김해장과 구포장이었음을 보여준다.

그림 3-13. 장시의 계층과 분포(출처: 김기혁, 1987)
(자료: 『조선의 시장』, 문정창, 1942)

이곳에서 열렸던 장시는 1980년대 이후 부산시로 편입되고 도시화가 진행되면서 적지 않은 변화를 겪었다. 일부는 상설시장이 되었거나 없어지기도 하였다. 그러나 아직도 일부 장시는 5일 간격으로 열리고 있어 옛 모습을 담고 있다.

표 3-7은 『강서구지』(2014)를 바탕으로 일대의 장시를 정리한 것이다. 7곳이 확인되고 있으며 이 중 대저장과 덕두장은 5일장 형태가 유지하면서 열리고 있다. 대저장은 대저면 사덕리에서 열렸던 장으로 일제강점기에 낙동장교와 함께 국도 2호선이 개통되면서 신장로마을 주변에 매 1·6일 열렸던 장이다. 일명 대저섬장으로도 부르며 지금도 열리고 있다.

덕두장은 원래 낙동강 하안에 있던 덕두본마을에서 매 4·9일 열리던 장이다. 1934년 제방이 축조된 이후 마을이 이전하면서 장시도 지금의 소덕하리로 이전되었다. 일명 떡돌장으로도 부른다.

표 3-7. 낙동강 삼각주 일대 장시 분포

장시	개시일	소재지	개시 장소	비고
대저장(大渚場)	1 · 6일	대저1동 사덕리	◎ 신장로마을[1]	일명 섬장
덕두장(德斗場)	4 · 9일	대저1동 덕두리	◎ 소ㄷ하리마을	
가락장(駕洛場)	4 · 9일	가락동 죽림동	죽림마을	
명호장(鳴湖場)	5 · 10일	명지동 중동	영강마을	
반송장(盤松場)	5 · 10일[2]	녹산동 구랑동	압곡마을	태야면(台也面)
송정장(松亭場)	5 · 10일	녹산동 송정동	송정 본마을	
녹산장(鹿山場)	1 · 6일	녹산동 녹산동	성산마을	

1) ◎ 표시는 지금 개시되는 시장임(자료: 『강서구지』, 2014)
2) '김해부 남쪽 30리 토야면(土也面), 매 5 · 10일(자료: 『임원경제지』「예규지」, 19세기)

가락장은 일제강점기에 나타나지 않는 것으로 보아 다른 장시에 비해 늦게 만들어졌던 것으로 보인다. 죽림마을에서 매 4 · 9일 열렸으나 1989년 부산시로 편입되면서 상설화되었다. 명호장은 일찍부터 열린 장이다. 명지동 중리의 영강마을에서 매 5 · 10일 개시되었으며 낙동강 제방 축조 이후 신포마을로 옮겨졌다. 1978년 부산시로 편입되면서 상설시장이 되었다.

반송장은 『임원경제지』에 수록되어 있어 시장 역사가 매우 오래되었음을 보여준다. '김해부 남쪽 30리 토야면 구랑리 압곡마을에서 매 5 · 10일 개시되었다.'는 기록이 있다. 토야면은 이곳에 있던 태야면에 해당된다. 시장으로 이르는 고개는 장고개라 하였으며, 소나무가 많아 반송 지명이 비롯되었다. 일제강점기 때 송정장으로 통합되면서 폐쇄되었다. 송정장은 녹산면 송정리에 매 5 · 10일 개설된 장으로 인근 염전에서 생산되는 소금이 거래되었다. 한국전쟁 전후로 성산마을로 이전되었다.

녹산장은 성산마을에서 매 1 · 6일 열렸던 장이다. 조선시대 기록에서 나타나지 않는 것으로 보아 일제강점기 때 형성된 것으로 보인다. 1934년 녹산수문이 축조되면서 교통의 요지가 되었고 1950년대에 인근의 송정장이 이곳으로 옮긴 것이다. 개시일은 원래의 4 · 9일에서 바뀐 것으로 추정된다. 1989년 부산시르 편입되면서 폐쇄되었다.

지금 이 일대에서는 대저장과 덕두장이 열리고, 인근에서 구포장이 3 · 8일, 김해장이 2 · 7일 개시되고 있다. 부산의 금정구에서 열리는 오시게장(2 · 7일)은 조선시대 동래부 읍성에서 열렸던 동래장의 흔적이다.

현대 사회에서 5일장이 지속적으로 유지되고 있는 것은 정기 시장이 단순한 재화의 교환 기능 이상의 역할을 하고 있음을 보여준다. 규모는 축소되었으나 장날이 되면 노인들은 장을 찾아 지인들을 만나 이웃 소식을 듣는다. 그리고 상설시장에서 구할 수 없는 상품을 구입한다. 장시는 경제를 넘어 문화 요소로서 기능하는 것이다.

제4장 농업 근대화기: 1960~1980년대

1960년대 이후 부산시가 대도시로 성장하면서 낙동델타 일대는 도시 영향을 직접적으로 받게 되었다. 농업 근대화가 시작되었으며 새마을운동은 농촌의 경관을 크게 바꾸어 놓았다. 토지 이용에서 큰 변화가 나타났을 뿐만 아니라 대도시주변지역(rural-urban fringe)에 속하게 되면서 이곳의 농업은 복잡한 과정으로 전개되었다.

농촌 인구가 유출되고 경운기, 이앙기, 바인더 등의 농기계가 도입되었으며 온난한 기후조건을 이용하여 시설 영농을 통해 토지 생산성이 높아지기 시작하였다. 벼농사를 중심으로 하는 전통적인 농업이 지속되면서 동시에 토마토, 화훼와 소채 등의 시장 지향적인 작물이 재배되기 시작하였다.

이곳이 대도시에 인접하면서도 농업의 근대화가 지속적으로 가능했던 것은 제도적인 요인이 크게 작용하였다. 당시의 농지 관련법은 농지 전용을 규제하는 것을 목적으로 하고 있었으며, 이를 위해 농경지를 절대농지와 상대농지로 구분하였다. 지목 변경과 이용 전환을 제한하고, 성실 경작의 의무, 대리 경작의 지정과 농지 카드와 농지원부의 작성을 의무화하면서 농업의 지속을 가능하게 하였다.

이와 같은 농지 정책 외에 큰 영향을 미친 것은 1971년부터 지정된 개발제한구역이다. 부산시에서는 1971년 12월에 148.28㎢에 걸쳐 지정되었으며, 1989년 강서구, 1995년 기장군이 부산시로 편입되면서 1996년 당시 면적은 381.75㎢에 이르고 있어 부산시(769.9㎢)의 49.6%로 거의 절반 면적을 차지하였다(부산발전연구원, 1996).

강서지역의 경우 106.9㎢로 전체 구 면적(170.9㎢)의 56.7%를 차지하였는데, 구역 내의 지목 구성을 보면 주로 임야로 구성된 다른 지역과는 다르게 농경지가 약 64%로 대부분을 차지하고 있다. 이는 대부분 농경지가 도시적인 개발 행위의 제한을 받음에 따라 농업에 영향을 미치는 주요 인자가 되었음을 의미한다.

1. 농업 환경과 인구 변화

1) 농업 환경

그림 4-1은 1970년대의 지형도에 그려진 낙동강 삼각주 일대이다. 부산시로 편입되기 이전으로 동쪽의 낙동강 유로에 부산직할시와 경상남도의 경계가 그어져 있다. 대부분 하중도에는 제방이 축조되어 있으며 그 사이로 평강천, 맥도강, 순아도강 등의 유로가 묘사되어 있다. 서낙동강에는 대동수문과 녹산수문이 있어 유역의 농경지에 농업 용수를 공급하는 중심 역할을 하고 있음을 보여준다(권두 지도 21. 참조).

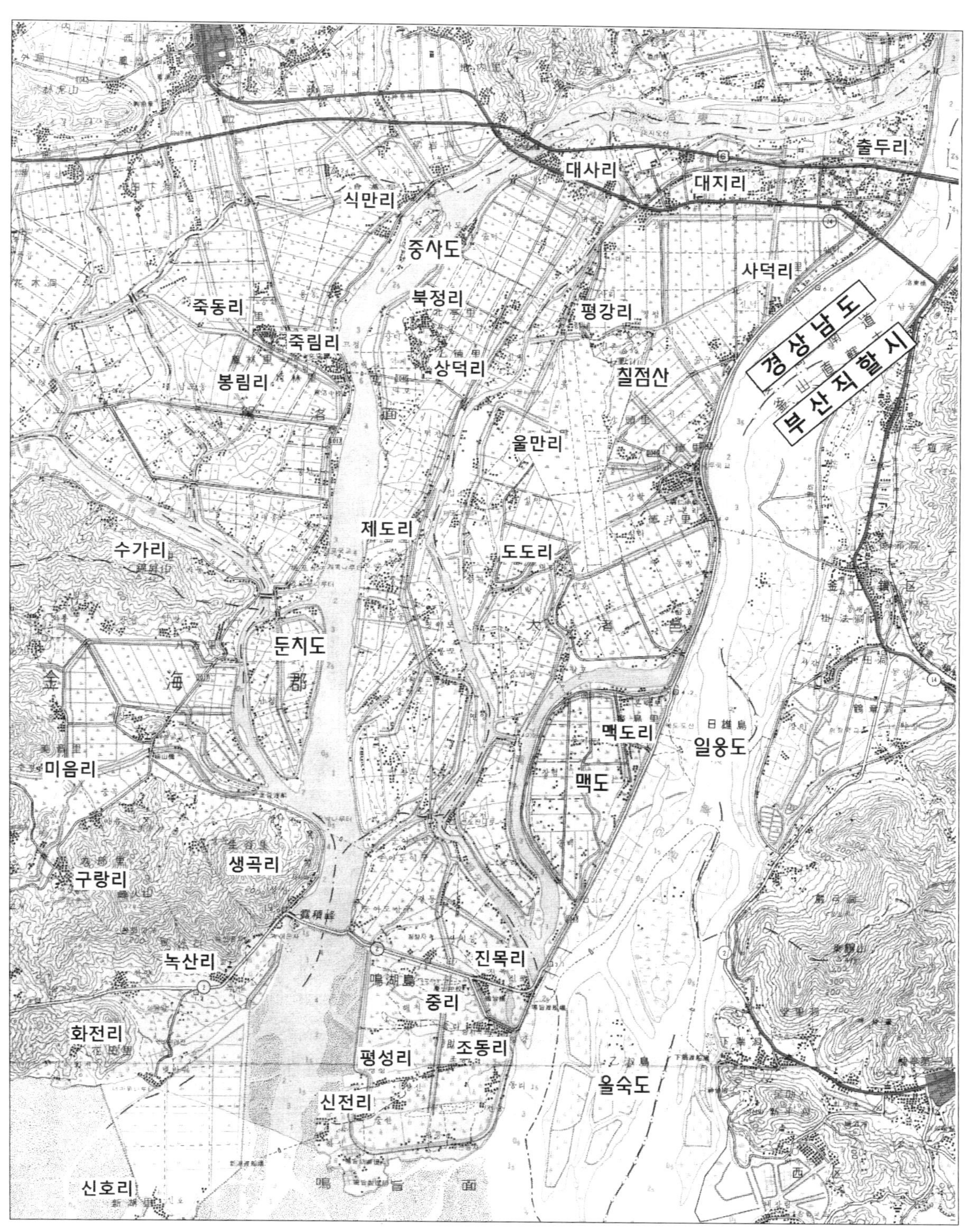

그림 4-1. 1970년대 낙동강 삼각주(지형도, 1:50,000, 김해 도엽, 1974)

대저도 북쪽에는 고속도로가 지나고 있으며 낙동제방을 따라 자동차 도로가 개통되어 있다. 그러나 지도의 하천 유로에는 나루터가 여러 곳에 묘사되어 있어 당시 이곳에서 하중도 간의 이동은 이들 나루터에 적지 않게 의존하였음을 보여준다.

농지는 대부분 경지정리가 되어 있고, 수로는 격자상으로 묘사되어 있다. 대저도 북쪽의 출두리와 대지리를 중심으로 밭이 묘사되어 있는데 대부분 과수원 지목으로 표시되어 있다. 이는 일제강점기에 형성된 배농사가 당시에도 지속되었음을 보여준다.

취락은 대저도 북쪽의 대지리와 대사리, 낙동강 연안의 소덕리 일대, 강동동 일대의 덕도섬, 가락동의 오봉산 산록에 집촌(集村) 형태로 분포한다. 남쪽의 명지도 일대에서는 집촌과 함께 도로를 따라 열촌(列村)이 나타난다. 맥도와 둔치도에는 규모가 작은 소촌(小村)들이 있으며, 봉림리 등의 일부에서는 산촌(散村)이 나타난다.

1970년대 이곳의 취락 분포에 큰 영향을 준 곳은 김해국제공항이다. 이곳의 공항 입지는 일제강점기 진해해군항공대 훈련비행장에서 비롯되었으며 이때 사두리 취락이 이전되었다. 이후 일본군용비행장이 되었고 1940년 공항은 수영으로 이전하였다. 1976년에 다시 이곳으로 공항이 이전하면서 국제공항이 되었다. 이때 이곳에 있던 마을들은 주변의 소덕리 마을로 이전하였다. 한편 개발제한구역 지정에서 제외되었던 명지도 해안 일부 지역, 신호리 간척지, 녹산면 지사리 일대는 매립과 개발을 통해 1990년대부터 주거와 과학산업단지가 입지하였다.

2) 인구수 변화

표 4-1. 동(면)별 인구수 변화(1949~1989)

면	1949*	1955**	1960	1970	1949~70 변화율(%)	1980***	1989	1980~89 변화율(%)	행정동
계	58,463	63,098	66,379	66,024	21.9	69,784	81,922	17.4	계
대저면	19,848	23,820	22,986	23,618	19.0	18,229	24,096	32.2	대저1동
						10,841	14,496	33.7	대저2동
명지면	7,720	8,091	9,420	9,376	21.5	9,421	10,511	11.6	명지동
가락면	16,193	16,126	17,414	17,247	6.5	11,715	13,567	15.8	강동동
						6,319	5,689	-10.0	가락동
녹산면	9,236	9,337	10,722	9,953	7.8	8,661	9,221	6.5	녹산동
천가면	5,466	5,724	5,837	5,830	6.7	4,598	4,342	-5.6	천가동

(출처) *: 총인구조사결과속보(1949, 공보처 통계국); **: 통계월보(1961, 내무부 통계국), 『1970 총인구및주택조사속보(경제기획원), 『1980 인구 및 주택센서스 잠정보고』(경제기획원), 『1990 구정백서』(강서구청) ***: 굵은 선은 부산-김해 · 의창군 행정구역 표시임

표 4-1은 광복 이후 강서지역의 인구수 변화이다. 1949년 58,463명이었던 인구는 꾸준히 늘어나면서 1989년에는 81,922명이 되어 전 기간 중에 약 40% 이상의 증가율을 보인다. 특히 부산시로 편입되기 시작한 1980년대 이후 증가율은 17.4%로 편입 이전보다 높은 증가 추세를 보인다.

이를 동별로 보면 1949~1970년의 인구는 대저면과 명지면에서 상대적으로 높은 인구 증가율을 보인다. 1980년대 이후를 보면 부산시로 편입된 대저1·2동과 명지동, 강동동에서는 인구 증가 추세를 보인다. 이에 반해 김해군과 창원시에 속하였던 가락동과 천가동의 경우 인구가 감소하였다.

2. 새마을운동과 농업 통계

1) 『새마을총람』(1972)

『새마을총람』에는 강서지역에 속하였던 면을 대상으로 마을의 지도와 함께 농업 통계를 수록하고 있어 당시의 농업 내용을 보여준다.

(1) 마을 농업 통계 : 명지면 사례

그림 4-2는 자료에 수록된 명지면의 마을 지도와 거리표이다(이 외의 면 통계는 제2부 참조). 지도에는 명지면을 구성하는 20개 자연마을의 위치, 범위와 함께 마을별 전기와 전화 도입 여부 등도 표시되어 있다. 지도에서 명지면은 동쪽은 부산시, 북쪽에는 대저면 맥도리와 가락면 제도리와 경계를 이루는 모습이 그려져 있다. 서쪽에 기재된의 약산면(藥山面)은 녹산면(菉山面)의 오기이다.

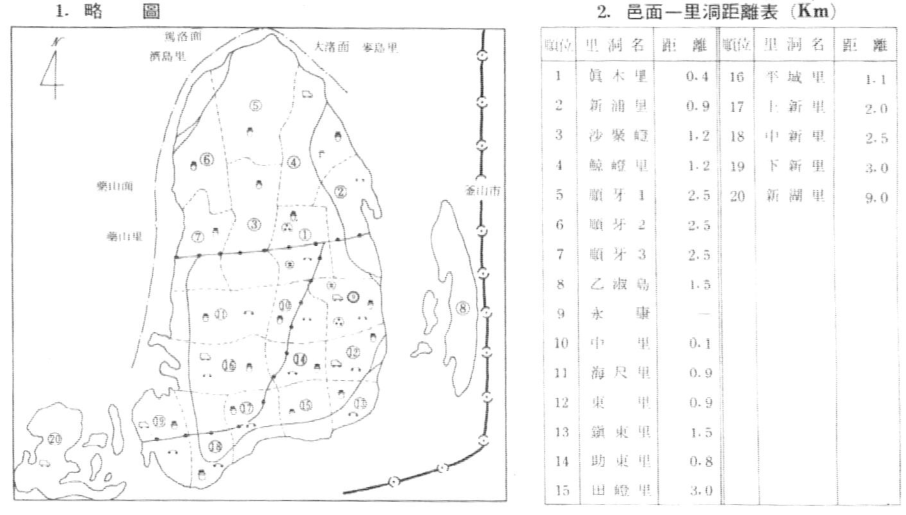

2. 邑面一里洞距離表 (Km)

順位	里洞名	距離	順位	里洞名	距離
1	眞木里	0.4	16	平城里	1.1
2	新浦里	0.9	17	上新里	2.0
3	沙聚嶝	1.2	18	中新里	2.5
4	鯨嶝里	1.2	19	下新里	3.0
5	順牙 1	2.5	20	新湖里	9.0
6	順牙 2	2.5			
7	順牙 3	2.5			
8	乙淑島	1.5			
9	永 康	—			
10	中 里	0.1			
11	海尺里	0.9			
12	東 里	0.9			
13	鎭東里	1.5			
14	助東里	0.8			
15	田嶝里	3.0			

그림 4-2. 명지면 지도와 마을 거리표(출처: 『새마을총람』, 1972)

지도에는 서쪽에 신호리, 동쪽에 을숙도가 그려져 있어 당시 명지면에 속하였음을 보여준다. 이들은 각각 1978년과 1983년에 김해군 녹산면과 부산시 사하구로 편입되었다. 거리표에는 면 소재지로부터 마을까지 거리가 정리되어 있다. 이들과 함께 수록된 「리동별 현황」에는 호당 경지면적 등의 농업 지표, 전체 호수와 농가수, 연령별 인구 비율과 함께 새마을운동의 진척 수준, 지도자 이름과 연령, 지붕 개량, 자연부락 숫자 및 결연기관 등이 수록되어 있다.

표 4-2. 명지면 마을의 농업

리	마을	가구수	인구수	가구당 인구수	농가수	농가율 (%)	호당 경지면적	새마을 구분
전체		1,631	9,575	5.9	1,028	63.0	0.9	
진목리	진목마을 眞木	178	967	5.4	92	51.7	0.8	자조
	신포마을 新浦	237	1,409	5.9	69	29.1	0.6	기초
	사취등마을 沙聚嶝	39	445	11.4	30	76.9	0.7	기초
	경등마을 鯨嶝	53	312	5.9	43	81.1	1	기초
	순아1구마을 順牙1區	59	361	6.1	57	96.6	0.9	자조
	순아2구마을 順牙2區	40	235	5.9	40	100.0	0.7	기초
	순아3구마을 順牙3區	49	294	6.0	46	93.9	0.5	자조
	을숙도마을 乙淑島	79	419	5.3	79	100.0	1.1	기초
중리	영강마을 永康	142	732	5.2	49	34.5	0.4	기초
	중리마을 中里	53	287	5.4	31	58.5	0.5	기초
	해척마을 海尺	45	280	6.2	31	68.9	1.5	자조
동리	동리마을 東里	89	489	5.5	40	44.9	0.8	기초
	진동마을 鎭東	63	362	5.7	37	58.7	0.5	기초
조동리	조동마을 助東	88	484	5.5	88	100.0	0.7	기초
	전등마을 田嶝	59	353	6.0	47	79.7	0.9	자조
평성리	평성마을 平城	56	349	6.2	34	60.7	1	자조
신전리	상신마을 上新	28	164	5.9	27	96.4	0.9	기초
	중신마을 中新	98	594	6.1	73	74.5	1.9	자조
	하신마을 下新	56	381	6.8	56	100.0	0.8	기초
신호리	신호마을 新湖	120	658	5.5	59	49.2	0.3	자조

출처) 『새마을총람』(1972)

표 4-2는 명지면의 마을별 인구수와 농업 지표를 정리한 것이다. 총 호구수는 1,631호(9,575명)로, 이 중 진목리의 신포마을이 237호(1,409명)으로 규모가 가장 크며, 진목 마을은 178호(967명)이다. 중리의 영강마을이 142호(732명), 신호리의 신호마을도 120호(658명)로 규모가 비교적 크다. 가구당 인구수는 5.9명으로 대부분 6.0명 내외를 보이나 진목리의 사취등마을은 11.4명으로 예외적으로 높게 나타난다.

농가수는 전체 1,028호로 전체 농가비율은 63.0%이다. 마을 중 신목리의 순아2구와 을숙도마을, 조동리의 조동마을, 신전리의 하신마을의 경우 100%가 농가이다. 이들 마을에 비해 진목리 신포마을, 중리 영강마을, 동리마을, 신호리 신호마을의 경우 50% 미만의 비율을 보인다.

호당 경지면적은 평균 0.9ha로 당시 우리나라 전체 농가의 평균 규모와 비슷하다. 마을 중 신전리의 중신마을(1.9ha), 중리의 해척마을(1.5ha)이 높게 나타난다. 이들 마을은 구한말 염전업이 성하였던 곳으로 이와 관련이 있는 것으로 추정된다. 이 외에 1.0ha 이상의 규모를 보이는 마을은 진목리 경등마을(1.0ha), 을숙도마을(1.1ha) 평성리 평성마을(1.0ha)이 있다. 신호리의 경우 0.3ha에 불과하다

새마을운동 수준을 보면 기초와 자조 마을로 나뉘어 있다. 이 구분은 마을민의 새마을운동 참여를 격려하기 위해 경쟁 체제를 구축하기 위한 것이었다. 원래 기초-자조-자립 마을 세 단계로 구분하였으며 기본 목표는 전체 기초마을을 자립마을 수준으로 끌어 올리는 것이었다. 자립 수준에 이른 마을과 새마을지도자에게는 포상과 표창이 주어지기도 하였다. 명지면에서 새마을운동 수준을 보면 자조마을이 진목, 순아1·3구, 해척, 전등, 평성, 중신, 신호리 등 8곳이며, 다른 마을은 모두 기초마을로 분류되어 있다.

이외의 자료 내용을 보면 새마을 지도자 연령은 대부분 30~40대로 구성되어 있다. 50대 연령층은 진목리 순아2구마을, 을숙도마을을 비롯한 4곳이 있었다. 지붕 개량 가옥은 진목리 신포마을이 203채로 가장 많았으며, 진목마을도 129채로 높게 나타났다. 당시 마을과의 결연 기관을 보면 경일중학교(진목마을), 김해어협(순아1구마을), 명지국민학교(해척마을), 명지면(중신마을), 신호국민학교(신호마을)로 다양하게 나타났다.

(2) 면별 농업 지표

표 4-3은 『새마을총람』에 수록된 5개 면의 농업 지표를 비교한 것이다. 강서지역의 전체 가구수는 11,887호(65,488명)로, 이 중 대저면이 4,181호(22,990명)로 가장 큰 비중을 차지하고 있었다. 가구당 인구수는 5.5명 내외로, 명지면이 5.9명으로 비교적 높은 반면 천가면은 5.2인이다. 연령별 인구 구성을 보면 14세 이상의 비율이 대부분 65.0% 내외를 보인다.

표 4-3. 1972년 강서지역의 면별 농가 인구와 경지

구분		대저면	가락면	명지면	녹산면	천가면
가구·인구수	가구수	4,181	3,208	1,631	1,699	1,168
	인구수	22,990	17,535	9,575	9,339	6,049
	호당 인구수	5.5	5.5	5.9	5.5	5.2
	14세 이상 인구수 비율(%)	15,205 (66.1)	11,452 (65.3)	6,321 (66.0)	6,037 (64.6)	3,894 (64.3)
농업	농가	3,020	2,515	1,028	1,445	729
	농가율(%)	72.2	78.4	63.0	85.1	62.4
	호당 경지면적(ha)	0.9	1.0	0.9	1.0	0.4

출처: 『새마을총람』(1972)

농가수는 전체 8,737호로 가구수 중 73.5%를 차지한다. 농가율은 녹산면이 85.1%로 가장 높고, 명지면은 63.0%, 천가면 62.4%로 비교적 낮다. 명지면과 천가면은 바다에 연해 있어 어업 등에 종사하는 가구 비율이 높기 때문이다.

호당 경지면적은 천가면을 제외하고는 대부분 1.0ha[약 3,000평] 내외로 당시 우리나라의 평균 영농 규모와 비슷하다. 천가면이 0.4ha에 불과한 것은 도서지역으로서 경지 발달이 미약한 것에 비롯되었다. 바다에 연한 이곳의 대부분 가구는 반농반어(半農半漁)에 종사하였다.

2) 농업 지표 변화와 농촌 인구 구조

(1) 농업 지표 변화

표 4-4는 1960년대 이후 농업센서스와 통계연보에 나타난 강서지역의 면별 농업지표의 변화이다. 1960~1970년의 변화를 보면 농가수의 경우 녹산면을 제외하고는 대부분 지역에서 증가 추세를 보인다. 이 중 특히 높은 증가를 보이는 곳은 대저면과 명지면이며, 이외의 지역은 큰 변화가 없다. 1960년의 농가당 인구수는 모든 면에서 6.0명 이상을 보인다.

농가수와 달리 농가 인구수는 감소 추세를 보인다. 미약한 증가를 보이는 명지면을 제외하고 대부분 지역에서 감소를 보이며 가락면의 경우 1,500명에 달하는 인구수가 줄어들었다. 이는 당시 1960년대부터 시작된 농업 인구의 부분이출(partial migration)에 기인한 것이다. 이 이출 유형은 가구 전체가 아닌 가족 구성원 중 일부가 도시로 빠져 나가는 형태이다. 가구당 인구수가 6명에서 5명대로 줄어든 것은 적어도 한 가구에서 1명 이상이 도시로 이주한 것임을 보여준다. 이들은 가족 중 도시 적응력이 상대적으로 높은 가구원이었다.

표 4-4. 1960~1990 동(면)별 농업지표 변화

면(~1978년 이전)		대저면	명지면	가락면	녹산면	천가면
1960	농가수(호)	2,868	861	2,361	1,409	631
	농가인구(명)	17,705	5,528	14,175	8,682	3,859
	농가당 인구수	6.2	6.4	6.0	6.2	6.1
	농지면적(ha)	2,718.9	664.1	2,252.4	1,275.5	232.8
	논(ha)	2,331,3	417.1	2,090.3	1,129.8	133.1
	수리안전답(ha)	2,157.8	368.0	2,082.0	259.6	14.3
	밭(ha)	290.3	246.9	119.1	142.8	98.7
	수원지(ha)	99.1	-	43.6	2.2	0.7
	경운기(대)	2	-	1	-	-
	시설면적(ha)	-	-	-	-	-
1970	농가수(호)	3,100	987	2,377	1,383	636
	농가인구(명)	16,965	5,631	12,699	7,608	3,549
	농가당 인구수	5.5	5.7	5.3	5.5	5.6
	농지면적(ha)	2,641.4	917.9	2,318.4	1.349.0	284.2
	논(ha)	2,154.9.	428.1	2,187.6	1,162.9	150.0
	수리안전답(ha)	2,048.8	423.8	2,142.2	672.2	54.5
	밭(ha)	372.1	489.9	92.4	173.7	131.9
	수원지(ha)	114.4	-	38.3	12.5	2.3
	경운기(대)	23	7	48	12	-
	시설면적(ha)	25.9	0.7	26.7	1.7	-

동(1989년 이후)		대저1동	대저2동	명지동	강동동	가락동	녹산동	가덕도동
1990	농가수(호)	831	1,188	731	1,130	864	1,246	573
	농가인구(명)	3,516	4,817	3,242	4,618	3,437	4,882	1,923
	농가당 인구수	4.2	4.1	4.4	4.1	4.0	3.9	3.4
	농지면적(ha)	894	1,412	801	1,251	1,263	1,513	312
	논(ha)	695	1,376	544	1,152	1,229	1,199	149
	경지정리답(ha)	na	na	na	na	na	na	na
	밭(ha)	199	36	257	99	34	314	163
	수원지(ha)	na	na	na	na	na	na	na
	경운기(대)	451	950	606	589	383	619	99
	시설면적(ha)	na	na	na	na	na	na	na

(자료) 『농업국세조사』(1960), 『농업센서스』(1970), 『강서구통계연보』(1991)
『농업조사』(1980)에는 1978년 일부 면이 부산시 북구로 편입되면서 동별 통계가 미수록됨.

1990년 통계에서는 1970년에 비해 농가와 인구수에서 모두 감소 추세를 보인다. 특히 대저1 · 2동과 명지동에서 높은 감소 비율을 보인다. 가구당 인구수도 4.0명대로 되었으며 녹산동의 경우 3.9명이다.

농지 면적의 변화를 보면 1960~1970년대에는 대저면을 제외하고는 모두 증가한다. 특히 명지면에서의 증가 추세가 두드러진다. 대저면의 경우 미약하나마 감소 추세를 보인다. 논 면적의 변화도 전체 농지와 비슷한 추세를 보인다. 수리안전답도 높은 증가율을 보인다. 당시 지속적으로 행해진 농지 관리와 경지정리를 비롯한 농지개량사업에 비롯된 것이다.

1970~1990년의 농지 면적을 보면 논의 경우 큰 변화를 보이지 않는다. 이에 반해 밭은 대저1 · 2동과 명지동에서 뚜렷한 감소 추세를 보이고, 그 외의 동에서는 오히려 증가하였다. 밭 면적의 감소는 도시적인 토지이용으로의 지목 전환이 활발하게 일어났음을 추정하게 한다. 다른 지역에서 밭 면적이 증가한 것은 논에서 밭으로 지목이 바뀌어 비롯되었을 가능성을 보여준다.

농업 경영 내용을 보면 1960년대 이후 뚜렷한 변화를 보이는 내용은 경운기 수용 대수이다. 1960년 경운기의 수용 대수는 3대에 불과하다. 그러나 1970년의 경우 90대로 증가하였으며 그 중 가락면이 48대로 가장 많다. 1990년대에는 총 3,700대에 이르며 그 중 대저2동이 950대를 차지한다. 이와 같은 내용들은 1960년대 이후의 농업 근대화를 반영하는 것으로, 농지 면적, 농업 기계화와 함께 인구 유출이 함께 어우러지면서 진행되었음을 보여준다.

(2) 농촌 인구 구조: 대저동 마을 사례

그림 4-3은 1989년 당시 대저1동의 마을(사덕리 · 출두리 · 평강상리 · 평강대리)을 사례로 농가의 인구 구조를 나타낸 것이다. 당시 전국의 연령별 구조를 보면 10~19세의 비율이 가장 높으며 연령이 높아질수록 낮아지는 전형적인 피라미드 형태를 보인다. 0~9세까지의 인구 비율이 낮은 것은 당시 실시된 산아제한 정책에 비롯된 것이다.

이를 전국과 비교해 보면 상대적으로 높은 연령층은 30대 이상이며 20대 이하는 전국에 비해 매우 낮다. 연령층이 낮아질수록 차이는 더욱 커진다. 특히 0~4세의 경우 전국에 비해 매우 낮은 비율을 보인다. 학력별 구성을 보면 20~39세에 고졸이 높게 나타나나 40대 이후부터는 낮은 학력 수준의 비율이 높다. 특히 50세 이상의 경우 국졸 비율이 높았으며 중졸도 높은 비중을 차지한다.

이와 같은 농가의 인구 구성을 보면 당시 농촌 인구 유출이 앞에서 설명된 부분이출과 함께 연령과 학력에 따른 선별적인 이출(selective emigration)이 진행되었음을 보여준다. 이는 농촌에서 노동 생산성이 높은 계층이 먼저 이출하였음을 의미한다.

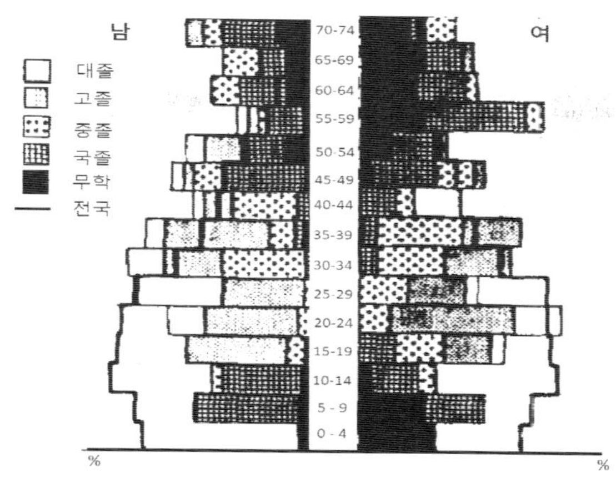

그림 4-3. 1980년대 대저1동 농가 인구구조
(출처: 김기혁, 1991)

한편 이곳의 농업 노동력은 당시 부산 북구에 입지한 공업단지로 통근하면서 취업하고 있었다. 이로 인해 다른 일반 농촌에서 나타나는 인근의 중소도시를 거쳐 대도시로 이주하는 단계적 인구이출(stepwise emigration)은 확인되지 않았다.

3. 농업 경영과 작물

1) 농업 기반 시설

(1) 경지정리와 농지 분포

낙동강 삼각주에서는 일제강점기부터 경지정리 사업이 시작되었고, 1960년대 이후에도 제방 축조와 수로 정비를 비롯한 농지기반 조성사업이 지속적으로 진행되었다. 1970년대 들어서는 대부분의 농지에서 경지정리사업이 실시되면서 대부분의 논은 장방형의 형상을 취하고 있다(그림 4-4).

일제강점기의 경지정리가 대부분 용수로와 배수로 정리, 객토, 환지(換地)를 주요 내용으로 한 것과는 다르게 1970년대 사업에서는 경운기 등의 농기계 진입이 가능할 수 있도록 농로를 이전보다 넓힌 것이 특징이다. 새마을운동과 함께 농로가 포장되었으며, 이로 인해 경운기와 이앙기, 바인더를 비롯한 트랙터 등의 농지 진입이 가능하게 되었다. 필지는 대부분 900~1,000평 단위로 구획되어 있다.

취락 주변에 분포하는 밭은 논에 비해 필지 규모가 세분화되어 있다. 가옥으로부터 거리에 따른 인구압에 기인한 것으로, 대부분 상대 농지로 지정되어 있다. 그림 4-5는 1980년대 출두리와 사덕리, 평강리 일대에 소재한 농가가 소유한 경지의 위치를 나타낸 것으로, 소유 농경지는 취락을 중심으로 방사상으로 분포하고 있음을 보여준다.

그림 4-4. 1980년대 대저1동 일대 경지정리 형태(출처: 김기혁, 1991)

이와 같은 방향성은 특히 사덕리와 출두리에서 뚜렷한 경향을 보인다. 평강천에 연해 있는 평강상리와 평강대리에서는 취락을 중심으로 남동쪽으로 소유 경지가 분포한다. 표 4-5는 가옥과 농경지와 거리 관계를 나타낸 것이다. 논의 경우 가옥으로부터 200~500m 거리에 있는 필지가 109곳으로 가장 많이 분포한다. 이들은 도보로 10분 내외의 거리에 해당한다.

500m~1km도 95곳의 필지에 나타나며, 1km 이상의 경우도 22개 필지(7.0%)로 적지 않다. 이들의 경우 경운기를 이용하여 농경지로 이동하고 있었으며, 농경지 가까운 곳에 농막이 설치되어 있는 경우도 있었다.

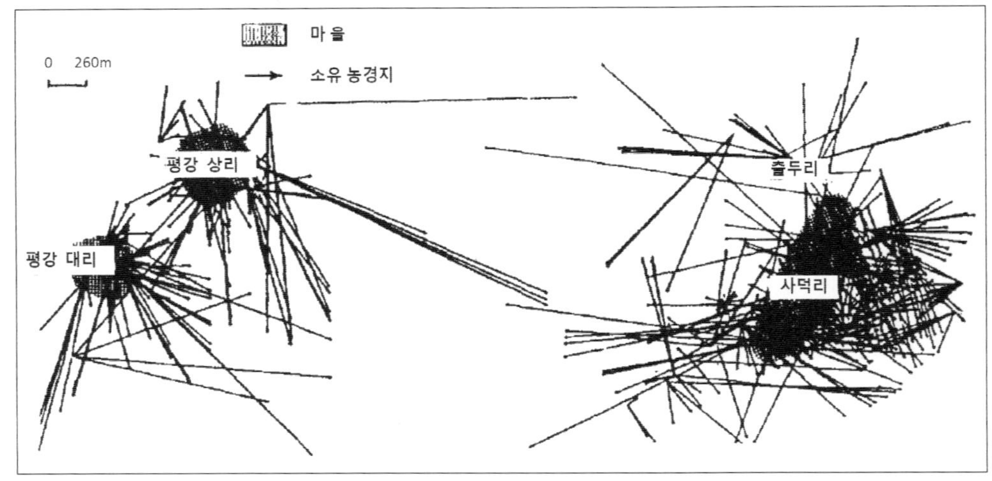

그림 4-5. 취락과 소유 농경지 분포: 대저1동 사례(출처: 김기혁, 1991)

표 4-5. 소유 농지의 거리별 분포(대저1동, 1989)

거리	논[畓](%)	밭[田](%)
~200m 이하	94(30.0)	25(50.0)
200~500m	109(34.8)	11(22.0)
500~1,000m	95(30.4)	10(20.0)
1,000~2,000m	22(7.0)	4(8.0)
2,000m~이상	1(0.3)	-
계	313(100.0)	50(100.0)

※ 괄호안은 필지수 비율임(출처: 김기혁(1991).

밭의 경우 200m 이하가 가장 높은 비율을 차지하여 논에 비해 가옥과 가까운 곳에 분포한다. 대부분 과거에 배농사를 짓던 곳으로, 충청남도 태안반도 등의 과수 농업 지대에서 나타나는 과원 취락의 가옥 배치 경향과 유사하다. 한편 필지 규모를 보면 취락에 인접한 경지 규모는 멀리 떨어져 있는 곳에 비해 작은 것이 확인되었다. 이는 가옥에 가까울수록 나타나는 필지 분할의 세분화에 기인한다.

(2) 수리 시설

이곳의 농업 용수는 일제강점기 일천식 공사 이후 대동수문과 녹산수문을 설치하면서 서낙동강의 물을 이용하여 왔다. 그러나 밀물일 때 낙동강 본류를 통해 양산시의 있는 물금 취수장 일대까지 바닷물이 유입되면서 대저도 일대의 농경지는 적지 않은 염해 피해를 입고 있었다. 1971년에는 서낙동강에 바닷물이 유입되는 것을 막기 위해 대동운하를 만들기도 하였다.

염해 피해가 지속되면서 1987년에 낙동강하굿둑이 건설되었다. 하굿둑의 건설로 해수 유입이 차단되고, 도로가 개설되는 등 긍정적인 효과가 있었으나 인근 을숙도의 철새 보호구역이 해제되는 등 주변의 자연 생태계에 적지 않은 변화가 유발되었다.

한편 농지 개량 사업은 대부분 충적지의 논을 중심으로 실시되었기 때문에 산록에 있는 논과 밭의 경우 제외된 경우가 많았다. 이로 인해 가락동 오봉산 산록, 녹산동의 화전과 신촌마을 일대의 봉화산 산록과 가덕도 일대에서는 과거의 농경지 경관이 남아 있으며, 천수답인 경우도 적지 않다.

이들 지역에서 농업 용수는 저수지를 축조하거나 양수기 혹은 관정 등을 이용하여 해결한다. 표 4-6은 강서지역에 축조된 저수지이다. 13곳이 확인되는데 이 중 대저2동의 오매거지못을 제외한 12곳이 저수지로 지정되어 있다. 대부분 1940년대 이후 건설되었다. 수리시설에서 용수를 공급받는 몽리(蒙利) 면적이 가장 넓은 곳은 1985년에 축조된 천성동 서중마을의 천성저수지이다.

표 4-6. 강서지역 저수지 현황(2022년)

행정동	연번	[소재동] 마을	이름	마을내 위치	건립시기	몽리면적(ha)
녹산동	1	송정 옥포마을	옥포소류지	북쪽 산록	1945	5
	2	송정 옥포마을	뒤알등소류지	동쪽 산록	1968	5.5
	3	송정 신촌마을	신촌소류지	동쪽 농경지	1945	6
	4	송정 방근마을	방근소류지	북쪽 산록	1945	1.5
	5	화전 화전마을	화전소류지	남쪽 농경지	1945	3
	6	녹산 산양마을	성골소류지	서쪽 산록	1945	6
	7	생곡 마음마을	마음소류지	북쪽 농경지	1944	4
천가동	1	동선 동선마을	밤나무골소류지	남쪽 산록	1953	5
	2	동선 동선마을	척골소류지	남쪽 산록	1940	8
	3	성북 성북마을	불미골소류지	서쪽 산록	1940	3
	4	성북 성북마을	성북소류지	서쪽 산록	1940	6
	5	천성 서중마을	천성저수지	동쪽 산록	1985	28.6
대저2동	1	[울만] 설만마을	오매거지못	남쪽 농경지	-	-

출처: 강서구청(2022)

저수지는 대부분 마을 뒤쪽의 산록을 이용하여 축조되나, 송정동의 신촌마을, 화전동 화전마을, 생곡동 마음마을의 경우 취락 앞의 농경지에 있다. 오매거지못은 논 가운데 만들어진 소류지로서 지금 관개 기능은 거의 없다. 낚시터로 이용되며 울만리 설만마을의 당집이 인근에 있다.

2) 시설 농업과 재배 작물

(1) 사례 지역의 시설 농업

① 1970년대 토지이용: 봉림리 통전마을 사례

통전마을은 서낙동강에 연해 있는 마을로 구한말까지 저습지로 남아 있던 곳이다. 일제강점기에 낙동강 제방이 설치된 이후 인근의 해포도 마을과 함께 개척되기 시작하였다. 1953년 김해수리조합에 의해 양수 시설이 완공되면서 비로서 염해와 홍수 피해를 줄일 수 있어 농업 경영이 안정되었다. 가옥 분포는 해포도 마을과 같이 산촌 형태로 나타나고 있다.

그림 4-6은 1970년대 통전마을의 토지이용을 그린 것이다. 지도에서는 서낙동강에 연해 있는 일대에 당시까지 저습지가 남아 있었음을 보여준다. 취락은 집촌 형태로 제방에 분포하고, 서쪽 농경지에는 산촌(散村)이 나타난다.

대부분 경지정리가 되어 있어 당시 벼농사 위주의 농업을 바탕으로 하였음을 보여준다. 이곳은 원래 수박 산지로 알려진 곳이나 범례에서 벼와 수박이 나타나지 않는다. 이는 조사 시점이 겨울철(2월 27일)이었기 때문이다. 벼와 이모작으로 재배되는 보리는 주로 취락 주변에서 분포하고 있었다. 소채작물로는 양파와 무, 상추, 시금치가 나타난다.

마을은 농가 56호 중 37호가 수박을 재배할만큼 특화된 곳으로 무, 배추와 작물 결합을 이루고 있었다. 시설 설치는 대나무 재료로 만들어진 터널을 이용한다. 봄무가 심어진 이랑 사이에 수박을 파종하여 7월에 수확한다. 8월부터는 시설의 지붕을 걷고 김장용 배추를 재배하여 10월경에 출하한다. 봄무와 수박, 배추가 순차적으로 재배되면서 겨울철인 1~2월을 제외하고는 휴한기가 거의 없다. 수박 재배의 확대를 위해 논이 밭으로 전환되는 경우도 많았다.

수박은 원래 7월이 최성수기이나 촉성 혹은 억제 재배를 통해 출하 시기가 조정된다. 공동 출하 조직이 없어 봄무의 경우 생산 농가가 직접 부산까지 운송하며, 수박과 김장 배추는 밭에서 판매되기도 하였다(허우긍, 1974)

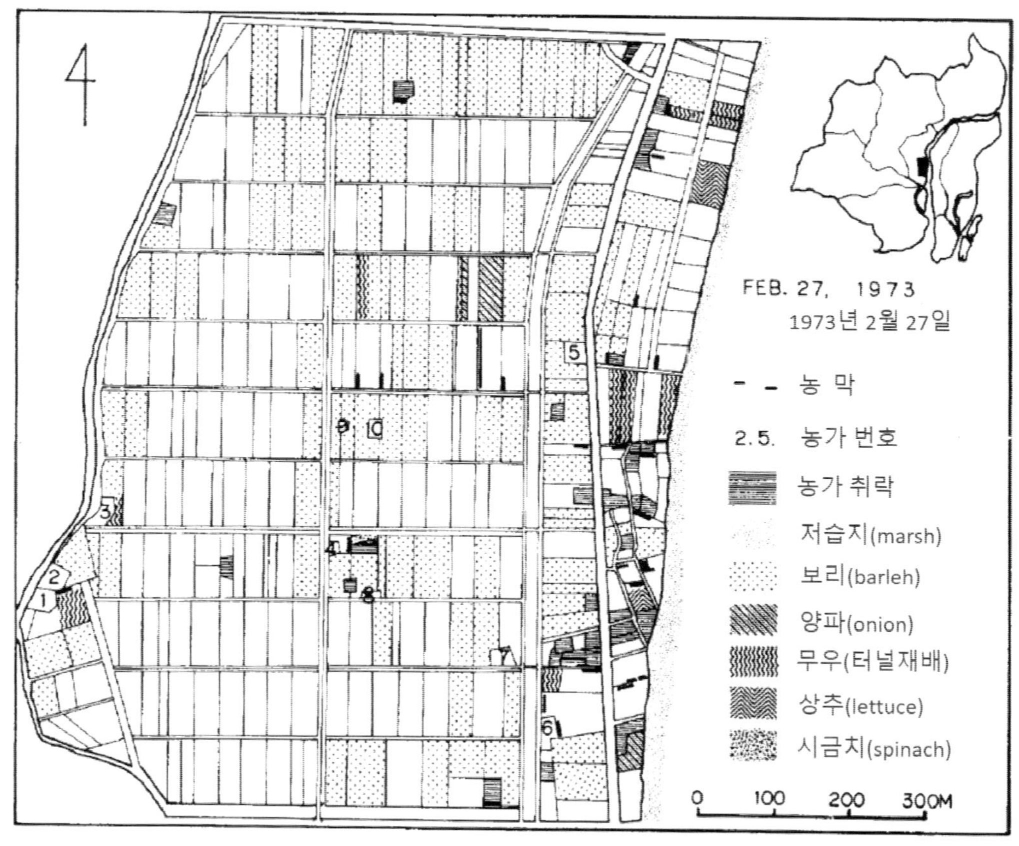

그림 4-6. 1970년대 통전마을 토지 이용(출처: 허우긍, 1974)

② 시설농업 : 낙동강 하천 부지 사례

낙동강 삼각주에서 농업 경영은 전통적으로 벼농사가 중심이었고 보리 재배가 이모작으로 행해졌다. 그러나 1970년대 이후에는 원예, 화훼, 토마토, 채소, 대파 등의 시장 지향적인 작물이 재배되기 시작하였으며 시설을 설치하여 기업적인 영농이 나타난 곳이다

이곳의 시설농업은 기후가 온난하여 난방비가 적게 드는 등 유리한 입지 조건을 바탕으로 전국 시장에서 경쟁력을 지니고 있었다. 시설은 농가 주위에서 접근성이 비교적 용이한 논 혹은 하천부지에 반영구적인 재질의 하우스로 설치하였다. 논에서 시설농업은 모내기 후 여름철에 벼농사를 하고 가을 수확 이후 다시 비닐을 덮어 호박, 토마토, 배추, 오이 등의 원예작물을 생산하였다. 겨울철에도 난방을 하면서 시설농업을 하였으며, 이듬해 봄에 지붕을 벗겨 노지상태에서 작물을 재배하였다.

시설은 대부분 수도작 휴한기인 가을-봄 사이에 이동식 하우스를 논에 설치하여 이루어졌으며, 그 중 관수가 편리한 논을 우선적으로 이용하였다. 이곳에서 1970년대 나타난 시설 형태는 대나무 재료를 이용하여 단동(單棟)으로 설치하고 수직호형(垂直弧形) 지붕을 이루어 다른 지방과 차이를 보였다(그림 4-7).

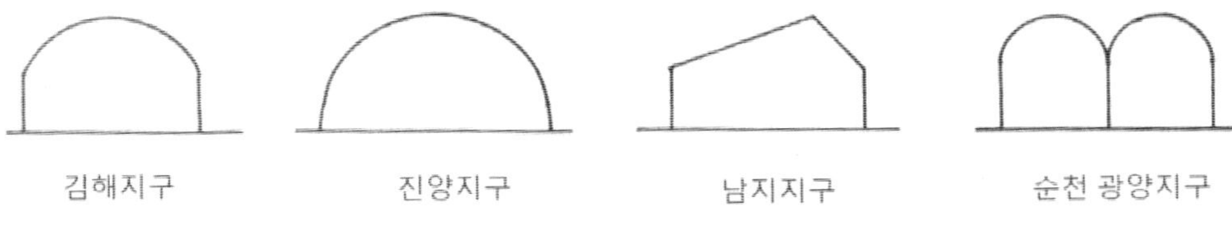

그림 4-7. 시설농업 형태(출처: 강회 외(1975), 김기혁(1991)에서 재인용)

그림 4-8은 낙동강 하천부지의 1980년대 시설농업 분포와 이후의 변화를 비교한 것이다. 이곳은 일제강점기 때 제방이 축조되기 이전에 사덕마을이 있던 곳이다. 매년 상류에서 내려온 토사가 쌓여 토지가 비옥하였으나 홍수로 인해 피해가 잦았다. 1925년 을축년 대홍수 이후 제방이 축조되고 취락이 이전되었다. 이후 공유지로 귀속되었으나 농업은 지속되었다. 토양이 충적토로 되어 있어 통기와 배수가 좋고 지하 수위도 높아 펌프로 지하수를 퍼올려 농업용수로 이용하였다.

지도에서는 당시 하천부지의 대부분 경지에서 시설농업이 이루어지고 있었음을 보여준다. 이곳의 시설은 고정적인 형태로 설치되었다. 무·배추와 원예작물 등이 주작물이었으며 일년 중 여러 차례에 걸쳐 농산물을 출하하고 있었다. 특히 원예작물은 성장 기간이 짧아 토지 집약도는 매우 높다. 작물 중 호박은 10월에 파종하여 1월에 수확하였다.

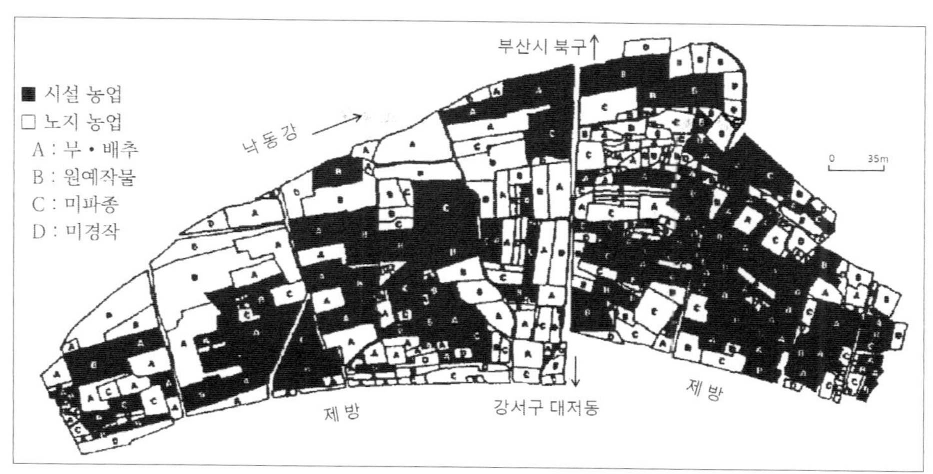

1989년

2021년

그림 4-8. 낙동강 하천부지 토지이용(1989-2021)

토마토의 경우 2월에 파종하여 4월에 수확하고, 9월부터 12월 사이에 가을 토마토를 재배하였다. 배추는 11월 중순에 심어 3월 중순에, 오이는 12월에 파종하여 2월에 출하하였다. 시설농업에서 이와 같은 파종기와 출하 시기는 고정되지 않고 시장 수요에 따라 유연하게 조정되었다.

1980년대 당시 공유지였던 하천부지는 이곳에 살던 농민들에게 5년 단위로 임대되어 농사가 지속되었다. 농가당 평균 영농규모는 1,449.7평이었으며, 3,000평 이상을 재배하는 농가도 15가구가 되었다. 2009년 이곳의 하천부지는 전국적인 하천 정비사업의 일환으로 경작이 중단되었다. 비닐하우스는 철거되었고, 일부는 습지와 자연 초지로 조성되어 시민들의 휴식 공간으로 바뀌었다.

(2) 재배 작물

① 식량작물

그림 4-9는 강동동 제도리를 사례로 한 2010년대의 농사 월력이다. 식량작물인 벼와 보리를 비롯하여 토마토, 양배추, 대파 등의 소채 작물이 재배되고 있다. 벼농사는 원예작물과 이모작으로 인해 농업에서의 비중은 예전보다 낮아졌지만 지금도 농업의 근간을 이룬다.

매년 3월 논갈이를 시작으로 4월에 못자리를 만들어 모를 키운다. 모가 40~50일을 거쳐 어느 정도 자라면 논 써래질을 하고 옮겨 심는다. 모내기 시기는 6~7월 초로 중부나 북부 지방에 비해 다소 늦다. 잡초나 병충해를 제거하는 논매기(김매기)는 대체로 3회에 걸쳐 이루어진다. 8월 말~9월 초 벼의 꽃이 피는 출수(出穗)를 지나 10월경에 수확한다.

일년 중 모내기와 수확기는 노동력이 집중적으로 필요할 때이다. 농번기 때의 노동력은 과거에는 주로 마을 주민들의 품앗이 등에 의존하였으나 지금은 이앙기나 트랙터, 바인더 등의 농기계에 의존하고 영농조합에 의뢰하기도 한다.

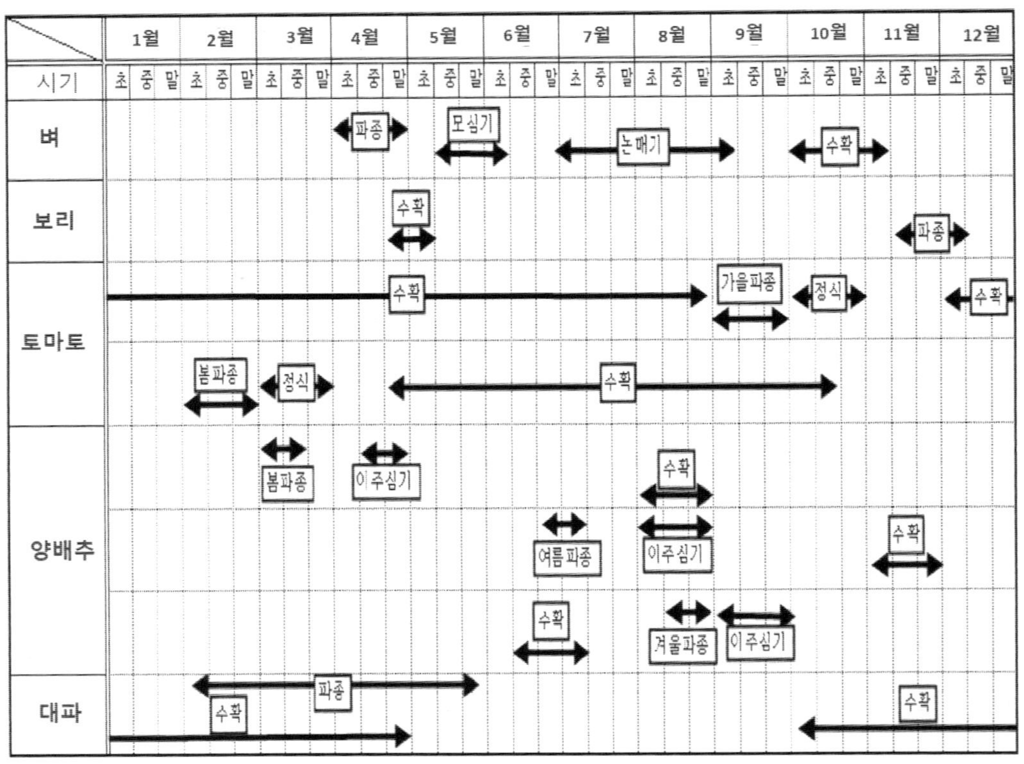

그림 4-9. 작물 재배 월력: 강동동 제도리 사례(출처: 우리문화재연구원, 2013)

벼와 이모작으로 재배되는 보리는 11월경에 논의 벼 수확이 마무리된 후 파종하여 겨울을 지나 이듬해 4~5월경에 수확한다. 과거에 보리가 수확되는 직전인 3~4월은 전해에 생산되었던 쌀이 다 떨어져 식량이 가장 부족한 때였다. 지금은 동한기에 시설 작물이 재배되어 보리는 거의 경작되지 않는다.

② 토마토

대저도의 농지는 낙동강 하류에 위치하여 다른 곳보다 토양 염분이 높으며 미네랄 성분이 풍부하다. 또한 겨울철의 온난한 기후 조건으로 인해 토마토 생육에 유리한 조건을 갖추고 있다. 이곳의 토마토는 육질이 단단하고 고유의 맛과 향이 뛰어나 외국으로 수출되는 등 경쟁력이 높다.

대저도에서 토마토 재배는 1980년대 초에 시작되었다. 이전의 봄배추를 대신하여 재배되기 시작하였으며 짭짤이 토마토가 주류를 이루었다. 짭짤이는 품종에서 비롯된 것이라기보다는 이곳의 풍토와 재배 방법에 기인한 것이다.

토마토는 주로 대저2동의 울만리와 강동동 일대에서 재배되고 있다. 1년에 두 번에 걸쳐 50~70일 동안 재배되는데 파종은 수확 예정 시기에 따라 결정된다. 봄 토마토(그림 4-10)는 2월에 파종하여 4월 말부터 수확하며, 가을 토마토는 9월에 심어 12월경에 거둔다. 봄 토마토의 수확이 끝나는 5월에는 밭을 갈아 논을 만들어 벼를 심고 10월경에 추수한다. 이후 9월 초에 파종했던 토마토 모종을 옮겨 재배한다.

대저도에서 생산되는 토마토는 2012년 국립농산물 품질관리원의 지리적 표시제(Geographical Indication)에 따라 '대저토마토(제86호)' 이름으로 상호 등록이 되어 전국의 농산물 시장에서 판매되고 있다.

그림 4-10. 대저2동 울만리 토마토 수확(2023. 4)

③ 대파

낙동강 삼각주에서 대파의 주산지는 명지도였다. 이곳의 대파는 당도가 높아 단맛이 뛰어나 전국적으로 유명하였다. 1970년대에는 전국 대파 생산량의 35%를 차지하기도 하였다. 명지도의 대파는 다른 지역에 비해 뿌리쪽을 인위적으로 길게 재배하는 것이 특징이다.

이곳에서 대파 재배는 일제강점기 때 제염업이 사양 산업이 되면서부터 시작되었다. 일본인 파 농장에서 일한 농민이 광복 후에 종자를 뿌린 것이 효시가 되었다 전한다. 재배가 본격적으로 시작된 시기는 1959년 태풍 사라(Sarah)가 명지 염전을 휩쓸고 간 이후였다. 대부분 염전이 폐전으로 변하면서 대체 작물로 대파를 심게 된 것이다. 기후가 온난하여 겨울파를 재배하였으며 이곳의 풍토와 토양에 적합한 것이 확인되면서 1970년대부터 재배가 급속하게 확산되었다.

명지도에서 파의 주 재배지는 부산-진해로 이어지는 낙동남로[국도 2호선]를 경계로 남쪽에 해당된다. 이는 도로를 경계로 대파 생육에 좋은 사질토가 분포하였기 때문이다. 북쪽은 점질토로 구성되어 벼농사에 유리하였다. 지금 이곳은 국제신도시가 되어 재배가 거의 이루어지지 않고 있으며 인근 강동동 등지에서 부분적으로 생산되고 있을 뿐이다(그림 4-11)

그림 4-11. 강동동 대파 수확(제도리, 2023. 4)

④ 화훼농업

이곳의 화훼농업은 일제강점기부터 시작되었으며, 이후 꽃 소비가 늘어난 1980년대부터 급격히 성장하였다. 한때는 우리나라 생산량의 1/2이상을 차지하기도 하였다. 주로 강동동 대사리와 김해시 대동면의 예안마을에서 시설농업을 통해 재배되었고, 인근의 부경원예농협과 김해시 불암동에 소재한 영남화훼농협을 통해 시장에 출하한다(그림 4-12).

화훼 재배는 노동 집약적인 농업인 동시에 많은 자본의 투자가 필요하다. 단위 면적당 소득이 높으나 모종이 선별되어서 구입되어야 하며 양질의 용수 공급이 필수적이다. 또한 시설을 설치하기 때문에 난방에 적지 않은 비용이 들고, 기계화가 어려워 많은 노동력을 필요로 한다. 투자 회수에 오랜 시간이 걸리고 다른 작물을 함께 재배하는 것도 불가능하다.

시설 설치와 유지에 드는 비용은 작물에 따라 다르나 1990년 당시 기준으로 볼 때 비닐하우스 설치에 100평당 50만원 정도 소요된다. 2,000평을 기준으로 보았을 때 겨울철 연료비는 국화는 700만원, 카네이션은 1,000만원 정도이다. 특히 장미 재배는 연간 1억원 이상의 비용이 요구된다. 또한 6~8월 씨앗이나 모종을 가꾸어야 하므로 일일 평균 3~5명의 노동력이 요구된다. 수익은 시세에 따라 다르나 장미의 경우 동일한 면적에서 국화의 5배 정도 수입을 올린다.

그림 4-12. 화훼 공판장(강동동 부경원예농협, 2022.12)

(3) 농업 변화와 친환경 농업

1960년대 이후의 농업 근대화기에 삼각주 일대에서 농업 생산성이 높아진 것은 품종 개량에도 비롯되지만 화학 비료와 농약의 사용에 기인한 바가 적지 않다. 통일벼 품종이 벼 증산에 큰 역할을 하면서 단위 면적당 생산량은 크게 증가하였다. 그러나 이 시기에 실시된 저미가 정책은 도시 노동자의 생계비 지지를 위한 것이었다. 이로 인해 벼농사 중심의 농업은 경영 적자를 벗어나기 어려웠으며, 농민은 이를 극복하기 위해 농약과 비료의 사용으로 토지와 노동생산성을 극대화시켰다.

1990년대 들어서는 농산물 시장에서 큰 변화가 나타나기 시작하였다. 도시에서 아파트 주거 생활이 보편화되고 여성들의 사회 진출이 늘어나면서 생활양식이 바뀌었고 도시인들의 식품 소비 행태도 변하였다. 대형 마트가 출현하여 대량 구매가 나타나면서 이들은 농산물 유통의 중심에 자리잡았다. 또한 식품 가공업의 발달은 계약 영농으로 이어지기도 하였다.

더욱 중요한 변화는 전세계적으로 환경문제가 화두로 떠오르기 시작한 것이다. 도시인들의 소득 수준이 높아지고, 식품 소비 형태가 소비자 중심이 되면서 유기농 등에 대한 관심도 높아졌다. 소비자가 농산물 재배 환경의 개선을 요구하기 시작한 것이다. 농업에서의 약과 비료의 무절제한 사용이 사회 문제로 제기되었다. 이는 농업 지속 가능성에 대한 문제 제기로 이어졌고 친환경적인 농업에 대한 논의가 이루어졌다.

1993년 다자간 무역 협상인 우루과이 라운드(Uruguay Round, 이하 'UR')가 체결되면서 농산물 시장이 개방되고, 한국 사회의 농촌은 재구조화 과정에 직면하였다. 벼농사에 대해 직불제가 실시되었다. 직불제는 농업을 농촌 환경을 보전하는 공익적인 활동으로 간주하여 보조금을 지원하는 제도이다. 벼농사가 갖고 있는 자연 생태계의 유지 기능이 중요시된 것이다. 벼농사 외에 유기농 작물 재배도 지원 대상이 되었다.

친환경농업에 대한 지원 정책은 보상, 장려, 규제의 세 유형으로 구분된다. 보상 정책은 농민이 환경친화적인 영농을 함으로써 수익 감소가 발생될 경우 손실액에 대하여

친환경농업-오리농법 신문 기사 (부산일보 2017년 1월 15일)

오리를 벼농사에 이용하는 오리농법이 크게 늘고 있다. 22일 부산시농업기술센터에 따르면 올들어 강서지역에 오리농법 벼농사를 시도하는 농민은 박○○(40.강서구 강동동)씨를 비롯, 10명으로 모두 26,220평에 2,820마리 오리를 방사, 벼를 재배할 예정이다. 이는 지난해 1개 농가가 1,800평에 오리농법을 시도한 것에 비해 재배면적 면에서 무려 14.5배나 늘어난 것이다.

오리농법은 모내기가 끝나고 15일이 지난 논에 울타리를 두르고 생후 2주 정도된 오리를 300평당 30마리씩 풀어놓고 8월말 이삭이 팰 때까지 논에 놓아 기르는 방식이다. 오리가 해충과 잡초를 먹어치워 농약을 사용하지 않아도 돼 일손을 들어줄 뿐 아니라 배설물을 비료로 이용할 수 있는 무공해 환경농업인 셈이다. 또 다 자란 오리는 시중에 내다팔 수 있어 1석 3조의 효과를 누릴 수 있다.

정부가 보상해 주는 방법이다. 장려 정책은 국가가 원하는 환경친화 영농을 할 경우 장려금을 추가로 지급하는 방법이다. 규제 정책은 강제적으로 특정 영농방법을 규제하는 것으로 이를 지키지 않으면 다른 지원금을 받을 수 있는 자격이 박탈되는 등의 불이익을 당한다. 정책의 초기 단계에서는 장려정책이 나타나며, 이후 보상정책으로 이어진다. 규제정책은 환경보전에 대한 사회적 공감대가 형성되어 있을 때 실시된다.

우리나라에서 친환경농업은 서울 수도권의 근교 지역을 중심으로 성장하였다. 서구에서는 저농약, 저살충제 농법이 중심을 이루는데 반해 벼농사 중심의 우리나라에서는 무농약, 유기농, 오리와 우렁이 농법 등이 행해졌다. 부산에서도 삼각주 일대를 중심으로 오리농법과 유기 농산물 생산이 비교적 일찍부터 시작되었다. 이들에 대해 2002년

표 4-7 강서지역의 농업 작목반(2022)

행정동	작목반 이름(약칭, 회원 농민수)
대저1 · 2동	[토마토] 군라토마토(16) · 그린기능성토마토(17) · 금호토마토(17) · 낙동토마토(15) 녹색유통토마토(16) · 늘푸른토마토(15) · 제일토마토(13) · 두배로토마토(22) 맥도토마토(20) · 무지개토마토(13) · 미래토마토(15) · 순서토마토(17) 신사덕토마토(11) · 울만토마토(17) · 입소토마토(13) · 정관토마토(17) 중앙토마토(15) · 진농회토마토(12) · 평강토마토(22) · 청년작목반(18) 토마토공선회(30) [엽채류] 등구작목반(20) · 상록회작목반(25) · 염막작목반(17) · 장협작목반(15) 용두작목반(10) · 작지작목반(15) · 맛깔작목반(17) · 대저대파작목반(8) · 햇살작목반(12) [벼] 선농회(18) [화훼] 대평화훼작목반(13) · 중리1구작목반(16) · 청화화훼작목반(10)
대저1 · 2동, 강동동, 가락동	[친환경엽채류] 부산친환경작목반(22)
강동동	[화훼] 화훼작목회(120) · 강동동화훼작목반(79) [토마토] 토마토연구회(18) · 덕도토마토작목회(31) · 방울토마토작목회(8) [산딸기] 산딸기작목반(35) [배추] 배추연구회(33) [깻잎] 강서깻잎수출작목반(7) · 청정깻잎작목반(8) · 가야깻잎작목반(18) [엽채류] 시설채소연구회(31) [호박] 호박작목회(21) [대파] 대파작목반(16) [토마토] 방울토마토(7)
가락동 · 강동동	[한우] 한우작목반(27)
가락동	[화훼] 가락화훼작목회(53) [벼] 참살이쌀작목회(38) [토마토] 해바라기작목회(47)
녹산동	[대파] 대파작목반(38) [토마토] 태야벌토가토(33) [미나리] 범방미나리작목반(10) [옥수수] 옥수수작목반(5)
가덕도동	[유자] 가덕유자작목반(11)

자료: 강서구청(2022) 제공

부터 예산 지원이 실시되었으나 당시 인증을 받은 농민은 6가구에 불과하였다. 오리 농법의 경우 1999년부터 시작되어 이후 10여 농가로 확산되었다. 그러나 이 농법은 친환경농업으로 인증받지 못하면서 2003년에 직불제 지원이 중단되었다가 이후에 다시 확산되고 있다(「신문기사」 참조. 부산일보, 2017. 1. 15)

표 4-7은 2022년에 강서지역의 작목반을 정리한 것이다. 동일한 작물을 재배하는 농민들이 영농과 시장 정보를 공유하기 위해 조직된 모임으로 대부분 재배 작물별로 구성되어 있다. 동별로 구성되나 일부 작물의 경우 여러 동의 농민이 연대하여 구성한다. 작목반은 농업협동조합과 연계하여 활동한다.

총 56개의 작목반이 있으며 그 중 토마토 작목반이 31개로 가장 많다. 작목반의 회원 숫자는 적게는 10여 명, 많게는 100여 명으로 다양하다. 강동동의 화훼 작목반 2곳은 회원수가 각각 120명, 79명으로 규모가 매우 크다. 친환경 작목반은 엽채류를 생산하는 1곳이 결성되어 있다. 회원 농민수는 22명으로 대저1 · 2동을 비롯하여 4개 동에 걸쳐 거주한다.

이곳의 친환경농업 작목반은 소규모이나, 이곳의 미래 농업 형태에 대해 여러 시사점을 주고 있다. 낙동강 하류의 농업 용수에는 염분과 철분이 많이 함유되어 있어 유기 농산물의 생산에 장애가 있고, 이를 극복하기 위해서는 별도의 비용이 필요하다. 또한 도시 주민들의 친환경 농작물에 대한 인식과 선호도가 서울 수도권 주민들에 비해 긍정적이지 못한 어려움을 안고 있다.

그러나 낙동강 삼각주의 친환경농업을 사례로 한 기존 연구(김기혁, 2003)에 따르면 이 작목반에 속한 농민들의 공통점은 친환경농업에 대해 수익성을 보장받지 못함에도 불구하고 농사에 대해 자신들만의 철학을 갖고 있었다. 그들은 정기적인 모임을 통해 친환경 농법에 대한 정보를 공유하여 연결망을 구축하고 있었다. 회원들 간에 형성된 연대감은 어려운 조건에도 불구하고 친환경농업이 지속될 수 있는 가능성을 보여주고 있었다.

친환경적인 농업이 농민의 자발적인 환경 보전을 위한 것인지, 농민 소득을 지원해주기 위한 편법인지, 혹은 국가 예산 중 많은 부분을 농업 부문에 책정하기 위한 명분을 위한 것인지에 대해 문제점이 제기되고 있으나 한국 농촌이 미래에 지향해야 할 농업의 방향인 것은 부인할 수 없다.

제5장 대도시 편입기: 1990년대 이후

1980년대 이후 우리나라는 경제 성장으로 대도시 인구가 증가하면서 주택 및 산업 토지 수요가 늘어나고 도시에 접한 주변 지역에도 큰 변화가 유발되었다. 국토의 동남부 개발계획권에 속한 부산시 일대도 예외는 아니었으며, 1978년과 1989년 2차례에 걸쳐 부산 시역이 확대되었다.

낙동강 삼각주는 부산시에 속하게 된 이후 지역 개발의 무대가 되었다. 그동안 도시 확장의 억제 역할을 하였던 개발제한구역이 해제되면서 도시개발이 가속화되어 이전과는 다른 모습을 보이게 되었다. 가덕도에 부산신항이 들어서고, 녹산동과 명지동 일대에는 과학산업단지와 국제신도시를 비롯한 주택지구가 건설되기 시작하였다. 삼각주의 원래 모습은 사라지기 시작하면서 '델타'로 불리워지기 시작하였다. 도시 개발로 인해 대대로 농사를 짓던 마을이 철거되면서 농민들은 삶터를 옮기기도 하였다.

1. 부산 시역 확장과 인구 변화

1) 부산 시역의 확장

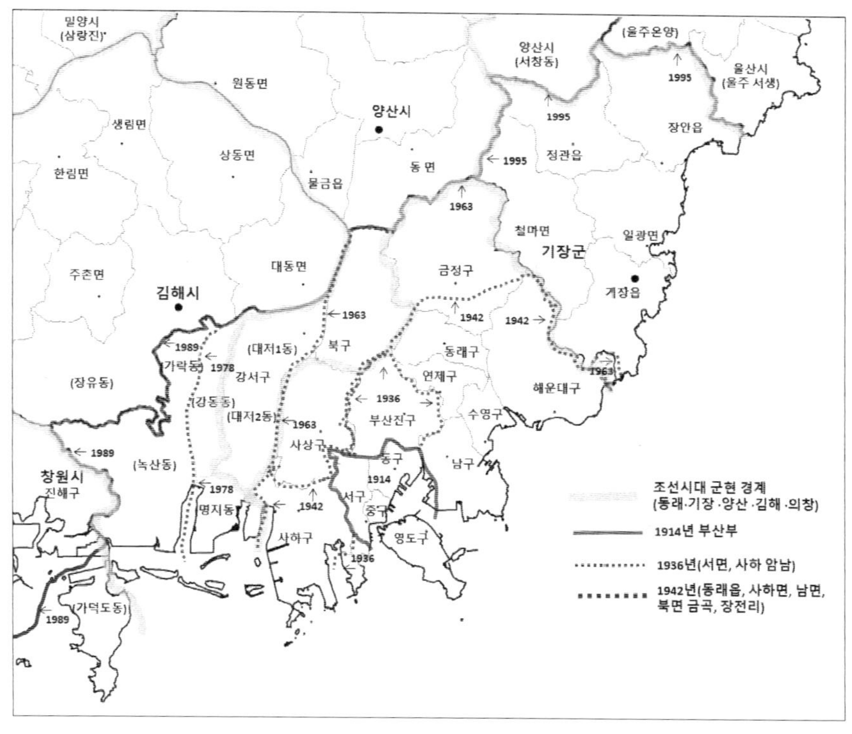

그림 5-1. 부산시 시역 확장

그림 5-1은 20세기 들어 부산 시역의 확장 과정을 나타낸 것이다. 1914년 부산부가 설치된 후 일제강점기에는 지금의 부산진구 일대인 옛 서면쪽으로 시역 확대가 이루어졌고 1942년에는 동래군의 해운대 일대까지 넓어졌다. 1963년 직할시가 되었고, 1978년에 서쪽의 강서지역 일대로 1차 확장이 이루어졌다. 김해군 대저읍(현 대저1·2동), 가락면 일부(현 강동동)와 명지면(현 명지동)이 부산시 권역으로 속하게 되었다. 1989년 2차 확장으로 가락면(현 가락동), 녹산면(현 녹산동)과 의창군 천가면(현 가덕도동)이 편입되어 지금과 같은 강서구 지리체를 이루게 되었다. 이때 천가면 이관은 부산신항의 건설에서 비롯된 것이며, 1996년에는 인접한 진해시 용원동 일대도 편입되었다. 한편 1995년에 부산시가 광역시로 될 때 양산시에 속했던 기장군의 5개 면이 이관되어 동쪽으로 시역이 확대되어 지금과 같은 지리체를 이루게 되었다.

낙동델타의 부산시 편입은 지리적으로 대도시에 속하였다는 이상의 의미를 지닌다. 지역개발은 부산시 대도시 계획의 틀안에서 이루어졌으며 농촌·농업과 마을 부문은 부산의 도시 성장과 발전을 위한 하위 부문으로 관리되기 시작한 것이다.

2) 인구수 변화

표 5-1은 1989년 이후 인구와 가구수 변화를 정리한 것이다. 1989년 전체 인구수는 81,922명으로 가구당 평균 인구는 4.1인이었다. 동별 인구수는 대저1동이 24,096명으로 가장 많고 강동동이 13,567명이다. 가구당 인구는 1970년대에 비해 감소되어 대부분 4.0명 내외이며, 동별로는 큰 차이를 보이지 않는다.

표 5-1. 강서지역의 인구수 변화(1989~2021)

행정동	1989			1998	2002	2011	2021		
	가구수	인구수	가구당 인구수	인구수	인구수	인구수	가구수	인구수	가구당 인구수
계	20,182	81,922	4.1	68,540	56,850	64,733	61,337	142,673	2.3
대저1동	6,014	24,096	4.0	16,510	12,677	10,314	3,740	6,556	1.8
대저2동	3,675	14,496	3.9	13,219	10,798	8,424	3,726	7,090	1.9
명지동	2,482	10,511	4.2	9,883	8,704	22,498	30,947	83,496	2.7
강동동	3,359	13,567	4.0	10,521	8,985	7,402	2,527	4,220	1.7
가락동	1,478	5,689	3.8	4,747	4,089	2.942	1,353	2,345	1.7
녹산동	2,123	9,221	4.3	9,701	8,299	10,191	16,748	35,276	2.1
가덕도동	1,051	4,342	4.1	3,959	3,298	2,962	2,296	3,690	1.6

출처: 『구정백서』(1990·1999·2003·2012·2022)

인구수는 1998년을 거쳐 2003년에 이르기까지 전체 동에서 감소 추세를 보이고 있다. 1998년의 경우 68,540명, 2002년에는 56,860명까지 줄어들었다. 이와 같은 인구 감소 추세는 전체 동에서 동일한 경향을 보이고 있다.

2011년 통계를 보면 강서지역의 전체 인구 감소 추세는 멈추었다. 이는 명지동과 녹산동의 인구 증가에 기인한 것이다(표의 음영 부분). 명지동 인구수는 2011년 22,498명으로 2002년에 비해 2.5배 이상 증가하였다. 녹산동은 10,191명으로 이전보다 20% 이상 늘어났다. 이와 같은 인구 증가는 명지동의 경우 국제신도시, 녹산동은 과학산업단지 입지에서 비롯된 것이다 이들 2개 동을 제외한 다른 동은 여전히 인구 감소 추세를 보인다. 가락동의 경우 30% 가까이 인구수가 줄어들었다.

2021년의 통계를 보면 이와 같은 인구 변화의 양극화는 더욱 뚜렷해진다. 명지동의 경우 83,496명으로 2011년에 비해 3.5배 이상 증가하였다. 녹산동도 35,276명으로 3배 이상의 증가 추세를 보인다. 이들 동을 제외한 다른 동은 여전히 인구 감소에서 벗어나지 못하고 있다.

한편 가구당 인구수는 평균 2.3명으로 이전에 비해 현저하게 줄어 들었다. 동별 차이를 보면 인구수가 증가한 명지동과 녹산동의 경우 각각 2.7명, 2.1명으로 다른 동에 비해 비교적 높다. 인구가 증가한 이들 2개 동을 제외한 다른 곳은 인구수가 지속적으로 줄어들고 있음을 보여준다.

이와 같이 1989년 이후의 동별 인구 변화 추세에서 나타나는 양극화 현상은 낙동델타의 도시화가 이중구조의 모습으로 전개되면서 도시와 농촌 생활 양식이 혼재되어 있음을 보여준다. 이와 같은 지리적인 격차는 사회 자원의 효율적인 공간 배분에 어려움이 나타날 수 있음을 시사한다.

2. 도시 개발과 교통 체계

1) 도시개발

(1) 개발제한구역 해제

1971년에 전국적으로 대도시 주변에 개발제한구역이 실시되면서 그해 12월에도 부산시 주변에도 148.28㎢에 걸쳐 지정되었다. 이후 강서구가 부산시로 편입되면서 106.9㎢에 이르는 면적이 이에 속하였으며 대부분 농지로 구성되었음은 앞의 제4장에서 밝힌 바와 같다.

낙동강 삼각주는 이 외에도 자연생태계 보전지역, 철새보호구역, 문화재 보호구역 등이 지정되어 적지 않은 면적에서 토지 이용의 규제를 받고 있었다. 부산시 주변의 개발제한구역이 기장군과 강서지역 일대에서 도시 확장을 막고 농업 보전에 역할을 하였다는 평가를 받았지만 초기 시행 당시 불합리하게 지정된 곳이 적지 않고, 오히려 도시의 무질서한 확장을 유발한다는 지적이 있었다. 또한 구역 내의 과도한 행위 제한은 재산권 침해를 야기한다는 문제도 제기되었다(그림 5-2). 낙동델타는 대도시에 인접하였으나 이와 같은 농지 이용과 관련한 여러 규제에 의해 표면적으로는 농업적인 토지이용이 유지될 수 있었다.

개발제한구역에서 여러 부작용이 계속 지적되면서 1999년 7월부터는 대도시 주변에서 지정 구역이 조정되기 시작하였다. 낙동델타의 경우 2002년에 규모 300호 이상의 취락이 있는 가락동 오봉산 일대와 공항, 영강, 중리, 송정마을의 5개 지구, 2004년과 2005년에는 각각 규모 50호와 20호 이상의 취락 규모를 갖춘 60곳 지구가 해제되었다. 2005년에는 부산진해경제자유구역 개발사업 지구에 속한 서부산유통단지, 화전지구, 미음신도시, 명지동, 송정동 일대, 2006년과 2007년에는 50호 이상의 취락 32개 지구가 추가로 해제되었다.

2008년에는 20호 이상 규모의 취락 지구 주변이 대상이 되었으며, 이후 가달지구(2009년), 국제산업물류도시1단계 지구(2010년), 강동동 대사, 대저1동의 평강과 사덕상리, 대저2동의 등구(2011년), 2013년에는 대저1동 일대의 마을 주변이 해제되었다. 에코델타사업이 진행되면서 해당 사업 구역과 함께 2023년 6월에는 대저1동 일대의 부산연구개발특구 지구 일대가 해제 대상이 되었다.

그림 5-2. 개발제한구역의 표시판(대저2동 입소마을)

[안내문(일부)] 개발제한구역내에서는 다음과 같은 행위를 제한하며 개발제한구역 안에서 할 수 있는 행위는 「개발제한구역의 지정 및 관리에 관한 특별조치법령」에 따라 시장 · 군수 · 구청장의 허가를 받은 경우 그 허가받은 내용에 한정됩니다

(2) 도시 개발 사업

그림 5-3. 강서지역 도시 개발 사업(출처: 강서구 행정지도, 2018)

그림 5-3은 강서지역 일대의 도시 개발 사업 지구 분포 지도이다(권두 지도 22. 참조). 강서지역에서 가장 먼저 이루어진 개발 사업은 1990년대 가덕도의 부산신항의 건설이다. 신항만은 구도심에 있던 부산 북항의 물동량 급증으로 항만시설이 부족하여 비롯된 것이다. 1990년대부터 가덕도 북쪽 해수면을 매립하여 건설되었으며 이후 2003년에는 신항만 일대를 중심으로 부산진해경제자유구역(이하 '경제자유구역')이 지정되었다.

명지·녹산 지구에서는 해안 일대를 매립하면서 국가와 지방산업단지가 들어섰다. 특히 토지이용 규제를 받지 않았던 지사지구에 과학산업단지가 가장 먼저 조성되었으며, 이후 도시 주택 공급을 위해 명지1동에 국제신도시지구가 만들어졌다. 지금은 대저2동, 강동동, 명지동 일대를 중심으로 주택지구 조성을 위한 에코델타사업이 진행되고 있다. 한국수자원공사와 부산광역시가 공동으로 시행하는 사업이다.

① 과학·산업단지

녹산동의 신호동과 화전동 일대를 중심으로 조성된 과학·산업단지이다. 신호일반산업단지, 지사과학단지, 화전일반산업단지, 미음지구, 생곡일반산업단지, 국제산업물류도시로 구성되어 있다. 이 중 신호일반산업단지는 신호도 북안을 매립하여 조성한 곳이다. 르노삼성자동차 부지를 포함하여 1997년에 일부가 준공되고 2007년에 전체 사업이 완공되었다. 부산신항만 건설과 별도의 사업으로 1990년대부터 지사동 일대에 일반과학산업단지가 조성되었다. 1991년부터 단지 조성이 시작되었고 2002년 공사가 시작되어 2007년에 2단계 사업이 준공되었다.

화전일반산업단지는 르노삼성자동차 북쪽에 위치하며, 외국인 기업 전용단지로 조성된 것이다. 생곡일반산업단지는 인근의 미음과 화전일반산업단지, 국제산업물류도시와 산업벨트를 형성하기 위해 조성된 것이다. 2009년 개발제한구역에서 해제와 함께 사업이 시작되었다.

② 주거지구

강서지역의 주거지구 개발은 명지동 국제업무신도시지구와 에코델타사업으로 대표된다. 명지 신도시는 녹산동 일대를 중심으로 경제자유구역이 지정된 이후 시작되었다. 국제업무를 위한 신도시 건설을 주요 내용으로 하며 2003년에 제1단계, 2013년부터 제2단계 사업이 진행되고 있다.

에코델타사업은 대저2동, 강동동, 명지동 일대에서 시행되는 주거단지 개발사업으로 2016년부터 시작되었다. 사업 지구의 범위는 서쪽으로 서낙동강, 동쪽으로 맥도강까지 이르며, 대저2동의 옛 도도리, 강동동의 옛 제도리, 명지동의 옛 진목리에 속한 14개 마을이 포함되어 있다.

2) 교통망 체계

낙동강 삼각주는 대부분 하중도로 구성되어 과거에는 나루터를 중심으로 이동하였다. 일제강점기에 신작로와 낙동장교가 건설되면서 외부와 연결되었다. 1970년대 이후 고속도로와 도시철도가 개통되면서 교통망의 결절지를 중심으로 지역구조가 형성되었다. 표 5-2는 2022년 현재 강서지역의 교량과 도로, 도시철도를 정리한 것이다.

(1) 교량

강서지역에는 1932년 낙동장교에 이어 1935년 김해를 잇는 선암교(현 김해교)가 가설되면서 대저도는 김해와 부산을 잇는 육상교통의 요충지가 되었다. 이후 녹산과 대동수문이 건설되면서 새로운 육상 도로가 생겨나기도 하였다.

표 5-2. 강서지역의 교량과 도로망

구분	이름	경로	시기
교량	낙동장교(철거)	대저1동-북구 구포동	1932년
	녹산수문	녹산동 성산-명지도 순아3구	1934년
	선암교	강동동 대사리-김해시 불암마을	1935년
	조만교	가락동-김해 장유동	1968년
	강동교	가락동 죽림마을-강동동 덕도	1973년
	평강교	대저2동 신평-강동동 득천	1984년
	순아교	강동동 천자도-명지동 순아도	1985년
	신노전교	명지동 순아1구-대저2동 신노전	1986년
	낙동강하굿둑	사하구 하단동-명지도	1987년
	구포대교	대저1동-북구 구포동	1993년
	신호대교	명지동-신호산업단지	1997년
	강서낙동강교	대저1동-사상구 삼락동	1999년
	을숙도대교	명지동-녹산동	2010년
대로	녹산산업대로	송정동 송정공원-신호산업단지	-
	르노삼성대로	신호대교-명지오션시티-명지시장	-
	을숙도대로	명호사거리-을숙도대교-감천마을	-
	화전산업대로	신호대교-화전산업단지	-
	가락대로	가락동-가락IC-가덕대교	-
도시철도	부산 도시철도3호선	강서구청 · 체육공원-대저	2005년
	부산-김해 경전철	금호 · 공항 · 덕두 · 등구 · 대저 · 평강-대사	2011년
고속도로	남해고속도로	부산-순천-영암(대저1동 구간)	1973년
	남해고속도로제2지선	부산-경남 김해(부마고속도로)	1981년
	중앙고속도로	부산-강원도 춘천(대저1동 구간)	2006년

자료) 부산역사문화대전(2014), 강서구지(2014)

1960년대 이후에는 나루터가 있던 곳에 교량이 건설되면서 지역 내에 도로망(network)이 형성되기 시작하였다. 1968년에는 가락동과 김해 장유동을 잇는 조만교가, 1973년에 가락면 죽림마을과 덕도를 잇는 강동교가 건립되었다. 이후 평강교(1984년, 대저2동 신평-강동동 득천), 순아교(1985년, 강동동 천자도-명지동 순아도), 신노전교(1986년, 명지동 순아1구-대저2동 신노전)가 세워졌다. 1987년에 낙동강하굿둑이 건설되면서 사하구 하단동과 명지도를 연결하는 도로가 만들어졌다. 이는 과거 국도 제2호선의 경로이다.

부산시로 편입된 1990년대는 '-대교'들이 생겨났다. 구포대교는 이전의 구포교[낙동장교]가 철거되면서 새로 세워진 것이다. 1997년에는 명지동과 신호일반산업단지를 잇는 신호대교, 2010년에는 을숙도대교가 준공되었다. 이는 가덕도 신항만건설과 녹산산업단지 조성 이후 물류를 원활하게 하기 위한 것이었다. 한편 1999년에 세워진 강서낙동강교는 대저1동과 북구 삼락동을 잇는 교량으로 지금 중앙고속도로 구간이 시작되는 곳이다.

(2) 도로와 도시철도

도시개발이 본격적으로 진행되면서 과거의 국도 경로를 중심으로 대로가 건설되었다. 주소 체계에 사용된 도로명으로 볼 때 낙동델타에는 가락대로를 비롯하여 5곳의 대로가 있다. 이들 경로는 대부분 녹산산업단지와 명지주거단지 등 도시 개발이 이루어진 곳을 중심으로 형성되어 있다. 녹산산업대로는 서쪽으로 송정동의 송정공원에서 시작되어 동쪽으로 산업단지를 지나 신호단지로 이어진다. 르노삼성대로는 녹산산업대로의 동쪽으로 이어지면서 신호대교를 지나 명지동 오션시티를 거쳐 명지시장까지의 구간에 해당된다.

화전산업대로는 신호대교의 서단에서 화전 산업단지 동쪽을 거쳐 북쪽으로 이어지는 도로 구간이다. 을숙도대로의 경우 르노삼성대로의 동쪽 구간인 명지도의 명호사거리에서 동쪽으로 이어진다. 구간은 을숙도대교를 지나 동쪽의 장림동를 거쳐 감천항까지 연결된다. 가락대로는 가락동 행정복지센터에서 시작되어 남쪽으로 낙동강변을 따라 이어지며 가락IC를 지나 부산 경마공원을 거쳐 녹산 공단의 가덕대교 입구까지 연결된다.

도시철도는 간선도로와 함께 주민들이 일상에 큰 변화를 준 교통 수단이다. 근대에서 철도는 국가 통합과 도시 발달에 중심 역할을 하였다. 특히 도시철도는 대도시 주변 지역의 변화에 직접적인 영향을 준다. 도심으로의 시간 거리가 줄어들어 통근권 확대를 가능하게 하면서 주거 지역의 외곽 확대를 유발한다.

2005년에 수영-대저역을 잇는 도시철도 3호선이 이어졌고, 대저1동에 강서구청역을 비롯한 3개 역이 세워졌다, 2011년에는 김해시와 부산 사상지역을 잇는 경전철이 대저1 · 2동을 지나면서 낙동델타는 도시철도를 이용하여 부산 중심과 인근의 김해시, 부산 사상 지역과 이어졌으며, 역을 중심으로 주거 지역이 확대되었다.

한편 1970년대에 고속도로가 대저1 · 2동을 동-서로 지나면서 수도권을 비롯한 전국적인 교통망 체계에 편입되는 계기가 되었다. 1970년 경부고속도로 개통 이후, 1973년에 부산과 순천-영암을 잇는 남해고속도로가 건설되었으며, 1981년에 경상남도 김해시를 잇는 제2지선[일명 부마고속도로]이 개통되었다. 강서지역은 대저IC, 서부산IC, 가락IC를 통해 고속도로와 연결되면서 이들을 중심으로 지역 구조의 변화가 나타났다.

3. 농업 변화

1) 농업 영농과 농지 소유

표 5-3은 부산시로 편입된 이후의 농업 지표를 비교한 것이다. 1989년 농가수는 9,056호에 달하고 있었으나 이후 지속적으로 줄어들어 2021년에는 5,440호로 줄어들어 1989년에 비해 60%에 불과하다.

농지 면적은 1989년 7,334ha였으며 이 수치는 2002년까지 유지되고 있었다. 그러나 2011년들어 5,268ha로 줄어들다가 2021년에는 4,153ha가 되어, 1989년에 비해 57%에 불과하다. 이는 2000년대 이후 도시 개발로 인해 적지 않은 농지가 잠식되었음을 보여준다.

농가당 경지 면적은 1989년 0.8ha였고, 이후 약간의 증가 추세를 보이다가 2010년대 들어 다시 감소 추세를 보인다. 이와 같은 변화는 농가수 감소와 농지 잠식이 맞물려 나타난 것이나 두 지표의 감소율을 비교해 볼 때 농지 잠식이 경영 규모 축소에 큰 영향을 미쳤음을 보여준다.

표 5-3. 농업 지표 변화(1989~2021)

	농가수	농지면적(ha)	농가당 면적	논(ha)	밭(ha)	경지정리	경운기
1989*	9,056	7,334***	0.8	6,328	1,006	5,907	4,667
1999*	6,685	7,397	1.1	5,592	1,799	5,805	3,981
2002*	6,572	7,196	1.1	6,097	1,076	5,915	3,883
2011**	5,622	5,268	0.9	4,069	1,199	na	2,214
2021**	5,440	4,153	0.8	3,056	1,097	na	1,638

출처: *: 『구정백서』(1990 · 1999 · 2003). **: 『강서구 통계연보』(2012 · 2022)
***: 1989~2002 농지면적은 수원지 면적이 포함된 수치임

지목별 면적 변화를 보면 논의 경우 2021년 약 3,056ha로 부산시로 편입된 1989년의 6,328ha에 비해 50% 이상의 감소 추세를 보인다. 이에 반해 밭은 큰 변화가 나타나지 않는다. 이는 도시 개발로 인한 농지 잠식이 논을 중심으로 진행되었음을 보여준다. 또한 도시적인 토지이용으로 용도 변경이 상대적으로 쉽기 때문에 논에서 밭으로 지목이 변환된 결과로 생각된다. 한편 대부분의 논이 경지정리가 되면서 2010년 들어서는 통계 조사에서 제외되어 있다. 통계에 수록되어 있지 않으나 봉화산 산록의 녹산동 일대에는 정리되지 못한 논이 적지 않게 남아 있다.

경운기 숫자는 뚜렷한 감소 추세를 보인다. 경운기는 마을과 농경지 간에 농자재와 수확물을 이동하는 수단으로 이용되었으나 소형 트럭 등의 다른 운송 수단으로 대체된 것에 비롯되었다. 그러나 이는 농촌에서 농기계에 대한 투자 욕구가 더 이상 발생되지 않음을 보여주기도 한다.

표 5-4는 1989년 이후 작물 재배 면적을 비교한 것이다. 시설면적은 2010년대 들어 감소 추세를 보이며, 이외의 대부분 작물에서도 면적이 줄어들고 있다. 특히 채소류의 경우 1989년 2,660ha에서 2021년 805ha로 3배 이상 감소하였다. 화훼도 1999년 187ha에 달하였으나 2021년에 86ha에 불과하여 2010년대 이후의 감소 추세가 뚜렷하다. 과수류도 2002년에 118ha에 달하였으나 2021년 38ha에서만 재배된다. 이와 같이 시설농업과 과수 재배 면적의 감소는 낙동델타에서 더 이상의 장기적인 농업 투자가 이루어지지 않음을 보여준다.

표 5-4. 재배 작물 면적 변화(1989~2021)

	시설면적(ha)	원예(ha)	화훼(ha)	과수(ha)	특작(ha)
1989*	na	2,660	62	60	na
1999*	na	2,573	187	97	10
2002*	na	1,951	183	118	1.1
2011**	719.7	1,614	174	23.5	5.9
2021**	601.2	805	86	38	27

출처: *: 『구정백서』(1990 · 2000 · 2003). **: 『강서구 통계연보』(2012 · 2022)

2) 농지 임대차

1949년 실시된 농지개혁은 이곳의 농지 소유 관계의 바탕이 되었다. 자영농을 중심으로 영농이 이루어졌고, 농지법에 의해서는 모든 농지에서는 경자유전(耕者有田)의 원칙이 지켜지도록 규제되었다. 그러나 1970년대 후반부터 부산시 인구가 성장하면서 도시 자본이 유입되기 시작하였으며 도시민의 농지 구입이 나타났다. 개발제한구역으로 지정되고 농지 관련법에 의해 표면적으로는 농업이 지속되었으나 도시민에게 토지 매각이 이루어지면서 농지 소유 관계는 큰 변화가 있었다.

표 5-5. 1980년대 농가의 농지 소유 면적과 필지수: 대저1동 사례

농가 유형	농가수	총면적(평)	호당 면적(평)	필지수	호당 필지수
전업	116	173,001	1,453	304	2.6
겸업	19	29,567	1,556	50	2.6
비농업	32	25,418	794	61	1.9
부재(이촌)	3	3,510	117	5	1.7
기타	11	26,389	2,399	45	4.1
계	181	257,885	1,424	465	2.5

출처: 김기혁, 1991

표 5-5는 1980년대 말의 대저1동 출두리 일대를 사례로 농가 유형별로 경지 소유 내용을 정리한 것이다. 「농지원부」에 등재된 농가수는 181가구로 이 중 전업농가는 116가구이며 겸업농가는 19가구로 나타났다. 농지를 소유하지만 농업에 종사하지 않는 비농가는 32가구이다. 마을에 거주하지 않은 농가도 3가구가 있다. 이는 농지 매각 후 도시로 이주하였거나 혹은 영농 사실이 없을 경우 농지 취득이 불가능하였기 때문이다. 기타의 11가구는 농업 법인 등에 해당한다(김기혁, 1991).

농지 소유 면적은 전업농가의 경우 농가당 1,453평으로 당시 전국 평균 규모인 1.0ha(약 3,000평)에 비해 작다. 겸업농가의 경우는 전업농보다 높아 1,556평으로 나타났다. 소유 면적이 전국보다 적은 것은 대부분 벼농사를 위주로 하고 있어 토지 생산성이 다른 곳에 비해 높기 때문인 것으로 생각된다. 농가당 소유 필지수는 평균 2.6개이며 농업에 종사하지 않는 가구의 경우 1.9개였다.

한편 전체 농가의 평균 경영 규모는 3,263.6평, 경작 필지수는 3.9개로 확인되었다. 경영 규모가 소유 면적보다 1,000평 이상 높게 나타나는데 이들은 대부분 임대차를 바탕으로 경영되고 있는 농지이다.

표 5-6은 농지의 임대차 내용을 정리한 것이다. 임차 사유에서는 임대인의 도시 거주가 가장 높은 비율을 차지하며 임대인과의 관계는 대부분 농지 매입자이다. 조사 당시 도시인이 토지를 매입할 경우 가능한 한 원래 경작자에게 임대하여 경작권이 유지되고 있음이 확인되었다. 등본상 소유주를 원소유자였던 농민의 명의로 유지하는 대신 경작권을 계속 인정해주는 사례도 있었다.

임차료는 대부분 반분(半分)을 원칙으로 하고 있다. 900평당 쌀이 13~15가마 정도 생산되는데 임차료는 부재지주는 4가마이며 재촌지주에게는 이보다 많은 5가마를 지불하였다. 벼농사와 비닐하우스를 함께 하는 경우 임차료는 쌀 12가마였다. 임차료는 계약 시 현물로 정하나 지불은 시세에 따라 현금으로 하는 경우도 있다. 부동산 중개인이 사음(舍音) 역할을 하는 경우도 나타났다.

표 5-6. 1980년대 농지 임대차 형태

임대차 관계	필지수(%)	소작형태	필지수(%)
[임차 이유]		[계약기간]	
노동력 부족	15(8.5)	1년	6(3.4)
타업종 종사	21(11.9)	2년	3(1.7)
도시 거주	34(19.3)	3~5년	110(62.5)
기타	101(57.4)	5년이상	2(1.1)
미상	3(1.7)	없음	54(30.7)
[관계]		미상	1(0.6)
형제	1(0.6)	[소작료]	
친척	18(10.2)	현금	121(68.8)
이웃	18(10.2)	현물	38(21.6)
농지매입자	31(17.6)	미상	17(9.7)
기관	10(0.6)	[결정법]	
국가(하천부지)	99(56.3)	정액법	154(87.5)
[계약 방법]		정율법	5(2.8)
문서	105(59.7)	미상	17(9.7)
구두	70(39.8)		
기타	1(0.6)		

출처: 김기혁, 1991

사례 지역에서 임차 농지는 논보다 밭에서 비율이 높게 나타났다. 이는 대부분의 밭이 취락 주변에 분포하며, 대부분 상대농지로 지정되어 있어 도시적인 토지이용으로 변경이 쉬웠기 때문이다.

이와 같은 농지 임대차 내용을 종합하여 보면 도시민의 농지 구입을 규제하는 기제가 있으나 이는 한계가 있음을 보여준다. 이로 인해 농지에서는 표면적으로는 농업이 유지되었다. 제도를 통한 규제에도 불구하고 농지 임차가 활발하게 진행되는 것은 농민이 농촌에 거주하는 한 경영 규모를 확대하려는 욕구가 지속됨을 보여준다. 영농에서 이윤 실현보다는 생산공간을 확보하여 자신의 노동력을 화폐로 구현하려는 의지가 작용하기 때문이다.

4. 마을의 버스와 교육 기관

1) 교통 체계: 마을버스

강서지역에서 주민들의 중심지 이용은 버스와 도시철도 등의 대중교통 수단에 의존하고 있다. 이 중 마을 주민들의 일상 이동에서 큰 비중을 차지하는 교통 수단은 시내

버스와 마을버스이다. 특히 마을버스는 자연마을을 잇고 있어 주민들의 일상에 직접적인 영향을 준다. 이 때문에 마을버스 노선은 소외되는 마을이 없도록 설계되어 있으며, 이는 주민들의 일상적인 공간 행태의 모습을 보여주기도 한다.

표 5-7은 2022년 현재 강서지역의 마을버스 노선을 정리한 것이다. 전체 19개 노선 중 대부분의 경로는 하단역, 구포역, 강서구청역 등 도시철도역을 환승역으로 하면서 운행되고 있다. 하단역을 중심으로 운행하는 노선이 13개로 가장 많다. 이 중 강서15번과 강서13번의 경우 대저1동의 강서구청과 북구 구포역까지 운행한다. 다른 11개 노선은 서쪽의 녹산동과 명지동 일대를 경유한다. 강서17번 버스는 신호동을 거쳐 용원동까지 운행한다.

표 5-7. 마을 운행 버스의 경유지 노선

환승지	버스노선	주요 경유 마을
하단역	강서3번	하단역-진목-사취등-신노전-순서-월포-금호-동방-덕두시장
	강서7번	하단역-진목-사취등-순아3구-성산-장락-생곡-가달-세산-사구-둔치도
	강서9번	하단역-명지새동네-진목-사취등-성산-본늑산-산양-사암-화전-신호
	강서9-1번	하단역-명지새동네-진목-사취등-순아3구-성산-화전-산양-사암-화전-방근-용원
	강서9-2번	하단역-명지새동네-동리-진동-전등
	강서12번	하단역-명지새동네-진목-사취등-순아3구-성산-장락-생곡-가달-중국-마음-명동-지사
	강서14번	하단역-명지새동네-진목-평성-상신-조동
	강서16번	하단역-명지새동네-진목-사취등-순아3구-선산-장락-생곡-가달-중곡-마음-구랑-옥포
	강서17번	하단역-명지새동네-동리-진동-전등-신호-용원
	강서20번	하단역-명지새동네-동리-진동-전등
	강서21번	하단역-명지새동네
하단+ 강서구청	강서15번	하단역-명지새동네-진목-사취등-천자도-진양-송백도-수봉도-평위도-중곡-상곡-득천-덕계-신덕-딴치-대사리3구-평강-강서구청
하단- 구포역	강서13번	하단역-명지새동네-염막-송백-동자-작지-금호-동방-덕두-상방-등구-신덕-구포역
구포역	강서5번	구포역-번덕-당리-신촌-동연정-대저상리-중리-평강-평강대리-평강사리-칠점-울만-신평
	강서7-2번	구포역-평강-대사1 · 2구-중사도-시만-식만-용등-통전-해포-둔치도-사구-세산-중곡-마음-명동
	강서11번	구포역-신덕-등구-덕두-상방-수서-도도본리-정관-설만-입소-신평
강서구청	강서2번	강서구청-평강-대사리-중덕-북정-덕계-상덕-덕포-죽동-봉하-봉림-신기
	강서19번	강서구청-부산 북구
용원-가덕도	강서1번	용원-선창-율리-장항-두문-서중-남중-대항

구포역을 중심으로 순환하는 노선은 3개로 대저1·2동을 중심으로 운행한다. 강서7-2번의 경우 가락동과 녹산동 마을까지 이어진다. 강서구청을 중심으로 순환하는 버스 중 강서2번은 가락동 일대의 마을까지 운행한다. 강서19번 노선은 부산시 북구를, 1번 노선은 용원에서 가덕도를 순환한다.

그림 5-4. 마을 버스(강서1번, 용원-가덕도)

강서구청을 중심으로 순환하는 마을버스는 강서2번과 19번, 15번이 있다. 강서2번의 경우 구청과 신기마을을, 19번 노선은 구청과 북구를 잇는다. 15번 노선은 구청에서 강동동 마을을 지나 하단역까지 이어진다.

마을버스 노선에서 환승역인 하단역, 구포역, 강서구청은 모두 도시철도1호선과 3호선으로 연결된다. 이는 낙동델타의 주민들이 마을버스를 이용하여 상위 계층의 교통 중심지인 하단, 구포, 강서구청를 경유하여 부산 구포, 하단을 비롯하여 김해시 등 외부 지역과 관계를 형성하고 있음을 보여준다.

한편 마을버스가 지나는 노선 수를 비교해 보면 하단-명지동에 소재한 마을에 집중적으로 나타난다. 이는 신도시 주거지구의 높은 인구밀도에 기인한다. 이에 반해 일부 마을의 경우 노선이 지정되어 있으나 1일 운행 횟수가 매우 적다. 이는 인구 과소에 기인한 것이나, 교통 서비스의 공간 분배에 불균등을 야기할 수도 있음을 보여준다.

2) 교육기관: 초등학교

강서지역에서 교육의 역사는 매우 오래되었다. 일제강점기 초에 전국적으로 사립학교 설립이 추진되면서 강서지역에서도 민족 교육기관이 세워졌다. 최근에 설립된 초등학교를 제외한 대부분 학교는 이들의 후신이다.

대저1동의 대저초등학교는 1907년 출두리의 낙동공립심상소학교로 세워져 1916년에 대지하리의 대저학숙으로 이어졌으며, 이후 1922년에 대저공립보통학교가 되었고 이는 대저초등학교로 바뀌었다.

대저2동에서는 1922년 사두본리의 대저학술강습소가 설립되었고, 이는 1935년 대저보통학교 사두분교가 되었고, 후에 대저중앙초등학교가 되었다. 맥도마을에는 1927년에 배영사설강습소가 설립되었는데 지금 맥도리에 소재한 배영초등학교의 전신이다.

강동동에는 1909년 덕도마을의 덕도공립심상소학교가 설립되었으며, 이는 덕도초등학교의 전신이다. 1919년에 대사마을의 대사공립심상고등소학교를 비롯하여 야학, 강습소 등이 세워졌다. 가락동에는 1911년 죽림마을에 가락공립심상소학교가 세워졌고 이는 1923년 가락공립보통학교로 이어졌다. 지금 가락초등학교의 전신이다.

명지동에는 1907년 영강마을의 사립동명학교가 세워졌으며 1923년에 명지공립보통학교로 바뀌었다. 명지초등학교는 이의 후신이다. 녹산동에서는 1908년 화전리에서 김해사립녹명학교가 설립되었으며 지금의 녹명초등학교의 전신이다. 일제강점기에 세워진 여러 의숙과 야학, 학당은 통합되어 1927년에 구랑마을의 녹산공립보통학교가 세워졌다. 지금 녹산초등학교의 전신이다.

표 5-8은 2022년 현재 강서 지역에 소재한 19개 초등학교의 학급수와 학생수를 정리한 것이다. 대저1·2동의 경우 대저·대상초등학교와 배영·덕두초등학교 등 각각 2개교가 있다. 강동동, 가락동, 가덕도동에는 대사초등학교, 가락초등학교, 천가초등학교의 각 1개교만 있을 뿐이다. 이에 반해 명지동에는 명지초등학교, 명호초등학교, 남명초등학교 등 8개교, 녹산동에는 신호초등학교, 송정초등학교, 녹명초등학교 등 4개교가 있다. 이와 같은 학교 숫자의 지역별 차이는 동별 인구 분포와 거의 일치하여 지역별로 적지 않은 차이를 보인다.

표 5-8. 초등학교 분포와 학급·학생수(2022년)

소재동	법정동(리)	초등학교	학급·학생수	개교일	설립 연혁
대저1동	[대사리]	대저초등학교	7학급 49명	1922. 5	1922년
	[출두리]	대상초등학교	6학급 46명	1945. 11	-
대저2동	[맥도리]	배영초등학교	7학급 68명	1946. 4	1927년
	[덕두리])	덕두초등학교	13학급 270명	1948. 3	-
강동동	[대사리]	대사초등학교	6학급 26명	1946. 6	1919년
가락동	(죽림동)	가락초등학교	7학급 47명	1923. 10	1923년
명지동	(명지1동)	신명초등학교	57학급 1,439명	2017. 5	-
	(명지1동)	명일초등학교	33학급 716명	2019. 5	-
	(명지1동)	명지초등학교	53학급 1,352명	1923. 4	1907년
	(명지1동)	명원초등학교	60학급 1,719명	2020. 3	-
	(명지2동)	명호초등학교	61학급 1,657명	2009. 3	-
	(명지2동)	남명초등학교	34학급 891명	2013. 4	-
	(명지2동)	오션초등학교	46학급 1,134명	2016. 3	-
	(명지2동)	부산한솔학교	(초)16학급 92명	2013. 3	-
녹산동	(녹산동)	녹명초등학교	8학급 128명	1946. 9	1908년
	(신호동)	신호초등학교	25학급 563명	1941. 6	-
	(신호동)	송정초등학교	35학급 848명	1946.10	-
	(지사동)	녹산초등학교	48학급 1,191명	2015.3(복교)	1927년
가덕도동	(성북동)	천가초등학교	7학급 62명	1931. 5	1931년

표 5-9. 폐교 초등학교

소재동	법정동(리)	초등학교	폐교연도	학교 연혁
대저2동	[도도리]	대저중앙초등학교	2018년	1922년 대저학술강습소
강동동	[제도리]	삼광초등학교	2017년	1943년 삼광공립보통학교
	[상덕리]	덕도초등학교	2019년	1945년 덕도공립보통학교
가락동	봉림동	가락초등학교 해포분교	2000년	1949년 해포초등학교 1994년 편입
가덕도동	성북동	천가초등학교 장항분교	2001년	1966년 장항분교 설립
	천성동	천가초등학교 천성분교	2011년	1940년 천성공립보통학교 1994년 분교
	눌차동	눌차초등학교	2011년	1958년 천가초 눌차분교 1960년 개교
	대항동	천가초등학교 대항분교	2013년	1940년 대항공립보통학교

학교당 학생 규모를 보면 이와 같은 동별 차이는 더욱 두드러진다. 명지동과 녹산동에 소재한 학교의 학생수는 대부분 500명 이상이며 일부는 1,000명을 넘어서고 있다. 이에 반해 대저1·2동에서는 덕두초등학교를 제외하고는 100명을 넘지 못하며 강동동의 대사리 대사초등학교의 경우 6학급에 26명에 불과하다. 이와 같은 초등학교의 양극화 현상은 인구유출과 출산율의 저하에서 비롯되고 있으나 교육 서비스의 이용에서 지역 간 불균등이 나타날 수 있음을 보여준다.

표 5-9는 지금은 폐교된 초등학교를 정리한 것으로 대부분 개교 역사가 오래된 학교들이다. 대저2동의 대저중앙초등학교는 앞에서 설명한 바와 같이 1922년의 대저학술강습소에서 비롯된 학교이다. 에코델타사업으로 폐교되었다. 강동동 제도리의 삼광초등학교는 1943년에 세워진 삼광공립보통학교에서 비롯되었다. 2018년 에코델타지구에 포함되면서 가락초등학교에 통합되었다. 상덕리의 덕도초등학교는 1945년에 세워진 덕도공립보통학교에서 비롯되었다.

가락동의 해포분교는 광복 후 이곳의 인구 증가로 초등학교로 승격되기도 하였으나 이후 인구 감소로 2000년에 폐교되었다. 가덕도동의 경우 천가초등학교를 중심으로 여러 곳에 분교가 만들어졌으나 지금은 문을 닫았다. 눌차초등학교의 경우 1960년에 분교에서 초등학교로 승격하였으나 2011년에 폐교되었다.

초등학교는 일제강점기 이후 낙동델타에 살았던 모든 마을 주민들이 거쳐간 곳이다. 마을의 일상에서 중심에 위치하였던 곳으로 마을민들이 공유하는 기억에서 많은 부분을 차지하고 있다. 그러나 지금 강서지역에서 폐교된 학교를 기억할 수 있는 흔적은 거의 남아 있지 않다.

제6장 가덕도의 지역 변화

가덕도는 1989년 부산 시역의 2차 확장 때 편입된 곳이다. 조선시대에는 웅천현에 속하였고(그림 6-1), 구한말 이후 창원군에 속하였다가 이후에는 의창군 소속이 되었다. 부산시 편입 후에는 강서구 천가동이 되었다. '천가'는 이곳에 있던 천성진과 가덕진의 합성 지명이다. 2015년 지금의 가덕도동으로 이름을 바꾸었다.

섬으로만 구성되어 주민들은 굴 양식, 숭어잡이 등의 어업에 종사하면서 전형적인 어촌 경관을 보이고 있다. 교통이 불편하였으나 1990년대에 부산신항이 건설되고 부산과 거제도를 잇는 가덕대교가 섬의 중앙을 지나면서 많은 지역 변화가 나타났다. 지금은 남쪽의 대항리 일대에 신공항 건설이 추진되고 있어 더욱 변모될 것으로 예상된다. 2023년 현재 동선동 · 성북동 · 눌차동 · 천성동 · 대항동의 5개 법정동이 있다.

1. 지리와 행정구역

1) 지리적 특성

가덕도는 면적 20.78㎢, 해안선 길이 36㎞로 부산시에 속한 섬에서 가장 큰 도서이다. 본섬과 눌차도를 비롯하여 대죽도 등 11곳의 무인도로 구성되어 있다. 북동쪽 해안 가까이에는 낙동강 하구에서 퇴적이 진행 중인 진우도가 있다.

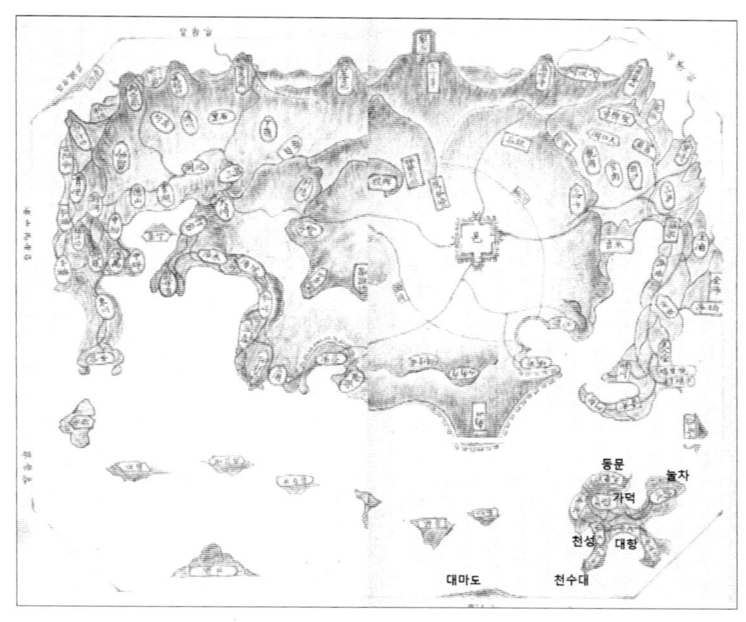

그림 6-1 조선시대 웅천현의 가덕도(출처: 『웅천현읍지』, 1899)

가덕도의 지형은 그림 6-2와 같다. 섬은 북쪽의 연대봉과 남쪽의 국수봉을 중심으로 하는 2개의 산체로 구성되어 있다. 연대봉(烟臺峰) 북쪽의 산지는 매봉, 응주봉, 구곡산으로 이어진다. 조선시대 연대봉에 있던 연대는 북쪽으로 녹산의 성화례 봉수, 서쪽으로 진해 웅천의 사화랑 봉수로 연결되었다. 연대봉의 북쪽 산록에는 가덕도의 중심 마을인 동선이 있으며 가덕진성이 있다. 북동쪽의 눌차도는 지금은 방조제와 교량으로 육지와 연결되어 있으며, 눌차만에는 굴 양식이 성하다.

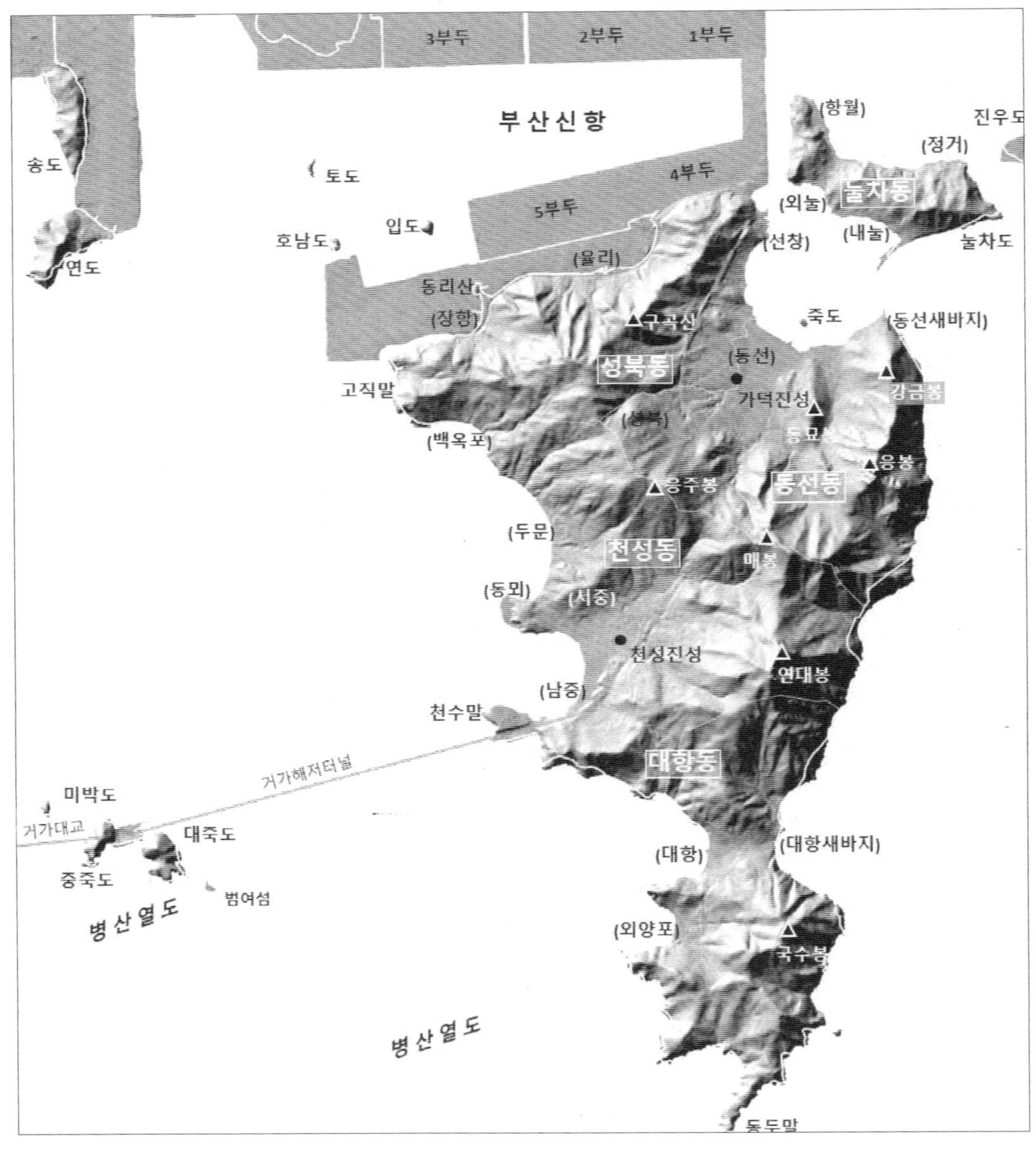

그림 6-2. 가덕도 지리 환경(자료: 지형기복도, 2020)

연대봉 서쪽의 천성마을에는 사빈 해안이 있으며 남쪽의 두각지에는 길이 100m에 달하는 해식애가 형성되어 있다. 어업에 유리한 입지 조건을 갖추고 있어 일찍부터 어항이 발달되었다. 조선시대에 부산포와 거제도를 잇는 길목에 위치한 군사 요충지였으며 천성진성이 축조되어 있었다.

연대봉과 남쪽의 국수봉 산지는 사주로 연결되어 있다. 지형이 목[項]처럼 생겨 대항(大項)이라 불렀다. 서쪽에 대항 마을이 있으며 매년 3~5월에 이곳에서 숭어잡이 축제가 열린다. 대항 동쪽에는 새바지마을이 있다. '새바지'는 서남풍을 일컫는 이곳 방언인 '새바람'에서 비롯된 이름이다.

대항 남쪽의 외양포는 구한말 일본의 해군 사령부가 있던 곳으로 당시 막사 건물과 방공호 흔적이 남아 있다. 국수봉 남쪽은 섬의 최남단인 동두말로 이어지며 이곳에 가덕도 등대가 있다. 1909년 조선 정부에서 세운 것으로 당시의 형태를 보존하고 있다.

가덕도에 속한 무인도 중 가장 규모가 큰 섬은 서쪽의 병산열도이다 북서쪽의 미박도를 시작으로 남동쪽으로 중죽도 · 대죽도 · 범여섬 등을 함께 지칭하는 이름이다. 부속 섬 중 가장 큰 대죽도(大竹島)는 대나무가 많아 큰 댓섬, 중죽도는 가운데 댓섬이라 불렀다. 제일 작은 섬인 범여섬은 범바위섬 또는 범섬이라 부른다. 지명은 '옛날 가덕도의 호랑이가 거제도로 헤엄쳐 가다가 이곳에서 쉬어 갔다.'는 이야기에서 비롯된 것이다.

2) 행정구역 변화

표 6-1. 조선-일제강점기 가덕도의 행정구역 변화

<table>
<tr><th>시기</th><th>소속 군현</th><th colspan="2">방리</th></tr>
<tr><td>『호구총수』(1789)</td><td>웅천현 동면</td><td colspan="2">가덕진리, 눌읍차리, 천성진리</td></tr>
<tr><td>1906년</td><td>웅천군</td><td colspan="2">천가면, 가덕면</td></tr>
<tr><td>『조선지지자료』
(1911~1914)</td><td>마산부 천가면</td><td colspan="2">동선리, 성북리, 장항리, 서문리, 남평리, 남선리,
대항리, 내눌리, 외눌리</td></tr>
<tr><td rowspan="7">『신구대조』
(1914)</td><td rowspan="7">마산부→
창원군</td><td>1914년</td><td>1912년</td></tr>
<tr><td>눌차리(訥次里)</td><td>내눌리(內訥里), 외눌리(外訥里)</td></tr>
<tr><td>동선리(東仙里)</td><td>동선리(東仙里) 일부</td></tr>
<tr><td>성북리(城北里)▲</td><td>성북리(城北里), 장항리(獐項里),
동선리(東仙里) 일부</td></tr>
<tr><td>천성리(天城里)</td><td>서문리(西文里), 남평리(南坪里),
남선리(南仙里), 대항리(大項里) 일부</td></tr>
<tr><td>대항리(大項里)</td><td>대항리(大項里) 일부</td></tr>
</table>

※ ▲ 표시는 면 소재지

조선시대 가덕도는 웅천현 동면(東面)에 속하였으며, 1914년에 창원군 천가면이 되었다. 광복 이후 창원시와 마산시가 성장하면서 여러 차례에 걸쳐 소속이 바뀌었다. 1980년 창원시가 설치되면서 이에서 분리되어 의창군 천가면이 되었다. 이후 1989년 부산시로 편입되어 천가동이 되었다가 2015년에 지금의 가덕도동으로 개칭하였다.

표 6-1은 조선시대 이후 가덕도 행정구역의 변화 내용이다. 조선시대의 『호구총수』에는 가덕진리, 눌읍차리, 천성진리 3개 리만 나타난다. 이 중 가덕진리와 천성진리는 당시 성곽을 중심으로 형성된 마을이며 눌읍차리는 눌차도 일대에 형성된 취락이다.

1906년 행정구역 개편 당시 가덕도는 천성면과 가덕면으로 나뉘어졌다. 1908년에 진해군과 웅천군이 폐지되면서 창원부 소속이 되었고, 1909년 천성면과 가덕면을 합쳐 천가면이 되면서 단일 지리체가 되었다. 일제강점기 이후에는 마산부로 소속이 바뀌었다. 당시 가덕도는 동리, 성내리, 북리를 비롯하여 14개 리로 구성되었다. 1914년 행정구역 통폐합으로 창원군에 속하게 되었으며, 눌차리 · 동선리 · 성북리 · 천성리 · 대항리 5개 리로 재편되었다.

2. 지리지 · 지도로 본 역사지리

근대 이전의 가덕도는 동남 해안에서 해방의 요충지였다. 조선시대는 동래부의 경상좌수영과 통영의 경상우수영을 잇는 수로의 길목에 있어, 해방을 위해 가덕진성과 천성진성이 축조되었다. 국마를 키우는 목장이 입지하기도 하였다.

조선 초기에 가덕도 일대의 관방 체제는 동래부 부산포와 웅천현 제포 진관으로 편성되어 있었다. 1510년(중종 5)에 삼포왜란이 일어나면서 가덕도 부근에 진영을 만들자는 논의가 있었다. 1544년(중종 39) 인근의 사량진에 왜구가 침입하면서 이곳에 진을 설치하고 수군첨절제사가 주둔하면서 성을 축조하였다. 당시 가덕진관에는 옥포, 지세포, 조라포, 안골포가 소속되어 있었으며 천성포와 가배량이 신설되었다. 이때 천성진성은 천성포보(天城浦堡)로 축조되었으며 이후에 천성진으로 승격되었다.

임진왜란으로 성이 함락되면서 가덕도 북쪽의 안골포로 이전하였고, 1656년(효종 7) 다시 가덕도로 돌아왔다. 『웅천현읍지』에 1760년(영조 36) 가덕진에 첨사를 두었다는 내용이 있으며 이는 1895년 군제 개편으로 폐지되었다.

1) 역사지리: 지리지와 고지도

(1) 지리지

표 6-2는 지리지에 수록된 가덕도 기사이다. 대부분 웅천현 지리지에 수록되어 있으나 『실록지리지』의 경우 김해부에 포함되어 있다. 이는 1018년(고려 현종 9)에 금주[金

표 6-2. 지리지의 가덕도 수록 기사

지리지	기사 내용
『실록지리지』(김해)	부 동쪽에 있는데, 수로로 10여 리이다. 춘추로 소재관으로 하여금 제사를 지내게 한다[加德島在府東, 水路十餘里, 春秋 令所在官行祭]
『승람』(웅천)	현 남쪽 바다 가운데 있다. 둘레는 75리이며 목장이 있다[加德島 在縣南海中 周七十五里 有牧場]
『여지도서』(웅천)	관아 남쪽 바다 가운데 있다. 둘레는 75리이며 목장이 있었는데 지금은 못 쓰게 되었다[加德島在縣南海中 周七十五里 有牧場 今廢]
『여지고』(웅천)	동남쪽 바다 가운데 있는데, 수로로 30리이고, 둘레는 70리이고 첨사진이 있다. 임진 왜란 뒤에 안골성으로 옮겨 설치하였다가 효종 7년(1656)에 옛 터에다 도로 설치하였다. 선조 30년(1597)에 원균(元均)이 이곳에서 패전했다[加德島 在東南海中 水路三十里 周七十里。有僉使鎭 壬辰後移設安骨城 孝宗七年 還移于舊基 宣祖三十年 元均敗于此]
『대동지지』(웅천)	주위 75리이다. 목장은 칠원부로 옮겼다[加德島 周七十五里 加德島牧場 後移于漆原地]

州, 지금의 김해]의 속현이 되었기 때문이다. 세종대에 첨절제사가 설치되었고 문종 대에 이르러서야 웅천현으로 독립하였다.

『실록지리지』에서는 '부 동쪽에 있으며 수로로 10여 리에 있다'라 하여 내용은 간단하다. 매년 봄과 가을에 제사를 지낸다는 내용이 담겨 있다. 『승람』에서 '현 남쪽 바다 가운데 있다. 둘레 75리로 목장이 있다'는 내용이 있어 이곳에 목장이 설치되었음을 보여준다. 봉수와 관련하여서는 '동쪽으로 김해부 성화례산(省火禮山), 서쪽으로 사화랑산(沙火郞山)에 응한다.'라는 내용이 있다.

『여지도서』에서 가덕도 기사는 조선 전기의 『승람』 내용과 동일하나 '이곳의 목장은 없어졌다.'는 기사와 함께 봉수와 관련하여 '현 남쪽에 수로로 30리 떨어져 있으며 대마도가 보인다.'라는 내용이 추가되어 있다.

『여지고』에는 육지로부터의 거리와 섬 규모는 다른 지리지와 유사하나 첨사진을 옮겼다는 기사가 있으며, 임진왜란 때 이곳에서 원균(元均, 1540~1597)이 패전하였다는 내용이 담겨 있다. 『대동지지』에는 이곳에 있던 목장을 칠원부(漆原府)로 옮겼다는 내용이 있다.

(2) 고지도

가덕도를 그린 고지도 중 가장 오래된 지도는 『목장지도』(부산대 도서관)이다(그림 6-3). 이 지도첩에는 전국의 국마목장의 규모와 위치가 회화식으로 묘사되어 있다. 1663년(현종 4) 당시의 사복시(司僕寺) 제조(提調)였던 허목(許穆, 1596~1682)이 만든 것이다. 사복시는 조선시대 국가 경영에 필요한 가마·마필(馬匹) 목장·국마 사육과 관련한 업무를 관장한 관청이다.

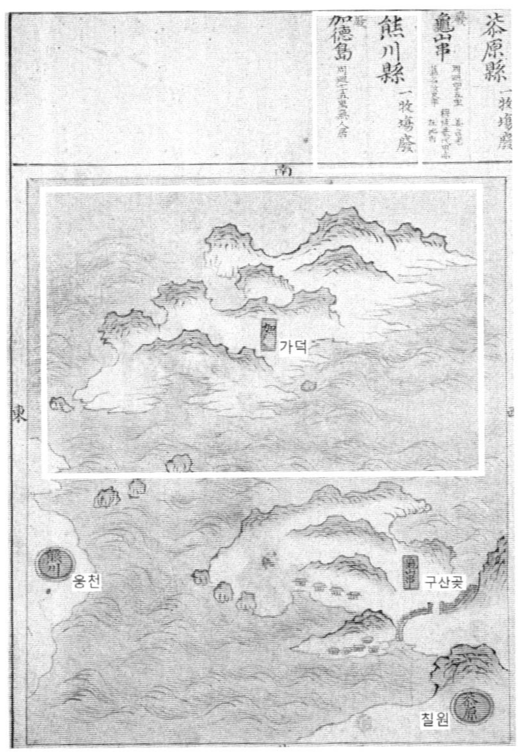

그림 6-3. 가덕도 「목장지도」(1663)

지도에서 가덕도는 북쪽이 아래쪽으로 정치되어 있다. 가덕도 아래쪽에 웅천현과 칠원현 읍치를 배치하였고 윗부분에 가덕도를 그리고 있어 육지에서 섬을 보는 시선으로 묘사되어 있다. 바다는 해파묘가 그려져 있다.

섬에 지명은 기재되어 있지 않으나 만입부와 섬 묘사는 실제와 유사하다. 상단에 쓰여진 주기에는 칠원현과 웅천현 목장 내용이 있고, 가덕도 목장에 대해서는 '주위 75리로 사람이 살지 않는다.'는 내용과 '폐(廢)'하였음이 쓰여 있다. 칠원현의 구산곶 목장에 대해 '규모는 주위 45리, 옛 이름은 여화곶(汝火串)'으로 폐하였음을 나타냈다.

그림 6-4는 18세기 군현지도에 묘사된 가덕도이다. 『해동지도』에서 가덕도는 웅천현 읍치 동남쪽에 있으며 육지와 이어진 모습으로 그려져 있다. 섬 입구에 그려진 가덕진사(加德津舍)는 지금 가덕도로 이어지던 용원 나루터를 그린 것이다. 섬의 북쪽 만입부에는 죽도가 그려져 있다. 지금 눌차만에 있는 섬으로 동선동의 해안 가까이 있다.

가덕도의 산줄기는 눌차만을 에워싸는 모습으로 그려져 있다. 산지 동쪽에 가덕진, 서쪽에 천성진을 그렸고 산줄기 중앙에 연대봉이 있다. 북쪽과 남쪽 해안에 2곳의 선소(船所)가 있으며 이들은 적색 실선으로 묘사된 도로로 이어져 있다. 섬의 서쪽에 그려진 구도(鳩島)는 병산열도를 표현한 것이다.

『영남지도』에서 가덕도는 『해동지도』와 다르게 육지와 분리된 모습으로 그려져 있다. 섬의 크기는 실제보다 크게 그려졌고, 해안의 만입부가 상세하게 묘사되어 있다. 가덕진과 천성진선소와 함께 연대봉, 응봉, 말곶망, 천수대가 산지와 함께 표현되어 있으며 이들을 잇는 도로가 적색과 청색 실선으로 그려져 있다.

연대봉으로부터 웅천현의 사화랑 봉수와 김해 봉수를 잇는 경로가 적색 실선으로 묘사되어 있다. 이 중 응봉은 동선동에 있는 응봉산(鷹烽山, 252m)을 그린 것이다. 천수대는 천성진 일대에 지명이 기재되어 있다. 섬의 서쪽에 그려진 병산도는 지금의 병산열도이다.

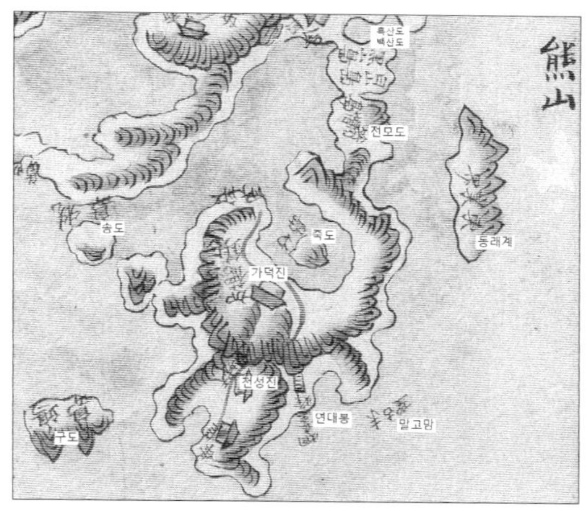

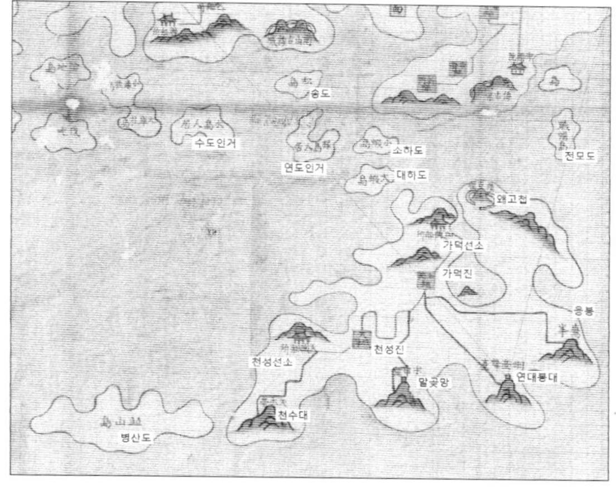

그림 6-4. 18세기 가덕도(『해동지도』·『영남지도』, 웅천현, 부분)

그림 6-5는 『청구도』(1834)와 『대동여지도』(1861)에 묘사된 가덕도이다. 내용은 18세기의 군현지도에 비해 실제와 유사하게 그려져 있다. 『청구도』에는 웅천현 읍치와 가덕도 사이에 여러 작은 섬이 묘사되어 있다. 만입부 묘사에서는 북쪽의 눌차만 일대에 죽도가 그려져 있고 섬의 동남쪽에 연대봉의 연대가 부호로 표시되어 있다.

지도의 여백에는 이곳에 있었던 가덕진첨사·천성만호와 관련하여 곡물과 군병수의 간단한 통계가 기재되어 있다. 섬 북쪽의 가덕 수로 일대에는 '정유년 원균이 일본군과의 전투에서 패몰한 곳', 남쪽에는 '임진년 이순신이 왜선을 대파한 곳이다.'라는 내용이 있다.

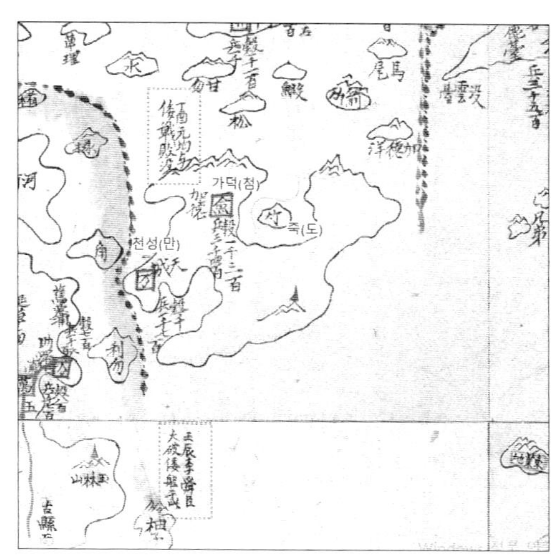

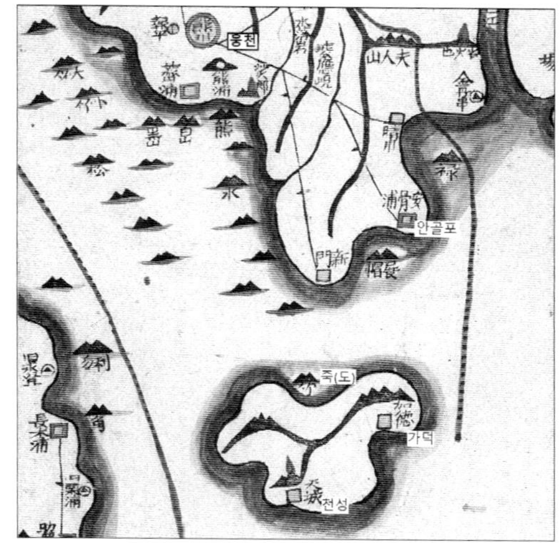

표 51 19세기 가덕도(『청구도』·『대동여지도』)

『대동여지도』의 가덕도는 『청구도』에 비해 매우 단순하게 그려져 있다. 섬에는 산줄기가 묘사되어 있고, 북동쪽에 가덕진, 남서쪽에 천성진과 함께 연대봉이 그려져 있다. 섬의 북쪽에 죽도가 있다. 웅천현과 가덕도 사이에 여러 도서가 그려져 있으나 지명은 기재되지 않았다.

2) 관방지도: 「1872년 군현지도」

고지도 중 가덕도 일대가 가장 상세하게 그려진 지도는 『1872년 군현지도』(규장각)이다. 1871년의 신미양요를 겪은 대원군은 전국의 군현과 관방진을 대상으로 상세한 지도를 그려서 올리라는 지시를 내렸고 이때 461매에 달하는 지도가 만들어졌다. 가덕도를 대상으로는 「가덕진도」와 「천성진도」 2점의 지도가 제작되었다. 회화식으로 그려져 있고 화풍이 뛰어난 것으로 보아 창원부의 화원이 그린 것으로 추정된다. 지도에 담긴 지리정보는 다른 군현 지도에 비해 매우 상세하다.

(1) 「가덕진도」

그림 6-6은 「가덕진도」에 그려진 가덕도 일대이다. 아래쪽을 북쪽으로 정치하고 중앙에 가덕도와 성곽을 그렸다. 북쪽에 김해와 동래, 명지도를, 남쪽에 거제도를 배치하고 동쪽에 대마도, 서쪽에 창원부가 있어 이곳이 해방의 요충지임을 나타냈다. 위쪽 주기에는 경상도 통영, 거제, 천성진 등과의 거리가 쓰여 있다.

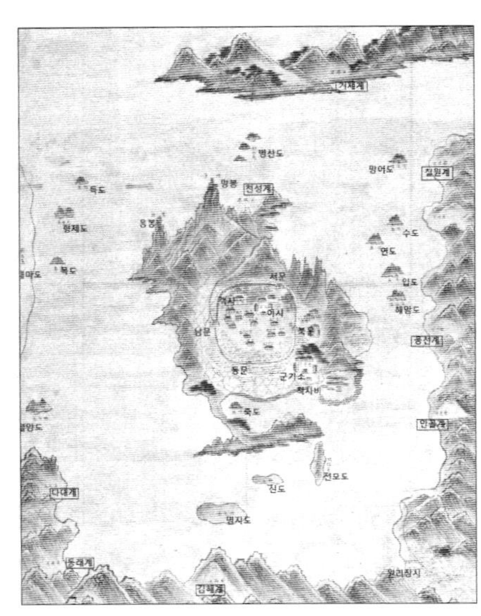

「가덕진도」

[부분] 가덕진성

그림 6-6. 가덕진성(「가덕진도」, 1872)

지도 위쪽의 천성진으로 이어지는 곳으로 해안의 험준한 모습이 묘사되어 있다. 아래쪽이 가덕도 선창에는 선박이 거북선의 모습으로 그려져 있다. 『영남읍지』(웅천)의 '전선 2척, 병선 2척, 하후선 4척이 있다.'라는 수록 내용과 유사하다. 지도 아래에 묘사된 성곽의 동문 주변에는 민가를 조밀하게 그려 당시 인구 규모가 적지 않았음을 보여준다.

가덕진성의 형태는 정방형의 사각형 모습으로 그려졌고, 성곽 여장과 함께 4곳의 문루가 묘사되어 있다. 내부에는 객사, 아사, 좌청, 우청, 집사청, 통인청, 고청, 관청, 도제도청, 사령청, 이청과 함께 사정(射亭) 등의 각종 관아 건물과 포수청, 화포수청 등이 있다. 성 밖에는 선환고, 화약고가 있고 해안에는 선소인 어변정(禦變亭)과 척사비(斥邪碑)가 그려져 있다.

가덕진성은 지금 동선동의 북동쪽 산록에 옛 성터(그림 6-7.)가 있으며, 성곽은 천가초등학교와 덕문중학교에 성벽의 일부가 남아 있다. 행정복지센터에는 수군절도사를 기리는 송덕비가 있다. 성의 입지는 북동쪽의 눌차만 전체를 조망하여 선박의 움직임을 파악할 수 있는 조건을 갖추고 있다. 지표 발굴조사 결과 장방형으로 축조된 성곽에서 성문과 해자 흔적이 확인되어 지도에 묘사된 내용과 유사하다.

지도의 척화비는 1866년 평양의 제너럴셔먼호 사건 이후 1871년 신미양요를 겪으면서 쇄국 정책을 강화하고 위정척사(爲正斥邪)의 결의를 굳히기 위해 그해 4월 전국 각지에 세워진 것이다. 비석에는 '서양 오랑캐가 침범하는데 싸우지 아니하는 것은 화친하자는 것이요, 화친을 하자는 것은 나라를 팔아먹는 것이니 나의 자손만대에 깨우쳐 주라, 병인년에 만들고 신미년에 세우다.[洋夷侵犯 非戰則和 主和賣國 戒我 萬年子孫 丙寅作 辛未立]'라는 내용이 각인되어 있다. 가덕도에 척화비가 세워진 것은 이곳이 외침으로부터 해방에 중요한 장소로 인식되었음을 보여준다. 지도에 묘사된 비석 위치는 지금의 선창마을 일대이다. 1996년 가덕진성 인근의 천가초등학교로 옮겨졌다.

그림 6-7. 가덕진 성터

(2) 「천성진도」

「천성진도」에 그려진 가덕도는 그림 6-8과 같다. 「가덕진도」와 회화 기법이 유사하여 동일한 화원이 그린 것으로 보인다. 동쪽을 지도 위로 배치함으로써 서쪽을 향해 있는 천성진성이 아래쪽 방향으로 그려져 있다. 산지 묘사에서 봉우리들이 모두 위쪽으로 향하여 있고 일부에는 수목도 묘사되어 있다. 지도 주기에는 통영, 거제, 웅천, 김해, 동래부 등 인근 지역까지의 거리를 수록하고 있다.

지도의 우측 상단에는 대마도(對馬島)가 묘사되어 있고, 좌측으로는 동래부에 속한 다대진과 절영도가 그려져 있다. 이와 같은 묘사는 가덕도가 일본 대마도에서 부산포로 이어지는 주요 길목에 있어 해방의 요충지임을 보여준다. 가덕도의 위쪽 산지에 쓰여진 '봉망(烽望)'은 지금의 연대봉을 그린 것이다.

천성진성 성곽은 섬의 중앙에 배치하여 타원형 모습으로 그렸다. 성곽의 좌측으로 적색 실선으로 묘사된 도로는 가덕진성으로 이어지고 있다. 내부 묘사를 보면 4대문과 함께 내부에는 객사(客舍), 아사(衙舍), 통인청(通引廳), 장청(將廳), 집사청(執事廳), 이청(吏廳), 포수청(砲手廳), 사령청(使令廳), 창고(倉庫) 등의 건물이 그려져 있다. 성 바깥에는 요망사(瞭望舍)도 그려져 있다.

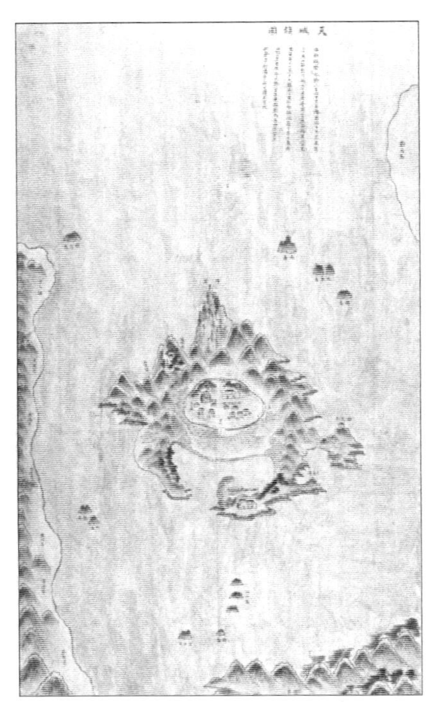

「천성진도」

[부분] 천성진성

그림 6-8. 천성진성(「천성진도」, 1872)

그림 6-9. 천성진 성터

성곽 주변 묘사를 보면 서문과 남문 부근의 가옥이 밀집된 취락이 표현되어 있다. 지금의 서중과 남중마을 일대이다. 해안 일대에는 석축 시설이 있으며 어변정(禦邊亭)에는 하후선 1척과 병선 3척이 묘사되어 있다. 『영남읍지』(웅천)에는 '이곳에 전선 1척, 병선 1척, 하후선 2척이 있다'는 기사가 수록되어 있어 지도 내용을 뒷받침한다.

지금 천성진성은 성곽 일부가 천성동 서중 마을 안쪽의 산록에 일부 복원되어 있다(그림 6-9). 조사 보고에 따르면 성은 약 960m에 이르는 장방형을 이루고 있다. 남문과 서문에서 옹성(甕城) 흔적이 있고 북문에서 사각형의 편문식 옹성 흔적이 확인되었다. 일부 구간에서는 치성(雉城)과 해자(垓子)가 발견되기도 하였다(『부산성곽』, 2016).

3) 『조선지형도』(1916)

그림 6-10은 『조선지형도』(1916)에 그려진 가덕도 일대이다. 당시 해안선과 취락 분포가 1914년 행정구역 개편 이후의 내용과 함께 상세히 묘사되어 있다. 지금 신항만이 들어선 북쪽 해안 일대에는 토도, 입도, 호란도, 모서 등의 섬들이 있으며 두각지인 미돌말이 있다.

가덕도 북동쪽의 눌차도와 성북리 사이에는 눌차만이 그려져 있으며 간석지가 묘사되어 있다. 동선리 해변쪽에는 죽도가 있다. 눌차도 동쪽에도 간석지가 묘사되어 있는데 이는 지금 낙동강 하구의 진우도 일대로 토사가 퇴적되어 삼각주가 확대되는 모습을 보여주고 있다.

마을 지명을 보면 1914년 행정구역 개편 내용이 반영되어 있다. 섬은 동선리, 성북리, 눌차리, 천성리, 대항리의 5개 리로 구분되어 있으며, 이에 속한 자연 마을이 그려져 있다. 성북리에는 내륙에 성북마을과 함께 북쪽 해안에 율리와 장항마을이 바다에 연해 있다. 동선리에는 동선마을과 함께 선창과 교동마을이 있다. 선창은 창원군

용원마을과 가덕도를 잇는 도선이 정박하면서 형성된 마을이다. 교동은 이곳에 향교가 있어 이름이 비롯되었다.

섬 서쪽의 두문리와 천성리 일대는 만입부와 함께 천수대말 등의 두각지가 있다. 동쪽의 암석해안에는 고문길서, 서암 등이 있으며, 섬의 남단에 동두말과 함께 등대가 묘사되어 있다. 서쪽 진해만에는 병산열도에 속한 삼신도와 대죽도가 그려져 있다.

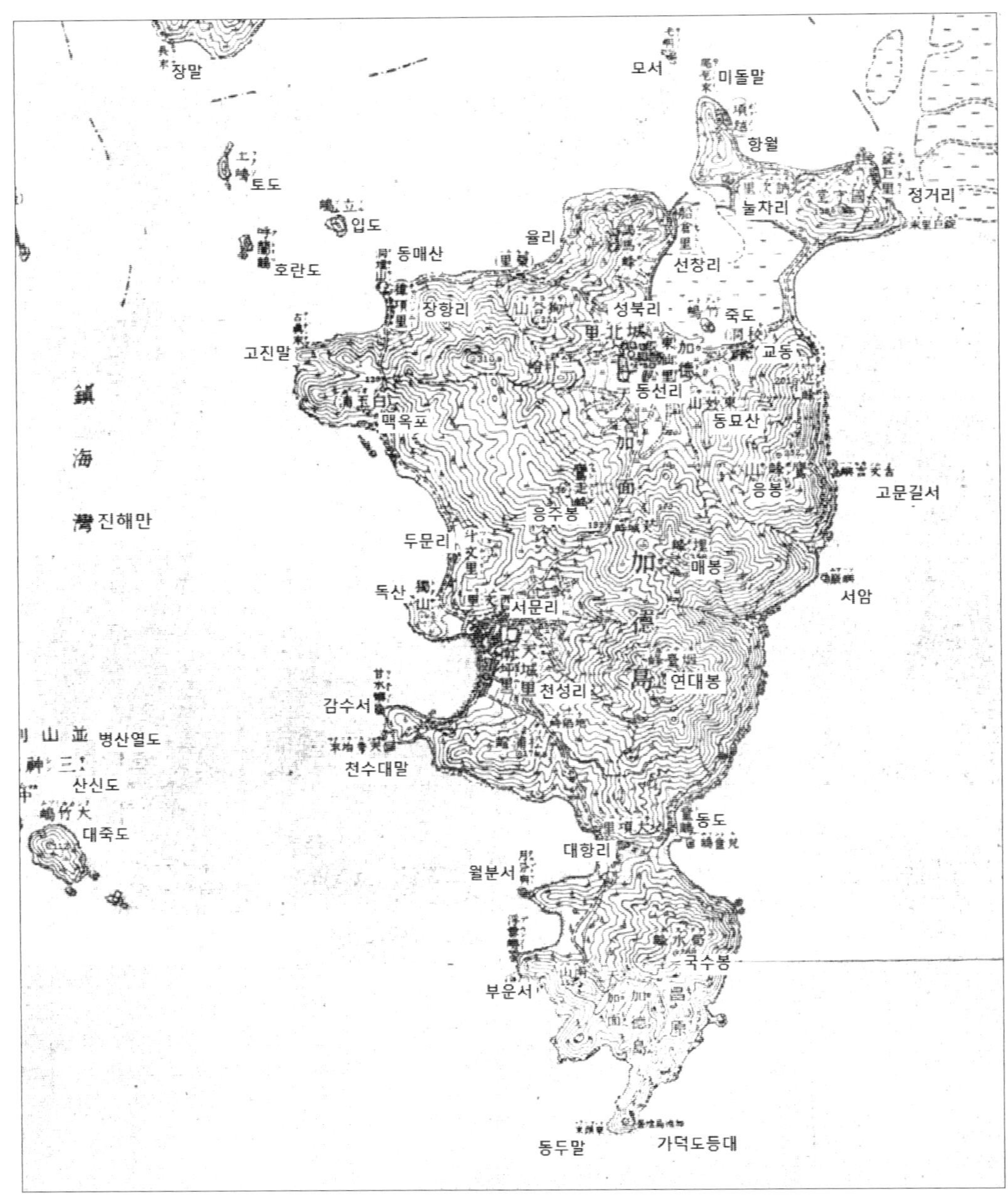

그림 6-10. 1916년 가덕도 지리(『조선지형도』, 1:50,000)

눌차도의 눌차리에는 눌차마을과 함께 항월과 정거 마을이 북동쪽 해안에 묘사되어 있다. 이들 마을에서는 주로 굴 양식업을 행하였으며 정거마을 주민의 경우 진우도와 교류가 있었다. 섬의 동쪽에 그려진 국수당은 마을 주민들이 당제를 지내던 곳이었다.

섬의 서쪽 해안에는 천성리 일대가 그려져 있다. 중심마을인 천성마을을 중심으로 서문(西文)과 남평(南坪) 마을이 있다. 천성진성의 서문과 남문 주변에 취락이 형성되어 비롯된 지명이다. 지금 서중과 남중마을에 해당한다. 천성마을은 해안의 두각지 사이의 만입부에 있어 어업 발달에 유리한 조건을 갖추어 가덕도 수산업의 중심이었다. 북쪽 해안에 두문마을이 묘사되어 있다.

섬의 남쪽에는 대항리 일대가 묘사되어 있다. 산지가 많아 취락 발달이 미약한 곳으로 대항마을만 표시되어 있다. 만입부에 소규모의 어촌이 있으며 이곳에서 일찍부터 숭어잡이가 전통 어로기법으로 행해졌다. 대항리 남쪽에 그려진 만입부는 지금의 외양포에 해당한다.

3. 어업과 지역개발

가덕도의 경제는 전통적으로 어업을 기반으로 하였다. 대부분 산지로 구성되어 농업은 취락 주변의 산록과 해안에 조성된 농경지를 이용하여 식량작물을 생산하였고, 주로 가내에서 자급하기 위한 소규모로 이루어졌다.

육지와의 연결은 가덕대교가 건설되기 이전까지는 선창마을과 용원항을 잇는 도선에 의해서만 연결되어 불편한 편이었다. 2010년에 부산 용원과 가덕대교, 거제도를 잇는 거가대교가 개통되면서 부산과 거제도를 잇는 교통의 요충에 입지하게 되어 많은 지역 변화가 나타났다.

1) 어업

(1) 어항과 어촌계

가덕도의 연근해는 수심이 깊고 인근에 섬이 많아 어항의 발달에 유리한 조건을 갖추고 있다. 어업은 주로 만입부에 형성된 어촌을 중심으로 연근해 어업이 이루어졌다. 가덕도의 어항과 어촌계는 표 6-3과 같다. 가장 큰 어항은 천성동에 소재한 천성항이이며, 국가어항으로 지정되어 있다.

가덕도 서쪽의 만입부에 입지하여, 사빈해안을 중심으로 암석해안의 두각지가 형성되어 있어 어선이 정박하기에 유리한 조건을 갖추고 있다. 해안에는 방파제(360m)와 물양장(320m), 선착장(120m)이 축조되어 있다. 한편 천성항 북쪽의 두문마을에는 소규모 어항으로 지정된 두문항이 있다.

표 6-3. 가덕도의 어항과 어촌계

분류	항만	소재 어촌	어촌계(계원)
국가어항	천성항	천성동 서중·남중	천성(136)
지방어항	대항항	대항동 대항마을	대항(118)
어촌 정주어항	대항새바지항	대항동 새바지마을	
소규모 어항	외양포항	대항동 외양포마을	
	외눌항	눌차동 외눌마을	눌차(202)
	정거항	눌차동 정거마을	
	눌차항	눌차동 눌차마을	
	동선항	동선동 동선마을	동선(105)
	선창항	성북동 선창마을	성북(54)
	두문항	천성동 두문마을	천성(-)

자료: 『구정백서』, 『통계연보』(2022)

지방어항으로는 대항동의 대항항이 있다. 가덕도 남쪽에 발달한 만입부에 위치하며, 천성항에 비해 규모는 작으나 어항으로서의 유리한 입지 조건을 갖추고 있다. 대항동의 새바지항은 어촌정주어항으로 지정되어 있다. 지방어항보다 규모가 작으나 어민들의 기초 생활 근거를 이루는 어항이다.

이 외에 해안에 위치한 마을에는 소규모 어항이 조성되어 있으며 어촌계가 조직되어 있다. 조합원 수로 볼 때 눌차 어촌계가 202명으로 규모가 가장 크고, 대항과 동선 어촌계가 뒤를 잇는다. 어촌계는 원래 어민의 협업을 위해 조직된 계였으며, 현재와 같은 형태를 갖추게 된 것은 1912년 제정된 「어업령」부터이다. 이후 부산에서는 제주에서 온 해녀에게 해조류 채취권을 보장하기 위해 어업조합이 설립되었고, 1962년 「수산업협동조합법」에 따라 조합의 하부조직으로 개편되면서 어촌계가 활성화되었다. 1980년대부터는 어로 활동을 위한 입어증을 어촌계에서 발급하기 시작하면서 마을 전체가 공유하였던 어장은 어촌계 소속 어민들의 공동어장이 되었다. 한편 지금 가덕도에는 4명의 해녀가 대항마을에서 물질을 하고 있다(국립민속박물관, 2021).

(2) 어로 활동

가덕도 연근해는 회유성 어류의 길목에 위치하여 냉수성 어류인 대구가 지나고, 봄과 가을에는 숭어 어군이 동쪽 바다에서 서쪽으로 이동하는 통로이다. 또한 섬 북쪽의 진해만 일대와 낙동강 하구는 수심이 얕고 조류가 약하여 해조류 양식과 조개류 채취에 유리한 입지 조건을 갖추고 있다. 이와 같이 남쪽과 북쪽의 해양 환경이 서로 달라 근해에서 잡히는 어종도 숭어, 대구 등으로 다양하였다. 그러나 부산신항 건설로 인해 대형 선박이 근해를 지나면서 이곳의 어업 환경은 크게 변모하고 있다.

그림 6-11. 외눌마을 굴 양식

① 굴 양식업

가덕도 북쪽 해안은 부산신항이 들어서기 전까지만 해도 굴과 김, 미역, 파래 등 해조류의 양식과 바지락, 피조개 등 조개류의 채취가 성하였다. 신항이 들어선 이후 해조류 양식업은 쇠퇴하였으며 굴 양식은 눌차마을을 중심으로 남아 있다.

가덕도의 굴 양식은 조선시대부터 유명하였다. 『실록지리지』을 비롯하여 조선 후기 『여지도서』의 웅천현 지리지에 굴에 대한 기록이 수록되어 있다. 가덕도의 굴 양식은 1923년 수산시험장에서 실험하여 보급한 것이 이곳에서 굴 양식의 효시가 되었다. 이후 시기적으로 부침이 있었지만 아직도 눌차도의 눌차와 항월마을을 중심으로 양식업이 행해지고 있다.

② 숭어잡이

가덕도의 숭어는 매년 경칩에서 망종 사리(3월 초~6월 중순) 사이에 대항마을 연안에서 잡는다. 과거에는 가을에도 하였으나 태풍 피해로 인해 지금은 중단되었다. 이곳에서 숭어잡이는 전통적인 어로 기술인 '육소장망 숭어들이' 방식으로 행해진다(그림 6-12). 전형적인 정치성 어법이기 때문에 어장은 해안에 고정되어 있다. 숭어가 들어오는 곳에 기다리고 있다가 잡는 것이기 때문에 해저에는 바위가 없고 자갈과 모래, 뻘로 구성되어야 한다. 이 때문에 남해의 가덕도를 비롯하여 거제도, 통영에서만 부분적으로 행해지고 있다.

가덕도 일대에서 숭어 떼는 동쪽의 부산 영도에서 다대포와 몰운대를 거쳐 가덕도 등대 아래에서 동두말 해안을 지나 포구나무개로 향한다. 조류의 흐름 속도, 바람, 물때를 맞추는 것이 중요하여 숭어 떼 흐름은 대항포의 망대에서 관찰한다.

그림 6-12. 가덕도 숭어잡이(출처: 강서구지, 2014)

어망이 설치된 곳으로 숭어떼가 들어오는 것을 기다렸다가 고기 떼가 들어오면 어로장이 6척의 목선에 명령을 내려 그물을 위로 들어 올려 고기를 잡는다. 이 어로법은 국내 유일의 재래식 어로법으로, 160여 년동안 이어져 내려오고 있다. 지금 대항항을 중심으로 매년 4월 숭어들이 축제가 열린다.

대항마을에서는 매년 정월 보름을 전후하여 망대 아래의 제단에서 숭어들이 고사를 지낸다. 역대 어로장들의 신위에 제를 올리며, 제의 이후 마른 명태를 한지에 묶은 배서낭을 배의 신실에 걸어두고, 출어하는 날에는 6척의 목선에 서낭기를 단다. 풍어제는 어촌계장과 어로장이 공동 제관이 되어 지내고 있다(국립민속박물관, 2021). 한편 마을의 동제는 매년 음력 정월 대보름에 대항제당에서 지내고 있다. .

2) 부산신항 건설과 지역 변화

가덕도는 부산시로 편입된 이후 부산 신항만과 가덕대교 건설로 인해 급격한 지역 변화를 겪었다. 특히 1997년부터 건설이 시작된 신항만은 부산북항의 컨테이너 처리가 한계에 다다르면서 이곳으로 이전하여 건설한 컨테이너 전용부두이다. 현재 우리나라 항만에서 해운 물동량이 가장 많은 곳이다.

신항만이 입지한 가덕도의 북쪽 연안은 조선시대 가덕수로로 불렸으며, 임진왜란 때 이순신 장군이 부산포 해전을 위해 지나간 경로이다. 항만 건설 이전에 부산 녹산동 송정리와 당시 진해시의 용원리가 가덕도와 마주보고 있었으며 해상에는 견마도와 토도 등의 섬이 있었다. 용원과 가덕도 선창 마을을 잇는 도선(渡船)이 정기 운항되었으나 신항이 건설되고 가덕대교가 개통되면서 운항 노선은 없어졌다.

신항만은 행정구역 상 부산광역시와 경상남도 창원시 진해구에 걸쳐 있어 항만 관리권이 다소 복잡하게 전개되기도 하였다. 영문 명칭은 'Busan New Port'이다. 항만 북쪽으로는 제1·2·3부두, 가덕도 해안 쪽으로는 제4·5부두가 들어서 있다. 이를 북컨테이너·남컨테이너 부두로 부르기도 한다. 항만 건설로 배후지에 부산진해경제자유구역이 지정되면서 일대에는 적지 않은 지역 변화가 나타났다.

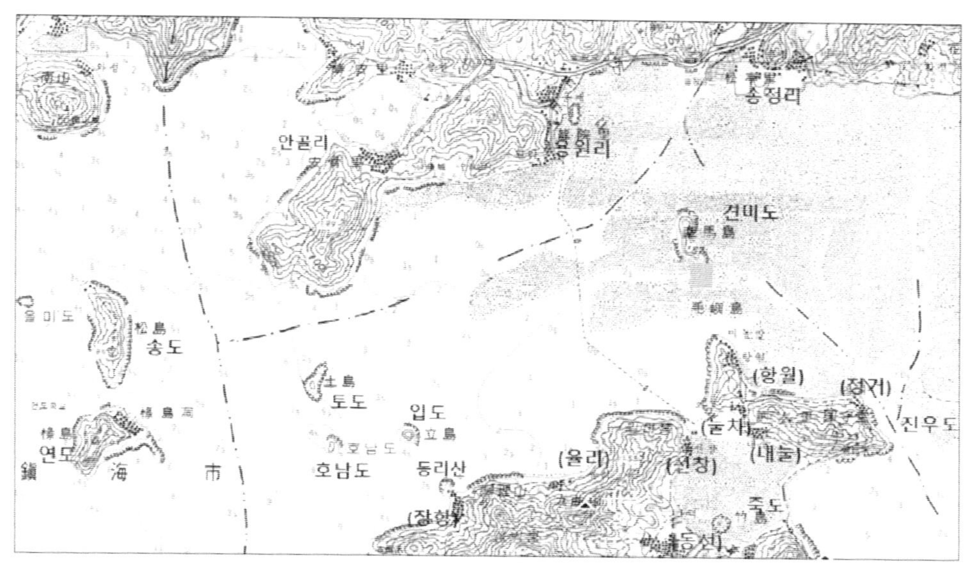

1974년

2023년

그림 6-13. 부산신항 건설과 가덕도 해안 변화(1974·2023)

그림 6-14. 해운대구 누리공원에 옮겨진 율리 팽나무

그림 6-13은 1970년대와 최근의 신항만 일대를 비교한 것이다. 해안에 연한 대부분 지역이 매립되었으며 섬의 북쪽 바다에 연해 있던 장항과 율리마을은 어촌 기능을 상실하였다. 이곳은 피조개 양식이 성하였던 곳으로 어촌 규모는 각각 100가구와 43가구로 적지 않았다. 항만 건설로 인해 마을 일부는 철거되었고, 주민들은 가덕도 서쪽의 천성동 두문마을에 조성된 주택단지로 이주되었다. 이때 율리에 있던 2그루의 팽나무가 해운대로 옮겨졌으며(그림 6-14), 지금 마을에는 수령 500년 내외의 느티나무 한 그루만 남아 있다.

가덕도 남쪽에 위치한 대항리 일대에는 가덕신공항 건설이 추진되고 있다(그림 6-15). 인근의 김해국제공항은 그동안 항공 수요와 물동량이 증가함에 따라 규모를 확대하거나 신공항 건설의 필요성이 제기되어 왔다. 가덕신공항은 국토의 균형발전을 기하고, 가덕도 북안에 건설된 부산신항의 해운과 항공 물류의 연계를 원활하게 하기 위해 추진되고 있다. 건설 부지로 예정된 대항리를 비롯한 가덕도 일대에 큰 변화가 나타날 것으로 예상된다.

그림 6-15. 가덕신공항 조감도(출처: 부산광역시, 2023)

제7장 마을의 공동체 경관

낙동델타는 조선시대 농지 개척이 이루어진 후 일제강점기를 거쳐 농업 근대화기를 지나 대도시 편입 이후 도시 개발이 이루어졌다. 불과 100여 년이라는 짧은 기간에 걸쳐 변화가 이루어졌기 때문에 각 시기의 경관이 마을에 중첩되어 있었다.

2000년대 이후 도시 개발이 급속하게 진행되면서 마을은 쇠락하기 시작하였고 일부는 공장 속에 갇히고 철거되기도 하였다. 도시화에 아무런 방어 기제를 준비하지 않은 상황 속에서 마을들은 가까운 미래에 도시 속으로 편입될 것으로 예측되고 있다.

그러나 이곳에는 아직도 대부분 마을이 지명과 함께 실체로 남아 있다. 마을의 중심 공간에는 회관과 경로당이 있으며, 노인회를 비롯하여 청년회·부녀회 등의 주민 조직도 활동하고 있다. 당집에서 매년 동제를 지내면서 주민들의 안녕을 기원하는 마을도 적지 않다. 집성촌임을 보여주는 재실도 남아 있다. 이와 같은 공동체 경관은 낙동델타의 마을이 삶의 기초지역으로서의 기능을 여전히 하고 있음을 보여준다.

마을에는 마을의 존재를 알리는 표지석이 세워져 있다. 여기에는 마을의 이름뿐 아니라 개척 이후 살아온 삶의 역사를 돌 위에 새겨 놓았다. 일부는 시어(詩語)로 쓰여 있다. 이는 다른 농촌에서 찾아보기 어려운 경관이다. 글은 마을민들의 언어로 쓰여 있고, 내용에는 공동의 기억을 만들어 이를 공유하려는 주민들의 의지가 담겨 있다. 마을비는 공동체 경관의 한 요소임을 보여주고 있다.

1. 마을 변화

1) 1959년 낙동강 삼각주의 마을

표 7-1은 『지명조사철』(1959)에 수록된 마을 지명이다. 당시 대저면, 가락면, 명지면을 비롯한 5개 면으로 구성되어 있고, 소속 리와 자연마을의 이름과 함께 지명 유래가 수록되어 있다.

5개 면은 38곳의 리로 구성되어 있었다. 대저면에서 사덕리, 출두리, 대지리, 평강리는 지금의 대저1동에 있던 리였다. 소덕리, 사두리, 덕두리를 비롯한 6개 리는 대저2동에 해당한다. 가락면의 대사리, 북정리, 상덕리, 제도리의 4개 리는 지금 강동동에 속하며, 죽림리, 식만리, 죽동리, 봉림리는 가락동에 속하였던 리 지명이다.

명지면은 동리, 신전리, 신호리를 비롯하여 7개 리로 구성되어 있는 데, 지금 명지1동에 속한다. 녹산면은 녹산리, 송정리, 화전리를 비롯한 8개 리가 있었는데 지금 녹산동에 속한다. 천가면의 눌차리, 대항리, 동선리를 비롯한 5개 리는 지금 가덕도동에 있던 리이다

표 7-1. 1959년 법정리와 자연마을

면	리	자연마을(漢字)
대저면(大渚面)(49곳)	사덕리(沙德里)	신장로(新長路), 상리(上里), 신덕(新德)
	출두리(出斗里)	당리(堂里), 번덕(蕃德), 신촌(新村)
	대지리(大地里)	동연정(東淵亭), 서연정(西淵亭), 중촌(中村), 중리일구(中里一區), 중리이구(中里二區), 하리(下里), 상리(上里)
	평강리(平江里)	상리(上里), 대리(大里), 사리(沙里), 하리(下里), 칠점(七点), 신촌(新村), 신흥(新興)
	소덕리(小德里)	등구(登龜), 신소(新蘇), 하리(下里), 상방(上芳)
	사두리(沙頭里)	본리(本里), 용두(龍頭)
	덕두리(德頭里)	본리(本里), 동방(東芳), 금호(錦湖)
	맥도리(麥島里)	본맥도(本麥島), 작지(作之), 염막(簾幕), 동자도(東子島), 장협(長峽), 송백(松栢)
	도도리(桃島里)	상리(上里), 내리(內里), 서호(西湖), 순서(順西), 월포(月浦), 상납청(上納廳), 신노전(新蘆田), 군라(軍羅), 신방(新芳)
	울만리(蔚滿里)	신평(新平), 입소(立召), 설만(雪滿), 정관(鼎冠), 신흥(新興)
가락면(駕洛面)(37곳)	대사리(大沙里)	대사(大沙), 평진(平津), 대평(大平)
	북정리(北亭里)	북정(北亭), 중덕(中德)
	상덕리(上德里)	상덕(上德), 덕계(德溪), 신덕(新德), 신천(新川), 득천(得川), 덕포(德浦)
	제도리(濟島里)	상곡(上谷), 중곡(中谷), 평위도(平渭島), 대부동(大富洞), 수봉도(水鳳島), 전양(前洋), 송백도(松栢島), 천자도(天字島)
	죽림리(竹林里)	죽림(竹林), 고정(古井), 용등(龍嶝)
	식만리(食滿里)	식만(食滿), 중사도(中沙島), 시만(詩滿)
	죽동리(竹洞里)	죽동(竹洞), 송산(松山), 금천(金川), 남포동(南浦洞)
	봉림리(鳳林里)	봉림(鳳林), 봉하(鳳下), 신기(新基), 통전(統田), 대흥(大興), 해포도(海浦島), 둔치도(屯致島), 남평(南平)
명지면(鳴旨面)(19곳)	동리(東里)	동리(東里), 진동(鎭東)
	신전리(新田里)	상신(上新), 중신(中新), 하신(下新)
	신호리(新湖里)	신호(新湖)
	조동리(助東里)	조동(助東), 전등(田嶝)
	중리(中里)	영강(永康), 중리(中里), 해척(海尺)
	진목리(眞木里)	진목(眞木), 사취등(沙聚嶝), 신포(新浦), 경등(鯨嶝), 순아도일구(順牙島一區), 순아도이구(順牙島二區), 순아도삼구(順牙島三區)
	평성리(平城里)	평성(平城)
녹산면(菉山面)(29곳)	녹산리(菉山里)	산양(山陽), 녹산(菉山), 성산(星山)
	송정리(松亭里)	옥포(玉圃), 신촌(新村), 송정(松亭), 방근(芳根)
	화전리(花田里)	화전(花田), 사암(四岩)
	구랑리(九朗里)	구랑(九朗), 압곡(鴨谷)
	범방리(凡方里)	탑동(塔洞), 장전(長田), 범방(凡方), 죽곡(竹谷), 사구(沙邱)
	미음리(美音里)	세산(細山), 미음(美音), 분절(粉切), 이룡(二龍)
	지사리(智士里)	신명(新明), 명동(明洞), 지사(智士), 너더리
	생곡리(生谷里)	장낙(獐洛), 생곡(生谷), 가달(加達), 중곡(中谷), 마음(馬音)
천가면(天加面)(17곳)	눌차리(訥次里)	내눌(內訥), 외눌(外訥), 항월(項越), 정거(錠巨)
	대항리(大項里)	대항(大項), 외양포(外洋浦), 새바지
	동선리(東仙里)	가덕(加德), 교동(校洞)
	성북리(城北里)	성북(城北), 선창(仙倉), 율리(栗里), 장항(獐項), 백옥포(白玉浦)
	천성리(天城里)	서중(西中), 남중(南中), 두문(斗文)

출처: 『지명조사철』(1959, 경상남도 김해군, 창원군)

지명 중 지금 법정동으로 사용되는 이름은 가락동(죽림동 · 식만동 · 죽동동 · 봉림동), 녹산동(녹산동 · 송정동 · 화전동 · 구랑동 · 범방동 · 미음동 · 지사동 · 생곡동), 가덕도동(동선동 · 성북동 · 눌차동 · 대항동 · 천성동)에 속했던 17개 지명이다. 이들은 1989년 부산시로 편입된 곳으로 종래 법정리 지명의 '-리'가 '-동'으로 바뀐 것이다. 1978년 부산시로 편입된 4개 동에 속했던 21곳의 리 지명은 폐지되었다. 마을 지명을 구분할 필요가 있을때 부분적으로 사용된다.

각 면에 속한 마을 지명을 보면 대저면에는 10곳의 리에 49개 마을이 있었다. 지금 대저1 · 2동에 속한 곳으로 이 중 도도리에 9곳의 마을이 있었다. 대지리와 평강리에 각각 7곳이 있고 사두리에는 본리와 용두마을 2곳만 있다.

가락면에는 8개 리에는 37곳의 마을이 있다. 지금 강동동과 가락동에 속한 곳으로, 제도리와 봉림리에 각각 8곳의 마을이 있어 가장 많다. 제도리의 자연마을은 옛 제도섬 일대에 형성되어 있다. 봉림리 자연마을은 조만강 하류 유역과 둔치도 일대를 중심으로 형성되어 있다.

명지면에는 7개 리에 19곳의 마을이 있다. 지금 명지1동에 해당된다. 이 중 진목리가 진목, 사취등, 신포 등 7개 마을로 구성되어 가장 많으며 신호리와 평성리는 1곳의 마을만 있다. 진목리 중 명지도의 중앙을 동-서로 지나는 국도 제2호선의 북쪽에 해당하는 곳은 지금 에코델타지구에 속해 있다.

녹산면에는 8개 리에 29곳의 마을이 있다. 지금 행정동인 녹산동에 해당한다. 1914년 행정구역 개편 이전에 이 중 녹산리, 송정리, 화전리는 녹산면에, 그 외의 5개 리는 태야면에 속해 있었다. 자연마을은 범방리와 생곡리에 5곳으로 가장 많고, 다른 리에는 2~4곳이 있다.

천가면에는 5개 리에 17곳의 자연마을이 있다. 지금의 가덕도동에 해당한다. 성북리에 선창 · 율리 · 장항 등 5개 마을이 있어 가장 많다. 눌차리에 내눌 · 외눌마을을 비롯한 4개 마을이 있으며, 천성리와 대항리는 4곳의 자연마을로 구성되어 있다. 동선리의 경우 가덕과 교동 2개 마을이 있다.

이와 같이 『지명조사철』에 수록된 마을 지명의 내용은 인구 감소 혹은 철거로 인해 통합되거나 없어지기 이전의 이름을 보여준다. 대저면 맥드리의 동협마을이 동자도와 장협마을의 합성에서 비롯되었음을 보여주는 것이 이의 사례이다.

낙동델타에서 도시 개발로 마을과 함께 지명도 사라질 위기에 있다. 특히 에코델타 사업과 명지동의 신도시지구 조성 등의 도시개발로 실체가 없어지고 통-반 번호로 관리되고 있다. 그러나 마을민들은 일상에서 이들의 옛 이름을 여전히 사용하고 있다. 지명은 땅에 고착되어 마을이 개별적인 존재임을 보여주고, 인간과 장소를 이어주는 역할을 하고 있음을 잘 보여준다.

2) 도시 개발과 마을 변화

표 7-2. 마을수 변화

시기	계	대저1동	대저2동	강동동	가락동	명지동	녹산동	가덕도동
		(대저면)		(가락면)		(명지면)	(녹산면)	천가면
1959년(지명조사철)	151	20	29	19	18	19	29	17
1989년(부산 편입)(A)	143	19	25	18	17	19	28	17
2022년(마을회관)(B)	97	18	21	12	16	5	14	11
1989~2022년 대비	-46	-1	-4	-6	-1	-14	-14	-6

표 7-2는 1959년 이후 강서지역에서 마을수의 변화를 시기별로 비교한 것이다. 1959년 당시에는 151곳의 마을이 있었다. 1989년 부산시로 편입될 당시에는 143곳이 되어 1959년에 비해 8곳이 줄어 들었다. 대저1동의 경우 평강리의 신촌과 신흥마을이 없어졌으며, 김해군의 대동운하 건설로 인해 대저리의 신정마을이 부산시 소속으로 새로 생겨났다. 대저2동에는 맥도리의 동자·장협이 동협마을로 통합되었으며 도도리의 내리·서호·신방마을이 없어졌다. 강동동에는 상덕리 신천(新川) 마을이, 가락동의 경우 봉림리 남평마을이 나타나지 않는다. 남평마을의 경우 둔치도에 있던 마을로 하작으로도 불렀으며, 둔치도 마을에 통합된 것이다.

명지동에는 낙동강하굿둑이 건설되면서 진목리의 새동네마을이 새로 생겨났고, 신호마을이 신호동이 되면서 녹산동에 편입되어 전체 마을수는 동일하게 유지되었다. 녹산동의 경우 지사리 너더리마을이 없어지면서 28곳이 되었다. 가덕도동은 성북리의 백옥포마을이 없어진 반면 동선동에 새바지마을이 새로 생겨나 숫자에서 변화는 없다.

2022년 현재 마을회관이 소재한 곳은 97곳으로 확인되었다. 이는 1989년 143곳의 마을 숫자에 비해 크게 감소한 수치이다. 이는 부산시 편입 이후 진행된 도시개발에 기인한 것이며, 이 중 가덕도 일대의 마을이 신항만 건설에 의해 가장 먼저 영향을 받았다. 신항만에 접한 율리와 장항마을의 주민 일부가 동선동과 두문동으로 이주하면서 규모가 축소되었다. 동선동의 생교·새바지, 대항동의 새바지·외양포 마을의 경우 지명은 남아 있으나 인구 감소로 인해 마을회관은 세워져 있지 않다.

과학산업단지의 영향을 많이 받은 곳은 녹산동 일대이다. 신호일반산업단지(2003)와 부산경남경마공원 조성(2007) 등 여러 사업이 진행된 곳으로 많은 마을이 철거되거나 이전되었다. 1959년에 미음리 이룡(二龍)과 지사리의 너더리 마을을 포함한 31곳이 있었으나 2022년에 29곳으로 줄어 들었으며 회관은 14곳에만 남아 있다. 장전마을은 부산경마공원이 만들어지면서 김해시로 편입되었다.

국제신도시지구 조성으로 인해 가장 많이 영향을 받은 곳은 명지동 일대이다. 바다에 연해 있어 이를 매립하여 일찍부터 개발되었다. 명지1동은 2012년부터 신도시가 조성되면서 중리, 동리, 조동리, 평상리, 신전리에 있던 11개 마을이 철거되었다.

에코델타사업으로 안해 대저1동은 [도도리]신노전, 상납청, 군라의 3개 마을, 강동동은 [제도리] 대부동, 평위도, 수봉도, 전양, 송백도, 천자도 6개 마을이 없어졌다. 명지1동의 경우에도 [진목리]사취등, 경등, 순아1 · 2 · 3구 5개 마을이 속하였다.

이 외에 1970년대 이후 김해국제공항의 이전과 확장으로 대저2동의 마을이 적지 않게 변하였다. 1998년 공군보급창의 이전으로 용두마을이 이전하였으며, 공항로 확장 공사(1990~2000)로 인해 신소 · 등구 마을에도 주민 이주 단지가 조성되었다.

2. 마을 경관

마을 경관(景觀, landscape)은 농민들이 개척 이후 지표 위에 형성해 놓은 총체적인 모습이다. 마을민들이 농업을 위해 주변 환경을 구성한 결과이기 때문에 낙동델타의 자연 생태적인 모습과 농업, 주민들이 공간에 대해 인식한 내용과 삶의 가치관까지 반영되어 있다. 농촌 마을의 경관 요소는 비가시적 혹은 가시적인 내용으로 구분되며 이에는 지명, 마을 형태와 내부 구조, 공동 공간과 농경지 형태 등이 있다.

1) 지명

지명은 낙동델타 마을의 정체성을 보여주는 가장 기본적인 요소이다. 이곳의 마을은 다른 농촌과 다르게 홍수와 퇴적이 반복되는 삼각주를 무대로 하였고, 주민들은 환경에 어울리는 이름을 명명하여 마을의 정체성을 담았다. 따라서 이름에는 마을의 환경 내용이 축약된 단어로 담겨 있다. 주민들은 지명을 통해 공간을 점유하고, 마을 공간을 대상으로 하는 정보 교류에서 이웃들과의 소통 수단으로 사용하였다.

표 7-3. 낙동델타의 퇴적 관련 마을 지명

지·명	[소재리] 마을 이름
'덕'(德)	[대저1동 사덕리] 신덕(新德), [대저1동 출두리] 번덕(蕃德), [강동동 북정리] 중덕(中德), [강동동 상덕리] 상덕(上德), 덕계(德溪), 신덕(新德), 덕포(德浦)
'등'(嶝)	[가락동 죽림동] 용등(龍嶝), [명지동 조동리] 전등(田嶝), [명지동 진목리] 사취등(沙聚嶝), 경등(鯨嶝)
'사'(沙)	[대저동 평강리] 사리(沙里), [가락동 대사리] 대사(大沙), [가락동 식만리] 중사도(中沙島), [녹산동 범방동] 사구(沙邱), [명지동 진목리] 사취등(沙聚嶝)
'포'(浦)	[대저2동 도도리] 월포(月浦), [가락동 봉림동] 해포도(海浦島), [강동동 상덕리] 덕포(德浦), [가락동 죽동동] 남포동(南浦洞), [명지1동 진목리] 신포(新浦)

표 7-3은 마을 지명 중에서 퇴적 의미를 지닌 이름을 정리한 것이다. 대표적인 것은 '덕(德)'자를 사용한 이름이다. 이에는 대저1동 사덕리의 신덕, 번덕, 가락면의 중덕, 상덕, 덕계, 신덕마을에서 나타난다. 대저도에서 '덕'자를 사용하는 마을은 대부분 주변보다 지대가 높은 자연 제방에 형성되었던 취락이다. 언덕을 '버덩[뻐든, 뻐등, 펀등]'이라고도 하는데, '번덕' 이름은 이에서 유래된 것이다. 모래가 쌓여 제방을 이루고 배가 댈 수 있는 곳을 '덕달'이라 부른다. 이를 한자로 표기하여 '덕두(德頭)'가 되었다. 한편 평강천과 서낙동강 유로 사이에 위치한 가락면 상덕리의 경우 5개 마을 중 득천만 제외하고 4곳에서 모두 '덕(德)' 자를 사용한다.

삼각주 남쪽의 명호도에서는 이와 유사한 용어로 나지막한 언덕을 뜻하는 '등(嶝)'이 사용되고 있다. '전등'(田嶝, 명지동 조동리), '사취등'(沙聚嶝, 명지동 진목리), '경등'(鯨嶝, 명지동 진목리)이 이의 예이다. 서낙동강에 연한 가락동 죽림리에서는 '용등(龍嶝)'마을이 있다.

마을 이름은 개척과 취락 형성 순서를 보여주기도 한다. 지명에 '-본리'가 포함된 경우 대부분은 리에서 가장 먼저 형성된 마을이다. 대저면의 덕두본리, 사두본리 마을이 이에 해당된다. 또한 마을 이름이 법정리 지명과 동일한 경우도 이에 해당된다. 가락동 죽림동의 죽림마을, 식만동의 식만마을, 봉림동의 봉림마을이 이의 예이다.

마을 이름에는 농지 개척 과정에서 없어진 옛 하중도의 흔적이 담겨 있다. 섬의 실체는 없어졌으나 지명으로 남아 있는 경우는 대저2동 맥도리의 동자도, 가락동의 제도리와 평위도, 수봉도, 송백도, 천자도, 순아도1 · 2 · 3구(이상 명지 진목리), 봉림리의 해포도 등이 이에 해당된다. 한편 본맥도(대저2동 맥도리), 둔치도(가락동 봉림리), 중사도(가락동 식만리)는 섬 지명이 마을 이름으로 사용된 경우이다.

삼각주에 입지한 마을과는 달리 녹산동 일대의 산록에 형성된 마을에는 풍수지리와 관련한 지명이 많이 나타난다. 금병산(錦屛山) 자락의 범방(凡方) 마을의 원래 표기는 '범방(泛舫)'이었으나 지금은 '범방(凡方)'으로 바뀐 것이다. 배 형상을 지닌 행주(行舟)형국이라 하여 비롯된 이름이다. 인근에 범방대(泛舫臺)가 있다. '지사(智士)' 마을은 주변 산지를 선비가 글을 읽는 형국으로 해석하여 지명이 비롯되었다. 풍상산(風裳山) 자락의 '미음(美音)' 마을의 입지도 풍수 형국으로 설명되며, 지명은 전설에 담겨 있는 노모(老母)의 아름다운 목소리에서 비롯되었다 전한다.

2) 마을의 공간 구조

마을의 입지는 대저도, 덕도도, 명지도 등의 하중도, 가락동과 녹산동 일대의 산록과 말단부 충적지, 가덕도 해안의 3유형으로 구분된다. 이들은 지리적인 환경이 다르기 때문에 취락의 형태도 차이가 나타난다. 그러나 마을은 가옥이 모여 모듬살이를 이루는 곳이기 때문에 기본적으로 공통적인 공간 질서를 바탕으로 구성된다.

마을 공간은 가족과 함께 일상적인 삶이 이루어지는 거주공간을 중심으로 농경지로 구성된 경제공간, 마을민들의 사회 관계가 형성되는 사회·의례 공간으로 나뉘어진다. 이들 공간은 서로 관계를 통해 경제, 사회, 문화적인 내용을 아우르면서 마을의 정체성을 형성한다.

(1) 취락 형태

취락은 하천 제방과 평야, 산록을 중심으로 대부분 집촌(集村) 형태로 나타난다. 대저도 동쪽에는 제방을 따라 취락이 배치되어 있다. 이는 낙동강 유로에 제방이 건설되면서 제방 안으로 이전된 것에 기인한다. 제방이 축조되기 이전에는 홍수로 인한 범람 때 대피를 위해 주변보다 높은 자연제방에 입지하였다.

삼각주 독산의 산록에 입지한 마을은 대부분 괴촌(塊村) 형태를 보인다. 강동동 덕도산 산록에 있는 북정리 북정, 상덕, 덕계 마을과 가락동 오봉산 산록에 죽림리의 죽림, 봉하, 봉림, 송산마을이 이의 예이다.

집촌이 도로나 수로를 따라 형성되는 경우 가촌 혹은 열촌 형태를 보인다. 일부 지역에서는 다른 마을과 떨어져 있는 소촌 형태를 나타난다. 대저2동 울만리의 설만, 입소, 정관 마을과 명지동의 해척마을이 이의 사례이다.

도로를 따라 취락이 열상으로 배치된 곳은 대저1동 북쪽의 출두리와 대지리 일대이다. 김해와 구포를 잇는 신장로를 따라 가옥이 분포되어 있다. 수로 건설로 인해 열촌이 나타나는 곳은 명지동에 있었던 상신, 중신, 하신 마을이 있다(그림 7-1).

그림 7-1. 명지동의 상신·중신·하신마을(정사영상, 2008)

대저1동과 가락동의 일부 지역에는 산촌(散村)이 나타난다. 이 중 대저도 북단의 옛 출두리에서 나타나는 산촌은 20세기 초 이곳에서 배를 중심으로 과수 재배가 성하였기 때문이다.

가락동의 봉림동 일대의 산촌 분포 지역에서 해포도와 대흥마을의 경우 가옥간 거리가 약 100~200m 떨어져 있다. 이곳은 조만강이 서낙동강과 합류하는 일대로서 1934년에 녹산수문이 건설되기 전까지는 만조 때 해수가 역류하여 벼농사가 불가능한 지역으로 개간이 늦었던 곳이다. 낙동제방의 축조 이후 일본인 농장에 의해 저습지가 농지로 개간되면서 이와 같은 형태가 시작된 것으로 보인다. 이와 같은 산촌 형태는 1953년에 서낙동강 연안의 제방이 축조되고 농수로 시설이 갖추어짐에 따라 가옥과 농지의 거리를 최소화하기 위해 더욱 강화된 것으로 보인다.

(2) 마을 구성과 공동공간

① 마을 내부의 공간 구성

그림 7-2는 정사영상에 나타난 3개 마을의 모습이다. 이들의 입지 유형을 보면, 대저1동의 당리는 삼각주 입지 유형이다. 녹산동의 화전마을은 산록 입지 유형으로 녹산공단과 접해 있다. 가덕도의 대항마을은 해안 입지 유형에 속한다.

당리마을(그림 ①)은 대저도의 북단에 위치한 마을이다. 당제를 제일 먼저 지내서 지명이 유래된 곳이다. 마을 동쪽을 지나는 공항로에서 마을로 들어서는 초입부에는 마을비가 세워져 있다. 마을의 존재를 외부인들에게 알리고 이를 지나는 것은 마을 영역 안으로 들어섰음을 의미한다. 이곳에서 마을 안으로 길이 이어진다. 가옥은 공장들과 혼재되어 있다. 원래 논은 경지정리가 되어 있었으며 마을의 구조는 취락의 골목길에 남아 있다. 마을의 중심을 지나 안쪽으로 더 들어가면 공장이 들어선 사이에 당집이 있다. 주민들은 인근 신촌마을과 함께 매년 음력 섣달 그믐에 제를 올린다.

녹산동 화전마을(그림 ②)은 봉화산 산줄기의 말단부에 형성된 마을이다. 마을 앞은 매립되어 르노삼성자동차 등이 입지한 산업단지가 들어서 있다. 초입부에 세워져 있는 표지석은 과거에 해안선이 지났던 곳으로 지금은 소로의 형태로 옛 해안의 흔적이 남아 있다.

마을비를 지나 도로 주변에 조성된 농경지는 과거 곡선 모습의 논두렁[畦畔, 휴반]이 그대로 남아 있다. 경지는 세장형의 모습을 보이며 계단식 경작의 벼농사가 이루어진다. 가옥은 농경지와 산록이 만나는 곳에 괴촌 형태로 입지하고 있다. 마을 앞 가까이의 농경지에는 소류지가 축조되어 있다. 농업용수를 공급하기 위한 것이나 함께 있는 노거수는 주민들에게 여름철 그늘막을 제공하고 있다. 마을의 평화로운 모습은 인접한 신호공단과 대조를 이룬다.

당리와 화전마을은 공통적으로 취락 가까이에 공단이 들어서 있어 원래의 모습은 변형되어 있다. 그러나 마을비가 세워진 초입부로부터 가옥을 지나 당집에 이르기까지 기-승-전-결의 구조를 아직 유지하고 있다.

대항마을(그림 ③)은 가덕도에서 가장 남쪽에 형성된 어촌이다. 마을 앞의 바다는 어로 활동을 통해 경제 공간의 역할을 한다. 숭어잡이가 성하였으며, 해안 부두는 어로기에 공동작업 공간 역할을 한다. 농업은 취락 뒤쪽 산록의 농경지를 이용한다. 마을 뒤에 당산이 있으며, 매년 섣달 그믐날에 제를 올린다. 신공항이 예정되어 있으나 마을은 아직 어촌의 모습을 유지하고 있다. 가덕도의 마을비는 대부분 해안 도로의 취락 초입부에 세워져 있다. 대항마을의 경우 표지석은 세워져 있지 않다.

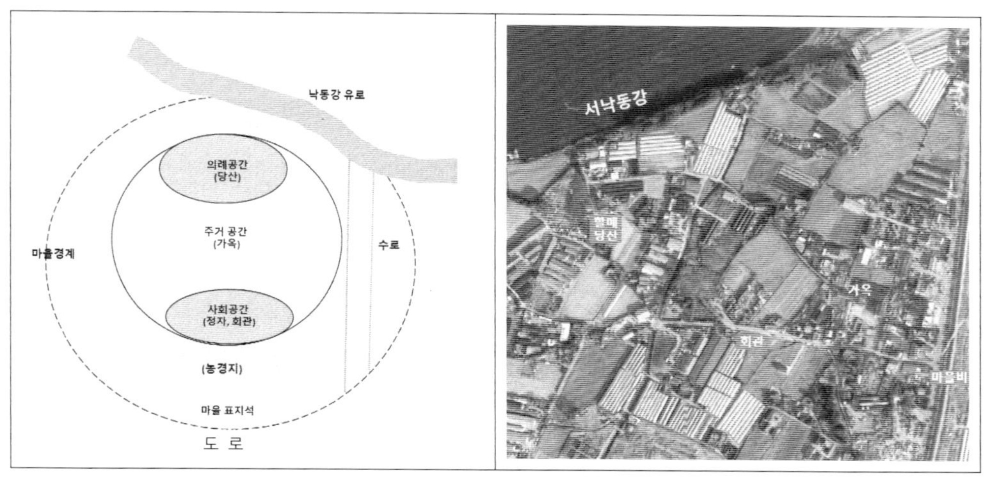

① 삼각주 마을(대저1동 당리)

② 산록 마을(녹산동 화전) ③ 해안 마을(가덕도동 대항)

그림 7-2. 낙동델타의 마을 내부 구조

② 공동 공간 : 회관과 당산

가. 마을 회관과 상점

마을의 중심에는 회관이 자리잡고 있다(그림 7-3). 마을 회관은 대부분 1970년대의 새마을사업으로 만들어진 것으로 이후에 보수되거나 새로 세워졌다. 1~2층으로 건립되어 있으며, 옥상에는 주민들에게 공지 내용 혹은 위급 상황을 알려주는 시설이 설치되어 있다. 인근에는 정자 쉼터 혹은 체육시설 등의 주민 공유 공간이 있다(그림 7-4). 건물의 일부를 외부인에게 임대하여 마을 수익금으로 충당하기도 한다.

회관은 평상시에는 주로 경로당으로 이용되고, 현안이 있을 때 주민들의 회의 공간으로 사용된다. 건물 입구에는 경로당과 함께 청년회, 부녀회 등의 현판이 걸려 있다. 일부에는 마을 현안을 다루기 위해 조직된 위원회의 현판이 있는 경우도 있다. 홍보 게시판이 있어 주민들에게 마을 정보를 알리는 역할을 한다.

그림 7-3. 마을회관(녹산면 생곡)

그림 7-4. 마을 정자(대저1동 서연정)

나. 마을 당산과 당제

마을에는 아직 당집이 적지 않게 남아 있다. 표 7-4는 2005년 당시 강서지역에 소재한 당산을 정리한 것이다. 전체 당산 숫자는 54곳으로, 그 중 대저동 14곳, 명지동 13곳, 녹산동 17곳, 강동동에 7곳이 있었다. 2023년 현지답사 결과 도시 개발로 마을이 철거되지 않았으면 이들 당산은 대부분 남아 있으며, 당제 기능도 유지되고 있다. 이는 지금도 주민들에게는 당산이 마을 공동체의 경관으로 자리잡고 있음을 보여준다.

마을에서 당산 위치는 대부분 마을 내부, 혹은 주변의 하천가나 소류지, 산록에 있다. 대저1동 출두리 당리마을의 경우 서낙동강변에 있으며, 울만리 설만마을은 오메거지못에 가까이에 있다. 울만리 입소, 맥도리 본맥도마을 등은 마을 안에 소재하고 있다. 생곡동 장락마을, 산양 마을 등에서는 노거수가 있는 곳에 당집을 세워 당제를 올린다.

표 7-4. 강서지역의 당산 소재 마을

동	[동리] 마을
대저1동	[사덕리] 상리마을(○), [출두리] 당리마을(○), 번덕마을(○), [평강리] 평강대리마을(○), [대지리] 대지하리마을(○)
대저2동	[소덕리] 신소마을(○), [덕두리] 덕두본리마을, 금호마을(○), [맥도리] 동협마을(○), 본맥도마을(○), 송백마을(○), [울만리] 설만마을(○), 입소마을(○), [도도리] 순서마을(○)
강동동	[대사리] 대사2구마을(○), 평진마을 [북정리] 북정마을(○), 중덕마을(○), [제도리] 수봉도마을, 상곡마을(○), 중곡마을(○), 평우도마을
명지동	[중리] 영강마을, 중리마을(○), 해척마을. [진목리] 사취등마을(○), [신전리] 상신마을, 중신마을, 하신마을, [평성리] 평성마을, [동리] 동리마을, 진동마을, [조동리] 조동마을, 전등마을
가락동	[죽림동] 죽림마을(○)
녹산동	[구랑동] 구랑마을, [녹산동] 녹산마을, 성산마을, 산양마을(○), [미음동] 와룡마을, 분절마을, [범방동] 범방마을(○), 탑동마을, [생곡동] 마음마을, 장락마을(○), [송정동] 송정마을(○), 방근마을(○), [신호동] 신호마을, [지사동] 명동마을, 너더리마을, 신명마을, [화전동] 사암마을(○)
가덕도동	[눌차동] 눌차마을(○), [천성동] 천성마을(○), [대항동] 대항마을

※'O' 표시는 2023년 소재가 확인된 마을임, 출처 : 『부산의 당제』(2005)

당제는 대개 음력 정월을 전후로 지내고 일부는 8월 추석에 지낸다. 마을 단위로 지내는 것을 원칙으로 하나 이웃 마을과 공동으로 모여 제를 올리기도 한다. 주민 개인적으로 당제를 지내는 경우도 있다(그림 7-5).

그림 7-5. 마을 당산과 당제(맥도리 본맥도마을 2023. 6)

③ 집성촌 경관

집성촌은 동성동본의 성씨 집단이 모여 사는 마을을 일컫는다. 우리나라의 집성촌은 고려시대에 성씨의 본관(本貫)이 만들어진 후부터 형성된 것으로 보고 있다. 조선시대에는 성리학의 영향을 받아 성씨 집단의 결속력은 더욱 강화되었다. 마을에서 성씨는 주민 구성에서 다수를 차지하면서 공동체의 중심을 이루고, 특정 성씨의 영향력을 강화시키는 역할을 한다.

표 7-5. 마을별 세거 성씨(姓氏)

동	마을 성씨
대저1동	[출두리] 번덕마을(밀양 박씨 · 창녕 성씨), 신촌마을(밀양 박씨) [대지리] 동연정마을(영천(永川) 이씨 · 장흥 고씨) [사덕리] 상리마을(금녕 김씨 · 밀양 박씨), 신덕마을(남평 문씨) [평강리] 상리마을(밀양 박씨 · 분성 배씨 · 진양 강씨) [대지리] 상리마을(능주 구씨 · 장흥 고씨 · 진양 강씨)
대저2동	[덕두리] 동방마을(연안 이씨), [사두리] 본리마을(김해 김씨) [소덕리] 하리마을(여흥 민씨 · 초계 정씨 · 해주 오씨), [울만리] 설만마을(김녕 김씨)
강동동	[북정리] 북정마을(경주 이씨 · 남평 문씨 · 단양 우씨 · 영양 천씨) [상덕리] 덕계마을(남평 문씨), 득천마을(김해 김씨 · 남원 방씨), 상덕마을(남평 문씨)
명지동	[진목리] 진목마을(김해 김씨 · 밀양 박씨 · 분성 배씨) [중리] 중리마을(김해 김씨 · 밀양 박씨 · 진주 강씨) [동리] 동리마을(경주 최씨 · 김해 김씨 · 함안 조씨) [신전리] 중신마을(남평 문씨), [조동리] 조동마을(김해 김씨 · 남양 홍씨 · 파평 윤씨) [평성리] 평성마을(경주 김씨 · 밀양 박씨 · 성주 이씨)
가락동	[죽림동] 죽림마을(분성 배씨), 용등마을(밀양 박씨) [죽동동] 송산마을(분성 배씨), 죽동마을(분성 배씨, 청풍 김씨) [식만동] 식만마을(김해 김씨), [봉림동] 봉림마을(남평 문씨), 신기마을(진양 하씨)
녹산동	[송정동] 방근마을(경주 김씨 · 밀양 박씨), 신촌마을(밀양 손씨 · 창원 황씨), 송정마을(경주 최씨 · 김해 김씨 · 밀양 박씨 · 창원 황씨), 옥포마을(은진 송씨) [화전동] 사암마을(김해 김씨 · 남원 양씨 · 밀양 박씨) [녹산동] 본녹산마을(김해 김씨 · 밀양 손씨 · 파평 윤씨), 산양마을(분성 배씨 · 파평 윤씨) [생곡동] 마음마을(경주 이씨), 생곡마을(분성 배씨), 중곡마을(경주 최씨) [구랑동] 구랑마을(달성 서씨 · 동래 정씨), 압곡마을(함종 어씨) [지사동] 신명마을(평산 신씨). 지사마을(분성 배씨), [미음동] 분절마을(창녕 조씨 · 함안 조씨) [범방동] 범방마을(경주 최씨 · 남양 홍씨), 사구마을(영월 엄씨), 탑동마을(분성 배씨), 가동마을(창녕 조씨), 장전마을(남양 홍씨), [신호리] 신호마을(김해 김씨)
천가동	[성북동] 선창마을(경산 전씨), 율리마을(김해 김씨), [대항동] 대항마을(신안 주씨)

자료: 『강서구지』(2014), 『부산의 자연마을』(2007)

낙동델타에도 집성촌 마을이 적지 않게 남아 있다. 이곳에서 집성촌 형성은 조선시대 취락이 형성되면서 시작된 것으로 보인다. 이후 농지 개척이 확대되면서 집성촌이 강화되었고, 이후 인구가 증가하여 여러 성씨가 함께 마을을 구성하게 되었다. 현대에 이르러서는 도시 개발로 집성촌 성격은 점차 약화되었다. 그러나 일부 마을에서는 재실이 세워져 있어 문중 기능이 유지되고 있음을 보여준다

표 7-5는 향토 지리지에 수록된 강서지역 50개 마을의 세거 성씨를 정리한 것이다. 대부분 1마을 1성씨이나, 강동동 북정, 녹산동 본녹산, 화전동 사암, 송정동 송정마을의 경우 4개 성씨가 함께 언급되고 있다.

성씨별로 보면 김해 김씨가 사두리 본리마을, 상덕리 득천마을, 식만동 식만마을을 비롯한 12곳으로 가장 많다. 밀양 박씨는 출두리 번덕과 신촌마을, 사덕리 상리마을을 비롯한 11곳이다. 분성 배씨는 평강리 상리마을, 죽동동 송산과 죽동 마을 등 9곳 마을에서 나타난다. 이 중 송산마을에는 조선시대 성리학자였던 배진희(裵晋曦, 1824~1886) 선생의 생가가 보존되어 있다. 남평 문씨는 사덕리 신덕마을, 북정리 북정마을, 상덕리 덕계와 상덕마을 등 6곳에서 나타난다.

재실은 성씨의 문중에서 조상의 묘 혹은 사당옆에 묘제(墓祭)나 망제(望祭)를 지내기 위해 세운 건물이다(그림 7-6). 재각 혹은 재궁이라고도 한다. 재실은 여러 마을에 세워져 있으며, 녹산 미음동 분절마을에는 창녕 조씨 재실인 남강재가 있다. 이 재실은 개항기 때 건립된 재실로 당시의 건축양식을 보여준다. 이곳에서는 1927년 중국에서 행방불명이 되었던 독립운동가 조정환(曺正煥, 1875~?]을 기리는 행사가 개최되었다.

이 외의 재실로는 녹산동 산양마을에 분성 배씨와 파평 윤씨의 재실인 가선재와 숭조재가 함께 있다. 가락동의 죽동마을에는 분성 배씨의 재실인 침천재(枕泉齋)가 있다. 배덕민(裵德民)이 강학을 하였던 곳으로 재실 뒤에 있는 영천(靈泉)을 베개로 삼는다 하여 비롯된 이름이다. 봉림동 봉림마을에는 남평 문씨의 경모재(景慕齋)가 있다.

가선재(분성 배씨)

숭조재(파평 윤씨)

그림 7-6. 문중 재실: 녹산동 산양마을

제8장 마을비와 글

우리나라 대부분의 마을은 산에 기대어 자리잡고 있다. 마을 앞에는 논밭이 펼쳐져 있으며 초입부에는 동구나무와 표지석이 있다. 마을의 산과 이들 노거수는 마을 경관에서 중심성을 지니며 때로는 주민들에게 경외의 대상이 되기도 한다. 마을의 경계를 나타내는 구실을 하였으며 마을민들이 모이는 장소가 되기도 하였다.

낙동델타에는 마을이 기댈 수 있는 산과 나무가 거의 없다. 대부분 취락은 낙동강에 연한 제방 아래에 입지하거나 경지정리가 된 농경지 가까이에 자리잡고 있다. 강동동 덕도산, 가락동 오봉산과 녹산동의 봉화산 자락에서만 산록에 있을 뿐이다.

이곳의 대부분 마을에는 적지 않은 규모의 표지석이 세워져 있다. 주변에 산이나 나무가 드물어 이들은 더욱 커 보인다. 삼각주 평야라는 지리적인 환경 속에서 표지석은 산과 동구나무를 대신한다는 인상을 준다. 마을회관과 다르게 주민들의 자발적인 의지로 세운 것이기 때문에 마을 공동체의 모습도 엿볼 수 있게 한다.

표 8-1은 마을비 내용을 정리한 것으로 전체 112개가 대상이 되었다. 대부분 취락 안에 입지하며, 마을이 없어져도 표지석이 남아 있는 경우가 있다. 대저1동 평강하리 마을이 이에 해당한다. 명지동 하신마을에는 마을비가 당산과 함께 있다.

도시 개발로 마을이 철거된 곳에서는 표지석을 한 곳에 모아 놓은 경우도 있다. 명지국제신도시와 에코델타지구에 속했던 마을이 이에 해당한다. 이른 시기에 개발이 진행된 녹산동의 경우 표지석은 보존되어 있지 못하고 사진 자료로만 남아 있는 마을도 적지 않다.

표 8-1. 마을비의 분포와 내용

구분		전체	대저1동	대저2동	강동동	명지동	가락동	녹산동	가덕도동
현재 마을수(2022)		97	18	21	12	5	16	14	11
수집 표지석 자료*		112	15	24	16	12	11	22	11
소재지	마을 내	80	14	20	11	3	10	13	9
	공원 이전	13	-	-	5	7+1	-	-	
	사진 협조	19	1	5	-	1	1	9	2
건립 시기	1999년 이전	32	6	6	4	3	5	6	2
	2000~2009	24	1	8	2	2	2	9	
	2010년 이후	14	4	1	1		2	3	3
	건립연도 미상	42	4	10	9	7	2	4	6
표지석 글		97	13	19	13	11	10	21	10

* 자료: 현지답사(2020~2023), 철거마을 사진 협조: 강서문화원 · 녹산향토문화관

대부분의 표지석에는 마을을 소개하는 글이 새겨 있다. 텍스트에는 마을 유래 뿐 아니라 개척과 농업 근대화를 거치면서 농민들이 경험한 삶의 기억과 함께 미래의 지향 목표도 축약되어 있다. 주민들이 공동의 기억을 토대로 함께 쓴 것이어서 마을민들이 공유한 심상(心象)을 보여준다. 비록 세련된 글은 되지 못하나 타자의 시선으로 쓴 글보다 훨씬 생동감이 있다. 일부는 시어(詩語)로 쓰여 있어 정서적인 내용도 담고 있다. 이는 우리나라 농촌 마을에서 드물게 나타나는 모습이다. 이 장에서는 112개의 마을비 형태를 분석하고 글을 구성하는 단어를 대상으로 텍스트 분석을 통해 주민들이 공유하는 기억의 내용을 파악하고자 하였다.

1. 마을비 형태

1) 위치와 건립 과정

표지석은 대부분 도로변에 접한 마을 입구에 세워져 있다. 재질은 화강암 혹은 대리석과 흑요석 재질의 자연석이다. 형태는 기단석과 상석으로 구성되고 높이는 약 1.5~2.5m이다. 대부분 세로 방향으로 세워져 있으나 가로 형태의 표지석도 나타난다. 마을비는 대부분 김해에 소재한 석재 가공소에서 만들어진다(그림 8-1 참조).

앞면에 마을 이름이 쓰여 있으며, 한자(漢字) 지명을 병기한 경우도 있다. 일부는 로마자 알파벳을 함께 새기기도 하였다. 마을비 위치는 대부분 국가나 시 소유의 하천, 도로 혹은 공원부지에 세워져 있다. 가락동의 중사도, 둔치도마을과 같이 외부 지역과 교량으로 이어진 경우 다리 초입부에 세워져 있다. 중사도에는 비망비와 시비(詩碑)가 함께 있으며, 과거 육지와 연결되던 나루터에도 별도의 표지석이 있다. 적당한 건립 부지를 확보하지 못한 경우에는 마을회관 안에 세워지기도 한다.

마을비 형태

마을비 글

그림 8-1. 마을비 형태: 대저2동 소덕 하리마을

마을비 건립은 주민들의 의사결정을 바탕으로 진행된다. 강서구청에서는 조례(「마을회관 등 지원조례」, 2015. 10. 26)에 의거하여 매년 지원 계획을 공시하면 마을에서는 이에 대응하여 주민 회의를 거쳐 건립 여부를 결정한다.

이후 형태와 위치 등을 정하고 기본 형태와 마을 유래 등 글의 내용도 함께 결정한다. 텍스트는 마을민 중에서 학식이 높은 이가 초안을 작성하고 주민들이 이를 검토한다. 표지석 디자인은 예산에 맞게 석재 업자와 협의하여 결정한다. 건립 비용이 지원금(마을당 300만원)을 초과하는 경우 마을에서 부담한다. 한편 일부 마을에서는 주민의 희사에 의해 건립되어 예산 지원 없이 세워진 경우도 있다.

마을비 건립 시기는 대부분 표지석에 새겨져 있다. 1994년이 가장 이른 시기로 나타났다. 이에는 대저1동 평강하리마을, 대저2동 설만마을, 가락동 용등마을, 녹산동 범방마을 4곳이 해당된다. 건립 시기를 나누어 보면 1990년대가 32곳으로 가장 많고, 2000년대 24곳, 2010년 이후는 14곳이 만들어졌다. 연도가 쓰여 있지 않은 표지석은 42곳이 있다. 마을이 이전되면 표지석도 함께 옮겨진다. 렛츠런파크(이하 '부산경마장') 건설로 인해 이전된 녹산동 범방마을이 이에 해당된다.

최근에도 마을비 설치는 꾸준히 지속되었다. 2022년에는 강동동 대사1구와 녹산동 장락마을에서 세워졌다. 통장과의 면담 결과 설립 동기는 도시화에 따른 마을 소멸의 위기감과 기록을 남기려는 노력에서 비롯되었음을 확인하였다.

이 중 장락마을의 경우 마을비 2개를 별도 장소에 세웠다. 수년 전에 새로운 도로가 마을 가운데로 계획되면서 당제를 지내던 당산나무가 없어질 위기에 처하였다. 주민들이 단합하여 노선을 변경시켰고, 매년 정월 초이레 지냈던 당제는 원래 위치에서 지속될 수 있었다(그림 8-2). 도로 개통 후 마을이 3곳으로 나뉘어졌으나, 주민들은 분리를 극복하고 정체성을 유지하기 위해 표지석을 세운 것이다.

그림 8-2. 장락마을 포구나무

2) 마을비 형태

(1) 대저1동

대저1동에 소재한 마을비의 형태는 표 8-2와 같다. 19곳의 마을 중 (출두)신촌, (대지)중촌, 하리와 (대저)신정마을 4곳을 제외하고 15곳에 마을비가 있다. 평강하리의 경우 취락은 거의 없어졌으나 마을 옛 터에 표지석이 남아 있다.

마을비는 대부분 초입부의 도로변에 위치해 있으나 출두리에 소재한 당리와 번덕마을의 경우 낙동강 제방에 있어 공항로를 사이에 두고 마을과 떨어져 있다. 대지리의 서연정 마을에는 관개수로와 도로가 만나는 곳에 있으며, 평강동의 상리와 대리, 하리는 평강로의 마을 초입부에 있다.

마을비는 1990년대부터 건립되었으며 가장 먼저 세워진 곳은 1994년의 평강하리의 표지석이다. (출두)당리, 번덕마을을 비롯하여 6곳이 세워졌으며, 비교적 최근인 2018년에는 신장로마을에 세워졌다. 신장로 표지석에는 이름이 '으뜸마을'로 새겨져 있다.

표 8-2. 대저1동 마을 표지석

	법정동(리)	마을		표지석			
		이름	회관	유무	건립 연도	이름 표기*	텍스트
1	[출두리]	당리	○	마을	1999	한글+漢+로	○
2		번덕	○	마을	1995	한글+漢+로	○
3		신촌	○	없음	-	-	-
4	[사덕리]	신장로	○	마을	2018	한글	○
5		신덕	○	마을	2010	한글+로	없음
6		사덕상리	○	마을	미상	한글+漢+로	○
7	[대지리]	동연정	○	마을	미상	한글+로	○
8		서연정	○	마을	1996	한글+로	○
9		대지상리	○	마을	1998	한글	○
10		대지중촌	○	없음	-	-	-
11		대지중리1구	○	마을	1997	한글+漢+로	○
12		대지중리2구	○	마을	2001	한글+漢	○
13		대지하리	○	없음	-	-	-
14	[평강리]	평강상리	○	마을	미상	한글	○
15		평강대리	○	마을	미상	한글	○
16		평강사리	○	마을	2013	한글	○
17		칠점	○	마을	2012	한글	없음
18		평강하리	없음	마을터	1994	한글	○
19	[대저리]	신정	○	없음	-	-	-

* 내용에서 '漢'은 한자 표기, '로'는 로마자가 병기된 경우임(이하 〈마을비 표〉동일).

표지석의 마을 이름은 대부분 한글과 한자가 함께 쓰여 있으며, 일부는 로마자가 병기되어 있다. 한글 이름만 새긴 표지석으로는 (사덕)신장로의 으뜸마을을 비롯하여 (대지리)상리와 옛 평강리에 속한 5개 마을이다.

로마자를 병기한 곳은 (출두)당리와 번덕, (사덕)신덕과 상리마을, (대지)동연정과 서연정, 중리1구마을이 있다. 한자 지명만을 병기한 경우는 (대지)중리2구, 로마자만을 병기한 곳은 (사덕)신덕마을이다. 글을 새겨 놓은 마을비는 칠점과 (사덕)신덕마을 2곳을 제외한 13곳이 있다.

한편 칠점마을에는 표지석 외에 칠점산 기념비가 별도로 세워져 있다. 1995년 강서구청이 주관하여 건립한 것으로 공항과 경계를 이루는 담에 인접하여 세워져 있다. 기념비의 하부석에는 칠점산의 유래에 대한 글이 새겨 있다.

(2) 대저2동

표 8-3. 대저2동 마을 표지석

법정동(리)	마을		표지석			
	이름	회관	소재지	건립 연도	이름 표기	텍스트
[소덕리]	등구	○	마을	2010	한글+漢	○
	신소	○	마을	미상	한글	없음
	소덕하리	○	마을	미상	한글	○
	동덕	○	마을	미상	한글	○
	상방	○	마을	2008	한글+漢+로	○
[사두리]	사두본리	○	마을	미상	한글	○
	용두	○	마을	미상	한글+로	없음
[덕두리]	덕두본리동방	○	마을	2002	한글+漢	○
	금호	○	마을	미상	한글	○
[맥도리]	본맥도	○	마을	2005	한글+漢	○
	작지	○	마을	2002	한글+漢	○
	염막	○	마을	미상	한글+漢	없음
	동협	○	마을	1997	한글+漢	○
	송백	○	마을	2005	한글	○
[도도리]	도도본리	○	마을	미상	한글+漢	없음
	순서	○	마을	1996	한글+漢	○
	상납청	에코편입	○(사진)	미상	한글+漢	없음
	월포	○	마을	2004	한글	○
	신노전	에코편입	○(사진)	2002	한글+漢+로	○
	군라	에코편입	○(사진)	미상	한글	없음
[울만리]	설만	○	마을	1994	한글+漢	○
	입소	○	마을	1995	한글	○
	신평	○	마을	1995	한글+漢+로	○
	정관	○	마을	1996	한글+漢+로	○

그림 8-3. 설만마을 표지석과 마을 이정표

표 8-3은 대저2동의 마을비의 내용을 정리한 것이다. 마을 수는 25곳이나 24곳에 표지석이 있다. 덕두본리와 동방마을이 합쳐 한 곳에 세워진 것에 비롯된다. 동의 모든 마을에 표지석이 있었으나 에코델타사업으로 인해 상납청, 신노전, 군라마을의 표지석도 철거되었다.

건립 시기는 1994년에 세워진 (울만)설만마을이 최초이다. (맥도)동협마을, (도도)순서마을, (울만)입소, 신평, 정관마을은 이후에 세워졌다. 2010년의 (소덕)등구마을까지 8곳이 세워졌다. (소덕)신소마을을 비롯한 10곳은 확인되지 않는다.

마을 이름 표기는 대저1동과 같이 다양하다. 한글만 사용한 마을은 (소덕)신소, 소덕하리, 동덕, (사두)본리, (덕두)금호, (맥도)송백, (도도)월포와 군라 9개 마을로 가장 많다. 로마자를 병기한 경우는 소덕리 상방, 사두리 용두, 드도리 신노전, 울만리 신평과 정관의 5곳 마을이 있다.

(3) 강동동

강동동 4개 리에 있던 마을비의 내용은 표 8-4와 같다. 원래 있었던 전체 18곳의 마을 중 제도리의 대부동, 평위도마을을 비롯하여 6곳은 에코델타지구에 편입되어 취락은 철거되었다. 이 중 평위도와 수봉도, 전양, 천자도, 송백도 마을비는 에코델타사업단에 임시 보관되어 있다(그림 8-4). 대부동의 경우 초입부에 표지석이 있었다는 기록이 있으나 내용은 확인되지 않는다. 한편 (대사)대사2구 마을은 표지석이 없다.

건립 시기를 확인할 수 있는 마을비는 7곳으로 이 외의 표지석에는 쓰여 있지 않다. 가장 먼저 세워진 마을비는 1994년의 천자도 마을이며, 이후 2000년 이전까지 (북정)중덕, (제도)중곡 · 소봉도마을에서 세워졌다. 2000년대 들어 (상덕)상덕, 득천 마을에서 건립되었다. 대사1구의 마을비는 최근인 2022년에 세워졌다.

마을 이름 표기를 보면 한글로만 쓴 경우는 (대사)대사1구, (북정)중덕과 신덕마을을 비롯하여 7곳이다. 한자를 병기한 마을은 (대사)대사3구와 (제도)상곡과 중곡마을이다. 로마자도 함께 쓴 표지석은 (북정)북정, (상덕)득천, (제도)평위도 마을을 비롯하여 6개 마을에서 나타난다.글은 대사리 3곳 마을과 제도리의 평위도마을을 제외한 대부분의 표지석에 새겨 있다.

표 8-4. 강동동 마을 표지석

리	마을		표지석			
	이름	회관	유무	건립 연도	이름 표기	글
[대사리]	대사1구	○	마을	2022	한글	없음
	대사2구	○	없음	-		-
	대사3구	○	마을	미상	한글+漢	없음
[북정리]	북정	○	마을	미상	한글+漢+로	○
	중덕	○	마을	1995	한글	○
	신덕	○	마을	미상	한글	○
[상덕리]	상덕	○	마을	2007	한글	○
	덕계	○	마을	미상	한글	○
	득천	○	마을	2004	한글+漢+로	○
	덕포	○	마을	미상	한글	○
[제도리]	상곡	○	마을	미상	한글+漢	○
	중곡	○	마을	1995	한글+漢	○
	대부동	에코델타 지구	없음	-	-	-
	평위도		○(수자원)	미상	한글+漢+로	없음
	수봉도		○(수자원)	1997	한글+漢+로	○
	전양		○(수자원)	미상	한글+漢+로	○
	송백도		○(수자원)	미상	한글+漢+로	○
	천자도		○(수자원)	1994	한글	○

그림 8-4. 에코델타지구 이전 마을비(에코델타사업단 소재)

(4) 명지동

명지동은 남쪽에 국제신도시가 개발되고 북쪽 일대는 에코델타지구에 속해 있어 많은 마을이 철거되고 다소 복잡하게 변화가 전개되었다. 지명으로 남아 있는 19곳의 마을 중 사취등, 경등을 비롯한 5곳은 에코델타지구, 해척, 동리, 진동마을 등 7곳은 국제신도시지구에 속한다. 신포와 새동네마을의 경우 주민 이주로 생겨난 곳으로 회관이 세워져 있지 않다. 이로 인해 명지동에는 회관과 함께 마을이 실체로서 남아 있는 곳은 진목, 중리, 영강마을(10통)의 3곳 뿐이다.

마을비는 일부를 제외하고 대부분 이전되거나 없어졌다. 표지석이 원래 위치에 남아 있는 곳은 진목, 순아3구, 하신마을 3곳뿐이다. 이 중 순아3구와 하신마을의 경우 국제신도시지구에 속해 철거되었으나 표지석은 이전되지 않고 현장에 남아있다.

명지신도시에 속한 동리, 진동, 조동을 비롯한 7곳의 마을비는 명지동 울림공원에 이전되어 있다(그림 8-5). 순아1구의 표지석은 에코델타사업단 부지에 옮겨져 있다. 사취등의 경우 사진으로만 형태가 남아 있다.

표 8-5. 명지동 마을 표지석

리	마을		표지석			
	이름	회관 유무	유무	건립 연도	이름 표기	텍스트글
[진목리]	진목	○	마을	2002	한글+漢字	○
	신포	없음	없음	-	-	-
	새동네	없음	없음	-	-	-
	사취등	에코델타	○(사진)	미각인	한글+漢+로	○
	경등	에코델타	없음	-	-	-
	순아1구	에코델타	○(수자원)	미각인	한글+로	없음
	순아2구	에코델타	없음	-	-	-
	순아3구	에코델타	마을	1996	한글+漢+로	○
[중리]	명지중리	○	없음	-	-	-
	영강(10통)	○	없음	-	-	-
	해척	명지신도시	없음	-	-	-
[동리]	동리	명지신도시	○(공원)	2003	漢字	○
	진동	명지신도시	○(공원)	미각인	한글	○
[조동리]	조동	명지신도시	○(공원)	미각인	한글	○
	전등	명지신도시	○(공원)	1995	한글	○
[평성리]	평성	명지신도시	○(공원)	미각인	한글	○
[신전리]	상신	명지신도시	○(공원)	미각인	한글	○
	중신	명지신도시	○(공원)	미각인	한글	○
	하신	명지신도시	마을	1996	한글+漢+로	○

표 8-5는 명지동에 남아 있는 12개의 마을비 내용을 정리한 것이다. 건립 시기를 보면 전등마을이 1995년으로 가장 빠르며 이 외에 2000년 이전에 세운 표지석은 순아3구와 하신마을이 있다. 진목과 동리마을의 경우 2000년대 초반에 세워졌다. 연도가 쓰여 있지 않은 경우는 사취등, 순아1구, 진동마을을 비롯하여 7곳이다.

마을 이름을 한글로만 새긴 표지석은 진동, 조동, 전등마을을 비롯한 6개 마을에서 나타난다. 한자를 병기한 경우는 진목마을에서 나타나며, 로마자를 함께 쓴 곳은 사취등, 순아1구, 순아3구, 하신마을의 마을비이다. 글은 순아1구를 제외한 모든 마을비에 새겨져 있다.한편 공원에 이전된 표지석 중 한글로 쓰여진 일부 표지석의 상단부는 석재 재질로 보아 새로 만들어진 것으로 추정된다.

그림 8-5. 국제신도시지구 이전 마을비(명지동 울림공원 소재)

(5) 가락동

표 8-6은 가락동에 소재한 마을비를 정리한 것이다. 가락동은 1989년 부산시에 편입된 곳으로 과거의 법정리 지명이 그대로 유지되고 있으며, 다른 곳에 비해 벼농사를 기반으로 하면서 농촌 경관이 남아 있는 곳이다. 가락동에는 고정마을을 제외한 16곳의 마을에 회관이 있다. 고정마을은 가락면 면사무소가 있던 곳으로 지금은 행정복지센터가 있다.

표지석이 있는 마을은 죽림, 용등, 식만마을을 비롯한 11곳이며, 식만동에는 3개 마을 모두 건립되어 있다. 죽림동의 고정마을, 죽동의 송산과 금천마을, 봉림동의 봉림, 봉하, 통전마을의 표지석은 세워져 있지 않다.

마을비 건립 시기를 보면 1994년 세워진 용등마을을 비롯하여 죽림, 죽동2구, 신기마을 4곳이 1990년대에 세워졌다. 죽동1구와 둔치도마을은 건립 시기가 새겨져 있지 않다. 유래 글이 새겨진 곳은 죽동1구를 제외한 10곳이다.

표 8-6. 가락동 마을 표지석

법정동	마을회관		표지석			
	이름	유무	유무	건립 연도	이름 표기	텍스트
죽림동	죽림	○	마을	1995	한글	○
	고정	없음	없음	-	-	-
	용등	○	마을	1994	漢字	○
식만동	식만	○	마을	2001	한글+漢+로	○
	시만	○	마을	1998	한글+漢+로	○
	중사도	○	마을	2002	한글+로	○
죽동	죽동1구	○	마을	미상	한글+漢+로	없음
	죽동2구	○	마을	1996	한글+漢+로	○
	송산	○	없음	-	-	-
	금천	○	없음	-	-	-
봉림동	봉림	○	없음	-	-	-
	봉하	○	없음	-	-	-
	신기	○	마을	1997	한글+漢+로	○
	통전	○	없음	-	-	-
	대흥	○	마을	2014	한글	○
	해포도	○	마을	2015	한글+漢	○
	둔치도	○	마을	미상	한글+漢+로	○

마을 이름 표기를 보면 한글로만 새겨진 곳은 죽림과 대흥마을 2곳이다. 이 외의 마을은 대부분 한자를 병기하였고, 식만, 시만 마을 등 7곳은 로마자가 새겨져 있다. 중사도의 경우 한글과 로마자로만 되어 있다.

한편 가락동의 마을회관에는 표지석과 별도로 마을 소개 글을 새긴 동판이 부착되어 있다(그림 8-6). 마을별로 동일한 형태이며, 『강서구지』(2014)에 수록된 글을 전재한 것이다. 2015년 일괄적으로 제작한 것에 기인한다.

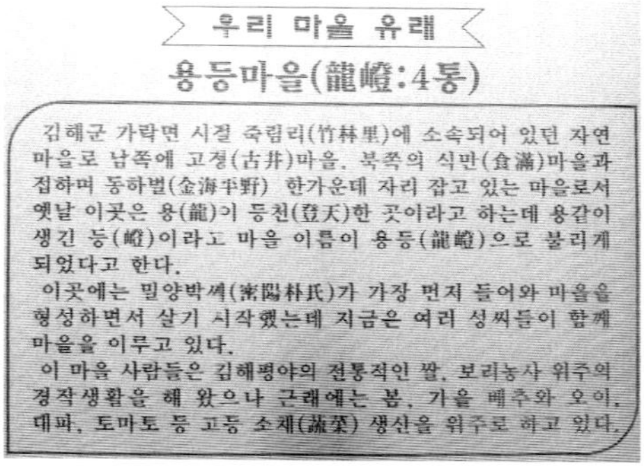
우리 마을 유래

용등마을(龍嶝:4통)

김해군 가락면 시절 죽림리(竹林里)에 소속되어 있던 자연마을로 남쪽에 고정(古井)마을, 북쪽의 식만(食滿)마을과 접하며 동하벌(金海平野) 한가운데 자리 잡고 있는 마을로서 옛날 이곳은 용(龍)이 등천(登天)한 곳이라고 하는데 용같이 생긴 등(嶝)이라고 마을 이름이 용등(龍嶝)으로 불리게 되었다고 한다.

이곳에는 밀양박씨(密陽朴氏)가 가장 먼저 들어와 마을을 형성하면서 살기 시작했는데 지금은 여러 성씨들이 함께 마을을 이루고 있다.

이 마을 사람들은 김해평야의 전통적인 쌀, 보리농사 위주의 경작생활을 해 왔으나 근래에는 봄, 가을 배추와 오이, 대파, 토마토 등 고등 소채(蔬菜) 생산을 위주로 하고 있다.

그림 8-6. 회관 표지: 가락동 용등마을

(6) 녹산동

녹산동은 다른 곳보다 일찍부터 도시개발이 이루어졌기 때문에 일부 마을의 경우 이른 시기에 철거되기도 하였다. 표 8-7은 마을비의 내용이다. 전체 31곳의 마을 중 14곳이 과학산업단지로 편입되어 철거되었고 일부는 이주단지로 이전되어 있다.

표 8-7. 녹산동 마을 표지석

법정동	마을		표지석			
	이름	회관	유무	건립 연도	이름 표기	텍스트
녹산동	본녹산	○	마을	2010	한글+漢	○
	산양	○	마을	2001	한글+漢+로	○
	성산(1구)	○	마을	2008	한글+漢	○
	성산(2구)	○	마을	미상	한글+漢+로	○
송정동	송정	○	마을	2001	한글+漢	○
	옥포	없음	마을	1997	한글+漢+로	○
	신촌	없음	없음	-		-
	방근	○	마을	2004	한글	○
화전동	화전	○	마을	1997	한글+漢+로	○
	사암	○	마을	2010	한글+漢	○
신호동	신호	○	마을	2009	한글+漢+로	○
구랑동	구랑	산업단지	없음	-		-
	압곡	산업단지	없음	-		-
범방동	범방	○	마을	1994	한글+漢+로	○
	가동	○	마을	2002	한글+漢	○
	사구	○	마을	2006	한글+漢+로	○
	탑동	산업단지	○(사진)	1995	한글+漢	○
	장전	산업단지	없음	-		-
생곡동	생곡	○	마을	미상	한글	없음
				1995	한글+漢+로	○
	장락	○	마을	2022	한글+漢	○
	가달	산업단지	○(사진)	미상	한글	○
	중곡	산업단지	○(사진)	1997	한글+漢+로	○
	마음	○	마을	2005	한글+漢+로	○
미음동	미음	산업단지	○(사진)	2005	한글	○
	세산	산업단지	○(사진)	미상	한글+漢+로	○
	분절	산업단지	○(사진)	1996	한글+漢+로	○
	와룡	산업단지	없음	-		-
지사동	지사	과학단지	없음	-		-
	명동	과학단지	없음	-		-
	신명	과학단지	없음	-		-

그림 8-7. 송정동 송정마을 표지석

녹산동에 표지석이 있는 마을은 녹산동의 본녹산, 송정동의 송정, 화전동의 사암, 범방동의 범방, 생곡동의 생곡·마음마을을 비롯하여 15곳에 불과하다. 송정마을에는 동자석이 함께 세워져 있다(그림 8-7). 범방동의 탑동, 생곡동의 가달, 미음동의 미음마을을 비롯한 7곳의 마을은 취락이 철거되었고 표지석은 사진으로만 남아 있다. 한편 송정동의 신촌마을, 구랑동의 구랑·압곡마을, 범방동의 장전마을, 지사동의 지사마을을 비롯한 8곳은 표지석의 형태가 확인되지 않는다.

건립 시기를 보면 1994년의 범방마을을 시작으로 탑동, 생곡·중곡, 미음동 분절마을에 세워졌다. 2000년대 들어 송정과 방근, 가동, 사구, 마음, 미음마을에 건립되었고, 2010년대는 녹산동 본녹산과 화전동 사암마을 2곳에서만 세워졌다. 당시 마을 이주가 진행되었기 때문인 것으로 생각된다. 2022년에는 생곡동 장락마을에서 만들어졌다.

표지석의 마을 이름은 한글과 한자·로마자가 다양하게 병기되어 있다. 한글로만 쓰여진 곳은 송정동 방근, 생곡동 생곡, 가달마을, 미음동 미음마을 4곳이다. 이 중 생곡마을의 이전 표지석에는 한자와 로마자가 병기되어 있다. 로마자가 병기된 경우는 녹산동의 산양·성산2구, 송정동 옥포, 화전동의 화전마을, 범방동 범방마을, 생곡동 중곡마을을 비롯하여 12곳에서 나타난다.

글은 생곡마을의 새로 세워진 표지석을 제외하고는 대부분 쓰여 있다. 사암마을에서 표지석의 뒷면에 새겨진 글은 마을비 중 가장 자세한 내용을 담고 있다. 총 25행 862자로 구성된 텍스트에는 마을의 유래를 비롯하여 『호구총수』(1789)를 인용하면서 인구수 변화와 함께 집성촌 성씨를 소개하고, 교육기관과 삼성자동차 등이 입지한 경위, 고향을 지키려는 마을민들의 의지를 서술하고 있다.

(7) 가덕도동

가덕도는 어업을 바탕으로 생활을 영위하여 왔으나 1990년대 부산신항이 들어서고 신공항 건설이 추진되면서 마을 환경은 크게 변모되었다. 표 8-8은 가덕도동의 마을비 내용이다. 전체 17곳의 마을 중 율리와 장항마을은 신항만 건설로 취락은 거의 철거되었다. 동선동의 생교동, 대항동의 새바지 등 6곳의 마을은 인구감소로 회관이 남아 있지 않다.

11곳에 표지석이 있었는데 장항과 서중마을 2곳은 사진으로만 확인된다. 성북과 외눌, 남중마을 등 다른 9곳은 마을에 남아 있으며 대부분 취락 초입부의 도로에 있다.

표지석이 세워진 시기는 서중마을이 1994년으로 가장 빠르다. 이와 비슷한 시기에 외눌마을에 세워졌으며, 선창·내눌·항월마을은 2010년대에 만들어졌다. 장항과 동선, 정거마을에는 건립 시기가 쓰여 있지 않다.

마을 이름을 한글로만 새긴 표지석은 선창, 장항, 내눌 3곳이며, 한자를 병기한 곳은 성북마을을 비롯하여 5곳이다. 로마자를 병기한 곳은 외눌, 남중마을 등 4곳이다. 유래 글은 장항마을을 제외하고는 대부분의 표지석에 새겨져 있다. 정거마을에는 표지석 외에 마을 유래가 쓰여진 별도의 안내판이 있다.

표 8-8. 가덕도동 마을 표지석

법정동	마을		표지석			
	이름	회관	유무	건립 연도	이름 표기	텍스트
성북동	성북	○	마을	미상	한글+漢	○
	선창	○	마을	2010	한글	○
	율리	없음	없음	-	-	-
	장항	없음	○(사진)	미상	한글	없음
동선동	동선	○	마을	미상	한글+漢	○
	생교동	없음	없음	-	-	-
	새바지	없음	없음	-	-	-
눌차동	외눌	○	마을	1997	한글+漢+로	○
	내눌	○	마을	2014	한글	○
	항월	○	마을	2012	한글+漢	○
	정거	○	마을	미상	한글+漢	○
천성동	천성(남중)	○	마을	미상	한글+로	○
	천성(서중)	○	○(사진)	1994	한글+로	○
	두문	○	마을	미상	한글+로	○
대항동	대항	○	없음	-	-	-
	새바지	없음	없음	-	-	-
	외양포	없음	없음	-	-	-

2. 텍스트 분석

1) 글의 구성

이곳의 112개 마을비 중 97곳에는 마을의 유래와 연혁, 미래의 희망을 담은 글이 기단이나 표지석 뒷면을 이용하여 새겨져 있다. 글자 수는 대부분 200자 내외이나 녹산동 사암마을의 경우 860여 자가 새겨 있다. 대부분 서술체 혹은 존대체로 쓰여 있으며 대저1동 출두마을과 녹산동 화전마을의 경우 6행으로 구성된 시(詩)로 쓰여 있기도 하다. 글의 말미에 건립 주체가 쓰여 있는데 그 중 '마을 주민'으로 명시된 곳은 46곳이다(마을비 글의 전문은 제2부에 수록).

한편 가락동에는 마을비와 별도로 마을회관에 동판에 새긴 유래 내용이 부착되어 있다. 내용은 표지석에 비해 자세하나 『강서구지』 등의 향토지에 수록된 내용을 수정 없이 그대로 전재하고 있다.

이 절에서는 마을비의 글을 구성하는 주요 단어를 이용하여 텍스트 분석을 시도하였다. 총 488개 단어가 추출되었으며, 이를 산천 등의 자연지리와 개척과 취락, 농업과 작물, 역사와 교육, 지역 발전 내용으로 분류하여 비교하였다.

2) 글의 구성 단어

(1) 대저1동

대저1동에 소재한 15개의 마을비 중 13곳에 텍스트가 새겨 있고, 62개 단어가 추출되었다. 표 8-9는 이를 유형별로 정리한 것이다. 자연환경에서 산 지명으로 평강하리에서 언급된 '칠점산'은 조선시대부터 삼각주 일대를 언급하는 사료에 항상 나타나는 지명이다. 하천으로는 '낙동강', '서낙동강', '평강천' 세 단어가 있다. '낙동강'의 경우 출두리 번덕과 사덕리 신장로 마을 등 대저도 동쪽에 있는 마을과 대지상리와 평강하리에서, '평강천'은 대지중리2구를 비롯하여 평강리에 속한 마을에서, '서낙동강'은 대지리의 서연정과 중리1구 마을에서 나타난다. 이와 같은 분포는 마을과 연하여 흐르고 있는 하천을 중심으로 공간을 인식하고 있음을 보여준다.

개척 및 취락에 대한 내용에는 갈대밭과 개간과 관련한 단어가 나타난다. 평강대리에서 언급된 '갈새'는 '저녁 노을 갈새 소리에 인정을 나누었고...'라는 내용을 보아 개개비 새의 방언이다. 개개비는 우리나라 여름새로서 강변 또는 습지의 갈대숲에 사는 새이다. 이름은 갈대밭에서 울음소리가 '개개개'로 들린다 하여 비롯되었다.

나루터로는 '혼갯나루', '대동' 단어가 포함되어 있다. 중리1구의 '혼갯나루'는 '혼개나루'의 이칭이다. 일명 주동나루로 불렸으며 중리1구와 김해군 대동면 주동리를 잇는 나루였다. 재해와 관련하여 번덕마을의 '물난리'는 1856년 발생한 홍수를 언급하고 있으며 '활인정'이 세워진 경위를 담고 있다.

표 8-9. 대저1동 마을비 글의 구성 단어

분류	구성 단어(소재 마을)
자연지리	[산지] 칠점산(평강하리). [하천] 낙동강(번덕 · 신장로 · 대지상리 · 평강하리), 서낙동강(서연정 · 대지중리1구), 평강천(대지중리2구 · 평강상리 · 평강대리 · 평강사리 · 평강하리). [퇴적 지형] 삼각주(대지상리), 모래(동연정), 모래섬(대지중리1구), 모래톱(번덕 · 하리), 모래둔치(대지중리2구), 모래언덕(평강대리), 모래각단(평강사리), 고래머리터(신장로), 강늪(당리), 연못(동연정), 큰못(서연정).
개척 · 취락	[개간] 개척(대지중리2구), 개간(평강하리), 갈새(평강대리), 갈밭(대지중리2구). [나루터] 나루터(서연정), 혼갯나루(대지중리1구), 대동(서연정). [재해] 홍수(번덕 · 대지중리1구), 물난리(번덕), 범람(동연정).
산업 · 작물	[농업 기반] 제방(상리), 대저벌(서연정), 양수장(동연정 · 서연정). [영농 · 작물] 선진영농(당리), 농업기술(신장로), 선진농가(대지중리1구), 벼(대지하리), 소채단지(상리), 고등소채(대지중리1구 · 대지중리2구 · 하리), 시설소채(당리), 화훼(대지중리1구), 선진축산(대지중리2구), 누에(평강상리).
역사 · 교육	[역사 · 민속] 할배당산(번덕), 팽나무(번덕), 활인정(번덕), 당산제(사덕상리), 당산(평강대리), 포구나무(평강대리), 정자(동연정), [인물] 금수현(사덕상리).
지역 개발	구포대교(사덕상리), 교육중심(번덕), 행정중심(사덕상리).

농업기반에서는 '제방'은 상리마을에서, '양수장'은 동연정과 서연정마을에서 나타난다. 이들 마을은 이곳에 있던 연못을 메우고 양수장을 만들면서 개간이 이루어진 곳이다. 영농과 관련하여서는 '농업경영'과 더불어 '벼', '소채', '시설', '화훼 작물' 단어로 구성되어 있다. 평강상리에 포함된 '누에' 관련 내용은 이곳에 뽕나무가 많이 있어 상목리(桑木里)로 불렀음을 보여준다.

역사 · 교육 관련 단어에서는 주로 '당산'과 '포구나무', '정자' 등이 포함되어 있다. 출두리의 번덕마을에서 언급된 '할매당산', '팽나무', '활인정'은 이곳에서 발생한 홍수와 관련이 있다. 이곳의 당산에서는 매년 음력 정월 14일에 당제를 지낸다. 원래 할매당산도 함께 있었으나 지금은 당리와 신촌으로 옮겨 별도의 당제를 올린다.

사덕상리에서 인물 이름으로 언급된 '금수현'(金守賢, 1919~1992)은 이곳이 그가 태어난 곳이어서 비롯되었다. 그는 일본 동경에서 유학 생활을 한 후 귀국하여 음악을 경남 지방에 보급하는 운동을 전개하였다. 그가 작곡한 「그네」는 민족적인 선율을 담은 가곡으로 널리 알려져 왔다.

지역개발과 관련하여 포함된 '교육중심' 단어는 번덕마을에 강서고등학교와 혜원학교가 있기 때문이다 사덕상리의 '행정중심'은 강서구청에서 비롯되었다. 1989년 부산시에 편입하면서 강서구가 설립된 이후 이곳에 입지하였다.

(2) 대저2동

대저2동에는 24개의 마을비 중 19곳에 유래 글이 새겨 있다. 표 8-10은 이에서 추출된 99개 단어를 정리한 것이다. 자연지리 중 산지에서는 '칠점산'이 소덕하리와 사두본리 2곳에서 나타난다. 하천은 '낙동강'이 등구마을을 비롯한 8곳에서, '평강천'은 울만리의 입소·신평·정관마을에 포함되어 있다. '맥도강'은 맥도의 작지, 도도리 순서, 울만리 정관마을을 비롯한 3곳에서 나타나 마을을 흐르는 하천을 중심으로 내용이 구성됨을 보여준다.

하천 퇴적지형으로 '삼각주', '모래언덕', '둔덕' 등 9곳이 있으며, 하중도로는 '일웅도'를 비롯하여 9곳에서 나타난다. '일웅도'는 을숙도 북동쪽에 형성되었던 섬으로 지금은 을숙도와 연결되어 있다. 퇴적지형 중 '소두방'은 정관 이름을 한글로 표기한 것이다. 호수로 언급된 '효자웅덩이'는 1934년 대홍수 때 아버지를 구하기 위해 목숨을 잃은 아들의 이야기가 담긴 곳이다.

표 8-10. 대저2동 마을비 글의 구성 단어

분류	구성 단어(소재 마을)
자연지리	[산지] 칠점산(소덕하리 · 사두본리). [하천] 낙동강(등구 · 소덕하리 · 동덕 · 덕두본리 · 작지 · 신노전 · 설만 · 정관), 맥도강(작지 · 순서 · 월포), 평강천(입소 · 신평 · 정관). [퇴적 지형] 삼각주(소덕하리 · 설만), 모래언덕(사두본리), 모래펄(동협), 강모래(입소), 모래(정관), 등(嶝)(정관), 둔덕(동덕), 소두방님(정관), 거북이(등구), [하중도] 일웅도(작지), 정관도(정관), 뽈치섬(입소), 제도(신노전), 순아도(신노전), 맥도(송백), 순기도(순서), 서간도(순서), 효자웅덩이(월포).
개척 · 취락	[개간] 갈대밭(작지 · 신평), 갈대숲(작지), 갈숲(동협 · 송백), 갈밭(송백), 갈밭개간(월포), 새갈밭(신노전), 개간지(설만). [나루터] 도선(송백), 포구(월포), 나룻배(신노전), 신느전교(신노전), 소용포(입소). [재해] 대홍수(등구 · 송백2 · 월포), 홍수(순서).
농업 · 작물	[염전] 염전(작지). [농업 기반] 제방(작지 · 송백 · 신노전), 김해벌(작지), 새마을(동덕), 이주단지(동덕), 새보금자리(동덕), 덕달이(덕두본리), 폐촌(등구). [작물] 선진영농(동협), 수도작(상방 · 송백), 벼농사(덕두본리), 보리농사(덕두본리 · 작지), 보리(동협), 시설소채(동협 · 월포), 비닐농사(덕두본리), 고등소채(상방 · 송백), 원예작물(덕두본리), 토마토(설만), 푸성귀(덕두본리), 모시(동협), 보리죽(송백).
역사 · 교육	[역사] 가락국(사두본리), 입안청(입소), 보호수 소나무(금호), 소나무(송백), 당제(금호), 당산나무(금호), 대영학원(월포), 대저중앙초등학고(월포), 일제 비행장 건설(사두본리).
	[인물] 집성촌(설만), 김녕 김씨(설만), 경주 이씨(설만).
지역개발	공항로(동덕), 공항(상방), 버스길(상방), 전신전화국(상방), 부산편입(설만), 번영의다리(입소).

‘갈대밭’ 등 개척과 관련된 단어로는 작지, 신평마을 등 7곳의 마을비에 쓰여 있다. 나루터는 4곳에서 나타난다. ‘소용포(沼龍浦)’ 단어는 마을 이름으로, 입안청과 통합하면서 입소마을이 되었다. ‘신노전교’는 평강천을 사이에 두고 신노전과 명지동 순아도 마을을 잇는 다리로 이전에 나루터로 연결되었던 곳이다. 홍수 재해와 관련된 단어는 소덕리 등구마을 등 4곳에서 나타난다.

농업과 관련하여서는 맥도리의 작지마을에서 ‘염전’이 나타난다. 이곳은 남쪽의 염막마을과 함께 소금 생산이 이루어지던 곳이다. 농업 기반과 관련하여서는 ‘제방’ 단어가 맥도리 송백마을을 비롯한 3곳에서 나타난다. 소덕리 동덕마을에서는 ‘새마을’ 등 이주단지와 관련된 단어가 있다. 이는 한국전쟁 때 김해공항 자리에 공군비행장이 확장되면서 이곳으로 이주하며 형성된 마을이기 때문이다. 일명 신흥마을로도 불렀다. 2004년에는 공항로가 확장되면서 신흥마을과 덕두본리마을이 철거되고 지금의 자리로 옮겨 동덕(東德) 마을이 되었다.

영농에서 작물 관련 단어로 ‘벼’를 비롯하여 ‘보리’, ‘고등소채’ 등이 여러 마을에서 나타난다. 동협마을에서는 ‘모시’가 쓰여 있다. 송백마을에 쓰여진 ‘보리죽’은 옛적 식량이 부족했던 때를 나타낸 단어이다.

역사 관련 단어로는 사두본리의 ‘가락국’, 입소의 ‘입안청’이 나타난다. 입안청은 조선시대 기관으로 생각되나 확인되지 않는다. 월포마을에 쓰여진 ‘대저중앙초등학교’는 대영학원의 후신으로 에코델타지구에 편입되면서 폐교되었다. 사두본리의 비행장 관련 단어는 1942년 공항건설로 인한 마을의 이전 내용을 담고 있다.

(3) 강동동

강동동의 16개 마을비 중 대사1구와 3구, 제도리 평위도마을 3곳을 제외한 13곳의 표지석에 마을 내력이 새겨 있다. 구성 단어로 49개가 추출되었으며 표 8-11은 이를 유형별로 정리한 것이다. 산지로는 동의 중앙에 있는 ‘덕도산’이 북정, 상곡, 덕계마을에서 나타난다. 상덕마을에는 ‘언덕산[德島山]’으로 쓰여 있다. 덕계마을에서 나타나는 2곳의 바위 이름은 덕도산 기슭에 있는 것이다. 강동동 마을에서 산지 관련 단어가 많이 나타나는 것은 취락이 덕도산을 중심으로 산록에 형성되었기 때문이다. 북정마을에서는 패총이 발굴되기도 하였다.

하천 관련 단어로는 상덕을 비롯한 5개 마을에서 ‘낙동강’, ‘서낙동강’, ‘평강천’ 지명이 새겨져 있다. 상덕리 덕계마을의 ‘붕어개’는 동쪽의 평강천으로 흐르던 샛강 이름이다. 퇴적지형 단어는 5곳에 쓰여 있다. 이 중 ‘이울도’는 덕계에서 울만리로 이어지는 곳에 있던 하중도이다. 강동동의 북정리와 상덕리의 마을 이름에서 퇴적 지형을 의미하는 ‘덕’자가 많이 사용된 것은 마을비에서 나타난 환경 인식 내용과 유사하다.

표 8-11. 강동동 마을비 글의 구성 단어

분류	구성 단어(소재 마을)
자연지리	[산지] 덕도산(북정 · 상곡 · 덕계), 언덕산(상덕), 처녀바위(덕계), 약물샘바위(덕계). [하천] 낙동강(상덕 · 덕계 · 송백도), 서낙동강(덕포), 평강천(전양), 붕어개(덕계). [퇴적 지형] 갯벌(덕계), 강늪(중곡), 모래(전양), 퇴적(송백도), 이울도(덕계). [바다] 남해(상덕).
개척 나루터	[갈대] 갈삿자리(중덕), 갈밭(득천), 갈대숲(상곡), 갈품(수봉도), 갈대밭(천자도). [나루터] 징검다리(중덕), 해창나루터(덕포), 계목나루(중곡).
농업 · 수산업	[영농] 김해평야(신덕 · 송백도), 김해벌(상곡), 대형용수로(득천), 자작농(득천), 벼농사(천자도), 황금물결(전양), 원예(신덕), 화훼(신덕). [수산업] 참조개(덕계).
역사 · 교육	패총유적(북정), 패총(상덕), 가야인(상덕), 정자(북정 · 중덕), 팽나무(수봉도), 학교(신덕), 천자문(천자도), [풍수] 봉황(수봉도).
지역 발전	제도선(득천), 강변도로(덕포), 가락교(덕포), 서부산 요충지(득천).

개척 관련 단어는 '갈대밭'을 중심으로 5곳에서 나타난다. 나루터는 3곳이 있다. 이 중 덕포마을의 '해창나루터'는 서낙동강을 건너 가락동 해창으로 이어지던 곳이다. 중곡마을의 '계목나루'는 서낙동강을 건너 해포도로 이어지는 나루터였다.

농 · 어업과 관련하여 덕계마을에서는 '참조개' 단어가 나타난다. 이는 서낙동강에 녹산수문이 건설되기 이전에 행해졌던 해수면 어업을 보여준다. 득천마을의 '대형용수로'는 서낙동에서 이곳을 지나 덕도섬의 남쪽으로 이어지는 관개 수로이다. 1949년 준공되었으며 이를 위해 서낙동강에 대사양수장이 세워졌다.

역사 유적인 '패총' 등 고대 역사와 관련된 단어는 주로 덕도산 일대 마을에서 나타난다. 북정마을의 패총은 당산나무가 있어 당제를 지내는 곳이다. 신덕의 '학교' 단어는 이곳에서 1945년 세워진 덕도초등학교를 일컫는다. 수봉도에서 나타난 '팽나무'와 '봉황'은 마을 입지를 풍수 형국으로 해석한 내용이다. 천자도의 '천자문'은 마을 이름 유래를 설명한 것이다. 지역개발에서 득천마을의 '제도선'은 강동동의 남북을 잇는 중심 도로이다. 1952년 개통되었고 1992년에 확장되었으며, 순아교를 통해 명지동으로 이어진다.

(4) 명지동

명지동에는 12개의 표지석 중 11개의 표지석에 글이 새겨 있다. 표 8-12는 글에서 추출된 69개 단어를 유형별로 정리한 것이다. 자연지리에서 산지 지명은 나타나지 않으며 고개 지명으로 사취등의 '첫골재'가 유일하게 나타난다. 표지석의 마을 입지를 설명하는 문장에 '남동쪽으로 청룡포, 북서쪽으로 첫골재...'라는 내용이 있다. 첫골재는 북서쪽의 청량사 길목에 있었던 고개 이름으로 추정된다.

하천 지명으로는 명지동 동쪽의 마을에서 '낙동강', 서쪽의 순아3구마을에는 '서낙동강'이 나타난다. 퇴적 지형으로는 삼각주와 모래 관련 지명 외에 '대마등', '띠밭등'이 있다. 이들은 낙동강 하구에 형성되고 있는 섬들이다. 바다과 관련된 단어로 '푸른바다'와 '대마도' 단어가 있다. 개척과 관련된 단어로는 거의 전 마을에서 '갈대'와 관련된 단어가 나타난다. 이곳의 갈대는 가옥의 지붕 재료, 갈대 수공업 뿐 아니라 염전업의 연료로 이용되어 일상과 관련이 깊었다. 포구로는 사취등마을에 '청룡포' 단어가 있다. 이는 취락 동남쪽 진목 마을 일대를 흘렀던 샛강의 포구로 추정된다.

영농과 관련하여서는 대부분 마을의 표지석에서 '염전'이 나타난다. 이는 과거 이곳에 성했던 소금 생산을 반영한 것이다. 중신마을에는 '김 양식' 용어가 쓰여 있다. 작물로는 '대파'와 관련된 단어가 여러 마을에서 나타난다. 민속과 관련하여서는 당산과 관련된 단어가 여러 마을에서 쓰여 있다. 조동에서는 '알씨름'이 나타나는데 이는 이곳 고유의 씨름 형태를 지칭한 것이다.

표 8-12. 명지동 마을비 글의 구성 단어

분류	구성 단어(소재 마을)
자연지리	[고개] 첫골재(사취등). [하천] 낙동강(동리 · 진동 · 전등 · 중신 · 하신), 서낙동강(순아3구), 하구(동리). [퇴적 지형] 삼각주(동리 · 진동 · 하신), 명지도(진목), 명호섬(전등), 마등(전등), 모래 퇴적(진동), 모래사장(조동), 띠밭등(하신). [바다] 푸른바다(전등), 대마도(진동).
개척 · 나루터 · 재해	[갈밭] 갈밭(순아3구 · 전등 · 중신), 갈대(동리), 습지(동리), 철새(진동), 억새밭등(전등), 갈게젓(전등), 억새풀(상신), 갈게(중신). [나루] 청룡포(사취등) [재해] 대홍수(진동).
염전 영농	[염전] 염전(진목 · 동리 · 진동 · 전등 · 평성 · 상신 · 중신 · 하신), 제염업(중신), 김 양식(중신). [농업 기반] 경지정리(사취등), 문전옥답(순아3구), 방조제(평성 · 상신). [작물] 수도작물(평성), 고등채소(상신), 파(진목 · 사취등 · 진동), 파농사(상신 · 중신 · 하신), 명지대파(조동), 대파재배(평성).
민속 · 사찰 · 교육	[민속]할배당산(진동 · 중신), 당산(상신), 단물샘 사당(사취등), 정자나무(하신), 참나무숲(진목), 알씨름(조동), 묘지(동리). [사찰 · 교육] 전등사(전등), 청량사(사취등), 사숙서당(사취등). [성씨] 인물집성촌(조동).
지역 개발	녹산수문(순아3구)

사찰로는 '청량사'와 '전등사'가 나타난다. 청량사는 1917년 이곳에 창건된 절로, 명지도에 천재지변이 있을 때 북과 목탁소리가 울렸다는 이야기가 전한다. 경내에 수령 300년이 되는 노거수가 있고, 마을 당산이 사찰 안에 있다. '전등사(田嶝寺)'는 전등마을에 있었던 사찰이다. 1927년 관음사로 창건되었다.

교육기관 관련 단어로는 사취등에서 '사숙서당'이 나타난다. 표지석 글에는 '허윤재님이 사숙서당을 세워 천석재 선생님을 모셔....'라는 문구가 새겨 있다. 사숙(私塾)은 20세기 초에 나타난 의숙(義塾) 등과 같이 개량 서당의 명칭이다. 함께 쓰여진 인물에 대한 정보는 확인되지 않는다.

(5) 가락동

가락동에는 11개의 마을비 중 10곳에 글이 새겨 있다. 표 8-13은 글에 포함된 55개 단어를 추출하여 정리한 것이다. 자연지리 중 산 지명으로는 '오봉산'을 비롯하여 '대나무산', '죽도', '물명산' 4곳이 나타난다. 이 중 대나무산과 죽도는 오봉산의 이칭이다. 해포도의 물명산은 표지석에 '물 속의 명산이라고 하여 물명산'이라는 내용으로 유래가 쓰여 있으나 실체는 확인되지 않는다.

하천으로는 '낙동강'과 '서낙동강' 외에 '신어천', '조만강' 등의 단어가 포함되어 있다. 이 중 '조만강'은 김해시 주촌면에서 발원하여 가락동 둔치도 일대에서 서낙동강으로 유입하는 하천이다. '신어천'은 신어산에서 발원하여 남쪽의 시만마을 부근에서 서낙동강에 합류한다. '황산강'과 '삼차수'는 이곳을 흐르는 낙동강의 옛 지명이다.

표 8-13. 가락동 마을비 글의 구성 단어

분류	구성 단어(소재 마을)
자연지리	[산지] 오방산(죽림 · 신기), 대나무산(죽림), 죽도(죽림), 물명산(둔치도) [하천] 낙동강(식만 · 중사도 · 대흥), 서낙동강(용등 · 시만 · 둔치도), 신어천(시만 · 중사도), 조만강(둔치도), 황산강(식단 · 시만), 삼차수(식만), 수로(해포도). [퇴적 지형] 모래섬(시만 · 중사도), 삼각주(중사도), [해양] 김해바다(죽림)
개척 나루터	[갈밭] 갈대밭(죽동2구 · 대흥), 갈대섬(해포도), 저습지(대흥). [나루터] 포구(죽림), 낙수포(죽동2구), 짜구포(죽동2구), 발치포(죽동2구), 화목나루(죽동2구), 불암(시만),
농업기반 영농	[농업 기반] 산태방둑(죽림 · 식만), 제방(대흥), 김해평야(시만), 김해농지개량조합(대흥), 경지정리(대흥), 박간농장(해포도), 소작료(해포도), 녹산수문(죽림). [영농] 김해곡창(죽림), 봄무우(중사도), 화훼(중사도), 대파(중사도)
역사 · 풍수 · 인물	[역사] 가락터(신기), 공수전답(식만), 역답(식만), 해포초등학교(해포도) [풍수] 용 형국(용등), 봉황새(신기), [인물] 밀양박씨(용등), 남양방씨(용등)
지역 개발	가락IC(해포도), 핵심지(해포도)

나루터 관련 단어로는 죽동2구에서 '낙수포', '짜구포', '발치포'와 '화목나루'가 함께 나타난다. 이들은 마을 가운데를 흘러 조만강으로 유입하는 샛강에 있었던 포구 이름이다. 김해시 화목동과 경계를 이루는 곳에 화목나루가 있었다. 시만마을의 '불암'은 낙동강을 사이에 두고 나루터로 이어지는 김해시 불암마을을 지칭한다.

농업기반 관련 단어에서 '산태방둑'은 조선시대 가락동 일대에 축조되었던 제방이다. '박간농장'과 '소작료' 단어는 일제강점기 이곳의 일본인 농장에서 발생한 소작 쟁의 내용을 담고 있다. 영농과 관련된 단어로는 중사도마을을 중심으로 '봄무우', '화훼', '대파'가 있으며, '벼농사'는 나타나지 않는다.

역사 관련 단어로 식만마을의 '공수전답'과 '역답'은 산태방둑의 축조로 생겨난 공수전(公須田)을 지칭한다. 국유지였으며, 조선시대 지방 관청의 경비를 위해 군현과 역참(驛站)에 지급된 토지이다. '해포초등학교'는 가락초등학교의 분교였으나 학령 인구의 감소로 2000년 폐교되었다. 풍수와 관련된 단어는 용등과 신기마을 2곳에 나타난다.

(6) 녹산동

녹산동에는 22개의 마을비 중 21곳에 글이 새겨 있다. 표 8-14는 글에 포함된 124개 단어를 유형별로 정리한 것이다. 자연지리 관련 단어에서 산 지명의 경우 봉화산이 성산1구를 비롯한 5개 마을에서 나타난다. 이 외에 '독뫼산', '금병산', '천마산', '성화례산' 등 11개 지명이 쓰여 있으며 고개 지명도 2곳이 나타난다. 다른 동과는 다르게 산 지명이 많이 나타나는 것은 녹산동의 지리적인 환경이 반영된 것이다.

하천은 '서낙동강'과 '낙동강' 외에 '조만강', '태야강', '지사천'이 나타난다. 조만강이 3곳에서 나타나 낙동강보다 많은 빈도로 새겨진 것은 마을 공간 표상의 중심에 자리잡고 있음을 보여준다. 태야강은 범방동 일대를 흐르는 하천으로 이곳에 있었던 태야면 이름에서 비롯된 하천이다. 지사천은 지사동과 미음동 일대를 흐르는 지방하천이다.

퇴적지형과 관련된 단어로는 '모래-' 외에 산양에서 '덴데등', 옥포에서 '떠말등'이 나타난다. '덴데등'은 표지석에 '동남쪽으로 트인 들녁이 덴대등으로 옛날에는 이곳이 바다였다.'라는 내용을 볼 때 바다를 메워 간척된 곳임을 보여준다. 옥포의 '떠말등'은 표지석에 '안쪽은 임개 玉圃로, 바깥쪽은 떠말등으로...'라는 문구를 볼 때 마을 바깥쪽에 있던 터를 지칭한 단어로 보이다. '진우도'는 낙동강 하구의 바다쪽에 퇴적이 진행되고 있는 섬이다.

바다 관련 지명에서 나타나는 '가덕수로'는 신호마을에서 가덕도 북쪽을 지나는 연안 항로를 지칭한다. 1592년 임진왜란 때 이순신 장군이 지휘하는 조선 수군이 부산포 해전을 위해 지났던 곳이다.

표 8-14. 녹산동 마을비 글의 구성 단어

분류	구성 단어(소재 마을)
자연지리	[산지] 봉화산(성산1구 · 산양 · 사암 · 생곡 · 화전), 독뫼산(방근 · 송정), 금병산(범방 · 사구), 천마산(중곡 · 생곡), 성화례산(산양), 보개산(옥포), 마당지산(방근), 풍상산(미음), 비마산(중곡), 노적봉(성산2구), 의성봉(생곡), 비단고개(탑동), 무검티(분절), 네바우(사암).
	[하천] 서낙동강(성산1 · 2구), 낙동강(신호), 조만강(범방 · 가동 · 사구), 태야강(범방), 지사천(세산).
	[퇴적 지형] 모래언덕(사암), 모래밭등(신호), 모랫등(신호), 덴데등(산양), 떠말등(옥포), 진우도(신호).
	[바다] 해안마을(방근), 가덕수로(사암), 신도(신호).
개척 나루터	[간척] 간척공사(신호).
	[나루터] 형산진나루터(성산2구), 홍깨(신호), 장락포(장락), 포구(탑동), 나룻배(장락).
염전 영농	[염전] 염전(송정 · 사암), 가매(신호).
	[농업 기반] 방안들(중곡), 태야들(세산), 녹산관문(성산2구).
	[작물] 미나리(범방), 부추(분절).
역사 · 민속 · 인물	[역사] 패총(범방 · 가동 · 사구), 단군(가동), 고분군(가달), 수참(미음), 왜관(미음), 사창(미음), 김해성(미음), 금단곶보(산양), 성화예향(생곡). [민속] 동제(방근), 당산나무(신호), 공공산 너분치 당사(방근), 소나무(신호), 소나무(사구), 이팝나무(방근), 정려각(탑동). [옛 지명] 태야면(생곡), 생활리(생곡), 중곡리(생곡), 구메(장락), 새동네(장락), 제도 마을(장락), 안동네(장락), 이곶(산양), 장터(성산2구), 송정장(송정). [사찰 · 교육 · 기타] 절터(탑동), 사립녹명학교(사암), 야학교(미음), 세산국민학교(세산), 낚시터(세산).
	[풍수] 배산임수(범방 · 가동 · 사구), 풍수지리설(가동), 풍수형국(가달), 명당자리(옥포), 명당(노서하전)(세산), 명당(화동취적형)(마음), 기록주야형 명당자리(본녹산), 송림무학 명당자리(송정), 청룡두미 명당자리(화전), 행주형 명당(범방), 학배등 형국(가달), 천마시풍 형국(마음), 갈마분계 형국(마음), 옥녀봉(분절).
	[성씨] 밀양 박씨(사암), 남원 양씨(사암), 김해 김씨(사암), 경주 이씨(마음).
지역개발	[교량] 녹산다리(성산2구), 녹산교(성산2구), 세산다리(세산), 석말교(세산).
	[산업단지 · 행정] 서부산(화전), 국가공단(송정), 국가산업단지(사암), 삼성자동차(사암 · 신호), 신호산업단지(사암), 도시형 신호공단(신호), 화전산업단지(사암), 부산신항만(사암). [중심지] 구포(장락), 하단(장락), 충무동(장락), 면사무소(미음), 도시형 새마을(신호).

나루터 관련 지명에서 나타난 '형산진(荊山津)'은 성산마을에서 노적봉 바깥쪽에 있었다. 명지동 순아마을로 이어지던 나루터였으며 성산마을의 옛 이름이기도 하다. 신호마을의 '홍깨'는 해안에 있었던 나루터 포구였다.

염전과 관련된 단어인 '가매'는 소금물을 끓이는 가마를 일컫는 이곳의 방언이다. 영농에서 중곡의 '방안들'은 마을 앞의 너른 들을 지칭한다. 세산의 '태야들'은 이 마을을 둘러싸고 있던 들을 일컬은 단어이다. 작물로는 '미나리'와 '부추'만 나타나며 벼농사와 다른 소채 작물은 나타나지 않는다.

역사 관련 지명으로는 '패총', '고분군', '수참', '왜관', '사창' 등이 나타난다. 이 중 미음마을의 수참은 수로를 이용한 역참 제도로 낙동강 연안에 여러 곳에 있었다. 이곳의 수참 포구에 대해서는 『승람』에 왜 사신을 영접하고 교역하던 내용이 수록되어 있다. 산양마을의 '금단곶보'는 1485년(성종 16)에 남해에 출몰하는 왜선을 감시하기 위해 석보(石堡)를 쌓은 곳이다. 생곡마을의 '성화예향'은 이곳에 있던 성화례산 봉수를 일컫는다.

교육기관으로 사암마을의 '사립녹명학교'는 1909년(순종 3)에 지방 유지들에 의해 세워진 근대학교이다. 1935년 녹산공립보통학교 화전간이학교로 이름을 바꾸고, 1945년 화전분교가 되었다. 1946년 녹명국민학교가 되었다가 1956년 지금의 위치로 이전하였다. '세산국민학교'는 1946년 미음동에서 세워진 학교이나 2015년 과학공단 개발로 인한 학령인구 감소로 폐교되었다. 풍수형국론과 관련된 단어는 범방, 가동, 사구마을을 비롯한 여러 곳에서 나타나며 대부분 명당 자리와 연관된 내용이 쓰여 있다.

지역개발 관련 단어 중 '세산다리'는 세산마을 남쪽을 흐르는 지사천 유로에 있던 다리이며, '석말교'는 범방천에 가설된 교량이다. 산업단지로는 '공단'과 '산업단지', '삼성자동차', '화전산업단지', '신항만' 단어가 여러 곳에 나타나 도시개발이 마을 인식의 중심에 있음을 보여준다. 외부 지역와 관련된 단어로는 '구포', '하단' 등이 있다. 신호 마을의 '새마을'은 간척으로 인해 생겨난 이주단지를 지칭한다.

(7) 가덕도동

가덕도동에는 11개의 마을비 중 10곳에 글이 새겨 있다. 표 8-15는 추출된 30개 단어를 유형별로 분류한 것이다. 자연지리에서 산과 관련된 단어로 '연대봉'과 '연대산'이 2곳의 마을에서 나타나고 있다. 이 외에 동선마을에서 나타난 '강금봉'과 '매봉'(일명 응봉)은 동선동의 동쪽 해안의 산줄기에 있는 산이다. 섬 관련 단어인 남중마을의 '병산열도'는 가덕도 서쪽 바다에 있는 무인도군을 지칭한다.

수산업 관련 단어로 남중마을의 '숭어잡이'는 전통적인 어로 기술인 육소장망 어업과 관련이 있다. 지금 대항마을에서 어로 기술을 전승하여 매년 숭어축제를 개최한다. 남중마을에서 나타난 '해산물' 단어에는 '해삼', '천초' 등이 함께 쓰여 있다.

표 8-15. 가덕도동 마을비 글의 구성 단어

분류	구성 단어(소재 마을)
자연지리	[산] 연대봉(남중 · 두문), 연대산(남중), 강금봉(동선), 매봉(동선), (고개)목(항월). [섬] 가덕도(선창 · 동선 · 내눌), 눌차섬(외눌), 병산열도(남중), 진우도(정거). [해양] 천성만(남중), 두문만(두문), 몽돌밭(두문), 남해(외눌). [재해] 풍랑(정거).
수산업	[어업] 숭어잡이(남중), 해산물(남중).
역사 · 민속	[역사] 가덕진성(성북), 가덕첨사(선창), 천성보(두문), 북문(성북), 수군(선창), 척화비(선창), 왜구(남중). [민속] 검은돌담(남중).
지역 개발	서부산(외눌), 부산편입(남중 · 두문).

역사 내용을 담은 단어로는 '가덕진'과 '천성진성'이 여러 곳에서 나타난다. 대부분 성곽과 성문, 수군과 첨사 등 관방 관련 단어이다. 선창마을에서 언급된 '척화비'는 1871년 흥선대원군에 의해 세워진 가덕도 척화비이다(그림 8-8 참조, 비문 내용은 제1부 6장 참조, 171쪽).

민속 관련 내용에서 천성동 남중마을에 쓰여진 '검은 돌담'은 이곳에서 현무암으로 만들어진 가옥의 돌담을 쌓는 풍속을 일컬은 것이다.

그림 8-8. 가덕도 척화비

제9장 낙동델타의 마을-기억의 공동체

1.

낙동델타는 농지 개척이 시작되면서 조선시대 국농소 설치, 양안을 통한 농지와 조세 관리, 일제강점기 미곡 생산을 위한 식민지 농업과 이를 위한 제방 축조와 지역의 재편, 1960년대 이후 대도시에 의한 농업 변화가 압축적으로 담겨 있는 곳이다.

삼각주라는 척박한 지리 환경으로 인해 농지 개척이 다른 곳보다 늦었다. 대저도 일대는 제방을 축조하여 벼농사를 확대해 나갔으나 홍수 피해가 잦았으며, 바다에 연한 명지도는 갈대가 무성하여 늦게까지 개척되지 못하였고 소금 생산을 위한 염전의 연료 생산지로 이용되었다.

19세기에 낙동강 일대에 제방이 축조되면서 국유지가 창출되기 시작하였고 본격적인 벼농사가 시작되었다. 일제강점기의 식민지 농업을 거친 후 1960년대 이후에는 우리나라의 대표적인 미작 평야 지대가 되었다. 농민은 벼농사를 바탕으로 이모작을 하였으며 도시화 이후에는 시장성이 높은 작물을 재배하여 소득을 올렸다.

부산시로 편입된 1990년대 이후에는 도시의 토지 자본이 유입되면서 전형적인 대도시 주변 지역(urban fringe)의 모습이 나타나기 시작하였다. 개발제한구역이 해제된 취락 주변에는 도시형 창고가 들어섰으며 마을이 공장들의 가운데에 갇히기도 하였다. 대규모 개발 사업이 진행되면서 마을의 일부는 철거되고 다른 곳으로 이전되었다.

도시민의 농지 소유가 늘어나면서 농민은 영농 투자를 망설이고 농업의 집약도는 감소하기 시작하였다. 농민은 도시인들에게 토지를 매각하였으나 영농을 지속하기 위해 임차인이 되기도 하였다. 도시 개발이 녹산동과 명지동을 중심으로 이루어지면서 낙동델타에는 지리적인 양극화 현상이 나타났다.

장소의 정체성을 보여준는 지명도 일제강점기와 도시화를 거치면서 변하거나 없어졌다. 특히 1978년 부산시에 편입된 곳에서는 리 지명이 폐지되었다. 마을은 지명대신 통-반 번호로 관리되고 있다. 도로명 주소가 도입되면서 종래의 지번 주소를 대체하였다.

2.

이와 같은 급격한 변화에도 불구하고 낙동델타에는 한국 농촌의 전형적인 마을 경관이 적지 않게 남아 있다. 이들은 입지 환경, 농업 개척의 역사적인 내용을 아우르면서 다양한 형태로 나타났다. 퇴적 지형임을 보여주는 이름에는 제방 흔적이 담겨 있으며, 일부는 하중도였음을 보여주기도 한다. 일부 이름에서는 농업 개척 과정의 순서도 보여준다.

마을의 취락 형태는 다양하다. 삼각주에 있었던 칠점산, 오봉산 등의 야트막한 독뫼의 산록이나 낙동강 제방 주변에는 집촌이 형성되었다. 신작로나 수로를 따라 열촌 형태의 취락이 나타나고, 개척이 늦게 이루어진 곳에서는 산촌(散村) 경관이 형성되기도 하였다.

주 작물인 벼농사는 마을 공동체의 바탕이 되었다. 마을 영역의 대부분은 논으로 조성되었으며 가옥과 가까운 곳에는 밭이 만들어졌다. 모듬살이로 인해 이웃과의 밀도있는 사회관계가 가능해졌으며 영농을 비롯한 일상의 정보를 공유할 수 있게 되었다. 노동력이 집중적으로 필요한 모내기와 수확기에 노동을 공유하였다. 마을의 안녕을 기원하는 당제의 준비와 진행도 함께 하였으며, 이들은 마을 구성원의 범위였다. 이와 같은 공동체적인 성격은 벼농사에서 논 경계와 농업 용수의 배분에서 발생할 수 있는 사회 갈등을 해소할 수 있는 기제가 되었다.

3.

부산 대도시로 편입된 1990년대 이후 낙동델타에는 마을비가 세워지기 시작하였다. 규모가 적지 않으나, 주변에 높은 산과 나무가 드물어 이들은 더욱 커 보인다. 마을비는 마을의 존재와 영역 공간을 나타내는 표지석으로 마을 이름과 함께 유래를 소개하는 글이 새겨 있다.

텍스트에는 지명 뿐 아니라 개척과 개간, 일제강점기와 농업 근대화를 거치면서 주민들이 겪은 과거의 기억, 그리고 미래의 지향점도 담겨 있다. 마을민들의 기억을 바탕으로 쓴 것이어서, 이론적이지도, 객관적이지도, 합리적이지도 못하고 세련되어 있지도 못하다. 그러나 글의 내용은 마치 마을 노인들의 경험담을 듣는 듯하여 현장감과 생명력을 담고 있다. 다른 농촌에서 보기 힘든 경관이다.

마을민들이 공유하는 집단 기억을 새긴 마을비의 기록은 도시화라는 거센 파도 앞에서 농민들은 약자의 입장에서 대항(counteraction)하고 있다는 느낌을 준다. 이들은 주민들의 자발적인 의지로 세워진 것이기 때문에 마을은 표지석을 통해 기억의 공동체(community of memory)를 실현하고 있음을 보여준다.

4.

공동체의 형성에는 동일한 역사와 지리적인 경험을 바탕으로 하는 공간 기억의 공유가 중요한 부분을 차지한다. 공동체의 정체성은 기억의 선별 과정에 근거하여 형성되며 과거에 대한 공통된 기억을 통해 스스로 구성원의 일원임을 인식함으로써 기억의 공동체가 된다. 이때 기억의 공유는 단순히 역사적, 지리적으로 주어지는 것이 아니라 공동체에 속하고자 하는 개인의 자발적인 행위가 선행되어야 한다. 이에 속하기 위해서는 그들의 과거에 대해 깊숙이 알고 있어야 한다는 것을 의미한다. 이를 위해서 공동체의 과거를 알려주는 기억 장치가 관여한다.

공동체의 기억 장치는 여러 형태로 나타난다. 마을 단위로는 당집, 재실과 성씨 집단의 족보 기록물이 있다. 국가 차원으로는 국가(國歌)와 국기, 강역의 지리체를 그린 지도가 이에 해당된다.

지도는 그림과 지명을 통해 장소간의 관계를 보여주고, 보는 이들은 지도를 읽음으로써 장소와의 관계를 형성한다. 특히 고지도는 장소를 매개로 과거와 현재를 이어주며 이를 통해 과거의 공유된 공간 기억을 소환하는 장치로서의 역할을 한다.

마을비에 새겨진 글은 기억 장치의 일부이다. 마을의 기억 공동체는 지리적인 내용을 공유함으로써 구체화된다. 낙동델타의 마을에서 공동체 구성원들이 일명 '사건'이라고 기억하여 공유하는 것은 대개 대홍수와 제방, 재배 작물, 공항 확장과 공단 건설 등 시공간의 틀 안에서 존재하는 것들이다. 이들 사건들은 마을민의 인식 속에서 재구성되며 의미를 부여받아 마을비에 기록된 것이다.

따라서 마을 공동체가 공유하는 집단적인 기억은 사건에 대해 가치 중립적이고 기계적인 재생 과정이라기 보다는 마을민들이 복잡한 해석 과정을 통해 의미를 부여한 결과이다. 마을민은 이들 의미 체계 속에서 스스로를 규정하는 집단적인 문화를 창출하고 이는 마을 정체성의 토대가 된다. 마을민들은 표지석의 글을 통해 기억을 공유함으로써 공동체적인 성격을 유지하는 것이다.

표지석에 새겨진 글은 개별 마을의 텍스트이지만, 일부 내용은 이웃 마을과 공유되고 있다. 이는 공유 기억의 지리적인 범위가 넓어질 수 있음을 의미한다. 즉 공유된 텍스트를 통해 마을 단위로 형성된 공동체 범위가 지역 커뮤니티로 확대되는 역할을 할 수 있음을 보여준다. 낙동델타의 일부 마을에서 과거에 함께 속하였던 마을과 당제를 함께 지내는 것이 이를 뒷받침한다.

마을비의 글은 텍스트 이상의 의미를 담고 있다. 마을에서의 위치와 형태 뿐 아니라 건립되는 과정 등의 내용은 도시 주변 지역의 농촌 연구에 중요한 시사점을 주고 있다. 표지석 건립에 작동하는 마을 조직은 농민들이 도시화에 대해 결코 수동적이 않다는 것을 일깨워준다.

마을비가 마을 단위의 기억을 넘어 한국 사회가 공유하는 문화 기억으로 승화되기 위해서는 삼각주 자연과 함께 어우러지는 농업 문화유산(agricultural heritage)으로서의 접근과 이의 심층적인 해석이 요구된다. 100년 이상 낙동델타를 지켜온 농촌 마을이 우리에게 제시하는 철학과 가야 할 길이다.

제 2 부

마을과 마을비

대저2동 소덕하리 마을비

제1장 대저1동 大渚1洞

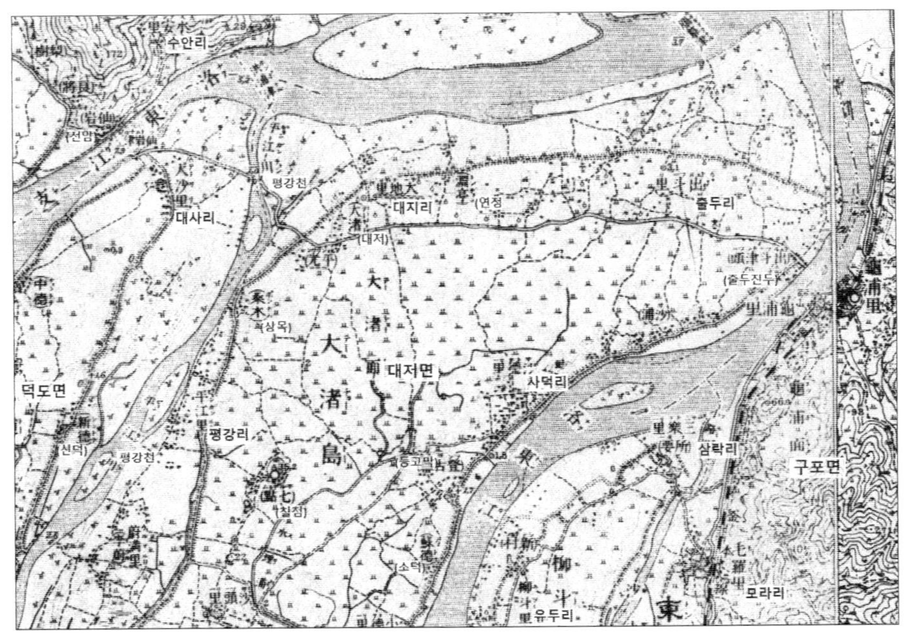

그림 1-1. 『조선지형도』(1916) 대저1동 일대(1:50,000)

대저도 삼각주의 북쪽에 위치하며 일찍부터 취락이 형성된 곳이다. 동쪽은 낙동강, 북쪽은 서낙동강이 흐르고 있으며 과거에는 나루터를 통해 부산의 구포와 김해 대동면과 이어졌다. 서쪽 강동동과의 경계에 흐르는 평강천은 조선시대에 양산군과 김해부를 나누는 경계였다. 북동쪽에는 대동수문이 설치되어 있다.

강서구청을 비롯한 행정 기관이 입지하며 남쪽의 대저2동과 경계에 김해국제공항이 있다. 중심지 기능은 북쪽의 강서구청을 중심으로 동-서 방향의 도로를 따라 형성되어 있다. 동쪽으로 북구 구포, 서쪽으로 김해를 연결하는 경로로 과거에 신작로가 지나던 곳이다. 지금은 부산김해경전철 도시철도가 지난다.

대부분 지역이 퇴적작용에 의해 형성된 삼각주로 지명은 '큰 모래톱'이라는 의미에서 유래되었다. 산지로는 칠점산이 유일하다. 일곱 개의 봉우리가 있어 이름이 비롯되었다. 조선시대 고지도와 지리지에 빠지지 않고 수록되어 있으며 이의 풍광을 읊은 한시가 여러 편 있다. 일제강점기 이후 공항 건설로 지금은 일부만 남아 있다.

조선시대에는 양산군 대상방면(大上坊面)이었다. 『양산군읍지』(1832)에 따르면 출두리(出頭里)·사덕리(沙德里)·연정리(淵亭里)·대저리(大渚里)·평광리(平光里)의 5개 리가 속해 있었다. 1906년 두입지 정리 과정에서 김해군으로 소속이 바뀌었다. 1914년 대하방면(大下坊面)과 합쳐 대저면이 되었고, 1978년 부산직할시에 편입되면서 대저1 · 2동으로 나뉘어 지금에 이른다.

1914년 변화 내용을 보면(표 1-1), 이전 대상면에 속한 리가 통폐합되면서 출두리, 사덕리, 대지리, 평강리 4개 리가 되었다. 이 중 대하면의 사두리, 덕도면의 이울리가 평강리로 병합되었다.

표 1-1. 1914년 대저면[대저1동] 통폐합 내용

1914년	1914년	1914년 이전	
대저면(大渚面)	출두리(出斗里)	대상면(大上面)	출두리(出斗里)·사덕리(沙德里)·대지리(大地里) 일부
	사덕리(沙德里)		사덕리(沙德里)·대지리(大地里)·출두리(出斗里) 일부
	대지리(大地里)		대지리(大地里)·출두리(出斗里)·평강리(平江里) 일부
	평강리(平江里)▲		평강리(平江里)·대지리(大地里) [대하면] 사두리(沙頭里) [덕도면]이울리(李蔚里) 일부

1916년 대저1동의 마을별 호구수를 보면(표 1-2), 전체 731호(3,672명)으로 가구당 인구수는 평균 5.0명이었다. 리의 규모를 보면 평강리가 223호(1,118명)으로 가장 컸으며, 이 중 평광 마을이 중심을 이룬다. 출두리는 208호(947명)으로 출두마을이, 대지리는 대저마을이 중심을 이룬다.

이들 법정리 지명은 1978년까지 사용되었으나 부산시로 편입되면서 폐지되었다. 리에 속하였던 마을 이름은 지금도 일상에서 사용된다. 유사한 지명이 많아 리 지명을 붙여 부르면서 구분하고 있다. 대지상리, 사덕상리, 평강상리 등이 이의 예이다.

표 1-2. 1916년 대저면[대저2동] 마을별 호구수

동리명	가구수	인구수	마을	가구수	인구수
총계	731	3,672	-	-	-
출두리 出斗里	208	947	출두리 出頭里	160	714
			휴덕리 休德里	25	121
			당말리 上里*	23	112
사덕리 沙德里	173	881	사덕리 沙德里	158	798
			출두진두리 出斗津頭里	15	83
대지리 大地里	127	726	대저리 大渚里	93	534
			연정리 淵亭里	35	192
평강리 平江里	223	1,118	평광리 平光里	174	873
			칠점리 七点里	26	130
			이울리 李蔚里	23	115

* [주기] 上里는 속칭(당말리), 출처: 『지지조서』(1916년, 이하 표 동일)

□ [출두리] 出頭里, 出斗里

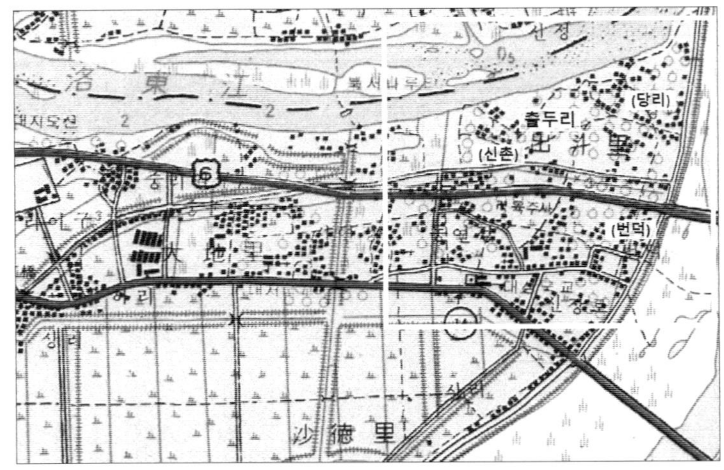

그림 1-2. 출두리 일대(1974)

대저1동의 북동쪽에 있던 리로 당리, 번덕, 신촌 마을로 구성되어 있다. 낙동강 유로가 나뉘는 곳에 있어 과거에는 홍수 피해가 잦았던 곳이다. 지금은 대동수문이 설치되고 제방이 축조되어 있다. 조선시대 구포로 가는 나루터와 김해 대동면으로 이어지는 안막(雁幕) 나루터가 있었다. 일제강점기 신작로가 이곳을 지나면서 부산과 김해의 교통이 편리한 곳으로, 배 농사를 비롯한 과수 재배가 성하였다. 일본인 농장이 들어섰으며 지금도 번덕마을을 중심으로 일본인 가옥이 남아 있다.

호구수 변화를 보면(표 1-3), 2023년 번덕마을이 293호(619명)으로 규모가 가장 크며, 신촌은 260호(440명), 당리는 124호(196명)이다. 이는 1972년 분포 추세와 유사하다. 가구당 인구는 1.6~2.1인으로 1972년의 5.4~6.6인에 비해 크게 줄었다.

표 1-3. 출두리 마을 호구수 변화*

시기	마을	가구수(농가)**	인구수	가구당 인구수
1972년	번덕	200(110)	1,075	5.4
	당리	108(42)	716	6.6
	신촌	254(130)	1,422	5.6
2006년	번덕	410	1,051	2.6
	당리	231	526	2.3
	신촌	532	1,215	2.3
2023년	번덕	293	619	2.1
	당리	124	196	1.6
	신촌	260	440	1.7

* 통계 출처: 『새마을총람』(1972), 『부산의 자연마을』(2006), 강서구청(2023)
** 괄호 안은 농가수 (이하 표 동일)

▷ **번덕마을 蕃德**

번덕마을 蕃德

낙동강에 실려온 모래가 하구에서
모래톱을 이루었고 그 위에 잔디덮여
洪水를 막았으니 水德이라 하다가
그 후 蕃德으로 바뀌었다
1856 물난리 때 마을사람들이
큰 팽나무 위로 피신하여 목숨을 건졌기에
고마움을 기려 活人亭을 지었으나
세월에 허물어지고 할매 堂山이 자리하고 있다.
일찍 신문명 받아 들여 교육의 중심지이며
敬老孝親의 얼이 늘 숨쉬고 있다.

1995. 11. 4
번덕마을 주민들이 세움

출두리 남쪽에 있는 마을로 제7·8·9통에 해당된다. 북쪽에 당리마을이 있으며, 남쪽으로는 사덕리의 신장로마을과 이어진다. 밀양 박씨와 창녕 성씨가 마을을 이루었으며 일제강점기때는 배 재배가 성하였다.

번덕은 거친 들을 뜻하는 '버덩'(뻐든, 뻐덩, 펀덩)에서 유래되었다 전한다. '간지깽이'라고도 부르는데 이는 대나무 장대를 뜻하는 '간짓대'의 방언으로 마을이 길게 생겨 비롯되었다 한다. 수덕(水德)으로도 불렀다. 일제강점기에 신사(神社)가 있었으며 이는 광복 후에 한글강습소인 백련학술원으로 이용되었다. 낙동중학교의 전신에 해당된다. 마을에 할배당산이 있으며 매년 음력 정월 보름에 제를 지낸다.

마을비는 공항로의 취락 초입부에 있으며 1995년에 세워진 것이다. 글은 모래톱, 잔디, 홍수, 물난리, 팽나무 단어 등으로 구성하였으며, 내용에는 신문명과 교육의 중심지라는 자부심을 담고 있다. 글에 담긴 '활인정(活人亭)'은 1856년(철종 6) 대홍수 때 팽나무가 마을 사람을 살렸다 하여 세운 정자이다.

번덕 마을회관

당산나무

▷ 당리마을 堂里

당리마을 堂里

사람살이 엮은 나날 잘 살아 보자고
이언터전 강늪에 쌓인 고마운 덕
그 정성 대대로 이어 가슴열고 사는 마을
저녁놀 배꽃 물들어 풍요롭던 선진 영농
시설 소채 새날 밝아 계절없이 푸르러라
오는 이 보내는 사람
풀피리 노래 정이들고

1999년 11월
마을 주민이 세움

출두리 북쪽에 있는 마을로 제10통에 해당된다. 대저도의 가장 북쪽 끝에 있으며 대동수문이 있다. 남쪽에 번덕 마을이 있다. 구포를 잇는 고성진 나루터가 있었다. 조선시대 양산군의 충훈부 둔전이 있었으며 양안이 남아 있다. 지명은 출두리에서 가장 먼저 당집이 세워져 비롯되었다. 당말리라고도 부르며 할매당산이 남아 있다.

원래 마을은 낙동강의 모래톱에 당산과 함께 있었으나 제방이 건설된 이후 안쪽으로 이전되었다. 당산도 마을 이전과 함께 옮겨졌다. 마을에 공장이 들어서기 이전에는 서낙동강에 연하여 풍광이 뛰어났다. 마을 가운데에 못이 있었으나 지금은 매립되었다. 1970년대까지만 해도 배농사가 성하였다. 출두리에는 원래 당리와 번덕마을에 할매와 할배당산이 있었는데 번덕마을이 당산을 옮겨 가면서 당리에서는 신촌마을과 함께 할매당산에서 매년 음력 섣달 자정에 제를 지낸다.

마을비는 공항로의 취락 입구에 있으며 1999년에 세워진 것이다. 글은 강늪, 배꽃, 소채 등의 단어로 구성하였으며, 내용에는 마을의 주변 환경과 영농, 마을의 풍요로움과 정다움을 바라는 마음을 담고 있다.

당리 마을회관

할매당산

▷ 신촌마을 新村

신촌 마을회관

출두리 서쪽에 있는 마을로 제11 · 12 · 27통에 해당된다. 동쪽에 농수로를 사이에 두고 당리와 번덕마을이 있다. 일제강점기 낙동강 제방의 축조 후에 이전하여 생긴 마을이다. 지명은 가장 늦게 생겼다 하여 비롯되었다. 밀양 박씨가 입촌하여 마을을 이루었다.

지대가 높고 사질 토양으로 구성되어 과수 재배에 유리한 곳으로 일제강점기 당리와 번덕마을과 함께 배농사가 성하였다. 마을에는 일본인 가옥이 남아 있고, 상수도 공사가 완공된 후 세워졌던 기념비가 있다. 인근에 대상초등학교가 있는데, 학교 이름은 조선시대 양산군의 대상면에서 비롯된 것이다. 1950년대에는 비닐하우스 영농이 처음 시작되된 곳이기도 하다.

마을회관은 주민 운영위원회를 비롯하여 노인회, 부녀회가 함께 사용하고 있으며 경로당으로도 이용된다. 당제는 매년 음력 섣달 그믐 밤에 당리마을 주민들과 함께 지낸다. 마을비는 세워져 있지 않다.

신촌마을
일본식 가옥

□ [사덕리] 沙德里

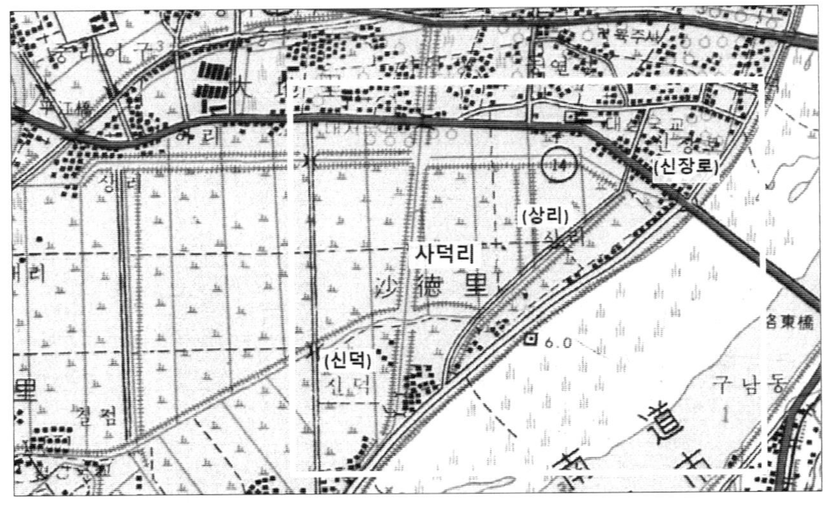

그림 1-3. 사덕리 일대(1974)

대저1동의 동남쪽 낙동강변에 연해 있던 리이다. 부산김해경전철의 강서구청역 일대에 해당한다. 취락은 제방 안쪽에서 집촌 형태를 이루고 있으며, 신덕, 상리, 신장로 마을이 있다. 신덕과 상리 마을은 구청 남쪽의 제방 안쪽에 있다. 신장로마을은 일제강점기 구포와 김해를 잇는 신작로가 이곳을 지나면서 도로변을 따라 형성된 마을이다.

호구수 변화를 보면(표 1-4), 2023년에 신장로마을이 554호(921명)로 가장 규모가 커서 중심 역할을 하고 있음을 보여준다. 2006년 통계에서 신덕과 상리 마을은 농가인구비율이 높게 나타난다. 1972년의 마을 인구 규모는 이와 유사한 경향을 보인다. 가구당 인구수는 1.7명 내외로 1972년에 비해 크게 감소하였다.

표 1-4. 사덕리 마을 호구수 변화

시기	마을	가구수(농가)	인구수	가구당 인구수
1972년	신덕	92(89)	478	5.2
	상리	103(75)	614	6.0
	신장로	245(101)	1,271	5.2
2006년	신덕	146	335	2.3
	상리	256	694	2.7
	신장로	548	1,354	2.5
2023년	신덕	106	185	1.7
	상리	229	424	1.9
	신장로	554	921	1.7

▷ 신덕마을 新德

신덕마을
강서구 대저1동 1통
2010년 12월 건립

사덕리 남쪽에 있는 마을로 대저1동의 제1통에 해당된다. 원래 상리와 같은 마을이었으나 신작로가 생긴 후에 분리되어 새로 생겨난 곳이다. 사덕마을에서 분리되었다 하여 신사덕(新沙德)이라 하였으나 나중에 신덕이 되었다.

나루터가 있어 '삿개[沙浦]' 혹은 '정금'이라고도 불렀으며 작은 어선과 소규모 화물을 실은 배가 드나들었다. 1931년 제방이 축조되면서 포구는 없어졌다. 남평 문씨의 집성촌이라 하여 문촌(文村)으로도 불렀다.

주민 대부분이 낙동강에 연한 둔치에서 비닐하우스 영농을 하였으나 2007년 공원이 조성되면서 제방 안쪽으로 이전하여 벼농사를 하고 있다. 농경지는 대부분 경지정리가 되어 있으며, 농업 용수로가 제방, 도로와 나란히 지나고 있다. 마을 서쪽의 논은 병구들, 다리 건너들이라고도 부른다.

마을비는 공항로의 취락 초입부에 있으며 마을 안내판이 별도로 세워져 있다. 마을 이름에는 로마자 지명이 병기되어 있으며 통 번호와 함께 건립 시기가 새겨 있다. 글은 쓰여 있지 않다.

신덕 마을회관

마을 표지판

▷ 상리마을 上里

사덕상리 沙德上里

옛이름 삿개(沙浦), 정금이라 하였고
1934년 둑을 쌓은 안쪽으로 마을을 옮겼다.
둑너머 모래땅에 소채단기 일구었고
홍수재난 견뎌내어 계절없이 푸르러며
정월 당상제 차림으로 마을 안녕을 빌고 있다.
철쭉꽃 어우러진 금수현님 노래비에
골목마다 정이 일고 아침 놀
금빛 물결에 구포대교 우뚝하다

사덕리 중앙에 있는 마을로 제2·3통에 해당된다. 낙동장교(구포대교) 부근의 제방 안쪽에 있다. 조선시대 밀양 박씨와 김녕 김씨가 입촌하여 형성한 마을이다. 원래 강변의 둔치에 있었으며 일제강점기 제방의 축조 이후 지금의 위치로 이전하였다. 마을 안에 경로당과 함께 사용하는 회관이 있으며, 이와 별도로 새마을회관이 있다. 회관 표지석에는 '1977년 대통령 각하의 하사로 지어졌다.'는 내용이 쓰여 있다. 마을에는 할매당산이 있어 매년 음력 정월 초이튿날 자정에 제를 올린다.

마을비는 공항로를 사이에 두고 마을의 맞은편 제방에 세워져 있다. 글은 소채단지, 홍수, 당산제 등의 단어로 구성하고 있으며 내용에는 마을 유래와 함께 풍광의 아름다움을 담고 있다. 글 속의 금수현(1919~1992)은 이곳에서 출생하여 일본 유학 후 귀국하여 활동한 작곡가이다. 〈그네〉를 지었으며 인근에 노래 공원이 조성되어 있다.

새마을회관 표지석

마을 당집

▷ 신장로마을 新長路

으뜸마을

낙동강 물에 실려 온 모래가 쌓여서
고래 형상을 만들고 낙동강
젖줄 수유받는 고래 머리에 터를 잡았으니
으뜸마을이라 하였으며
농협기술 나눈 인심
행정중심 으뜸마을

2018년 4월 3일
으뜸마을 주민일동

사덕리 북쪽에 있는 마을로 제4·5·6통에 해당된다. 북쪽에 출두리의 번덕과 신촌마을로 접한다. 지명은 1933년 구포대교(현 낙동장교)가 세워져 신작로(新作路)가 생기면서 '신장로'로 변하여 비롯되었다. 조선시대 구포로 이어지는 나루터가 있어 나릿가로도 불렀다. 낙동장교 건립 기념비가 있었으나 1982년 철거되었다. 강서구청을 비롯한 행정기관과 초등학교 등의 교육기관이 있다.

1885년 양산군 대저면 사무소가 칠점마을에서 이곳으로 옮겼으며 5일장이 열렸다. 1908년에 낙동공립소학교가 세워졌고, 이는 광복 후 대상초등학교가 되었다. 1916년 대저수리조합이 세워지기도 하였다.

마을비는 대저로의 취락 초입부에 세워져 있다. 글은 낙동강, 모래, 고래 등의 단어로 구성되어 있으며 내용에는 강서구의 행정 중심 마을로서의 자부심을 담고 있다. 글속의 '고래' 단어는 모래 둔덕을 고래 형상으로 묘사한 것이다. 표지석에 마을 이름으로 새겨진 '으뜸마을'은 주민들이 자발적으로 변경한 이름이다.

신장로 마을회관

대상초등학교

☞ **신장로마을 사덕시장**

사덕시장(섬장)

시장 내부

사덕리에서 열리는 5일장으로 대저섬장으로도 불렀다. 섬장은 대저도 섬에서 열리는 장이라는 의미로 주로 외지인들이 불렀다. 주민들은 대저장이라 불렀다. 매 1·6일 개시되고 있으며, 과거에는 동래장(2·7일), 구포장(3·8일)과 순환 체계를 이루었다. 지금 시장 규모는 축소되었으나 장날이 되면 상인들과 인근 주민들이 함께 모이면서 장시 기능을 유지하고 있다.

농산물을 비롯하여 가축시장, 갈대로 엮은 발과 갈자리, 갈대꽃으로 만든 빗자루가 특산물로 거래되었다. 가축시장이 열릴 때에는 소 싸움이 벌어지기도 하였다. 이곳에서 거래되는 갈대 수공업품은 품질이 좋아 전국적으로 유명하였다.

사덕시장 표지판

[사덕시장 가는길]

1880
예부터 나루터가 발달한 교통의 요충지였던 신장로는 1880년부터 '섬장'이라고 하는 5일장이 개설되었다. 장날이면 지역에서 생산되는 농산물과 가축 등 특산물이 거래되고 소싸움, 윷놀이, 장터국밥으로 시끌벅적한 큰 장이 펼쳐졌었다. 현재는 사덕시장이라는 이름으로 개시되며 옛날 규모는 아니지만 지금도 오일장이 열리면 어물전을 펴는 10여 명의 촌로들과 상인들이 여전히 '사덕시장'을 지키고 있다.

1933
'신장로'란 명칭은 지난 1933년 3월, 당시 김해 대저와 부산 구포를 잇는 당시 동양 최장의 구포다리가 건설되면서 '새 길이 생겼다'는 의미로 '신작로(新作路)'란 이름이 지어졌다가 오늘날의 '신장로(新長路)'로 불렀다.

□ [대지리] 大地里

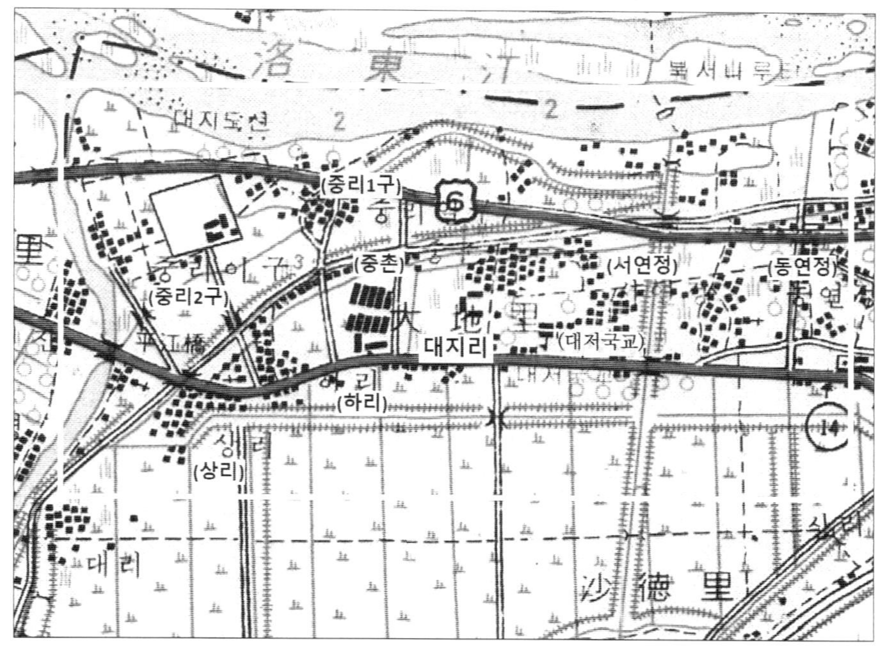

그림 1-4. 대지리 일대(1974)

출두리 서쪽에 있던 리이다. 동연정, 서연정, 상리, 중촌, 중리1-2구, 하리 등 7개 마을로 구성되어 있다. 북쪽은 서낙동강에 연해 김해시 대동면과 마주보고 있으며, 서쪽은 평강천을 사이에 두고 대사리(大沙里, 지금의 강동동)에 접해 있었다. 남쪽에는 평강리가 있다.

서낙동강과 평강천에 연한 취락은 대부분 농촌 마을이나 부산의 구포와 김해를 잇는 신작로 일대에는 일찍부터 노변 취락이 형성되었다. 리 동쪽에 동연정과 서연정마을이 있으며, 서쪽에 상리가 있다. 중촌과 중리1 · 2구 마을은 대지상리 서쪽의 평강천 유역과 이어진다. 대지하리는 중리의 남쪽에 접한다.

교육기관으로 대저초등학교와 낙동중학교가 있다. 대저초등학교는 1922년 대저공립보통학교로 설립되어 당시 대저면사무소에서 개교하였다. 그 해에 대저면에 교사를 신축하였고, 1950년에 대저국민학교로 교명을 바꾸었다. 1981년 평강초등학교와 통합하고, 지금 위치로 이전하였다. 학교 교가는 대저면 출신인 금수현 선생이 작곡하였다.

호구수 변화를 보면(표 1-5), 1972년에는 상리마을이 202호(1,025명)으로 규모가 가장 컸다. 농가수도 123호로 비농가 비율이 높았다. 노변 취락에서 농업 외에 종사하는 인구가 많았기 때문이다. 2006년에는 모든 마을에서 인구가 증가하는 추세를 보이며 특히 서연정마을의 증가율이 높다. 2023년은 이전에 비해 감소 추세를 보이며 호당 인구수도 1.5~1.9인으로 매우 낮아졌다.

표 1-5. 대지리 마을 호구수 변화

연도	마을	가구수(농가)	인구수	가구당 인구수
1972년	동연정	100(37)	469	4.7
	서연정	133(80)	932	7.0
	대지상리	202(123)	1,025	5.1
	대지중촌	34(25)	196	5.8
	대지중리1구	128(66)	667	5.2
	대지중리2구	104(82)	589	5.7
	대지하리	55(32)	315	5.7
2006년	동연정	234	583	2.5
	서연정	450	1,052	2.3
	대지상리	528	1,285	2.4
	대지중촌	134	329	2.5
	대지중리1구	280	730	2.6
	대지중리2구	288	677	2.4
	대지하리	197	468	2.4
2023년	동연정	142	239	1.7
	서연정	278	475	1.7
	대지상리	334	579	1.7
	중촌	96	144	1.5
	중리1구	195	361	1.9
	중리2구	173	258	1.5
	대지하리	127	209	1.6

대저초등학교

▷ 동연정마을 東淵亭

동연정 東淵亭

옛날 이곳은 연못이며
강물이 범람하여 모래가 쌓여
정자를 짓고 마을이 형성되어
강정이라고 불렀다.
농업용수를 공급하는 양수장이 생기면서
못이 마을을 갈라
동쪽은 동연정
서쪽은 서연정이라 불리고 있다.

대지리 동쪽에 있는 마을로 출두리에 접해 있다. 제13통에 해당된다. 낙동강의 범람이 잦아 연못이 만들어져 이름이 비롯되었다. 이곳에 연정(淵亭) 정자를 세워, 이를 기준으로 동연정, 서연정 마을로 불렀다. 지금 연못은 없어지고 1916년에 설치된 대저용수로가 마을을 나눈다. 김해군 대동면의 신안마을을 잇는 북섬 나루터가 있었으나 1985년에 폐쇄되었다.

조선시대 영천(永川) 이씨와 장흥 고씨가 입촌하여 마을을 이루었다. 이곳의 대지교회는 1907년에 세워진 것으로 개화기 신문화를 받아들이는 역할을 하였다. 1936년에는 김해복음농업실습학교가 설립되어 농촌 자강 부흥운동의 중심이 되었다. 마을비는 대저로(옛 신작로)의 취락 초입부에 세워져 있다. 글은 연못, 정자, 양수장, 이칭인 '강정' 등의 단어로 구성하였으며 마을 유래 내용을 담고 있다.

동연정 마을회관

마을 골목길

▷ 서연정마을 西淵亭

서연정 西淵亭

서낙동강 범람으로 여울목에
큰 못이 생겨 못가에 정자되어 연정이라 하고
서쪽에 연정마을 이루었다
오랜 세월에 못은 메워지고
그 자리에 양수장 세워 온 대저벌을 적셔주고 있다.
대동가는 나루터 뱃길은 세월따라 사라졌고 오가는
길손을 반겨주던 고운 인정은 이웃끼리 넘쳐난다.

1996년 9월 8일
서연정 주민 세움

대지리 중앙에 있으며 대저용수로를 사이에 두고 동연정 마을과 나뉜다. 제14·15통에 해당된다. 마을 이름은 동연정과 함께 생겨났다. 용수로는 1916년에 건설되었으며 김해군을 잇는 북섬나루로 이어졌다. 나루터는 1985년에 폐쇄되었다.

일제강점기에 과수 재배가 성하였고 광복 이후에는 육묘장이 조성되기도 하였다. 양곡 보관창고가 있었다. 한국전쟁 때는 지체 장애인을 위한 애린원(愛隣院)과 고아들을 수용하는 보육원이 있었다. 지금 마을회관 가까이에 정자가 세워져 있어 주민들의 쉼터 역할을 한다.

마을비는 대저로의 취락 초입부에 있다. 글은 서낙동강, 범람, 못가, 연정마을, 양수장, 나루터 등의 단어로 구성하였으며, 내용에는 마을 유래와 함께 인심의 풍요로움을 담고 있다.

서연정 마을회관

대저 용수로

▷ 상리마을 上里

대지상리

낙동강 삼각주 평야
넓고 넓은 땅에
형성된 마을이라
대지리란 이름이 붙여졌으며
대지리에서도 높은 쪽에 위치하여
대지상리라 하고
이 지역에서는 제일 먼저 형성된
가장 큰 마을이다

서기 1998년 6월 2일

대지리 서쪽에 있는 마을로 제16 · 17 · 28통에 해당된다. 리에서 가장 먼저 생겨난 마을로, 비교적 높은 곳에 있어 지명이 비롯되었다. 18세기 능주 구씨, 진양 강씨, 장흥 고씨가 입촌하면서 마을을 이루었다.

일제강점기 하나조우[花園佐吉] 농장 사무실이 있었는데, 이곳 농지의 절반 이상을 소유하였다. 일본인을 위한 대저면 신사가 있었으나 광복 후 철거되었다. 주민들은 이곳에서 강제로 요배의식을 강요당하였으며 이를 '귀신당걸'로 부르기도 하였다 한다. 1930년대에는 마을에 있는 회관에 유치원을 설립하여 유아 교육을 하기도 하였다.

표지석은 대저중앙로의 마을 초입부에 세워져 있다. 인근에 동구나무가 슈퍼마켓과 함께 있어 주민들의 일상에서 중심 공간의 역할을 한다. 가을비 글은 낙동강 삼각주 등의 단어로 구성되어 있으며, 내용에는 마을 유래와 함께 이곳에서 가장 먼저 생겨난 마을이라는 자부심을 담고 있다.

상리 마을회관

동구나무

▷ 중촌마을 中村

중촌
마을회관

대지리 서쪽에 있는 마을로 제18통에 해당된다. 이름은 상리와 하리 사이에 있어 비롯되었다. 북쪽의 중리1구와 이어지는 제방길을 따라 열촌(列村)으로 형성되어 있다. 긴 막대기를 뜻하는 간짓대의 사투리인 간지깽이 마을로도 불렀다. 농경지가 멀리 떨어져 있어 초막(草幕)이 많았으며 이 때문에 '농막걸(農幕-)'로 부르기도 하였다.

도시철도 3호선의 종점인 대저역이 있으며, 부산우편집중국을 비롯한 공공기관이 들어서 있어 농촌과 도시적인 토지이용이 혼재하고 있다. 1960년대에는 대규모 양계농장인 천우사가 있었으며 이곳의 달걀 생산량이 많아 전국의 계란 값에 영향을 미쳐 '달걀은행'으로 부르기도 하였다 한다.

마을비는 세워져 있지 않다. 당산제는 중리 1·2구와 하리 마을 주민과 함께 매년 음력 정월 보름 이른 아침에 대저하리에 소재한 할매당산에서 함께 제를 올린다.

부산우편집중국 일대와 벼농사

▷ 중리1구마을 中里1區

중리마을 大地中里

서낙동강 범람한 강 한가운데
모래섬 생겨나 홍수로
섬은 연달아 잇대어지니
1650년대에 처음 마을 이루었다.
옛사람 부진한 땀으로 이어받아
고등소채 화훼 처음 있게 하고
더운 손 서로 모아 날새면
이슬 촉촉 선진농가 이루다.
혼겟나루 땔감싣고 情談나눠 건넌 시절
세월따라 흘러갔고
보내고 맞이하는 이 고운 情만 되감긴다

1997년 9월 30일
마을주민 세움

대지리 북서쪽에 있는 마을로, 제19통에 해당된다. 부산교도소 동쪽 일대에 해당된다. 마을 북쪽으로 남해고속도로가 지나며 토끼굴을 통해 서낙동강 연안과 연결된다. 원래 강변에 있었으나 1885년 대홍수 이후 모래 언덕이 성겨 지금의 위치로 옮긴 것이다. 과거에 혼갯(혼겟, 혼개, 혼게) 나루터가 있어 김해군 대동면과 이어졌다. 취락 가운데 마을 회관이 있으며, 일부 가옥에는 거깃대 모습의 조형물이 세워져 있는 등 마을 골목길이 정비되어 있다.

마을비는 대저중앙로의 취락 입구에 있으며, 비교적 이른 시기인 1997년에 세워졌다. 글은 대홍수로 인한 마을의 형성, 혼겟나루 등의 단어로 구성하면서, 내용에는 옛 기억과 함께 마을민들의 푸근한 인정을 담고 있다. '혼겟나루 땔감' 단어는 이 마을이 김해의 생활권에 속하였음을 보여준다.

중리1구 마을회관

마을 서낙동강변 일대

▷ 중리2구마을 中里2區

중리 이구마을 中里二區

平江川 굽이돈 물 모래둔치 이룬 갈밭
없는 살림 서로 도와
개척정신 엮은 나날
앞선 임 뿌리로 이어
내일 열고 사는 마을
선진축산 새날 밝고
고등소채 익은 풍요
기름진 흙 내음에
좋은 인심 情은 일고
그 시절 부둥켜 안고
담을 넘는 웃음꽃

2001년 9월 14일
중리이구 마을주민

대지리 북서쪽에 있는 마을로 제20통에 해당된다. 동쪽에 중리1구 마을이 있다. 서쪽의 평강천이 서낙동강으로 합류하는 곳에 갈대밭이 성하여 '갈밭마을'로도 불렸다.

일제강점기 때 진해항공대의 훈련병 숙소가 있었으며, 광복 후에는 귀환 동포와 한국전쟁 때 피난민들의 주거지가 되었다. 당시 돼지와 오리를 키우는 농가가 많아 '오리촌'이라 부르기도 하였다. 마을의 골목길 담에는 그림이 그려져 있고, 집 대문에는 문패 대신 별칭이 새겨진 예쁜 그림도 붙어 있다. 부산자연곤충마을이 들어서 있다. 마을 당제는 하리에 있는 할매당산에서 중촌, 중리1구, 하리마을과 함께 지낸다.

마을비는 대저중앙로의 취락 초입부에 세워져 있다. 글은 평강천, 모래둔치, 선진축산 등의 단어로 구성하였으며 내용에는 농업 개척과 근대화의 기억과 함께 마을 인심의 후함을 담고 있다.

중리2구 마을회관

골목길 담 벽화

▷ 하리마을 下里

하리 마을회관

대지리 중앙 남쪽에 있는 마을로 제21통에 해당된다. 북쪽에 중리1·2구 마을이 있다. 리의 가장 아래쪽에 있어 지명이 유래되었으며 '아랫각단'으로도 불렀다. 1865년 대홍수 때 이곳에 모래가 퇴적되면서 이곳을 '하리모래각단'이라 하였고 대지리에서 가장 늦게 개간된 곳이다.

일찍부터 근대교육이 시작된 곳으로 1915년 사설교육기관인 대저학숙(大渚學塾)이 설립되었다. 이는 1922년 대지상리에 대저공립보통학교가 세워질 때까지 운영되었다. 이후 1922년 대저초등학교가 되었으며 당시 대저면사무소 건물에서 개교하였다. 1950년에 대저국민학교가 되었다.

마을 당제는 이곳의 할매당산에서 매년 정월 보름에 중촌, 중리 1·2구마을과 함께 지낸다. 당산은 주변보다 고도가 높은 곳에 제당이 조성되어 있으며 주변에 소나무가 둘러싸고 있다. 마을비는 세워져 있지 않다. 작은 규모의 마을회관이 있으며 이와 별도로 새마을회관이 있다.

마을 할매당산

당집

□ [평강리] 平江里

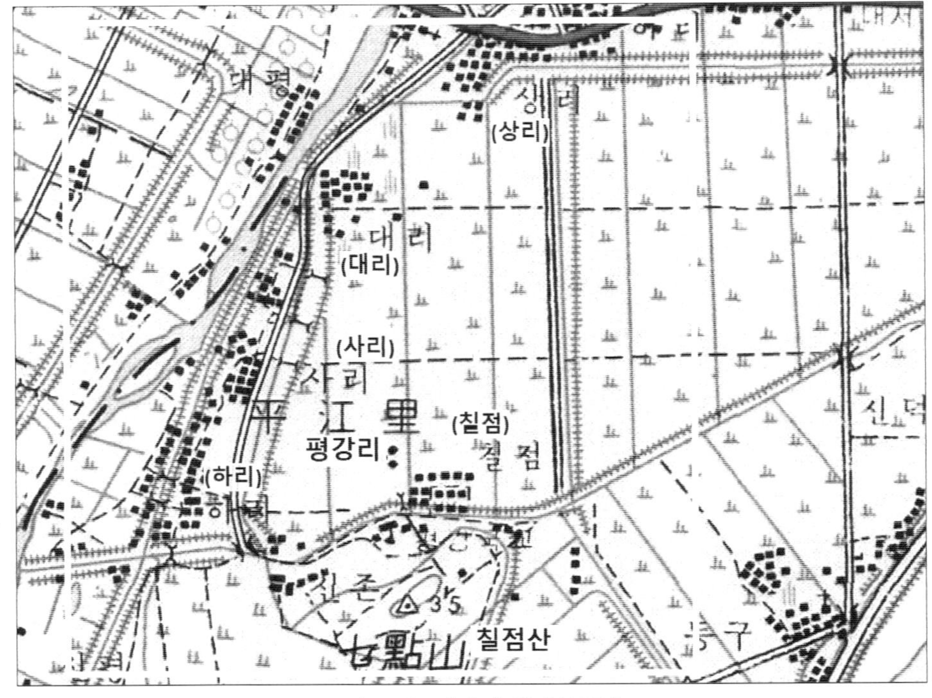

그림 1-5. 평강리 일대(1974)

동의 남서쪽에 있던 리로, 상리와 대리, 사리와 칠점마을로 구성되어 있었다. 평강천에 연해 있으며, 지방도인 평강로를 따라 집촌을 이루고 있다. 북쪽은 대지리, 동쪽에 사덕리가 있고, 남쪽은 김해공항과 접해 있다. 평강리에 속한 마을의 주민들은 매년 음력 정월 2일에 대리의 당산에서 함께 당제를 올린다.

리 북쪽에 김해-구포를 잇는 국도가 지나고 부산김해경전철의 평강역이 있다. 호구수 변화를 보면(표 1-6), 2023년 현재 평강상리가 331호(550명)으로 규모가 가장 크다. 이어서 평강사리가 175호(273명)로 뒤를 잇는다. 1972년 마을별 인구 규모도 이와 비슷한 양상을 보인다. 가구당 인구수는 5.3명 내외에서 1.6명으로 줄어들었다.

한편 평강리의 하리마을은 2004년에 김해공항의 비행기 이착륙에 따른 소음과 확장 공사로 철거되었다(☞ 243쪽). 일부는 사리마을로 편입되었다. 지명은 평강리의 가장 남쪽에 있다 하여 비롯되었다. 1972년의 당시 통계에 따르면 87호(487명)로 적지 않은 규모의 마을이었음을 보여준다. 취락이 있던 자리는 지금은 공장들이 들어서 있어 옛 모습을 찾기 어려우나 마을비가 남아 있어 과거의 흔적을 보여준다. 표지석은 1994년에 세워졌다. 글은 칠점산과 평강천, 고등소채와 벼 등의 단어로 구성하였으며, 내용에는 마을 인심의 풍요로움을 담고 있다.

표 1-6. 평강리 마을 호구수 변화

시기	마을	가구수(농가)	인구수	가구당 인구수
1972년	상리	117(82)	622	5.3
	대리	74(56)	392	5.3
	사리	110(87)	582	5.3
	칠점	82(62)	432	5.3
	하리	87(75)	487	5.6
2006년	상리	297	722	2.4
	대리	106	238	2.2
	사리	244	592	2.4
	칠점	65	170	2.6
	하리	-	-	-
2023년	상리	331	550	1.7
	대리	64	99	1.5
	사리	175	273	1.6
	칠점	81	133	1.6
	하리	-	-	-
	(신정)	11	17	1.5

☞ 평강하리 마을비와 글

평강하리 平江下里

낙동강 물에 실려 흘러내린 모래알이
칠점산을 만나 모래톱을 이루었고
평강천을 낀 척박한 땅을 지혜와 땀으로
기름지게 일구어낸 옛님의 얼이 서리어 있다.
이 마을은 고등소채와 벼를 많이 수확하는
풍요로운 고장으로
이웃끼리 서로 돕고 어른을 잘 섬기는
전통을 이어가고 있다.

1994년 9월 20일
평강하리 주민이 세움

▷ 상리마을 上里

평강상리마을

물맑고 인정어린 평강천 들머리길
옛이름 상목리에 누에치고 뱃길열어
오가는 길손들이 반겨하던 이웃사촌

앞선임 고마운 뜻 마음적셔 엮어두고
오는이 보낼 사람 너나없이 웃음짓고
새희망 가슴열어 인정삼고 사는 마을

평강리 북쪽에 있는 마을로 제22통에 해당된다. 부산김해경전철의 평강역 남쪽에 있다. 서쪽에 평강천이 흐르고, 북으로는 김해-구포 간 국도가 지난다. 지명은 평강리에서 위쪽에 있는 마을이라 하여 비롯되었다. 옛적에 뽕나무가 많이 자라고 있어 상목리(桑木里)라고도 불렀다. 19세기 진주 강씨와 밀양 박씨, 분성 배씨가 입촌하여 마을을 이루었다. 평강천에 접해 있어 수운 교통이 편리하였으며 강변의 갈대숲에는 갈게가 많이 잡혀 게장의 특산지였다고 전한다.

마을비는 평강로의 취락 초입부에 있으며, 이와 별도로 옛 지명인 상목리가 쓰여져 있는 안내판이 세워져 있다. 표지석 글은 평강천, 상목리, 누에, 뱃길 등의 단어로 구성하였으며 내용에는 마을 인심의 풍요로움을 담고 있다.

상리 마을회관

▷ 대리마을 大里

평강대리
平江大里

평강천따라 흘러온 모래가 쌓여
높은 언덕을 이루었고
큰 포구나무가 그늘을 드리웠기에
옛이름 포구나무 각단으로 불리었다.
넓은 들 연연히 지켜온 평강 당산은
마을의 평안과 풍년을 내리었다.
저녁 노을 갈새 소리에 인정을 나누었고
땀방울에 쩌리었던 부지런함은
우리 마을의 자랑이리라

평강리 남쪽에 있는 마을로 제23통에 해당된다. 평강천을 따라 둑길에 포구나무가 자라고 있어 '포구나무각단', '포구나무걸이'라고도 불렀다. 평강천에서는 송어가 많이 잡혔다 하며, 지금은 양수장이 설치되어 마을의 농경지에 농업 용수를 공급한다. '대리' 지명은 취락 규모가 커서 비롯되었다.

마을의 당산은 1910년경에 세워진 것으로 노거수인 포구나무에 둘러싸여 있다. 매년 정월 이튿날 자정에 옛 평강리에 속했던 5곳 마을의 주민들이 함께 모여 이곳에서 제를 올린다.

마을비는 평강로의 취락 초입부에 세워져 있다. 기단석에 새겨진 글은 평강천, 포구나무, 당산 단어를 이용하여 구성하였으며 내용에는 마을의 평화로움과 함께 자부심을 담고 있다.

대리 마을회관

마을 당집

▷ 사리마을 沙里

평강사리마을 24통

평강사리(平江沙里) 마을은
평강천의 물길이 자주 변하여
강물에 실려온 모래가 쌓여 모래언덕이 되어서
「평강모래각단」이라는 이름을 가진 곳입니다.
1800년대 당시에 둑을 쌓고 물길을 돌리며
갈대가 무성한 땅을 개간하여
마을을 형성하였습니다.

서기 2013년 7월 8일
강서구청의 지원과 마을 주민의 뜻을 모아
이 마을비를 세웁니다.

평강리 남쪽에 있는 마을로 제24통에 해당된다. 북쪽에 대리마을이 있다. 평강천이 범람하면서 만들어진 모래 언덕에 취락이 형성되어 '모래각단'으로 부르기도 하였다. 사리(沙里) 지명은 이에 비롯되었다. 19세기 갈대밭을 일구면서 개척하였으며 1940년까지만 하여도 대나무와 탱자나무 울타리를 친 가옥들이 집촌을 이루었다.

일찍부터 신문화가 유입되어 1906년에 호주 선교사인 매켄지(J. N. Mackenzie)의 권유로 이곳에 평강교회가 세워졌다, 1942년 폐쇄되었다가 광복 후에 평강상리에 다시 세워졌다. 마을의 평강중앙교회는 1960년에 세워진 것이다.

마을비는 평강로의 마을 초입부에 있다. 비교적 최근인 2013년에 세워졌다. 글은 이칭인 '평강모래각단'과 모래언덕, 제방 축조, 갈대 등의 단어를 이용하여 내용을 구성하였다. 강서구청의 지원 내용이 함께 새겨 있다. 글에서 '1800년대 제방'은 구한말 이곳에 축조된 대저도 제방을 설명한 것이다.

사리 마을회관

평강중앙교회

▷ 칠점마을 七點

칠점마을(2012년 3월 건립)

칠점 마을회관

평강리 남쪽에 있는 마을로 제26통에 해당한다. 지명은 인근에 있었던 칠점산에서 비롯되었다. 삼각주가 육지화되기 이전에 칠점산은 낙동강의 물 흐름에 장애 역할을 하면서 토사가 퇴적되어 충적지가 생겨나 일찍부터 취락이 발달될 수 있었다. 7개의 봉우리로 구성되어 지명이 유래된 것이다. 이 산은 옛 사료와 고지도에서 빠지지 않고 수록되어 있으며, 풍광이 뛰어나 이곳을 읊은 시문(詩文)도 적지 않게 남아 있다. 1885년까지 이곳에 양산군 대상동의 면사무소가 있었다.

20세기 들어 공항이 입지하면서 많은 영향을 받았다. 일제강점기에 진해 해군항공대 훈련소가 이곳에 세워졌으며, 광복 후 귀환동포들이 공항 주변에 모여 마을을 이루었다. 1970년대 공항이 확장되면서 대저2동으로 이주하여 지금의 신흥과 신소마을이 만들어졌으며, 일부 주민은 현재 모습의 칠점마을을 이루었다. 1948년에 개교하였던 평강초등학교는 공군부대 확장으로 1981년 대저초등학교에 병합되었다. 마을비는 대저동서로의 취락 입구에 세워져 있으나 글은 새겨 있지 않다. 마을에는 이와 별도로 강서구청이 1995년에 세운 칠점산 기념비가 있다.

칠점산기념비

칠점산

소백산맥을 타고 洛南正脈의 정기가 동쪽으로 치닫다가 낙동강 하류에서 꼬리를 드리우면서 점을 찍은듯 바다위에 일곱의 독메섬을 남겼고...(중략) 지금은 작은 돌산만이 흔적을 남겼으니 칠점산 아래 이 터를 닦은 先人들의 얼을 기리어 이곳에 푯말을 세우도다.

서기 일천구백구십오년이월(1995. 2)
강서구청장

□ [대저리] 大渚里

▷ 신정마을 新亭

신정 마을회관

대저도의 서낙동강 건너편에 있는 김해시에 속한 대동면 초정리에 있다. 지리적으로는 김해시 범위에 속하나 마을회관의 지번 주소는 '부산광역시 강서구 대저1동 123-204번지'이다. 대저1동 제25통에 해당된다.

이와 같은 행정구역의 월경지 형태는 1960년대의 대동운하 공사에서 비롯되었다. 당시 김해시 대동면의 월촌과 이곳 신정마을 일대를 잇는 관개시설 공사가 실시되었다. 김해평야에 농업용수를 공급하는 서낙동강이 가뭄 때 해수와 염수 유입으로 염해 피해가 잦아 상류에서 용수를 공급받기 위해 운하를 건설한 것이었다. 공사 과정에서 채토한 흙을 쌓아 둔 면적이 82ha에 달하였다. 이는 원래 김해농지개량조합의 소유였으나 부산에 거주하는 개인에게 불하되면서 마을이 부산시 소속이 된 것이다.

'신정(新亭)' 이름은 초정리에 새로 생긴 곳이라 하여 비롯되었다. 별도의 마을비는 세워져 있지 않으며 회관은 대동면 초정리 신정마을과 함께 사용하고 있다. 2023년 현재 11가구 17인이 거주한다.

대동운하 수문

제2장 대저2동 大渚2洞

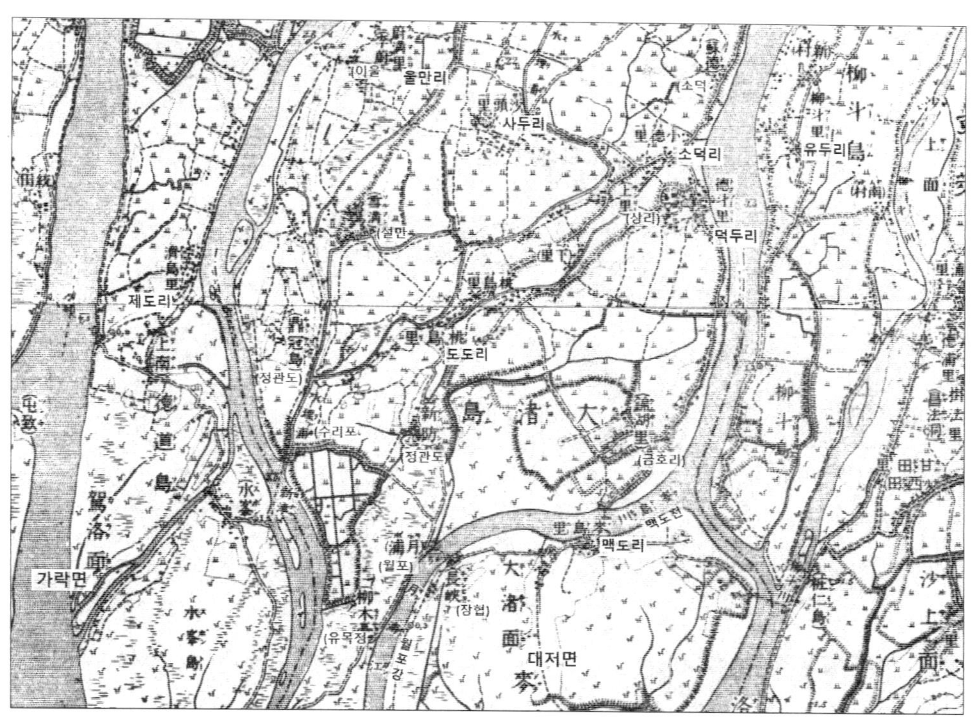

그림 2-1. 『조선지형도』(1916) 대저2동 일대

삼각주의 본섬인 대저도의 중앙에 위치하며 취락이 가장 일찍부터 형성된 곳이다. 동쪽에는 낙동강이 연하여 흐르며, 서쪽은 평강천 유로를 경계로 강동동, 남쪽은 명지동과 접한다. 동남쪽의 맥도섬은 맥도강에 의해 형성된 하중도이다. 산지 지형은 북쪽의 대저1동에 속한 칠점산 외에는 거의 나타나지 않는다.

조선 후기 경상도 양산군의 대하방(大下坊)에 속해 있었으며, 1906년 대상방(大上坊, 대저1동)과 함께 김해군에 귀속되었다. 당시 대하방면에는 소덕(小德)·덕두(德頭)·도도(桃島)·맥도(麥島)·사두(沙頭)·설만(雪滿)의 6개 리가 있었다. 1914년 대상면과 함께 대저면에 속하였다. 이 중 사두리 일대는 칠점산 남쪽에 있어 토사 퇴적이 일찍부터 시작한 곳으로 취락의 형성도 가장 먼저 시작된 곳이다. 사두리는 일제강점기 공항이 들어서면서 마을은 철거되어 이전되었다.

김해국제공항이 입지하고 있어 북쪽의 대저1동과 함께 이의 영향을 적지 않게 받고 있다. 1978년 부산광역시로 편입되면서 대저2동으로 분리되었고 이때 이전에 사용되던 법정리 지명은 폐지되고 이에 속한 25개 마을은 통 번호로 관리된다.

표 2-1. 1914년 대저면[대저2동] 통폐합 내용

1914년(대저면)	통합 이전(대하면 大下面)
소덕리(小德里)	소덕리(小德里)·덕두리(德斗里)·도도리(桃島里) [대상면] 사덕리(沙德里) 일부
도도리(桃島里)	도도리(桃島里)·소덕리(小德里)·덕두리(德斗里)·맥도리(麥島里) 일부
사두리(沙頭里)	사두리(沙頭里)·소덕리(小德里) 일부
덕두리(德斗里)	덕두리(德斗里)·맥도리(麥島里) 일부
맥도리(麥島里)	맥도리(麥島里) 일부
울만리(蔚萬里)	울만리(蔚萬里)·사두리(沙頭里) [덕도면] 이울리(李蔚里), 제도리(濟道里) 일부

1914년 당시 통합 내용을 보면(표 2-1), 소덕리와 덕두리, 도도리와 대상면 사덕리 일부를 합쳐 소덕리로, 도도리와 소덕리 및 덕두리 일부를 통합하여 도도리가 되어 소덕리, 도도리, 사두리, 덕두리, 맥도리, 울만리 6곳 동리로 재편되었다. 지리적인 범위는 지금의 대저2동과 동일하다. 개편 후의 동리 지명은 규모가 큰 마을의 이름을 따랐다. 설만리는 이때 울만리로 바뀌었다. 이들 지명은 대저1동과 마찬가지로 1978년까지 남아 있었으나 당시 부산시로 편입되면서 없어졌다.

1916년 당시 대저2동의 전체 호구수는 788호(4,045명)로 가구당 인구수는 5.1명이었다. 동리별 규모를 보면 소덕리와 덕두리가 142호(637명), 141호(711명)로 비교적 크나 인구수로는 맥도리가 723명으로 가장 많았다.

표 2-2. 1916년 대저면[대저2동] 마을별 호구수

동리명	가구수	인구수	마을	가구	인구수
소덕리 小德里	142	637	소덕리 蘇德里	105	459
			상리 上里	37	178
사두리 沙頭里	134	687	사두리 司斗里	99	511
			동촌 東村	35	176
울만리 蔚滿里	125	709	설만리 雪滿里	41	238
			이울리 李蔚里	56	311
			정관도 鼎冠島	28	160
덕두리 德斗里	141	711	덕두리 德頭里	103	518
			금호리 錦湖里	38	193
도도리 桃島里	120	578	도도리 桃都里*	93	440
			서호리 西湖里	27	138
맥도리 麥島里	126	723	-	126	723

* 柳木亭, 新德, 月浦, **長峽, 松柏

□ [소덕리] 小德里

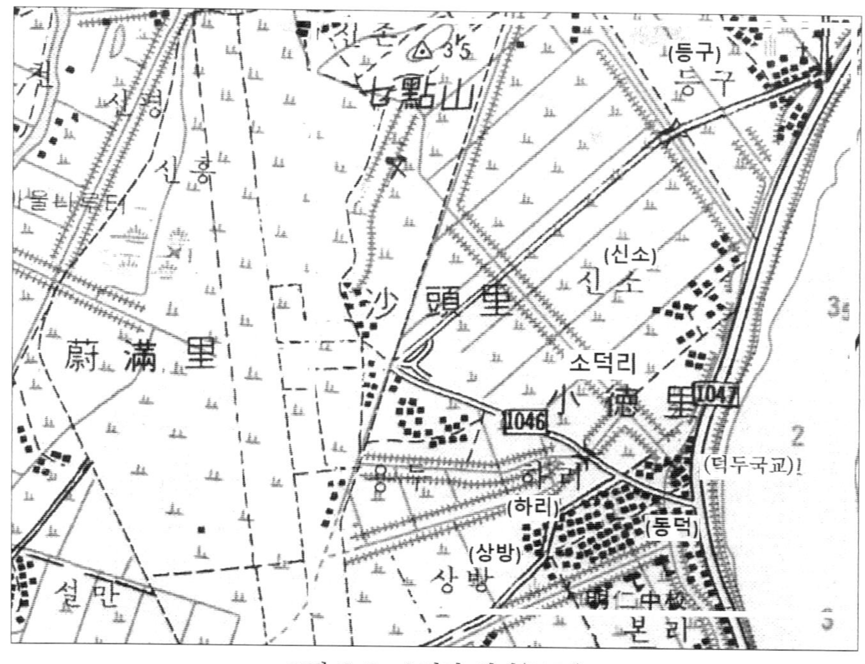

그림 2-2. 소덕리 일대(1974)

대저2동의 북동쪽에 있었으며, 등구, 하리, 상방, 신흥, 신소의 5개 마을로 구성되어 있다. 대부분 낙동강에 연해 있으며, 가장 북쪽에 등구마을, 남쪽에 동덕마을이 있다. 『조선지형도』에서 가장 북쪽의 등구마을은 등고막(登古幕)으로 표기되어 있다. 대부분의 마을은 일제강점기 낙동강 제방이 축조된 이후 하천부지에서 제방 안쪽으로 이전하였다. 농경지를 중심으로 집촌이 형성되어 있으며, 제방을 따라 열상(列狀)으로 취락이 발달하였다.

「현대지형도」(1974)에는 소덕리 서쪽에 김해공항의 활주로가 묘사되어 있다. 일제강점기 이곳에 군용 비행장이 들어선 이후 공항 부지가 확장되고 1976년에 김해국제공항이 입지하면서 마을이 이전되는 등 큰 영향을 받은 곳이다. 소덕리에 거주하였던 주민들은 신소마을로 이주하였는데, 매년 음력 정월 보름날 이들이 함께 모여 신소 당산에서 당제를 올리고 있다.

호구수 변화를 보면(표 2-3), 1972년 353호(1,868명)이었으나 2000년대 이후 증가하여 2006년에는 1,034호(2,245명), 2023년에 994호(1,761명)로 나타난다. 이는 공항의 확대에 기인한 것이다. 마을별 호구수를 보면 2023년 하리가 354호로 가장 많으며, 상방마을이 295호로 뒤를 잇는다. 신소마을은 68호로 가장 적다. 이를 1972년도와 비교해 보면 하리 마을의 규모가 가장 큰 것은 지금과 유사하다. 그러나 상방

마을은 42호에 불과하였다.

1972년의 신소마을 통계는 나타나지 않는다. 이곳은 1960년대 초까지만 하여도 소덕하리에 편입되어 있었기 때문이다. 김해국제공항이 조성되면서 도로를 중심으로 마을이 나뉘어졌고, 1978년 부산시로 편입되면서 '신소' 이름이 새로 생겨났다. 2000년대 들어 공항이 확장되면서 신소 이주단지가 조성되었다.

표 2-3. 소덕리 마을 호구수 변화

시기	마을	가구수(농가)	인구수	가구당 인구수
1972년	등구	100(75)	567	5.7
	하리	154(88)	757	4.9
	상방	42(35)	225	5.4
	동덕(신흥)	57(35)	319	5.6
	신소	-	-	-
2006년	등구	228	584	2.6
	하리	185	494	2.7
	상방	251	683	2.7
	동덕(신흥)	111	313	2.8
	신소	259	171	0.7
2023년	등구	179	311	1.7
	하리	353	646	1.8
	상방	295	457	1.5
	동덕(신흥)	99	212	2.1
	신소	68	135	2.0

신소마을 당집

▷ 등구마을 登龜

등구마을 登龜

연혁 바다에서 낙동강 물을 거슬러 거북이가 올라 왔다고 하여 "등구막"이라 불러졌습니다.

내력 1810년 최초로 마을이 형성됨.
1934년 대홍수가 발생하여 한때 폐촌이 됨
그 후 복구되어져 김해군 대저면
소덕리로 됨
1978년 부산시 편입 및 대저 2동 1통으로 변경
1995년 공항로 확장 공사로 인한 일부 마을 철거
기존 현 위치 유지 1·2·3·4·5반
2010년 4월

소덕리 가장 북쪽에 있는 마을로 제1통에 해당된다. 구포대교에서 제방을 따라 남쪽에 위치한다. 지명은 바다에서 낙동강을 거슬러 거북이가 올라 왔다 하여 유래되었다. 등구막(登龜幕)이라고도 부른다. 마을이 등구나무 숲으로 둘러 쌓여 비롯되었다는 설도 있다. 마을 이름은 부산김해경전철의 역 지명으로 사용되고 있다.

대홍수로 큰 피해를 입은 후 1934년에 제방 안쪽으로 마을이 이전되었다. 이후 공항로 확장 공사로 인해 새 이주 단지로 이전하였다. 마을에 있는 공항제일교회는 1906년 이곳에 세워진 소덕교회에서 비롯된 것이다.

마을비는 공항로에 연한 초입부에 세워져 있으며, 별도의 안내판이 세워져 있다. 글에는 지명 유래와 함께 1810년 마을이 생겨난 후 일제강점기인 1934년의 폐촌과 복구, 1978년 부산시 편입, 1995년 도로 확장 공사의 내용을 담고 있다.

등구
마을회관

▷ 신소마을 新所

신소마을
대저2동
2통

소덕리 중앙 남쪽에 있는 마을로 제2통 일대이다. 대저 수로변에 위치한다. 구한말 때 갈밭을 개간하면서 취락이 생겨났으며 일제강점기 비행장이 건설되면서 공항 노동자들로 인해 인구가 증가하였다. 광복 이후 귀환 동포들이 소덕마을에 정착하면서 새로 생겨난 마을이다. 2011년 공항로 확장 공사가 진행되면서 이주 단지가 조성되어 마을 규모가 커졌다.

1960년대 초까지 소덕하리에 속해 있었으나 공항이 세워지면서 도로를 사이에 두고 마을이 나뉘어졌고 1978년 부산시에 편입되면서 신소마을로 부르기 시작하였다. 이곳의 신소당산에서는 옛 소덕리에 속한 마을 주민들이 매년 함께 모여 당제를 올린다. 마을비는 경전철로 도로의 취락 입구에 세워져 있으나 글은 쓰여 있지 않다.

신소 마을회관

마을안 도로

▷ 소덕 하리마을 下里

소덕마을
대저2동 3통

칠점산 기점하여 삼각주벌
낙동강 흘러 풍요가
허기를 줄였으니
많은 이 왔다 갔으며
해오름이 강물에 일렁이고
저녁 노을에 어두움이 내려
별이 있고
이야기가 있는 마을에 축복이....

소덕리 남쪽에 있는 마을로 제3통에 해당한다. 동쪽에 동덕(신흥), 서쪽에 상방 마을이 있다. 김해국제공항의 진입로 입구의 남쪽에 위치한다. 옛 소덕리에서 가장 규모가 큰 마을로, 소덕리 아래쪽에 있어 지명이 유래되었다. 오래전부터 김씨와 이씨의 집성촌을 이루었다 전한다.

이곳에서 매 4·9일 덕두장이 열린다. 1934년 대홍수 때 덕두본리에서 열리던 장이 옮겨온 것으로 장시 이름은 이에 비롯된다. 한때 대저면과 명지면을 아우르는 큰 상권을 이루었으나 지금은 명맥만 유지하고 있다. 마을은 공항 입구에 있어 중심 기능이 집중되어 있으며 우체국, 도서관을 비롯한 공공 문화시설이 들어서 있다.

마을비는 공항로의 취락 입구에 세워져 있다. 글은 칠점산, 삼각주, 낙동강 등의 단어로 구성하였으며, 내용에는 배고픔과 해오름, 강물, 저녁 노을, 별 등의 단어를 통해서 어려운 생활을 극복한 경험과 함께 마을의 아름다운 풍광을 표현하고 있다.

덕두장 시장
(매 4·9일)

▷ 동덕(신흥)마을 東德(新興)

동덕마을 東德

낙동강(洛東江) 둔덕에 해가 뜬다
가슴을 열고 해를 맞는다
해를 맞으며 동(東)자를 따고
대저(大渚) 일대의 지형형성(地形形成)에
정서(情緖)를 공유하는 덕(德)자를 얻어
동덕(東德)마을 이름이 지어졌다

국도2호선이 공항로(空港路)로 확포장되면서
기존의 신흥, 덕두 일부 마을이 철거되고
이주단지(덕두본리지구내)에 새마을이 조성된다.
행정구역으로 대저2동 4통(大渚二洞四統)으로
확정된 것은 서기 2004년 1월이다.
큰 길따라 큰 길 열린 마을 옥토는

넓고 기름진 땅
우리는 정다운 이웃으로 지혜를 모으고
여기에 새보금자리를 튼다
동덕(東德)□□□□□

서기 □□□□년 2월 27일
마을 주민 이름으로 세움

소덕리 동남쪽에 있는 마을로 제4통에 해당한다. 남쪽은 덕두리와 접한다. 지명은 덕두(德頭) 마을 동쪽에 있어 비롯되었다. 새로 생겨난 마을이라 하여 신흥마을로도 부른다. 해방 후 일본·만주 등지에서 귀환 동포들이 김해공항 자리에 정착하였으나 이후 공항이 확장되면서 지금의 위치로 이주하여 마을을 이루었다. 원래 하천부지로 한국전쟁 때 육군수송학교 교육장이 있었다. 대저유치원을 비롯하여 덕두초등학교, 대저중학교, 대저고등학교 등의 학교가 있다. 마을비는 공항로의 취락 초입부에 세워져 있다. 글은 낙동강, 공항로, 이주단지 등의 단어로 구성하였고, 내용에는 지명 유래와 행정구역 개편 내용, 마을의 풍요로움을 담고 있다.

동덕 마을회관

▷ 상방마을 上芳

상방마을 上芳
-공항건설로 큰 마을이 된 상방마을-

대저2동 사무소에서 버스길을 따라 공항쪽으로 가다보면 소덕하리(小德下里)를 지나 상방(上芳)마을이 나타난다. 상방(上芳)은 상등(上嶝)을 고친 이름으로 1920년대 형성된 마을이며, 온 들녘이 클로버꽃의 향기로 덮여 있어 상방(上芳)이라는 마을 이름을 붙였다고 한다. 김해국제공항 확장공사로 도도 서호 순서마을의 일부가 공항에 흡수되면서 주민들이 이곳에 새 주택을 짓고 이주하였다. 마을민은 수도작(水稻作)과 고등소채(高等蔬菜) 재배를 많이 하며, 부산시 편입 후 전신전화국이 이곳에 설치되었고 공항 정문이 이곳에 접하고 있어 공항로에 늘어선 푸른 잣나무 사이로 많은 차들이 오가는 모습을 볼 수 있다.

2008. 10. 상방마을 주민 일동

소덕리 남서쪽에 있는 마을로 제7통에 해당한다. 원래 이름은 지대가 높은 곳에 있어 상등(上嶝)이라 불렀으나 이곳에 클로바 꽃이 많아 상방(上芳)으로 불렀다 한다. 공항 확장공사로 옛 도도리 서호(西湖) 마을의 70여 가구 주민들이 이곳으로 옮겨오면서 규모가 확대되었다. 이후 순서마을 주민도 이곳으로 이주하였다. 또 최근에 남쪽에 물류단지가 들어서면서 편입된 가구도 상방마을로 옮기면서 규모가 더욱 커졌다. 공항에 인접하여 관련 업종에 종사하는 주민이 많다.

마을비는 공항길의 취락 초입부에 세워져 있다. 글은 마을의 유래와 함께 클로바, 고등소채, 공항 등의 단어로 구성하였다. 내용에는 벼농사와 원예농법 등의 농업이 활발함과 함께 전신전화국을 비롯한 공공기관이 들어서면서 마을이 발전하는 내용을 담고 있다.

상방 마을회관

마을 쉼터 정자

□ [사두리] 沙頭里

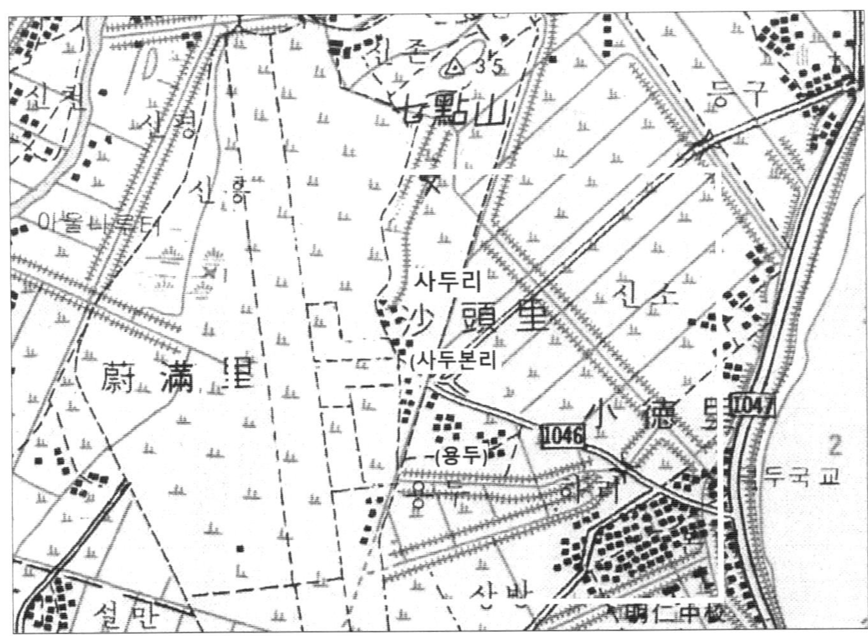

그림 2-3. 사두리 일대(1974)

대저2동의 중앙에 있던 리로 원래 사두본리와 용두리 2개 마을로 구성되어 있었다. 『현대지형도』(1974)를 보면 칠점산이 그려져 있으며 남쪽의 고도가 높은 곳에 사두리 일대가 묘사되어 있다. 지금의 김해국제공항 안에 속해 있다.

일제강점기 해군 공항기지가 들어서고 1970년대 김해공항이 확장되면서 마을은 철거되어 공항 외곽 부지로 이전되었다. 지금의 사두본리마을과 용두마을이 이에 해당된다. 이들 두 마을은 매년 음력 정월 보름날 사두리 당산에서 함께 제의를 올린다.

호구수 변화를 보면(표 2-4), 1970년대에는 용두리가 95호(515명)로 가장 컸으나, 2000년대 이후로는 본리 마을 인구가 증가하여 중심 마을이 되었음을 보여준다.

표 2-4. 사두리 마을 호구수 변화

시기	마을	가구수(농가)	인구수	가구당 인구수
1972년	사두본리	78(71)	431	5.5
	용두리	95(59)	515	5.4
2006년	사두본리	273	711	2.6
	용두	91	302	3.3
2023년	사두본리	202	356	1.8
	용두	115	262	2.3

▷ 사두본리마을 沙頭本里

사두마을

(沿革)
沙頭 마을은
칠점산 남쪽에 위치한 沙頭島로
가락국때부터 사람이
살았다는(속찬지리지 목장편)
모래 언덕위에 마을이 있었다 하여
사두라 하고
1942년 400호의 마을은
일제가 대동아 공영권에 합리화의 목적으로
비행장을 건설하면서
갈대밭 이곳에 주민들을 강제 이주하였다.

사두리 동쪽에 있는 마을로 제6통에 해당된다. 원래 공항 부지에 속한 칠점산 남쪽에 있었으나, 지금은 대저2동 행정복지센터 부근에 있다. 『승람』에 "사두도는 칠점산 남쪽에 있으며 농지가 500여 두락으로 백성이 많이 살고 있다."는 기록이 있어 당시 이곳에서 취락이 형성되어 있었음을 보여준다. 지명에서 '언덕의 머리 부분에 있다.'는 기사가 있어 다른 곳보다 지대가 높음을 보여주고 있어 취락 입지를 뒷받침한다. 『조선지형도』(1916)에도 마을이 묘사되어 있고 북동쪽에는 '수리포' 이름이 기재된 수로가 묘사되어 있다.

마을비는 취락 가운데 세워져 있다. 글은 칠점산, 가락국, 일제 대동아공영권, 비행장, 갈대밭 등의 단어로 구성하였으며, 가락국 연혁과 함께 농업 개척과 마을민들의 이주 내용을 담고 있다.

사두
마을회관

▷ 용두마을 龍頭

용두마을
龍頭

사두리 북쪽에 있는 마을로 제5통에 해당된다. 김해공항 진입로 일대로 부산김해경전철 덕두역 동쪽에 있으며 신소마을과 연결되어 있다. 마을 모습이 용머리 형태로 되어 지명이 비롯되었다 전한다.

이곳은 일제강점기 공항이 들어서면서 사두본리의 철거민 30여 호가 이주하면서 형성된 마을이다. 해방 후에는 귀환 동포들도 이곳에 정착하였다. 원래 마을의 범위는 지금보다 넓었으나 인접한 곳에 공군 부대 관사가 들어서면서 일부가 편입되었다. 『부산의 자연마을』(2007)에는 마을 뒤에 일제의 해군 비행기 수리 공장이 남아 있었다는 기록이 있다. 마을안 도로는 신소마을과 함께 격자상으로 조성되어 있다. 마을회관은 주민들의 회의 장소와 경로당으로 이용된다. 청년회가 조직되어 활동하고 있다. 마을비는 취락의 초입부에 세워져 있으나 글은 새겨져 있지 않다.

용두
마을회관

□ [덕두리] 德頭里

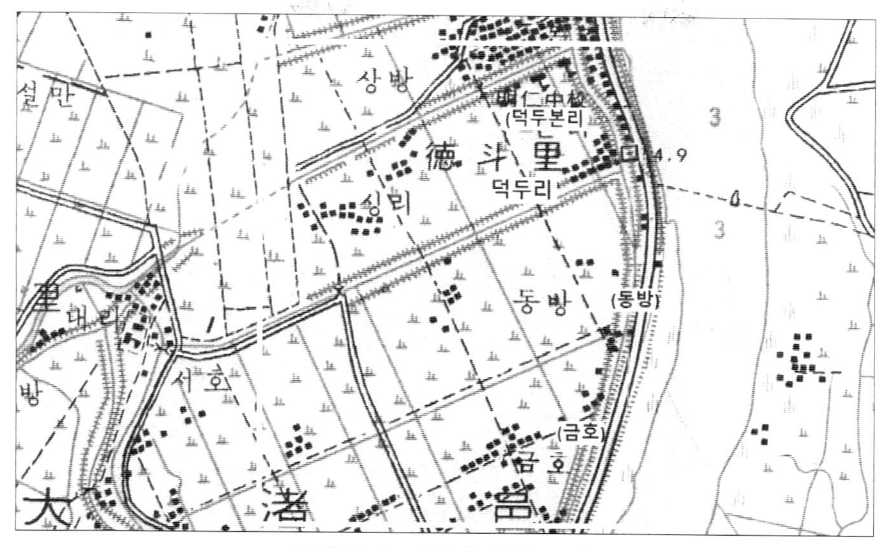

그림 2-4. 덕두리 일대(1974)

대저2동의 동쪽 낙동강에 연한 리로, 덕두본리, 동방, 금호의 3개 마을로 구성되어 있다. 북쪽은 소덕리로 이어지며, 동쪽에는 지금의 북구 구포동과 사상구 삼락동을 잇는 나루터가 있었다. 모래 언덕이 자연제방을 이루어 취락이 입지하였다. 배가 댈수 있는 곳을 '덕달'이라 불러 '덕두' 지명이 비롯되었다 전한다.

『양산군읍지』(1832)에 덕두도에 용동궁(龍洞宮) 둔전답과 노전이 있었다는 내용은 이곳의 취락 형성 역사가 오래되었음을 보여준다. 호구수 변화를 보면(표 2-5) 2023년 전체 249호(380명)로 덕두마을이 135호(207명)로 규모가 가장 큰다, 이는 동방마을과의 통합에 기인한 것으로, 취락 규모로는 금호마을이 덕두리의 중심을 이룬다.

표 2-5. 덕두리 마을 호구수 변화

시기	마을	가구수(농가)	인구수	가구당 인구수
1972년	덕두본리	74(64)	392	5.3
	동방	49(47)	289	5.9
	금호	90(86)	559	6.2
2006년	덕두본리	69	198	2.9
	동방	66	175	2.7
	금호	179	430	2.4
2023년	덕두(+동방)	135	207	1.5
	금호	114	173	1.5

▷ 덕두본리 · 동방마을 德頭本里 東芳

덕도본리 동방마을

뿌 리
덕달이(배를 댈 수 있는 곳) 세월 흘러
덕두본리 동방되고
가신 임 큰물(1933) 막아(1936)
이 터에 터를 잡아
벼농사 보리농사에
갈품볕고 삿자리 접고
원예작물 앞선 영농(1960년대)
비닐농사(1970년대) 앞길 열고
푸성귀 곡물실어 낙동강에 배를 띄워
아픈 삶 일군 임 덕에
오늘 이은 우리마을 사람살이 엮은 나날
잘 살아보자 이언터전
좋은 인심 고운심성 새날 밝아 풍요롭고
저녁놀 꽃물이 들듯
마음적셔 내일 연다.

2002 건립

덕두리 북쪽에 있는 마을로 제8통에 해당한다. 1934년 대홍수 때 둑이 무너지면서, 원래 있던 취락은 제방을 쌓아 이전하였다가 이후 공항로 확장으로 새로운 마을을 이루었다. '본리' 지명은 취락이 가장 먼저 생기고 규모가 커서 비롯되었다. 덕두는 덕달이라고도 하며 지대가 높아 배를 댈 수 있는 곳을 지칭한다. 동방(東芳, 제9통)은 1953년 본리 마을 일부가 분리되어 생겨난 마을이다. 지명은 덕두리 동쪽에 있다 하여 비롯되었다. 당산에서는 매년 정월 14일 밤에 두 마을 주민이 함께 제를 올린다.

마을비는 공항로의 마을 초입부에 세워져 있다. 글은 덕달이, 큰물, 비닐농사 등의 단어로 구성되었으며 내용에는 마을의 풍요로운 인심을 담고 있다.

본리 · 동방 마을회관과 동구 나무

마을 당집

▷ 금호마을 錦湖

금호마을(2013. 6. 15)

이름같이 비단처럼 맑고
호수처럼 잔잔한 금호사람들
인정과 믿음을 나눌 줄 아는 금호사람들
윗 어른을 부모처럼 어린이를 자식처럼
가족같은 금호사람들
수령200년의 보호수 처진 소나무가
마을 가운데 우뚝
마을 안녕과 번영을 빌며
음1월 9일 당제를 모시는
100년된 앞뒤 당산나무들 영원하리라
그 이름 금호

덕두리 남쪽에 있는 마을로 제10통에 해당한다. 남쪽은 맥도강을 사이에 두고 맥도와 마주보고 있으며 이곳에 나루터가 있었다. 홍수 피해가 잦았으며, 저습지를 니지(泥池, '뻘못')라 하였다. 이후 금호(錦湖)로 이름을 개칭하였고, 지금 못은 남아 있지 않다. 마을에는 새각단, 안동네, 윤답 등이라 부르는 소촌(小村)이 있었다.

마을에 당산목이 3곳 있었으나 지금은 반송 한 그루만 남아 있다. 수령이 약 300년 된 노거수로 낙동강 홍수 때 이곳으로 떠내려 왔던 것이 자란 것으로 전한다. 보호수로 지정되어 있으며 매년 음력 정월 9일에 동제를 올린다.

마을비는 공항로지선 도로의 취락 초입부(위 사진)와 회관 부근의 2곳에 세워져 있는데, 글은 회관 표지석에만 쓰여 있다. 보호수와 당제 등의 단어로 구성하였으며 내용에는 유래와 함께 마을의 안녕과 번영을 기원하는 내용을 담고 있다.

금호마을
당산나무

□ [맥도리] 麥島里

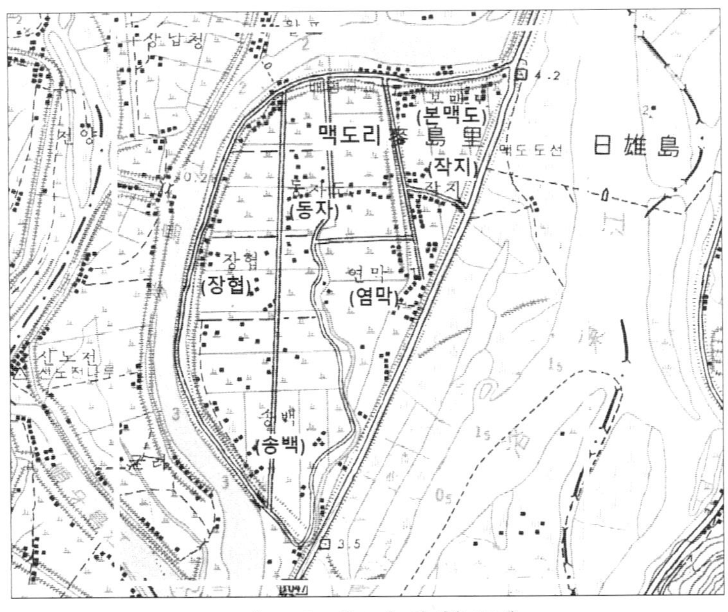

그림 2-5. 맥도리 일대(1974)

맥도리는 맥도 전체를 아우르는 리 지명이다. 본맥도, 작지, 동협, 염막, 송백의 5개 마을로 구성되어 있다. 지명은 낙동강 지류가 곡류하면서 형성되어 마치 보리처럼 생겼다 하여 유래된 것이다. 제방이 축조되기 전에는 염해로 인해 보리 외에는 농사가 불가능하여 맥도라 불렀다고도 한다. 맥도강이 낙동강과 합류는 곳에는 수문이 설치되어 있으며, 농업 용수를 공급하기 위한 양수장이 있다.

일제강점기 지형도에는 대부분 갈대밭이나 저습지로 남아 있는 모습이 묘사되어 당시 벼농사가 거의 이루어지지 못하였음을 보여준다. 「현대지형도」(1974)에는 제방이 묘사되어 있다. 제방 바깥에서는 취락이 전혀 형성되어 있지 않으며 안쪽에 집촌과 함께 산촌이 묘사되어 있다.

맥도리 수문

장협 양수장

표 2-6. 맥도리 마을 호구수 변화

연도	마을	가구수	인구	호당 인구
1972년	본맥도	98(81)	600	6.1
	작지	93(85)	489	5.3
	염막	174(123)	886	5.1
	동자	65(63)	393	6
	장협	37(34)	195	5.3
	송백	55(43)	308	5.6
2006년	본맥도	224	555	2.5
	작지	250	644	2.6
	염막	147	379	2.6
	동협	197	496	2.5
	송백	127	304	2.4
2023년	본맥	166	292	1.8
	작지	196	344	1.8
	염막	89	142	1.6
	동협	198	307	1.6
	송백	133	232	1.7

호구수 변화를 보면(표 2-6), 1972년에 염막마을이 174호로 가장 많았고 2006년에는 작지와 본맥도의 인구수가 증가하였다. 2023년 현재 총 782호(1,317명)로 가구당 인구수는 1.7명에 불과하다. 마을별 규모는 작지와 동협이 각각 196(344명), 198호(307명)로 비교적 규모가 크며 염막은 89호(142명)이다. 한편, 작지와 염막마을은 1960년대 대홍수로 을숙도와 일웅도에 있던 취락이 이전하여 생겨난 마을이다.

본맥도마을 노거수

▷ 본맥도마을 本麥島

맥도마을

버려둔 갈밭 기슭 피땀으로 땅 일구어
본 여름 지은 농사 홍수 염해 다 쓸어가고
겨울에 뿌려진 씨알 생명의 젖줄 되었어라
갈밭 섬 거센 풍우 그칠 줄을 몰랐는데
그 세월 둑이 쌓여 문전옥답 이뤘나니
조상님 끼치신 음덕, 기리새겨 가꿔가리

1995년 10월 4일

맥도리 북쪽에 있는 마을로 제11통에 해당한다. 맥도강에 연해 있으며 제방이 축조되기 이전에는 덕두리 금호마을을 잇는 나루터가 있었다. 맥도에서 가장 먼저 취락이 형성된 곳이다. 개척 당시 대부분의 토지는 염해로 인해 농사는 거의 이루어지지 못하는 갈대밭이었다. 제방이 축조되면서 보리가 주로 재배되었다. 1927년 근대교육기관인 배영사설강습소가 설립되었으며 지금 배영초등학교의 전신이다.

당산집은 마을 안에 있다. 1850년경 세워진 것으로 1990년에 중건하였다. 매년 음력 정월 초이튿날에 제를 지내며, 3월 7·8일에는 부인들이 주축이 되어 별도의 용왕제를 올린다.

마을비는 공항로의 취락 초입부에 있으며 마을회관 앞에는 회관의 건립 과정을 담은 비가 별도로 세워져 있다. 표지석의 글은 주로 개척 당시의 홍수와 염해로 인한 어려움과 지금에 이르기까지의 내용이 요약되어 있으며, 마을의 번영을 기원하는 내용이 함께 담겨 있다.

본맥도 마을회관

마을 당집

▷ 작지마을 作之

직지(作之) 마을

[앞면] 作之마을은 제방 바깥쪽 일웅도에 있었으나 1930년 낙동강 제방 축조로 강의 본류가 변하게 되어 현재의 위치로 옮겨왔다. 염전을 개간하여 [염막섬] 보리농사가 맞다하여 [동맥도]라고도 하였는데 [작지섬]은 갈대밭을 따라 개간한 농토가 갈지(之)자 모양으로 된데서 유래되었다. 우리 마을은 제헌국회 신○○ 의원의 출생지이며, 노인공경의 정신과 선후배 이웃간의 우의가 돈독하여 서로 돕는 자랑스러운 마을이다.

[뒷면] 김해벌 감돌던 강이 헤어지기 아쉬워서 한 가닥 물줄기로 먹도강을 둘러 놓고 갈대숲 굽이길 따라 갈지자로 이룬 마을 소금밭 가꾸면서 보리농사 짓던 세월 이웃 사랑 노인 공경 옛 정신 이어 내려 오늘도 한마음되어 물길처럼 정이 깊다

2002년 1월 작지 마을주민이 세움

맥도리의 중앙 동쪽에 있는 마을로 제12통에 해당한다. 낙동강에 연해 있어 마을 모습은 용수로를 따라 길게 형성되어 '짝지'라고 불렀다. '作之'는 이를 한자로 표기한 것이다. 마을 앞에는 사상구 감전동을 잇는 나루터가 있었다. 마을은 1962년 홍수 이후 제방을 축조하고 일웅도에 거주하였던 주민들이 옮겨와 형성된 것이다.

마을비는 공항로의 취락 입구에 있으며 비교적 이른 시기인 2002년에 세워졌다. 글은 일웅도, 염전, 갈대밭 등의 단어로 구성하였으며, 내용에는 마을민들의 예의 바름과 우의가 돈독함에 대한 자부심을 담고 있다. 뒷면에도 맥도강을 중심으로 마을 유래를 설명하는 글이 새겨 있다.

작지 마을회관

▷ 염막마을 簾幕

염막마을
簾幕

맥도리 남쪽에 있는 마을로 제13통에 해당된다. 낙동강에 연해 있어 지대가 낮은 저습지였으며 갈대가 자생하던 곳으로 개척이 늦게 이루어졌다. 이곳에서 염전이 있던 염밭섬과 갈대를 생산하던 발막섬이 합치면서 마을이 생겨났고 이들 이름을 합성하여 염막(簾幕) 지명이 비롯되었다.

1934년 제방 축조 이후에도 염분 피해가 심해 주민들은 갈대를 이용하여 발·삿자리·삿갓·갈빗자루 등을 만들고 갈게잡이를 하면서 생활을 영위하여 갔다. 1965년 을숙도가 잠기는 대홍수 이후 취락이 제방 안쪽으로 이전되면서 지금의 마을 모습을 이루게 되었다.

1973년 대저면이 읍으로 승격할 때 1·2구로 분리되었다가 이후에 다시 합쳐졌다. 이 중 염막2구는 섬 남단에 있던 마을이다. 마을비는 공항로의 취락 초입부에 세워져 있으며 글은 새겨 있지 않다.

염막
마을회관

▷ 동협마을 東峽

동협마을 東峽

갈숲 모래펄 헤집고 모리 모시 심은 農心
사람살이 엮은 나날 땀 흘리며 일군
그 정성 대대로 이어 가슴열고 사는 이웃
예로 물빛 고운 심성 草綠情으로 돋아나고
시설 소채 선진 영농 새날 밝아 풍요로워
저녁놀 꽃물이 들 듯 마음 적셔 내일 연다.

1997년 11월 1일
동협마을 주민들이 세움

맥도리 북동쪽에 있는 마을로 제14통에 해당한다. 서쪽에 맥도강이 연하여 흐른다. 지명은 1978년 부산시로 편입하면서 동자와 장협마을이 합치면서 비롯되었다. 동자도는 대홍수 때 동자가 떠내려 와서 살았다는 전설에서 지명이 생겨났으며, 장협은 마을 모습이 좁고 길게 생겨 비롯되었다. 장협에는 맥도강을 건너 월포 마을을 잇는 나루터가 있었으며 지금은 양수장이 있다.

마을에는 동자와 장협마을 사이에 할매당산이 있다. 약 130년 전에 세워진 것으로 1998년 개축하였다. 마을 주민들은 매년 음력 섣달 그믐날 당제를 올린다. 마을비는 회관 앞에 세워져 있으며, 전면과 측면에 글이 새겨 있다. 내용에는 갈대숲을 개척하면서 겪었던 어려움과 함께 미래 발전을 기대하는 마음이 담겨 있다.

마을 당집

▷ 송백마을 松柏

송백마을
새로운 期待속의 松柏마을

대홍수때 큰 소나무 한 그루가 떠 내려와 이곳에 뿌리를 박고 자랐다 하여 松柏마을이라 이름지어졌다. 麥島 끝 남쪽에 위치하고 있으며 1920년대에 갈밭을 개간하여 田畓을 일구었으나 大洪水로 폐허가 되었다가 1934년 제방을 쌓아 安全地帶로 形成된 때는 30戶가량 살았었다. 그 後 水稻作耕作이 가능하게 되자 차차 戶數가 늘어나 지금은 60餘戶로 늘어나고 水稻作 뿐만 아니라 高等蔬菜도 栽培하여 所得도 增大되어, 옛날 봄만 되면 파래나 보리죽으로 연명하던 貧寒하고 비참하던 옛 시절은 이제 사라졌다. 옛날 강 건너 서쪽 軍羅部落과는 도선으로 왕래하였으나 지금은 없어졌다. 진흙길도 곱게 포장되어 살기 좋은 마을을 이루고 있고 강기슭에 무성하게 자란 갈숲에서는 물새떼의 지저귀는 소리가 귓전을 울리고 있다.

맥도의 남쪽에 있는 마을로 제15통에 해당한다. 서쪽으로 맥도강이 연하여 흐른다. 대홍수 때 소나무 한 그루가 떠 내려와 이곳에 뿌리를 내려 크게 자라서 송백(松柏) 지명이 유래되었다 전한다. 윗송백과 아랫송백 마을로 나뉘며, 맥도강변에는 도도리의 군라(軍羅) 마을을 잇는 나루터가 있었다. 마을 당산은 130년 전부터 있었으며 지금의 당집은 1971년 세워졌다. 매년 정월 보름에 당제를 올린다.

마을비는 취락 초입부와 회관에 새워져 있다. 회관 표지석에 새겨진 글은 소나무, 수도작 등의 단어로 구성하였고, 개척 때 힘들었던 기억과 함께 마을의 평화로움을 바라는 내용을 담고 있다.

송백마을 당집

당집 내부

□ [도도리] 桃島里

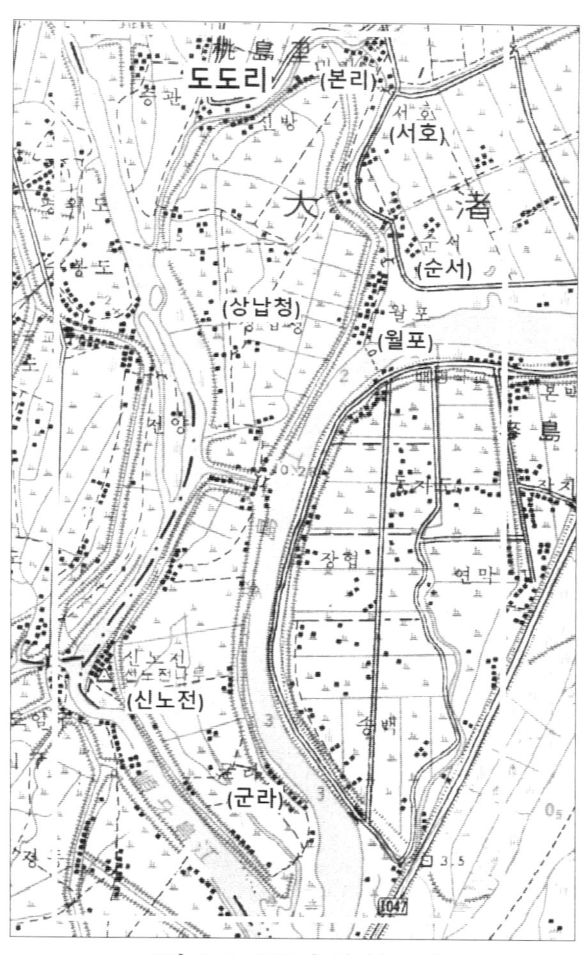

그림 2-6. 도도리 일대(1974)

대저2동의 남서쪽에 있던 리이다. 도도본리, 월포, 순서 등 6곳의 마을로 구성되었다. 리는 남-북으로 긴 형상을 이룬다. 서쪽은 평강천을 경계로 덕도면이, 남쪽에는 순아도강을 건너 명지면 진목리가 있었다. 도도리의 신노전나루터는 명지면과 덕도면을 잇는 교통의 요지였다. 북쪽의 울만리와의 사이에는 평강천 지류가 흐른다.

동쪽은 덕두리와 접하고 맥도강을 사이에 두고 맥도리가 있다. 맥도강은 이곳에서 월포강으로 부른다. 월포강은 수변 경관이 뛰어나 비롯된 지명으로 도도리와 맥도리를 잇는 나루터가 있었다.

도도리 지명은 작은섬, 혹은 비교적 늦게 생긴 섬이라는 의미에서 비롯되었다 전하나 확실하지 않다. 다만 칠점산 남쪽에 있어 사두리보다는 취락이 늦게 형성된 것으로 보인다.

원래 상리, 내리, 서호, 월포, 신방, 순서, 상납청, 군라, 신노전의 9개 마을이 있었으나 공항과 인접해 있어 여러 마을이 없어졌다. 상리와 서호마을은 김해공항의 확장공사로 철거되었으며 신방은 순서마을에 편입되었다. 상리와 내리에 남은 일부 취락은 도도본리마을에 속하였다. 에코델타지구가 남해고속도로 지선을 경계로 지구가 획정되면서 남쪽의 상납청, 신노전, 군라의 3개 마을이 편입되어 철거되었다.

호구수 변화를 보면(표 2-7), 1972년의 경우 대부분 마을에서 농가 비율이 매우 높고, 상납청 마을은 전체 가구가 모두 농가로 구성되어 있었다. 2006년에는 신노전과 월포 마을이 각각 109호(260명), 110호(286명)로 규모가 크며, 본리마을은 32호(120명)로 비교적 적다.

표 2-7. 도도리 마을 호구수 변화

시기	마을	가구수	인구수	가구당 인구수
1972년	신노전	58(56)	314	5.4
	서호(본리)	37(35)	175	4.7
	상납청	38(38)	225	5.9
	월포	33(32)	179	5.4
	순서	92(89)	489	5.3
	군라	49(48)	310	6.3
2006년	신노전	109	260	2.4
	도도본리	32	120	3.8
	상납청	61	175	2.9
	월포	110	286	2.6
	순서	94	329	3.5
	군라	89	339	3.8
2023년	도도본리	37	71	1.9
	순서	82	126	1.5
	월포	80	126	1.6
	신노전 · 상납청 · 군라마을		에코델타지구	

[경고] 부산에코델타시티 친수구역 조성사업지에서 불법영농행위, 쓰레기, 폐기물 등 무단투기는 「공익사업을 위한 토지 등의 취득 및 보상에 관한 법률」에 의거 1년 이하 징역 및 공사 지연 등에 따른 손해배상청구소송이 제기될 수 있음을 알려드리오니 출입을 삼가시기 바랍니다.

부산에코델타시티사업단장

에코델타지구 안내 표지판: 월포마을

▷ 도도본리마을 桃島本里

도도본리마을

도도리 북서쪽에 있는 마을로 제21통에 해당한다. 서쪽에 울만리 정관마을과 오메거지못이 있고 동쪽은 김해국제공항에 접해 있다. 본리 지명은 도도리의 중심 마을이어서 비롯되었다. 공항과 가까이 있어 이의 영향을 많이 받았다. 일제강점기 공항 확장으로 사두리에 있던 대저공립보통학교 사두분교가 1942년 이곳 도도리로 이전하였으며 1946년 대저중앙국민학교로 교명이 바뀌었다. 이후 공항에 편입되면서 1997년 상납청 자리로 이전하였다. 2018년 학생수 감소로 폐교되었다.

19세기에 마을이 형성되었으며 1934년 대홍수 때 정자나무가 떠 내려와 뿌리를 내려 마을의 당산나무가 되었다 하나 지금 남아 있지 않다. 당시 당제는 서호마을을 비롯한 8개 마을 주민들이 함께 모여 기우제 등의 제의를 올렸다. 마을비는 울만로의 취락 초입부에 있으며 부근에 강서구청을 잇는 마을버스 정류장이 함께 있다. 건립 시기는 확실하지 않으며 로마자 표기가 쓰여 있다. 글은 새겨 있지 않다.

도도본리 마을회관

▷ 순서마을 順西

순서마을

순서(順西: SUN SŎ) 마을

개울 하나 사이 두고
순기도(順基島)와 서간도(西間島)
정 나누며 주고 받던 그 옛적 인연지은
머리글 하나로 엮은 順西마을 내고장
맥도강 겨울 나절 강바람에 그을려도
모진비 지새운 밤 조상님뜻 기리 심어
홍수때 남겨진 효행 오늘도 이어가리
순서마을은 본래 순기도와 서간도 사이에 있는
개울을 사이에 두고 마을을 이루어오다 1890년
경 하나로 통합되면서 두 마을의 머리 글자를
따서 順西마을이라 하였음

1996. 순서마을 주민들이 세움

도도리 북쪽에 있는 마을로 제24통에 해당한다. 북쪽은 김해공항에 접해 있으며 남쪽에 남해고속도로의 지선이 지난다. 남쪽에 월포, 동쪽에 덕두리 금호마을이 있다. 원래 이곳에는 개울을 사이에 두고 순기도(順基島)와 서간도(西間島) 마을이 있었는데 통합하면서 합성 지명인 '순서'가 되었다.

마을 초입부에는 당산나무인 팽나무가 있다. 매년 음력 정월 14일에 당제를 올렸으나 지금은 지내지 않는다. 마을비는 회관과 함께 있으며 1996년 비교적 이른 시기에 세워졌다. 글은 순기도, 서간도와 맥도강, 홍수 단어로 구성하여 개척 과정이 어려웠던 내용이 새겨 있다. 아래쪽 글에는 마을이 통합되면서 이들의 합성으로 순서 지명이 생겨났음을 담고 있다.

순서 마을회관

마을 당산나무

▷ 월포마을 月浦

월포마을 -월포(月浦) 마을 내력

월포마을은 맥도강(麥島江)과 이어져 나루가 있는 포구(浦口)로 지형이 반달같고 아름다운 경치와 함께 월포(月浦)라는 이름을 불리게 되었다.
110여년전 몇사람이 갈밭을 개간하기 시작하여 한일합병 후 본격적으로 개간되면서 마을을 이루고, 이 마을의 선인(先人)인 안효덕(安孝德)씨는 1936년 대영학원이라는 간이학교를 운영하다가 광복을 맞아 대저중앙초등학교에 병합시킨 뒤 대저면장을 지내며 지역발전에 공헌한 바 크다.
이 마을의 효자웅덩이는 1934년 대홍수때 생긴 깊은 못으로 효자상을 받은 김영호(金永豪)씨가 이 못에 빠져 목숨을 잃게 된 후 효자못으로 불리고 있으며, 마을의 주 소득원은 농업으로 시설 소채재배가 성하고 주민들은 높은 경로사상과 함께 마을발전을 위해 서로 협력하고 있다.

2004년 8월

도도리 동남쪽에 있는 마을로 제23통에 해당한다. 취락의 서쪽 일부는 에코델타지구에 편입되었다. 남쪽에 맥도강이 흐르고, 맥도의 장협마을을 잇는 나루터가 있었다. 지대가 낮아 홍수 때 침수 피해가 잦았다. 지명은 반달처럼 생긴 지형에서 비롯되었다. 마을에 있는 효자못에는 1934년 대홍수 때 아버지를 구하고 죽은 아들의 이야기가 전해온다. 마을비는 공항로지선의 취락 초입부에 세워져 있다. 글은 맥도강과 교육기관, 효자 웅덩이 단어로 구성하고, 내용에는 마을 인심의 후함을 담고 있다. 표지석 부근에 마을 지도가 그려진 안내판이 별도로 설치되어 있다.

월포 마을회관

마을 안내지도

▶ 상납청마을 上納廳

상납청마을
上納廳
대저2동 22통

도도리 중앙에 있던 마을로 에코델타지구에 속하여 철거되었다. 남해고속도로 지선 남쪽의 맥도강에 연해 있었으며, 북쪽에 도도본리, 서쪽에 월포마을이 있다. 서쪽에는 평강천을 사이에 두고 강동동의 수봉도와 전양마을이 있었다.

이곳의 농지 개간은 비교적 늦게 시작되었으며, 일제강점기 토지조사사업으로 농지 소유권은 대부분 일본인들에게 넘어 갔다. 지명이 비롯된 상납청(上納廳)은 일본인 지주들이 소작료를 걷던 곳이었다. 마을에 도도교회가 있었으나 일제의 신사 참배로 폐쇄되었다가 광복 후 다시 예배를 올렸다. 이곳에 있던 대저중앙초등학교는 1935년 공항 건설로 인해 대저공립보통학교의 사두분교가 이곳으로 이전한 것이다. 마을비는 사진으로만 남아 있으며, 글은 새겨져 있지 않다.

상납청 마을
(정사영상,
2009)

▶ 신노전마을 新蘆田

신노전마을 新蘆田

강으로 경계를 이루는 명지동(鳴旨洞), 강동동(江東洞), 대저(大渚) 2동을 연결해 주는 신노전(新蘆田)은 새갈밭이라는 뜻을 가지고 있다.

낙동강(洛東江) 제방이 생긴 후 1934년부터 갈밭을 개간하여 이 마을이 형성되었다. 약 70여년전 신노전에서 강동동(江東洞) 제도(濟島)와 명지동(鳴旨洞) 순아도(順牙島)를 왕래하는 나룻배가 개설되어 있었다. 1982년 명지동과 연결되는 신노전교(新蘆田橋)가 준공되어 나룻배는 없어지고 교통이 편리해졌다. 대저2동의 끝마을인 신노전은 전망이 무척 밝은 마을이 되었다.

서기2002년 7월
마을주민 일동

도도리의 남쪽에 있는 마을로 에코델타지구에 속하여 철거되었다. 지금 전망대가 세워진 일대이다. '신노전(新蘆田)' 지명은 '새갈밭'을 한자로 표기한 것으로 다른 곳에 비해 마을 형성이 늦게 시작되었음을 보여준다.

이곳은 서쪽의 강동동 제도리와 명지동 순아도를 잇는 나루터가 있어 교통의 요지였다. 1933년 구포대교[낙동장교]가 개통되고 낙동강 제방이 축조되면서 본격적인 개간이 이루어졌고, 1935년에는 일본인의 각일농장(角一農場)이 들어섰다. 이곳에 대저중앙초등학교의 신노전분교가 있었으며 한때 강서예술촌이 들어서기도 하였다. 마을 남단의 활개등 지명은 평강천에 연한 지형이 새의 날개를 닮았다 하여 비롯된 이름이다. 마을비는 사진으로만 남아 있다. 글은 제방, 새갈밭, 나룻배 등의 단어로 구성하였으며 마을의 밝은 미래를 바라는 내용을 담고 있다.

신노전 마을
(정사영상, 2009)

▶ 군라마을 軍羅

군라마을

군라마을 유래
조선조 시대 낙동강 하류지역을 지키는 군막(軍幕)이 있던 곳이다.
군라(軍羅)는 군관청(軍官廳)과 황라도(黃羅島) 두 마을을 통합해서 생긴 것으로 명칭은 이 두마을 이름을 첫 자를 따서 지은 것이다.

2007년 9월 15일

도도리의 제일 남단에 있던 마을로 에코델타지구에 속하여 철거되었다. 동쪽과 남쪽은 맥도강이 연하여 흐른다. 서쪽에 접한 신노전마을 사이에는 긴 샛강이 흘러 좁고 긴 형상을 하고 있다. 이로 인해 취락도 제방을 따라 입지하여 열촌(列村) 모습을 보인다. 동쪽으로는 맥도의 송백 마을을 잇는 나루터가 있었다.

다른 곳에 비해 늦게 개간되었으며 지명은 이곳에 있던 군관청(軍官廳)과 황라도(黃羅島) 마을이 통합되면서 생겨났다. 군관청마을에는 낙동강 하류 지역을 지키는 군막(軍幕)이 있었다고 전해진다. 마을 북쪽에는 유풍도(有風島)가 있었다. 원래 월포마을에 속하였으나 일부가 군관청마을로 편입되었다. 황라도는 낙동강 제방이 축조된 후에 개간되었으며 황금밭 섬의 뜻을 담고 있다. 마을비는 사진으로만 남아 있다. 글은 군막, 군관청, 황라도 단어로 구성하였으며, 지명 유래 내용을 담고 있다.

군라마을
(정사영상, 2009)

□ [울만리] 蔚滿里

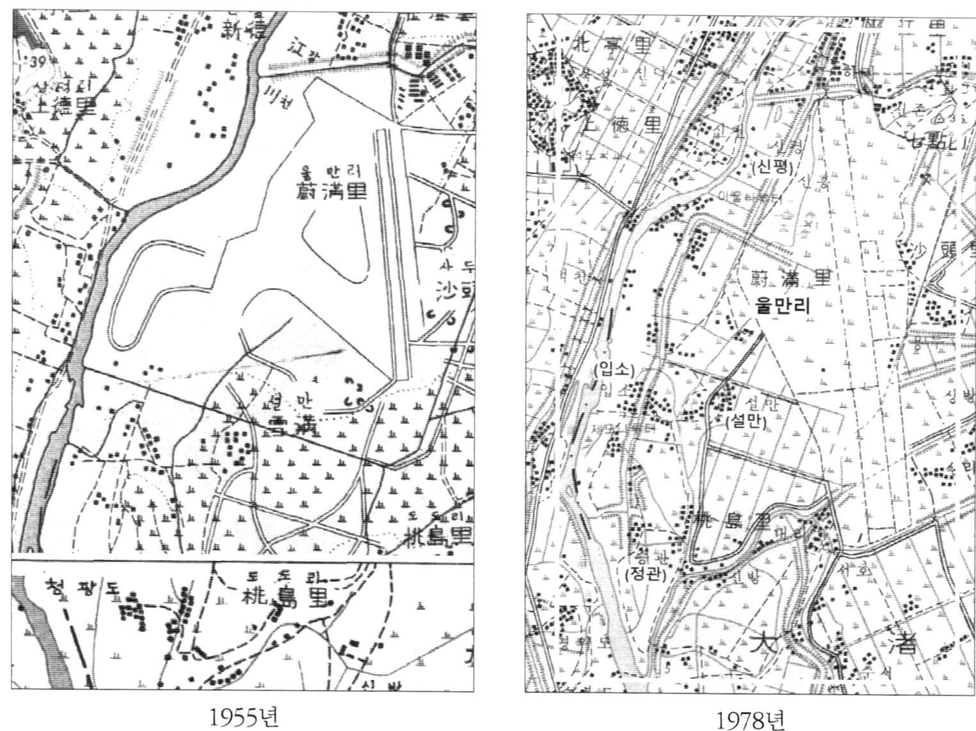

그림 2-7. 울만리 일대(1955 · 1974)

대저2동 서남쪽에 있던 리로 설만과 함께 신평, 입소, 정관마을로 구성되어 있다. 서쪽으로는 덕도면(지금의 강동동)과의 사이에 평강천 유로가 경계를 이루었고, 동쪽에는 사두리, 남쪽은 도도리, 북쪽에 평강리가 있었다. 지금 김해공항 서남쪽에 연한 일대이다. 1914년 울만리와 사두리와 덕도면에 속하였던 이울리, 제도리 일부가 합쳐 지금의 모습을 이루었다.

일제강점기 초기부터 평강천 유역을 중심으로 대부분 논으로 개간되었으며 하천에 연한 곳에는 오메거지못을 비롯한 저수지가 남아 있다. 1955년 지형도를 보면 이곳에 일제의 군 공항이 들어서면서 리의 모습에 큰 변화가 나타났음을 보여준다. 공항 서쪽에는 취락이 거의 묘사되어 있지 않으며 남쪽에는 설만마을 지명만 기재되어 있다. 사두리 지명은 이전되기 이전의 원래 위치에 기재되어 있다.

1974년 지형도에서는 설만과 입소, 정관과 신평마을이 묘사되어 있다. 칠점산 아래에 사두리 지명이 남아 있어 당시 공항이 확장되기 이전의 모습을 보여준다. 이곳의 신평마을은 원래 공항에 속하였으나 이주민을 위해 가옥 부지가 제공된 곳이다. 일제강점기 때 사용되던 비행기의 격납고 흔적이 지금도 남아 있다.

호구수를 변화를 보면(표 2-8), 1972년 가구수는 전체(상리 제외) 330호 중 321호가 농가로 97.3%의 높은 비율을 보이고 있다. 2023년의 경우 총 408호(722명)으로 늘어났으나 가구당 인구수는 1.77명으로 줄어들었다. 이곳의 대부분 농가는 비닐하우스에서 토마토를 대규모로 재배하고 있다.

표 2-8. 울만리 마을 호구수 변화

시기	마을	가구수(농가)	인구수	가구당 인구수
1972년	설만	75(73)	463	6.2
	입소	67(65)	360	5.4
	정관	63(62)	357	5.7
	신평	125(121)	641	5.1
	상리*	55(53)	268	4.9
2006년	설만	89	197	2.2
	입소	107	259	2.4
	정관	89	197	2.2
	신평	98	228	2.3
2023년	설만	81	134	1.7
	입소	108	183	1.7
	신평	85	138	1.6
	정관	134	267	2.0

* 소속 리 불확실

비행장 옛 격납고(신평마을)

▷ **설만마을 雪滿**

설만 雪滿
애향비

유구한 세월동안 낙동강 유역 삼각주는 홍수로 인해 운반된 토사가 퇴적하여 울만평야가 된 충적지이다. 우리 마을에 인가가 정착하기는 현종 십사년(1614) 김녕 김씨 정헌공께서 녹산면 생곡리에서 거주하다가 당시 조수의 물살이 완만한 높은 지대의 노전을 개간하여 정착하게 된 다음 철종2년(1850) 경주 이씨 문우공께서 대동면 수안리에서 이곳으로 정착하면서 개간지가 많아 웃음이 잦다고 하여 '喜滿'으로 작명하고 그 후 희만은 김녕 김씨와 경주 이씨의 집성촌으로 수대로 이어지면서 후손이 번창해지고 외지 사람의 전입으로 부락이 평창해지니 "雪滿"이라 한 것은 이웃 마을인 사두리와 연관하여 1937년에 마을주민의 뜻을 모아 설만으로 하였고 1978년 부산시 편입과 동시에 대저 2동 19통으로 변경되었다.
마을에서 배출한 인재도 많아 사회 각 분야에서 활동하면서 애향심도 대단하여 고향마을을 살피며 살아가는 전형적인 토마토 주산지인 농촌마을이다.

1994. 12. 22

울만리의 중앙에 있는 마을로 제19통에 해당된다. 김해공항의 남서쪽 경계와 접해 있다. 동쪽으로 취락이 일찍부터 형성된 사두리가 가까이 있으며, 입소마을과 함께 리의 중심을 이룬다. 17세기 김녕 김씨가 입촌하여 마을을 이루었다 전한다.

1943년 이곳에 일본의 해군비행장이 건설되면서 남쪽의 정관 마을 등지로 이전되어 규모가 축소되었으나 광복 후 주민들이 다시 돌아오면서 지금과 같은 마을을 이루었다. 원래 이름은 희만(喜滿)이었으며 하만(下滿)으로도 불렀다가 설만(雪滿)으로 바뀌었다. 지명은 따뜻한 풍토와 대비되는 의미를 담고 있는데 이의 명명 이유는 확실하지 않다. 마을 남쪽 들을 '고롬섬', 동남쪽 들을 '개반'이라고 부른다. 벼농사를 중심으로 하며, 마을에서 재배되는 토마토는 대저도 특산품으로 알려져 있다.

당산으로는 마을 인근의 오매거지못에 할매당산이 있다. 매년 정월 초이튿날 동제를 올린다. 이 못은 농업용수를 공급하기 위해 축조한 것으로, 홍수 때 다섯 마리의 메기가 떠내려와 못을 팠다는 전설에서 지명이 비롯되었다. 마을비는 취락 가운데를 지나는 도로에 있으며, 1994년 비교적 이른 시기에 세워졌다. 글은 토사 퇴적, 충적지와 입향조 등의 단어로 구성하였으며 마을의 자부심을 표현하는 내용이 담겨 있다.

설만 마을회관

마을 노인정

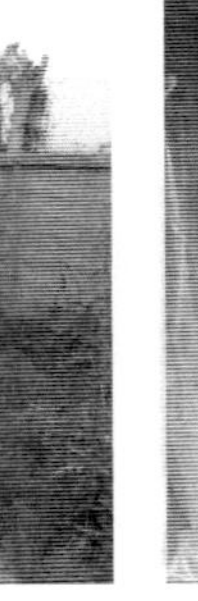

마을 당집

당집 내부

오메거지못

▷ 입소마을 立검

입소마을

평강천 강 모래솟아 뽈치섬 새터이뤄
입안청 소용포에 너와 나 뿌리내리니
한가람 한지붕 아래
입소마을 한 이웃되어
백년을 하루같이 주고 받던 정이 엉켜
건너보던 강 줄기엔 번영의 다리 놓아
보람찬 역사의 징검다리
내일로 더 쌓아가리

머릿돌 1995. 8. 26

울만리의 북서쪽에 있는 마을로 제18통에 해당된다. 동쪽으로 설만마을이 있으며, 서쪽은 평강천을 사이에 두고 강동동 득천 마을이 있다. 과거에 덕도면 제도(濟島)로 건너가는 나루터가 있었으며 지금은 울만교가 가설되어 있다. 19세기 초에 입안청(立案廳)과 소룡포(召龍浦) 두 마을이 합쳐졌고 지명은 이에 비롯되었다.

이곳은 조선시대에 '뽈치섬'이라 불렀다 한다. 뽈치는 얼굴에 난 여드름을 의미한다. 당시 이곳이 김해부와 양산군의 경계에 있어 소속이 불분명한 것을 이용해 세금을 피하는 곳이어서 '귀찮다'는 의미에서 비롯되었다는 이야기가 전한다. 지금 마을회관 자리는 일제강점기 야학이었던 입소회관이 있던 곳이다.

당산은 마을에 함께 있으며, 매년 음력 정월 보름과 칠월 칠석 두 번에 걸쳐 동제를 지낸다. 마을비는 회관 앞에 세워져 있다. 글은 뽈치섬, 소용포, 입안청 단어를 중심으로 구성되어 있으며 내용에는 미래에 대한 희망을 담고 있다.

입소 마을회관

마을 당산

▷ 신평마을 新平

신평마을 新平

평강천 물굽이에 피땀으로 일군 삶터 정든 땅
이울등(李蔚嶝)을 떠났다가
다시 모여 희망찬 새동네 일켜 평화롭게 살리라
아침 안개 저녁비 강변엔 별이 뜨고
밭이랑 손길 모아 복된 땅 북돋우면
조상님 고마운 은덕 길이 새겨 잘 가꾸리

[별도 표지석]
1900년말 경 갈대 밭 일구어 농사짓고
정착마을 이름은 '이울등'이라 불렸음.
1940년경 비행장 건설로 일시 흩어져 살다가
1945년 해방과 더불어 '신평마을'이라 불리었다

1995년 11월 18일
신평마을 주민들이 세움

울만리 북쪽에 있는 마을로 제17통에 해당한다. 북쪽은 원래 대저1동의 평강하리에 접하였으나 지금은 김해공항 부지에 속해 있다. 서쪽에는 평강교를 사이에 두고 강동동 득천마을과 연결된다. 1914년 이전에는 덕도면 이울리(李蔚里)에 속하였으며 저습지 사이에 있는 언덕을 '이울등(李蔚嶝)'으로 불렀다.

1943년 비행장이 들어서면서 철거되었다가 광복 이후 귀환하여 평소(平召) 마을을 이루었다. 그 후 인구가 증가하면서 신흥1·3구 마을이 생겨났고, 1961년 공항 확장으로 세 마을을 통합하여 신평마을이 되었다. 이름은 신흥의 '신'자와 평소의 '평'자를 합성한 것이다. 마을 부지는 대부분 공군 부대 소유이며 일제강점기의 격납고가 남아 있다. 마을비는 공항 경계의 취락 초입부에 있으며 글은 평강천, 이울등 단어를 중심으로 구성하였다. 별도의 표지석에는 마을 유래 내용이 새겨 있다.

신평 마을회관

마을과 공항 경계

▷ 정관마을 鼎冠

정관마을 鼎冠

낙동강 물에 실린 흙이
세월따라 모래로 쌓여
솥뚜껑 갓 모양처럼
평강천에 등(嶝)이 생겨
'정관도'(鼎冠島) '소두방님'
복된 이름이 전해졌다.
□□□□....

1996. 12

울만리의 남쪽에 있는 마을로 제20통에 해당된다. 서쪽에 평강천을 사이에 두고 강동동 상곡과 중곡마을이 있다. 하천 범람으로 형성된 섬이었으며, 1930년대 갈대밭의 개간이 시작되면서 다른 마을에 비해 농업 개척이 늦었다. 이후 수리시설이 설치되면서 본격적인 벼농사가 시작되었다.

지명은 마을이 자리잡은 곳의 지형이 솥뚜껑이나 갓 모양처럼 생겨 비롯되었다. 우리말로 소두방님이라 불렀다고 전한다. 벼농사를 비롯하여 시설 재배가 성하며 토마토는 전국적으로 유명하다. '솥뚜껑토마토정보화마을'로 지정되어 있다.

마을비는 취락 초입부에 정자 쉼터와 함께 세워져 있다. 비교적 이른 시기인 1996년에 건립된 것으로 로마자 이름이 병기되어 었다. 글 내용은 낙동강, 솥뚜껑, 평강천, 정관도, 소두방님 등의 단어를 중심으로 구성되어 있다.

정관
마을회관

제3장 강동동 江東洞

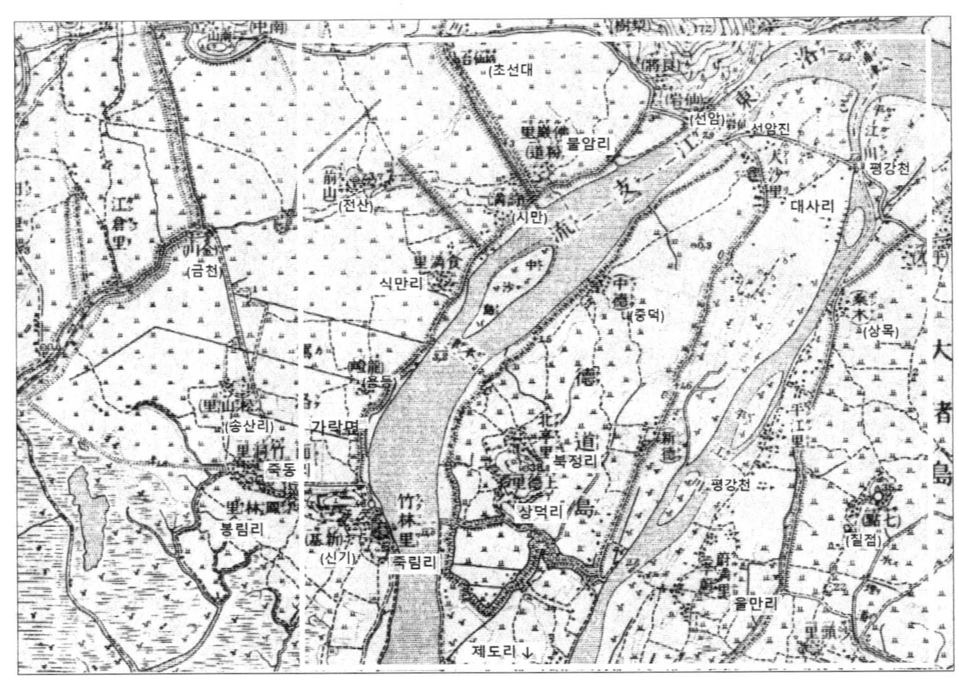

그림 3-1. 『조선지형도』(1916) 강동동 일대

대저1 · 2동의 서쪽에 있는 동이다. 대저도의 부속 섬에 해당되는 하중도로 대부분 충적지로 구성되어 있으며 남북으로 긴 형상을 하고 있다. 북쪽과 서쪽은 서낙동강을 사이에 두고 가락동, 김해시 대동면과 접한다. 동쪽에는 평강천을 사이에 두고 대저1 · 2동이 있다. 지명은 서낙동강 동쪽에 있어 비롯되었다.

취락은 구포-김해를 잇는 도로 일대와 동 중앙의 덕도산(德道山) 산록을 중심으로 분포한다. 평강천 유로를 따라서는 열촌 취락이 나타난다. 동의 중앙를 동-서 방향으로 남해고속도로 지선이 지나며, 이의 남쪽은 에코델타지구에 속하여 대부동, 평위도 등 5개 마을이 철거되었다.

이곳은 조선시대까지 김해부 덕도면(德島面)에 해당되었으며, 당시 평강천 유로는 양산군의 대상 · 대하면과 경계를 이루었다. 1914년 행정구역 개편 때 대사(大沙) · 북정(北亭) · 상덕(上德) · 제도리(濟島里)의 4개 리가 되었으며 김해군 가락면에 통합되었다. 1978년 부산시에 편입되면서 가락면에서 분리되어 강동동이 설치되었다. 이때 이전의 법정리 지명은 폐지되고 통-반 체제가 되었다. 지금은 자연마을 단위의 21개 통 번호로 관리되고 있다.

1914년 통폐합 내용을 보면(표 3-1) 덕도면에 속한 대사리·상덕리·북정리 일부, 북정리·대사리 일부, 상덕리·북정리·제도리가 합쳐 각각 대사리, 북정리, 상덕리가 되었다. 이곳에 속하였던 이울리는 대저면으로 편입되었다. 면 소재지는 가락면의 죽림리에 두었다. 동리 위치를 보면 상덕리와 북정리는 섬의 중앙에, 대사리는 북쪽에 있다. 제도리는 섬의 남쪽에 해당된다.

표 3-1. 1914년 가락면[강동동] 통폐합 내용

1914년(가락면)	개편 이전(덕도면)
대사리(大沙里)	대사리(大沙里)·상덕리(上德里)·북정리(北亭里) 일부
북정리(北亭里)	북정리(北亭里)·대사리(大沙里) 일부
제도리(濟道里)	제도리(濟道里) 일부
상덕리(上德里)	상덕리(上德里)·북정리(北亭里)·제도리(濟道里) 일부

1916년 마을별 호구수를 보면(표 3-2), 규모가 가장 큰 곳은 대사리 172호(896명)이다. 그 중 본마을인 대사마을이 117호(635명)를 차지한다. 관마리는 지금 대사2구 마을의 옛 이름이다. 북정리는 본 마을인 북정과 중덕마을로 구성되었다.

상덕리에는 상덕을 비롯한 5개 마을이 있었으며 그 중 덕계마을이 65호(340명)으로 규모가 가장 컸다. 내덕리는 불과 5호로 구성되어 소촌 취락이다. 득천마을의 옛이름이 '동내방'이어서 이를 지칭한 것으로 보이나 확실하지 않다. 제도리는 제도마을을 포함한 3개 마을이 있으며 그 중 수봉마을이 46호(321명)로 가구수가 가장 많았다.

표 3-2. 1916년 가락면[강동동] 마을별 호구수

동리명	호수	인구	마을	호수	인구
대사리 大沙里	172	896	관마리 官麻里	55	261
			대사리 大沙里	117	635
북명리 北亭里	116	594	북명리 北亭里	68	346
			중덕리 中德里	48	248
상덕리 上德里	154	757*	상덕리 上德里	19	90
			덕원리 德源里	28	143
			내덕리 內德里	5	28
			덕계리 德溪里	65	340
			신덕리 新德里	37	162
제도리 濟島里	118	709	제도리 濟島里	44	235
			상남리 上南里	28	153
			수봉리 水峰里	46	321

* 마을별 인구수 합계는 763명으로 차이가 있다.

□ [대사리] 大沙里

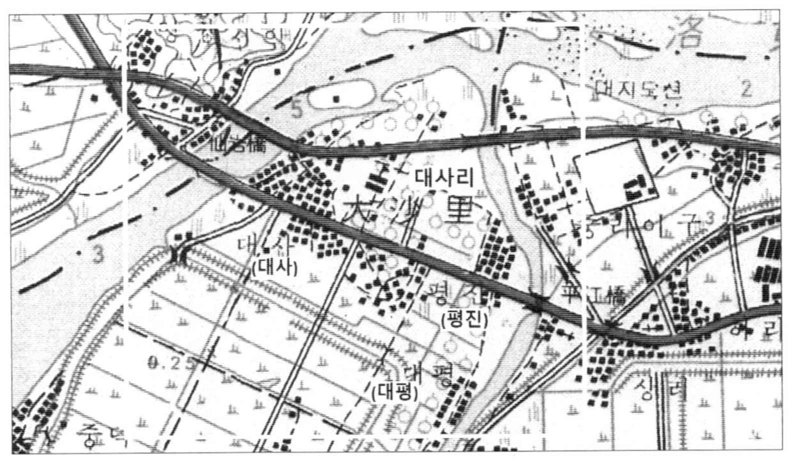

그림 3-2. 대사리 일대(1974)

강동동의 북쪽에 있던 리로, 대사1·2·3구 마을로 구성되어 있다. 『강서자연마을』(2009)에는 2구의 경우 장미와 대흥마을, 3구는 평진과 대평(영천)이 있고 딴치와 새동네마을이 별도로 소개되어 있다.

동쪽은 평강천을 사이에 두고 대저면과 접하였다. 서쪽과 북쪽에는 김해군과의 사이에 서낙동강이 흐르고 선암나루가 있었다. 남쪽은 북정리와 접한다. 김해군과 구포로 이어지는 국도에 취락이 발달하였으며 농업은 과수 재배를 중심으로 밭농사가 행해졌다. 1974년의 지형도에서는 도로 북쪽에 과수원이, 남쪽은 대부분 논 기호가 표현되어 있다. 호구수 변화를 보면(표 3-3), 2023년 마을의 규모는 각각 400호 내외로 비슷하다. 1972년 통계에서는 농업 외에 종사하는 비율이 비교적 높게 나타난다.

표 3-3. 대사리 마을 호구수 변화

연도	마을	가구수(농가)	인구수	가구당 인구수
1972년	대사1구	269(121)	1,517	5.6
	대사2구	264(121)	1,401	5.3
	대사3구	242(135)	1,326	5.5
2006년	대사1구	610	1,504	2.5
	대사2구	541	1,333	2.5
	대사3구	625	1,603	2.6
2023년	대사1구	381	616	1.6
	대사2구	423	649	1.5
	대사3구(평진)	217	368	1.7
	대사3구(대평)	232	376	1.6

▷ 대사1구마을 大沙1區

대사리1구마을
부산시 강서구
2022년 2월

대사리 북동쪽에 있는 마을로 제1 · 2통 일대에 해당된다. 서낙동강을 사이에 두고 김해시와 경계를 이루고 동쪽에 평강천이 흐른다. 남쪽으로는 김해-구포를 잇는 국도가 지난다. 마을 북쪽에 김해군의 불암(佛岩)으로 이어지는 선암(仙岩) 나루터가 있었으며 동쪽은 대저1동을 잇는 평진나루가 있었다. 대사 지명은 서낙동강이 범람할 때 모래가 쌓여 언덕을 이루어서 비롯되었다.

원래 김해군 덕도면에 속하였으며 1914년 상덕리와 북정리의 일부를 합하여 대사리가 되었다. 대부분 과수 재배를 비롯한 밭농사를 하고 있었다. 일제강점기 일본인 농장이 있었으며 광복 이후에는 원예종묘장으로 이용되었다. 이곳의 대사초등학교는 광복 직후인 1946년에 설립된 공립학교이다.

마을비는 낙동북로의 낙동강가에 세워졌는데 최근인 2022년에 세워졌다. 표지석은 김해시에 소재한 석재공장에서 제작되었다. 글은 쓰여 있지 않으나 '부산시 강서구'가 새겨 있어 김해시와의 경계에 있음을 나타낸다.

대사1구
마을회관

▷ 대사2구마을 大沙2區

대사2구 마을당산과 당집

대사리 북쪽에 있는 마을로 제3·4통에 해당된다. 부산-김해 간 국도를 사이에 두고 대사1구와 분리되어 있다. 황새가 서식하여 황새 혹은 관마(鸛馬) 마을로도 불렀다. 대부분 저습지로 형성되어 있었으나 개간 이후 배농사가 성하였다. 지금은 소규모 기업체의 공장들이 가옥 주변에 들어서 있다. 부산김해경전철의 대사역이 인근에 있으며 동 행정복지센터를 비롯하여 한국농어촌공사 부산지소, 농산물유통센타 등이 있다.

마을비와 회관은 세워져 있지 않으나 당산이 노거수인 팽나무와 함께 남아 있다. 매년 음력 정월 보름에 대사3구의 용화사 스님이 주재하여 대사1·2·3구 마을 주민들이 함께 제를 올린다. 당집은 평시에도 개인이 제를 올릴 수 있도록 개방되어 있다.

마을 당집

노거수와 제기

대사2구 마을 당집

▷ 대사3구마을 大沙3區

大沙里 3구
평진마을

대사리 북동쪽의 평강교 일대에 있는 마을로 제5통(평진)과 제6통(대평)에 해당된다. 평진(平津) 마을을 흐르는 평강천에는 대저도와 이어지는 나루터가 있었으며 지금은 평강교가 가설되어 있다. 마을 서남쪽에는 하중도로, 피[梯稗]가 많이 자라서 지명이 비롯된 핏대섬[稷島]이 있고, 모래 언덕인 딴치와 영천 등이 있었다.

공장들이 취락 주변에 들어서 있으나 아직 화훼농업과 함께 벼농사가 이루어진다. 이곳에서 생산되는 화훼는 부경원예농협 공판장과 인근의 김해시 불암동에 소재한 영남화훼농협을 통하여 부산 등지로 출하되면서 유통의 중심을 이룬다. 마을에 있는 용화사는 태고종 소속으로 1969년에 창건된 사찰이다.

표지석은 낙동북로의 마을 초입부에 세워져 있다. 글은 서겨져 있지 않고 '평진' 마을 이름만 있다. 마을회관은 평진과 대평마을 2곳에 별도로 건립되어 있다. 대평 마을회관에는 '새마을복지회관'과 별도로 대평경로당, 부녀회, 청년회, 이사회, 노인회 현판이 걸려 있다.

평진(5통) 마을회관

대평(6통) 마을회관

□ [북정리] 北亭里

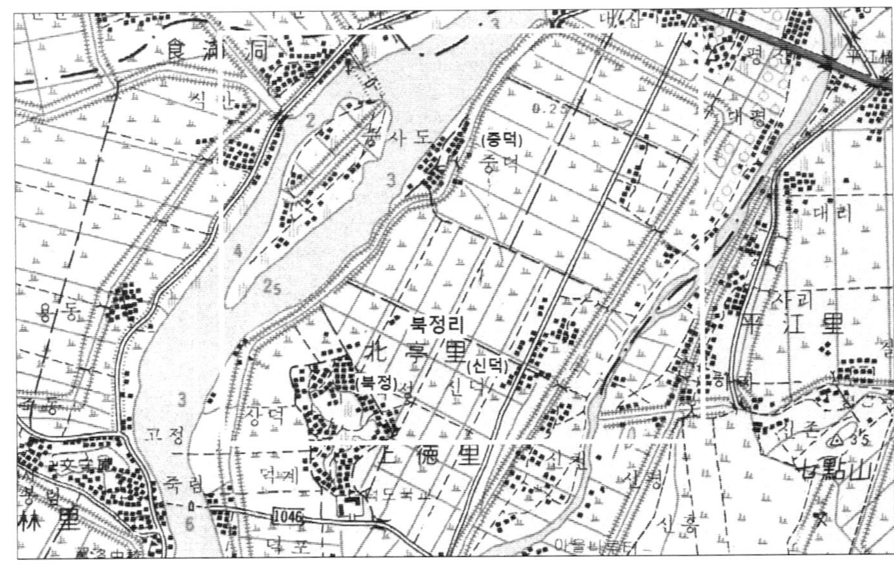

그림 3-3. 북정리 일대(1974)

대사리의 남쪽에 있던 리로, 북정, 중덕, 신덕의 3개 마을로 구성되어 있었다. 동쪽에 평강천, 서쪽은 서낙동강이 흐른다. 취락은 남쪽에 있는 덕도산 산록을 중심으로 북정마을이 있고, 서낙동강에는 중덕마을, 평강천 쪽으로는 신덕마을이 집촌을 이루고 있다.

호구수 변화를 보면(표 3-4), 1972년의 경우 대부분의 가구가 농업에 종사하고 있다. 특히 중덕과 신덕마을의 경우 농가 비율이 높다. 2023년에는 신덕마을이 195호(314명)으로 인구수가 가장 많으나 가구당 인구수는 1.6명에 불과하다.

표 3-4. 북정리 마을 호구수 변화

시기	마을	가구수(농가)	인구수	가구당 인구수
1972년	북정	80(76)	446	5.6
	중덕	60(60)	366	6.1
	신덕	105(104)	608	5.8
2006년	북정	136	283	2.1
	중덕	111	286	2.6
	신덕	218	536	2.5
2023년	북정	121	205	1.7
	중덕	174	306	1.8
	신덕	195	314	1.6

▷ 북정마을 北亭

북정마을

북정 마을은 강서구 유일의 동산인
덕도산(德島山)에 위치하였으며
신석기시대의 원삼국시대의 패총유적이 있고
강서지역에서는 마을 유래가 오래된 곳이다.
북정(北亭)이라는 이름은 덕도산 북쪽에
큰 정자가 있었던데서 유래하였으며
고려시대 고관들의 묘지가 지금도 있다.
경남 김해군 덕도면에서 1914년 가락면으로
병합되었다가 1978년 부산시 강동동으로
편입되었다.

북정리 중앙에 있는 마을로 제8통에 해당한다. 덕도산(德道山) 북쪽 산록에 위치하며 패총이 발굴되어 일찍부터 취락이 형성되었음을 보여준다. 덕도산은 해발 38.3m로 작은 규모의 구릉성 산지이나 마을 입지에 큰 영향을 미쳤다. 칠점산과 함께 산의 주위에 쌓인 퇴적층은 삼각주 형성에 큰 역할을 하였다. 홍수 때 주민들의 피난처가 되었으며, 이곳으로 떠내려 온 나무들이 자라서 당산나무가 되었다.

지명은 이곳에 해통정(海通亭)으로 불렀던 정자가 있어 비롯되었다. 바다와 통하는 곳이라는 의미를 담고 있으며 5그루의 포구나무가 패총이 함께 있었다 한다. 마을 당산은 1947년에 포구나무 부근에 세워졌으며, 매년 10월 동제를 올린다. 표지석은 상덕로의 마을 초입부에 있다. 글은 덕도산, 패총과 덕도면, 가락면 등의 단어로 구성하였으며, 내용에는 지명 유래와 함께 오래된 마을 역사에 대한 자부심을 담고 있다.

북정 마을회관

당산나무

▷ 중덕마을 中德

중덕마을

北亭에 노을지면 물속에 비친 정자
징검다리 義橋아래 점전이 물 들어서
그 遺德깊이 새겨서 아름답게 가꿔가리
갈밭 둑 갈대문화 엮어온 갈삿자리
어두운 한 세상을 親和之德 맺고 닦아
예님들 어진 맘자리 새로웁게 일궈가리

1995. 11. 20
중덕마을 주민들이 세움

북정리의 서쪽에 있는 마을로 제7통에 해당한다. 서낙동강변에 집촌을 이루고 있으며 강을 사이에 두고 가락동의 중사도 마을을 마주보고 있다. 대사리와 북정리의 사이에 있어 중리(中里)라 부르다가 중덕(中德)으로 이름을 바꾸었다.

갈대가 많이 자라고 있어 이곳에서 생산되는 갈자리, 갈빗, 갈삿갓 등은 김해 지방의 특산물이기도 하였다. 덕도 양수장 남쪽에 의교(義橋)라고 불리는 징검다리가 있었다 전한다. 마을의 할배당산은 회관 가까운 곳에 있으며 매년 정월 14일 당제를 올린다. 마을비는 제도로의 취락 초입부에 있다. 비교적 이른 시기인 1995년에 세워졌다. 글은 징검다리, 갈밭 단어로 구성되어 있으며 마을의 미래 번영을 기원하는 내용을 담고 있다.

중덕 마을회관

마을 당집

▷ 신덕마을 新德

신덕마을

김해 평야의 중심지에 위치한 자연마을로
옛 이름은 남지기와 대부지이며 1960년대 신덕으로 통합되었고
1978년 2월 15일부로 부산직할시로 편입되었다
강동에서 학교가 가장 먼저 설립된 신덕마을은 원예와 화훼가 특산물인 전형적인 마을이다.
1994년 강동동 1487-1번지에 건립하였다가

2013년 10월 21일 현 위치에 현행물로 재제작하여 주민의 뜻을 모아 재설치하다.

북정리 동쪽에 있는 마을로 제11통에 해당된다. 동쪽에 평강천을 사이에 두고 대저2동의 평강하리가 있다. 남쪽에 상덕리 덕계, 북쪽은 대사3구마을로 이어진다. 1930년대에 개간이 시작되어 다른 마을에 비해 비교적 늦게 형성되었다. 1945년에 덕도초등학교가 이곳에 세워졌다가 상덕리로 옮겨갔다. 지명은 새로 생긴 마을이라 하여 비롯되었다. 광복 이전에는 '남직이[남지기]'라 불렀는데, 먹을 것이 풍부하여 인심이 후하다는 의미를 담고 있다.

마을비는 대사리와 제도리를 잇는 제도로의 마을 초입부에 있다. 원래 1994년에 세워졌으나 2013년 현재 위치로 옮겼다. 글은 옛지명, 학교, 화훼 등의 단어로 구성하였으며, 내용에는 학교가 가장 먼저 세워졌다는 자부심을 담고 있다.

신덕 마을회관

도로변 마을 중심지

□ [상덕리] 上德里

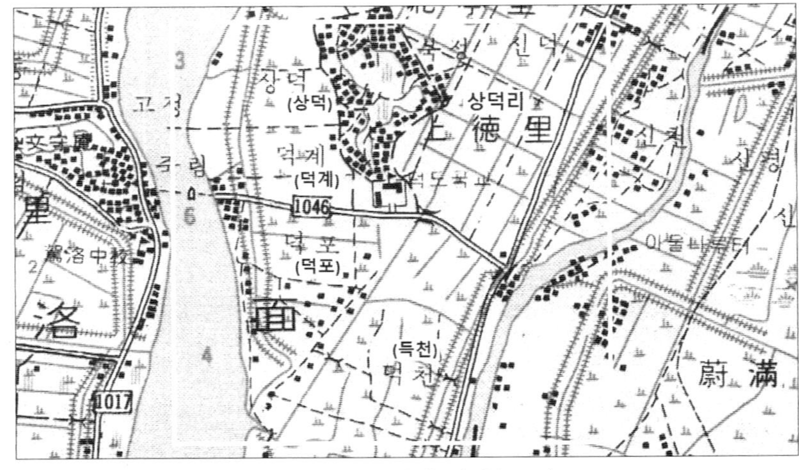

그림 3-4. 상덕리 일대(1974)

강동동의 중앙에 있는 리이다. 덕도산 남쪽 산록의 상덕, 덕계, 덕포, 득천의 4곳 마을로 구성되어 있다. 득천을 제외하고는 지명에 모두 '德'자를 사용한다. 평강천을 사이에 두고 대저2동 울만리가 있으며, 서쪽의 가락동 죽림마을 사이에 서낙동강이 흐른다. 남쪽에 제도리가 있다. 『조선지형도』(1916)에는 대부분 논으로 묘사되어 있다.

호구수 변화를 보면(표 3-5) 1972년 상덕과 덕포마을의 경우 전체 가구가 모두 농가이다. 2023년 현재 전체 호구수는 448가구(726명)로 가구당 인구수는 1.6명 내외에 불과하다. 득천마을이 193가구(322명)으로 규모가 가장 크다.

표 3-5. 상덕리 마을 호구수 변화

시기	마을	가구수(농가)	인구수	가구당 인구수
1972년	상덕	64(64)	384	6.0
	덕계	52(49)	288	5.5
	득천	94(77)	525	5.6
	덕포	44(44)	245	5.6
2006년	상덕	95	232	2.4
	덕계	52	128	2.5
	득천	167	386	2.3
	덕포	52	135	2.6
2023년	상덕	110	176	1.6
	덕계	85	126	1.5
	득천	193	322	1.7
	덕포	60	102	1.7

▷ 상덕마을 上德

상덕마을

七百長江 흘러와서 남해물결 마주친 곳
옛 삼한 언덕산(德島山)에
가야인이 뿌리 내려
옛 이름 풍류골 보득 막골로 불리었고
그님들 사신 숨결 패총으로 흔적남다
상덕 여섯마을 먼저된 어미마을
소박한 마음들이 모여
골목골목 情은 일고
고운 삶 면면히 이어
내일 여는 따슨 마을

2007년 11월 마을주민 세움

상덕리의 북쪽에 있는 본마을로 제9통에 해당된다. 서쪽으로 죽림마을과 이어지는 곳에 해창나루터가 있었는데 지금은 강동교가 지난다. 이곳에 패총이 발굴되어 북쪽 산록의 북정마을과 함께 일찍부터 취락이 형성되었음을 보여준다. 마을 뒷산인 덕도는 가락동의 죽도, 대저동의 칠점산과 함께 삼각주 형성의 바탕이 되었다. 산에는 장사방바위 등 전설을 간직한 암괴가 있다.

『경상도속찬지리지』(1469)의 김해부 「해도(海島)」조에 '덕도: 주위가 1,565보인데 전답과 민가가 없다.'는 내용이 서술되어 있어 당시 농지 개척이 미약하였음을 보여준다. 1945년에 개교한 덕도초등학교가 있었으나 2019년 폐교되고 기술고등학교가 들어섰으나 이후에 가락동으로 이전하였다.

마을비는 상덕로길의 취락 초입부에 있다. 글은 낙동강과 남해, 언덕산, 가야, 패총 등의 단어로 구성하였다. 내용에 쓰여진 '어미마을'은 가장 먼저 생겼다는 의미를 담고 있어 상덕리의 본마을인 것에 대한 자부심을 담고 있다.

상덕 마을회관

옛 덕도초등학교

▷ 덕계마을 德溪

덕계마을

우리 마을은 조선 철종 때 하동면 내덕리(內德里)로 불리다 1809년부터 덕도산 동쪽 개울 아래 마을이라 하여 덕계(德溪)로 불리기 시작하였다. 산을 끼고 흐르던 냇물은 물고기가 많이 잡혀 붕어개라 하였으며, 평야가 형성되기 이전에는 덕계 동쪽 나루터 이울도(李鬱島)에서 울만리 쪽으로 나룻배를 이용하였다. 일제시대 군사용으로 덕도선 기슭 곳곳에 굴을 파 놓아 지금 우리 마을에만도 22개의 굴이 남아 있다. 원래 마을 뒤쪽의 덕도산에는 장사(壯士)와 관련된 숱한 전설을 지닌 바위들과 처녀바위, 약물샘바위 등의 기암(奇巖)이 즐비한 암봉이었으나 6.25 이후 군부대의 건축 자재로 채석하여 애석하게도 그 아름다운 자태를 망실하여 버렸다. 그러나 덕도산 자락의 아늑한 품에 안긴 모습은 예나 제나 변함없이 평화로움을 간직한 정겨운 마을 풍경이다.

협찬: (주) 프라루션 (주) 빅 메탈 (주) 대연금속

상덕리 중앙에 있는 마을로 제10통에 해당한다. 덕도산 동쪽 산록에서 상덕과 북정마을 사이에 있다. 지명은 산 동쪽을 흐르는 개울에서 비롯되었다. 동쪽에는 울만리 설만마을로 이어지는 이울도 나루가 있었으며 지금은 평강교가 지난다. 마을 뒤 산록에는 전설을 담은 바위들이 많았으나 1950년대 이후 김해공병학교를 세울 때 채석장으로 사용되면서 없어졌다. 일제강점기 때 방공호로 사용된 동굴이 아직 남아 있다.

마을비는 상덕로의 취락 초입부에 있으며 회관이 가까이 있다. 글은 철종, 붕어개, 바위들, 덕도산 등의 단어로 구성하였으며, 내용에는 산이 훼손되었어도 아름다운 마을 풍경에 대한 자부심을 담고 있다.

덕계 마을회관

덕도산 암괴

▷ 득천마을 得川

득천마을

우리 마을은 광복전까지 「동네방」이라 불렀으며 해방 후부터 「득천」이란 부락명으로 부르게 되었는데 이는 덕계부락물을 경계하고 있어 붙여진 마을명입니다

이곳은 갈밭 지대로 한일합방 후 일본인들이 개간하여 전답을 일구었으며 일제시대때 주로 일본인 소유의 전답을 소작하면서 약 30호 가량이 가난하게 살았으나 광복이 되면서 자작농으로 농가를 갖게 되면서 안정된 생활을 하게 되었습니다.

우리 마을은 제도선과 대형용수로를 동서로 나뉘어 현재 172세대 420여 명이 전원적이고 목가적인 정취속에 행복하게 살아가는 강동의 중심마을로 향후 서부산의 요충지로 비상하게 될 것입니다

2004. 9. 22

강동동 12통 (득천마을) 주민일동

상덕리 동쪽에 있는 마을로 제12통에 해당한다. 동쪽의 평강천에는 대저2동 설만마을을 이어주는 평강교, 서쪽은 가락동 죽림마을과 연결되는 강동교로 이어져 교통의 요충지이다. 상덕리에서 유일하게 이름에 '덕(德)'자가 포함되지 않은 마을이다.

1879년(고종 16) 평강천에 제방을 쌓아 마을을 이루었다. 원래 '동네방[洞內坊]'이라 불렀으며 해방 후 득천(得川)으로 바뀌었다. 지명은 서쪽의 덕계마을과 경계를 이루는 개울에서 비롯되었다. 마을비는 득천길의 취락 초입부에 있다. 글은 갈밭, 소작, 자작농 등의 단어로 구성하였으며 내용에는 지역 발전에 대한 기대감이 담겨 있다.

득천 마을회관

마을 앞 교차로

▷ 덕포마을 德浦

덕포마을

西洛東江에 位置한 德浦마을
德浦는 德溪의 남쪽에 위치하고 있으며 西洛東江가에 잇대어 있는 마을이다.
金海郡 가락면 시절에는 上德里의 행정동에 소속된 자연부락으로 한때 海蒲田이라 부르기도 하였다.
옛날 유일한 교통수단인 海倉나룻터가 이곳에 자리잡고 있어서 가락면소를 드나드는 사람들이 쉬어가는 길목이었으나 1973년에 가락교가 가설되면서 옛 정취는 사라졌다.
앞으로 西洛東江을 따라 江邊道路가 생기게 될 때는 이곳은 자연의 풍치를 갖춘 관광지로 한몫을 할 수 있을 것으로 기대된다.

상덕리 서쪽에 있는 마을로 제13통에 해당한다. 서쪽은 서낙동강에 연해 있으며 이곳에 있던 적선포(積善浦)에는 가락면 죽림마을을 잇는 해창(海倉) 나루가 있었다. 지금은 강동교가 지난다. 지명은 상덕리와 적선포의 합성에서 비롯되었다.

마을 주위의 너른 들은 해포전(海浦田) 혹은 천야방(天野坊)이라 부르기도 하였다. 이곳의 서낙동강변은 풍광이 아름다우며, 2002년 부산 아시아게임 때 조정경기장으로 이용되기도 하였다.

마을비는 상덕로의 취락 초입부에 있다. 글은 낙동강, 나룻터, 가락면, 강변도로, 가락교, 강변도로 등의 단어로 구성하였으며, 내용에는 마을 변천과 이름의 유래와 함께 교통 요충지에 대한 자부심, 지역 개발에 대한 기대감이 담겨 있다.

덕포 마을회관

마을 제방길과 강동교

□ [제도리] 濟島里

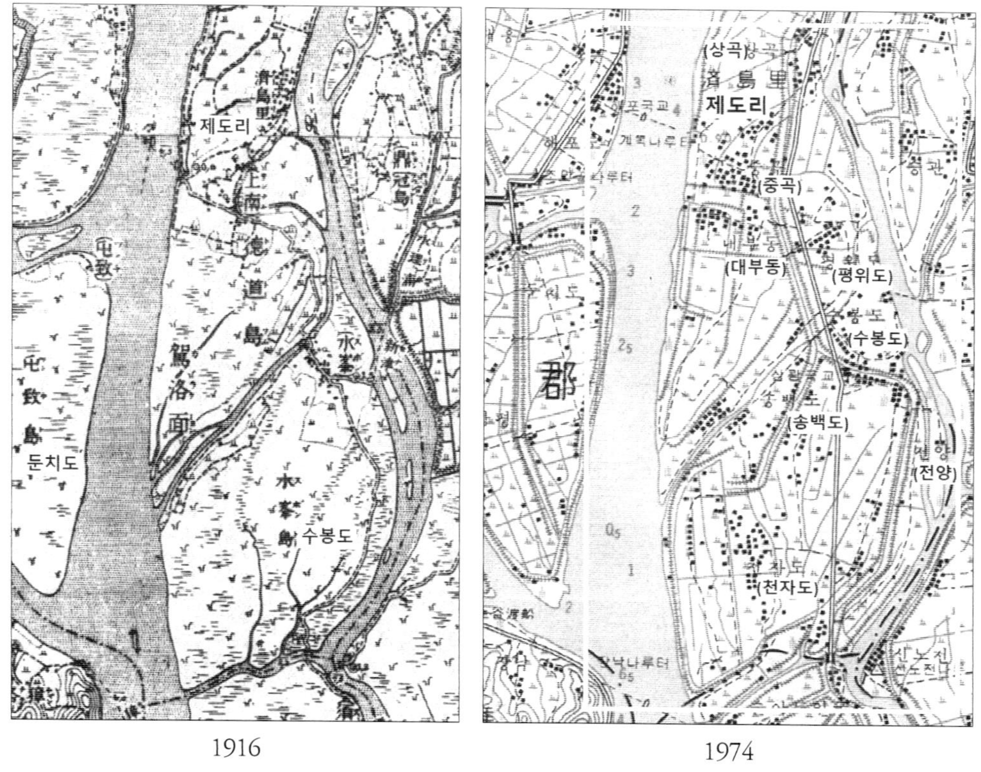

1916 1974

그림 3-5. 제도리 일대(1916 · 1974)

강동동의 가장 남쪽에 있는 리이다. 북쪽은 상덕리와 접하였으며, 동쪽은 평강천을 사이에 두고 대저2동의 울만리가 있다. 서쪽은 가락동 죽림리와 둔치도 사이에 서낙동강이 흐른다. 남쪽은 명지면과 접하였다.

상곡, 중곡, 대부동 등 8개 마을로 구성되어 있었는데 이 중 북쪽의 상곡과 중곡마을을 제외한 남해고속도로 지선 남쪽의 6곳 마을은 에코델타지구에 속하여 철거되었다. 마을에 있던 표지석은 별도의 장소로 이전되어 있다.

제도리는 제도(濟島), 덕도도(德道島)와 수봉도(水峯島)를 비롯한 여러 하중도로 구성되어 있는데, 이 중 지명이 비롯된 제도의 옛 이름은 '건널섬'이었다. 여러 섬의 주민이 배를 이용하여 나루터를 건너는 곳이라 하여 비롯된 것으로 전한다.

1916년의 지도를 보면(그림 3-5), 제도리의 대부분 지역은 미개간지로 묘사되어 있어 농사가 이루어지지 못하였음을 보여준다. 수봉도의 아래 쪽에는 나루터가 있어 이곳이 교통의 요지였음을 보여준다.

1970년대 지형도에는 하천 제방이 축조된 모습과 함께 논경지에는 농업 용수로가 상세히 묘사되어 있다. 마을 분포에서는 제도리의 북쪽에 상곡과 중곡 마을이 있으며 남쪽에 대부동마을이 있었다. 수봉도에는 평위도와 수봉도마을이 있었다. 남쪽에 형성된 하중도에는 송백도, 천자도와 함께 전양마을이 있다. 가옥 분포를 보면 대부동 일대는 집촌 형태가 나타나고 있으나 남쪽의 천자도와 송백도 일대는 산촌 형태로 분포하고 있다.

표 3-6. 제도리 마을 호구수 변화

시기	마을	가구수(농가)	인구수	가구당 인구수
1972년	상곡	74(72)	419	5.7
	중곡	76(72)	446	5.9
	대부동	45(45)	284	6.3
	평위도	71(64)	408	5.7
	수봉도	67(60)	349	5.2
	전양	70(67)	376	5.4
	송백도	56(52)	319	5.7
	천자도	106(105)	558	5.3
2006년	상곡	112	289	2.6
	중곡	101	168	1.7
	대부동	60	168	2.8
	평위도	78	197	2.5
	수봉도	76	213	2.8
	전양	98	258	2.6
	송백도	95	262	2.8
	천자도	132	346	2.6
2023년	상곡	124	221	1.8
	중곡	161	256	1.6
	대부동 · 평위도 · 수봉도 · 전양 · 송백도 · 천자도			에코델타지구

호구수 변화를 보면(표 3-6) 1972년에 천자도마을의 가구수가 106호(558명)로 가장 많았으며 대부분이 농업에 종사하고 있었다. 대부동 마을도 전체 45호(284명)의 가구가 모두 농가이다.

2006년 통계에서는 천자도가 132호(346명)로 규모가 가장 크며 상곡과 중곡 마을이 뒤를 잇고 있어 1972년과 유사한 분포를 보인다. 2023년의 상곡과 중곡마을이 각각 124호(221명), 161호(256명)으로 이전보다 증가하였다. 이 외의 대부동, 평위도마을 등 6곳의 마을은 에코델타지구에 편입되었다.

▷ 상곡마을 上谷

상곡마을 上谷 - 시비

먼 옛적 김해벌에 바닷물 일렁일 때
섬과 섬들 갈대숲이 골짝을 이루면서
덕도산 옷자락 아래 제일 먼저 닿은 마을
앞뒷들 굽이진 강어 철따라 물새 날고
문전옥답 농사철엔 갈대꽃도 흥겹더니
사람들 인정도 많아 강물처럼 흐른다.

제도리의 북쪽에 있는 마을로 제14통에 해당된다. 동쪽에 연하여 평강천이 흐르고 울만교를 통해 대저2동의 입소와 울만마을로 이어진다. 서쪽에는 서낙동강이 흐른다. 북쪽은 상덕리의 덕계와 득천마을이, 남쪽에 중곡마을이 있다. 제도리에서 가장 먼저 생겨난 마을로 19세기 초에 형성되었다. 지명은 제도리에서 가장 위쪽에 있어 비롯된 것이다. 마을이 있는 곳은 건널섬(제섬, 濟島)이라 하였고 일명 '황어도', '한섬'이라 부르기도 하였다.

마을 당산은 1968년에 세워진 것으로 매년 섣달 그믐날 자정에 제를 올린다. 제를 올리기 전에 산에서 퍼온 황토를 당집 주변에 둘러 놓는데, 이는 일대에 산이 없어 비롯된 제의 행위라 한다. 마을비는 제도로의 취락 초입부에 세워져 있다. 건립 시기는 쓰여 있지 않다. 글은 김해벌, 바닷물, 갈대숲, 덕도산 단어로 구성하였으며, 내용에서는 마을 인심이 후함을 시적으로 표현하였다.

상곡 마을회관

마을 당집

▷ 중곡마을 中谷

중곡 마을회관

중곡마을

백년 세월 쌓이도록 시름삼킨 갈밭 기슭
계목나루 뱃길 열어 알알이 엮은 나날
들녘에 땀배인 보람 너와 내가 이어받고
강늪에 쌓아 올린 점점이 익는 풍요
오늘 위해 참은 세월 조상님의 고마운 덕
그 은혜 더 깊이 갈아 우리 함께 열어가리

1995. 12 마을주민 세움

제도리 북쪽에 있는 마을로 제15통에 해당된다. '중곡' 이름은 북쪽의 상곡마을과 남쪽의 대부동 사이에 있어 비롯되었다. 마을 서쪽의 제도 선창에 가락동 봉림리의 해포도를 잇는 개목나루가 있었으며, 지금 서낙동강대교가 지나는 곳이다. 상곡 마을과 함께 개간이 이루어져 취락이 형성되었다. 순흥 안씨가 처음 입촌하여 마을을 이루었다. 이곳의 마을회관은 주민의 기증에 의해 세워진 것이다.

마을 당제는 200년 전부터 이어진 것으로, 매년 정월 보름에 할매당산에서 마을 최고령자가 제관이 된다. 마을비는 제도로의 취락 입구에 세워져 있다. 글은 갈밭, 계목나루, 강늪 단어로 구성하였으며 조상에게 고마움을 표하는 내용을 담고 있다.

마을 당산과 노거수

마을 당집

▶ 대부동마을 大富洞

대부동 마을회관

제도리 중앙에 있던 마을로 에코델타지구에 편입되었다. 철거 이전에는 제16통에 해당되었다. 북쪽의 중곡마을 사이로 남해고속도로 지선이 지난다. 지금의 서낙동강교 남쪽에 있었으며, 강에 연해 있어 갈대밭이 무성하던 곳을 개간하여 취락이 형성된 것이다. 동쪽의 평위도마을에 속하였다가 분리되었다.

가옥 분포는 고속도로의 남쪽을 따라 집촌을 이루고 있었다. 남쪽의 송백도마을 사이에 작은 개천인 이승천이 흘렀다. 마을비가 있었다는 기록이 있으나 보존되어 있지 않다. 지명은 부자 마을을 바라는 뜻에서 비롯되었다 한다.

대부동마을(정사영상, 2009)

▶ 평위도마을 平渭島

평위도 마을
平渭島

제도리 중앙 동쪽에 있던 마을로 에코델타지구에 속해 있다. 철거 이전에는 제17통 일대에 해당되었다. 고속도로의 남쪽에 접하였으며 서쪽은 대부동마을과 이어졌다. 북쪽에 중곡마을이 있다. 동쪽에 연한 평강천에는 개일교(開日橋)가 있었다. 들이 넓어 평야도라 불렀으나 나중에 평위도(平渭島)로 바뀌었다. 집촌을 이루었고, 마을 남쪽의 평강천까지 농경지가 이어졌다. 일제강점기에 일본인 농장인 '풍전농장'이 있었다.

평위도마을(정사영상, 2010)

마을에는 수령이 100여 년 되는 포구나무가 있었다. 1934년 대홍수 때 형성된 연못인 '주한이방'이 있으며 이곳에서 용왕제를 지내기도 하였다. 제단은 설치되어 있지 않고 강변의 공터을 이용하여 매년 음력 2월 초순에 제를 올렸다. 150년 전부터 용왕제를 올린 이후 마을에서는 연못에서 일어났던 어린이 익사 사고가 없어졌다고 전한다.

마을비는 에코델타사업단에 이전되어 있다. 한자와 로마자 표기가 병기되어 있으며, 글은 새겨 있지 않다.

▶ 수봉도마을 水鳳島

수봉도 마을

물 가운데 봉우리가 솟은 듯 언덕되어
수봉(水峯)이라 불리다가
아름드리 팽나무에
봉황이 홰를 치며 소리내니
水鳳島라 하였네.
1760년 인근보다 먼저 마을 이뤄
오손도손 봄이면 갈품뽑아
비 만들어 살은 옛임.
한마음 뜻모아 너른 들 부지런히 가꾸어
장한 우수마을 오늘에 있게 하다

1997년 7월
즈민의 뜻을 모아 세우다

제도리의 중앙 동쪽에 있던 마을로, 철거 이전에는 제18통에 해당되었다. 동쪽에 평강천이 흐르며 이곳에서 수봉도나루를 건너면 대저2동의 상납청마을로 이어졌다. 북쪽에는 평위도, 남쪽에 송백도마을이 있다. 취락은 여러 소촌(小村)으로 구성되었다.

지명은 마을의 노거수인 팽나무에 봉황이 날아들었다 하여 비롯되었다 한다. 지대가 높아 수봉도(水峯島)로 부르기도 하였다. 1934년에 가락보통학교의 제도분교가 설립되었으며 광복 후에 삼광초등학교가 들어섰다. 마을 동쪽에 수령 100년이 넘는 노거수와 함께 있었던 할배당산에서는 매년 정월 초이튿날 동제를 올렸다. 마을비는 이전되어 남아 있다. 글에는 수봉 지명 유래와 함께 마을에 대한 자부심이 새겨져 있다.

수봉도마을
(정사영상, 2010)

▶ 전양마을 前洋

전양마을

평강천(平江川) 너울거려 비단결 이뤄
긴 세월 굽이쳐 흘러 모래쌓여 앞 등되고
전양으로 이름불러 너 나 없이 이은 터전
반십리(半十里) 힘차게 뻗어
황금물결 넘실댄다
날새면 집집마다 웃음피는 이웃 정(情)들
도의질서(道義秩序) 숭상하여
86년 범죄없는 마을로 선정되어
저녁놀...□□□□

제도리 동남쪽에 있던 마을로, 철거 이전에는 제19통에 해당되었다. 북쪽에 수봉도, 서쪽에 송백도 마을이 있었다. 남쪽은 평강천 지류를 사이에 두고 명지동과 경계를 이룬다. 평강천의 모래등에 형성된 마을이어서 '앞등'으로 부르다가 하천을 끼고 있다 하여 전양(前洋)이 되었다. 앞등은 길이 약 2km에 달하는 모래 언덕이었으며 이곳을 따라 열촌 형태의 집촌이 형성되었다. 개간 이후 취락이 이전되면서 여러 소촌이 되었다. 표지석은 별도의 장소에 이전되어 있다. 글은 평강천, 모래, 황금물결 등의 단어로 구성하였으며 농사의 풍요와 마을의 평화스러움을 바라는 내용을 담고 있다.

전양마을
(정사영상, 2009)

▶ 송백도마을 松柏島

송백도마을 松柏島

마을의 유래
약 오천년전의 김해평야는
낙동강 하구의 해안이
깊숙히 들어가 있어서
갈대밭을 이루고 있었다.
오랜 세월이 지나면서
낙동강의 퇴적작용으르 인하여
송백도는 처음 마을이 이루어질 때
주위...□□□□ 섬이 바람을 막았다.
바람이...□□□□

송백도 주민 일동 세움

제도리 남서쪽에 있던 마을로, 철거 이전에는 제20통에 해당되었다. 서쪽에 서낙동강이 연하여 흐른다. 동쪽에 수봉도와 전양마을이 있고, 북쪽은 이승천이 대부동마을과 경계를 이룬다. 남쪽에 천자도마을이 있다. 송백 지명은 이곳에 소나무와 잣나무 군락지가 있어 비롯되었다 하나 확실하지 않다.

개간이 비교적 늦게 이루어진 곳이다. 취락은 산촌 형태를 이루는데, 이는 일제강점기의 일본인 농장에서 비롯된 것으로 보인다. 강변의 모래 언덕은 '딴등', '속딴등'으로 부르기도 하였으며, 샛강에는 줄을 당겨 움직이는 함지배가 다니고 있었다. 마을비는 별도의 장소에 이전되어 있다. 글은 낙동강, 갈대밭, 퇴적작용 단어를 통해 구성하고 있으며, 개척 초기의 환경이 척박했다는 내용을 담고 있다.

송백도마을
(정사영상, 2009)

▶ 천자도마을 千字島

천자도마을

천자도(千字島) 마을은 1880년경 갈대밭이 개간되어 이루어졌으며 향학열이 높은 선인들께서 천자문(千字文)을 인근 마을 후진들에게 전수하였다고 붙어진 이름으로 현재 130여세대 600여명의 주민들이 120ha의 광할한 면적위에 벼농사를 지으며 양질의 쌀을 생산하고 대대로 인심좋은 마을로도 그 명성이 높다

서기 1994년 7월 17일 세움

제도리의 남쪽에 있던 마을로 철거 이전에는 제21통에 해당되었다. 서쪽은 서낙동강에 연해 있으며, 남쪽은 순아강이 명지동과 경계를 이룬다. 동쪽은 대저2동의 신노전마을과 이어진다. 이곳은 조만강이 합류하는 곳으로 가락동의 둔치도, 녹산동의 장락산이 어우러지며 풍광이 뛰어난 곳이었다. 서낙동강변에는 녹산동 장락마을을 잇는 천자도 나루터가 있었으며 주민들은 이곳을 통해 녹산장을 이용하였다.

지명은 지형이 '千' 자를 닮았다 하여 비롯된 것으로, 글을 숭상하는 마을이라는 의미가 담겨 있다. 북쪽의 송백도와 같이 가옥은 산촌 형태로 분포하는데 이는 이곳에 있던 일본인 농장에서 비롯되었다.

마을비는 별도의 장소에 이전되어 있다. 비교적 이른 시기인 1994년에 세워졌으며, 흑요석 재질로 되어 있다. 글은 갈대밭, 천자문 등의 단어로 구성하였으며, 향학열이 높고 마을 인심의 후함에 대한 자부심을 표현하는 내용을 담고 있다.

천자도마을 (정사영상, 2009)

제4장 명지1동 鳴旨1洞

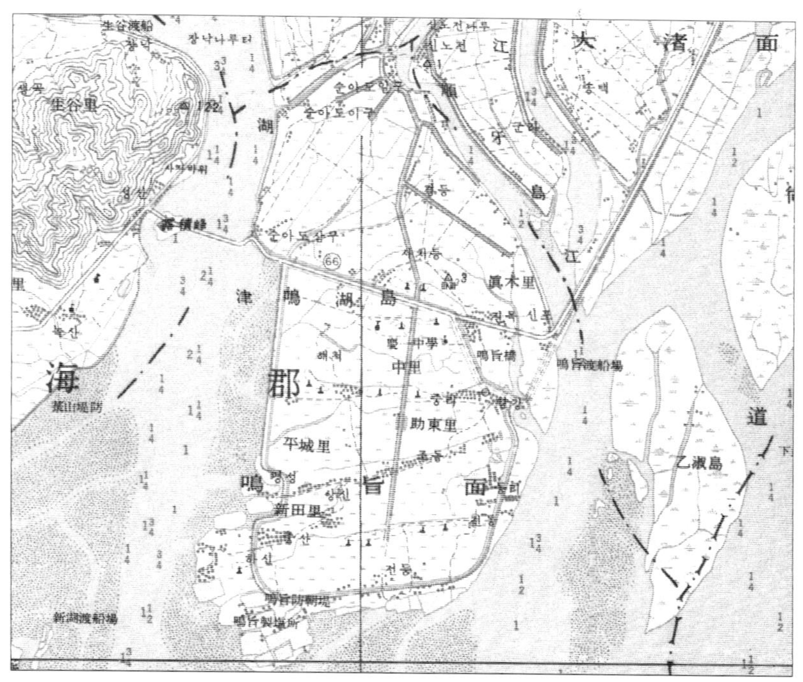

그림 4-1. 「현대지형도」(1963) 명지동 일대

낙동강 삼각주 일대의 남쪽에 위치한 동으로, 순아도와 명지도 두 개의 섬으로 구성되어 있다. 북쪽의 순아도는 평강천을 사이에 두고 강동동 수봉도와 접한다. 동쪽은 낙동강을 사이에 두고 을숙도가 있고 서쪽의 녹산동 사이로 서낙동강이 흐른다. 낙동강 하구에는 삼각주가 지속적으로 확대되면서 대마등을 비롯한 장자도, 신지도, 백합등, 진우도의 섬이 형성되고 있다.

이곳에 취락이 형성된 시기는 조선시대 이후로 추정된다. 당시에는 대부분 갈대가 자생하던 노전(蘆田)으로 구한말에는 소금 생산이 성하여 자염업이 발달하였다. 『대동여지도』(1861)에는 '자염업이 매우 성하다(煮鹽最盛)'라는 내용의 주기가 쓰여 있다. 광복 후에는 전국 최대의 대파 산지가 되기도 하였다.

1978년에 부산시에 편입되면서 일찍부터 도시개발이 이루어졌다. 이때 명지동에 이전에 있던 법정리 지명은 폐지되고 마을은 통(統)-반(班)으로 관리되기 시작하였다. 2000년대 들어서는 명지1동에 국제신도시지구가 조성되었고, 해안은 매립되어 주거단지로 개발되면서 명지2동이 되었다. 에코델타사업이 시작되면서 명지도 북쪽의 순아도 일대의 마을이 철거되었다.

표 4-1. 1914년 명지면 통폐합 내용

1914년	1914년 이전
조동리(助東里)	조동리(助東里)·중리(中里)·동리(東里)·신전리(新田里) 일부
평성리(平城里)	평성리(平城里)·조동리(助東里) 일부
진목리(眞木里)	진목리(眞木里)·[덕도면]제도리(濟島里) 일부
중리(中里)▲	중리(中里) 일부
동리(東里)	동리(東里) 일부
신전리(新田里)	신전리(新田里)
신호리(新湖里)	

조선시대에 명지도에 면이 설치된 시기는 확실하지 않다. 『호구총수』에는 김해부에 20개 면의 지명과 함께 호구수가 수록되어 있는데 비해 명지는 리 지명은 있으나 '명지도'로 수록되어 있다. 『김해부읍지』(1832, 1895)에는 '명지도면'으로 수록되어 있다. 이는 개척되기 이전에는 면이 설치되어 있지 않다가 19세기 이후 개척이 진행되면서 조세 징수를 위해 설면(設面)되었을 가능성을 보여준다.

1914년에는 조동리, 평성리, 진목리, 중리, 동리, 신전리, 신호리의 7개 리로 재편되었다. 당시 개편 내용을 보면(표 4-1) 신호리가 신설되고, 각 동리의 권역이 부분적으로 조정되었다. 이전의 조동리·중리·동리·신전리 일부가 합쳐 조동리가 되었으며, 평성리·조동리 일부, 진목리와 덕도면에 속하였던 제도리 일부를 합쳐 각각 평성리와 진목리가 되었다.

표 4-2. 1916년 명지면 마을별 호구수

동리명	가구수	인구수	마을	가구	인구수
진목리 眞木理	187	1,033	사치덩 沙致嶝*	45	225
			진목리 眞木里	142	808
중리 中里	142	812	영강리 永康里**	35	195
			해척리 海尺里	50	297
			중리 中里	57	320
동리 東里	163	720	진동리 鎭東里	88	400
			동리 東里	75	320
조동리 助東里	90	600	조서리 助西里***	45	301
			조동리 助東里	45	299
평성리 平城里	117	600	평성리 平城리	117	600
신전리 新田里	240	1,116	상신리 上新里	70	350
			중신리 中新里	100	600
			하신리 下新里	70	366
신호리 新湖里	120	693	신도 旧新島 신호리 新湖里	120	693

(註) *: 俗稱 안등[內嶝], **: 俗稱 청룡리 靑龍里, ***: 俗稱 도역리 助役里

중리와 동리는 변동없이 유지되었고, 신전리가 분리되어 신호리가 새로 생겨났다. 개편 후 면 소재지는 중리에 두었다. 1914년의 7개 리 체제는 1970년대까지 이어지다가 1978년 명지면이 부산시로 편입될 때 신호리가 녹산면으로 이관되면서 다시 6개 리가 되었다.

당시 리의 위치를 「현대지형도」(1963)에서 보면 명지도 동쪽 연안에 진목리와 동리가, 서쪽에 하신리가 있다. 조동리는 섬의 중앙에 있으며 이의 서쪽에 평성리, 북쪽에 중리가 있다. 신호리는 지도에 표기되어 있지 않으나 신전리 서남쪽 위치에 해당한다.

1916년 인구수를 보면(표 4-2), 신전리가 240호(1,116명)로 규모가 가장 크고, 진목리(187호, 1,033명)와 동리(163호, 720명)가 뒤를 잇는다. 마을별 규모를 보면 진목리의 진목마을이 142호(808명)로 가장 커서 일대의 중심 역할을 하고 있음을 보여준다. 당시 새로 생겨난 신호리의 경우 120호(693명)로 구성되어 있다.

명지동의 마을은 2000년대부터 시작된 국제신도시 조성사업으로 큰 변화를 겪게 되었다. 2003년에 사업지구가 지정되고 2010년부터 공사가 시작되었다. 국제업무시설, 교육기관 유치 사업과 함께 대규모 아파트 단지를 중심으로 하는 주거지구 조성사업이 주요 부분을 차지하였다.

이로 인해 중리의 해척, 동리의 동리마을, 조동리의 조동과 전등, 신전리의 상신·중신·하신, 평성리의 평성 마을들이 철거되었으며, 이곳에 있던 7개 마을의 표지석은 공원을 조성하여 이전되어 있다. 하신마을의 경우 마을은 없어졌으나 마을비와 노거수, 당산은 원래 위치에 남아 있다.

신전리 하신마을 마을비와 노거수, 당집

□ [진목리] 眞木里

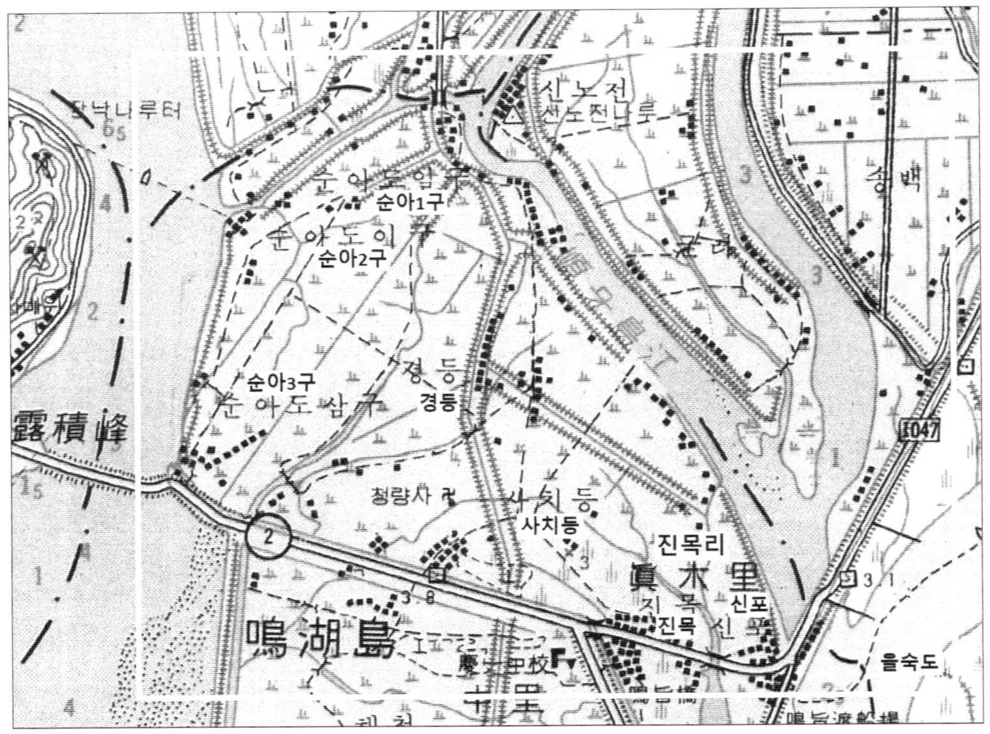

그림 4-2. 진목리 일대(1974)

명지동의 북쪽 순아도 일대에 있던 리로, 진목, 신포, 새동네, 사취등, 경등, 순아1-3구의 8개 마을로 구성되어 있었다. 북쪽에 순아도강과 이의 지류가 서낙동강으로 흐르며 옛 덕도면의 제도리와 경계를 이룬다. 섬 서쪽에는 녹산동의 장락과 성산마을을 잇는 나루터가 있어 일대의 수운 교통의 요지였다. 『조선지형도』(1916)를 보면 순아도 일대는 대부분 저습지로 묘사되어 있어 당시 농사가 거의 이루어지지 못하였음을 보여준다. 1974년 지형도에서는 취락이 섬의 동쪽과 남쪽에 집촌 형태로 분포하고 있어 일제강점기에 비해 농경지가 확대되는 모습을 보인다.

1987년 낙동강하굿둑이 건설되면서 진목리 일대는 큰 변화를 겪게 되었다. 취락이 이전되거나 새로 조성되었으며 이때 새동네마을이 생겨났다. 2번 국도가 하굿둑을 지나 녹산수문과 이어지면서 진목리는 부산시의 사하·사상구와 녹산동 일대를 잇는 교통의 요지가 되었다.

1983년에는 동쪽에 있던 을숙도와 일웅도가 대저2동의 관할에서 사하구 하단동으로 이관되었다. 2010년대 들어서는 북쪽의 순아도 일대가 에코델타지구에 속하면서 순아1·2·3구와 사취등, 경등 일대의 마을이 없어졌다.

호구수 변화를 보면(표 4-3) 1972년의 경우 신포마을이 237호(1,409명)로 규모가 가장 컸으며, 진목마을도 178호(967명)에 이른다. 순아1 · 2 · 3구는 50호 내외의 규모를 보이며 대부분 농업에 종사하고 있다. 당시 을숙도 호구 통계는 진목리에 포함되어 있었다. 79호(419명)가 거주한 것으로 나타나며 모두 농업에 종사하고 있었다.

표 4-3. 진목리 마을 호구수 변화

시기	마을	가구수(농가)	인구수	가구당 인구수
1972년	진목	178(92)	967	5.4
	신포	237(69)	1,409	5.9
	사취등	99(90)	445	5.0
	경등	53(43)	312	5.9
	순아1구	59(57)	361	6.1
	순아2구	40(40)	235	5.9
	순아3구	49(46)	294	6.0
	을숙도	79(79)	419	5.3
2006년	진목	293	816	2.8
	신포	205	540	2.6
	새동네	498	1,359	2.7
	사취등	152	389	2.6
	경등	86	211	2.5
	순아1구	127	338	2.7
	순아2구	51	110	2.2
	순아3구	102	274	2.7
2023년	진목	264	563	2.1
	신포	143	266	1.9
	새동네	534	986	1.8
	사취등 · 경등 · 순아1구 · 순아2구 · 순아3구			에코델타지구

2006년에서 새동네가 498호(1,359명)로 가장 규모가 큰 마을로 나타난다. 이 마을은 낙동강하굿둑 건설 이후 1989년 신포마을과 함께 대저2동의 염막마을 주민이 이주하여 새로 생겨난 마을이다.

2023년의 3개 마을 통계를 보면 진목과 신포마을의 인구수는 감소하였다. 새동네마을의 경우 가구수는 증가하였으나 인구수는 현저하게 줄어들었다. 사취등과 경등마을을 비롯한 5곳의 마을은 에코델타지구에 편입되어 철거되었다.

▷ 진목마을 眞木

진목마을

명지도(鳴旨島 鳴湖)의 중심부에 위치한 진목마을은 300여년전 이전부터 취락이 형성되었으며 마을 이름은 참나무 숲이 우거진데서 유래되어 참나무정(亭)이라고도 했다

김해군 명지면에 소속되어 있다가 1978년 부산광역시로 편입되었는데 조선시대에는 염전으로 유명하여 웃가매, 아래가매, 땅가매 등과 같은 관련 지명이 남아 있으니 지금은 파 재배로 명성이 드높은 곳이다

2002. 2. 26 마을 주민 세움

리의 동남쪽에 있는 마을로, 제1통·21통에 해당한다. 진목리의 본 마을이다. 낙동남로가 마을의 중앙을 동-서로 지나며, 경등(鯨嶝)과 사취등(沙聚嶝) 마을 사이에 있다. 지명은 이곳에 참나무가 많아 유래되었다 전한다. 참나무정(亭)이라고도 부른다.

조선시대부터 염전이 많았으며 이곳의 소금은 낙동강 수운을 이용하여 경상도 일대에 공급되었다. 바닷물을 끓여 자염(煮鹽)을 만드는데 필요한 연료는 명지도 일대에 자생하던 갈대를 이용하였으며 나중에는 유연탄을 사용하였다. 이 때문에 지명에는 염전과 관련된 것이 많다. 마을의 가장 북단을 웃가매(가마), 동남쪽을 아랫가매, 서쪽을 땅가매, 중심부를 안등이라 부른다. 소금 생산이 중단된 후 염전은 농경지로 바뀌어 대파가 재배되었다. 표지석은 낙동남로의 마을 가운데 있다. 글에는 지명 유래와 함께 염전과 대파 재배에 대한 자부심이 담겨 있다. 마을회관이 2곳에 있다.

진목(제1통) 마을회관

진목(제21통) 마을회관

▷ 신포마을 新浦

신포 마을회관

진목리 동쪽의 낙동강에 연해 있는 마을로 제2·22통에 해당한다. 맥도강, 평강천이 낙동강과 합류하는 곳에 있어 예부터 수운 교통의 요지였다. 낙동강하굿둑이 건설되어 부산-진해 간 2번 국도가 진목리 일대로 이어지면서 새롭게 생겨난 마을이다. '신포' 지명은 이에 비롯되었다. 대저2동에 속한 맥도와 명지도를 잇는 제방이 축조되면서 마을이 분리되었다. 인근에 신포배수펌프장이 있다.

취락은 명지시장 주변에 형성되어 있다. 시장은 하단을 잇는 명지나루터가 이전되면서 중리 영강마을에서 5일장(5·10)으로 열리던 명지장과 우시장이 이곳으로 이전한 것에 비롯되었다. 수산물을 주로 취급하며 진목리 일대의 주민들이 해산물을 구입하는 곳이다. 매년 가을에 전어 축제가 열린다. 마을회관은 시장 가까이 있으며 마을비는 세워져 있지 않다.

신포 명지시장

▷ 새동네마을

새동네
마을회관

진목리 동남쪽의 낙동강에 연해 있는 마을로 제3·9통 일대에 해당된다. 낙동강하굿둑이 건설되면서 이곳을 매립하여 1989년 신포마을과 대저2동 염막마을 주민이 이주하여 생겨난 마을이다. 이전에는 강변의 갈대밭에 불과하였으나 매립 이후 큰 변화가 나타났다. 개발제한구역에 속해 있지 않아 일찍부터 지역 개발이 이루어지면서 낙동강변을 따라 시가지가 조성되어 있다.

낙동강하굿둑 바깥 쪽에 있어 어업에 종사하는 인구가 많다. 낙동강변에 축조된 남쪽의 명지항은 남해 바다로 출어하는 어선들이 이용한다. 진목어촌계와 김 홍보관이 마을에 있다. 남쪽에는 동리어촌계가 있다. 갈미조개가 많이 채취되며 강변에는 횟집타운이 조성되어 있다. 해수와 담수가 만나는 곳에서 서식하는 조개로 조갯살이 갈매부리를 닮았다 하여 비롯된 이름이다. 일명 명지조개로도 부른다.

낙동강제방 안쪽에는 격자상의 도로망이 조성되어 있으며 시가지와 주거 단지가 함께 형성되어 있다. 에 연해서는 강변에는 산책길과 함께 체육공원이 있어 주민들의 휴식 공간으로 이용된다. 마을비는 세워져 있지 않으며, 회관에는 '청호경로당'이 쓰여진 현판이 있다. '청호' 이름의 유래는 확실하지 않다.

마을 거리 경관

마을 수변 경관

▶ 사취등마을 沙聚嶝

사취등 마을

우리 부락은 남동쪽으로 청룡포, 북서쪽으로 첫골재가 정답게 이웃하였으며, 앞뜰에는 무덤이 널려 있었으나 경지정리로 농토가 되어 파등을 재배하고 있다.
경술년 한일합방 당시에는 허윤재님이 사숙서당을 세워 천색재 선생님을 모셔 여러 젊은 이들을 가르치게 하였으니 이 얼마나 나라와 겨레를 위한 애국적인 배려였던가!
진부선 북편에 숲이 울창한 청량사에는 마을의 수호신을 모신 사당이 있어 음력 정월초면 동민의 안녕과 풍년을 함께 기원하는 제사를 지내고 있다.
무지개 같은 꿈으로 영롱하고 깃발같은 의지로 도도한 사취등 마을 더욱 번영하리라

진목리 중앙 남쪽에 있는 마을로 철거 이전에는 제4통에 해당되었다. 진목마을의 서쪽에 있었으며 2번 국도인 낙동남로에 접해 있었다. 사취등(沙聚嶝) 지명은 낙동강 토사가 퇴적되어 모래톱을 이룬 곳이어서 비롯되었다. 중리의 해척(海尺) 마을과 함께 농경지 가운데의 지대가 높은 곳에 가옥이 모여 집촌을 이루었다. 마을을 지나는 샛길에 의해 나뉘어져, 북쪽과 남쪽을 윗각단, 아래각단으로 불렀다.

마을의 당산은 청량사 경내에 있다. 약 300년 전에 할매당산 제당이 건립되었으며, 매년 음력 12월 1~3일과 매월 초에 지내면서 연중 13회의 제를 올린다. 마을비는 별도의 장소에 이전되어 있다. 글은 청룡포, 첫골재, 사숙서당, 청량사 단어로 구성하고 있으며, 교육열과 함께 마을의 번영을 기원하는 내용을 담고 있다.

사취등마을(정사영상, 2010)

마을 당산(청량사 경내)

▶ 경등마을 鯨嶝

경등
마을회관

진목리 북쪽에 있던 마을로 에코델타지구에 속해 있다. 철거 이전에는 제5통에 해당되었다. 순아도 중앙에 있으며 동쪽은 평강천 하류에 연해 있다. 남쪽은 진목 마을로 이어지고 낙동남로(제2번 국도)의 북쪽에 위치하였다.

낙동강 홍수 때 모래가 이곳에 퇴적되어 고래등처럼 생겨 지명이 비롯되었다. 갈대밭이 우거져 있었으며 마을 사이에 흐르는 샛강을 '처녀개'라 불렀다 전한다. 농업 개척이 비교적 늦어 진목리에서 순아마을과 함께 마을 역사가 80년에 불과하다. 취락은 평강천과 제도선 도로 사이를 따라 소촌(小村)을 이루었다. 주민들은 벼농사와 함께 평강천에서 내수면 어업에 종사하였다. 마을비는 남아 있지 않다.

경등마을
(정사영상, 2010)

▶ 순아1 · 2 · 3구 마을 順牙

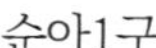
순아1구

순아3구

순아3구 順牙3區

서낙동강 끝자락에 성한 갈밭을 긴 세월 忍苦끝에 터 잡고 논밭일궈
기름진 문전옥답 계절없이 푸르르다 명지사람 애환 서린 녹산수문
어렵던 공사로 그 물막이 젖줄이 되어 풍요를 가져왔고
순아의 곧은 충절은 철새떼 울음에 실어 고운 마을으로 적셔준다

1996년 9월 9일 순아3구 주민 세움

진목리의 북서쪽에 있던 마을로 철거 이전에는 각각 6 · 7 · 8통 일대에 해당되었다. 순아도 서쪽 일대에 해당되며 마을 서쪽에는 서낙동강이 연하여 흐른다. 순아1구 마을은 순아도 북단의 평강천이 지류로 나뉘는 곳에 있다. 순아1구와 제도리 전양마을 사이에는 함지배가 다니고 있었으며 1978년 배수문과 함께 순아교가 건설되었다.

순아2구 마을은 서낙동강과 평강천 지류가 합류하는 곳이다. 임진왜란 때 왜군에 죽음을 당한 처녀인 순아의 이야기가 전해오며 지명은 이에서 비롯되었다 한다. 남쪽의 순아3구 마을은 서낙동강의 녹산수문에 접하며 2번 국도가 동-서로 지난다.

이곳의 개척은 비교적 늦어 일제강점기에 각일농장이 들어서면서 시작되었다. 서낙동강으로 이어지는 배수로가 설치되어 있었으며, 취락은 이를 따라 열상(列狀)으로 분포하였다. 순아3구의 포구는 규모가 커서 남대포(南大浦)라 부르기도 하였다.

마을비는 제1구의 경우 별도의 장소에 이전되어 있고, 제3구 표지석은 낙동남로에 남아 있다. 비교적 이른 시기인 1996년에 세워진 것이다. 글은 갈밭, 녹산수문, 문전옥답, 순아의 고운 충절, 철새떼 단어로 구성하였으며 농사 개척의 어려움을 극복한 내용과 마을민의 후한 인심을 담고 있다.

순아1구(정사영상, 2010)

순아1구 마을회관

순아2구(정사영상, 2010)

순아2구 마을회관

순아3구(정사영상, 2010)

순아3구 마을회관

□ [중리] 中里

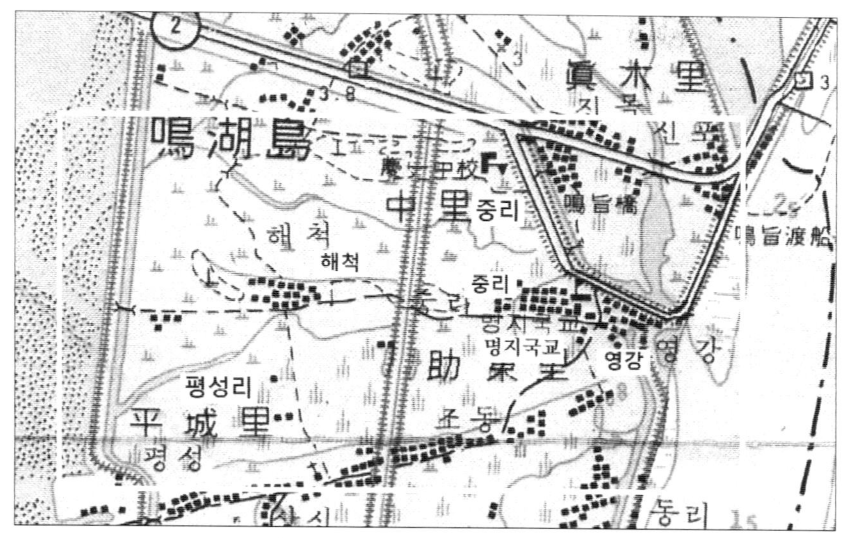

그림 4-3. 중리 · 평성리 일대(1974)

명지도 북동쪽에 있던 리이며, 영강, 중리, 해척 3곳의 마을로 구성되어 있었다. 이 중 영강과 중리마을의 일부가 남아 있으며 해척마을은 국제신도시지구에 편입되어 철거되었다. 북쪽은 순아도와 접하였으며 동쪽은 낙동강에 연해 있다. 명지도의 중앙에 위치하고 가장 먼저 취락이 형성되어 중리 지명이 유래되었다.

호구수 변화를 보면(표 4-4), 1972년의 경우 영강마을의 가구수가 가장 많아 중리의 중심이었음을 보여준다. 중리와 해척마을은 각각 53호, 45호에 불과하다. 그러나 2023년에는 중리마을이 618호(1,038명)로 가장 많다. 이는 마을 일부 구역에 신도시 건설로 아파트 주택 지구가 들어섰기 때문이다.

표 4-4. 중리 마을 호구수 변화

출처	마을	가구수(농가)	인구수	가구당 인구수
1972년	영강	142(49)	732	5.2
	중리	53(31)	287	5.4
	해척	45(31)	280	6.2
2006년	영강	306	707	2.3
	중리	142	387	2.7
	해척	67	188	2.8
2023년	영강	291	497	1.7
	중리	618	1,038	1.7
	해척	국제신도시 편입		

▷ 영강마을 永康

영강 마을회관

중리 동쪽에 있는 마을로 제10·23통 일대에 해당된다. 낙동강이 마을 동쪽에 연하여 흐르고 선착장이 있어 예부터 중리의 중심 마을이었다. 지금 명지동 행정복지센터가 있다. 일대에는 파출소와 소방서, 초등학교 등의 공공기관이 함께 있어 과거 명지면의 중심지 모습을 유지하고 있다. 마을에는 염전업이 성할 때 선정을 베풀었던 경상도 감사 김상휴와 홍재철의 송덕비가 있다.

바다에 나가는 입구에 있어 동문이라고 불렸으나 해방 이후에 영원히 번성하라는 의미를 담아 영강(永康)으로 개칭하였다 한다. 100여 년 전부터 명호장(鳴湖場, 매 5·10일)이 열렸고 해방 후에는 우시장도 있었으나 1959년 신포마을로 옮겨 갔다. 이곳의 명지초등학교는 1907년 설립된 사립 동명학교에서 비롯되었다.

당산이 행정복지센터 인근에 있다. 규모가 매우 작은 비석 형태로 세워져 있는데 '명지당산'이 쓰여 있다. 매년 정월 초이튿날, 사월 초파일, 팔월 추석의 연중 3회에 걸쳐 제를 올린다. 인근에 함께 있던 당산 나무는 태풍으로 유실되었다. 마을비는 세워져 있지 않다.

마을 당산

부분(주서: '명지당산')

▷ 중리마을 中里

중리
마을회관

중리 중앙에 있는 본마을로 제11통에 해당한다. 가장 먼저 취락이 형성되어 이름이 비롯되었다. 도시 개발 이전에는 마을 가운데 나무숲이 있었으며, 이곳에 포구나무와 고목들이 당산과 함께 있었다. 명지도 일대에서 드물게 나타나는 경관이었다. 이 중 할매당산은 약 250년 전에 세워진 것으로 지금 문화공원에 보존되어 있다. 주민들은 이곳에서 매년 정월 3일에 제를 올린다. 마을비는 세워져 있지 않다.

중리
마을 당산
(명지문화공원 내)

[안내문] 명지동 중리 당산제

약 250여년 전부터 당산신을 모신 제당을 건립하여 마을 주민들이 공동으로 제의를 지내기 시작하였다 전해지고 있으며, 현재의 제당은 1966년 6월 11일 상량하고 명지국제신도시가 조성되고 문화공원으로 지정되며 2017년 2월 개축한 것으로 중리마을 당산신은 '할매신'으로 주민들은 당산신을 모신 제당을 '할매제당'이라고 칭하기도 한다. 예전에는 당산제를 지낼 때에 나무로 만든 오리를 앉힌 거릿대를 제당앞에 세웠는데, 어느 마을 청년이 거릿대를 못쓰게 만든 이후로는 이를 제당안에 보관하고 있다. 당시 거릿대를 못쓰게 만든 청년은 이후 원인도 모르게 실성하였는데 당산신께 잘못을 빈 이후 병이 나았다고 한다.

▶ 해척마을 海尺

중리 서쪽에 있던 마을로 제12통에 해당된다. 명지 국제신도시지구에 편입되어 최근에 철거되었다. 서쪽에 서낙동강이 연하여 흐르며 동쪽에 중리마을과 조동리에 접해 있다.

지명은 이곳이 바다[海]의 거리를 잴 수 있을 만큼[尺] 높아서, 혹은 '해척'이 고기잡이를 주업으로 하는 사람을 의미하여 유래되었다 전한다. 과거에는 갯마을이라는 뜻에서 '갯마'라고 불렀다.

해척 마을회관

취락은 이 일대에서 가장 높은 곳에 있으며, 전형적인 집촌의 모습을 보인다. 1934년 대홍수 때 명지면 주민이 이곳으로 피신하여 목숨을 건졌다고 전한다. 낙동강 하류에 위치하고 지대가 높아 홍수 때 밀려왔던 식생들이 이곳에서 자생하면서 자란 흔적들이 남아 있었다.

취락 형성 초기에는 서낙동강에서 김 양식을 행하였으며, 마을 주변에 자생하던 갈대를 연료로 이용하여 제염업도 성하였다. 벼농사가 시작된 이후 가옥 주변의 농경지는 대부분 경지정리가 되었다. 마을에는 포구나무가 3그루 있었는데 모두 수령 2백년 이상이 된 노거수였다. 동쪽에 있는 고목나무에서 매년 정월 초 이튿날 당산제를 지냈다. 마을비는 확인되지 않는다.

해척마을 정사영상(2020)

철거 당시 마을회관

□ [평성리] 平城里(☞ 지형도는 [중리] 지도 참조)

▶ 평성마을 平城

평성마을

명지동의 서남쪽에 위치하고,
방조제가 해수를 막고 있어 평안한 성과 같은
안전지대라 붙여진 이름이라 한다.
또한 염전 경영으로 평화롭다 하여
대평리라고 불리기도 했다.
수리시설 이전에는 수도작물의 재배가 어려웠으나
지금은 넓고 기름진 땅이 되어
대파를 재배하는 황금 들녘을 이루고 있다.

북쪽의 중리와 남쪽의 신전리 사이에 위치했던 리이다. 대부분 지역이 국제신도시지구에 포함되어 시가지가 되어 있다. 철거 이전에는 제17통에 해당되었다. 평성 1개 마을로만 구성되어 있다.

마을은 서낙동강에 연해 있었으며 방조제가 축조된 후 주민들이 평안하게 살게 되어 지명이 유래하였다 전한다. 태평등(太平嶝)으로도 불렀으며 명지도 서쪽에 있다 하여 서리(西里)라고도 하였다. 취락은 동쪽의 조동리와 이어지는 도로를 따라 열상으로 분포하였다. 1906년에 명지장로교회가 이곳에 들어서면서 비교적 이른 시기에 신문화가 유입된 곳이다.

마을비는 공원에 이전되어 있다. 글은 방조제, 수도작물, 대파 단어를 중심으로 구성하고 있으며, 내용에는 농사의 풍요로움에 대한 자부심을 담고 있다.

평성 마을회관

평성마을(정사영상, 2010)

□ [동리] 東里

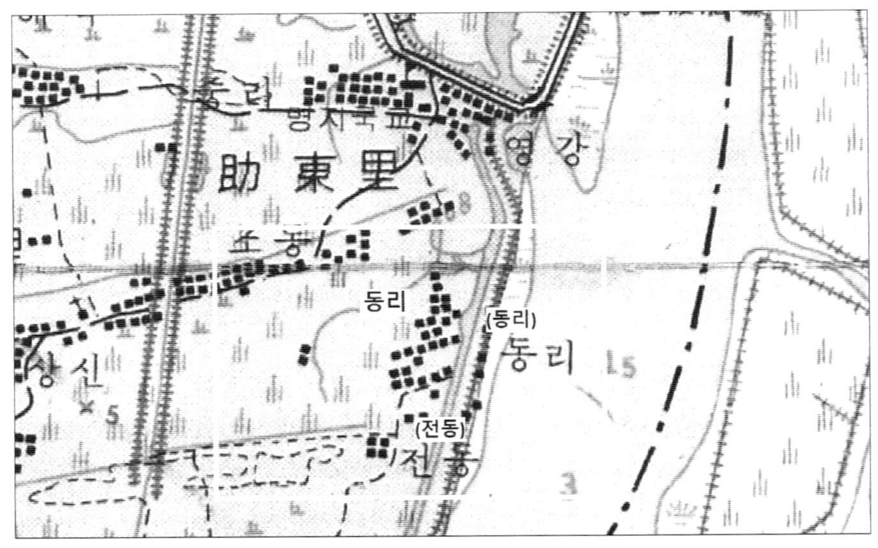

그림 4-4. 동리 일대(1974)

명지도 동남쪽에 있으며 동리와 진동 2곳의 마을로 구성되어 있었다. 동쪽은 낙동강이 연하여 흐르고, 북쪽과 서쪽은 조동리와 접한다. 동리(東里) 지명은 조동리 동쪽에 있어 비롯된 것이다. 두 마을 모두 신도시지구에 편입되어 철거되었다. 원래 제13·17통에 속하였으나 지금은 옛 조동리의 전등 마을과 함께 제33통으로 되었다.

대부분이 갈대밭으로 염해 피해가 잦았던 곳이었다. 일제강점기 때 명지제방이 축조되어 개척이 시작되었고, 비교적 늦은 시기에 취락이 형성되었다. 당시 가옥은 제방 안쪽에 입지하였다. 1974년 지형도에는 이곳 동리 일대의 농경지는 밭으로 묘사되어 있어 대파밭으로 이용되었음을 보여준다.

호구수 변화를 보면(표 4-5), 1972년의 경우 동리와 진동리가 각각 89호(489명), 63호(362명)로, 농가 비율은 50% 내외이다. 마을이 철거되고 국제신도시지구로 편입된 곳에 2023년에는 732호(1,298명)로 늘어났다.

표 4-5. 동리 마을 호구수 변화

시기	마을	가구수	인구수	가구당 인구수
1972년	동리	89(40)	489	5.5
	진동리	63(37)	362	5.7
2006년	동리	184	473	2.6
	진동	125	325	2.6
2023년	진동, 동리	732	1,298	1.8

▶ 동리마을 東里

東里마을

옛부터 동리는 낙동강하구 동편
삼각주로 형성된 자연부락으로
바다와 인접해 150여년전 염전으로
소금을 생산하여
운반선과 범선으로 낙동강을 따라 왕래하며
소금을 공급하였고 화물을 실어 나르는
포구로 유명한 곳이었으며
묘지가 많아 묘등이라고 했으나
지금은 밭으로 변하여
그 흔적을 찾을 수 없다.
주변이 갈대와 습지로 어우러져 철새의
서식처로도 이름난 곳이다.

2003. 12

동리의 본 마을이었으며 국제신도시지구에 편입되었다. 철거 이전에는 제13통 일대에 해당되었다. 동쪽은 낙동강 하류에 연해 있으며, 북쪽은 조동리와 접한다. 마을 남쪽의 지대가 높은 곳에는 과거에 묘지가 조성되어 있어 '묘등'으로도 불렸다. 어업에 종사하는 주민이 많았으며 중리의 영강, 신전리의 하신 마을과 함께 김 양식이 성하였다. 또한 낙동강을 따라 왕래하는 화물선의 포구 기능을 하였다.

마을의 할매당산에서는 매년 음력 정월 초사흘 밤에 제를 올렸다. 당산에는 옛적에 축지법을 쓰는 노인이 죽어서 골대장군으로 좌정하였다는 이야기가 전해온다. 마을비는 공원에 이전되어 있다. 글은 낙동강, 삼각주, 소금, 묘지 등의 단어로 구성하였으며, 내용에는 지명 유래와 함께 철새 도래지로 이름난 곳에 대한 자부심을 담고 있다.

동리 마을회관

동리마을(정사영상, 2010)

▶ 진동마을 鎭東

진동마을

낙동강 삼각주 평야에서 제일 남쪽에 위치하고 있으며 대홍수 때마다 낙동강 하류의 모래가 퇴적하면서 이루어진 마을이다.
옛날 동강과 해태(해티)란 큰 염전이 왕성했던 곳으로, 60여척의 목선에 소금을 싣고 강원도 삼척과 일본 대마도까지 가서 물물교환을 해 왔다고 전한다.
지금은 대부분 파농사를 지으며 풍요롭게 살고 진동 할배당산 제당을 모시고 해마다 제를 올리고 있다.

동리의 남쪽에 있던 마을이다. 동쪽은 낙동강이 연하여 흐르며, 서쪽에 신전리의 상신리 마을이 있다. 남쪽은 전등마을과 접한다. 일제강점기 이곳 일대의 염전업은 명지도에서 가장 성하였으며, 마을도 150여 호로 규모가 컸다. 목선을 이용하여 강원도 삼척군과 멀리 대마도까지 소금을 운반하였다 한다.

마을의 할배당산은 취락 남쪽에 있었는데, 매년 정월 초이튿날 밤에 제를 올렸다. 이 외에도 마을에 큰일이 있거나 어려운 일이 생기면 제관이 제당에서 고유제를 올렸다. 마을비는 공원에 이전되어 있다. 글은 삼각주, 대홍수, 염전, 파농사, 당산 단어를 중심으로 구성하였으며, 내용에는 옛적에 염전업이 성했던 기억을 담고 있다.

진동마을(정사영상, 2010)

□ [조동리] 助東里

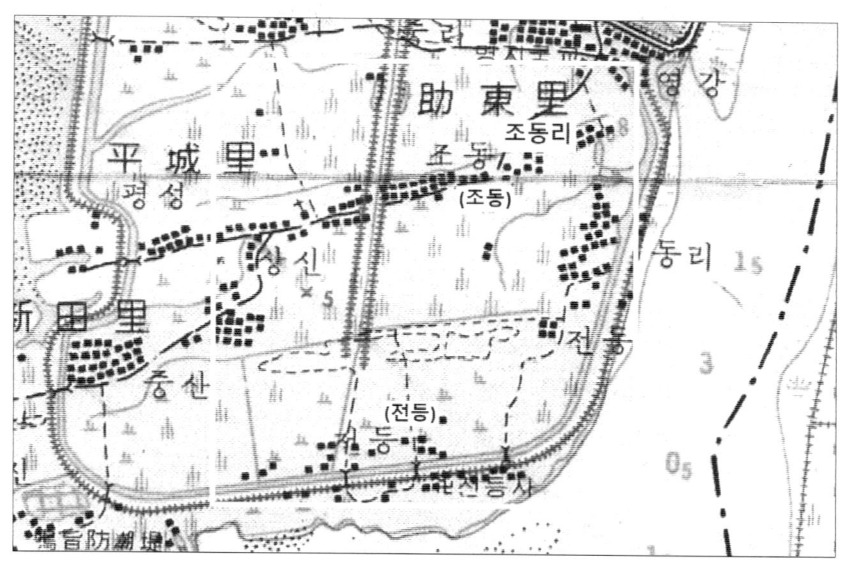

그림 4-5. 조동리 일대(1974)

명지도의 동남쪽에 있는 리로 조동과 전등마을로 구성되었다. 원래 분묘가 조성되어 있던 곳으로 1978년에 부산시로 편입된 이후 대부분 이전하여 대파밭으로 이용되었다. 마을 근처에는 과거의 염전 터가 있었다.

『호구총수』(1789)에 수록된 명지면 '조역리'는 조동리의 옛 지명으로 추정된다. 『향토지』에 조역리와 동리(東里)가 합쳐 조동리가 되었다는 내용이 있으나 동리 지명이 남아 있는 것으로 보아 확실하지 않다. 『지명조사철』(1959)에는 '동리'가 별도의 지명으로 수록되어 있다.

호구수 변화를 보면(표 4-6), 1972년의 경우 조동마을이 88호(494명)로 리의 중심임을 보여준다. 대부분의 가구가 농업에 종사하였다. 2006년에는 두 마을 모두 1970년대에 비해 가구수가 크게 증가하였다.

표 4-6. 조동리 마을 호구수 변화

시기	마을	가구수(농가)	인구수	가구당 인구수
1972년	조동	88(88)	484	5.5
	전등	59(47)	353	6.0
2006년	조동	160	474	3.0
	전등	139	418	3.0
2023년	조동 · 전등	국제신도시지구 편입		

▶ 조동마을 助東

조동마을

조동리의 본 마을이며 전국에서 이름난 명지대파를 최초로 재배하여 명지 일대에 파급시킨 명지파의 원조마을이라 주민 대다수가 대파 재배로 소득을 올리고 있다.
김해 김씨, 파평 윤씨, 남양 홍씨의 접성촌이었으며 모래사장이 좋아 방언으로 이른바 앞치기라고 하는 알씨름으로 유명하였다.
1950년대 명호씨름(명지씨름)의 발원지로 전국 씨름판을 주름잡은 유명한 인물이 출생한 곳이기도 하다.

조동리의 본 마을로 철거 이전에는 제18통에 해당되었다. 동쪽에 중리의 영강마을이, 서쪽에 중리의 해척과 평성리의 평성마을로 이어진다. 남쪽에 전등마을이 있다.

취락은 수로를 따라 열상으로 분포되어 있었으며, 남쪽은 앞뜰, 북쪽은 뒷뜰이라 불렀다. 전등 마을과의 사이에는 묘지가 있었으나, 1978년에 다른 곳으로 옮긴 후 농경지로 이용되었다. 명지도에서 대파 재배가 시작된 곳이며, 마을 민속으로 명지 씨름이 전해왔다. 일명 알치기 씨름으로 알 기술을 비롯해 10가지 기술로 구성되어 있었다. 마을 뒤에는 1965년에 세워진 당산이 있었으며 매년 음력 초 이튿날 제를 올렸다.

마을비는 철거 이후 공원에 이전되어 있다. 글은 명지대파, 집성촌, 명호씨름 단어를 중심으로 구성하고 있으며, 내용에는 대파 재배와 명호씨름의 원조임을 내세워 마을의 자부심을 담고 있다.

조동 마을회관

조동마을(정사영상, 2010)

▶ 전등마을 田嶝

전등(田嶝)마을

가없는 푸른 바다 하늘 멀리 열리었고
대마등(大馬嶝) 파도소리 송림(松林)따라 영원한 곳
명호(鳴湖)섬 남쪽 한 자락 모래쌓인 억새밭등(田嶝)
중추절(仲秋節) 여러 곳에서 사람들이 모여들어
달리기와 씨름으로 어울마당을 벌였으니
"밭등이 뵌다" 이름하였다
염전에서 얻은 소금과 갈밭에서 잡은
갈게젓을 낙동강 줄기따라 돛단배로 입만을 실어 날랐었다.
평안을 비는 전등사(田嶝寺) 종소리에
바다를 향한 마을사람들의 너그러움은
언제나 저 넓은 바다 같아라!

1995. 12
부산광역시 강서구 명지동 전등마을 주민들이 세움

명지도에서 가장 남쪽 바닷가에 있는 마을로 철거 이전에는 제16통에 해당되었다. 지명은 염전이 있는 등(嶝)이라는 뜻에서 유래되었다. 모래가 쌓여 이루어진 작은 언덕을 개간하여 밭을 만들었다고 하여 밭등이라 불렀다는 설도 있다.

해안에는 일제강점기 때 조성된 방풍림이 있었다. 당시에는 취락이 소규모로 형성되었으나 광복 이후 노동자들이 모이면서 마을 규모가 커졌다. 지금 신시가지인 행복마을과 오션시티가 들어선 자리이다.

마을비는 공원에 옮겨져 있다. 글은 바다, 대마등, 명호섬, 억새밭, 씨름, 염전, 전등사 등의 단어로 구성하였으며. 내용에는 바다를 향한 마을 인심의 너그러움을 담고 있다. 한편 이전된 마을비의 머리석은 새로 만들어진 것으로 추정된다.

전등 마을회관

전등마을(정사영상, 2010)

□ [신전리] 新田里

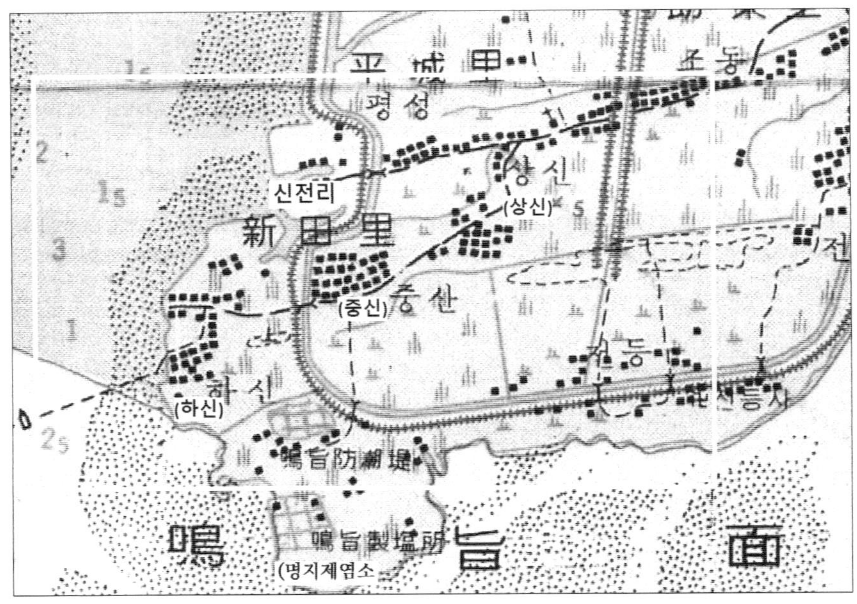

그림 4-6. 신전리 일대(1974)

명지도의 남서쪽에 있던 리이며, 상신, 중신 하신 마을 3곳으로 구성되어 있었다. 국제신도시지구로 편입되어 마을은 철거되었다. 서낙동강에 연해 있으며 명지도에서 취락이 가장 늦게 형성되어 지명이 비롯되었다. 명지2동의 오션시티 일대가 매립되기 이전에 남쪽은 바다에 연해 있었다. 취락은 열상의 소촌으로 구성되어 있었으며, 방조제가 축조된 이후 소금을 생산하는 제염소가 함께 있었다.

호구수 변화를 보면(표 4-7), 1972년의 경우 중신 마을이 98호(594명)로 가장 컸다. 상신과 하신 마을은 대부분 농업에 종사하고 있었다. 2006년에는 하신마을이 183호(449명)로 이전에 비해 가구수가 크게 증가하였다.

표 4-7. 신전리 마을 호구수 변화

시기	마을	가구수(농가)	인구수	가구당 인구수
1972년	상신	28(27)	164	5.9
	중신	98(73)	594	6.1
	하신	56(56)	381	6.8
2006년	상신	57	165	2.9
	중신	188	514	2.7
	하신	183	449	2.5
2023년	국제신도시지구 편입			

▶ 상신마을 上新

상신마을

신전리의 북쪽에 위치한 마을로, 옛날 신전리의 중심 마을이며 북쪽으로는 조동리와 접하고 있다. 일제시대에는 염전이 대부분 차지하던 마을이었고, 해방 후는 파농사와 고등채소 재배가 주업이 되어있다. 억새풀이 많이 자생하고, 방조제가 둘러져 있는 살기 좋은 마을이다. 옛날부터 '단물샘'이 있어 이 샘을 당산으로 모시고 있는 마을이다.

신전리의 동쪽에 있었던 마을로 철거 이전에는 제18통에 해당되었다. 동쪽은 동리의 진동마을과 접하고, 서쪽은 중신마을로 이어진다. 북쪽에 중리의 해척마을이 있었다. 지명은 신전리에서 가장 위쪽에 있어 비롯되었다. 원래 갈대밭이었으며, 일제강점기에는 대부분 염전으로 이용되었다. 취락은 소규모의 집촌을 이루었으며 마을에는 주민들의 식수로 이용되었던 단물샘이 있었다.

마을의 단물샘 당산에서는 매년 음력 섣달 그믐과 8월 14일에 당제를 올렸다. 이곳에는 노인이 공을 들여 샘을 파고 우물을 만들어서 아들 넷을 얻었다는 이야기가 전해 내려온다. 마을비는 원래 취락 초입부에 세워져 있었으며, 철거 이후 공원에 이전되었다. 글은 마을 위치와 함께 염전, 파농사, 고등채소, 방조제, 당산 단어를 중심으로 구성하고 있으며, 내용에는 살기 좋은 마을이라는 자부심을 담고 있다.

상신마을(정사영상, 2010)

단물샘 당산

▶ 중신마을 中新

중신마을

김해군 명지면 때에 신전리 중에서
제일 큰 부락이었으며,
조선시대부터 일제 강점기까지
염전이 많고 또 제염량이 많아
이곳 부락민은 낙동강 상류
경북 현풍지방까지
올라가 양식과 교환하여 왔다.
또한 옛날부터 이곳 갈밭에서는 수입이 많은 갈게를 잡아 게젓을 만들어
낙동강 상류 지방까지 팔아 많은 소득을 올리기도 했다.
1960년도 이후 제염업은 점차 없어지고
지금은 김양식 또는 파농사를 주로 지으며 살고 있으며,
마을에는 중신 할배당산이 있다.

상신 마을의 남서쪽에 있는 마을로 철거 이전에는 제19통에 해당되었다. 신전리에서 규모가 가장 컸으며, 지명은 상신과 하신 마을 사이에 있어 유래되었다. 조선 후기부터 염전이 크게 발달한 곳으로 이곳의 소금은 낙동강 상류의 대구시 일대까지 거래되었다. 소금 생산 외에 김 양식도 크게 성하였다.

마을의 할배당산에서는 매년 섣달 그믐날 제를 올렸다. 제당 주위의 나무를 베거나 자기 집으로 가져가면 재앙이 따라 온다는 이야기와 '최부처' 노인의 적선에 대한 이야기도 전해 내려온다. 마을비는 공원에 옮겨져 있다. 글은 염전, 낙동강 수운을 이용한 소금 판매, 갈밭, 갈게, 제염업, 김양식, 파농사, 당산 등의 단어로 구성하고 있으며, 내용에는 신전리에서 가장 큰 마을이었다는 자부심을 담고 있다.

중신 마을회관

중신마을(정사영상, 2010)

▶ 하신마을 下新

하신(下新) 마을

낙동강 끝 자락에 삼각주 띠밭등 마을
염전에서 만든 소금, 갈게 잡아 담근 젓갈
돛단배 바람없는 날엔 '고디' 끌고 살은 옛님
쪽빛 하늘 넓은 바다 그물펴고 김양식하여
땀으로 이룬 터전 파농사로 이어졌고
푸른들 지켜선 정자나무 아래
가슴열어 모인 이웃이어라

1996년 9월 10일
브산광역시 강서구 명지동
하신마을 주민 세움

신전리의 남서쪽 끝에 있는 마을로 철거 이전에는 제20통에 해당되었다. 명지제방 바깥쪽에 있던 마을로 신전리의 가장 아래쪽에 있어 지명이 비롯되었다. 옛날 이곳에는 신호도로 건너가는 나루터가 있었으며 지금은 신호대교가 지난다. 낙동강에 연한 곳에 신전항이 있다. 바다에 연해 있어 어업과 김 양식이 성하였으며 낙동강 하구의 장자도 일대에서 생산되는 김은 외국으로 수출되기도 하였다.

마을는 철거되었으나 당산이 원래 있던 자리에 노거수와 함께 표지석이 남아있다. 이곳의 처녀할매당산에서는 마을 부녀자들이 매년 음력 섣달 그믐날 제를 올렸으나 지금은 3~5월 사이에 당제를 지낸다.

하신 마을비, 노거수와 당산

□ 명지2동 오션시티

명지2동 오션시티(2018년 1월)

명지2동은 2018년 명지동에서 분리하여 생겨난 곳이다. 이곳의 주거단지는 1980년대 정부의 동남권개발사업에서 비롯되었다. 1990년대 명지·녹산 국가산업단지가 조성될 예정이었으나 철새도래지 보호구역으로 지정되어 있어 개발이 불가능하였다. 이로 인해 녹산국가산업단지는 기존 계획대로 진행되고, 명지지구의 경우 주거지구 조성사업으로 변경되었다.

주택 공급 사업은 1993년 공유수면을 매립하여 용지를 조성하고 주거단지를 건설하면서 비롯되었으며, 2008년 말부터 입주가 시작되었다. 2009년에 명지1동 사업 지구는 '명지국제신도시', 매립 지구는 '명지오션시티'로 명명하였다. 2018년 명지2동으로 분리되었고, 2023년 현재 14개 통으로 관리되고 있다.

표 4-8. 명지2동(오션타워) 주거 단지

퀸덤단지(제1 · 2 · 3통), 행복마을단지(제4 · 14통), 삼정그린코아(제5통), 두산위브포세이돈(제6통), 극동스타클래스(제7통), 롯데캐슬(제8통), 엘크루블루오션단지(제9 · 12 · 13통), 엘크루솔마레(제10통), 한신휴플러스(제11통)

자료: 강서구지(2014)·강서구청(2023)

이곳에 들어선 9곳의 주거단지의 이름은 표 4-8과 같다. 행복마을을 제외한 대부분의 단지는 외래어를 사용하고 있다. 행복마을의 경우 명지나들목 건설로 신포마을(명지1동 제3통) 주민들의 이주단지로 조성된 것이다.

제5장 가락동 駕洛洞

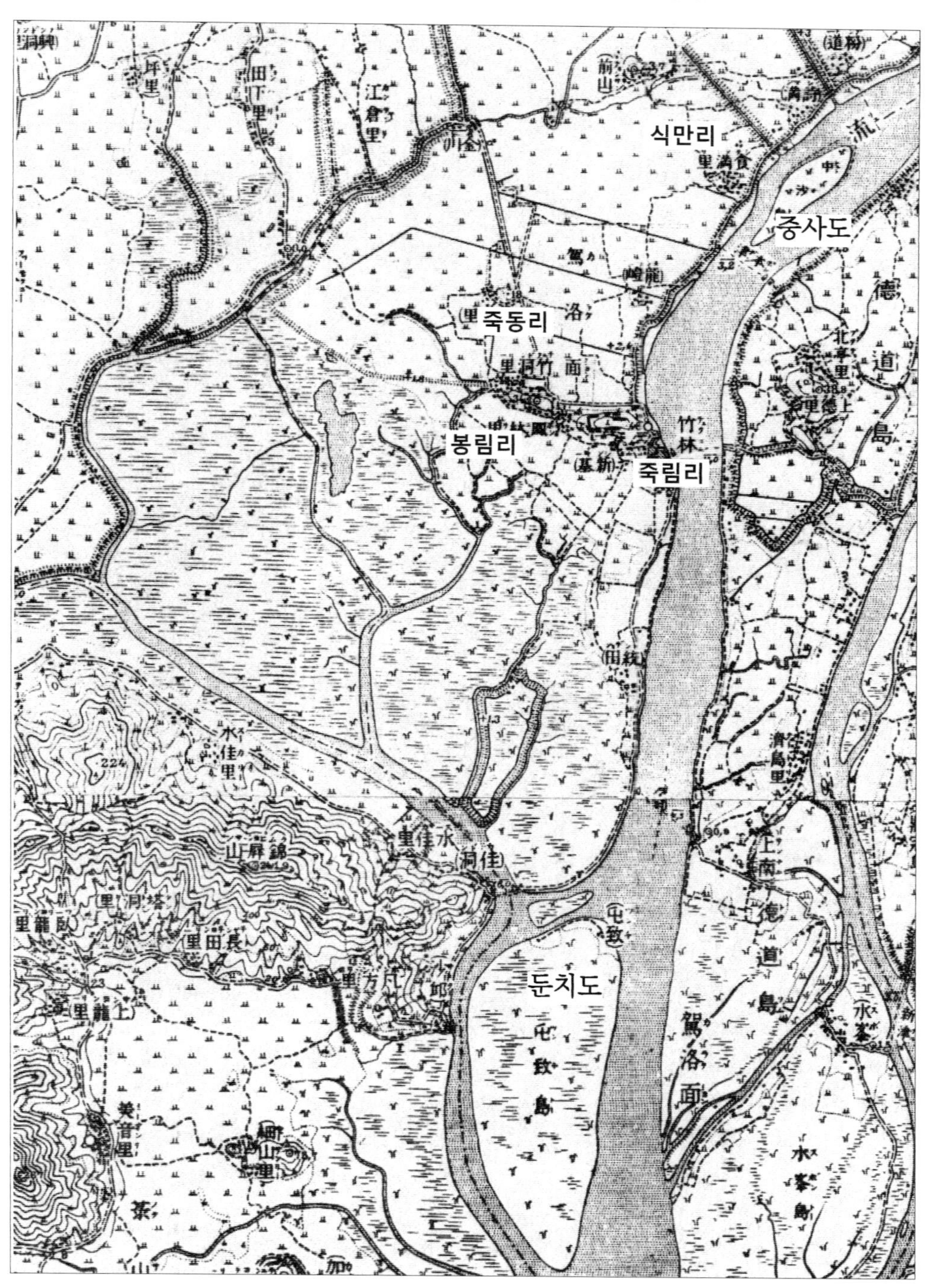

그림 5-1. 『조선지형도』(1916) 가락동 일대

강서지역의 서쪽에 위치한 동이다. 대부분이 충적지로 구성되어 있으며 산지로는 죽림동의 오봉산과 송산이 유일하다. 북쪽에 김해시에 속한 전산이 있다. 이들은 모두 독뫼 형태를 보인다. 동쪽의 강동동 사이에 서낙동강이, 서쪽과 북쪽은 김해시와 녹산동 사이로는 조만강이 흐른다. 가락동의 충적지는 대부분 서낙동강과 조만강을 비롯하여 해반천과 신어천의 퇴적 작용에 의해 형성된 것이다. 서낙동강 유로에는 하중도인 중사도와 둔치도가 있다.

취락은 오봉산과 송산 산록을 중심으로 집촌이 형성되어 있으며 강 연안에 소촌들이 발달하여 있다. 남쪽의 봉림리에는 산촌(散村)이 나타난다. 오봉산에 죽도왜성이 남아 있으며, 가락오광대놀이가 전수되어 내려온다. 대부분의 마을에 표지석이 세워져 있으며 회관에는 이와 별도의 안내판이 있다.

'가락' 지명은 가야의 가락국(駕洛國)에서 비롯되었다. 『삼국사기』에 "가락국의 구형왕이 법흥왕 19년(532)에 국토를 바치고 신라에 항복하였다."는 기록이 있다 가락국은 가야 연맹 중 금관가야에 해당된다. 조선시대 김해부 가락면에 속하였고 죽림리 · 식만리 · 죽동리 · 봉림리로 구성되었다.

1914년에 가락면과 동쪽의 덕도면(현 강동동)이 가락면으로 통합되었다가 1978년에는 덕도면(대사리, 북정리, 제도리, 상덕리) 일대가 부산시로 편입되면서 다시 분리되었다. 1989년에 부산시에 가락면도 편입되면서 강서구에 속하게 되었으며, 이전의 리 이름은 죽림동·식만동·죽동동·봉림동의 법정동 지명으로 사용되었다.

1914년 당시 가락면의 변화 내용을 보면(표 5-1) 식만리·죽림리 일부, 죽동리, 죽림리·봉림리 일부가 통합되어 각각 식만리, 죽동리, 죽림리가 되고, 덕도면 제도리 일부가 편입된 봉림리와 함께 총 4개 리로 되었다.

『조선지형도』(1916, 그림 5-1)를 보면 죽동리, 죽림리가 오봉산을 중심으로 입지하고 있으며 봉림리는 오방산 산록에서 남쪽의 둔치도까지 이어져 매우 넓다. 지도에서는 대부분 미개척지로 묘사되어 있다. 특히 둔치도의 경우 습지로 표현되어 있다. 북쪽의 식만리는 서낙동강에 연하여 있으며 논농사가 이루어졌음을 보여준다. 하중도인 중사도는 당시에 미개척지로 남아 있었다.

표 5-1. 1914년 가락면[가락동] 통폐합 내용

1914년	개편 이전
식만리(食萬里)	식만리(食萬里)·죽림리(竹林里) 일부
죽동리(竹洞里)	죽동리(竹洞里)
죽림리(竹林里)▲	죽림리(竹林里)·봉림리(鳳林里) 일부
봉림리(鳳林里)	봉림리(鳳林里)·죽림리(竹林里) [덕도면]제도리(濟道里)

표 5-2. 1916년 가락면[가락동] 마을별 호구수

동리명	가구수	인구수	마을	가구수	인구
쥭님리 竹林里	219	1,025	쥭님리 竹林里	58	257
			ᄂᆡ쥭리 內竹里	145	676
			룡등리 龍燈里	16	92
봉님리 鳳林里	150	878	봉님리 鳳林里	69	413
			봉하리 鳳下里	16	89
			신기리 新基里	42	241
			통전 統田	18	99
			둔티도 屯致島	5	36
쥭동리 竹洞里	92	522	쥭동리 竹洞里	49	254
			상곡리 上谷里	9	62
			송산리 松山里	34	206
식만리 食滿里	100	536	식만리 食滿里	42	211
			시만리 詩滿里	58	325

1916년 당시 호구수를 보면(표 5-2) 전체 561호(2,961명) 중 죽림리가 219호(1,025명)로 규모가 가장 크다. 쥭님리(죽림), ᄂᆡ쥭리(내죽), 룡등리(용등) 3개 마을이 있는데 이 중 ᄂᆡ쥭리 인구수(145호, 676명)가 가장 많다. 지금 행정복지센터가 있는 고정(古井) 마을인 것으로 보인다.

봉림리에는 5곳 마을의 호구수가 수록되어 있는데 그 중 봉님리(봉림)가 69호(413명)로 가장 크다. 지금 오봉산 남쪽 산록에 있는 봉림마을에 해당한다. 봉하와 신기 마을은 봉림을 사이에 두고 있는 마을이다.

둔티도는 지금의 둔치도에 해당한다. 호구수가 5호(36명)에 불과하여 섬의 일부 지역에서만 개간이 이루어졌음을 보여준다. 지금 봉림리에 속한 대흥, 해포도 마을 이름이 수록되어 있지 않아 당시 취락이 형성되지 못하였음을 보여준다.

쥭동리에는 죽동, 상곡, 송산마을 3곳의 호구수만 수록되어 있다. 이 중 쥭동리는 지금의 죽동1구, 송산리는 송산마을에 해당한다. 쥭동리가 49호(254명)로 규모가 가장 크며 송산리는 34호(206명)이다. 상곡리는 죽동2구로 보이며, 호구수는 9호(62명)에 불과하다.

식만리는 2개 마을로 구성되어 있는데 각각 42호(211명), 58호(325명)의 규모를 보인다. 중사도마을의 통계는 수록되어 있지 않아 당시 이 섬에 취락이 형성되지 않았음을 보여준다.

□ 죽림동[죽림리] 竹林洞

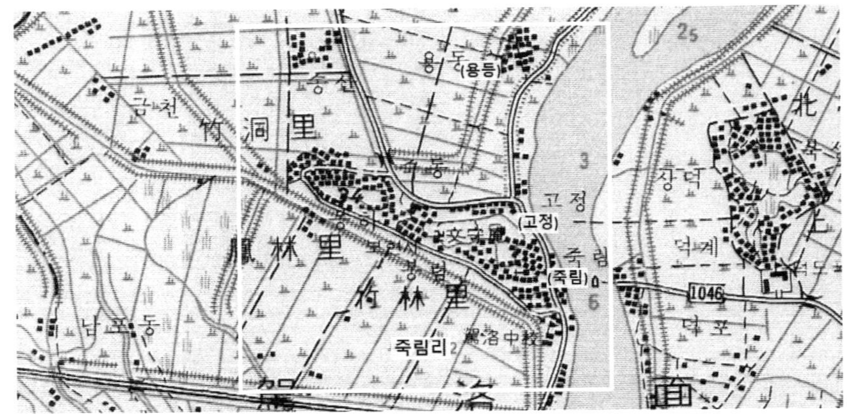

그림 5-2. 죽림동 일대(1974)

가락동의 중앙 북쪽에 있는 동으로 죽림, 용등, 고정의 3곳 마을로 구성되어 있다. 서낙동강에 연해 있으며, 북쪽에 식만동, 서쪽은 죽동동, 남쪽은 봉림동과 접한다. 오봉산 일대를 제외하고는 대부분 조만강과 서낙동강에 의해 형성된 충적지이다.

지명은 죽림마을에서 비롯되었다. 오봉산(48m)이 섬이었을 때 갈대밭이 무성하였기 때문에 유래된 것이다. 남쪽 산록에 3층 바위가 있는데 가야 김수로왕이 낚시를 즐겼다는 이야기가 담겨 있다. 1593년 축성된 죽도왜성이 있으며, 이곳의 대변청(待變廳)은 낙동강으로 침입하는 왜적을 막기 위해 1646년(인조 24)에 세워진 것이다. 과거 덕도면(현 강동동)으로 이어지는 나루터가 있었으며 1973년 강동교가 가설되었다.

호구수 변화를 보면(표 5-3) 1972년의 경우 죽림마을이 223호(1,095명)로 가장 크고, 용등마을의 47호 전체는 모두 농업에 종사한다. 2023년에도 죽림마을의 가구수가 가장 많다. 고정은 37호(56명), 용등마을은 48호(83명)이다.

표 5-3. 죽림동 마을 호구수 변화

시기	마을	가구수	인구수	가구당 인구수
1972년	죽림	223(108)	1,095	4.9
	고정	48(28)	251	5.2
	용등	47(47)	260	5.5
2006년	죽림	267	660	2.5
	고정	45	102	2.3
	용등	52	144	2.8
2023년	죽림	155	267	1.7
	고정	37	56	1.5
	용등	48	83	1.7

▷ 죽림마을 竹林

죽림마을 忠孝

옛날 옛적 김해바다게 태어난 대나무섬
서낙동강이 대나무섬을 업고 흘러 내린 포구
울고도 웃는 오봉산 나라지킨 대변청
죽림-불암사이 강 언덕에 산태방둑 쌓으니
바다가 백성을 배부르게 한 김해 곡창되어
물상 객주 들끓고 오광대놀이 가졌던 곳
녹산수문 뱃길 막히자 이 풍요는 어디갔노
죽도 포구 얼을 덕으로 삼고 끝없이 피어나라

1995. 11. 29 죽림1통 주민들이 세움

오봉산 동쪽 산록에 있는 마을로 제1통에 해당된다. 원래 1·2통으로 분리되어 있었으나 다시 통합하고, 봉림리 둔치도마을이 제2통 번호를 승계받았다. 서낙동강에 연해 있어 갈대밭이 무성하게 자생하던 곳이었다. 지명은 홍수가 나면 일대가 마치 바닷속에 떠 있는 댓섬처럼 보였기 때문에 유래되었다. 마을 남쪽은 '내죽(內竹)'으로도 부른다. 죽도왜성과 대변청이 있었으며 해창(海倉)에서는 김해평야의 세납곡을 수납하였다. 지금 강동교가 지나는 곳에 덕도면을 잇는 나루터가 있었다. 마을에서는 '가락오광대놀이'가 재현되고 있다. 해창나루터 장날에 열렸던 오광대놀이의 탈놀음에서 전수된 것으로, 지금은 매년 음력 정월 대보름날에 연희된다.

오봉산의 땅집 할매당산의 당제는 매년 음력 정월 보름 아침에 올린다. 당산을 건드리거나 나무를 베면 안 좋은 일이 생긴다는 이야기가 전한다. 마을비는 가락대로의 취락 초입부에 있다. 글은 대나무섬, 오방산, 대변청, 산태방둑 단어를 중심으로 구성하고 있으며 오광대놀이의 기억과 마을 번영을 바라는 내용을 담고 있다.

죽림 마을회관

오봉산 마을 당집

▷ 고정마을 古井

고정마을
호박샘(이세미샘)

오봉산의 북쪽 산록에 있는 마을로 제3통에 해당된다. 고정(古井) 지명은 산록에 있던 호박샘에서 비롯되었다. '여미새', '이새미'라고도 불렀다. 아무리 퍼내도 물줄기가 줄지 않는다는 이야기가 전해오며 상수도가 설치되기 전까지 주민들의 식수로 이용되었다. 지금은 사용되지 않으며, 안내 표지판에는 '이세미 샘'으로 표기되어 있다.

인근 죽림마을에 해창(海倉)을 비롯하여 군병(軍兵) 시설이 들어서면서 주민 이주가 이루어져 마을 규모가 커졌다. 1692년(숙종 18)에 세워진 금파정(錦波亭)이 있었는데 이곳에서 낙동강을 내려다 보는 풍광이 뛰어났다. 마을에 남아 있는 대부교비는 건립 이유와 시기가 밝혀져 있지 않다. 이 다리에 대한 기록은 죽동의 송산마을에 남아 있다.

일제강점기 가락면의 소재지로 지금은 행정복지센터를 비롯하여 보건소, 파출소, 교육기관 등이 모여 있어 과거에 형성되었던 면 중심지의 모습이 유지되고 있다. 이곳의 있는 가락초등학교는 1923년에 공립보통학교로 세워진 것이다. 마을회관은 없으며 마을비도 세워져 있지 않다.

가락동
행정복지센터

▷ 용등마을 龍燈

龍燈 마을

동화벌 안고 서낙동강 젖줄에
잇대어 있는 용등(龍燈)마을은
그 모습이 승천하는 용(龍)과 같다 하여
옛사람이 이름지었다.
강물에 잠겼던 세월 이곳에
밀양박씨 그리고 남양방씨 등
여러 성씨가 모여 삶의 터전 이루었고
이 터를 일구어온 선대의 부지런한
얼과 심은대로 거두는
정직한 삶은 이 마을의 자랑이다
하늘이 베풀어주신 이곳 낙원을
평화롭고 풍요한
아름다운 마을로 가꾸는데
정성을 다할 것이다

1994. 2. 12
용등마을 주민이 세움

죽림동 북쪽에 있는 마을로 제4통에 해당한다. 동쪽으르 서낙동강에 연해 있으며 남쪽으로 고정, 북쪽으로 식만마을로 이어진다. 지명은 이곳 지대가 높아 용이 승천하는 모습을 닮았다 하여 유래되었다. 조선시대 축조된 산태방둑을 따라 가옥이 들어서면서 열촌 형태의 취락이 형성되었다. 주위의 너른 들은 동하벌(동화벌)이라고 불렀다.

마을비는 식만로의 취락 초입부에 있다. 1994년 비교적 이른 시기에 세워졌으며 글이 새겨진 별도의 비석과 정자 쉼터가 있다. 글은 서낙동강, 용, 집성촌 성씨를 중심으로 구성하였고 내용에는 마을의 평화로움과 미래 번영에 대한 희망을 담고 있다.

용등 마을회관

마을 정자 쉼터

□ 식만동[식만리] 食滿洞

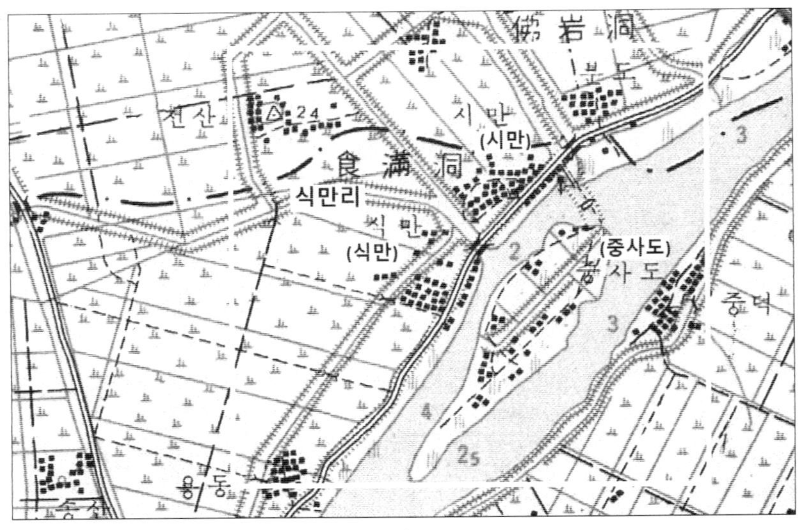

그림 5-3. 식만동 일대(1974)

가락동 북쪽에 있는 동으로 식만, 시만, 중사도 마을로 구성되어 있다. 동쪽은 서낙동강을 경계로 강동동과 접하며 그 사이에 하중도인 중사도가 있다. 서쪽은 김해시 전하동과의 사이에 해반천이 흐른다. 북쪽은 호계천을 사이에 두고 김해시 삼정동, 불암동이 있어 김해의 생활권에 속한다. 남쪽에 죽림동 용등마을이 있다.

지명은 이곳의 토양이 비옥하고 쌀이 좋아 밥그릇을 가득 채운다는 의미에서 유래하였다 전한다. '밥만개'라고도 부른다. 호구수 변화를 보면(표 5-4), 1972년의 경우 시만마을이 136호(670명)로 규모가 가장 크고, 중사도의 43가구는 모두 농업에 종사하였다. 2023년은 중사도의 가구수가 증가한 반면 식만과 시만마을은 감소하였다.

표 5-4. 식만동 마을 호구수 변화

시기	마을	가구수	인구수	가구당 인구수
1972년	식만	64(59)	393	6.1
	시만	136(88)	670	4.9
	중사도	43(43)	223	5.2
2006년	식만	88	219	2.5
	시만	156	413	2.6
	중사도	44	117	2.7
2023년	식만	74	139	1.9
	시만	120	218	1.8
	중사도	52	96	1.8

▷ **식만마을 食滿**

식만마을

문헌 〈동국여지승람〉에 의하면 黃山江의 물이 고려 문종때 金海府가 東南 海船兵都部署司 本營이 되었는데 都部署司使 韓중의 재임 중에 洛東江이 세 갈래로 나누어져 三分水 또는 三叉水라 부르게 되었다. 조선 중기에 삼차강의 하나인 서낙동강 서안에 일곱 郡의 인부를 동원하여 지금의 불암과 죽림을 연결하는 山汰防 둑을 축조한 후로 생겨난 六百여 정보의 농지는 南驛公須田畓으로서 金海府에 속했다. 마을 주위의 들을 驛畓이라 불렀고 땅이 길쭉하고 비옥하여 쌀이 많이 나고 찰진 밥이 그릇에 가득찬다는 이유로 밥만개로 불러오다 이후 食(밥식) 滿(찰만)이라 하였다. 본 마을은 一九八九년 一월 一일자 경남 김해군에서 부산광역시 강서구로 편입되었다.

二千一년 十二월 일
추진한 사람들: [중략] 개발위원회

식만동 남쪽에 있는 마을로 제5통에 해당된다. 북쪽으로 시만, 남쪽은 죽림동 용등마을과 이어진다. 서낙동강 제방인 산태방둑의 안쪽에 있는 마을이다. 조선시대 제방은 북쪽의 불암마을로 연결되었고, 축조 이후 생겨난 공수전(公須田)은 김해부 남역(南驛)에 속한 역답(驛畓)이 되었다. 이의 남쪽에는 자부락들이 있는데 이는 짜부락풀이 많이 자생하여 비롯된 이름으로 전한다.

마을비는 식만로의 취락 초입부에 세워져 있고 유래가 새겨진 별도의 비석이 있다. 글은 동국여지승람, 삼차수, 산태방둑, 공수전답, 역답 등의 단어를 중심으로 구성하였으며, 1989년 부산시로 편입되는 연혁을 담았다.

식만 마을회관

마을 골목길 벽화

▷ 시만마을 詩滿

시만마을 詩滿

우리 마을은 농토가 기름져 밥이 많고 풍요롭다 하여 1884년에 시만(匙滿)이었다가 1888년에 두만리(斗滿里)로, 1892년(고종 32년)에 김해군 가락면 식만리(食滿里)로, 그리고 광복 후에 마을에 선비가 많다 하여 시만(詩滿) 마을이 되어 오늘에 이른다. 김해시 불암(佛岩)과 신어천(神魚川)을 사이하고 앞은 황산강(黃山江) 즉 서낙동강[三叉江]이 흐르고, 뒤로는 조선 중기와 말기에 개간된 김해평야[南驛公須田畓]가 있어 조선 중기에 7개군의 옛 임들이 '산태방'이라 이름한 둑을 쌓았다. 1800년경에 金씨들이 터를 잡아 집성촌을 이루고 있으며 지금도 우리 마을을 밥이 넉넉하다는 의미의 '밥만개'라 불려지기도 한다

서기 1998년 12월 23일
시만마을 주민 세움

식만동의 북쪽에 있는 마을로 제6통에 해당한다. 신어천 하구에 있으며 남쪽으로 식만마을이 있다. 북쪽은 신어천을 사이에 두고 김해시 불암동의 분도마을과 이어진다. 동쪽에는 중사도를 잇는 다리가 있다. 취락 형성은 식만마을보다 약 50년 정도 늦었다. 지명은 원래 시만(匙滿)으로 표기하였으며, 일부 사료에는 두만리(斗滿里)로도 표기하였다. 식만과 같은 마을이었으나 인구 증가로 분리되었다. 이때 혼동을 피하기 위해 글을 가르치는 마을이라는 의미에서 시만(詩滿)으로 바꾸었다고 전한다.

마을비는 식만로의 취락 초입부에 있다. 글은 불암, 신어천, 황산강, 산태방, 집성촌 등의 단어로 구성하였으며, 지명 유래를 통해 마을에서 선비가 많이 배출되었다는 내용을 담고 있다.

시만
마을회관

▷ 중사도마을 中沙島

중사도 비망기

낙동강의 모래기 일만삼천여년 동안 쌓여 김해 삼각주,
그 서쪽 강에 다시 신어천 모래가 쌓이니 치등이라 불렀다.
수천 년 전인미답의 시기를 지나 70여년전 황씨 등을 선두로 개간을 시작하여
해방 후 주민 26세대는 나룻배와 함께 근면과 개척 정신으로 모래섬을 기름진 옥토로 만들었다.
1946년 식만마을에서 분리되어 중사도라 부르고 1962년 주민들 스스로 길을 만들어
으뜸 품질의 봄무우 화훼 대파 등을 생산하니 한반도에서 가장 살기 좋은 농촌이 되었다.
이제 우리는 선인들이 피와 땀으로 세운 빛나는 전통을 계승하여 더욱 풍요롭고
아름다운 마을을 자손 만대에 물려 주고자 마음을 한데 모아서 이 비를 세운다.

서기 2002년 4월 11일 중사도 마을 주민 일동

식만동의 중사도에 있는 마을로 제7통 일대에 해당된다. 전형적인 하중도 마을로 강 가운데 있는 모래섬이라는 의미에서 지명이 비롯되었다. '딴치'라고도 불렀다. 1920년대부터 일본인 기무라[木村] 농장에 의해 개간되면서 취락이 형성되었다. 이전에 황씨 성을 가진 조선인이 농사를 짓고 있었으나 토지조사사업으로 인해 소작농 신분이 되었다 한다.

섬을 둘러싸는 제방이 축조되면서 농사가 안정되었다. 광복 후에는 전기가 들어왔으며, 1985년에 시만마을과 이어지는 다리가 섬의 북쪽에 가설되면서 육지와의 교통이 편리해지면서 인구수가 증가하였다.

중사도 마을회관

중사도(2022)

나루터 표지석

사방이 강으로 둘러 싸여 풍광이 뛰어나며 낙동델타에서 유일하게 전형적인 농촌 경관이 남아 있는 곳이다. 마을비는 다리를 건너기 전인 섬의 초입부에 시비와 함께 있다. 글은 신어천, 황씨, 모래섬, 화훼 등의 단어로 구성하였고, 내용에는 미래의 풍요로움의 바램을 담고 있다. 시비에는 마을 출신의 인사가 쓴 글이 새겨 있다. 과거 식만마을을 잇던 나루터에도 별도의 표지석이 세워져 있다.

□ 죽동동[죽동리] 竹洞洞

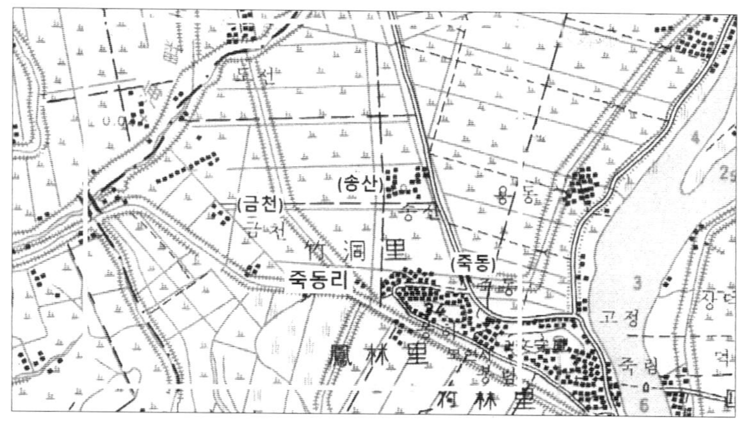

그림 5-4. 죽동동 일대(1974)

가락동의 서쪽에 있는 동으로 죽동1·2구와 금천, 송산의 4곳 마을로 구성되어 있다. 이 중 금천마을은 김해시와의 경계인 해반천에 있는데 「현대지형도」(1974)에는 위치가 잘못 표시되어 있다. 지명은 죽림동보다 대나무가 일찍부터 서식하여 비롯되었다 한다. 독뫼인 오봉산과 송산 일대를 제외하면 대부분 남포들 등의 충적지로 되어 있다. 오봉산의 관수대(觀水臺)는 남포들의 홍수를 관측하기 위해 세웠다고 전한다.

호구수 변화를 보면(표 5-5), 1972년의 경우 죽동1구의 규모가 96호(523명)로 가장 크다. 송산마을은 56호의 가구 전체가 농업에 종사하고 있다. 2023년 전체 호구수는 237호(408명)로 감소 추세를 보인다.

표 5-5. 죽동동 마을 호구수 변화

시기	마을	가구수(농가)	인구수	가구당 인구수
1972년	죽동1구	96(91)	523	5.4
	죽동2구	38(38)	217	5.7
	송산	56(56)	339	6.1
	금천	64(57)	354	5.5
2006년	죽동1구	87	247	2.8
	죽동2구	31	83	2.7
	송산	46	129	2.8
	금천	50	118	2.4
2023년	죽동1구	78	129	1.7
	죽동2구	45	72	1.6
	송산	57	98	1.7
	금천	57	109	1.9

▷ 죽동1구마을 竹洞1區

[회관 안내 동판] **죽동1구 마을**

(일부) 본 마을은 낙동강으로 침입하던 왜적을 방어하기 위해 설치한 대변청(1646년)보다 먼저 형성된 마을이며, 대나무가 무성하다 하여 죽동(竹洞)으로 불려지고 있다. 마을 동쪽 봉림으로 통하는 길목에 '돌틈'이란 지명이 있는데 이곳으로 봉림, 죽림마을과 남포들을 개간하는 주막들이 있던 곳이며 인조 14년(1636년)에 김해와 가락지역으로 상호 다닐 수 있게 다리를 놓은 컷을 기념하여 세운 대부교비(大夫橋碑)가 있던 곳이기도 하다. 본 마을은 청풍 김씨, 분성 배씨가 거주하던 곳이다.

오봉산 북서쪽 산록에 있는 마을로 제8통에 해당된다. 죽동에서 가장 먼저 생겨났다. 동쪽의 봉림동으로 통하는 길목에 '돌틈'이라는 바위가 있는데, 봉림, 죽림과 남포들을 개간할 때 통로로 이용되었으며 주막이 있었다 전한다.

분성 배씨의 집성촌으로 충효각과 재실인 침천재(枕川齋)가 있다. 충효각은 임진왜란 때 왜군에 저항하다 목숨을 잃은 배덕민(裵德民) 부자를 기리기 위해 조정에서 시호를 내려 김해 유민산(流民山)에 세웠는데 나중에 이곳으로 옮긴 것이다. 침천재는 배덕민의 재숙소(齋宿所)로 강학이 이루어진 곳이다. 뒤에 있는 영천을 베개 삼아 자리잡고 있다 하여 이름이 비롯되었다. 일명 심천재로도 부른다.

마을비는 죽동길의 취락 초입부에 세워져 있으며, 글은 새겨 있지 않다. 마을회관의 동판에 쓰여진 글의 내용은 대변청, 대나무, 돌틈, 대부교비 등의 단어로 구성하고 있으며 청풍 김씨와 분성 배씨의 동족 마을이라는 내용을 담고 있다.

죽동1구 마을회관

마을 충효각과 침천재

▷ 죽동2구마을 竹洞2區

죽동2구마을

낙수포(洛水浦) 짜구포(作渭浦) 발치포(南浦)의
세갈래 물길이 닿아 三南의 瑞氣가 모였던 곳
광선배 드나들던 큰 등
화목나루 뱃길은 세월따라 흔적없고
무성했던 갈대밭은 땀 흘려 옥답되니
영원히 드높으리

1996년 7월 일
죽동2구 주민 세움

죽동동 남쪽의 들 가운데 있는 마을로 제9통에 해당된다. 오봉산 남서쪽 산록에 있으며, 북쪽으로 금천마을, 동쪽은 봉림리 대흥마을로 이어진다. 서쪽의 조만강과 접해 있는 낙수포, 짜구포, 남포(낱끝) 들은 농수로와 샛강을 경계로 김해시 화목동과 마주보고 있다. 마을 중앙에는 서낙동강과 해반천으로 이어지는 용수로가 지나고 소형 선박이 이를 거쳐 서낙동강으로 운행되기도 한다.

지대가 낮고 침수가 잦아 갈대가 무성하게 자라던 곳이었다. 1953년 김해농지개량조합에서 경지정리를 시작하여 1987년까지 마무리하였다. 1991년에 배수장을 설치하면서 수리안전답이 되었다. 취락 배치는 산촌(散村) 모습으로 나타난다.

마을비는 봉죽길의 취락 초입부에 있는 회관 가까이에 세워져 있다. 1996년 비교적 이른 시기에 건립되었다. 글은 낙수포(洛水浦), 짜구포(作渭浦), 발치포(南浦), 화목나루, 갈대밭 등의 단어를 이용하여 구성하였으며, 내용에는 마을의 미래 번영에 대한 바램을 담고 있다.

죽동2구 마을회관

마을 정박 어선

▷ 송산마을 松山

[회관 안내 동판] **송산마을**

(일부) 옛날 덕지도(德只島)라고 불렸던 마을로 김해-녹산을 오가는 도로측에 소나무가 많이 들어서 있는 독뫼산으로 송산(松山)이라는 이름이 붙여졌다. 독뫼를 똥매마을로 부르는데 이곳의 들은 토질(土質)에 염분이 많은 퇴적토(堆積土)라 소채(蔬菜)을 재배할 수 없어 쌀보리 농사를 주로 하고 있다. 마을 서쪽에 구강(舊江)이 있어 이 강으로 옛날에는 녹산, 명지의 소금, 고깃배가 내왕했으나 지금은 이 지역 평야의 물을 퇴수(退水)하는 배수로가 되었다. 이 지역 출신으로 조선시대 성리학(性理學)의 거유(巨儒)인 통암(通菴) 배진희(裵晋曦) 선생의 생가가 지금도 보존되어 있다.

죽동 중앙에 위치한 송산(松山)의 산록에 있는 마을로 제10통에 해당된다. 송산은 소나무가 자생하고 있는 독뫼이다. 일명 똥매(똥메, 동메, 독메, 독뫼)라고도 한다. 과거에는 덕지도(德只島)라고도 불렀다.

마을 서쪽을 흐르는 구강(舊江)은 녹산·명지의 소금배나 고깃배가 오가던 강이었으나, 농지개량사업 이후 농업 용수로로 이용된다. 강에는 돌로 만든 대부교(大夫橋)가 있었다 전한다. 『김해부읍지』(1832)에 "처음에 나무로 만든 다리였으나 숙종 31년(1705)에 돌다리로 개축했는데 이름의 유래는 알 수 없다."라는 기사가 있다. 분성 배씨의 세거지로 조선시대 성리학자였던 배진희(1824~1886) 선생의 생가가 있다. 마을비는 세워져 있지 않다. 회관의 동판 글은 덕지도, 송산, 구강 등의 단어로 구성되어 있으며, 내용에는 배진희 선생의 생가가 보존되어 있다는 자부심을 담고 있다.

송산마을(정사영상, 2019)

송산 취락 주변의 암괴

▷ 금천마을 金川

[회관 안내 동판] 금천마을

쇠내 또는 금천방(金川房)으로 불러온 마을로 송산(松山) 마을의 동북쪽에 있어 김해시와 경계를 하고 있다. 철분(鐵分)과 염수(鹽水)가 끼어서 토질이 쇠처럼 벌겋기 때문에 금천(金川)이라는 지명이 생겨났다. 광복 후 조금씩 개간을 해 왔으나, 20년전만 하더라도 홍수가 잦고 갈대가 무성했던 들이었는데 1970년 김해 농지개량조합에서 경지정리를 하여 지금은 옥토가 되었고 남포수문(南浦水門)이 있어 홍수 시 김해쪽에서 흘러 내리는 물을 조정하고 있다.

죽동동 서쪽에 있는 마을로 제11통에 해당된다. 북쪽은 김해시 전하동과의 경계에 해반천이 흐르며 죽동교가 있다. 서쪽은 금천을 사이에 두고 김해시 화목동과 접한다. 지명은 홍수가 나면 물에 잠겼다가 빠져 철분과 소금기 대문에 토질이 철 색깔처럼 벌겋게 되었기 때문에 유래되었다 전한다. 쇠내(세내), 금천방이라고도 부른다.

취락은 금천과 해반천이 합류하는 일대에 집촌을 이룬다. 이곳의 농경지는 남포, 춘포들로 불렀다. 홍수 때 해반천의 수량을 조절하기 위해 남포수문이 설치되어 있다. 농경지로 개간되기 이전에는 갈대가 무성하였고, 이곳에서 생산되는 빗자루와 수공예품은 조선시대부터 김해의 특산물로 유명하였다. 마을비는 세워져 있지 않다. 회관에 안내 동판의 글은 금천방, 철분, 갈대 등의 단어로 구성도어 있으며, 농지개량조합과 남포수문을 비롯한 농업과 관련된 내용을 담고 있다.

부산광역시-김해시 경계 표지

□ 봉림동[봉림리] 鳳林洞

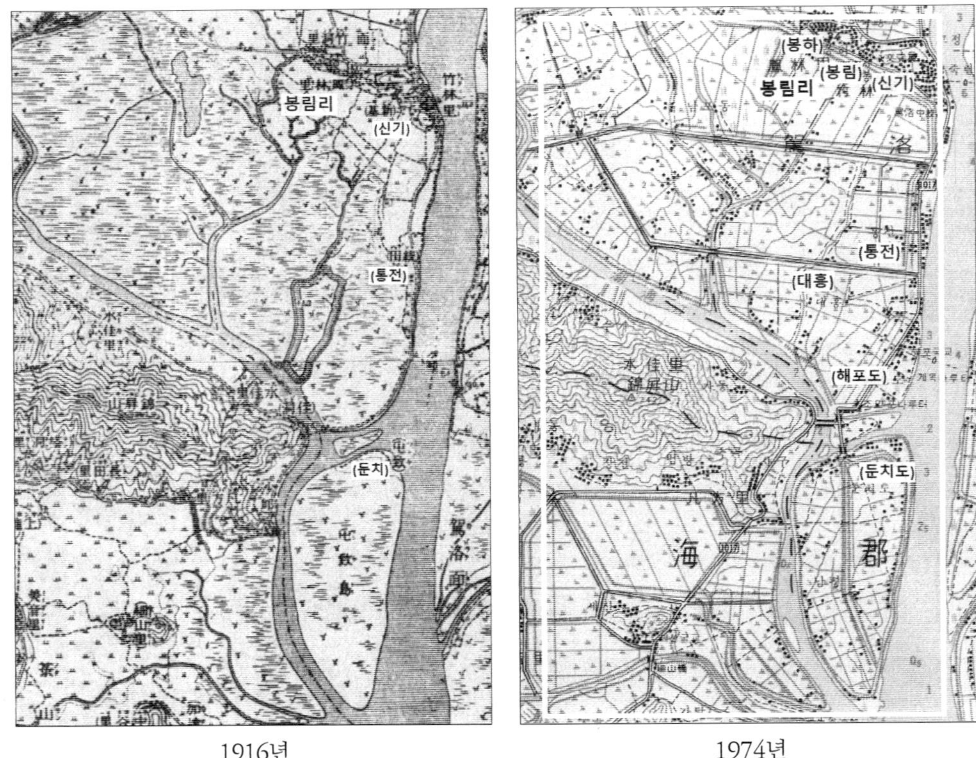

1916년 1974년

그림 5-5. 봉림동 일대(1916 · 1974)

가락동의 남쪽에 있는 동으로 봉림, 봉하, 신기, 대흥, 통전, 해포도, 둔치도 7곳 마을로 구성되어 있다. 북쪽은 죽림동과 죽동동, 서쪽은 김해시 화목동과 접하고, 조만강을 사이에 두고 강서구 범방동이 있다. 동쪽에는 강동동과의 사이에 서낙동강이 흐른다. 북쪽의 오봉산(45m)을 제외하고는 산지가 거의 없다. 지명은 오봉산 남쪽 산록에 대나무 숲이 우거지고 봉황이 깃드는 곳이라 하여 유래되었다.

김해시로부터 흘러 들어오는 조만강과 해반천에 연해 있기 때문에 대부분 충적지로 구성되어 있다. 남쪽의 둔치도(屯致島)는 서낙동강과 조만강이 합류하는 지점에 형성된 섬으로 하중도의 전형적인 모습을 보인다. 이 외에 해포도와 얄개섬이 있었으나 육지와 연결되어 섬의 흔적은 지명으로만 남아있다.

대부분 지역이 지대가 낮아 구한말까지 저습지로 남아 있었는데. 『조선지형도』(1916)에는 개간 이전의 당시 모습이 묘사되어 있다. 1935년 녹산수문이 건설되면서 일본인에 의해 개간이 시작되었고 1950년대에 경지정리가 되었다. 『현대지형도』(1974)에는 가옥 분포가 산촌 형태로 묘사되어 있다.

표 5-6. 봉림동 마을 호구수 변화

시기	마을	가구수(농가)	인구수	가구당 인구수
1972년	봉림	60(47)	297	5.0
	봉하	46(41)	253	5.5
	신기	68(64)	329	4.8
	통전	72(71)	421	5.8
	대흥	66(66)	359	5.4
	해포도	102(99)	510	5.0
	둔치도	140(124)	776	5.5
2006년	봉림	35	87	2.5
	봉하	43	120	2.8
	신기	70	144	2.1
	통전	90	191	2.1
	대흥	74	156	2.1
	해포도	130	306	2.4
	둔치도	138	299	2.2
2023년	봉림	36	52	1.4
	봉하	42	71	1.7
	신기	53	83	1.6
	통전	110	200	1.8
	대흥	74	118	1.6
	해포도	100	155	1.6
	둔치도	170	282	1.7

호구수 변화를 보면(표 5-6), 1972년의 경우 둔치도마을이 140호(776명)로 가장 컸다. 해포도 마을도 102호(510명)로 호구수가 많았다. 대부분 마을에서 농가 비율이 높았으며 대흥마을의 경우 모두 농가인 것으로 나타났다.

2006년에는 해포도마을이 130호(306명)로 1970년대에 비해 높은 증가를 보였고, 둔치도를 비롯한 대부분의 마을은 큰 변화가 없었다. 봉림마을의 경우 35호(87명)로 크게 줄었다.

2023년 현재 총 호구수는 585호(961명)이다. 둔치도마을이 170호(282명)로 가구수가 가장 많으며 이어서 통전마을이 110호(200명)이다. 해포도마을은 100호(155명)이다. 가구당 인구수는 대부분의 마을에서 1.6명 내외를 나타내고 있어 1972년에 비해 크게 감소하였다.

▷ 봉림마을 鳳林

[회관 안내 동판] **봉림마을**

(일부) 옛날 마을앞으로 방아포(舂浦)와 가마소(沼)가 있고 갈대가 무성한 넓은 들이 펼쳐졌는데 갈삿자리(葦席)와 갈삿갓(葦笠)을 많이 생산하여 삿자리마을이라고 하였으며 김해시의 칠산 갈삿자리와 함께 전국에서도 알려진 마을이다.

봉림동 북쪽에 있는 마을로 제12통에 해당된다. 동의 본마을로 오봉산 남쪽 산록의 봉하마을 동쪽에 있다. 대나무 숲이 많고 봉황이 깃드는 마을이라 하여 지명이 유래되었다. 삿자리 마을로도 불렀는데 마을 앞에서 자생하는 갈대를 이용하여 갈삿자리와 갈삿갓을 생산한 것에 비롯된다. 회관의 안내 동판에는 김해시의 칠산면 갈삿자리와 함께 전국적으로 유명하였다는 내용이 소개되어 있다.

마을 앞에는 충적지가 펼쳐 있었으며, 오봉산을 중심으로 우측은 상평전(上坪田), 아래쪽은 하평전(下坪田)이라고 하였다. 남쪽의 탕건(宕巾) 모양으로 생긴 곳은 탕건방이라 불렀다. 남평 문씨 집성촌으로 재실인 경모재(景慕齋)와 아산재(俄山齋)가 있다. 마을과 방아포 사이에 노거수와 바위가 있던 탁사대(濯斯臺)가 있었다. 조선시대 문종주(文鍾周)가 이곳의 풍광을 보면서 탁사대라 이름하였고, 이를 성균관 박사 이기주(李起住)가 1928년에 세운 것이다. 마을비는 세워져 있지 않다. 회관 안내 동판의 글은 문중 재실, 방아포, 탁사대와 마을의 배출 인물을 중심으로 내용이 구성되어 있다.

경모재

탁사대

▷ 봉하마을 鳳下

[회관 안내 동판] 봉하마을

(부분) 최근에는 시설원예 농업으로 고등 채소를 재배하는 부자마을이다. 그러나 2002년 오봉산 일대가 개발제한구역이 해제된 이후 가장 많은 변화를 보이고 있다. 현재는 각종 제조업 공장과 유통시설이 들어서 외지인들에 의한 상공업 지역으로 변하고 있다.

봉림동의 오봉산 남쪽 산록에 있는 마을로 제13통 일대이다. 봉림마을 서쪽에 있으며 마을 앞에 너른 들이 있고 산록에 집촌이 형성되어 있어 전형적인 배산임수의 경관을 보인다. 마을 앞의 방아포들은 남벌과 춘포(春浦)로 불렀다.

지명은 봉림마을 아래쪽에 있어 비롯되었다. 오봉산 아래의 양지쪽에 있어 양전(陽田) 마을로도 불렀다. 개간되기 이전에는 이웃한 봉림마을과 같이 갈대밭이 우거져 갈삿갓, 갈삿자리 등 공예품 생산으로 유명하였다.

1953년 김해농지개량조합에 의해 경지정리가 된 이후 염분 피해가 줄어들면서 주로 벼농사가 이루어진다. 2000년대 들어 마을 주변의 농경지가 개발제한구역에서 해제된 이후에는 제조업과 물류 창고가 입지하면서 경관 변화가 크게 나타났다.

마을비는 세워져 있지 않으며 회관에 안내문이 있다. 글은 춘포, 죽도, 시설원예농업, 단어를 이용하여 구성되어 있는데, 특히 개발제한구역 지정 이후의 마을 변화 내용을 상세히 담고 있다.

오봉산 산록의 집촌 마을(정사영상, 2010)

▷ 신기마을 新基

신기마을

봉황새 알을 품은 오봉산 정기받아
아름다운 새터(新基)라 이름하니
겨울에도 따사로와 길손이 쉬어가니
끊임없이 솟는 샘물 맑아서 자랑되고
기름진 남쪽벌 땅으로 일구어
풍요롭고 고운 인심 살기 좋은 고장이네
여기가 신기마을 가락터 주민이 사는 곳
그 이름 영원무궁하리라

1997년 8월 일
신기마을 주민이 세움

봉림동 북동쪽에 있는 마을로 제14통에 해당된다. 오봉산 동남쪽의 산록에 있으며 봉림마을 동쪽에 해당된다. 이곳에서 고개를 넘으면 죽림마을의 해창으로 이어진다. 지명은 새로 생긴 마을이어서 새터라 부르던 것을 한자로 표기한 것이다.

마을의 남쪽 들은 '남벌' 혹은 '방아들'이라 불렀다. 일제강점기 대규모 도정공장이 있던 곳이다. 마을 초입에는 부산산업과학고등학교(현 소프트웨어마이스터고등학교)가 있고, 산록에는 보현사(普賢寺)가 있다. 한편 오봉산 기슭의 농바우에는 가야국의 김수로왕이 낚시를 하였다는 이야기가 전해온다.

마을비는 가락대로길의 취락 초입부에 세워져 있다. 글은 봉황새, 오봉산, 새터 단어를 중심으로 구성하였으며 내용에는 마을의 풍요로움과 후한 인심, 미래 번영에 대한 희망을 담고 있다.

신기
마을회관

▷ 통전마을 統田

[회관 안내 동판] **통전마을**

(부분)조선 말엽 서낙동강의 해창과 불암을 연결하는 산태방둑을 축조한 이후 가락동에서 제일 먼저 생겨난 농토는 남역공수 전답이었고, 죽도 남쪽 서낙동강 서쪽 연안의 땅은 통제영 전답으로 장답, 즉 통전마을이 이루어졌다고 하였다.

봉림동 중앙 동쪽에 있는 마을로 제15통에 해당된다. 동쪽에는 서낙동강이 연하여 흐르고 서쪽에 대흥마을이 있다. 마을 앞을 김해로 이어지는 장유로가 지나며 이의 건너편으로 해포마을이 있다.

지명은 이곳 농지가 통제영에 속하여 비롯되었으며 통답으로도 불렀다. 조선시대에 지대가 낮아 저습지로 남아 있다가 늦게 개간된 곳이다. 가락면 북쪽에 산태방둑이 축조되면서 생겨난 토지는 김해 남역(南驛)의 공수전으로 귀속되었으며 죽도(지금의 오봉산) 남쪽의 장답(長畓)은 통제영 소속이 되었다. 일제강점기 초기까지만 해도 대부분 저습지로 남아 있었으며, 1930년대에 낙동강제방이 축조된 후 농사가 시작되었다. 1953년 김해수리조합에 의해 양수 시설이 완공되면서 비로소 염해와 홍수 피해를 줄일 수 있었다. 가옥 분포는 산촌 형태를 보인다.

마을비는 세워져 있지 않다. 회관의 안내 동판의 새겨진 글은 통제영, 통답, 장답, 경지정리 등의 단어로 구성하였고, 마을에서 배출한 인물이 쓰여 있다. 특히 1953년 경지정리 내용과 관련하여 '마을에 봉림양수장과 봉림출장소를 설치하였다.'는 내용이 있다. 이 외에도 '2004년 50호 이상 취락지가 개발제한구역에서 해제된 이후...'라는 서술에서는 마을 주변의 도시적인 토지 이용에 대한 내용을 담고 있다

통전 일대 농경지

▷ 대흥마을 大興

대흥마을

사람이 살지 못하는 갈대밭 저습지를 1934년 낙동강 제방축조사업으로 인해 사람이 살기 시작하였으며 1960년 행정구역 개편으로 인해 윗동네 대등마을과 아랫동래 신흥마을이 합해져 대흥마을로 불리기 시작했다
1968년 김해농지개량조합의 수리시설공사와 1977년 경지정리사업으로 대흥마을의 옥토가 조성되었다. 1989년 경상남도 김해군에서 부산시로 편입되었다

2014년 11월 11일
대흥건강장수마을 운영위원회
부산광역시 농업기술센터 지원

봉림동 중앙에 있는 마을로 제16통 일대이다. 동쪽에 통전마을이 있으며 서쪽으로는 장유로를 따라 김해시 장유동의 수가마을로 이어진다. 장유로를 사이에 두고 해포도마을이 있다.

동쪽에는 서낙동강에 연하여 소발치, 삼치등이 있었고 서쪽엔 조만강의 무영이, 뿔치등, 북쪽은 서포등이 있었다. 이 중 큰등[大嶝]에 대흥마을이 생겼다. 일제강점기에 인근의 해포도마을과 함께 일본인 농장에 의해 개간이 이루어졌고, 가옥의 분포는 산촌 형태를 보인다. 3가구 이상의 집촌은 나타나지 않고 농로와 수로, 개울들을 사이에 두고 가옥이 분포한다. 마을비는 조만로의 취락 초입부에 있으며 지도가 그려진 안내판과 회관 건립비가 별도로 세워져 있다. 마을비의 글은 갈대밭 저습지, 제방, 마을 통합과 경지정리사업 단어로 구성되고 부산시로 편입된 연혁 내용을 담고 있다.

[회관 건립비]

대흥(大興)

그 옛날 갈대밭 옥토로 변하였네
내 논 옆에 둥지틀어 띄엄띄엄 살다보니
이웃 정 그리워서 상부상조 잘 하였고
도둑없어 대문없고 전부가 사촌일세
마을 이름 뜻과 같이 크게 한번 일어나리

준공 2011. 9. 15

▷ **해포도마을 海浦島**

해포도마을

「海浦島」는 韓末에 갈대섬이 農地로 개간되었으며 水路가 발달하여 3곳의 나루터가 있었다. 日帝때는 迫間日男 농장이 생기면서 소작료의 과다 징수로 爭議가 심하였던 곳이다. 光復後 이 터에 해포초등학교가 세워지고 지금은 中心地에 가락IC가 위치하여 陸路의 核心地로 변화되었다. 오늘, 子孫萬代 和平을 念願하며 碑를 세웁니다.

2015년 5월 기증 최종옥

봉림동 남쪽에 있는 마을로 제17통에 해당된다. 동쪽은 서낙동강이 흐르고 남서쪽은 조만강, 남쪽은 둔치도와의 사이에 서낙동강 지류가 흘러 북쪽을 제외한 사방이 강으로 둘러싸인 곳이다. 해포(海浦) 지명은 과거에 바다에 접한 곳이어서 비롯되었다. 남쪽에 얄개섬이 있었으나 지금은 해포도와 연결되어 육지가 되었다.

일제강점기 일본인 하자마[迫間] 농장에 의해 개간되었으며, 산촌 형태로 가옥이 분포하였다. 농장주가 거주하던 곳은 주변보다 지대가 높은 곳으로 해포초등학교가 있던 자리이다. 일본인 소유의 농경지는 '농장안'으로 불렀다 한다.

마을비는 초등학교 부근에 있다. 2015년에 구의 지원 없이 마을 주민의 기증에 의해 세워졌다. 글은 갈대섬, 일본인 농장, 해포초등학교 단어를 중심으로 구성되었으며 내용에는 마을의 미래 번영에 대한 희망을 담고 있다. 글에 쓰여진 '3곳의 나루터'에는 지금 조만교와 서부산낙동대교가 지난다.

해포 마을회관

일본인 가옥(2023)

▷ 둔치도마을 屯致島

둔치도

가락동 남단 서낙동강과 조만강 사이에 있는 섬으로서. 1900년경부터 각지에서 모여든 사람들이 살았기 때문에 둔치도(屯致島)라 부른다. 먼저 개간된 위쪽을 상작
아래쪽은 하작 또는 남평이라 한다.
마을 북쪽 조만강옆 갈대밭은 옛날 □□□ 바다와 접하여 선박이 드나들었으며
물속의 명산이라고 하여 물명산이 있으며
주민의 피와 땀으로 이루어진 마을
남달리 인정이 넘치는 여긴 둔치도.

봉림동 남쪽의 둔치도(屯致島)에 있는 마을로 제2통에 해당된다. 서낙동강의 하중도에 있는 마을이다. 북쪽의 둔치교로 해포도마을과 연결되며 2002년 연료단지가 들어서면서 녹산동 장락마을을 잇는 제2둔치교가 가설되었다. 지명은 강 어귀 혹은 가장자리를 뜻하는 둔치에서 비롯되었다.

20세기 초 창원군과 웅천군의 주민들이 이주하면서 섬의 북쪽을 중심으로 농사가 시작되어 마을을 이루었다. 1935년 녹산수문이 설치되고 하자마(迫間) 농장이 들어서면서 벼농사가 시작되었다. 섬의 북쪽 농지를 상작(上作), 아래쪽을 하작(下作) 또는 남평(南坪)이라 한다. 1988년에는 둔치도 제방이 축조되었다.

표지석은 섬 초입부의 마을회관 가까이에 세워져 있다. 글은 서낙동강, 조만강, 상작, 하작, 선박, 물명산 등의 단어로 구성하였으며, 내용에는 농지 개척의 어려움과 마을민들의 후한 인심에 대한 자부심을 담고 있다.

둔치도 마을회관

마을 골목길 벽화

둔치도 전경(출처: 부산발전연구원, 2C16)

둔치도마을 정사영상(2019)

제6장 녹산동 菉山洞

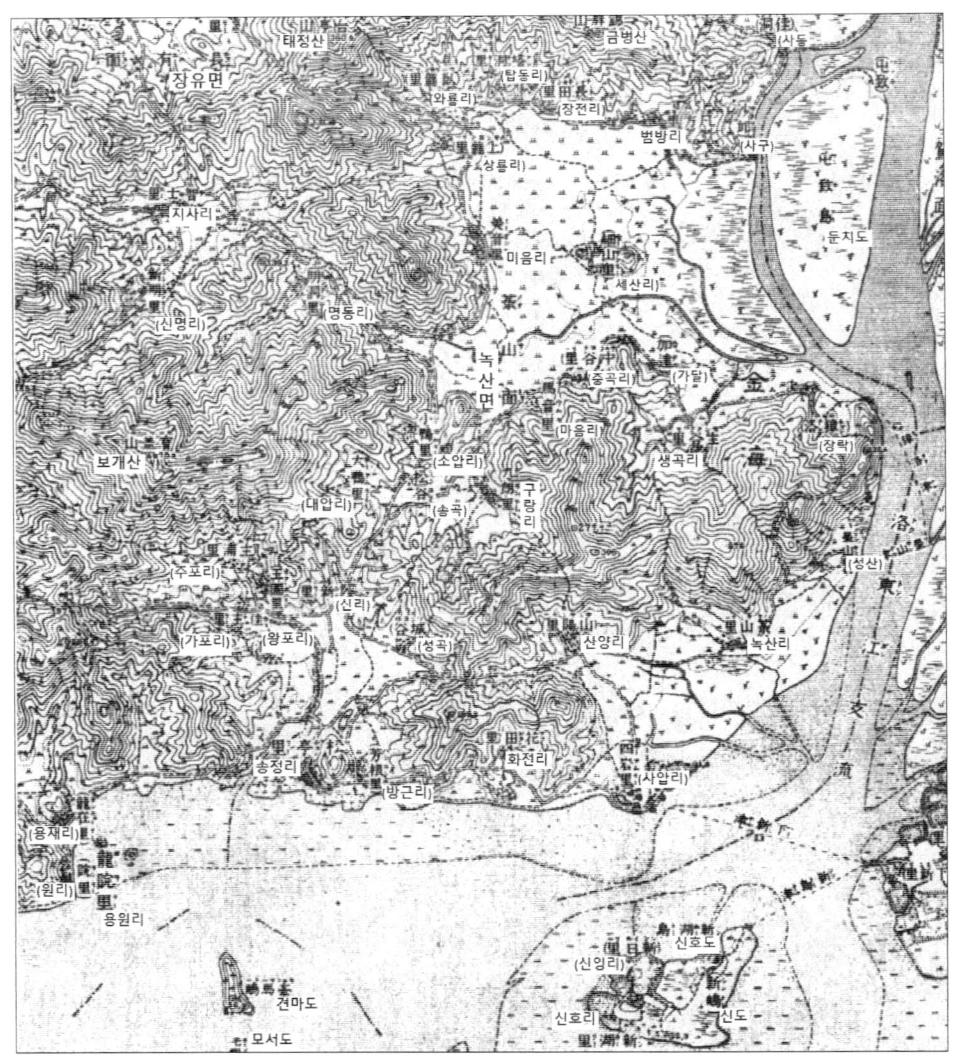

그림 6-1. 『조선지형도』(1916) 녹산동 일대

강서구 남쪽에 있는 행정동으로, 법정동 이름으로 함께 사용된다. 구랑동, 녹산동, 미음동을 비롯하여 9개 동으로 구성되어 있다. 지명은 이곳의 녹산마을에서 비롯되었다. 조선시대 봉수대가 있었던 봉화산(228m)의 동쪽 지형이 사슴이 들판을 향해 달리는 형국이라 하여 유래되었다 한다. 그러나 이 섬은 『여지도서』(18세기), 『김해읍지』(1832)를 비롯한 지리지와 18세기 군현지도에 대부분 '菉島'로 표기되어 나타난다.

봉화산을 중심으로 하는 산록을 흐르는 계류천 유역에 대부분의 마을이 형성되어 있어 낙동델타의 다른 곳과 지리적인 환경에서 차이를 보인다. 『조선지형도』(1916, 그림 6-1)를 보면 녹산동은 산록의 농경지와 해안을 바탕으로 형성된 전형적인 농·어촌 지역이었다. 취락은 북쪽 세산리 일대의 평야를 둘러싼 산록에 집촌 형태로 분포하고 있었다. 북쪽 산록에 범방리, 서쪽에 미음리, 남쪽에 생곡리가 있었으며 산록에 지사리와 구랑리가 있다. 생곡리의 장락과 성산마을에는 순아도를 잇는 나루터가 있어 당시 교통의 요지였다.

남쪽의 서낙동강 하류에는 녹산리가 있고 서쪽에 송정리와 함께 화전리가 해안에 있었다. 바닷가에는 너른 갯벌이 묘사되어 있다. 동쪽의 사암리에는 신호도의 신호마을과 명지도 하신마을을 잇는 도선 경로가 그려져 있다.

1970년대 이후 부산 시역이 확장되면서 녹산동은 큰 변화를 겪기 시작하였다. 1978년 부산시역의 제1차 확장 때 신호리가 명지면으로부터 이관되었으며 1989년에는 녹산면 전역이 편입되어 행정동으로 되었다. 이후 부산신항이 들어서고, 지사과학단지(이하 '지사단지'), 녹산국가산업단지(이하 '녹산단지')와 신호일반산업단지(이하 '신호단지') 등이 조성되면서 급격한 도시개발이 이루어졌다.

조선시대 이곳은 김해부 태야면과 녹산면에 속한 곳이다. 『호구총수』(1789)에 따르면 태야면은 지금의 녹산동 북쪽에 해당되며, 범방리, 장전리, 탑동리를 비롯한 12개 리가 있었다. 녹산면은 이의 남쪽으로 녹산리, 송정리, 주포리를 비롯한 6개 리로 구성되었다.

1914년 태야면과 녹산면이 통합되면서 8개 리로 편제되었다(표 6-1). 태야면은 이곳에 있던 범방리와 탑동리, 구랑리와 소압리 일부, 미음리와 상룡리, 지사리와 소압리 일부, 생활리와 중곡리를 합쳐 각각 범방리, 구랑리, 미음리, 지사리, 생곡리가 되었다. 대야면 소압리, 상룡리 지명이 없어졌으며, 생활리와 중곡리가 합쳐 생곡리가 되었다. 녹산면의 경우 송정리와 마산부 웅동면의 가동리를 합쳐 송정리로 병합한 것 외에는 이전 내용이 그대로 유지되었다. 면 소재지는 미음리에 두었다.

표 6-1. 1914년 녹산면 통폐합 내용

1914년(녹산면)	개편 이전(녹산·태야면)	
범방리(凡方里)	태야면(台也面)	범방리(凡方里)·탑동리
구랑리(九郞里)		구랑리(九郞里)·소압리(小鴨里) 일부
미음리(美音里)▲		미음리(美音里)·상룡리(上龍里)
지사리(智士里)		지사리(智士里)·소압리(小鴨里) 일부
생곡리(生谷里)		생활리(生活里)·중곡리(中谷里)
녹산리(菉山里)	녹산면(菉山面)	녹산리(菉山里)
화전리(花田里)		화전리(花田里)
송정리(松亭里)		송정리(松亭里), [마산부 웅동면]가동리(佳洞里) 일부

표 6-2. 1916년 녹산면 마을별 호구수

통합 이전	동리명	가구수	인구수	마을	가구수	인구수
녹산면	송정리 松亭里	265	1,417	방건리 芳根里	73	372
				송정리 松亭里	114	645
				신리 新里	22	102
				옥포리 玉圃里	56	298
	화전리 花田里	107	609	사암리 四岩里	78	449
				화뎐리 花田里	29	160
	녹산리 菉山里	155	802	성산리 星山里	13	57
				녹산리 菉山里	76	380
				산양리 山陽里	66	365
태야면	미음리 美音里	149	868	와룡리 臥龍里	47	283
				분절리 粉切里	25	155
				미음리 美音里	49	266
				세산리 細山里	20	135
				수참리 水站里	8	29
	지사리 智士里	103	543	명동리 明洞里	23	126
				지사리 智士리	58	268
				신명리 新明리	16	113
				율현리 栗峴里*	6	36
	범방리 凡方里	200	1,060	사구리 沙邱里	30	148
				범방리 凡方里	96	509
				장뎐리 長田里	29	144
				탑동리 塔洞里	45	259
	생곡리 生谷里	112	641	마음리 馬音里	26	129
				중곡리 中谷里	22	144
				가달리 加達里	23	119
				ᄉᆡᆼ활리 生活里	32	192
				장낙리 獐洛里	9	57
	구랑리 九郎里	114	650	소압리 小鴨里	25	131
				대압리 大鴨里	9	49
				구랑리 九郎里	80	470

(비고) * 속칭 러드리

1916년 녹산면 호구수를 보면(표 6-2), 전체 1,205호(6,590명)로 가구당 인구수는 5.5명이다. 각 리의 호구수를 보면 송정리가 265호(1,417명)로 가장 많으며, 이에 속한 송정마을도 114호(645명)로 규모가 가장 컸다. 리를 구성하고 있는 마을 지명은 지금과 대체로 유사하다. 태야면의 미음리에 있던 수참리水站里)는 왜관(倭館)과 사창(社倉)이 있던 곳이다. 지사리의 율현리에는 비고에 이칭인 '러드리'가 수록되어 있다. 이는 당시 창원으로 넘어가는 길목에 있던 너더리 마을을 지칭하는데 지금은 옛터만 남아 있다.

▣ 옛 녹산면

□ 송정동[송정리] 松亭洞

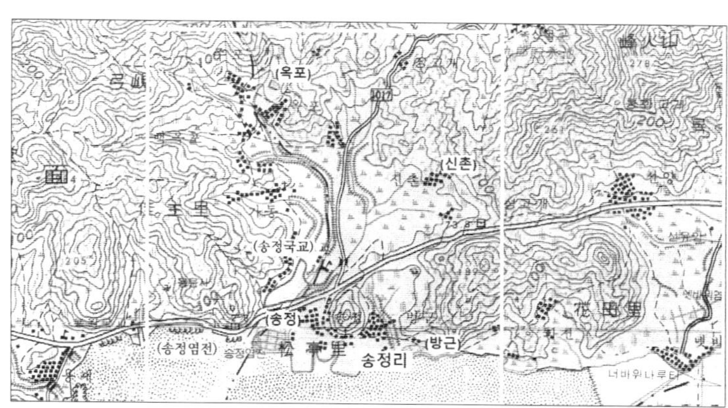

그림 6-2. 송정동 일대(1974)

녹산동 남쪽에 있는 동으로, 송정·신촌·방근·옥포 4곳의 마을로 구성되어 있다. 이 중 옥포는 진해시 웅동면 가동리에 속한 곳이었으나 1914년 녹산면으로 편입된 곳이다. 북쪽 구랑동과 접하는 산지에서 하천이 흘러 송정천으로 유입한다. 지금 남쪽 해안에는 녹산산업단지가 조성되어 있다.

지명은 바닷가의 소나무 숲이 울창하여 비롯되었으나 지금은 노거수 두 그루만 남아있다. 송정 5일장이 매 6·10일에 열렸다. 인근의 용원에서 가덕도로 건너는 도선장이 있었으며 지금 가덕대교가 지난다. 호구수 변화를 보면(표 6-3), 1972년의 경우 송정마을이 150호(857명)로 가장 컸다. 농가는 123가구이다. 2023년에도 837호(997명)로 중심 마을임을 보여준다. 가구당 인구수는 1.2명에 불과하다.

표 6-3. 송정동 마을 호구수 변화

시기	마을	가구수(농가)	인구수	가구당 인구수
1972년	송정	150(123)	857	5.7
	옥포	47(44)	243	5.2
	방근	71(56)	428	6.0
	신촌	25(21)	120	4.8
2006년	송정	518	964	1.9
	옥포	51	116	2.3
	방근	141	296	2.1
	신촌	30	73	2.4
2023년	송정	837	997	1.2
	옥포	80	122	1.5
	방근	127	208	1.6
	신촌	40	64	1.6

▷ 송정마을 松亭

송정마을

독뫼산(松林山) 자락에 바다를 면하고 선 마을 이어내린 우리 생활의 터전이다. 송림무학(松林舞鶴)의 명당자리라 "松亭" 이름도 그로 연유된다.
일정기-해방-6.25 전후까지 염전과 어업이 흥성하여 5일 송정장이 크게 열렸고 소싸움(鬪牛), 줄땡기기, 풍물놀이는 온 마을의 신명이었다.
지금은 바다가 국가공단으로 바뀌었고 마을 앞뒤로 새 도로가 열리고 있다. 시대와 환경이 어떻게 변한다 해도 상부(相扶)하고 협동(協同)하는 마을 정신으로 내일의 삶이 희망차다.

2001. 4

송정동 중앙에 있는 마을로 제3통에 해당된다. 구지산(189m)에서 이어진 구릉성 산지의 산록에 입지하며 마을 앞에는 송정천이 흐른다. 해안에 연한 어촌이었으나 지금은 매립되어 내륙에 입지한다. 어업과 함께 제염업도 행해졌으며 송정장이 이곳에서 매 5·10일에 열렸다. 이곳의 송정초등학교는 1945년에 개교하였다. 지명은 이곳의 소나무 숲에서 비롯되었으며 지금은 조부송, 조모송 두 그루만 남아 있다.

마을 당산이 2곳에 있었으나 지금은 아랫당산에서만 매년 음력 선달 그믐날에 제를 올린다. 용왕제는 장승비에 제물을 올리는 형식을 취한다. 마을비는 가락로 지선 도로의 취락 입구에 장승비와 함께 세워져 있다. 글은 독뫼산, 염전, 소싸움, 풍물놀이, 국가공단 단어로 구성하였고 지역 발전과 협동하는 마을 정신이 지속되는 것을 바라는 내용을 담고 있다.

송정 마을회관

마을 장승비

▷ 옥포마을 玉圃

옥포마을 玉圃

보개산(寶蓋山) 南向 자락에
안쪽은 임개 玉圃로
바깥쪽은 떠말등 으로
긴 세월 그 忍苦로
터 닦고 삶 살았던 옛 임
西方의 명당자리
百子千孫 인물나서
대대로 이어지고
내일 열며 땀 흘리는 그 정신
넉넉한 인정으로 피어나리

1997년 7월 마을주민 세움

송정동 북쪽에 있는 마을로 제1통에 해당된다. 보개산 동남쪽 산록에 있으며, 송정천 상류 유역에 해당한다. 동쪽은 장고개를 통해 구랑리로 이어지며, 서쪽은 창원시 진해구에 속한 주포마을과 접한다. 원래 창원의 주포와 같은 마을이었으나 1914년 옥포마을만 분리되어 김해군으로 이관되었다. 지명은 가락국의 허황옥(許黃玉)의 초행로였다 하여 비롯되었다. 처음 배가 정박한 곳이 주포였으며, 옆 마을 이름을 허황옥의 '玉'자를 빌어 옥포라 불렀다 전한다.

마을비는 가락대로의 취락 초입부에 있다. 글은 보개산, 떠말등, 명당자리 등의 단어로 구성하였으며, 마을의 번영을 바라는 내용을 담고 있다. 당산나무가 마을비 부근에 있었는데, 지금은 없어지고 취락 안의 느티나무가 동구나무 역할을 한다.

옥포
동구나무

▷ 방근마을 芳根

방근 마을

동으로는 마당지 산이 꽃자리 등으로 내리고 서쪽의 독뫼산이 품안고 있는 얼안이 방근 마을이다. 약 500년 전쯤에 공동산 너분치 비알에 있던 마을이 차츰 바닷가로 내려와 터 잡기는 300년 전쯤이다.

마을의 본래 이름은 마금당(魔禁堂)으로 방근(防斤)이 되었다가 지금은 芳根으로 한자 표기한다. 마금당이란 마귀의 접근을 금하는 당사(堂祠)가 있어 유래된 이름으로 지금도 400년 수령의 이팝나무가 있었던 당산껄에는 국수산신위(局守山神位)를 모시는 당사가 있어 매년 정월 보름날에는 마을 동제(洞祭)를 모시며 몇년 전까지만 해도 동쪽 서쪽이 편을 갈라 달집을 태우고 줄당기기 등의 전통이 이어졌다

마을 한가운데 나 있는 골목 어귀에 골대장군이 마을을 지키고 있고 기러기 솟대가 예대로 서 있는 등 해안마을 민속이 면면히 이어지고 있다. 그래서 마을 공동체 의식이 유별났던 유서깊은 마을이다.

2004년 2월 1일

송정동 동쪽에 있는 마을로 제4통에 해당한다. 송정마을 동쪽에 있으며 옛 해안선이 마을 앞을 지났다. 취락 형성 초기에는 산록에서 농업 위주의 생활을 하였으며, 바다 쪽에 염전이 개발되면서 생활 근거가 해안 쪽으로 확대되었다. 마을에 민속 신앙이 많이 남아 있는 것은 이 때문인 것으로 보인다. 지명은 도끼와 관련된 의미를 담은 방근(防斤)과 음이 같아 군사적인 의미가 있는 곳으로 해석되기도 한다.

마을비는 송정길의 취락 초입부에 있다. 글은 마당지, 마금당, 국수산 신위, 동제 등의 단어로 구성되었으며, 내용에는 마을 공동체에 대한 자부심이 담겨 있다. 글에 새겨진 마금당(魔禁堂)은 마을 뒤의 당산을 일컫는다. 제당에서는 매년 음력 정월 14일에 제를 올린다. 마을 서쪽에 '국수산신위(局守山神位)'가 새겨진 입석이 있으며 마을 중심 도로인 종로껄에서 당산껄이 만나는 곳에 '골대장군'이 있다. 정월 대보름에 동쪽과 서쪽 각단사이에서 열리는 줄다리기과 달집놀이는 1950년대까지 이어져 왔다.

방근 마을회관

골대장군

국수당 신위

마을 동제당

洞祭堂

'단기사이八八연度'

'乙미三月三日竣工'

(단기 4388년도, 을미 3월3일 준공)

▷ 신촌마을 新村

신촌마을(정사영상, 2019)

송정동 북동쪽에 있는 마을로 제2통에 해당한다. 봉화산 서쪽 산록의 송정천 상류 유역에 속한다. 약 200년 전에 취락이 형성되었으며 다른 곳보다 늦게 생겨 새마을로도 부른다. 신촌은 이를 한자 표기한 것이다. 산록에 농경지를 일구면서 개간한 계단식 논 경관이 아직 남아 있다.

북쪽의 장고개는 구랑마을로 이어지는 고갯길이었다. '진등고개'라 부르기도 하였다. 녹산으로 이어지는 낙동남로(2번 국도) 고개는 성고개라 불렀는데 1485년(성종 16)에 축조된 금단곶보에서 이름이 비롯되었다. 성고개 아래에 일제강점기에 축조된 저수지가 있다. 마을비는 없으며, 수령 200여 년 된 노거수가 있었으나 지금은 없어졌다.

마을 전경

□ 화전동[화전리] 花田洞

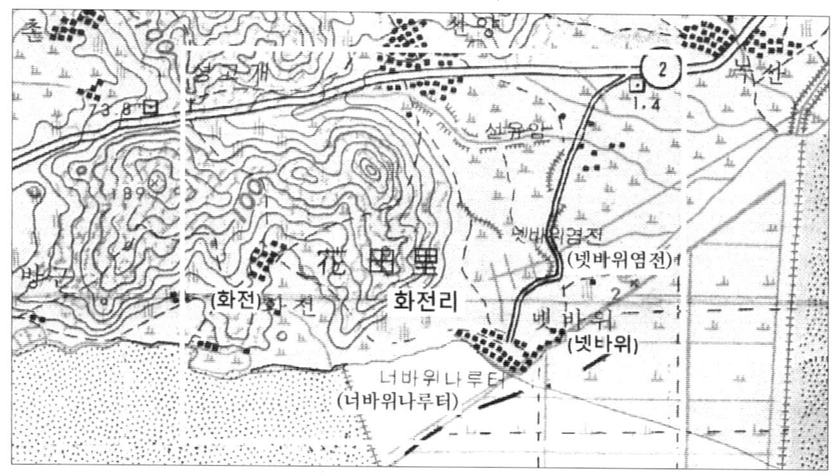

그림 6-3. 화전동 일대(1974)

녹산동 동남쪽에 있는 동으로 화전과 사암 2곳의 자연마을로 구성되어 있다. 남쪽은 송정동 녹산산업단지와 접하며, 서쪽에는 송정동 방근마을이 있다. 동의 서쪽은 대부분 산지로 이루어져 있으며 화전소류지가 축조되어 있다. 북쪽 구지산(189m) 자락의 성고개에 있던 금단곶보의 '곶'을 '고지'·'구지'로 불렀으며, 이의 서쪽에 있다 하여 '서고지', '서구지'로 변하였다. 이후 '곶'이 '꽃'으로 음은 변화가 나타나 화전(花田)으로 바뀌었다고 전한다. 매립되기 이전에는 바다에 연해 있었다.

화전마을은 농촌의 전통적인 경관을 그대로 유지하고 있다. 사암 마을 일대는 대부분 매립되어 아파트 지구가 형성되어 있으며, 이곳에 살던 주민들은 대부분 이주하였다. 호구수 변화를 보면(표 6-4), 1972년에 사암마을이 73호(389명)로 화전에 비해 규모가 컸다. 이후 통계를 보면 사암마을의 가구수는 꾸준히 증가한데 비해 화전은 가구수만 증가하고 인구는 오히려 감소하였다.

표 6-4. 화전동 마을 호구수 변화

시기	마을	가구수(농가)	인구수	가구당 인구수
1972년	화전	22(21)	121	5.5
	사암	73(61)	389	5.3
2006년	화전	34	67	2.0
	사암	275	600	2.2
2023년	화전	42	72	1.7
	사암	915	1,058	1.2
	아파트단지	1,392	2,717	2.0

▷ 화전마을 花田

화전마을 花田

낙남정맥(洛南正脈) 끝자락에
봉화산 남으로 뻗어
청룡두미(靑龍頭尾) 명당자리
'서구지[西串]' 마을 이룬
뿌리 된 가신 임 정성
자국마다 배인 그 情
난바다 바라보며 진달래 '꽃밭[花田]등'
불탄 그 山川 개력해도 새 기운 솟아 올라
西釜山 번영의 소리 마음 적셔 여는 내일

글 · 부산강서 문화원

화전동 서쪽에 있는 마을로 제5통에 해당한다. 동쪽은 사암, 서쪽은 송정동의 방근과 송정마을로 이어진다. 북쪽에 구지산(189m)을 뒤로 하고 바다에 연해 있어 반농반어 촌락이었다. 신호산업단지 조성을 위해 해안이 매립되면서 바다 어장은 없어졌다. 취락은 이곳에 금단곶보가 설치되면서 생겨난 것으로, 마을 앞의 마당지는 조선시대 목마장의 석보(石堡)가 축조된 곳으로 추정된다.

산업단지에 접해 있으나 마을 경관에는 과거의 농촌 모습이 유지되고 있다. 마을 앞의 논은 경지정리가 되어 있지 않아 계단식 논의 형태가 남아 있다. 소류지와 함께 있는 노거수는 주민들의 쉼터 역할을 한다. 마을비는 녹산화전길의 취락 초입부에 있다. 과거 해안선이 지나던 자리에 해당된다. 글은 낙남정맥, 봉화산, 명당, 진달래 등의 단어로 구성하였으며 마을의 번영을 바라는 내용이 담겨 있다.

화전마을(정사영상, 2010)

마을 소류지의 노거수

▷ **사암마을 四岩**

사암(四岩) 마을

유서 깊은 사암마을을 이 자리에 옮기면서 간략하게 마을의 내력을 적는다.

우리 마을 이름은 임진왜란(1592년)때 옥포해전에서 대패한 왜군이 그해 5월 8일 경 가덕수로를 타고 이곳 봉화산 골자락에 상륙하려다가 큰 바위가 장군처럼 버티고 있어 감히 상륙지 못하고 추격해온 조선수군에 쫓겨 달아났다가 왜군이 다시 와보니 그것이 바위임을 보고 "네가 바위였구나!" 해서 네바우라고 부르게 되었고 또한 선바위, 입바위(입전바위), 탕건바위, 등잔바위가 오늘의 사암(四岩)이란 이름으로 전해진다.

그 뒤 사람이 살게 된 모래언덕 녹산면 사암리(四岩里)는 1789년 경에 만들어진 호구총수(戶口總數)의 기록대로 17세기에 작은 마을이 되고, 집성가문 호구기록에 1800년대 초 밀양 박(朴)씨, 남원 양(梁)씨, 김해 김(金)씨 등이 명지로부터 들어와 살게 됨으로 더 큰 마을이 되었음을 입증한다. 우리 마을은 1909년 녹산 최초의 사립녹명학교가 세워져 신교육의 중심지로, [중략..]한때 염전(鹽田)으로 번창해 염전부자마을이기도 했으며 지금도 많은 사업가와 젊은 박사, 석학들을 배출하여 국내 및 세계 여러 곳에서 활동하고 있다.

'녹산네바우 끝끝이 벌어진다.'는 전설은 해방 전, 동으로 다나카(田中)농장을 만들고, 1960년대에 남으로 100만평 간척지를 막아 삼성자동차와 신호산업단지가 되고, 1990년대엔 서남바다를 막아 녹산 국가산업단지와 2000년대에는 서쪽으로 부산신항만이 끝까지 벌어져 세계의 관문이 되고, 다시 2006년부터 732,000평 부지에 부산경제의 국제기지인 최신형 화전산업단지를 만들면서 대대로 살아온 고향마을을 어찌 하랴. 시대는 변하고 역사는 전진해야 하거늘 아픔과 좌절의 실향을 딛고 여기 다시 향민의 의지를 세운다.

서기 2010년 사암마을 주민 일동

사암 마을회관

입바위

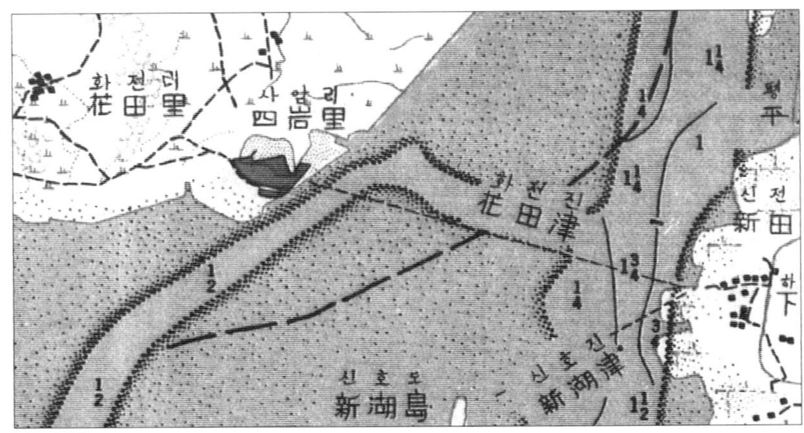

사암마을 나루터(지형도, 1955)

화전동 동쪽에 있는 마을로 제6통에 해당한다. 원래 서낙동가 하구에 연한 어촌이었다. 바다 건너 신호도가 있었으며, 동쪽에 사암나루가 있다. 이곳에서 신호도와 명지도의 하신마을로는 뱃길로 이어졌다. 1967년 간척사업으로 내륙의 마을이 되었다. 이곳에 살던 70여 호의 주민들은 2007년 철거되었다가 2012년 단지 내에 조성된 주택지구로 이전하여 새롭게 마을이 조성되었다. 지명은 이곳에 있었던 선바위·탕건바위·입바위·등잔바위의 4개 바위에서 비롯되며, 너바위[汝岩]가 네바위로도 바뀌었다는 설도 있다. 이들 중 입바위는 간척 사업 때 기념비로 이용되었다.

마을의 당산나무는 원래 서북쪽의 산에 있었는데 신호공단이 조성될 때 이전되었다. 매년 음력 정월 14일 밤에 당제를 올린다. 마을비는 화전산단길에 마을회관과 함께 세워져 있다. 글은 임진왜란, 호구총수, 집성촌, 사립녹명학교, 다나카농장, 삼성자동차 등의 단어로 구성되어 있으며, 내용에는 지역 발전과 함께 마을을 지키고자 하는 의지를 담고 있다.

마을 당산나무(이전 후)

□ 녹산동[녹산리] 菉山洞

그림 6-4. 녹산동 일대(1974)

녹산동 동남쪽에 있는 동이다. 본녹산, 산양, 성산1 · 2구 4곳의 마을로 구성되어 있다. 동쪽은 서낙동강에 연해 있으며 북쪽으로 생곡동과 구랑동, 남쪽으로 화전동과 접한다. 북쪽을 제외하고는 대부분 서낙동강의 퇴적으로 형성된 충적지로 되어 있다. 이곳에 형산진(荊山津) 나루터가 있었는데, 지금 성산(星山) 마을 부근이다. 1934년에 녹산 수문이 건설되었다. 『여지도서』에 삽입된 군현 지도에 '菉島'가 묘사되어 있다.

호구수 변화를 보면(표 6-5), 1972년에는 성산마을이 218호(1,129명)로 규모가 가장 컸다. 2023년에는 본녹산이 366호(642명)로 중심 마을로 성장하였다. 성산1 · 2구는 합쳐 234호(379명)로 인구수는 크게 줄었다.

표 6-5. 녹산동 마을 호구수 변화

시기	마을	가구수	인구수	가구당 인구수
1972년	본녹산	128(117)	695	5.4
	산양	80(80)	434	5.4
	성산	218(81)	1,129	5.2
2006년	본녹산	290	760	2.6
	산양	126	280	2.2
	성산1구	189	432	2.3
	성산2구	190	491	2.6
2023년	본녹산	366	642	1.8
	산양	102	179	1.8
	성산1	90	141	1.6
	성산2	144	238	1.7

▷ 본녹산마을 本菉山

[본녹산마을]
-본녹산 유래-
본녹산은 원래 사슴 녹자 녹산이었다.
굶주린 한 마리 사슴이 푸른 들을 향해 내리 뛰는
모습이 기록주야형의 명당자리라 하여
녹산이라 한 것이다.
본녹산과 산양마을과 성산마을을 병합해서
1714년에 녹산리라고 했다.
앞으로 녹산동의 중심지가 되는 마을이다.
본녹산 주민 일동 세움
2010. 4. 10

녹산동 중앙에 위치한 마을로 제8통에 해당한다. 동의 중심 마을로 원래는 '녹산' 마을로 불렸으나 지명의 혼동을 피하기 위해 '본녹산' 혹은 '녹산본동'이라 부른다. 북쪽은 성산, 서쪽은 산양마을로 이어지며 남쪽에 화전동 사암마을이 있다. 1914년 태야면과 통합 이전에 면사무소가 이 마을에 있었다. 『여지도서』에 나타나는 '菉島' 지명은 녹두알처럼 작은 섬이라는 의미에서 유래하였다는 견해가 있다.

일제강점기 부산과 진해를 잇는 2번 국도가 마을 중앙을 지나면서 윗동네, 아랫동네로 나뉘어졌다. 1995년에 국도확장 공사로 이주단지가 조성되어 새동네가 만들어졌다. 이곳의 녹명초등학교는 1909년 김해녹명학교에서 비롯된 사립 교육기관이다.

마을의 할매할배 당산에서는 매년 음력 선달 그믐날 제를 올린다. 마을비는 낙동남로의 취락 초입부에 있으며 별도의 표지석이 있다. 글은 사슴, 기록주야, 명당, 산양 등의 단어로 구성하였으며 내용에는 녹산동의 중심 마을이라는 자부심을 담고 있다.

본녹산 마을회관

별도 표지석

▷ **산양마을 山陽**

산양(山陽) 마을

옛 지명은 이곶(伊串)으로 지금으로부터 약 600여년전 고려시대에 마을이 형성되었으며, 현재 지명은 성화례산(省火禮山, 봉화산의 옛이름)을 등지고 양지바른 마을이라 하여 산양(山陽)이란 이름이 붙여진 것으로 유래된다.
봉화산(奉火山) 정상에는 봉수대가 있고, 서남방으로는 금단곶보(金丹串堡) 성지가 있으며, 동남쪽으로 트인 들녁이 덴대등으로 옛날에는 이곳이 바다였다.
오랜 역사와 전통을 자랑하는 우리 마을은 주민들의 정서와 애환이 담겨져 지금까지 이어져 오고 있다.

2001. 5. 12

녹산동 서쪽에 있는 마을로 제7통에 해당한다. 2번 국도가 마을의 중앙을 지나고, 동쪽은 녹산, 서쪽은 송정동 신촌과 송정마을로 이어진다. 지명은 봉화산 남쪽 산록에 입지하여 비롯되었다. '이곶리' 혹은 '이꼬지'라고도 불렀다. 동쪽에는 넓은 충적지가 형성되어 벼농사가 이루어진다. 마을 뒤에는 소류지와 함께 절이 있어 불당골이라고 불렀다. 서쪽의 성고개 일대는 금단곶보가 있던 곳이다.

마을 아래쪽에 있는 산양사에는 수령 260년이 된 팽나무가 있는데 이곳에서 당제를 지낸다. 윗마을에는 수령 300년의 느티나무가 보호수로 지정되어 있다. 마을비는 낙동남로 북쪽의 취락 초입부에 있다. 글은 성화례산, 봉화산, 봉수대, 금단곶보 등의 단어로 구성하였으며, 지명 유래와 함께 마을 전통에 대한 자부심을 담고 있다.

산양 마을회관

보호수1(느티나무)

마을 당집
(산양사 경내)

당집 내부

보호수2(팽나무)
(산양사 경내)

▷ 성산1 · 2구 마을 星山

성산마을(성산1구)

봉화산 정기뻗는 산자락 서낙동강 하구에
별빛 그림자 흐르고 산빛 곱게 물드니
성산이라 이름지어졌느니,
산과 바다, 강의 조화가 만들어 낸
인심 푸짐한 고장.
오는이 가는이 모두 살고 싶어하는 마을.
이제 옷깃 여미고 기원하나니,
자자손손 번창할지어다. 성산마을이여.

2008년 11월
성산마을 주민 일동 세움

성산(星山)마을 10통(성산2구)

성산(星山)은 녹산의 관문으로서 녹산 제1의 중심마을이다. 서낙동강이 바다로 흘러 개통되면서 녹산다리와 함께 바다와 강을 같이 안고 있다. 1934년 녹산교가 개통되면서 시메끼리(締切)로 더 이름이 알려진 곳으로 김해시에서 두 번째로 큰 장터였다(1일과 6일).

그 장터를 이제는 큰 도로가 산쪽과 강쪽으로 갈라놓긴 했지만 조용히 변화를 추구하면서 꿈틀거리며 옛날의 그 영화를 되찾을 날을 기다리고 있다.
1992년에 녹산 제2녹산교가 완공되면서 노적봉을 가운데 두로 제1, 제2다리가 손잡고 주변경관과 어울리면서 과히 강서제일경을 만들고 있다. 서낙동강 하구인 이곳은 형산진(荊山津) 나루터가 있었던 곳인데 임진왜란때 독사리목(禿沙伊) 전승지였다. 지금의 성신이란 이름도 형산진의 형산이 성산으로 변한 것으로 짐작된다.

성산1구 마을회관

성산2구 마을회관

녹산동 북동쪽에 있는 마을로 제9 · 10통에 해당된다. 서낙동강에 연해 있던 한적한 어촌으로 김 양식이 성한 곳이었으나, 1934년 녹산수문이 축조되면서 큰 변화가 나타났다. 수문 위에 녹산교가 가설되어 부산과 진해를 잇는 교통의 요지가 되었으며, 5일장인 녹산장이 이곳에서 열리기도 하였다. 마을 규모가 커지면서 북쪽과 남쪽을 각각 1 · 2구로 분리하였다.

명지동 순아도를 잇는 형산진(荊山津) 나루터가 있던 곳으로 성산 지명은 이에서 비롯되었다. 마을 앞의 노적봉은 임진왜란 때 왜적의 잔병들을 퇴각시킨 곳으로 전한다. 『난중일기』의 '독사리목(禿沙伊項)'은 이곳을 지칭한다.

마을 뒤쪽의 사자바위 부근에 당산이 있었으며 매년 음력 4월 7일 당제를 올렸다. 마을비는 2곳의 회관과 함께 별도로 세워져 있다. 성산1구는 생곡로의 회관 앞에 세워져 있다. 글은 봉화산, 서낙동강 단어를 중심으로 구성하면서 마을의 아름다운 풍광에 대한 자부심과 미래 번영을 바라는 내용을 담고 있다. 성산2구 마을비는 녹산교 부근에 있다. 글은 녹산교, 장터, 형산진 단어를 통해 과거의 번영과 함께 임진왜란에 대한 내용을 담고 있다.

녹산수문

▣ 옛 태야면

□ 생곡동[생곡리] 生谷洞

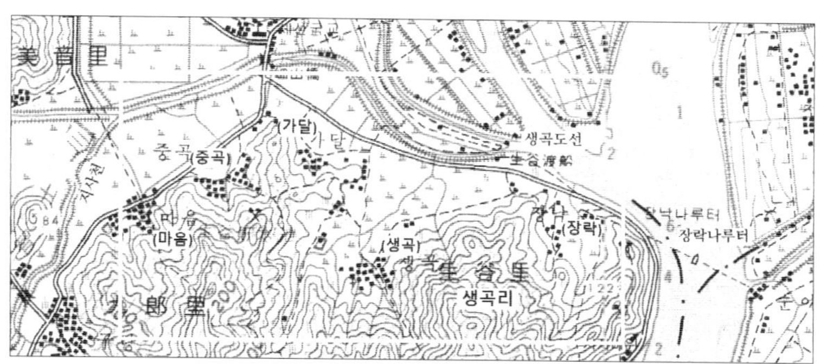

그림 6-5. 생곡동 일대(1974)

녹산동 중앙 동쪽에 있는 동이다. 마음, 생곡 · 장락 · 가달 · 중곡 5곳의 마을로 구성되어 있다. 동쪽은 서낙동강을 사이에 두고 봉림동 둔치도가 있으며 서쪽은 구랑동이 있다. 남쪽은 녹산동, 북쪽은 미음동과 접한다.

남쪽은 봉화산(烽火山, 228m) 줄기가 에워싸고 있으며 북쪽에는 지사천이 낙동강으로 유입한다. 마음 · 생곡소류지가 축조되어 있다. 조만강과 서낙동강이 합류하는 곳에는 가리새교가 있었다. 지명은 1914년 생활리와 중곡리가 합치면서 생긴 합성지명이다. 호구수 변화를 보면(표 6-6), 1972년에는 생곡이 61호(292명)로 가장 크며 다른 4곳의 마을은 30호 내외이다. 2006과 2023년에도 생곡마을의 규모가 가장 크다.

표 6-6. 생곡동 마을 호구수 변화

시기	마을	가구수	인구수	가구당 인구수
1972년	생곡	61(61)	292	4.8
	장락	34(34)	213	6.3
	가달	30(27)	166	5.5
	중곡	36(27)	184	5.1
	마음	32(32)	180	5.6
2006년	생곡	118	357	3.0
	장락	49	129	2.6
	가달	57	159	2.8
	중곡	46	100	2.2
	마음	39	106	2.7
2023년	생곡	183	402	2.2
	장락	45	79	1.8
	마음	40	62	1.6
	가달 · 중곡	지사산업단지		

▷ 생곡마을 生谷

생곡마을

[앞면] 烽火山 구름머리 天馬山 義城峰 솟아
산과 물 맑고 고와 정기어려 퍼지는 골
그 터에 대대로 이을 生活 마을 이루어
한적골 묻힌 자락 비탈일어
빛을 찾는 生氣는 大地에 넘칠 새뿌리 내렸나니
禮鄕에 더 밝은 나날 역사위에 떠 오르리.

[뒷면] 마을내력
옛날에 省火禮鄕이라 불리운 자랑이 있으며
마을의 옛 이름은 台也面 生活里라 일컫다가
서기 1914년 生活里와 中谷里를 합치면서
두 마을 머리 글자를 따서 生谷里라 하였다.
본래는 마을이 저수지 윗쪽 천마산
비탈에 있었는데 약 4백년전에
오늘의 이터로 옮겼다고 전한다.

서기 1995년 12월 15일
생곡마을 주민일동 세움

생곡동 중앙 남쪽에 있는 마을로 동의 생곡동 본마을이다. 제12통에 해당된다. 봉화산 북동쪽 산록에 있으며 서쪽에는 구랑마을로 이어지는 매티고개가 있었다. 녹산동 성산마을로 이어지는 곳은 소불등이라 불렀다. 물이 깨끗하여 생활생곡(生活生谷)이라고도 하였다. 마을 서쪽에 가야 고분군이 있었다. 예수교 장로교회가 처음 세워진 곳이다. 마을비는 생곡산단로의 취락 초입부에 있는데 글은 쓰여 있지 않다. 이전 표지석의 글은 봉화산, 예향, 성화례산과 옛 지명을 이용하여 내용을 구성하고 있다.

생곡 마을회관

현재 마을비

▷ 장락마을 獐洛

[장락 獐洛 새동네] 예전에는 장락포 구메라 불려왔는데 도시개발로 옛 모습은 없고 2010년 새동네가 생기게 되었다.

[장락 獐洛 11통] 옛날에는 구포 하단 충무동으로 이어지는 뱃길이 있었고 강건너 제도마을로 건너가는 나룻배도 있어서 장락포라고 하였다. 건터 돌끝에 안동네 구메 등의 지명으로 정답게 살아왔으나 개발로 인하여 뿔뿔이 흩어지고 일부만 살고 있다.

2022년 3월 11일

생곡동 동쪽에 있는 마을로 제11통에 해당된다. 서낙동강이 연하여 흐르며 서쪽으로 지사천이 유입하고, 북쪽에 둔치도가 있다. 서쪽은 생곡마을, 남쪽에는 녹산동 성산마을이 있다. 봉화산 줄기가 서낙동강에 임박하여 절벽을 이룬 곳으로, 노루가 이곳에서 떨어져 장락(獐落) 지명이 유래되었다 한다. 지금은 '獐洛'으로 표기한다. 순아도를 잇는 장락나루터가 있었으며, 생곡도선이 있던 곳에는 둔치2교가 지난다.

마을을 지나는 도로에 수령 300년인 느티나무 노거수가 있으며 이곳에서 매년 당제를 지낸다. 마을비는 최근인 2022년에 생곡로의 2곳에 세워졌다. 글은 장락포, 도시개발, 구포, 하단 등의 단어로 구성하면서 마을의 내력을 담고 있다.

장락 마을회관

당제(2023년 2월, 마을회관)

마을
노거수

노거수 당산

당산 제단

▷ 마음마을 馬音

마음마을(馬音. 15통)
-천마(天馬)의 명당이 있는 마을-

하늘 말이 울부짖는 모습인 천마시풍형(天馬嘶風形)의 명당자리가 있는 곳이라 마을 이름이 마음(馬音)으로 되었다 이 명산은 무과(武科)와 판서(判書)가 끊이지 않은 땅이라 하여 동쪽에 있는 목마른 말이 시내를 달리는 형국인 갈마분계형(葛馬奔溪形)의 명당(明堂)으로 과거급제자 12인과 거부가 나올 것이라고 전하고 있다. 경주이씨(慶州李氏)의 집성(集姓) 마을이다.

생곡동 남서쪽에 있는 마을로 제15통에 해당된다. 동쪽은 중곡, 서쪽은 구랑동 구랑마을로 이어진다. 지사천이 마을 앞을 흐르면서 너른 충적지를 이룬다. 마을은 동쪽 큰웃골과 남쪽 한적골로 나뉘어 있다. 한적골에 마음소류지가 있으며 활석 광산이 있었다. 지명은 17세기 경주 이씨 선비였던 이필달(李必達)이 이곳을 지나다가 말이 크게 울면서 더 이상 가려 하지 않아 천마산 아래인 이곳에 입촌하면서 비롯되었다 전한다. 경주 최씨도 함께 살았으나 나중에 중곡마을로 이주하였다. 천마산 풍수는 갈마음수형(渴馬飮水形), 천마시풍형(天馬嘶風形) 형국으로 해석되고 있다.

마을에는 당산나무가 2그루가 있었으나 아랫당산나무는 태풍에 소실되고, 수령 200년이 된 윗당산나무만 남아 있다. 매년 음력 섣달 그믐날 자정에 제를 올렸다. 마을비는 가락대로의 취락 초입부에 세워져 있다. 글은 천마시풍형, 갈마분계형, 거부(巨富), 경주 이씨 등의 단어로 구성하고 있으며. 내용에는 풍수 명당 자리에 마을이 자리잡고 있는데 대한 자부심을 담고 있다.

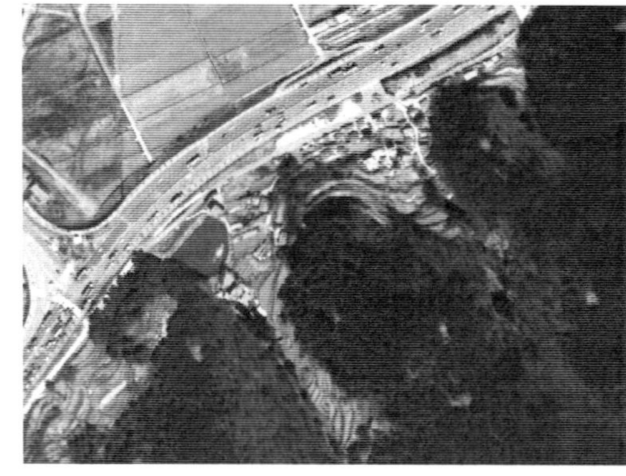

마음마을(정사영상, 2011)

마을회관과 노거수

▶ 가달마을 加達

가달 생곡동 13통
-가야시대 고분이 있는 가달마을(加達 13통)-

생곡에서 중곡으로 넘어가는 고개가 학배등 고개마루다. 이 학배등은 학이 먹이를 잡으려고 들판을 보고 목을 빼는 형상이라고 한다. 이 산 아래 도로가에 있는 마을로서 강에 닿아 있는 마을이란 뜻으로 가달(加達)이 되었다.
이른 봄에 복숭아, 살구, 벚꽃이 곱게 필 때 쯤 도로를 지나며 쳐다보는 마을 경치가 참으로 평화롭고 안온한 정감을 준다
녹산동(생곡) 산86, 91, 92번지 일대에서 가야시대의 유적인 가달고분군(加達古墳群)이 있어 1989년 12월부터 1990년 2월에 걸쳐 발굴, 조사된 바 있다.

생곡동 중앙에 있던 마을로 2012년 생곡단지 조성으로 철거되었다. 봉화산 북쪽 산록의 말단부에 취락이 형성되어 있으며 서쪽에 중곡마을이 있고, 동쪽 생곡마을과는 학배등 고개를 통해 이어진다.

지사천과 서낙동강이 합류하는 일대로 제방이 축조되기 전에는 마을 앞에까지 하천이 흘렀다. 지명은 '물가의 들'을 의미하는 지방 방언에서 비롯되었다. 이곳에 있던 생곡나루터는 둔치도, 천자도, 해포도를 잇고 있었다.

마을비는 사진으로 남아 있다. 글은 가야시대 고분, 학배등 형국, 지명유래, 가야 고분군 유적 등의 단어로 구성되어 있으며, 내용에는 마을의 풍수 형국과 봄 풍광에 대한 아름다움을 담고 있다.

가달 마을회관

가달마을(정사영상, 2011)

▶ 중곡마을 中谷

중곡마을 中谷

천마산(天馬山), 비마산(飛馬山) 아래
난물 [飛馬] 한음밖껄 [飛馬] 마주 보고
나는 말 놀랄까봐 풍물놀이 가지 않고
잎 동녘 벼이삭처럼 하늘 이고 사는 마을

기름진 한섬직이 '방안들'엔 두레로 마음모아
고운 인심 바른 예절 집집마다 情을 심고
가신 임 흘리신 땀은 福德으로 이어가리

1997년 12월 마을주민 세움

생곡동의 남서쪽에 있던 마을로 2012년 생곡단지 조성으로 철거되었다. 동쪽은 가달, 서쪽은 미음마을로 이어진다. 남쪽 봉화산에서 이어진 줄기가 태야별로 이어지다가 천마산과 비마산(飛馬山)으로 갈라져 뻗어 온다. 취락은 두 산줄기 사이의 산록의 소하천 유역에 형성되어 있다.

지명은 골짜기 중간에 있다 하여 유래되었다. 마을이 소쿠리 안쪽과 같은 대숲으로 둘러싸여 있어 타원 모습을 하고 있어 미인의 눈썹 모습으로 해석하기도 한다. 마을 앞까지 하천이 흘러 농경지가 적었으며, 길 너머 들판을 '한섬지기 방안'이라 부르기도 하였다. 17세기 경주 최씨가 입촌하여 마을을 이루었다.

마을비는 사진으로 남아 있다. 글은 천마산, 비마산, 벼이삭, 한섬직이 단어를 이용하여 구성하였다. 내용에는 마을이 명당자리에 있고, 아름다운 인심을 간직하면서 예절을 지키는 마을로서의 자부심을 담고 있다.

중곡 마을회관

중곡마을(정사영상, 2011)

□ 구랑동[구랑리] 九郞洞

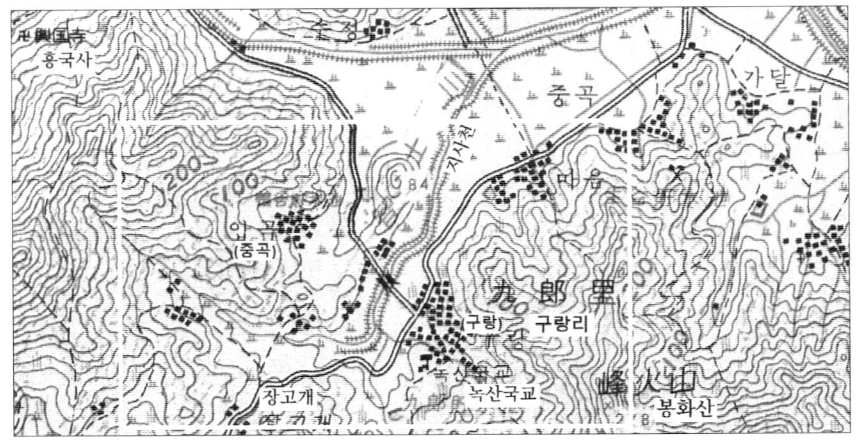

그림 6-6. 구랑동 일대(1974)

녹산동의 중앙 서쪽에 있는 동으로 구랑과 압곡마을 2곳으로 구성되어 있었다. 지금은 미음산업단지에 편입되어 마을은 철거되었다. 동쪽에 생곡동, 남쪽은 녹산동과 접하며 서쪽으로 지사동과 송정동이 있다. 북쪽에는 미음동이 있다. 서쪽은 보개산 줄기가 이어져 있으며 동쪽으로 봉화산(熢火山)과 천마산(天馬山) 줄기가 지난다. 취락은 봉화산 북쪽 산록의 지사천 상류 유역에 형성되어 있다. 지명은 천마산의 산줄기가 아홉번 굽어져 있어 비롯된 구절봉(九折峰)이 변음되어 유래되었다는 설과, 신라시대 낭관직을 지낸 아홉 사람이 살았다고 하여 비롯되었다는 견해가 있다.

조선시대 김해부 태야면에 속하였으며 1914년 구랑리와 소압리 일부를 합쳐 구랑리가 되었다. 당시 태야면과 녹산면의 경계에 있어 두 면의 중앙에 위치하면서 통합 후에는 면사무소를 비롯한 중심 기능이 입지하였다. 호구수 변화를 보면(표 6-7), 1972년에는 구랑마을이 86호(447명)로 규모가 컸다. 압곡 마을의 경우 44호(229명) 전체가 농업에 종사하고 있었다. 미음단지로 편입되기 전인 2006년에는 구랑마을의 경우 인구수는 줄어들었으나 가구수는 125호로 늘어났다.

표 6-7. 구랑동 마을 호구수 변화

시기	마을	가구수(농가)	인구수	가구당 인구수
1972년	구랑	86(75)	447	5.2
	압곡	44(44)	229	5.2
2006년	구랑	125	284	2.3
	압곡	51	123	2.4
2023년	구랑 · 압곡	미음산업단지 편입		

▶ 구랑마을 九郞

구랑 마을회관

구랑동 남쪽에 있던 본마을이었으나 미음산업단지 조성으로 철거되었다. 북쪽으로 생곡동의 마음마을이, 남쪽은 장고개를 너머 송정리와 이어졌다. 봉화산의 북서쪽 산록에 있어 지사천의 상류 유역에 해당한다. 마을 앞을 흐르는 지사천을 사이에 두고 압곡마을과 마주 보고 있었다. 압곡은 봉오골, 구랑은 골마을로 불렀으며 정월 대보름에 두 마을이 나뉘어 줄다리기를 겨루고 달집놀이를 하였다. 17세기에 동래 정씨와 달성 서씨가 입촌하여 마을을 이루었다. 마을에는 동래 정씨 문중 재실인 여여정(與與亭)이 있었다. '더불어 함께'라는 의미를 담고 있다. 당산이 마을 위쪽의 산록에 있었으며 3년마다 한번씩 음력 정월 보름 오전에 동제를 올렸다 한다. 마을비는 남아 있지 않다.

▶ 압곡마을 鴨谷

구랑동 서쪽에 있는 마을로 구랑 마을과 함께 미음산업단지 조성으로 철거되었다. 보개산의 동쪽 산록에 입지한다. 주위 지형이 야(也)자 형세로 흰오리가 먹이를 찾는 형국[白鴨下架形]으로 해석하여 지명이 비롯되었다 전한다. 압실이라고도 하였으며, 함종 어씨가 입촌하여 마을을 이루었다. 잠봉에 있는 토성에서는 매년 산성놀이가 열렸으며 동제가 열리기도 하였다. 큰압실[大鴨]·작은압실[小鴨]·어산(魚山)·잠봉(蠶峰)의 4개 마을로 구성되어 있었다. 잠봉과 큰압실 사이에는 5일장(5·10일)인 반송장이 열렸다. 당시 명지도에서 생산된 소금이 반송장을 통해 내륙으로 유통되었다. 마을비는 남아 있지 않다.

압곡 마을회관

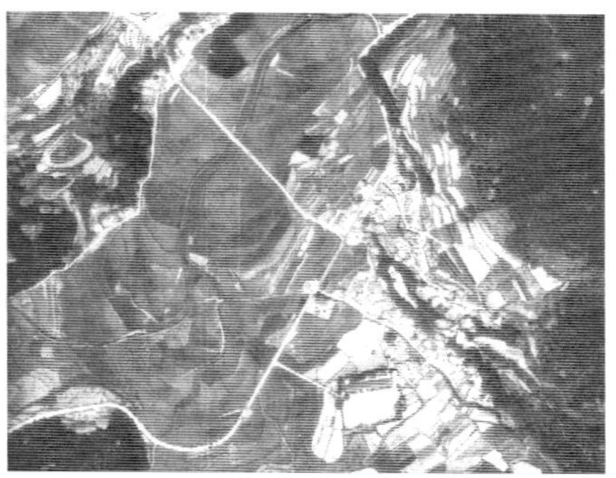
구랑·압곡마을(항공사진, 1987)

□ 지사동[지사리] 智士洞

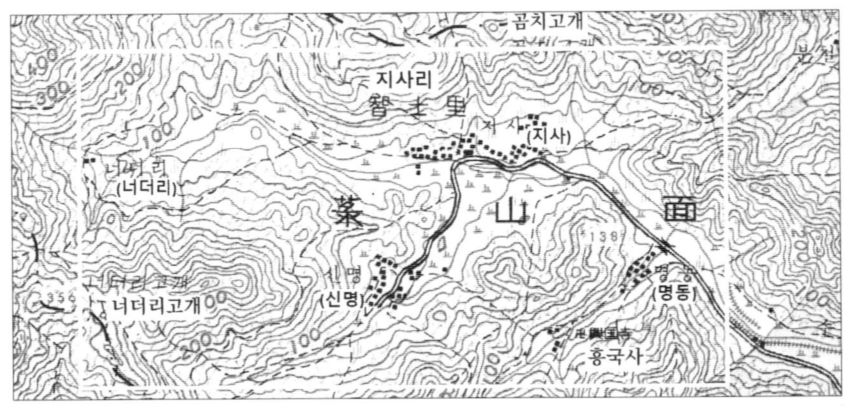

그림 6-7. 지사동 일대(1974)

녹산동 북서쪽에 있는 동으로 지사, 명동, 신명 3곳의 마을로 구성되어 있었다. 동쪽에 미음동, 구랑동과 접하며, 북쪽은 옥녀봉(玉女峰)을 사이에 두고 김해시 장유동이 있다. 서쪽으로 보개산(479m)의 너더리와 두동고개를 지나 창원시 진해구와 이어졌다. 이들 고개는 당시 창원과 김해를 잇는 길목으로 보부상들의 내왕이 잦았던 곳이었다. 지명은 선비가 글을 읽는 고사독서(高士讀書形) 형국이어서 유래되었다 전한다. 지사천이 동쪽으로 흘러 구랑천에 유입하면서 유역에 마을이 형성되었으나 지금은 지사단지가 조성되어 대부분 이전 혹은 철거되었다.

호구수 변화를 보면(표 6-8), 1972년에는 지사마을이 51호(294명)로 가장 컸다. 신명은 14호(78명)에 불과하였고 대부분 농업에 종사하였다. 2000년대 이후 지사단지가 조성되어 아파트 지구가 들어서면서 지사마을의 경우 427호(521명)로 늘어났다.

표 6-8. 지사동 마을 호구수 변화

시기	마을	가구수(농가)	인구수	가구당 인구수
1972년	지사	51(49)	294	5.8
	명동	26(24)	146	5.6
	신명	14(14)	78	5.6
2006년	지사	8	15	1.9
	명동	68	108	1.6
	신명	2	6	3
2023년	지사	427	521	1.2
	명동	71	86	1.2
	신명	지사산업단지 편입		
	아파트단지	4,132	9,862	2.4

▷ **지사마을 智士**

지사동 북쪽에 있는 마을로 제17통에 해당된다. 지사산업단지가 들어서면서 마을 일부가 철거되었고 이주단지가 조성되어 있다. 지사리 본마을로 과거에는 마을 서쪽의 너더리고개를 넘어 웅천현으로 연결되었다. 남쪽의 두동고개를 넘어서는 창원시 진해구 웅동, 북쪽 곰티(곰치)고개를 넘어 김해시 장유동으로 이어졌다.

너더리고개에는 보부상들이 쉬어가는 주막과 함께 마을이 있었다. 지금은 옛 터만 남아 있다. 고개의 남쪽에는 양산곡, 동쪽에 장자곡이 있었다. 수령 500년이 넘는 팽나무가 있었으나 고사되었다.

마을은 이주단지 조성으로 대부분 격자상 시가지가 조성되어 있다. 아파트와 주택지구가 들어서 있고 파출소, 우체국 등의 중심 기능이 입지하고 있다. 창원시를 생활권으로 하는 주민 비율을 적지 않다. 마을비는 남아 있지 않다.

지사마을(항공사진, 1987)

마을 주거지구

너더리마을 터

▶ 명동마을 明洞

지사리의 남쪽 산록에 있던 마을로 철거 이전에 제16통에 해당되었다. 지사리 초입부에 있었으며 동쪽으로 구랑마을과 이어진다. 지명은 남쪽의 명월산(明月山)에서 비롯되었으며 괘등형(掛燈形)의 풍수 형국으로도 해석되고 있다.

『승람』에 "명월산에 명월사와 진국사(鎭國寺)가 있었다."는 기록이 있다. 이들 사찰 부근에 지금 흥국사가 있는데, 가락국 김수로왕과 허황옥의 혼례식이 이곳에서 있었다는 전설이 전한다. 일제강점기 때 납석광산이 있었다. 마을비는 남아 있지 않다.

명동 마을회관

명동마을(정사영상, 2010)

▶ 신명마을 新明

지사리 남서쪽에 있던 마을로 제20통에 해당되었다. 보개산(寶蓋山, 479m) 북쪽 산록의 지사천 상류에 있으며 하류에 지사마을이 있다. 마을 앞을 흐르는 개울을 '저만 큰도랑'이라 하였으며 일명 '저만', '저마이'라고 불렀다. 19세기 평산 신씨가 입촌하여 마을을 이루었고, 문중 재실인 지사재(志思齋)가 있었다. 흥국사가 인접해 있어 중산골, 미륵당 등 사찰과 관련된 지명이 많다. 마을은 없어졌으나 이름은 공원명에 남아 있다. 마을비는 남아 있지 않다.

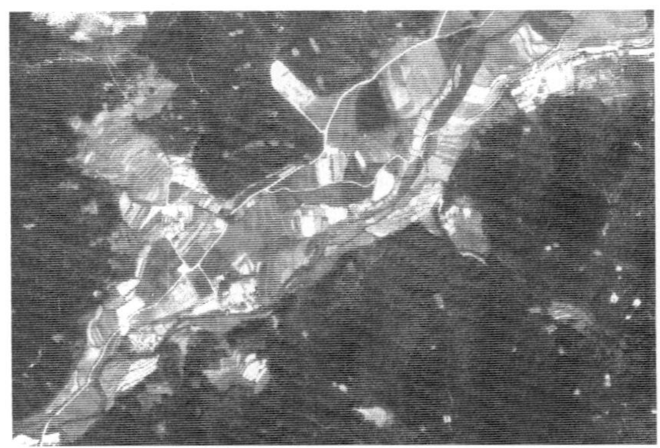
신명마을(항공사진, 1987)

명동 허황후 유허비

□ 미음동[미음리] 美音洞

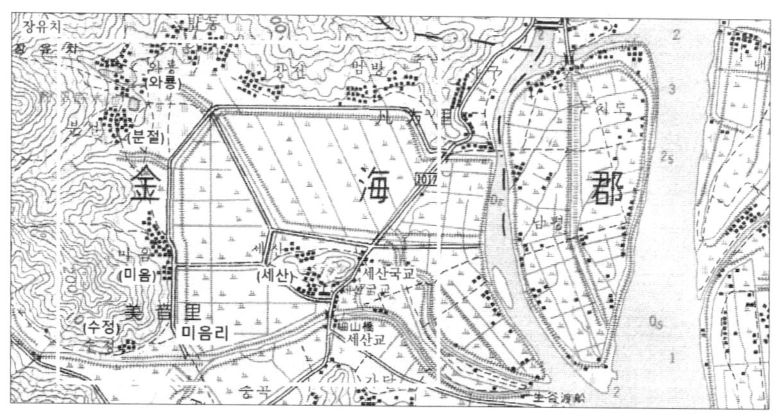

그림 6-8. 미음동 일대(1974)

녹산동 북쪽에 있는 동이다. 미음 · 세산 · 분절 · 와룡의 4곳 마을로 구성되어 있었으며 미음산업단지 조성으로 세산, 분절, 와룡마을이 철거되었다. 동쪽에 범방동, 서쪽은 지사동, 남쪽에 생곡동이 있으며 북쪽은 옥녀봉(玉女峰)과 태정고개(일명 장유고개)를 사이에 두고 김해시 장유동과 응달동에 접한다. 동쪽 산록에 범방천이 흐르고 유역에 분절소류지가 축조되어 있다. 지명은 화동(花童)이 피리를 부는 화동취적형(花童吹笛形)의 풍수 명당이 있어 비롯되었다. 가난한 어부의 노모가 승천하면서 모친의 목소리가 아름다운 풍악소리와 함께 들려왔다는 전설에서 유래하였다고도 전한다.

호구수의 변화를 보면(표 6-9), 1972년에는 세산마을이 104호(558명)로 규모가 가장 컸다. 대부분의 가구가 농업에 종사하였고 와룡의 경우 전체 가구가 농업에 종사하였다. 2006년에는 미음마을이 131호(338명)로 규모가 증가하였다.

표 6-9. 미음동 마을 호구수 변화

시기	마을	가구수(농가)	인구수	가구당 인구수
1972년	미음	82(78)	438	5.3
	세산	104(93)	558	5.4
	분절	36(35)	217	6.0
	와룡	39(39)	217	5.6
2006년	미음	131	338	2.6
	세산	131	344	2.6
	분절	51	137	2.7
	와룡	59	133	2.3
2023년	미음	74	83	1.1
	세산 · 분절 · 와룡		미음단지	

▷ 미음마을 美音

미음마을

미음(美音)은 미음곡(美音谷) 즉 미음실이다. 본래 태야면의 면사무소는 이곳 미음실에 있었고 일제때는 야학교(夜學校)가 있었다. 미음실의 美音이란 풍수지리설에 풍상산(風裳山) 아래에 화동(花童)이 피리를 부는 화동취적형(花童吹笛形) 명당이 있어 문과오방(文科五方)에 이판서(二判書)가 날 자리라고 전하기 때문에 아름다운 소리가 난다고 미음이라 불렀다 하고 또 가난한 어부의 노모(老母)가 승천(昇天)하면서 노모의 목소리가 아름다운 풍악 소리와 함께 들려왔다고 하여 미음이라 했다는데 노모의 치맛자락이 바람에 휘날렸다는 풍상산(風裳山)의 전설이 전해온다. 이 풍상산 형국이 호랑이같아 범골이라 칭하고 옛날에 절이 있었기에 절골이라고도 한다. 이 절골을 올라가는 기슭에 있는 농장 울타리의 매화나무는 전국에서 제일 먼저 피기로 이름난 곳이기도 하다.

이웃 수정(水亭) 마을은 수참(水站, 水塹)이라고 하는데 동국여지승람(東國輿地勝覽)에는 이곳에 왜(倭)의 사신(使臣)을 영접하던 왜관(倭館)이 있었고 이조 중기까지 사창(社倉)이 있었던 수참포구(水站浦口)로서 지사천(智士川) 물줄기와 만나는 아름다운 절경지이다. 또한 수참뒤 산에는 임진왜란때 김해성을 지키다가 순절한 유식 선생의 옷과 신발을 장례한 묘소가 있다.

서기 2005년 12월 10일　주민 일동 세움

미음동 서쪽에 있던 마을로 제15통에 해당한다. 미음단지가 조성되면서 대부분 철거되고 일부는 세산의 음달마을로 이주하였다. 북쪽으로 분절과 와룡마을, 남쪽에 생곡동 마음마을이 있다. 서쪽은 지사동과 접한다. 풍상산 동쪽 산록에 있으며 마을 남쪽에 지사천이 흘러 유역에 충적지가 발달해 있다. 일명 '미음실'(미음골, 미음곡)로도 불렀다. 범골 혹은 절골이라고도 하였다. 1914년 이전까지 태야면 사무소가 있었다. 마을비는 사진으로 남아 있다. 글은 야학, 풍수지리, 수참 등의 단어로 구성하였으며 마을 풍광과 함께 수참, 임진왜란 등과 관련된 내용을 상세하게 담고 있다.

미음 마을회관

미음마을(항공사진, 1987)

▶ 세산마을 細山

세산(細山) 마을

우리 마을은 태야(台也)들의 중심부에 자리한다. 남으로는 지사천 세산다리(細山橋)로 중곡마을과 북은 돌끝의 석말교(石末橋) 샛강으로 범방과 경계하는 얼안의 세산둘레에 양달(陽達)과 음달(陰達) 두 마을로 이루어져 있다.

세산(細山)의 이름은 서산(鼠山: 79m)에서 유래되었다. 세산은 생김새가 쥐모양 같다고 부쳐진 이름인데 「노서하전형국(老鼠下田形局)」으로 당대에 만석을 이룰 명당(明堂) 자리라 한다. 근면(勤勉) 성실(誠實)한 생활 기풍이 충만하고 교통의 요지로 洞勢가 날로 뻗고 있고 반세기 역사의 세산국민학교가 여기 있다. 지금도 세산교 아래의 제방(堤防)과 석말교 수로(水路)는 강태공들의 좋은 낚시터가 된다.

미음동 동쪽에 있던 마을이다. 독뫼인 세산 산록에 있었으며 미음단지 조성으로 철거되었다. 지금의 태야공원 일대이다. 세산을 늙은 쥐가 밭으로 내려오는 노서하전(老鼠下田) 형국으로 해석하여 서산(鼠山)이라 불렀으나 후에 세산(細山)으로 바뀌었다.

취락은 세산을 중심으로 양달과 음달 마을로 나뉘어 있다. 일제강점기 초에 마을에 신작로가 개설되고 지사천에 세산교가 가설되었다. 일본인의 갑비농장이 있었다. 1946년 세산초등학교가 설립되었으나 이후 녹산초등학교와 병합되었다.

마을비는 사진으로 남아 있다. 글은 지사천, 태야들, 지사천, 석말교, 풍수 명당, 교통 요지, 국민학교 등의 단어로 구성하고 있으며, 내용에는 미음리의 중심 마을이라는 자부심과 함께 미래 번영에 대한 기대감을 담고 있다.

세산 마을회관

세산마을(정사영상, 2011)

▶ 분절마을 粉切

분절마을 粉切

옥녀봉(玉女峰) 전설따라
분줄(粉櫛)이 분절(粉切)되고
맑은 가난 아름안고
무검티(陳峴) 오갔던 님들
배움길 영마루 이뤄 충효 이룬 두레마을
고운님 마주 앉아 부추간 묶는 농심
날 새면 새순 돋는 나눔의 이 뜨락에
앞 들녘 사계(四季)로 풀어
담을 넘는 웃음 소리

단기 4329년 10월 26일
마을 주민 세움

미음동 북서쪽에 있던 마을로 미음산업단지 조성으로 철거되었다. 옥녀봉 동남쪽 산록에 있으며 저수지가 축조되어 있다. 지명과 관련하여서는 옥녀가 금병풍을 치고 앉아 머리를 풀어서 마을 앞의 저수지에 얼굴을 비추고, 마을 건너 빗골의 빗으로 머리를 빗는 풍수 형국으로 해석하여 가루 '분'자에 빗 '즐'자를 써서 분즐로 불렀고, 이후 분절로 변음되었다 한다. 분전 혹은 분즐로도 부른다. 고분군, 패총, 지석묘 등이 발굴되었다. 독립운동가인 조정환(曺正煥, 1875~?) 선생의 재실이 있었다.

마을비는 사진으로 남아 있다. 글은 옥녀봉, 분즐 지명, 무검티, 두레마을, 농심 등의 단어로 구성하고 있으며, 내용에는 이웃간의 협동과 마을 주민들의 후한 인심에 대한 자부심을 담고 있다.

분절 마을회관

분절마을(항공사진, 1987)

▶ 와룡마을 臥龍

와룡 마을회관

미음동 북서쪽에 있던 마을로 미음산업단지 조성으로 철거되었다. 태정산 남쪽 산록에 있었으며 북쪽으로 태정고개를 통해 김해시 장유동으로 이어진다. 태정고개에는 아기를 업고 고개를 넘던 아낙네의 애잔한 이야기가 전해 온다. 남쪽에 분절마을, 동쪽에 범방동의 탑동마을이 있었다. 본래 이름은 이룡(二龍)이었고 북쪽은 상룡(上龍)이었다. 1914년에 미음리에 합쳐지면서 와룡으로 바뀌었다.

마을을 에워싼 산줄기가 용이 누워서 꿈틀거리는 용이청수(龍耳聽水)의 형국으로 해석되어 지명이 비롯되었다. 마을 입구의 길은 벚나무가 심어져 있어 풍광이 아름다웠다. 제방에는 팽나무 정자나무가 있었으며 동남쪽에 당산나무가 있었다. 마을비는 남아 있지 않다.

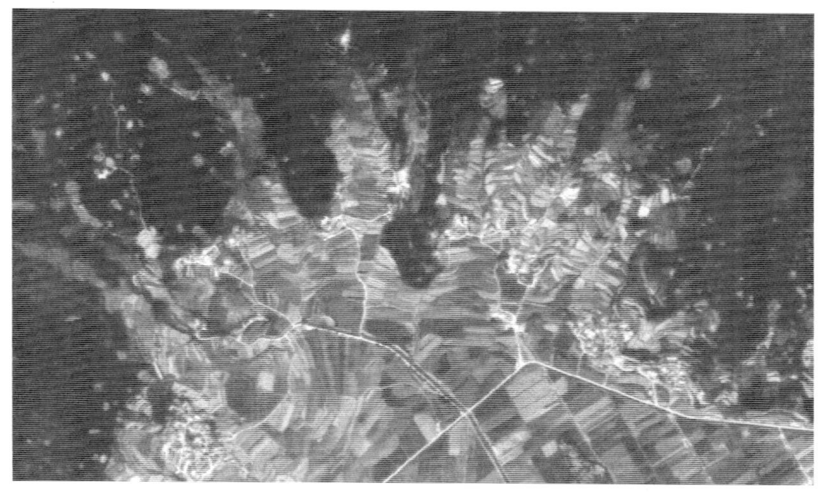

와룡마을 일대의 취락(항공사진, 1987)

□ 범방동[범방리] 泛舫洞

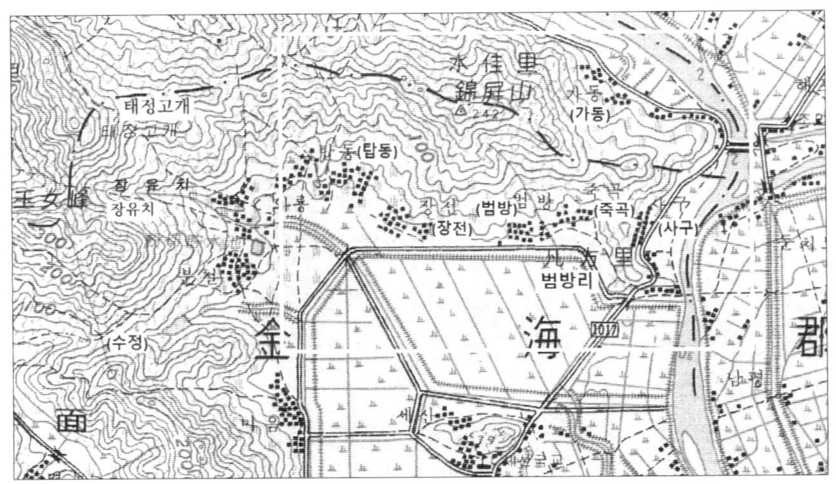

그림 6-9. 범방동 일대(1974)

녹산동 북동쪽에 있는 동으로 범방, 사구, 장전, 가동, 탑동의 5곳 마을로 구성되어 있다. 동쪽은 조만강과 서낙동강 지류를 사이에 두고 가락동 해포도와 둔치도마을이 있으며, 서쪽은 미음동과 접한다. 남쪽은 지사천이 생곡동과의 경계를 이루고, 북쪽은 경상남도 김해시의 수가동과 접한다. 원래 이곳은 김해군 태야면에 속하였다. 1914년 녹산면과 통합되었고 이때 범방리와 탑곡리가 합쳐졌다.

범방동과 경상남도의 경계는 북쪽의 금병산(243m) 능선을 따라 이어져 있었으나 2005년 부산경마장이 세워지면서 장전마을이 김해시 소속이 되었고, 김해시의 가동마을이 강서구로 이관되면서 아래 그림과 같은 두입지 형태의 행정경계가 그어졌다.

부산경마장 일대 부산광역시-경남 김해시 경계

범방 지명은 풍수지리상 행주(行舟) 형국이어서 유래되었다 전한다. '범방(凡方)'으로 표기하기도 한다. 이곳의 조만강에는 범방대가 세워져 있었다. 조선시대 정조 때 조심(曺深)이 세웠으며 경치가 뛰어나 과거 김해군에 속해 있을 때 김해 8경 중 하나로 꼽혔다. 지금은 인근에 범방대 표지석과 함께 공원이 조성되어 있다.

취락은 금병산 남쪽 산록에 형성되어 있으며 마을 앞에 넓은 농경지가 발달하여 전형적인 배산임수의 경관을 보이고 있다. 북동쪽 조만강 유역의 충적지에도 취락이 발달하였으며 농경지는 경지정리가 되어 있다. 이곳에 있던 나루터는 조만교 건설 이후 기능이 상실되었다.

호구수 변화를 보면(표 6-10), 1972년에는 사구마을이 78호(465명)로 가장 크며, 대부분의 가구가 농업에 종사하고 있다. 통계에 죽곡마을(22호, 138명)이 있었으나 2006년 통계에서는 나타나지 않는다. 「현대지형도」(1974)에는 범방마을 동쪽에 죽곡 지명이 있어 마을이 병합된 것으로 추정된다.

2006년에는 가동 마을이 새로 나타나는데 이는 경마공원이 조성되면서 김해시에서 부산시로 편입되었기 때문이다. 2023년 현재 전체 호구수는 692호(1,001명)로 가구당 인구수는 1.4명에 불과하다. 범방마을이 112호(158명)로 가장 크다. 통합이주단지가 486호(676명)로 인구수가 가장 많다. 이는 부산경마장이 건설되면서 만들어진 주거지구이다.

표 6-10. 범방동 마을 호구수 변화

시기	마을	가구수(농가)	인구수	호당 인구
1972년	범방	40(40)	243	6.1
	사구	78(78)	465	6.0
	탑동	36(35)	220	6.1
	장전	34(34)	198	5.8
	죽곡	22(22)	138	6.3
2006년	범방	50	84	1.7
	사구	89	230	2.6
	가동*	54	110	2.0
	탑동	49	154	3.1
2023년	범방**	112	158	1.4
	가동	48	84	1.8
	사구	46	83	1.8
	통합이주단지	486	676	1.4
	탑동	- (부산경마공원 편입)		

* 2006년 경상남도에서 편입, ** 범방마을 호구수는 이전 후 통계임.

▷ 범방마을 泛舫

범방(凡方) 마을

마을앞 「범방패총」은 초기 선사시대(初期先史時代)이래 우리 조상들이 살아온 흔적이다. 서(西)에서 동(東)으로 이어내린 금병산(錦屛山, 241.2m)이 북풍을 막고 내린 남향(南向) 자락에 태야 넓은 들을 앞에 두고 평화롭게 자리한다. 범방「凡方」의 본래 표기는 「泛舫」이였다. 금병산이 태야강(台也江: 潮滿江)과 만나는 곳에 행주형(行舟形) 명당이 있어 옛날부터 시인묵객(詩人墨客)은 이곳을 범방대(泛舫臺)라 이름하고 배산임수(背山臨水)의 절경(絶景)을 사랑하였다.

범방의 이름은 여기 「泛舫-凡方」에서 연유되었다. 순후(順厚) 근면(勤勉)하고 인물(人物)이 줄을 잇는 마을, 지금은 「범방미나리」의 특산지(特産地)로 전국적인 명성과 함께 고소득 부농(富農)으로 활기찬 마을이다.

서기 1994년 12월 준공

범방동 중앙에 있는 마을로 제19통에 해당된다. 동의 본 마을로 금병산 남쪽 산록에 있었으며 동쪽에 사구, 서쪽은 장전마을로 이어지고 있었다. 부산경마장이 들어서면서 마을비와 함께 정문 앞 일대로 이전되었다.

지명은 마을 뒤에 있었던 범방대에서 비롯되었다. 범방 지명은 마을을 둘러싼 지형이 행주(行舟) 형국이라 하여 유래되었다. 동쪽의 죽곡마을은 대나무가 많이 자라 이름이 비롯된 것이다. 패총이 발굴되어 일찍부터 취락이 형성되었음을 보여준다.

마을비는 경마장 앞의 취락 초입부에 세워져 있다. 글은 금병산, 패총, 태야강, 배산임수, 미나리 등의 단어를 이용하여 구성하였으며, 내용에는 마을의 풍요로움에 대한 자부심을 담아내고 있다. 한편, 이주 전에 마을에 있던 노거수는 부산경마장 내에 속하게 되었으며 매년 2월 마을 주민들이 모여 당제를 올린다.

범방 마을회관

당산나무(경마공원 내)

▷ 가동마을 佳洞

가동마을 佳洞
-녹산동 26통-

지금부터 약 4500년전 단군이 고조선을 건국한지 500년 뒤 최초의 지역으로 수가리 패총(水佳里貝塚)이 확인되었는바 아주 유래가 깊은 마을입니다.
조만강(潮滿江)에 인접하고 배산임수(背山臨水)의 지형을 갖춘 마을로서 끝은 조만강에 이르며 풍수지리설로는 청룡(靑龍)은 수가에 놀고 백호(白虎)는 심강반월형(沈江半月形)의 문무겸비(文武兼備)할 明堂이 있다는 상서(祥瑞)러운 자리라고 하였습니다.
행정상으로 김해시 장유면 수가리 가동마을로 되어 있다가 2000년 1월 12일 행정구역변경에 관한 법률 제6114호 의거 부산광역시 강서구 녹산동으로 편입되었습니다.

2002년 12월 25일
가동마을 주민 일동

범방동 북동쪽에 있는 마을로 제18통에 해당된다. 금병산 북동쪽 산록의 조만강 유역에 있으며, 원래 김해시에 속하였다. 이곳에 부산경마장이 들어서면서 부산시와 경상남도간의 행정구역 조정 과정에서 부산시로 편입되었다. 종래의 시-도 경계는 금병산 산줄기를 기준으로 나뉘어 있었다.

지명은 조만강을 내려다 보는 풍광이 아름다워 비롯되었다. 이곳은 조만강과 서낙동강이 합류하는 일대로 이전에 녹산에서 김해로 이어지는 교통의 요지였다. 패총이 발굴되어 일찍부터 취락이 형성되었음을 보여준다. 마을 앞길은 금병산 산줄기가 조만강에 임박하여 있어 사람과 우마(牛馬)가 다니기 어려운 곳이었다. 일제강점기 둔치도에 사는 이만영(李萬榮)이 사비를 들여 신작로를 개설하였으며 마을에는 이를 기리기 위한 기념비가 세워져 있다. 마을 뒤의 금병산 산록에 범방대가 있었다.

마을비는 수가로의 취락 초입부에 세워져 있다. 글은 단군, 수가리 패총, 조만강, 청룡, 백호, 행정구역 등의 단어를 이용하여 구성하였고, 내용에는 풍수 명당 자리이며 역사가 오래되었다는 자부심을 담고 있다. 표지석에 새겨진 '26통'은 부산시로 편입 당시 부여된 통 번호이다.

가동 마을회관

▷ 사구마을 沙邱

사구마을 沙邱

금병산 錦屛山 조만강 潮滿江은 배산임수 背山臨水요
조만강 潮滿江 범방대 泛舫臺는 좌포우대 左浦右臺라
학이 노닐고 소나무 무성한 鶴邊茂松
강변 산자락 둔덕에 터 잡은지 하 세월
등대배기 따라 사구패총지는 선대 先代 흔적이요
시인묵객 詩人墨客이 찬탄하던 대끝
범방대는 천하의 명승 名勝이라
조만강 지사천 서낙동강 만나는 三水 머리
기린새까지 긴 얼안은 마비동 들녘이다.
동 東으로 트이고 남 南으로 열려진 마을!
아침해 먼저 솟아라
우리는 희망처럼 내일을 연다

2006. 6

범방동 동쪽에 있는 마을로 제20통에 해당한다. 금병산 동쪽 산록의 말단부에 있으며 조만강을 사이에 두고 둔치도와 마주 보고 있다. 북쪽으로 조만교를 통해 가락동 해포도마을로 이어진다. 지명은 조만강이 서낙동강으로 합류하는 일대의 모래언덕에 마을이 생겨 비롯되었다. 모래구지(찌)라고도 부른다. 북쪽의 조만포 쪽으로 등대(嶝臺) 고개가 있으며 이곳에서 장락마을로 이어지는 언덕을 가리새들이라 불렀다. 가랑이 사이처럼 생겼다고 하여 비롯된 이름이다. 마을비는 가락대로의 취락 초입부에 있다. 글은 금병산, 조만강, 패총지 등의 단어를 이용하여 구성하였으며, 내용에는 마을의 아름다운 풍광과 미래 희망을 담고 있다. 회관에는 별도의 공덕비가 세워져 있다.

사구 마을회관

[마을회관 공덕비 글]

더운피 도는 산천 붙안아 나누인 情
참된 심성 좋은 인심 너나없이 보듬은 임
이터에 그정배어 새순돋는 이웃사랑
앞선 임 고마운 뜻 마음적셔 내일열고
오는 이 보낼 사람 이슬촉촉 젖는 가슴
아리랑 조만강숨결 길이 이을 沙邱마을

이 터를 마을에 주신분 ○○○
단기 4333년 11월 좋은날 외터짓고
사구마을 주민 세움

▶ 탑동마을 塔洞

塔洞

水陸萬里 물을 건너 伽倻別浦(탑동)
님 닿은 포구 錦屛山 비단고개
해와 달이 함께 넘든 그 아래 절터 자리에
三層塔만 지켜섰고
資儀大夫 裵信已 配昌寧成氏
旌閭閣에 남은 흔적 님이 뿌린 붉은 절개
거룩타 밝힌 人倫 온누리에 영원하리
그 由緖 고이 담아서 우리 함께 지켜가리

一九九五 · 十二 · 十三

범방동 북서쪽에 있던 마을이다. 금병산 남쪽 산록에 있었으며, 경마공원 조성 이후 범방동의 비월지에 속하였고 이후 미음산업단지에 편입되어 철거되었다. 동쪽의 장전마을, 서쪽의 와룡마을 사이에 있었으며 태정고개를 통해 김해 장유면 응달리로 이어졌다. 지명은 이곳에 있는 삼층석탑(유형문화재 제23호)에서 비롯되었다. 석탑 양식은 신라 양식을 계승하고 있어 고려 전기에 세워진 것으로 보고 있다. 탑이 있던 사찰은 가락국 수로왕 때 세워진 절에서 비롯된 것으로 추정된다.

당산제는 노거수인 팽나무에서 매년 음력 정월 14일 밤에 올렸다. 마을비는 사진으로 남아 있다. 비교적 이른 시기인 1995년에 세워졌으며 글은 가야진포, 금병산, 절터, 삼층탑, 정려각 절개 등의 단어로 구성하였고, 내용에는 낙동강 포구 풍광의 아름다움과 마을민이 새겨야 할 인륜을 담았다.

탑동 마을회관

삼층석탑

▶ 장전마을 長田

장전마을 일대 취락(항공사진, 1987)

범방동의 북서쪽에 있었던 마을이다. 금병산 남쪽 산록에 있었으며 서쪽에 탑동, 동쪽에 범방마을이 있었다. 부산경마장이 들어서면서 김해시에 속했던 가동 일대와 맞교환되면서 지금은 김해시 장유동에 편입되어 있다.

부산시에 속하였을 때는 녹산동 제26통에 해당되었으나 김해에서 새로 편입된 가동마을이 통 번호를 승계하였다. 마을이 있던 곳에는 '장전공원', '장전들'의 지명이 남아 있다. 장전 지명은 옛적에 장자(長子)가 살아서 비롯되었다는 설과, 탑동과 범방 마을 사이에 긴 밭이 있어 유래하였다는 견해가 있다. 남양 홍씨가 입촌하여 마을을 이루었으며, 장전새미라 불렀던 공동 우물과 당산나무가 있었다 전한다.

항공사진(1987)에 의하면 마을 앞쪽은 경지 정리가 되어 있으나 산록으로 이어지는 곳은 계단식 논이 나타나고 있다. 마을 앞쪽에 용수로가 지나고 있었으며 미나리 재배가 성하였다. 앞들을 대우지, 물간, 성성개라 불렀다. 『새마을총람』(1972)의 마을 통계를 보면 34호(198명)로 구성되어 있으며 모든 가구가 농업에 종사하던 전형적인 농촌이었다. 가구당 인구수는 5.8인이었다.

□ 신호동[신호리] 新湖洞

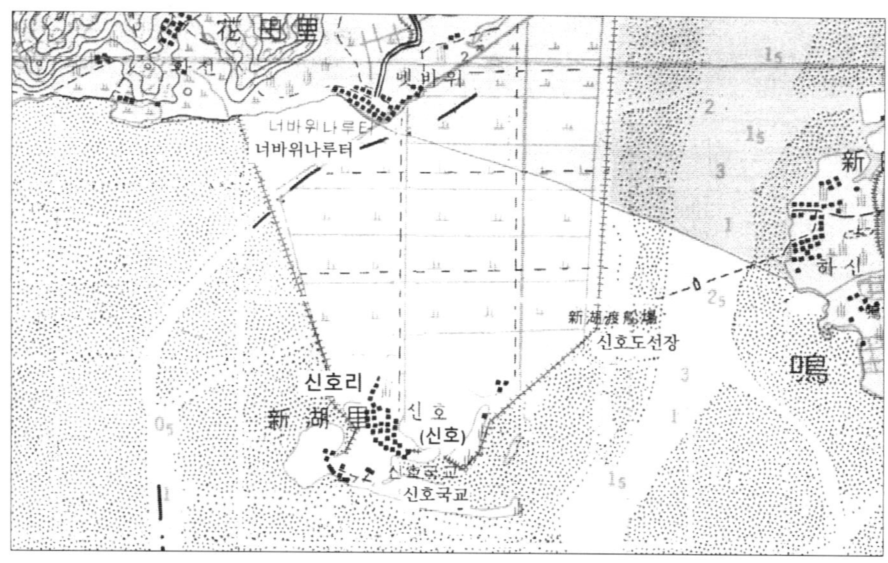

그림 6-10. 신호동 일대(1974)

녹산동 동남쪽에 있는 동으로 신호마을 한 곳만 있다. 동쪽은 서낙동강 하구에 연해 있으며 서쪽은 송정동, 북쪽은 화전동과 접한다. 남쪽은 바다에 연해 있다. 대부분 해안 매립지로 구성되어 있으며, 동쪽으로는 명지동을 잇는 신호대교가 있다. 북쪽에는 르노삼성자동차를 비롯한 산업단지가 조성되어 있다.

신호 지명은 1914년 명지면 신전리에서 분리되면서 생겨났다. 바다에 있던 신도(新島)와 명호(鳴湖)의 '호(湖)'자를 합성한 것이다. 신도 지명은 낙동강 하구에 새로 생긴 섬이라 하여 비롯되었다. 염전업이 성하였으나 1967년의 간척공사로 매립되면서 농지로 이용되었다. 1978년에 명지면에서 김해군 녹산면으로 편입되었다. 부산시로 편입된 1990년대에 녹산산업단지가 조성되면서 주거 지구는 남쪽으로 이전하여 아파트 단지가 조성되었다. 이로 인해 1972년 120호(658명)에 불과하던 가구수는 2023년 현재 2,115호(3,031명)로 크게 늘어났다.

표 6-11. 신호동 마을 호구수 변화

시기	마을	가구수(농가)	인구	호당 인구
1972년	신호리	120(59)	658	5.5
2006년	신호	670	1,384	2.1
2023년	신호	2,115	3,031	1.4
	아파트단지	5,233	13,864	2.6

▷ 신호마을 新湖

신호마을 新湖

신호! 신도(新島)가 본래 이름이다.

낙동강 하구, 남쪽 바다 들머리에 새로 생겨난 모랫등 섬. 본시 명지면(鳴旨面)에 속했다. 1914년에 신호(新湖)란 이름을 얻고, 1967년에 바다 간척공사로 육지화(陸地化)되고 녹산동(菉山洞)에 편입된다.

1993년 이후 신호 · 녹산공단이 조성되면서 삼백년 옛 신호마을이 흘려나간 자리, 지형 · 풍물 · 사람이 많이 바뀌었다. 새로운 가로(街路)가 열리면서 도시형 새마을이 융성(隆盛)히 형성되고 있다. 호수(湖水)에 떠있는 그림같은 옛 마을 모습은 간데없다. 바닷가 10리 솔밭 숲, '막개' 나루터, 마을 한 복판 당산나무, 동내 큰샘이, 굽은 골목길, 동쪽가매 · 서쪽가매 · 건너가매 염전터, 모래밭등, 초등학교 정문 옆에 휘인 소나무 그립다. 저기, 신호대교(新湖大橋) 강을 건너고 신호공단 있다. 르노 삼성자동차는 자랑이다. '홍깨' 건너 바다는 어장터, 진우도(眞友島) 모래섬이 보배다. 여기! 빛나는 얼안에 신호마을, 내일이 열린다.

2009. 12　신호마을 주민 일동 세움

신호동 남쪽에 위치한 마을로 제21통에 해당된다. 이전에 신도가 있던 일대로 동쪽과 남쪽은 바다에 연해 있다. 남쪽에 진우도가 있다. 해송이 자생하였으며, 약 200년 된 포구나무가 있었다. 매립되기 이전에는 자염업이 성하였으며, 매립 후에는 화전동 사암마을을 잇는 뱃길이 없어졌다. 마을 당산은 2003년 태풍 매미에 의해 허물어져 이전하였다. 할매당산제와 수호장군제가 있었으나 지금 지내지 않는다. 마을비는 르노삼성대로의 취락 초입부에 세워져 있다. 글은 낙동강, 명지면, 공단, 삼성자동차 등의 단어로 구성하였으며, 내용에는 지역발전과 마을의 미래 희망을 담고 있다.

신호마을 중심 거리

제7장 가덕도동 加德島洞

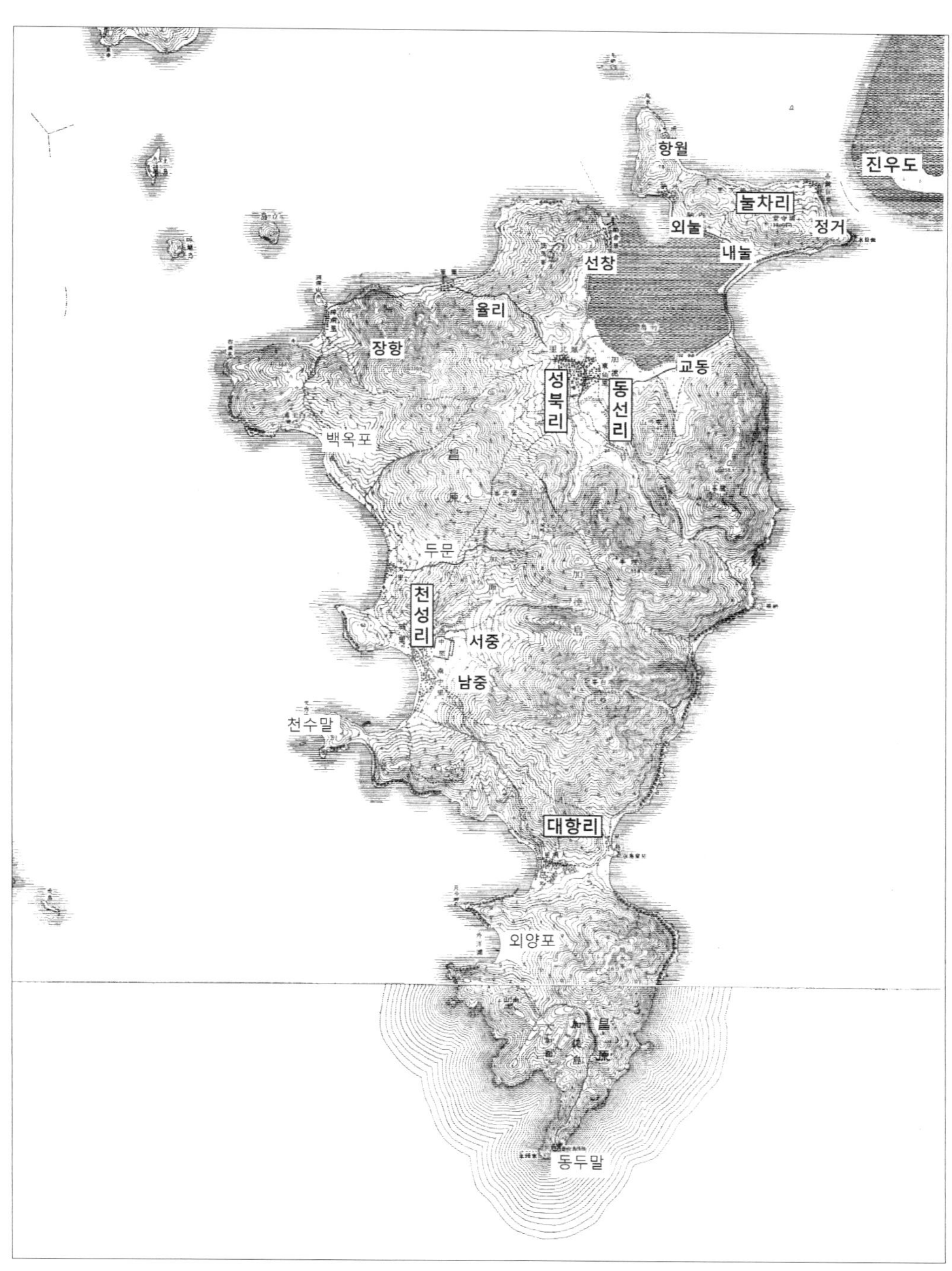

그림 7-1. 「조선지형도」(1943) 가덕도동 일대(1:25,000)

부산시 유일하게 섬으로만 구성된 동으로 가덕도 본섬과 부속섬, 대죽도를 비롯한 무인도를 관할한다. 동선동, 성북동, 눌차동, 천성동, 대항동의 5개 법정동이 있다. 지명은 이곳에 있던 가덕진성에서 비롯되었다. 북쪽에는 부산신항이 축조되어 있으며 가덕대교를 통해 강서구 송정동과 경상남도 창원시로 연결되고 서쪽은 거제도로 이어진다. 북동쪽의 낙동강 하구에는 진우도가 있다.

가덕도 북쪽의 수로는 조선시대 수군의 주요 항로였으며 임진왜란 때 안골포·부산포 해전의 현장이 되기도 하였다. 1544년(중종 39) 지금의 성북동 일대에 가덕진성, 천성만에 천성진성이 축조되었다. 연대봉 정상부에 봉수대가 있다.

가덕진성

조선시대 웅천군 천성면과 가덕면에 속하였으며 1908년 천가면으로 통합되었다. 1914년 창원군 소속이 되면서 눌차리·대항리·동선리·성북리·천성리의 5개 리로 구성되었다. 1989년에 부산시로 편입되어 강서구 천가동이 되면서 리 지명은 법정동이 되었다. 2015년 가덕도동으로 이름을 바꾸었다.

1914년 동리 통폐합 내용을 보면(표 7-1) 성북리의 경우, 장항리, 동선리를 통합하였으며, 눌차리는 내눌리와 외눌리가 합쳐 생겨났다. 서문리, 남평리, 남선리와 대항리 일부가 통합되어 천성리가 되었다.

표 7-1. 1914년 천가면 통폐합 내용

1914년(창원부)	개편 이전(마산부)
동선리(東仙里)	동선리(東仙里) 일부
성북리(城北里)▲	성북리(城北里), 장항리(獐項里), 동선리(東仙里) 일부
눌차리(訥次里)	내눌리(內訥里), 외눌리(外訥里)
천성리(天城里)	서문리(西文里), 남평리(南坪里), 남선리(南仙里), 대항리(大項里) 일부
대항리(大項里)	대항리(大項里) 일부

1916년 동리별 호구수를 보면(표 7-2), 가덕도 전체는 861호(4,939명)로 구성되어 있었으며, 가구당 인구수는 5.7명이었다. 리별 호구수는 천성리가 274호(1,504명)로 가장 컸다. 대항리는 102호(584명)로 규모가 가장 적다.

각 리에 있는 마을을 보면 동선리에 동선, 교동, 누른여 3곳이 있으며 그 중 동선마을이 호구수의 대부분을 차지한다. 성북리는 성북, 율리, 장항을 비롯한 5곳의 마을이 있으며 그 중 백옥포마을은 1가구에 불과하다. 율리는 속칭 밤구미로 불렀다.

눌차리는 내눌, 외눌, 목넘, 닷거리 4곳의 마을이 있었으며, 그 중 내눌의 규모가 45호(249명)로 가장 크다. 외눌과 목넘의 가구수는 각각 28호이다. '목넘'은 지금의 항월, '닷거리'는 정거마을에 해당한다.

천성리에는 서문, 남평, 남선, 두문 4곳의 마을이 있으며 그 중 서문마을이 89호(603명)로 가장 컸다. 지금의 서중마을에 해당되며 속칭 양지마을[陽支里]로 불렀다. 두문마을은 '머거리'로 부르기도 하였다. 대항리는 대항마을이 호구수의 대부분을 차지하며 동섬은 8호(57명)에 불과하다.

표 7-2. 1916년 천가면 마을별 호구수

동리명	가구수	인구수	마을	가구수	인구수
동선리 東仙里	178	1,093	동선리 東仙里	154	965
			교동 校洞	22	119
			누른여 黃嶼	2	9
성북리 城北里	194	1,113	성북리 城北里	106	565
			율리 栗里*	28	155
			장항리 獐項里	36	241
			백옥포 白玉浦	1	3
			선창리 船倉里	22	149
눌차리 訥次里	113	645	내눌리 內訥里	45	249
			외눌리 外訥里	28	172
			목넘 項越	28	161
			닷거리 錠巨里	12	63
천성리 天城里	274	1,504	서문리 西文里**	89	603
			남평리 南坪里	69	385
			남선리 南仙里	63	342
			두문리 斗文里***	26	174
대항리 大項里	102	584	대항리 大項里****	94	527
			동섬 童島	8	57

[비고] [俗稱] *: 밤구미 栗九味, **: 양지마을 陽支里. ***: 머거리, ****: 한목

□ 동선동[동선리] 東仙洞

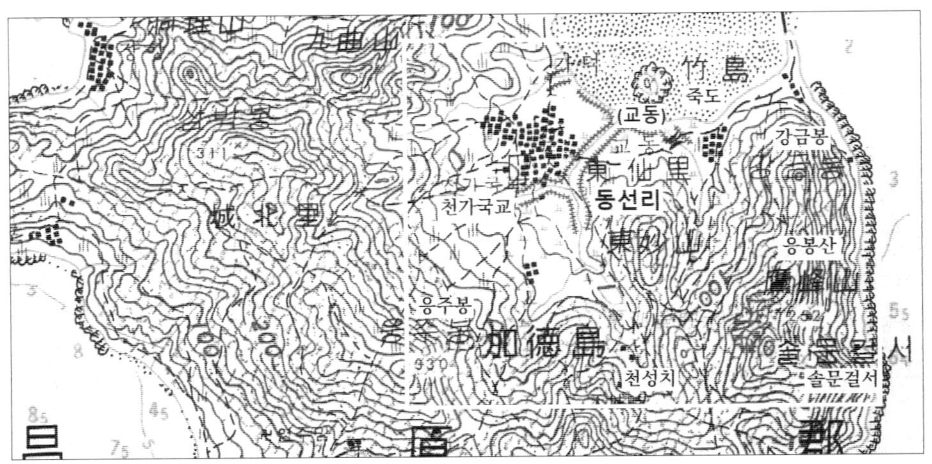

그림 7-2. 동선동 일대(1974)

가덕도 동쪽에 있는 동으로, 동선과 생교, 새바지 3곳의 마을로 구성되어 있다. 동쪽은 바다에 연하여 있으며 서쪽과 남쪽은 천성동과 접하며, 북쪽에는 성북동과 눌차동이 있다. 지명은 가덕도 중심지의 동쪽에 있는 선창이라는 의미에서 비롯되었다. 이 때문에 원래 이름은 동선(東船)으로 표기하였다 한다.

매봉(357m)과 응주봉이 남쪽의 천성동과 경계를 이루며, 동쪽에는 응봉산(273m), 동묘산과 강금봉이 있다. 매봉은 전형적인 종순형의 노년성 산지로, 매의 모습을 닮았다 하여 지명이 비롯되었다. 이들 산지가 동선동의 남쪽에 있어 전체적으로 북쪽으로 열린 지형을 하고 있다. 산록에서 계류천들이 흐르면서 침식 분지를 이루고 유역에 동선마을이 집촌을 이룬다. 바다에 연해서는 생교, 새바지 마을이 있다.

호구수 변화를 보면(표 7-3) 1972년 전체 호구수는 150호(1,026명)였으나 2023년에는 580호(1,025명)로 크게 증가하였다. 이에 반해 인구수는 늘어나지 않았다. 농가는 1972년에 130호(86.7%)로 대부분의 가구가 농업에 종사하였음을 보여준다. 생교와 새바지마을의 통계는 별도로 정리되어 있지 않다.

표 7-3. 동선동 마을 호구수 변화

시기	마을	가구수(농가)	인구수	가구당 인구수
1972년	동선	150(130)	1,026	6.8
2006년	동선	221	564	2.6
	생교・새바지	-	-	-
2023년	동선	580	1,025	1.8

▷ 동선마을 東仙

東仙 동선마을

가덕도의 동쪽 선창이라 하여 동선(東仙)이다. 강금봉과 매봉의 부드러운 곡선이 나래펴고 갈맷길 해안가로 빛고운 단풍이 들면 터질목 뚝길은 은은한 달빛 정기 내려받아 예부터 풍광과 인심좋기로 소문난 이곳은 들꽃같이 순박한 사람들이 모여사는 곳이다.

동선동 북쪽에 있는 마을로 제1통에 해당한다. 성북마을과 함께 가덕도의 중심을 이루는 취락으로 동쪽에 있어 이름이 비롯되었다. 북쪽은 눌차만에 연해 있으며 죽도(竹島) 일대에는 산책로를 비롯한 해안 공원이 조성되어 있다. 가덕진성을 중심으로 볼 때 동문과 남문 밖에 해당된다.

취락은 해안 일대에 괴촌 형태의 집촌을 이룬다. 마을 뒤쪽에 농경지가 있으나 경지정리가 되어 있지 않으며 고도가 높은 곳에는 계단식 논으로 조성되어 있다. 북동쪽의 해안을 따라서는 생교동과 새바지마을이 있다. 가덕진성 동쪽에 해당하는 생교마을은 향교가 있어 비롯된 이름이다. 교동(校洞)으로도 불렀다. 새바지 마을은 동풍인 샛바람을 받는 갯마을이라 하여 비롯된 이름으로 취락은 형성되어 있지 않다.

마을비는 동선길의 취락 초입부에 세워져 있다. 글은 선창, 강금봉, 매봉, 갈맷길 해안 등의 단어를 이용하여 구성하였으며, 내용에는 바다 풍광의 아름다움과 마을 인심의 후함을 담고 있다.

동선 마을회관

생교동 마을회관

□ 성북동[성북리] 城北洞

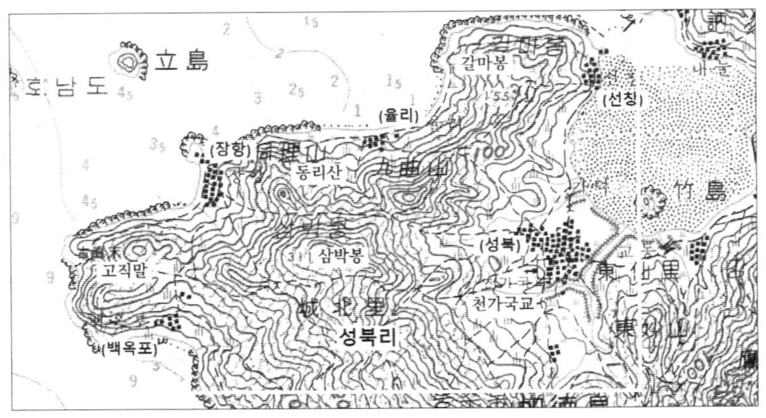

그림 7-3. 성북동 일대(1974)

가덕도동의 북서쪽에 있는 법정동으로 성북, 선창, 율리, 장항의 4곳 마을로 구성되어 있다. 북쪽은 부산신항과 연해 있고, 남쪽으로는 천성동과 접한다. 동쪽에 동선동이 있다. 북서쪽에는 사도(士島), 호남도와 입도(立島)가 있다. 입도(60m)는 갯바위 섬으로 마치 바다에 서 있는 것처럼 보인다 하여 '설섬'이라 하였다.

가덕진성과 척화비가 있으며, 지명은 성의 북문 일대에 있어 비롯되었다. 초등학교와 주민센터가 있어 섬의 중심지 역할을 한다. 창원시 용원을 잇는 도선이 있던 곳이다. 호구수 변화를 보면(표 7-4), 1972년에는 전체 249호(1,323명) 중 성북마을이 118호(581명)로 가장 컸다. 2023년에는 성북과 선창마을의 가구수가 크게 증가하였고, 인구수는 선창을 제외하고는 대부분 감소하였다.

표 7-4. 성북동 마을 호구수 변화

시기	마을	가구수(농가)	인구수	가구당 인구수
1972년	성북	118(90)	581	4.9
	선창	36(20)	216	6.0
	율리	27(15)	165	6.1
	장항	68(30)	361	5.3
2006년	성북	112	225	2.0
	선창	104	219	2.1
	율리	43	79	1.8
	장항	100	192	1.9
2023년	성북	364	574	1.6
	선창	308	427	1.4
	율리	16	25	1.6
	장항	16	26	1.6

▷ **성북마을 城北**

城北 성북마을

성북마을은 가덕도동의 중심지로 조선시대 축성된 가덕진성의 북문 부근에 있다 하여 북문마을 또는 성의 안쪽에 있어 성안마을이라고도 불렀으나 통칭하여 성북마을이라 부른다. 마을 주민의 심성이 깊고 아름다우며 근면 성실한 마을이다.

성북동 동쪽에 있는 마을로 제2통에 해당한다. 동의 본 마을로 행정, 교육 기관이 들어서 있다. 가덕진성의 북문이 있던 곳으로, 일명 성안마을로도 불렀다. 김해 김씨가 입촌하여 마을을 이루었으며, 뒷쪽의 산록에는 참박샘이 있어 주민들의 식수로 이용되었다. 선창으로 이어지는 해안선은 마치 낫의 날같이 생겨 '날카질'로도 불렀다.

마을 안에 수령이 수백년 되는 노거수가 있었으며 이곳에 가덕진성의 사정(射亭)이 있었다. 천가초등학교 일대에 가덕진성의 성터와 척화비가 남아 있으며 덕문중학교는 병기를 만들었던 곳집이 있었다 한다. 척화비(부산기념물 제23호)는 갈마봉 도로가에 있던 것을 다시 옮겨 놓은 것이다. 한편 갈마봉에는 왜성이 축조된 흔적이 남아 있다.

마을비는 동선길의 취락 초입부에 있다. 글은 중심지, 가덕진성, 북문 등의 단어로 구성하였고, 내용에는 마을 역사와 심성의 성실함과 근면함을 담고 있다.

성북 마을회관

마을 노거수(덕문중학교 소재)

▷ 선창마을 船倉

선창마을

옛부터 가덕선창(船倉) 가덕섬의 관문되었고
가덕첨사(加德僉使) 시절에는 수군(水軍)의 군항지였다.
척화비(斥和碑) 그대로 남은 바다여는 얼이 된다
손짓 한번 크게 하면 와 닿을 이웃 섬들
넘실대는 물결따라 다가온 남해정기
그 씨알 가슴에 품고 새시대로 여는 마을

주민의 뜻을 모아 세우다 2010. 12. 31

성북동 북동쪽에 있는 마을로 제3통에 해당한다. 가덕도와 창원시 용원 사이를 운항하였던 도선 선창을 중심으로 형성된 취락이다. 북쪽은 갈마봉 산줄기가 해안에 임박하여 도로가 험하며, 율리와 이어지는 곳에 밤꿈고개가 있었다. 평지가 부족하여 벼농사는 미약하였으나 밭에서는 유자 재배가 성하였다. 가덕진관이 있을 때 군선의 기항지가 있었으며 병기고가 있었다.

마을비는 선창길의 취락 초입부에 세워져 있다. 글은 가덕선창, 첨사, 척화비 등의 단어로 구성하였으며 내용에는 가덕진성의 역사와 미래의 희망을 담고 있다.

선창 마을회관(2009)

마을 선착장(용원-가덕도)(2009)

▷ **율리마을 栗里**

마을 할배 · 할매나무
이전 안내문

한 그루의 나무에도
영혼이 있습니다.
그 영혼과 부산의 발전이
영속되길 소망합니다.

부산광역시장 허남식

할배 · 할매나무가 우리 율리마을의
500년 역사를 품고 있듯이
우리도 할배나무와 할매나무의
추억을 영원히 간직하겠습니다.

가덕도 율리마을 주민 일동

성북동 북쪽 해안에 있는 마을로 제4통에 해당된다. 구곡산 북쪽의 해안 만입부에 있으며 동쪽 선창마을과 서쪽 장항마을 사이에 있다. 밤나무가 많아 밤꿈, 밤골마을이라 불렸고 율리는 이를 한자로 표기한 것이다. 구곡산에서 흐르는 계류천을 모아 밤꿈곡 저수지를 축조하여 농업용수로 사용하였다. 마을 앞에는 율리선착장이 있었다. 부산신항과 도로가 건설되면서 가옥 일부는 마을 위쪽으로 이전하거나 인근의 두문단지로 이주하였다.

마을에는 느티나무 노거수 1그루가 보호수로 지정되어 있다. 원래 3그루가 있었으나 그 중 마을의 할배·할매 당산나무 2그루는 2010년 해운대 누리공원으로 옮겨졌다. 당시 나무에 대한 기억을 부산시장과 마을 주민이 함께 쓴 안내 표지판이 있다.

율리 마을회관(2009)

마을의 어촌 모습(2009)

▷ 장항마을 獐項

마을비

장항 마을회관

성북동 북서쪽 해안에 있는 마을로 제5통에 해당한다. 북서쪽의 바닷가에 연해 있어 대부분 어업에 종사하였으나 부산신항이 건설되면서 일부는 인근의 두문단지로 이주하였다. 지명은 서쪽의 동매산(21.3m)으로 이어지는 고개가 노루목처럼 생겨 유래되었다.

해안 일대를 '개안'이라고 하며, 서남쪽에 고직말곶, 바닷가에는 띠밭꿈 갯가가 있다. 남쪽 당산곡을 넘으면 배오개 마을이 있는데, 백옥포로도 부른다. 바위에 부딪치는 파도가 백옥같다고 하여 유래된 이름이다.

마을비에는 별도의 글이 쓰여 있지 않다. 마을 앞 해안에 있는 동매산(21.3m) 일대의 장항유적에서는 패총 유적이 발굴되어 이곳이 신석기시대의 매장 터였음이 확인되었다. 당시의 무덤 형태가 밝혀졌고 장신구와 함께 돌도끼가 발굴되어 취락 형성 역사가 매우 오래되었음을 보여준다.

장항마을 선사유적

[유적 안내문](요약)

신석기 시대의 무덤으로 집석유기, 인골, 수혈, 고려시대 수혈 및 건물 흔적, 소형 수혈이 확인되었다. 인골이 확인된 묘역은 신석기시대의 매장 의례를 밝히는 자료를 제공한다. 조개팔찌, 상어와 사슴 이빨, 옥 등으로 만든 장신구 등이 함께 발견되었고, 토기, 돌작살, 돌도끼 등이 부장되었다. 함께 출토된 흑요석은 산지(産地)가 일본 큐슈 지역으로 확인되어 대일 교류의 모습도 엿볼 수 있게 한다.

□ 눌차동[눌차리] 訥次洞

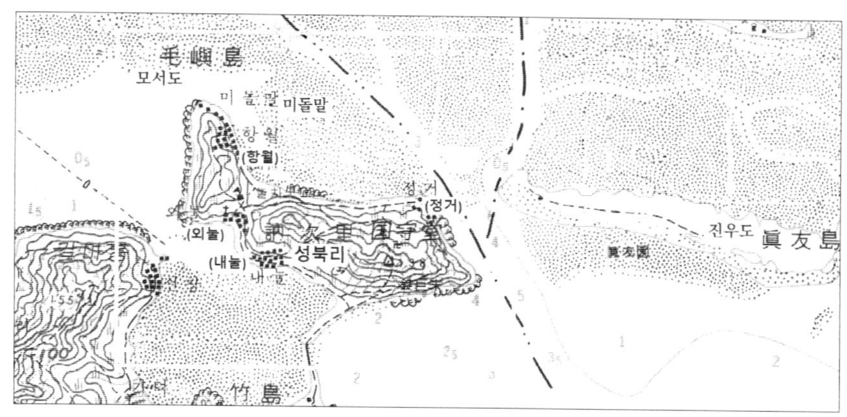

그림 7-4. 눌차동 일대(1974)

가덕도 북동쪽의 눌차도에 있는 동으로, 내눌・외눌・정거・항월 4곳의 마을로 구성되어 있다. 서쪽은 성북동을 잇는 교량이 있고, 남쪽은 동선동 사이에 방조제가 있다. 눌차만에는 죽도가 있으며, 동쪽의 낙동강 하류에 진우도가 있다. 섬 동쪽에 국수봉(國守峰, 139m)과 문필봉(文筆峰, 107m)이 있고, 해안에는 까막바우, 모서도(毛嶼島)와 새비지들이 있다. 새비지들은 고래 등처럼 생긴 섬으로 주로 모래와 자갈로 이루어져 있다. 섬 전체가 산지로 구성되어 해식애가 발달한 동쪽 해안에는 도로가 개설되어 있지 않다. '눌차' 지명에서 '눌'은 누워서 일어나지 않는다는 의미인 '눌어 붙다'의 뜻으로, '차'는 누우려고 하는 의미로 풀이되고 있다.

호구수 변화를 보면 1972년 전체 호구수는 171호(1,049명)였다. 2023년의 전체 가구수는 457호(704명)로 증가하였으나 인구수는 감소하였다. 항월마을의 호구수가 152호(288명)로 가장 많다.

표 7-5. 눌차동 마을 호구수 변화

시기	마을	가구수(농가)	인구수	가구당 인구수
1972년	눌차리	171(77)	1,049	6.1
2006년	외눌	81	177	2.2
	내눌	85	156	1.8
	항월	152	311	2.0
	정거	69	147	2.1
2023년	외눌	115	190	1.7
	내눌	128	179	1.4
	항월	152	228	1.5
	정거	62	107	1.7

▷ 외눌마을 外訥

외눌마을 外訥

눌차섬 바깥 목이 외눌되어 이은 터전
남해의 이는 파도 억겁세월 받아 안고
가신 임 지혜로 이어
더 넓은 뭍으로 태어난다
난 바다 바라보며 끝없이 이는 꿈을
동산 올라 나눈 그 情 삶의 정기로 고루 베어
西釜山 번영의 소리 세계로 울려 나가리

1997년 10월 31일 마을 주민 세움

눌차동 남서쪽에 있는 마을로 제12통에 해당한다. 눌차만에 연한 만입부에 취락이 형성되어 있으며 괴촌 형태의 집촌을 이룬다. 마을 북쪽의 안부(鞍部)에는 항월마을과 이어지는 고개가 있다. 이곳에 있던 눌차초등학교는 1958년 천가초등학교 눌차분교로 시작되어 1960년 개교되었으나 2011년에 학령 인구 감소로 폐교되었다.

동쪽의 내눌마을, 북쪽의 항월마을과는 해안도로로, 서쪽의 성북동 선창마을과는 다리로 연결된다. 주민 대부분은 농업과 어업에 종사하고 있으며 굴을 양식한다. 매년 정월 초이튿날 당산제를 올리며 봄에는 어촌계가 중심이 되어 용왕제를 지낸다. 마을 북서쪽에 임진왜란때 축조된 눌차왜성이 있다.

마을비는 동선새바지길의 취락 초입부에 세워져 있다. 글은 남해, 바다, 넓은 뭍, 동산, 서부산 등의 단어로 구성하고 있으며 바다를 향한 꿈과 함께 마을의 번영을 기원하는 내용을 담고 있다.

외눌 마을회관

마을 당산(2009)

▷ 내눌마을 內訥

내눌마을

눌차섬을 우리말로 살펴보면 넘차라고도 하니
이는 가득 찬 가덕도에 넘쳐 솟은 섬이
누워 있는 모양의 섬으로
눌어 붙어 있다고 해서
눌차(訥次)라고 했다고 한다

서기 2014년 5월 주민일동

눌차동 남쪽에 있는 마을로 제12통에 해당된다. 서쪽은 외눌마을과 도로로 이어지며, 동쪽으로 동선방조제를 지나 동선마을의 새바지로 연결된다. 지명은 눌차도 안쪽에 있어 비롯되었다. 안목이라고도 부른다. 외눌 마을과의 사이에 노거수가 있어 두 마을의 경계를 이룬다.

섬 동쪽의 국수봉 줄기가 해안에 임박해 있다. 취락은 만입부에 형성되어 있고, 농사는 마을 뒤의 산록에서 이루어진다. 눌차만에서는 굴 양식이 행해진다. 마을 뒤의 국수봉 산록에 할배·할매 당산이 있는데, 두 당산은 800m정도 거리를 두고 떨어져 있다. 160년 전에 세워진 것으로 30년 전에 개축하였다. 매년 정월 초이튿날 당제를 올리며 마을의 평안과 풍어를 기원하고 있다.

마을비는 동선새바지길의 외눌마을과 경계를 이루는 곳에 세워져 있다. 글은 넘차, 가덕도, 눌차 등의 단어로 비교적 간단히 구성하고 있으며, 내용에서는 지명 유래를 통해 마을의 정체성을 보여주고자 하였다.

내눌 마을회관

마을 노거수

▷ 항월마을 項越

항월마을 項越

저문배 기다리며
목을 넘던(項越) 사람살이
그 정성 오늘로 이어 집집마다 情은 일고
멀던 땅 이웃되어 오순도순 새순돋아
까치놀 꽃물이 들듯 마음적셔 보듬는다

2012. 3

눌차동의 북서쪽에 있는 마을로 제6통에 해당된다. 문필봉 동쪽 산록이 해안에 임박하여 형성된 만입부에 위치한다. 남쪽의 안부(鞍部)에는 외눌마을과 이어지는 고갯길이 있으며 동쪽의 해안도로를 따라 정거마을로 연결된다. 북쪽의 송정동 금단곶보 사이에는 갯바위섬인 모서도(毛嶼島)가 있다.

항월(項越)은 '목을 넘는다'라는 의미로 섬에서 중심 마을인 외눌에서 고개를 넘으면 항월마을에 다다를 수 있다는 내용을 담은 것이다. 마을 북서쪽과 동쪽 해안은 '미들말곶'과 '바깥개'라 부른다. 눌차도에서 어업이 가장 성한 곳으로 어선이 드나들 수 있는 어항이 조성되어 있다. 송정동 사이의 바다에는 굴 양식이 이루어지며 마을 뒤 산록의 농경지에서는 양파가 재배된다.

마을에는 수호신인 천하대장군이 세워져 있다. 마을비는 북쪽의 가덕해안로의 취락 초입부에 세워져 있다. 글은 저문배, 까치놀 등의 단어를 통해 구성하였고, 내용에는 아름다운 마을 풍광과 함께 인심의 풍요로움을 담고 있다.

항월 마을회관

마을 수호신 천하대장군(2009)

▷ 정거마을 停車

정거마을 碇巨
생태벽화마을
이 마을은 진우도를 바라보고 있으며
일명 '닻걸이'라고 한다.
어선이 바다에 나갔다가 풍랑이 심하면
이곳에 피하여 닻을 걸고 기다렸다는 뜻으로
어원으로 보면 정거(碇鐻)라고 하는데
행정 편의상 정거(碇巨)라 한다.

눌차동 북동쪽 해안에 있는 마을로 제13통에 해당된다. 국수봉 산줄기가 북쪽 해안에 임박하여 형성한 두각지에 위치한다. 동쪽 해안 가까이에 진우도가 있다. 지명은 마을 동쪽 해안이 풍랑이 심하여 파도가 잔잔해질 때까지 닻을 내려 놓는다는 뜻에서 비롯되었다 한다. 우리말로 '닻걸이'라 하였고, 일제강점기 한자로 표기하면서 배 닻을 정(碇)에 '걸이'를 '巨里'로 표기한 데에서 비롯되었다. 옛 해군 전탐기지가 있었으며, 마을 동쪽에 까막바우와 생이고개가 있었다.

주민 대부분은 굴 양식에 종사하며 마을 뒤 산록에서 소규모로 농사를 짓고 있다. 2012년 마을 재생사업으로 골목길 등이 벽화로 단장되었으며 해안 공원이 조성되어 있다. 마을에서는 매년 정월 초하루 국수봉의 할매당산에서 제를 올린다. 마을비는 가덕해안로의 취락 초입부에 있다. 글은 진우도, 닻걸이 등의 단어를 이용하여 구성하였으며, 내용에는 지명 유래를 통해 마을의 정체성을 보여주고 있다.

정거 마을회관

해안공원 마을 안내판

□ 천성동[천성리] 天城洞

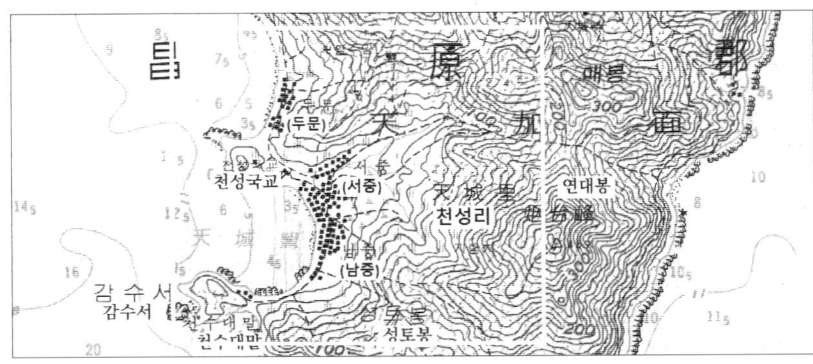

그림 7-5. 천성동 일대(1974)

가덕도의 중앙 남쪽에 있는 법정동으로 서중과 남중, 두문마을로 구성되어 있다. 북쪽으로 응주봉과 매봉(357m), 남쪽에 성토봉(173m), 동쪽에 연대봉(煙臺峰, 459m)이 있으며 이들 산지에서 발원한 계류천들이 서쪽으로 흘러 바다로 유입하면서 만입부를 이룬다. 해안에는 천수말과 동뫼 등의 두각지가 있으며 천성항을 중심으로 어촌 취락이 형성되어 있다. 지명은 천성진성에서 비롯되었다. 성터가 일부 남아 있으며, 매년 임진왜란의 부산대첩 대제 봉행이 열리고 있다. 남쪽 천수말의 숭어잡이 지휘소는 숭어 떼의 움직임을 감지하여 바다의 고깃배에 신호를 보내는 곳이다.

호구수 변화를 보면(표 7-6), 1972년에는 전체 300호(1,652)로 가구당 인구는 5.5명이었다. 남중마을이 가장 컸다. 2023년에는 460호(770명)로 가구수는 증가하였으나 인구는 줄어들었다. 서중마을이 186호(309명)로 가장 크며, 두문마을의 가구수는 1972년에 비해 거의 3배로 늘어났다. 이는 부산신항 건설로 인해 성북동 율리와 장항마을 주민들이 두문마을로 이주해 왔기 때문이다.

표 7-6. 천성동 마을 호구수 변화

시기	마을	가구수(농가)	인구수	가구당 인구수
1972년	남중	140(137)	762	5.4
	서중	115(110)	621	5.4
	두문	45(20)	269	6.0
2006년	남중	115	235	2.0
	서중	114	247	2.2
	두문	45	105	2.3
2023년	남중	150	248	1.7
	서중	186	309	1.7
	두문	124	213	1.7

▷ 서중마을 西中

서중마을
-마을 자랑비-

연대봉 정기서려 하늘재 쌓아 놓고
천성만 물결 열어 삶의 터전 이룩했네
왜구와 맞서 싸운 선열숨결 서렸는 곳
숨쉬는 쪽빛 바다에 마음 적셔 살고파라

1994. 11. 7
주민이 세움

천성동 중앙에 있는 마을로 제8통에 해당한다. 북쪽은 해안도로를 따라 두문마을 이어지고 남쪽에는 선착장을 사이에 두고 남중마을이 있다. 두 마을의 경계는 천성진성의 성문지를 기준으로 1950년대에 나뉘어진 것이다. 이전에는 서문마을을 서성리, 남문 마을을 남중리, 대밭골 마을을 죽동리라 하였다. 동쪽 산록에는 천성진성의 터가 일부 복원되어 있다.

김해 김씨가 입촌하여 마을을 이루었고 1960년대까지 집성촌으로 남아 있었다. 어업은 천성항을 중심으로 이루어지며 농업은 마을 뒤의 산록에서 행해진다. 천성초등학교 분교가 있었으나 학령 인구의 감소로 폐교되었다.

마을비의 글은 연대봉, 하늘재, 천성만, 왜구, 선열 등의 단어로 구성하고 있으며, 내용에는 천성만의 쪽빛 바다와 마을 풍광의 아름다움을 담고 있다. 할머니회관이 마을회관과 별도로 있으며 회장의 공덕비가 세워져 있다.

서중 마을회관

연대봉

▷ 남중마을 南中

남중마을

신석기 시대부터 기나긴 역사를 품어온 연대산이 가덕도 전역을 이어싸고 활 등처럼 굽어 천성만을 이루는 본 마을은 중종 三九년(1544년)에 왜구의 침입을 방어하고자 천성진성을 축조한 것이 유래되어 옛 수군의 꽃집(병기창)을 설치하여 병산열도에 그 당시 주민들의 협동심으로 대나무를 심어 화살을 제작하여 병기로 사용했고 그 이후부터 자연촌락이 형성되었으며 영주산과 성포산 중간 기점으로 한 촌락이 본 남중마을이다.

행정상으로는 서기 一九八九년 부산시 편입과 동시에 천가동 九통으로 예로부터 봄철이면 숭어잡이가 유명하고 천혜의 자연산인 전복 · 해삼 · 천초 등의 해산물이 풍부함은 물론 마을 동쪽에는 넓은 들이 있어 농사짓기도 하며 「검은 돌담을 쌓는 풍속」이 있는 마을로서 주민들의 애향심과 협동심이 깊어 정이 무르익는 아름다운 남중마을이다.

천성동의 남쪽에 있는 마을로 제9통에 해당한다. 북쪽은 서중마을로 이어지고 남쪽에는 성토봉(174.8m)을 넘어 대항마을이 있다. 천성진성의 남문 일대에 형성되어 지명이 비롯되었다. 마을 남쪽의 천수말에는 일본군의 고사포 진지가 있었으며 지금은 이곳으로 가덕도와 거제도를 잇는 거가대로가 지난다. 남쪽의 대항으로 넘어가는 고개에는 성황당 돌무지가 있었던 지함티골이 있었다.

마을비는 가덕해안로의 취락 입구에 있다. 글은 천성진성, 병산열도, 숭어잡이 등의 단어를 통해 구성하였으며 주민들의 애향심과 협동심을 자부하는 내용을 담았다.

남중 마을회관

천성동 청소년 공부방

▷ 두문마을 斗文

두문마을

이곳 두문(斗文) 마을은 연대봉을 등에 지고 몽돌밭이 있는 두문만을 굽어보는 아름다운 곳이다. 조선 중종 갑진 1544년에 천성보(天城堡)가 설치되면서 마을이 이루어지기 시작하여 서중 남중과 함께 옛 창원군의 천가면 천성리를 형성하였다. 1989년 부산직할시 강서구에 편입되어 오늘에 이르렀다. 산물로는 쌀 보리 콩 등과 전어 숭어 문어 새우 피조개 성게 등이 채취되는 살기 좋은 마을이다.

천성동 북쪽에 있는 마을로 제7통에 해당한다. 해안도로를 따라 남쪽으로 서중, 북쪽으로는 성북동의 장항마을로 이어진다. 웅주봉의 서쪽 산록이 바다에 임박하여 형성된 만입부에 취락이 형성되어 있다. 지명은 청어 등의 생선이 많이 잡혀 말[斗]로 매매했다 하여 비롯되었다 전한다. 머글 혹은 머거리라고도 부른다. 북쪽 장항마을의 백옥포에서 항노름 해안을 따라 두문마을까지 검은색 자갈 해안이 형성되어 있다.

지석묘가 발굴되어 일찍부터 취락이 형성되었음을 보여준다. 어업으로는 미역과 해초 채취업이 성하다. 용원을 잇는 선착장이 있었으나 지금은 폐쇄되었다. 시인 이은상 李殷相, 1903~1982)의 동요인 '고향배'의 무대가 된 마을이기도 하다. 마을의 이주단지는 부산신항 건설로 2009년 장항과 율리 마을의 주민이 이주하여 조성된 곳이다.

마을비는 두문로의 취락 초입부에 세워져 있다. 글은 연대봉, 천성보, 천성리, 쌀 등의 단어로 구성하였으며, 내용에는 두문만 풍광의 아름다움과 풍요로움을 담고 있다.

두문 마을회관

마을 해변도로

□ 대항동[대항리] 大項洞

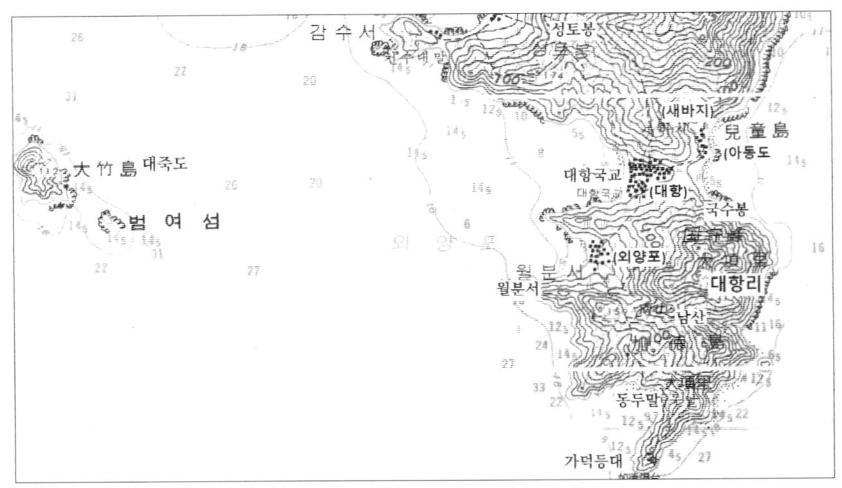

그림 7-6. 대항동 일대(1974)

가덕도 남쪽에 있는 동으로 대항과 외양포마을로 구성되어 있다. 가덕신공항의 입지가 예정된 곳이다. 천성동과 접한 북쪽을 제외하고는 사방이 바다에 접해 있다. 연대봉(459m)과 성토봉(173m) 사이의 지양고개를 통해 천성동과 이어진다. 남쪽의 국수봉(265m)은 기암괴석이 많아 풍광이 뛰어나다. 외양포, 가덕등대와 함께 해안의 기암절벽은 대항동 삼경(三景)으로 꼽고 있다. 지명은 동쪽의 연대봉과 남쪽의 국수봉이 이어지는 곳이 잘룩한 목[項]같이 생겨 비롯되었다. 큰목, 한목이라고도 부른다.

서쪽 해안의 만입부에는 대항과 외양포마을이 있다. 동쪽의 새바지항에는 소규모 취락이 형성되어 있다. 가덕등대가 있는 동두말은 남산(190m)에서 남서쪽으로 이어진 두각지이다. 등대가 있는 정상부를 제외하면 주위가 급경사의 해식단애로 이루어졌다. 호구수 변화를 보면(표 7-7), 1972년에는 전체 198호(999명)이며 농가 비율은 비교적 낮다. 2006년에는 188호(376명)로 감소되다가 2023년에는 428호(647명)로 늘어났다. 이는 2006년에 비해 2.2배 이상 증가한 수치이다.

표 7-7. 대항동 마을 호구수 변화

시기	마을	가구수(농가)	인구수	호당 인구
1972년	대항	198(100)	999	5.0
2006년	대항	139	286	2.1
	새바지	19	41	2.2
	외양포	30	49	1.6
2023년	대항	428	647	1.5

▷ 대항마을 大項

대항 마을회관

마을 당산나무와 당집

대항동 중앙에 있는 마을이다. 남쪽의 외양포, 동쪽의 새바지마을과 함께 제10통에 해당된다. 동의 중심 마을로 북쪽은 지양고개를 통해 천성동으로 이어진다. 목의 서쪽에 대항마을이 있고 이는 동쪽의 새바지마을로 이어진다. 새바지 이름은 동풍인 샛바람을 먼저 받는다 하여 비롯된 것이다.

어업은 서쪽의 대항항을 중심으로 이루어진다. 이곳의 숭어잡이는 전통 어로기술인 '육소장망'(六艘張網 · 陸水張網)을 이용하여 행해지고 있다. 마을에서는 매년 3월에 숭어들이 고사를 지내고 있다(제1부 6장 참조). 밭농사는 대항과 새바지를 잇는 목 일대의 평지에서 이루어진다.

당제는 매년 음력 섣달 그믐날 자정에 마을 동쪽의 당산에서 올린다. 약 400년 전에 돌 무더기를 쌓아 마을의 할매에게 후사를 위해 제를 올리면서 비롯되었다 한다. 1920년대에 당집을 만들었고, 1968년에 지금의 제당을 세웠다. 마을비는 세워져 있지 않다.

대항마을 어항

▷ 외양포마을 外洋浦

외양포 마을 전경

대항동 남쪽에 있는 마을로 대항마을과 함께 제10통에 해당된다. 외양포 고개너머 있기 때문에 '외항포(外項浦)'가 올바른 표기라는 견해가 있다. 이곳은 가덕도 서쪽의 병산열도와 거제도, 진해만을 잇는 수로의 길목에 해당되어 군사 요충지였다.

마을에는 일본군의 막사터가 남아 있다. 1905년 러일전쟁 때 일본 육군은 가덕도 포대사령부를 편성하여 외양포에 주둔시켰으며, 주민들을 대항마을로 이주시키고 포진지와 참호 등을 설치하였다. 이때 해군 관측소가 관측산(76m)에 세워졌다. 마을에는 당시 일본군이 사용하던 건물과 해군기지사령부와 포대 진지 일부가 남아 있다.

마을 남쪽에는 1909년에 세워진 가덕등대가 있다. 구한말 마산항이 개항되고 진해만에 일본 요새 사령부가 들어서면서 가덕도 남단을 지나는 선박들이 늘어나 만들어진 것이다. 당시 조선의 건축 양식과 유럽, 일본 양식이 함께 어우러진 건축물로, 부산광역시 유형문화재로 지정되어 있다.

가덕등대

[병산열도]

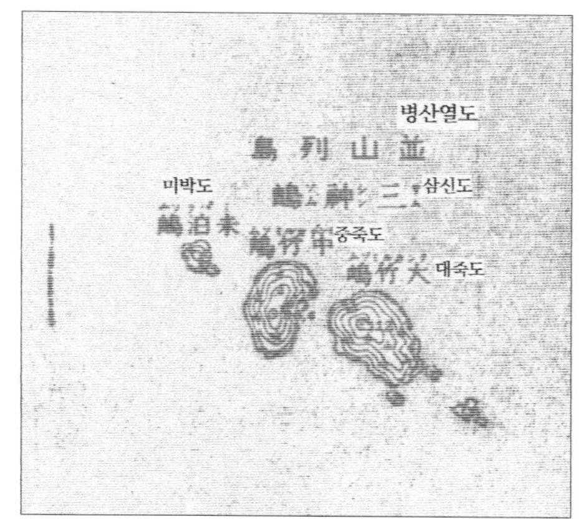

1906 조선지형도(1:50,000)

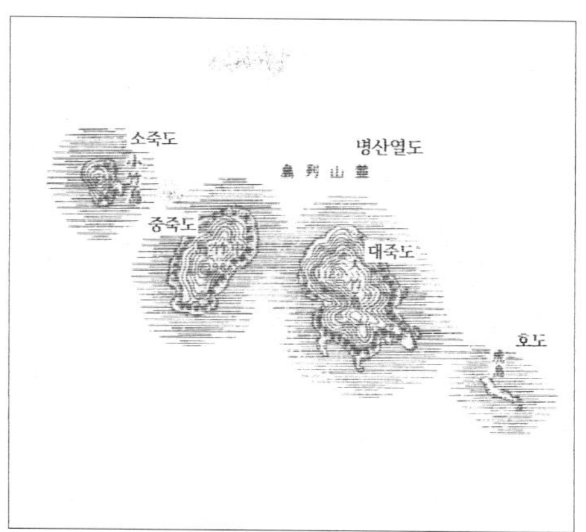

1943 조선지형도(1:25,000)

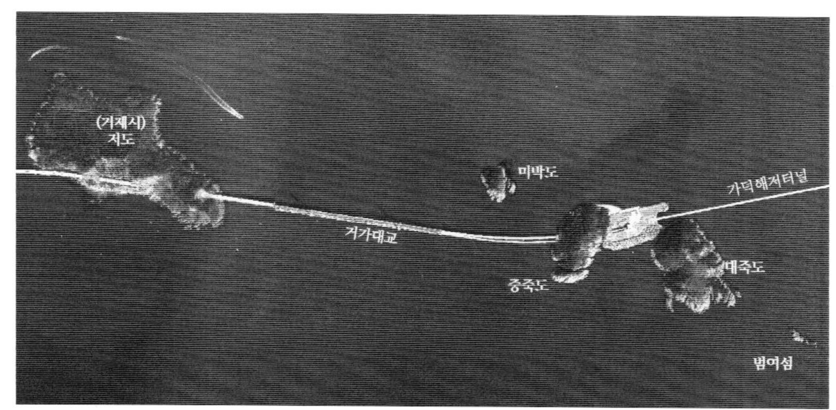

병산열도 정사영상(2022)

병산열도는 가덕도와 거제도 사이에 있는 미박도와 중죽도·대죽도·범여섬을 일컫는다. 행정구역 상 천성동에 속해 있다. 원래 거제도와 가덕도로 이어지는 산줄기에 속하였으나 제4기 이후 해수면 상승으로 섬이 되었다. 지금은 무인도로 남아 있으며 이곳에서 가덕해저터널이 거가대교와 연결되면서 거제시의 저도로 이어진다.

'병산' 지명은 조선시대부터 있어 왔다. 『1872년 군현지도』(가덕)에 거제도와의 사이에 3개의 섬을 나란히 묘사하고 '병산도'로 기재하고 있다. 갈어섬 또는 갈산도라고 부르기도 한다. 가장 큰 섬인 대죽도는 대나무가 많이 자생하여 이름이 비롯되었다 한다. 대죽도는 큰 댓섬, 중죽도는 가운데 댓섬이라고 부른다. 대죽도에는 샘물이 솟아오르며, 이곳의 인공동굴에는 러일전쟁 때 금화를 묻었다는 이야기가 전해온다. 제일 작은 섬인 범여섬은 옛날 호랑이가 가덕도에서 거제도를 헤엄쳐 가다가 이곳에서 쉬어 갔다는 전설에서 범바위섬 또는 범섬이라고도 부른다.

참고문헌

□ 연구문헌

[프롤로그] 물, 벼농사, 농촌과 도시, 그리고 기록

김기혁, 1991, 『한국 농업지대의 변화 연구』, 서울대학교 박사학위논문.

_____, 1991, 촌락과 농경지, 『지리학회보』 33. 1-8.

김상호, 1976, 생활공간의 기초지역 연구, 『지리학연구』, 제1집.

김용섭, 1974 · 1980, 『조선후기 농업사 연구』 Ⅰ · Ⅱ, 일조각.

문병집, 1973, 『한국의 촌락-농업의 생산양식과 발전』, 진명.

신용하, 1982, 『조선토지조사사업연구』, 지식산업사.

이태진, 1978, 휴전고(畦田考), 『한국학보』, 10, 119-134.

이 찬, 1970, 한국지리학사, 『한국문화사대계, Ⅲ』, 683-734, 고려대학교.

최기엽, 1986, 『한국 촌락의 지역적 전개 과정에 관한 연구』, 경희대학교 박사학위논문.

황원구, 1966, 설답(說畓), 『인문과학』 14 · 15, 249-260, 연세대학교.

구니야 쥰이치로[國谷純一郎], 1977, 『환경과 자연 인식의 흐름』(심득수 · 안은수역, 1992, 고려원).

와쓰니 데쓰로우[和辻哲郎], 1943, 『풍토와 인간』(박건주역, 1993, 장수).

Kim, Kihyuk · Bowler, I · Bryant, C., 2001, 『Developing Sustainable Rural Systems』, PNU Press.

Byrant, C. R. et al., 1982, 『The City's Countryside』, Longman.

Bolwer, Ian, 1996, 『Agricultural Change in Developed Countries』(김기혁역, 1999, 『서유럽의 농업변화』, 한울).

Sauer, C. O, 1925, 『Agricultural Origins and Dispersals』(장보웅역, 『농업문화의 기원』, 1978, 서문당).

Scott, J. C., 2017, 『Against the Grain』(전경훈역, 『농경의 배신』, 2019, 책과 함께).

Sinclair, R., 1967, Von Thünen and Urban Sprawl, 『Annals of AAG』, 57, 72-87.

Thünen, J. H., 1826, 『Der Isolierte Staat』.

Wittfogel, Karl A. 1938, 『Oriental Despotism: a compatative study of total power』(구종서역, 『동양적 전제주의』, 1991, 법문사).

[제1부] 제1부 기억의 무대: 낙동델타의 자연과 역사

[제1장 낙동델타와 강서지역]

권혁재, 1973, 낙동강 삼각주의 지형 연구, 『대한지리학회지』, 8(1), 8-23.

김성환, 2005, 하구둑 건설 이후 낙동강 하구역 삼각주 연안 사주의 지형변화, 『대한지리학회지』, 40(4), 416-427.
반용부, 1997, 낙동강 삼각주의 지형 경관 변화, 『자연과학논문집』 3, 111-138, 신라대학교.
오건환, 1994, 낙동강 삼각주 북부의 고환경, 『제4기학회지』, 8(1), 33-42.
임정연, 2018, 『조선시대 낙동강 상류의 하천 체계 인식 연구』, 부산대학교 박사학위논문.
조화룡, 1982, 우리나라 하구 충적층의 층상 구조, 『경북대학교 논문집』 33, 205-222.
Goudie, A. S., 2004, 『Encyclopedia of Geomorphology』, Routledge.

[제2장 조선시대 : 농지 개척기]

김기혁, 1991, 조선시대의 농업지대의 변화에 관한 연구, 『대한지리학회지』 26(2), 109-125.
______, 1996, 조선 후기 소작 형태의 지역적 차이에 관한 연구, 『한국지역지리학회지』, 2(2), 1-18.
______, 2007, 조선 후기 방안식 군현지도의 발달 연구, 『문화역사지리』, 19(1), 19-36.
김일기, 1988, 『곰소만의 어업과 어촌 연구』, 서울대학교 박사학위논문.
______, 1991, 전오염 제조법에 관한 연구, 『문화역사지리』 3, 1-18.
김재완, 1999, 19세기말 낙동강 유역의 염 유통 연구, 『지리학논총』 별호.
유승훈, 2006, 『낙동강 하구 제염업의 변천과 소금 관련 민속』, 고려대학교 박사학위논문.
이상균, 2009, 조선 전기 국농소에 대한 역사지리적 해석, 『문화역사지리』, 21(1), 295-304.
이영학, 1991, 개항기 제염업에 관한 연구, 『한국문화』 12, 535-575.
장보웅, 2000, 낙동강 삼각주 지역의 갈대 지붕 민가 연구, 『문화역사지리』 12(2), 1-13.
정치영, 2008, 『여지도서』를 이용한 조선후기 제언의 지역적 특성 연구, 『대한지리학회지』 43(4), 620-637.

[지리지 및 사료]

『세종실록지리지』(1454), 『성종실록』(1477), 『신증동국여지승람』(1530).
『동국여지지』(17세기, 규장각), 『여지도서』(18세기, 한국교회사연구소).
『동국문헌비고』(1770), 『호구총수』(1789), 『임원경제지』(19세기),
『대동지지』(1861~1866). 『경상도 양산군 대저도 전답양안』(19세기, 규장각),
『김해군 가호안』(1904, 규장각). 『염업조사』(1907, 국립중앙드서관),
『재무휘보』(1909, 서울대학교 도서관).

[고지도]

『목장지도』(17세기, 부산대 도서관). 「영호남연해형편도」(18세기, 국립중앙도서관).
「경상총여도」(18세기, 눌원문화재단). 『1872년 군현지도』(양산 · 가덕 · 천성, 규장각).
『조선지도』(18세기, 규장각), 『청구도』(1834, 규장각). 『동여도』(1850년대, 규장각).
『대동여지도』(1861, 부산대학교). 『경상도읍지』(양산 · 김해 · 웅천, 19세기, 규장각).

[제3장 일제강점기: 식민지 농업]

김기혁, 1994, 일제시대 한반도 농업의 지역구조 연구, 『부산지리』 3, 1-18.

______, 1994, 해방 이후 우리나라 면작 농업 소멸의 지역적 전개과정, 『지리학』 29(3), 318-339.

______, 2019, 한국의 지명사전 편찬 동향과 지향점, 『민족문화연구』 85, 103-145, 고려대학교.

고나은, 2020, 1920~1930년대 낙동강 하류부의 일천식 하천개수공사와 지역민의 대응, 『항도부산』 40, 239-279.

구자옥 외, 2010, 혼다 고노스케와 한국토지농산조사보고, 『농업사연구』 9(1), 223-255.

김진수, 2022, 1930-1940년대 경지정리사업의 특징과 사회 · 경제적 배경, 『한국농공학회 논문집』 64(2), 85-96.

박선영, 2018, 『한국 근대 지형도의 소장 현황과 활용』, 성신여자대학교 박사학위논문.

양윤정, 2010, 『미국의회도서관 소장 19세기 후반 한반도 비밀군사지도』, 성신여자대학교 박사학위논문.

이상찬, 1986, 1906~1910년의 지방행정제도 변화와 지방자치논의, 『한국학보』 12(1), 1047-1079.

이정은, 1992, 일제의 지방통치체제 수립과 그 성격, 『한국독립운동사연구』 6, 233-273.

이헌창, 1997, 『민적통계표』의 해설과 이용방법』, 고려대학교 민족문화연구소.

황수환 · 김기수, 근대기 일본인 이주 농촌의 형성과 이주 농촌가옥, 『석당논총』 51, 161-189.

[자료 및 통계]

『조선지지자료』(1911~1914, 국립중앙도서관), 『구한국지방행정구역명칭일람』(1912).

『(신구대조)조선전도부군면리명칭일람』(1914), 『지지조서』(1917).

『조선지형도』(1916 · 1943, 1:50,000, 1:25,000, 김해 · 가덕도 · 동두말 · 하단).

『한국토지농산조사보고(1904). 『조선 소작관행』(1930, 조선농회).

『조선토목사업지』(소화3, 1928, 조선총독부).

『민적통계표』(1910, 국립중앙도서관). 『통계년보』(1909, 1912, 조선총독부).

『조선국세조사보고』(소화10, 1935, 조선총독부).

『인구조사결과보고』(소화19, 1944, 조선총독부).

『낙동강개수공사』(소화12, 1937, 조선총독부).

[제4 · 5장: 농업 근대화기 · 대도시 편입기]

김기혁, 1982, 농촌 인구이출이 농업노동력에 미치는 영향, 『지리학논총』 9, 81-99.

______, 1984, 대도시에로의 접근도 변화가 농업인구 구조에 미치는 영향, 『지리학논총』 11, 95-110.

______, 1988, 대도시 정기시장 기능 연구, 『지리학논총』 14. 381-398.

______, 1992, 농촌에서 농업형태 변화과정에 관한 연구-김해 대저지역을 사례로, 『문화역사지리』 4, 221-242.

______, 2003, 부산김해평야 농업지역 친환경농업의 행위자-연결망연구, 『한국지역지리학회지』 9(3), 276-296.

김기혁 외, 2010, 경부고속도로와 부산의 길, 『고속도로의 인문학』, 한국도로공사.

강 회 외, 1975, 남부 지방의 시설원예의 유형과 그 재배 환경에 관한 연구, 『농업연구소보』, 9, 경상대학교.

김 인, 1987, 『농촌지역 면급도시 기능 활성화를 위한 연구』, 문교부 학술연구보고서.

김원중, 1967, 『경지정리실무개요』, 창원사.

농림부 농지국, 1970, 『농지개혁사』.

농협중앙회 조사부, 1986, 농지소유 및 이용에 관한 조사연구, 『조사자료』 86-제4집.

류우익, 1985, 『농촌지역의 공간적 특성과 개발전략』, 한국농촌경제 연구원.

박효임 · 김기혁, 1993, 도시 주변 농민의 도시화 적응형태, 『농공기술』 3(4), 113-119.

서찬기, 1988, 한국농업의 지역집중과 지역구조의 변화: 1960-1980, 『교육연구지』 30, 69-105, 경북대학교.

손용택, 1996, 『대도시주변 농업공간의 구조변화 : 수도권을 중심으로』, 동국대학교 박사학위 논문.

이재덕, 1996, 『도시주변 농촌지역의 변화유형과 농업 형태 분화: 청주시 주변 농촌의 경우』, 서울대학교 박사학위논문.

이상율, 1997, 농업공간조직에서 시장의 영향, 『한국지역지리학회지』 3(2), 151-162.

정 암, 2016, 세계유산을 활용한 농촌공간의 상품화: 안동시 하회마을을 사례로, 『문화역사지리』 28(1), 18-32.

조영국, 1999, 『수도권 시설농업의 생산구조 변화와 공간분화』, 서울대학교 박사학위논문.

최창조, 1975, 한국 농업의 작물 특화와 지역분류에 관한 방법론적 고찰, 『지리학논총(낙산지리)』 3, 1-24.

허우긍, 1974, 김해평야의 원예농업의 특성과 지역분화, 『대한지리학회지』 9(1), 43-54.

Kim Kihyuk, 2001, Korean Agri-Environmental Schemes: A Preliminary Review, 『Developing Sustainable Rural Systems』, 115-124.

Kim Doochul · Kim Kihyuk, 2008, Sustainable or Unsustainable? Environmentally Friendly Farming in Urban Fringe Agriculure Areas of South Korea, 『The Sustainability of Rural Systems in Developing Countries』 24(1), 77-116.

[자료 및 통계]
『농업국세조사』(1960). 『농업센서스』(1970). 『농업조사』(1980). 『농업총조사』(1990).
『대한민국 제1회 총인구 조사결과속보』(1949, 공보처 통계국).
『대한민국 통계월보』(1961, 내무부 통계국).
『인구 및 주택 센서스 잠정보고』(1980 · 1985). 『새마을총람』(1972, 내무부).

[제6장 가덕도]

김기혁, 1991, 부산항 총설, 『부산항사』, 부산지방해운항만청.
______, 2009, 『목장지도』에 나타난 17세기 국마 목장의 분포와 변화, 『지역과 역사』 24(1), 77-116.
김승찬, 1993, 『가덕도의 기층문화』, 부산대학교 한국문화연구소.
부산광역시 · 국립민속박물관, 2021, 『가덕도의 민속문화』(전7권).
국토교통부, 2022, 『가덕도신공항 건설을 위한 사전 타당성 검토 연구 최종보고서』.

[제7 · 8장 마을 변화와 공동체 공간 · 마을비와 글]

고승제, 1983, 『한국촌락사회사 연구』, 일지사.
국립민속박물관, 2003, 『한국의 마을제당-경상남도 · 부산편』.
김기혁, 2005(~2011), 『부산의 자연마을-총설편(전6권)』, 부산시사편찬위원회.
김승찬 · 황경숙, 2005, 『부산의 당제』, 부산광역시사 편찬위원회.
김학범 · 장동수, 1994, 『마을숲-한국전통부락의 당숲과 수구막이』, 열화당.
문병집, 1973, 『한국의 촌락-농업의 생산양식과 발전』, 진명.
양회수, 1967, 『한국농촌의 촌락구조』, 고려대학교 출판부.

[제9장] 낙동델타의 마을-기억의 공동체

김학이, 2005, 얀 아스만의 '문화적 기억', 『서양사연구』 33, 227-258.
설문원, 2021, 기억의 기록학적 의미와 실천, 『기록학연구』 67, 267-318.
윤은하, 2012, 공동체와 공동체 아카이브에 대한 고찰, 『기록학연구』 33, 3-37.
전진성, 2006, 역사와 기억: 기억의 터에 대한 최근 독일에서의 논의, 『서양사론』 72, 167-185.
Benedict Anderson, 2006, 『Imagined Communities』, (서지원역, 『상상된 공동체』, 2021, 도서출판 길).
Thongchai Winichakul, 1994, 『Siam Mapped: A History of the Geo-Body of a Nation』(이상국역, 1999, 『지도에서 태어난 태국-국가의 지리체 역사』, 진인진).

□ 보고서 · 통계 · 지도

[부산지역 연구 문헌]

부산발전연구원, 1996, 『부산의 개발제한구역과 자연녹지지역의 현황 및 운용전략』; 2008, 『을숙도 생태공원 조성 방향』; 2016, 『둔치도의 활용방안 및 추진 전략』.

우리문화재연구원, 2013, 『부산 에코델타시티 친수구역 조성사업 예정부지 문화재 지표조사 결과보고서』; 2018, 『김해신공항 건설사업 타당성 평가 및 기본계획 계획 예정부지 문화재 지표조사 결과보고서』.

동아대학교 석당학술원, 2014, 『부산시 낙동강델타지역 사회 민속지-강서구 에코델타시티 조성지역 14개 마을의 사회민속조사보고서』.

『부산시사』(1989-1991, 전4권, 부산광역시). 『부산항사』(1991, 부산지방해운항만청).

『부산지명총람』(1995-2004, 전9권, 부산광역시). 『양산의 마을』(2008. 부산지리연구소)

『부산의 자연마을』(2006-2011, 전6권, 부산광역시).

『부산고지도』(2008, 부산광역시 · 부산지리연구소). 『부산성곽』(2006, 부산박물관)

『2040 부산도시 기본계획』(2023, 부산광역시).

『부산역사문화대전』(2014, http://busan.grandculture.net).

[지명 · 지리지]

『한국지명유래집-경상도』(2011, 국토지리정보원), 『한국하천지명사전』(2011, 국토해양부).

『강서향토지』(1988, 강서향토지발간위원회). 『강서 자연마을』(2009, 강서문화원).

『강서구지 1 · 2』(2014, 강서구지편찬위원회). 『가락동 마을이야기』(2021, 강서구 가락동).

『(강서구) 통계연보』(1989-) · 『(강서구) 구정백서』(1989-).

『김해지명변천사』(1985, 김해문화원). 『김해의 지명전설』(2008, 김해문화원).

『김해의 지명』(2005, 김해문화원).

[지형도]

『조선지형도』(1916 · 1943, 미국 스탠포드대학 도서관).

『지형도』(1955, 삼능공업사, 고려대학교 도서관). 『현대지형도』(1974, 국토지리정보원).

『강서구 행정지도』(2018, 강서구청). 『정사영상』(2010~2018, 국토지리정보원).

[자료 제공 웹사이트]

서울대학교 규장각한국학연구원(https://kyudb.snu.ac.kr).

국립중앙도서관(https://www.nl.go.kr). 국토정보플랫폼(https://map.ngii.go.kr).

한국고전번역원(https://itkc.or.kr). 서울대학교 중앙도서관(https://lib.snu.ac.kr)

강서구청(https://www.bsgangseo.go.kr).

기관 협조 마을 자료

이전되거나 없어진 마을비와 회관 등의 사진 자료는 아래와 같이 협조받았다.

1. 마을비는 강서문화원으로부터 협조받았으며, 마을회관과 경관·유적 자료는 『강서 자연마을』(2009)에 수록된 사진을 이용하였다. 이미지 협조 이후 소재가 확인된 자료는 필자의 촬영 사진을 수록하였다. 도움을 주신 강서문화원과 녹산향토문화관에 이 지면을 빌어 감사드린다.
2. 마을의 항공사진(1987)·정사영상은 국토지리정보원(http://www.ngii.go.kr) 온맵과 카카오맵(http://map.kakao.com)에서 제공되는 이미지를 이용하였다.

[마을 자료 협조 기관]

사진	마을	제공·출처
마을비	[대저2동] 신노전·상납청·군라마을 [명지동] 사취등마을 [가락동] 시만마을 [녹산동]* 산양·생곡·가달·중곡·세산·미음·분절·탑동마을 [가덕도동] 서중·장항마을	강서문화원
마을회관	[명지동] 동리·조동·전등·평성·중신·경등·순아1·2·3구·해척·송산마을 [녹산동] 가달·중곡·구랑·압곡·명동·세산·미음·분절·와룡·탑동마을 [가덕도동] 동선·교동·선창·율리·장항·서중·대항마을	『강서자연마을』(2009)
경관 및 유적	[가락동] 봉림동 탁사대	강서문화원
	[명지동] 상신단물샘당산 [녹산동] 사암입바위비·명동허황후유허비 [가덕도동] 선창 선착장·율리어촌·외눌당산·항월천하대장군·대항숭어잡이, 가덕등대	『강서자연마을』(2009)

* 마을비 사진 중 녹산동 자료는 강서문화원과 녹산향토문화관에서 함께 제공되었음.

[정사영상·항공사진]

사진	마을
정사영상 (2010~2011)	[제1부] (제7장) 신전리, 당리·화전·대항마을 [제2부] [대저2동] 상납청·신노전·군라마을 [강동동] 대부동·평위도·수봉도·선양·송백도·천자도마을 [명지동] 사취등·경등·순아1·2·3구·해척·평성·동리·진동·조동·전등·상신·중신마을 [가락동] 중사도·송산·오봉산 일대·둔치도 [녹산동] 신촌·화전·가달·중곡·구랑·압곡·명동·세산마을, 부산경마장
항공사진	[녹산동] 지사·신명·미음·분절·와룡·장전마을

색 인

ㅇ

ㅈ

김기혁 金基赫

부산대학교 사범대학 지리교육과 명예교수이다. 서울대학교에서 농촌 · 농업지리 분야로 석사 · 박사 학위를 받았다. 1997년 영국 Leicester대학 방문 교수로서 지속가능한 농업을 연구하였다. 2000년 IGC세계농촌지리학 국제학술대회(부산) 조직위원장을 역임하였다. 2000년 이후에는 고지도와 지명 연구에 천착하였고, 퇴임 이후에는 『대동여지도』의 물길 연구와 함께 국토 고을의 기록물을 정리하고 있다.

주요 저술로는 『한국 농업지대의 변화 연구』(1991, 박사학위논문), 『부산항사-총설』(1991), 『Developing Sustainable Rural Systems』(2001), 『부산의 자연마을-총설』(2006-2011), 『양산의 마을』(2008), 『부산고지도』(2008), 『한국지명유래집』(2008-2013), 『한국하천지명사전』(2011), 『국토의 표상-한국 고지도집』(2012), 『김해시사-마을편』(2024 예정) 등이 있다.

학회 및 학계 활동으로는 한국농촌지리학회장, 한국문화역사지리학회장, 한국고지도연구학회장을 수행하였고, 부산대학교 도서관장 · 부산시 시사편찬위원 · 국립중앙도서관 고서위원 · 국가지명위원 · 문화재청 문화재 전문위원을 역임하였다. 2020년 대한지리학회 학술상을 수상하였다.

낙동델타, 지도와 돌 위에 새긴 마을의 기억

초판 인쇄 2024년 3월 20일
초판 발행 2024년 3월 26일

저자 김 기 혁
편집 ECOREA 지리연구소

펴낸이 차 정 인
펴낸곳 부산대학교출판문화원
등록 1983. 11. 10. 제1983-000001호
주소 부산광역시 금정구 부산대학로63번길 2
전화 (051) 510 - 1932
전송 (051) 512 - 7812
E-mail pnupress@pusan.ac.kr
홈페이지 http://press.pusan.ac.kr

ISBN 978-89-7316-796-8 93980

이 책은 2019년 대한민국 교육부와 한국연구재단의 지원(NRF-2019S1A5A2A01047922)을 받아 수행된 연구임.